法考题库系列·客观严选 **题集**

理论法
客观·严选好题

觉晓法考组　编著

中国政法大学出版社
2024·北京

图书在版编目（CIP）数据

客观严选 4000 好题. 理论法客观·严选好题 / 觉晓法考组编著. -- 北京 : 中国政法大学出版社, 2024. 12. -- (法考题库系列). -- ISBN 978-7-5764-1809-5

Ⅰ. D920.4

中国国家版本馆 CIP 数据核字第 2024GW1033 号

出版者　中国政法大学出版社

地　址　北京市海淀区西土城路 25 号

邮寄地址　北京 100088 信箱 8034 分箱　邮编 100088

网　址　http://www.cuplpress.com (网络实名：中国政法大学出版社)

电　话　010-58908285(总编室) 58908433（编辑部） 58908334(邮购部)

承　印　重庆天旭印务有限责任公司

开　本　787mm×1092mm　1/16

印　张　25.5

字　数　715 千字

版　次　2024 年 12 月第 1 版

印　次　2024 年 12 月第 1 次印刷

定　价　89.00 元（全两册）

KEEP AWAKE

CSER 高效学习模型

觉晓坚持每年组建“名师 + 高分学霸”教学团队，按照 Comprehend（讲考点→理解）→ System（搭体系→不散）→ Exercise（刷够题→会用）→ Review（多轮背→记住）学习模型设计教学产品，让你不断提高学习效果。

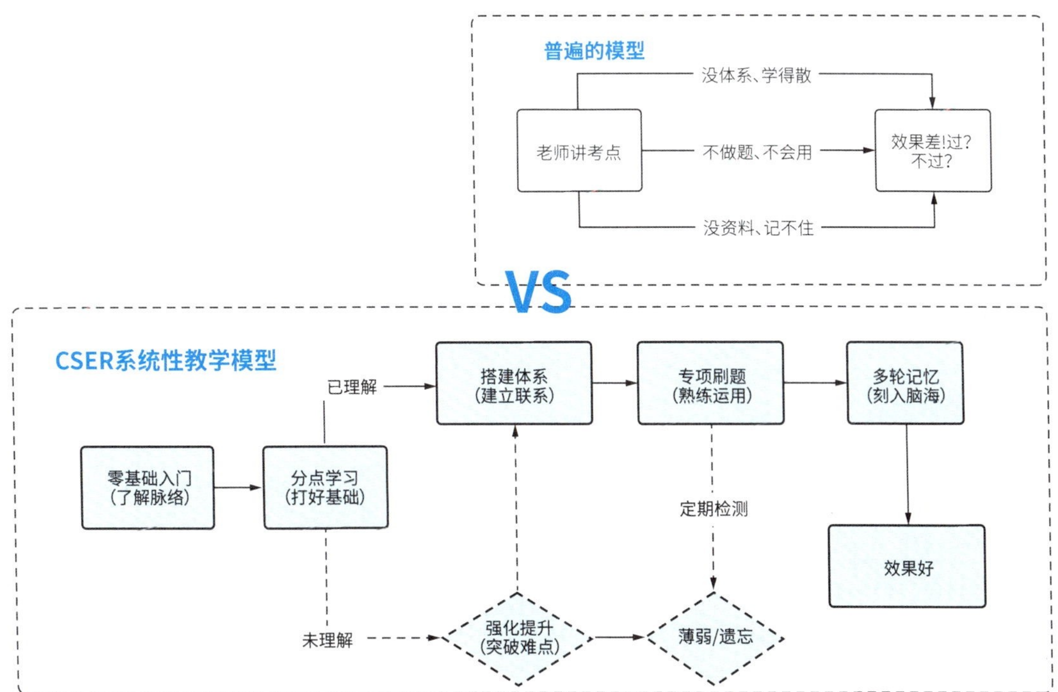

前面理解阶段跟名师，但后面记忆应试阶段，“高分学霸”更擅长，这样搭配既能保证理解，又能应试；时间少的在职考生可以直接跟“学霸”学习高效应试。

同时，知识要成体系性，后期才能记住，否则学完就忘！因此，觉晓有推理背诵图（推背图）、诉讼流程图等产品，辅助你建立知识框架体系，后期可以高效复习！

KEEP AWAKE

坚持数据化学习

“觉晓法考”APP 已经实现“学→练→测→背→评”全程线上化学习。在学习期间，觉晓会进行数据记录，自 2018 年 APP 上线，觉晓已经积累了上百万条数据，并有几十万真实考生的精准学习数据。

觉晓有来自百度、腾讯、京东等大厂的 AI 算法团队，建模分析过线考生与没过线考生的数据差异，建立“过考模型”，指导学员到底要听多少课，做多少题，正确率达到多少才能飘过或者稳过。

过考模型的应用层包括：

1. 完整的过考方案和规划：内部班的过考规划和阶段目标，均按照过考模型稳过或过考标准制定；让学员花更少地时间，更稳得过线。

2. 精准的过考数据指标：让你知道过线每日需要消耗的“热量、卡路里”，有标准，过线才稳！

3. 客观题知识图谱：按往年 180 分、200 分学员学习数据，细化到每个知识点的星级达标标准，并根据考频和考查难度，趋势等维度，将知识点划分为 ABCDE 类。还能筛选“未达标”针对提分。

知识类型	考频	难度	学习说明
A	高	简单	必须掌握
B	高	难	必须掌握（主＋客）
C	中	简单	必须掌握
D	中	难	时间不够可放弃（主＋客）
E	考频低或者很难、偏		直接放弃

4. 根据过考模型＋知识图谱分级教学：BD 类主客观都要考，主客融合一起学，E 类对过考影响不大，可直接放弃，AC 性价比高，简化背诵总结更能应试拿分，一些对过线影响不大的科目就减少知识点，重要的就加强；课时控制，留够做题时间，因为中后期做题比听课更重要！

5. AI 智能推送查缺补漏包：根据你学习的达标情况，精准且有效地推送知识点课程和题目，查漏补缺，让你的时间花得更有价值！

6. 精准预测过考概率（预估分）：实时检测你的数据，对比往年相似考生数据模型，让你知道，你这样学下去，最后会考多少分！ 明确自己距离过线还差多少分，从而及时调整自己的学习状态。

注：觉晓每年都会分析当年考生数据，出具一份完整的过考模型数据分析报告，包括“客观题版”“主客一体版”“主观题二战版”，可以下载觉晓 APP 领取。

KEEP AWAKE

目录
Contents

法理学

宪法学

中国法律史

司法制度和法律职业道德

习近平法治思想

法理学

第一章 法的定义和特征

一、历年真题及仿真题*

（一）法的定义

【不定项】

1 1501090

“法学作为科学无力回答正义的标准问题，因而是不是法与是不是正义的法是两个必须分离的问题，道德上的善或正义不是法律存在并有效力的标准，法律规则不会因违反道德而丧失法的性质和效力，即使那些同道德严重对抗的法也依然是法。”关于这段话，下列说法正确的是？

A. 这段话既反映了实证主义法学派的观点，也反映了自然法学派的基本立场

B. 根据社会法学派的看法，法的实施可以不考虑法律的社会实效

C. 根据分析实证主义法学派的观点，内容正确性并非法的概念的定义要素

D. 所有的法学学派均认为，法律与道德、正义等在内容上没有任何联系

2 1301088

关于实证主义法学和非实证主义法学，下列说法不正确的是？

A. 实证主义法学认为，在“实际上是怎样的法”与“应该是怎样的法”之间不存在概念上的必然联系

B. 非实证主义法学在定义法的概念时并不必然排除社会实效性要素和权威性制定要素

C. 所有的非实证主义法学都可以被看作是古典自然法学

D. 仅根据社会实效性要素，并不能将实证主义法学派、非实证主义法学派和其他法学派（比如社会法学派）在法定义上的观点区别开来

* 注：下列题号对应觉晓 APP 的题号规则。本书中以 18~23 开头的题号均为 2018 年~2023 年的仿真题。

（二）法的特征

【多选】

3 1301055

法是以国家强制力为后盾，通过法律程序保证实现的社会规范。关于法的这一特征，下列哪些说法是正确的？

A. 法律具有保证自己得以实现的力量

B. 法律具有程序性，这是区别于其他社会规范的重要特征

C. 按照马克思主义法学的观点，法律主要依靠国家暴力作为外在强制的力量

D. 自然力本质上属于法的强制力之组成部分

（三）法的本质

【单选】

4 1201009

卡尔·马克思说：“在民主的国家里，法律就是国王；在专制的国家里，国王就是法律。”关于马克思这段话的理解，下列哪一选项是错误的？

A. 从性质上看，有民主的法律，也有专制的法律

B. 在实行民主的国家，君主或者国王不可以参与立法

C. 在实行专制的国家，国王的意志可以上升为法律

D. 实行民主的国家，也是实行法律至上原则的国家

（四）综合知识点

【单选】

5 2101099

关于法的概念与本质，下列说法正确的是？

A. 是否承认“法律是最低限度的道德”，是区分实证主义与非实证主义的主要标准

B. “法律的生命不在于逻辑，而在于经验”，这种观点应属于社会法学派的基本观点

C. 按照马克思主义法学派的观点，法律是社会共

解析页码
001—002

同体意志的体现

D. 是否承认社会实效是法的构成要素，是区分分析法学派与社会法学派的主要标准

【多选】

6 1201054

下列有关“国法”的理解，哪些是不正确的？

A. “国法”是国家法的另一种说法

B. “国法”仅指国家立法机关创制的法律

C. 只有“国法”才有强制性

D. 无论自然法学派，还是实证主义法学派，都可能把“国法”看作实在法

二、模拟训练

【单选】

7 62208211

法律的特征是指能够将法律与其他类似的社会现象区别开来的个性化要素。下列有关法的特征中，正确的是哪一项？

A. 未经国家明示认可的社会规范不属于法律

B. 法律是调整人的行为的技术规范

C. 法律具有普遍性，但并非所有法律规范的效力均相同

D. 道德规范依靠人的良知、内心确信及社会舆论等来保证实施，具有国家强制性

【多选】

8 61908136

下列说法错误的是？

A. 古代立法者倾向于混同法律与道德，而近现代立法者则均持分析实证法学派的立场

B. 非实证主义法学在定义法的概念时，并不必然排除社会实效性要素和权威性制定要素

C. 在法律实务当中，法律人所持法的概念的立场不同，对同一案件所作的法律决定可能就不同

D. 分析法学强调法律必须经由国家有关程序制定，因此，不符合道德的法律不是法律

9 61908139

关于法的本质，下列说法不正确的有哪些？

A. 法所体现的统治阶级的意志是统治阶级内部各党派、集团及每个成员意志的相加

B. 缇萦上书促使汉文帝废除肉刑说明法律有时候也反映被统治阶级的意志

C. 法是公共权力机关按照一定的权限和程序制定和认可的，并由正式的权力机制保证实现。这体现了法的正式性，而法的正式性正是法的本质的最终体现

D. 立法者是在表述法律，而不是在创造法律

10 61908168

下列关于法的本质和特征方面的论述，正确的是？

A. 荀子曾经说过：“法不能独立，类不能自行，得其人则存，失其人则亡。”这说明再好的法律也得由人来执行，在法律发挥作用的过程中人的作用是不可忽视的

B. 林肯说：“法律是显露的道德，道德是隐藏的法律。”这句话说明，法与道德是完全一致的

C. 霍布斯说：“法是国家对人民的命令，用口头说明，或用书面文字，或用其他方法所表示的规则意志，用以辨别是非、指示从违。”该论述体现出法的本质在于国家意志性

D. 马克思说：“无论是政治的立法或是市民的立法，都只是表明和记载经济关系的要求而已。”该论述体现出法是由经济基础决定的，其内容由社会物质生活条件决定的

参考答案

[1]C	[2]C	[3]ABC	[4]B	[5]B
[6]ABC	[7]C	[8]AD	[9]ABC	[10]ACD

解析页码 002—004

第二章
法的作用

一、历年真题及仿真题

（一）法的规范作用

【不定项】

1 1101089

2011年7月5日，某公司高经理与员工在饭店喝酒聚餐后表示：别开车了，酒驾已入刑，咱把车推回去。随后，高经理在车内掌控方向盘，其他人推车缓行。记者从交警部门了解到，如机动车未发动，只操纵方向盘，由人力或其他车辆牵引，不属于酒后驾车。但交警部门指出，路上推车既会造成后方车辆行驶障碍，也会构成对推车人的安全威胁，建议酒后将车置于安全地点，或找人代驾。鉴于我国对酒后代驾缺乏明确规定，高经理起草了一份《酒后代驾服务规则》，包括总则、代驾人、被代驾人、权利与义务、代为驾驶服务合同、法律责任等共六章二十一条邮寄给国家立法机关。关于高经理和公司员工拒绝酒驾所体现的法的作用，下列说法正确的是?

A．法的指引作用

B．法的评价作用

C．法的预测作用

D．法的强制作用

（二）综合知识点

【单选】

2 1901018

陈某与前妻林某的婚生子陈某宝（7岁）由林某抚养，林某与王某再婚后，王某擅自将陈某宝改为王某宝。陈某诉至法院，法官认为，陈某宝是无民事行为能力的人，其变更姓名需要由亲生父母同意，故判决林某恢复其子原姓名。对此，下列哪一说法是正确的?

A．法院判决是规范性法律文件

B．法院判决体现了法的评价作用

C．姓名权具有相对性

D．陈某宝是无民事行为能力的人，不享有任何民事权利

3 1801005

近期，无人驾驶汽车在公共交通道路行驶，公众围绕其是否违法、事故后是否担责、如何加强立法进行规制展开讨论，下列说法中正确的是?

A．若无人驾驶汽车上路行驶引发民事纠纷被诉至法院，因法无明文规定，法院不得裁判

B．科技发展引发的问题只能通过法律解决

C．现行交通法规对无人驾驶汽车上路行驶尚无规定，这反映了法律的局限性

D．只有当科技发展造成了实际危害后果时，才能动用法律手段干预

4 1401009

法律格言说：“法律不能使人人平等，但在法律面前人人是平等的。”关于该法律格言，下列哪一说法是正确的?

A．每个人在法律面前事实上是平等的

B．在任何时代和社会，法律面前人人平等都是一项基本法律原则

C．法律可以解决现实中的一切不平等问题

D．法律面前人人平等原则并不禁止在立法上作出合理区别的规定

5 1401010

关于法的规范作用，下列哪一说法是正确的?

A．陈法官依据诉讼法规定主动申请回避，体现了法的教育作用

B．法院判决王某的行为构成盗窃罪，体现了法的指引作用

C．林某参加法律培训后开始重视所经营企业的法律风险防控，反映了法的保护自由价值的作用

D．王某因散布谣言被罚款300元，体现了法的强制作用

【多选】

6 2201113

法谚云，法律不管琐碎之事。对此，下列说法中

解析页码
004—006

正确的有？

A. 法律只调整人的行为，不调整人的思想

B. 法律调整社会法律关系是有限的，仍存在法律无法调整的行为

C. 法律只关心整体利益，不关心个体利益

D. 法律调整的范围比道德广得多

二、模拟训练

【多选】

7 62208213

下列关于法的作用的说法中，哪些是正确的？

A. 甲欲注册一家开发游戏软件的公司，遂翻阅相关法律手册，并按照规定准备相关资料，这反映了法的指引作用

B. 根据民法相关规定，虚拟财产也属于财物。因此，乙认为丙窃取自己账号的行为属于违法行为，这反映了法的评价作用

C. 丁因犯盗窃罪被判刑 3 年，出狱后决定改过自新，这反映了法的教育作用

D. 法院从戊企业银行账户上划走了 10 万元，用来支付其拖欠的农民工工资，这反映了法的预测作用

【不定项】

8 62208001

下列关于法的社会作用说法正确的是？

A. 法律具有维护统治阶级的社会作用

B. 法律具有维护人类社会基本生活条件的社会作用

C. 法律具有维护生产和交换条件的作用

D. 法律具有促进教育事业发展的作用

9 62208002

下列关于法的作用表述正确的有？

A. 法的社会作用就是执行社会公共事务的作用

B. 法律具有维护社会治安的作用

C. 法律具有保障基本劳动条件的作用

D. 法律鼓励兴办教育和科技发明

参考答案

[1]A [2]B [3]C [4]D [5]D
[6]AB [7]ABC [8]ABCD [9]BCD

第三章 法的价值

一、历年真题及仿真题

（一）秩序、自由、正义、人权

【单选】

1 2301050

邻居甲在其家门口安装摄像头，但该摄像头可以照到邻居乙家，乙认为该行为侵犯了其隐私，故诉至法院，法院判决甲调整摄像头安装位置，该判决体现了什么原则？

A. 个案中的比例原则

B. 伤害原则

C. 价值位阶原则

D. 家长主义原则

2 1801007

下列关于人权的说法错误的是？

A. 人权与法律权利在内容上是一致的

B. 人权的存在和发展是社会经济、文化发展的结果

C. 人权的主体要比公民权的主体宽泛，不仅包括个体人权，还包括集体人权

D. 为了更好地保护人权，人权应当被尽可能地法律化

3 1201004

关于公平正义，下列哪一说法是正确的？

A. 人类一切法律都维护公平正义

B. 不同的时代秉持相同的正义观

C. 公平正义是一个特定的历史范畴

D. 严格执法等于实现了公平正义

4 1101005

某高校司法研究中心的一项研究成果表明：处于大城市“陌生人社会”的人群会更多地强调程序公正，选择诉诸法律解决纠纷；处于乡村“熟人社会”的人群则会更看重实体公正，倾向以调解、

解析页码 006—008

和解等中国传统方式解决纠纷。据此，关于人们对“公平正义”的理解与接受方式，下列哪一说法是不准确的？

A. 对公平正义的理解具有一定的文化相对性、社会差异性

B. 实现公平正义的方式既应符合法律规定，又要合于情理

C. 程序公正只适用于“陌生人社会”，实体公正只适用于“熟人社会”

D. 程序公正以实体公正为目标，实体公正以程序公正为基础

【不定项】

5 1601088

“法律只是在自由的无意识的自然规律变成有意识的国家法律时，才成为真正的法律。哪里法律成为实际的法律，即成为自由的存在，哪里法律就成为人的实际的自由存在。”关于该段话，下列说法正确的是？

A. 从自由与必然的关系上讲，规律是自由的，但却是无意识的，法律永远是不自由的，但却是有意识的

B. 法律是“人的实际的自由存在”的条件

C. 国家法律须尊重自然规律

D. 自由是评价法律进步与否的标准

（二）法的价值冲突的解决

【单选】

6 1501009

临产孕妇黄某由于胎盘早剥被送往医院抢救，若不尽快进行剖宫产手术将危及母子生命。当时黄某处于昏迷状态，其家属不在身边，且联系不上。经医院院长批准，医生立即实施了剖宫产手术，挽救了母子生命。该医院的做法体现了法的价值冲突的哪一解决原则？

A. 价值位阶原则

B. 自由裁量原则

C. 比例原则

D. 功利主义原则

7 1101013

宽严相济是我国的基本刑事政策，要求法院对于危害国家安全、恐怖组织犯罪、“黑恶”势力犯罪等严重危害社会秩序和人民生命财产安全的犯罪分子，尤其对于极端仇视国家和社会，以不特定人为侵害对象，所犯罪行特别严重的犯罪分子，该依法重判的坚决重判，该依法判处死刑立即执行的绝不手软。对于解决公共秩序、社会安全、犯罪分子生命之间存在的法律价值冲突，该政策遵循下列哪一原则？

A. 个案平衡原则

B. 比例原则

C. 价值位阶原则

D. 自由裁量原则

（三）综合知识点

【单选】

8 1701008

秦某以虚构言论、合成图片的手段在网上传播多条“警察打人”的信息，造成恶劣影响，县公安局对其处以行政拘留8日的处罚。秦某认为自己是在行使言论自由权，遂诉至法院。法院认为，原告捏造、散布虚假事实的行为不属于言论自由，为法律所明文禁止，应承担法律责任。对此，下列哪一说法是正确的？

A. 相对于自由价值，秩序价值处于法的价值的顶端

B. 法官在该案中运用了个案平衡原则解决法的价值冲突

C. “原告捏造、散布虚假事实的行为不属于言论自由”，仅是对案件客观事实的陈述

D. 言论自由作为人权，既是道德权利又是法律权利

【多选】

9 2201114

新冠疫情期间为了防止疫情传播，甲省A市在防疫过程中采取了一些特殊的管控措施。通过对A市少部分市民在人身自由上采取一定程度的限制

解析页码
008—010

措施来防止疫情传播，并取得了良好的防疫效果。但不少学者认为通过限制人身自由的方式进行防疫是对公民权利的侵害。对此下列说法正确的有？

A. 该案反映了自由价值与秩序价值的冲突

B. A 市的防疫措施体现了伤害原则

C. A 市的防疫措施体现了家长主义

D. 为了公共利益牺牲小部分人的自由体现了比例原则

【不定项】

10 1701088

在小说《悲惨世界》中，心地善良的冉阿让因偷一块面包被判刑，他认为法律不公并屡次越狱，最终被加刑至 19 年。他出狱后逃离指定居住地，虽隐姓埋名却仍遭警探沙威穷追不舍。沙威冷酷无情，笃信法律就是法律，对冉阿让舍己救人、扶危济困的善举视而不见，直到被冉阿让冒死相救，才因法律信仰崩溃而投河自尽。对此，下列说法正确的是？

A. 如果认为不公正的法律不是法律，则可能得出冉阿让并未犯罪的结论

B. 沙威“笃信法律就是法律”表达了非实证主义的法律观

C. 冉阿让强调法律的正义价值，沙威强调法律的秩序价值

D. 法律的权威源自人们的拥护和信仰，缺乏道德支撑的法律无法得到人们自觉地遵守

11 1001092

2018 年修订的《中华人民共和国残疾人保障法》第 50 条规定：“县级以上人民政府对残疾人搭乘公共交通工具，应当根据实际情况给予便利和优惠。残疾人可以免费携带随身必备的辅助器具。盲人持有效证件免费乘坐市内公共汽车、电车、地铁、渡船等公共交通工具。盲人读物邮件免费寄递。国家鼓励和支持提供电信、广播电视服务的单位对盲人、听力残疾人、言语残疾人给予优惠。”对此，下列说法错误的是？

A. 该规定体现了立法者在残疾人搭乘公共交通工具问题上的价值判断和价值取向

B. 从法的价值的角度分析，该规定的主要目的在于实现法的自由价值

C. 该规定对于有关企业、政府及残疾人均具有指引作用

D. 该规定在交通、邮政、电信方面给予残疾人的优待有悖于法律面前人人平等原则

二、模拟训练

【单选】

12 61808009

在下列事例中，哪一项体现了个案平衡原则？

A. 甲到野生森林旁边参观，遭遇国家保护动物黑熊追逐，对峙中甲持斧砍死黑熊。后法院判决甲无罪

B. 离家出走的少女乙从大桥坠落，摔在人行道上，被好心人发现后送往医院。因伤情严重需立即手术，在术前签字时因乙出于昏迷状态，无法联系上其家属，经医院院长批准，医生为其立即实施了手术，挽救了乙的生命

C. 出租车司机丙送孕妇去医院，途中孕妇临产，情形危急。为了争取时间，丙将车开到了非机动车道上掉头，结果被交警拦住并被告知罚款。经过丙解释，交警不仅没有处罚，还用警车为他开道，将孕妇及时送到了医院

D. 在一起遗产纠纷案件中，继承人甲、乙两人按法律规定应当平均继承遗产。但由于乙患有先天性小儿麻痹，无劳动能力，法官判决乙继承 70% 的遗产

13 61908134

随着无人自动驾驶技术的提升与“萝卜快跑”等无人自动驾驶服务平台的出现，对无人自动驾驶服务平台的规制一直备受争议，既有部分城市打击无人自动驾驶服务平台的运营行为，又有部分城市对其进行政策扶持。同时，无人自动驾驶服务平台便利、优惠，开始受到消费者青睐。对于此事，从法的价值角度，以下分析不正确的是？

A. 法的价值既包括对于实然的法的认识，更包括对于应然的法的追求

B. 打击无人自动驾驶服务平台是维护出租车行业

解析页码

010—011

秩序的要求，法的根本和首要任务就是要建立对社会成员有利的社会秩序

C. 法律是保障而非限制人们的自由，为了更好地保障人们的自由，法律必须对人们的一部分行为作出限制

D. 民众青睐无人自动驾驶服务是其自由的体现，自由是法律最高的价值目标，可以成为衡量法律是否是“真正的法律”的评判标准

14 62208214

下列有关法的价值的说法中正确的是哪一项？

A. 人权只能作为一种道德上的权利

B. 法的价值包括自由、秩序和正义，其中正义是法律的基础价值

C. 自由是法律的最高价值，因此自由是绝对的，不可以被任何东西限制

D. 作为法的价值的正义主要涉及的是社会正义

【多选】

15 61808008

下列有关法的价值的说法中，哪些选项是正确的？

A. 秩序主要关系到社会生活的实质方面

B. 秩序本身的性质决定了秩序是法的基本价值

C. 自由能够衡量国家的法律是否是“真正的法律”

D. “正义”本身是个关系范畴，它存在于人与人之间的相互交往之中，可以说，没有人与人之间的关系存在，就不会有正义问题的产生

【不定项】

16 62108079

2017年1月29日凌晨1点，美军海豹突击队在武装直升机的掩护下突袭也门阿尔拜达省一处偏远的村庄。武装直升机轰炸了整个村庄，袭击了十几座建筑物，至少造成6名妇女和10名13岁以下的儿童死亡，并杀死了120多只山羊、绵羊和驴子。该侵犯人权的行为引发了国际社会的强烈谴责。下列说法，正确的是？

A. 人权来自于人自身，并不依附于身份而存在

B. 任何人的人权都是绝对不容牺牲的

C. 在法的价值位阶中，人权和秩序处于同等位阶

D. 我们可以通过个案中的比例原则来平衡不同价值之间的冲突

参考答案

[1] B	[2] A	[3] C	[4] C	[5] BCD
[6] A	[7] C	[8] D	[9] ABCD	[10] ACD
[11] BD	[12] D	[13] B	[14] D	[15] BCD
[16] AD				

第四章 法律规则

一、历年真题及仿真题

（一）法律规则的分类

【单选】

1 1801006

我国《民法典》第617条规定：“出卖人交付的标的物不符合质量要求的，买受人可以依据本法第五百八十二条至第五百八十四条的规定请求承担违约责任。”下列哪一选项符合这一规定的表述？

A. 授权性规则和委任性规则

B. 命令性规则和准用性规则

C. 授权性规则和准用性规则

D. 任意性规则和委任性规则

【多选】

2 1701059

法律格言云：“不确定性在法律中受到非难，但极度的确定性反而有损确定性。”对此，下列哪些说法是正确的？

A. 在法律中允许有内容本身不确定，而是可以援引其他相关内容规定的规范

B. 借助法律推理和法律解释，可提高法律的确定性

C. 通过法律原则、概括条款，可增强法律的适应性

解析页码
011—013

D. 凡规定义务的，即属于极度确定的；凡规定权利的，即属于不确定的

【不定项】

3 1201087

1995年颁布的《保险法》第90条规定："保险公司的设立、变更、解散和清算事项，本法未作规定的，适用公司法和其他有关法律、行政法规的规定。"2009年修订的《保险法》第94条规定："保险公司，除本法另有规定外，适用《中华人民共和国公司法》的规定。"关于二条文规定的内容，下列理解正确的是？

A. 均属委任性规则

B. 均属任意性规则

C. 均属准用性规则

D. 均属禁止性规则

（三）综合知识点

【单选】

4 2201073

《医疗事故处理条例》第62条规定："军队医疗机构的医疗事故处理办法，由中国人民解放军卫生主管部门会同国务院卫生行政部门依据本条例制定。"关于该条下列说法不正确的是？

A. 该法律条文省略了假定条件

B. 该条规定可以作为内部证成中的大前提使用

C. 该条规定属于委任性规则

D. 该条规定属于准用性规则

5 1501010

《刑事诉讼法》第54条（现第56条）规定："采用刑讯逼供等非法方法收集的犯罪嫌疑人、被告人供述和采用暴力、威胁等非法方法收集的证人证言、被害人陈述，应当予以排除。"对此条文，下列哪一理解是正确的？

A. 运用了规范语句来表达法律规则

B. 表达的是一个任意性规则

C. 表达的是一个委任性规则

D. 表达了法律规则中的假定条件、行为模式和法律后果

【多选】

6 1301054

《老年人权益保障法》第18条第1款规定："家庭成员应当关心老年人的精神需求，不得忽视、冷落老年人。"关于该条款，下列哪些说法是正确的？

A. 规定的是确定性规则，也是义务性规则

B. 是用"规范语句"表述的

C. 规定了否定式的法律后果

D. 规定了家庭成员对待老年人之行为的"应为模式"和"勿为模式"

7 1001051

关于法律规则、法律条文与语言的表述，下列哪些选项是正确的？

A. 法律规则以"规范语句"的形式表达

B. 所有法律规则都具有语言依赖性，在此意义上，法律规则就是法律条文

C. 所有表述法律规则的语句都可以带有道义助动词

D.《民法典》第25条规定："自然人以户籍登记或者其他有效身份登记记载的居所为住所；经常居所与住所不一致的，经常居所视为住所。"从语式上看，该条文表达的并非一个法律规则

二、模拟训练

【单选】

8 62208215

下列有关法律规则的说法中，哪一选项是正确的？

A.《商业银行法》第17条第1款规定："商业银行的组织形式、组织机构适用《中华人民共和国公司法》的规定。"该条文表述的内容为委任性规则

B.《计量法》第32条规定："中国人民解放军和国防科技工业系统计量工作的监督管理办法，由国务院、中央军事委员会依据本法另行制定。"该条文表述的内容为准用性规则

C.《民法典》第40条规定："自然人下落不明满二年的，利害关系人可以向人民法院申请宣告该自然人为失踪人。"该条文表述的内容为授

解析页码 013—015

权性规则

D.《民法典》第 200 条规定："民法所称的期间按照公历年、月、日、小时计算。"该条文表述的内容为规范性条文

【多选】

9 61908195

关于法律规则，下列说法正确的是?

A. 法律规则的三要素是指假定条件、行为模式和法律后果。三者在逻辑上缺一不可，但在法律条文中都有被省略的可能

B.《刑法》第 19 条规定："又聋又哑的人或者盲人犯罪，可以从轻、减轻或者免除处罚。"该规定体现了法的自由价值

C.《医师法》第 8 条第 3 款规定："医师资格考试的类别和具体办法，由国务院卫生健康主管部门制定。"这是一个委任性法律规则

D.《民法典》第 1015 条第 1 款规定："自然人应当随父姓或者母姓。"这属于确定性规则

10 61908196

下列关于法、法律规范和法律规则的说法，错误的是?

A. 并不是所有的法律规范都表现为法律条文形式，但所有的法律规则都是通过法律条文来表达的

B. 法律规则的内容可以分别由不同规范性法律文件的法律条文来表达

C. 法与法律规则的概念完全相同，因为法的构成要素等同于法律规则的构成要素

D. 同一个法律规则可以通过一个法律条文来表述，也可以通过若干个法律条文来表达

11 62208217

《刑法》第 17 条第 2 款规定："已满十四周岁不满十六周岁的人，犯故意杀人、故意伤害致人重伤或者死亡、强奸、抢劫、贩卖毒品、放火、爆炸、投放危险物质罪的，应当负刑事责任。"关于此条文表述，下列哪些说法是正确的?

A. 此条文属于非规范语句

B. "已满十四周岁不满十六周岁的人"是该法律规则中的假定条件

C. "犯故意杀人、故意伤害致人重伤或者死亡、强奸、抢劫、贩卖毒品、放火、爆炸、投放危险物质罪的"是该法律规则中的行为模式

D. "应当负刑事责任"是该法律规则的法律后果

12 62208216

法律规则可以分为授权性规则与义务性规则。关于授权性法律规则与义务性法律规则，下列哪些说法是错误的?

A.《刑法》第 232 条规定：故意杀人的，处死刑、无期徒刑或者十年以上有期徒刑。此规定表述的是授权性规则

B.《宪法》第 56 条明确规定：中华人民共和国公民有依照法律纳税的义务。此规定表述的是授权性规则

C.《宪法》第 40 条规定：中华人民共和国公民的通信自由和通信秘密受法律的保护。除因国家安全或者追查刑事犯罪的需要，由公安机关或者检察机关依照法律规定的程序对通信进行检查外，任何组织或者个人不得以任何理由侵犯公民的通信自由和通信秘密。此规定表述的是授权性规则

D.《民法典》第 240 条规定：所有权人对自己的不动产或者动产，依法享有占有、使用、收益和处分的权利。此规定表述的是授权性规则

参考答案

[1] C	[2] ABC	[3] C	[4] D	[5] A
[6] ABD	[7] AC	[8] C	[9] ACD	[10] AC
[11] BCD	[12] ABC			

解析页码 015—016

第五章 法律原则

一、历年真题及仿真题

（一）法律原则与法律规则的区别

【单选】

1 1601009

全兆公司利用提供互联网接入服务的便利，在搜索引擎讯集公司网站的搜索结果页面上强行增加广告，被讯集公司诉至法院。法院认为，全兆公司行为违反诚实信用原则和公认的商业道德，构成不正当竞争。关于该案，下列哪一说法是正确的？

A．诚实信用原则一般不通过“法律语句”的语句形式表达出来

B．与法律规则相比，法律原则能最大限度实现法的确定性和可预测性

C．法律原则的着眼点不仅限于行为及条件的共性，而且关注它们的个别性和特殊性

D．法律原则是以“全有或全无”的方式适用于个案当中

【多选】

2 2001152

法谚云：“一切规则皆有例外，例外也明示原则。”对这一说法的解释，下列说法不正确的是？

A．规则为原则之例外

B．规则有漏洞，原则无歧义

C．规则乃共通规则，原则系特别规则

D．规则具化原则，原则证成规则

3 1701058

甲公司派员工伪装成客户，设法取得乙公司盗版销售其所开发软件的证据并诉至法院。审理中，被告认为原告的“陷阱取证”方式违法。法院认为，虽然非法取得的证据不能采信，但法律未对非法取证行为穷尽式列举，特殊情形仍需依据法律原则具体判断。原告取证目的并无不当，也未损害社会公共利益和他人合法权益，且该取证方式有利于遏制侵权行为，应认定合法。对此，下列哪些说法是正确的？

A．采用穷尽式列举有助于提高法的可预测性

B．法官判断原告取证是否违法时作了利益衡量

C．违法取得的证据不得采信，这说明法官认定的裁判事实可能同客观事实不一致

D．与法律规则相比，法律原则应优先适用

（二）综合知识点

【单选】

4 2401047

法谚云：“原则不容许反对或否认”，下列说法中正确的是？

A．原则在个案中适用，不影响其他原则

B．原则之间不能否认和冲突

C．规则不能和任何原则相冲突

D．原则可否认规则

5 1701010

王甲经法定程序将名字改为与知名作家相同的“王乙”，并在其创作的小说上署名“王乙”以增加销量。作家王乙将王甲诉至法院。法院认为，公民虽享有姓名权，但被告署名的方式误导了读者，侵害了原告的合法权益，违背诚实信用原则。关于该案，下列哪一选项是正确的？

A．姓名权属于应然权利，而非法定权利

B．诚实信用原则可以填补规则漏洞

C．姓名权是相对权

D．若法院判决王甲承担赔偿责任，则体现了确定法与道德界限的“冒犯原则”

6 1301010

《民法典》第 1065 条第 1 款规定：“男女双方可以约定婚姻关系存续期间所得的财产以及婚前财产归各自所有、共同所有或者部分各自所有、部分共同所有。约定应当采用书面形式。没有约定或者约定不明确的，适用本法第一千零六十二条、第一千零六十三条的规定。”关于该条款规定的规则（或原则），下列哪一选项是正确的？

解析页码
016—018

A. 任意性规则
B. 法律原则
C. 准用性规则
D. 禁止性规则

7 1601008

《治安管理处罚法》第 115 条规定："公安机关依法实施罚款处罚，应当依照有关法律、行政法规的规定，实行罚款决定与罚款收缴分离；收缴的罚款应当全部上缴国库。"关于该条文，下列哪一说法是正确的？

A. 表达的是禁止性规则
B. 表达的是强行性规则
C. 表达的是程序性原则
D. 表达了法律规则中的法律后果

8 1101009

关于法律要素，下列哪些说法是错误的？

A.《反垄断法》第 45 条："行政机关和法律、法规授权的具有管理公共事务职能的组织不得滥用行政权力，制定含有排除、限制竞争内容的规定。"这属于义务性规则
B.《行政处罚法》第 43 条第 1 款："执法人员与案件有直接利害关系或者有其他关系可能影响公正执法的，应当回避。"这既不属于法律原则，也不属于法律规则
C.《政府信息公开条例》第 55 条："教育、卫生健康、供水、供电、供气、供热、环境保护、公共交通等与人民群众利益密切相关的公共企事业单位，公开在提供社会公共服务过程中制作、获取的信息，依照相关法律、法规和国务院有关主管部门或者机构的规定执行。全国政府信息公开工作主管部门根据实际需要可以制定专门的规定。"这属于委任性规则
D.《民法典》第 1015 条第 1 款："自然人应当随父姓或者母姓，但是有下列情形之一的，可以在父姓和母姓之外选取姓氏：（一）选取其他直系长辈血亲的姓氏；（二）因由法定扶养人以外的人扶养而选取扶养人姓氏；（三）有不违背公序良俗的其他正当理由。"这属于确定性规则

9 1001012

甲、乙签订一份二手房房屋买卖合同，约定："本合同一式三份，经双方签字后生效。甲、乙各执一份，留见证律师一份，均具有同等法律效力"。关于该条款，下列哪一选项是正确的？

A. 是有关法律原则之适用条件的规定
B. 属于案件事实的表述
C. 是甲乙双方所确立的授权性规则
D. 关涉甲乙双方的行为效力及后果

【多选】

10 1801055

法律规则和法律原则的区别，下列哪些表述是正确的？

A. 对一般情形之个案，两个冲突规则，一个有效，另一个就无效
B. 对一般情形之个案，两个竞争原则，一个有分量，另一个就无分量
C. 对一般情形之个案，需穷尽规则，方可适用原则
D. 对一般情形之个案，可以先适用原则再适用规则

11 1801053

下列关于法律规则、法律原则和法律条文的说法，错误的是？

A. 法律规则在逻辑上由假定条件、行为模式和法律后果三部分组成，上述任何一个部分，在具体条文的表述中，均可能被省略
B. 法律条文既可以表达法律规则，也可以表达法律原则，还可以表达规则或原则以外的内容，而规范性条文就是直接表达法律规则的条文
C. 在诉讼过程中，与当事人有利害关系的，应当回避，这是一个法律原则，其行为模式为应为模式
D. 法律规则与法律条文的关系为内容与形式的关系，因此，法律规则既可以通过法律条文来表达，也可以通过法律条文以外的形式来表达，典型如判例和习惯

解析页码
018—020

二、模拟训练

【单选】

12 62208014

关于法律原则的表述，下列表述正确的是？

A．当裁判结果不公时，法官就可舍弃法律规则而直接适用法律原则

B．在法的安定性和合目的性之间应首选合目的性

C．为了实现个案正义适用法律原则，必须提供比适用法律规则更强的理由

D．适用法律原则的理由和适用法律规则的理由分量相当，那就可适用法律原则

【多选】

13 61908138

下列关于法律规则与法律原则的说法，正确的有？

A．法律原则的着眼点不仅限于行为及条件的共性，而且关注他们的个别性，所以法律原则在适用范围上要小于法律规则

B．法官在适用法律原则时具有一定自由裁量权，而法律规则的目的则在于限制自由裁量权

C．因为法律原则可以克服法律规则的僵硬性缺陷，弥补法律漏洞，所以在案件审判中，法律原则都必须无条件适用

D．在不同个案中，不同法律原则的强度关系可能有所改变，而法律规则则是以“全有或全无”方式应用于个案

14 62208012

下列关于法律原则的表述正确的有？

A．法律面前人人平等、无罪推定原则属于政策性原则

B．公理性原则具有针对性和时代性，得到当下时代的广泛承认并被奉为公理

C．上诉不加刑原则、一事不二罚原则属于具体原则的范畴

D．整个法律体系或某一法律部门所适用的、体现法的基本价值的原则是基本原则

【不定项】

15 62208013

关于法律原则的适用，下列说法正确的是？

A．只有不存在可供适用的法律规则时，才可以用法律原则填补漏洞

B．法律原则能最大程度实现法的安定性和权威性

C．若有非常强的理由，可以以法律原则否定法律规则

D．法律原则在适用时应考虑个案正义的实现

16 62208011

下列关于法律原则的分类说法正确的是？

A．以产生的基础不同可分为基本原则与具体原则

B．以覆盖面和适用范围为标准可分为公理性原则与政策性原则

C．以涉及的内容为标准可分为实体性原则与程序性原则

D．以调整内容的目的为标准可分为扩大性原则与限缩性原则

参考答案

[1]C	[2]ABC	[3]ABC	[4]A	[5]B
[6]A	[7]B	[8]B	[9]D	[10]AC
[11]BC	[12]C	[13]BD	[14]CD	[15]ACD
[16]C				

第六章 法律权利与义务

一、历年真题及仿真题

（一）法律权利与义务的分类

【多选】

1 1101055

下列哪些选项属于积极义务的范畴？

A．子女赡养父母

B．严禁刑讯逼供

C．公民依法纳税

D．紧急避险

解析页码

020—022

（二）综合知识点

【单选】

2 1301009

法律谚语："平等者之间不存在支配权。"关于这句话，下列哪一选项是正确的？

A. 平等的社会只存在平等主体的权利，不存在义务；不平等的社会只存在不平等的义务，不存在权利

B. 在古代法律中，支配权仅指财产上的权利

C. 平等的社会不承认绝对的人身依附关系，法律禁止一个人对另一个人的奴役

D. 从法理上讲，平等的主体之间不存在相互的支配，他们的自由也不受法律限制

3 1201015

苏某和熊某毗邻而居。熊某在其居住楼顶为 50 只鸽子搭建了一座鸽舍。苏某以养鸽行为严重影响居住环境为由，将熊某诉至法院，要求熊某拆除鸽棚，赔礼道歉。法院判定原告诉求不成立。关于本案，下列哪一判断是错误的？

A. 本案涉及的是安居权与养鸽权之间的冲突

B. 从案情看，苏某的安居权属于《宪法》所规定的文化生活权利

C. 从判决看，解决权利冲突首先看一个人在行使权利的同时是否造成对他人权利的实际侵害

D. 本案表明，权利的行使与义务的承担相关联

4 1001006

法律格言说："不知自己之权利，即不知法律。"关于这句法律格言涵义的阐释，下列哪一选项是正确的？

A. 不知道法律的人不享有权利

B. 任何人只要知道自己的权利，就等于知道整个法律体系

C. 权利人所拥有的权利，既是事实问题也是法律问题

D. 权利构成法律上所规定的一切内容，在此意义上，权利即法律，法律亦权利

【多选题】

5 1301053

一外国电影故事描写道：五名探险者受困山洞，水尽粮绝，五人中的摩尔提议抽签吃掉一人，救活他人，大家同意。在抽签前摩尔反悔，但其他四人仍执意抽签，恰好抽中摩尔并将其吃掉。获救后，四人被以杀人罪起诉并被判处绞刑。关于上述故事情节，下列哪些说法是不正确的？

A. 其他四人侵犯了摩尔的生命权

B. 按照功利主义"最大多数人之福祉"的思想，"一命换多命"是符合法理的

C. 五人之间不存在利益上的冲突

D. 从不同法学派的立场看，此案的判决存在"唯一正确的答案"

【不定项】

6 1701089

许某与妻子林某协议离婚，约定 8 岁的儿子小虎由许某抚养，林某可随时行使对儿子的探望权，许某有协助的义务。离婚后两年间林某从未探望过儿子，小虎诉至法院，要求判令林某每月探视自己不少于 4 天。对此，下列说法正确的是？

A. 依情理林某应探望儿子，故从法理上看，法院可判决强制其行使探望权

B. 从理论上讲，权利的行使与义务的履行均具有其界限

C. 林某的探望权是林某必须履行一定作为或不作为的法律约束

D. 许某的协助义务同时包括积极义务和消极义务

二、模拟训练

【单选】

7 62208221

下列有关权利义务的说法中，哪一选项是错误的？

A. 知识产权属于绝对权

B. 在所有时代权利都是第一性的

C. 权利和义务是一切法律规范的核心内容

D. 没有无义务的权利，也没有无权利的义务

解析页码
022—024

8　62208127

卢梭在他的名著《社会契约论》的开篇提到："人生而自由，却无往不在枷锁之中"，下列关于此句的说法不正确的是？

A. 法律赋予人们权利，同时也规定相应的义务，防止权利的滥用

B. 自由并非是无限度的，任何人的自由都不能冒犯一般公众情感

C. 根据法律权利义务的法律依据不同可以划分为绝对权利义务与相对权利义务

D. 法律权利与义务具有一致性，但并非每一项法律权利都有相应的法律义务

【多选】

9　61908084

张某乘坐李某驾驶的玛莎拉蒂牌小轿车发生车祸，将张某的鼻梁撞断，构成轻微伤，前来调查事故的交警出具了责任认定书认为李某负全责，张某遂向法院起诉，除要求李某赔偿 10 万元医药费外，还主张应对其受伤害的"戴眼镜权"予以赔偿。关于本案，下列说法哪些是错误的？

A. 张某鼻梁被撞断，因此其主张的"戴眼镜权"属于法定权利

B. 交警出具的责任认定书是规范性法律文件，具有法律效力

C. 李某赔偿的 10 万元是绝对义务的承担方式

D. 若法院没有找到"戴眼镜权"的法律规则，可以依据法律原则作出判决

10　62208222

权利和义务是一切法律规范、法律部门（部门法），甚至整个法律体系的核心内容。下列关于权利与义务的说法中，正确的有哪些？

A. 从数量上看，权利与义务的总量是相等的

B. 在民主法治社会，权利是第一性的，义务是第二性的

C. "对世权利"和"对世义务"是对应特定的法律主体的权利和义务

D. 通过权利所保护的利益并不总是本人的利益，也可能是他人的、集体的或国家的利益

参考答案

[1]AC	[2]C	[3]B	[4]C	[5]CD
[6]BD	[7]B	[8]C	[9]ABC	[10]ABD

第七章 法的渊源

一、历年真题及仿真题

（一）法的正式渊源

【多选】

1　1601058

特别法优先原则是解决同位阶的法的渊源冲突时所依凭的一项原则。关于该原则，下列哪些选项是正确的？

A. 同一机关制定的特别规定相对于同时施行或在前施行的一般规定优先适用

B. 同一法律内部的规则规定相对于原则规定优先适用

C. 同一法律内部的分则规定相对于总则规定优先适用

D. 同一法律内部的具体规定相对于一般规定优先适用

2　1101053

1983 年 3 月 1 日，全国人大常委会通过的《商标法》生效；2002 年 9 月 15 日，国务院制定的《商标法实施条例》生效；2002 年 10 月 16 日，最高法院制定的《关于审理商标民事纠纷案件适用法律若干问题的解释》施行。对此，下列哪些说法是正确的？

A.《商标法实施条例》是部门规章

B.《关于审理商标民事纠纷案件适用法律若干问题的解释》是司法解释

C.《商标法实施条例》的效力要低于《商标法》

D.《商标法实施条例》是《关于审理商标民事纠

解析页码
024—025

纷案件适用法律若干问题的解释》的母法

【不定项】

3 1201088

1995 年颁布的《保险法》第 90 条规定:“保险公司的设立、变更、解散和清算事项，本法未作规定的，适用公司法和其他有关法律、行政法规的规定。”2009 年修订的《保险法》第 94 条规定:“保险公司，除本法另有规定外，适用《中华人民共和国公司法》的规定。”根据法的渊源及其效力原则，下列理解正确的是?

A. 相对于《公司法》规定而言,《保险法》对保险公司所作规定属于“特别法”

B.《保险法》对保险公司的规定不同于《公司法》的，优先适用《保险法》

C.《保险法》对保险公司没有规定的，适用《公司法》

D. 根据 2009 年修订的《保险法》第 94 条规定，对于保险公司的设立、变更、解散和清算事项:《保险法》没有规定的，可以优先适用其他有关法律、行政法规的规定

(二) 法的非正式渊源

【单选】

4 1101014

甲法官处理一起伤害赔偿案件，耐心向被告乙解释计算赔偿数额的法律依据，并将最高法院公报发布的已生效同类判决提供给乙参考。乙接受甲法官建议，在民事调解书上签字赔偿了原告损失。关于本案，下列哪一判断是正确的?

A. 法院已生效同类判决具有普遍约束力

B. 甲法官在该案调解时适用了判例法

C. 甲法官提供的指导性案例具有说服力

D. 民事调解书经乙签署后即具有行政强制执行力

(三) 综合知识点

【单选】

5 2201074

S 省 C 市中级人民法院受理了一起关于道路侵权的案件，经审理后拟撰写判决书，以下哪一个文件可以直接作为判决书的依据?

A. S 省公安厅制作的《道路安全管理办法》

B. C 市制定的地方性法规

C. C 市中院内部的规定

D. 最高法院的指导性案例

【多选】

6 1601056

林某与所就职的鹏翔航空公司发生劳动争议，解决争议中曾言语威胁将来乘坐鹏翔公司航班时采取报复措施。林某离职后在选乘鹏翔公司航班时被拒载，遂诉至法院。法院认为，航空公司依《民法典》负有强制缔约义务，依《民用航空法》有保障飞行安全义务。尽管相关国际条约和我国法律对此类拒载无明确规定，但依航空业惯例航空公司有权基于飞行安全事由拒载乘客。关于该案，下列哪些说法是正确的?

A. 反映了法的自由价值和秩序价值之间的冲突

B. 若法无明文规定，则法官自由裁量不受任何限制

C. 我国缔结或参加的国际条约是正式的法的渊源

D. 不违反法律的行业惯例可作为裁判依据

7 1501056

2011 年，李某购买了刘某一套房屋，准备入住前从他处得知该房内两年前曾发生一起凶杀案。李某诉至法院要求撤销合同。法官认为，根据我国民俗习惯，多数人对发生凶杀案的房屋比较忌讳，被告故意隐瞒相关信息，违背了诚实信用原则，已构成欺诈，遂判决撤销合同。关于此案，下列哪些说法是正确的?

A. 不违背法律的民俗习惯可以作为裁判依据

B. 只有在民事案件中才可适用诚实信用原则

C. 在司法判决中，诚实信用原则以全有或全无的方式加以适用

D. 诚实信用原则可以为相关的法律规则提供正当化基础

8 1001052

司法审判中，当处于同一位阶的规范性法律文件

解析页码
026—028

在某个问题上有不同规定时，法官可以依据下列哪些法的适用原则进行审判？

A. 特别法优于一般法

B. 上位法优于下位法

C. 新法优于旧法

D. 法溯及既往

【不定项】

9 2301051

某公司因资不抵债向法院申请破产，法院在受理破产申请后，该公司又因不动产纠纷被起诉至不动产所在地法院，不动产所在地法院根据《企业破产法》第 21 条规定："人民法院受理破产申请后，有关债务人的民事诉讼，只能向受理破产申请的人民法院提起。"遂将案件移送至受理破产申请的人民法院管辖。下列选项正确的有？

A. 第 21 条通过权衡"强度"的方式应用于个案

B. 第 21 条是命令性规则

C. 第 21 条是授权性规则

D. 体现了特别法优于一般法

10 1201086

1995 年颁布的《保险法》第 90 条规定："保险公司的设立、变更、解散和清算事项，本法未作规定的，适用公司法和其他有关法律、行政法规的规定。" 2009 年修订的《保险法》第 94 条规定："保险公司，除本法另有规定外，适用《中华人民共和国公司法》的规定。"根据法的渊源的知识，关于《保险法》上述二条规定之间的关系，下列理解正确的是？

A. "前法"与"后法"之间的关系

B. "一般法"与"特别法"之间的关系

C. "上位法"与"下位法"之间的关系

D. 法的正式渊源与法的非正式渊源之间的关系

二、模拟训练

【单选】

11 61808015

关于法律渊源，下列选项的说法正确的是？

A. 交易习惯的效力优先于合同法的效力

B. 习惯与现行法律、法规和社会公共利益不相抵触，就具有正式的法的渊源的意义

C. 法官不得以法无明文规定为由拒绝裁判

D. 考虑到法的确定性和可预测性，法官应当优先适用正式的法的渊源判案，而非正式的法的渊源由于缺乏明确的条文形式，不能作为法律判决的大前提

12 62208161

当代中国法的正式法源主要是以宪法为核心的各种制定法，表现形式有宪法、法律、行政法规、地方性法规、民族自治法规、经济特区法规、特别行政区的法律、规章、国际条约、国际惯例等。下列关于我国法的正式渊源表述正确的是？

A. 对公民人身自由的限制只能由全国人大及其常委会制定的法律进行规定

B. 省级人大常委会对设区的市制定的地方性法规进行审查，如与上位法不抵触在 60 日内批准

C. 自治条例和单行条例只能由自治区和自治州的人大制定

D. 国务院发布的决定和命令不属于法律渊源

【多选】

13 61908197

下列关于我国法律渊源的表述，说法正确的是？

A. 政策不是法律渊源，但对立法、司法、执法、守法、法律监督都有指导作用

B. 法的正式渊源有明文规定的法律效力，可直接作为法律人法律决定的大前提

C. 最高人民法院发布的指导性案例，属于法的非正式渊源，因此各级人民法院审判类似案例时可以参照

D. 我国缔结或参加的国际条约和国际惯例在我国属于正式渊源

14 61908080

党内法规是党的中央组织以及中央纪律检查委员会、中央各部门和省、自治区、直辖市党委制定的规范党组织的工作、活动和党员行为的党内规章制度的总称。关于党内法规下列说法哪些是错误的？

解析页码
028—030

A. 党章是最根本的党内法规，可依据党内法规对党员进行法律制裁
B. 党内法规是建设法治国家的有力保障，是行政机关依法行政的重要依据
C. 党内法规是由执政党制定的，因此对全体公民均有法律约束力
D. 党内法规的稳定性强于法律

【不定项】

15 61908093

下列关于法律渊源的说法正确的是？
A. 在英美法系，判例是正式的法的渊源
B. 部门规章的效力高于地方政府规章
C. 地方性法规与部门规章不一致，不能确定如何适用时，由全国人大常委会裁决
D. 在我国，最高人民法院发布的指导性案例具有重要作用，因此判例是正式的法的渊源

参考答案

[1] ABCD [2] BC [3] ABC [4] C [5] B
[6] ACD [7] AD [8] AC [9] BD [10] A
[11] C [12] A [13] BD [14] ABCD [15] A

第八章 法律部门与体系

一、历年真题及仿真题

（一）综合知识点

【多选】

1 1701056

某区质监局以甲公司未依《食品安全法》取得许可从事食品生产为由，对其处以行政处罚。甲公司认为，依特别法优先于一般法原则，应适用国务院《工业产品生产许可证管理条例》（以下简称《条例》）而非《食品安全法》，遂提起行政诉讼。对此，下列哪些说法是正确的？
A.《条例》不是《食品安全法》的特别法，甲公司说法不成立
B.《食品安全法》中规定食品生产经营许可的法律规范属于公法
C. 若《条例》与《食品安全法》抵触，法院有权直接撤销
D.《条例》与《食品安全法》都属于当代中国法的正式渊源中的“法律”

2 1601057

耀亚公司未经依法批准经营危险化学品，2003 年 7 月 14 日被区市场监督管理局依据《危险化学品安全管理条例》罚款 40 万元。耀亚公司以处罚违法为由诉至法院。法院查明，《安全生产法》规定对该种行为的罚款不得超过 10 万元。关于该案，下列哪些说法是正确的？
A.《危险化学品安全管理条例》与《安全生产法》的效力位阶相同
B.《安全生产法》中有关行政处罚的法律规范属于公法
C. 应适用《安全生产法》判断行政处罚的合法性
D. 法院可在判决中撤销《危险化学品安全管理条例》中与上位法相抵触的条款

3 1101051

关于法的渊源和法律部门，下列哪些判断是正确的？
A. 自治条例和单行条例是地方国家权力机关制定的规范性文件
B. 行政法部门就是由国务院制定的行政法规构成的
C. 国际公法是中国特色社会主义法律体系的组成部分
D. 划分法律部门的主要标准是法律规范所调整的社会关系

4 1001056

《中华人民共和国畜禽遗传资源进出境和对外合作研究利用审批办法》第 3 条规定：“本办法所称畜禽，是指列入依照《中华人民共和国畜牧法》第十一条（现为第十二条）规定公布的畜禽遗传资源目录的畜禽。本办法所称畜禽遗传资源，是指

解析页码
030—031

畜禽及其卵子（蛋）、胚胎、精液、基因物质等遗传材料。”对此，下列哪些表述是错误的？

A.《中华人民共和国畜牧法》是《中华人民共和国畜禽遗传资源进出境和对外合作研究利用审批办法》的上位法

B.《中华人民共和国畜牧法》和《中华人民共和国畜禽遗传资源进出境和对外合作研究利用审批办法》均属于行政法规

C. 该条款内容属于技术规范

D. 该条款规定属于任意性规则

二、模拟训练

【单选】

5　62208224

关于法律部门与法律体系，下列哪一说法是错误的？

A. 商法是民法的特别法

B. 被一国承认的国际公法条约不属于该国的法律体系的一部分

C. 宪法属于公法的一个组成部分

D. 一国的法律体系包含已被废止的法律规范

6　62208032

下列关于法律部门的表述正确的是？

A. 凡是调整同一类社会关系的法律规范的总和即构成一个法律部门

B. 划分法律部门的主要标准是调整方法的差异

C. 划分法律部门的适当平衡原则是指划分法律部门时要具有适度的前瞻性，避免频繁变动

D. 客观原则是划分法律部门的首要原则

参考答案

[1] AB　[2] BC　[3] AD　[4] BCD　[5] D　[6] A

第九章 法律效力

一、历年真题及仿真题

（一）法的对人效力、时间效力和空间效力

【单选】

1　1501013

赵某因涉嫌走私国家禁止出口的文物被立案侦查，在此期间逃往 A 国并一直滞留于该国。对此，下列哪一说法是正确的？

A. 该案涉及法对人的效力和空间效力问题

B. 根据我国法律的相关原则，赵某不在中国，故不能适用中国法律

C. 该案的处理与法的溯及力相关

D. 如果赵某长期滞留在 A 国，应当适用时效免责

【多选】

2　1201052

《中华人民共和国刑法》第 8 条规定：“外国人在中华人民共和国领域外对中华人民共和国国家或者公民犯罪，而按本法规定的最低刑为三年以上有期徒刑的，可以适用本法，但是按照犯罪地的法律不受处罚的除外。”关于该条文，下列哪些判断是正确的？

A. 规定的是法的溯及力

B. 规定的是法对人的效力

C. 体现的是保护主义原则

D. 体现的是属人主义原则

（二）综合知识点

【单选】

3　2001011

法谚云：“习惯在于自觉遵守，而法律在于强制服从”，关于法律和习惯的说法，下列选项正确的是？

A. 法律不被公布则不能生效

解析页码
032—033

B．法律不被遵守则不具有强制力
C．习惯不具有强制力
D．习惯具有成文性

4 1601011

有法谚云："法律为未来作规定，法官为过去作判决"。关于该法谚，下列哪一说法是正确的？
A．法律的内容规定总是超前的，法官的判决根据总是滞后的
B．法官只考虑已经发生的事实，故判案时一律选择适用旧法
C．法律绝对禁止溯及既往
D．即使案件事实发生在过去，但"为未来作规定"的法律仍然可以作为其认定的根据

【不定项】

5 1101091

2011 年 7 月 5 日，某公司高经理与员工在饭店喝酒聚餐后表示：别开车了，"酒驾"已入刑，咱把车推回去。随后，高经理在车内掌控方向盘，其他人推车缓行。记者从交警部门了解到，如机动车未发动，只操纵方向盘，由人力或其他车辆牵引，不属于酒后驾车。但交警部门指出，路上推车既会造成后方车辆行驶障碍，也会构成对推车人的安全威胁，建议酒后将车置于安全地点，或找人代驾。鉴于我国对"酒后代驾"缺乏明确规定，高经理起草了一份《酒后代驾服务规则》，包括总则、代驾人、被代驾人、权利与义务、代为驾驶服务合同、法律责任等共六章二十一条邮寄给国家立法机关。关于高经理起草的《酒后代驾服务规则》，下列说法不正确的是？
A．属于民法商法规则
B．是立法议案
C．是法的正式渊源
D．是规范性法律文件

二、模拟训练

【单选】

6 62208225

法的效力有广义与狭义之分。广义的法律效力是指规范性法律文件的效力和非规范性法律文件的效力，狭义的法律效力仅指规范性法律文件的效力。关于法的效力，下列说法中哪一项是错误的？
A．如果法律溯及既往，就是以今天的规则要求昨天的行为，就等于要求某人承担自己无法预期的义务，所以所有的法律均不溯及既往
B．我国停泊在境外的航空器上发生的犯罪行为，可以适用我国刑法追究刑事责任
C．在适用法律过程中出现新法与旧法冲突时，适用新法而使旧法事实上被废止为法的默示废止
D．按照保护主义原则，即使侵害本国利益的行为人的国籍和地域不在本国领土内，也要受到该国法律的追究

7 62208226

2012 年 9 月，湄公河惨案中杀害中国 13 名船员的 6 名犯罪分子在中缅双方交涉后，被押解至中国接受审判。关于该案中所体现的法律对象效力的原则，下列哪一说法是正确的？
A．保护主义原则
B．公平原则
C．属人主义原则
D．属地主义原则

参考答案

[1]A　[2]BC　[3]A　[4]D　[5]ABCD
[6]A　[7]A

第十章 法律关系

一、历年真题及仿真题

（一）法律关系的种类

【单选】

1 1801009

某家具厂老板张某与其员工李某发生纠纷，张某威胁不给李某发工资，李某气愤之下拿了一个杯

解析页码
033—034

子砸向张某但没有砸着，张某找人把李某打成重伤。李某报案后，公安局逮捕了张某，检察机关提起公诉，李某也提出刑事附带民事诉讼，法院依法进行了裁判。之前，检察院和张某签订了一项家具买卖合同。对此，下列说法不正确的是?

A．张某和李某之间既有调整性法律关系又有保护性法律关系

B．张某和检察院之间的买卖合同属于横向法律关系

C．张某与法院之间是纵向法律关系

D．张某和公安机关之间是调整性法律关系

2 1101012

甲、乙分别为某有限责任公司的自然人股东，后甲在乙知情但不同意的情况下，为帮助妹妹获取贷款，将自有股份质押给银行，乙以甲侵犯其股东权利为由向法院提起诉讼。关于本案，下列哪一判断是正确的?

A．担保关系是债权关系的保护性法律关系

B．债权关系是质押关系的第一性法律关系

C．诉讼关系是股权关系的隶属性法律关系

D．债权关系是质押关系的调整性法律关系

（二）综合知识点

【单选】

3 2301063

体育培训机构和学员王某协议约定，学员参加培训自甘风险，自行承担训练受伤的后果。后王某训练受伤起诉索赔。法院认为体育培训机构对学员有安全保障的义务，本案不适用自甘风险规定，协议有悖于公平原则无效，判决王某胜诉。据此下列说法正确的是?

A．本案免责条款无效，体现了家长主义原则对自由的限制

B．王某与体育培训机构签订的协议形成双方保护性法律关系

C．法院适用公平原则对自甘风险的强度进行衡量

D．体育培训机构的安全保障义务是绝对义务

4 1601010

甲和乙系夫妻，因外出打工将女儿小琳交由甲母照顾两年，但从未支付过抚养费。后甲与乙闹离婚且均不愿抚养小琳。甲母将甲和乙告上法庭，要求支付抚养费2万元。法院认为，甲母对孙女无法定或约定的抚养义务，判决甲和乙支付甲母抚养费。关于该案，下列哪一选项是正确的?

A．判决是规范性法律文件

B．甲和乙对小琳的抚养义务是相对义务

C．判决在原被告间不形成法律权利和义务关系

D．小琳是本案民事诉讼法律关系的主体之一

5 1501012

张某到某市公交公司办理公交卡退卡手续时，被告知：根据本公司公布施行的《某市公交卡使用须知》，退卡时应将卡内200元余额用完，否则不能退卡，张某遂提起诉讼。法院认为，公交公司依据《某市公交卡使用须知》拒绝张某要求，侵犯了张某自主选择服务方式的权利，该条款应属无效，遂判决公交公司退还卡中余额。关于此案，下列哪一说法是正确的?

A．张某、公交公司之间的服务合同法律关系属于纵向法律关系

B．该案中的诉讼法律关系是主法律关系

C．公交公司的权利能力和行为能力是同时产生和同时消灭的

D．《某市公交卡使用须知》属于地方规章

6 1301014

2012年，潘桂花、李大响老夫妇处置房产时，发现房产证产权人由潘桂花变成其子李能。原来，早在七年前李能就利用其母不识字骗其母签订合同，将房屋作价过户到自己名下。二老怒将李能诉至法院。法院查明，潘桂花因精神障碍，被鉴定为限制民事行为能力人。据此，法院认定该合同无效。对此，下列哪一说法是不正确的?

A．李能的行为违反了物权的取得应当遵守法律、尊重公德、不损害他人合法权益的法律规定

B．从法理上看，法院主要根据“法律家长主义”原则（即，法律对于当事人“不真实反映其意志的危险选择”应进行限制，使之免于自我伤害）对李能的意志行为进行判断，从而否定了

解析页码 035—036

他的做法

C．潘桂花被鉴定为限制民事行为能力人是对法律关系主体构成资格的一种认定

D．从诉讼“争点”理论看，本案争执的焦点不在李能是否利用其母不识字骗其母签订合同，而在于合同转让的效力如何认定

7 1001007

张女穿行马路时遇车祸，致两颗门牙缺失。交警出具的责任认定书认定司机负全责。张女因无法与肇事司机达成赔偿协议，遂提起民事诉讼，认为司机虽赔偿3,000元安装假牙，但假牙影响接吻，故司机还应就她的“接吻权”受到损害予以赔偿。关于本案，下列哪一选项是正确的？

A．张女与司机不存在产生法律关系的法律事实

B．张女主张的“接吻权”属于法定权利

C．交警出具的责任认定书是非规范性法律文件，具有法律效力

D．司机赔偿3,000元是绝对义务的承担方式

【多选】

8 2101103

新婚夫妇张某与李某到某影楼拍摄婚纱照。由于影楼工作人员的疏忽，导致新拍婚妙照的底片报废，这对新婚夫妇遂将影楼诉至法院，有关法律关系的说法，下列哪些选项是正确？

A．新婚夫妇与影楼之间形成的是平权型法律关系

B．新婚夫妇与影楼之间形成的法律关系体现了双方的意志

C．新婚夫妇与影楼之间形成的诉讼法律关系为相对法律关系

D．如果底片没有报废，新婚夫妇与影楼之间形成的法律关系的客体是照片

9 1401053

王某恋爱期间承担了男友刘某的开销计20万元。后刘某提出分手，王某要求刘某返还开销费用。经过协商，刘某自愿将该费用转为借款并出具了借条，不久刘某反悔，以不存在真实有效借款关系为由拒绝还款，王某诉至法院。法院认为，“刘某出具该借条系本人自愿，且并未违反法律强制性规定”，遂判决刘某还款。对此，下列哪些说法是正确的？

A．“刘某出具该借条系本人自愿，且并未违反法律强制性规定”是对案件事实的认定

B．出具借条是导致王某与刘某产生借款合同法律关系的法律事实之一

C．因王某起诉产生的民事诉讼法律关系是第二性法律关系

D．本案的裁判是以法律事件的发生为根据作出的

二、模拟训练

【单选】

10 61808022

某工厂擅自向河流中排放未达标的污水，被当地生态环境局处以5万元的罚款。该工厂与生态环境局之间所形成的法律关系属于下列哪种法律关系？

A．绝对法律关系

B．隶属性法律关系

C．第一性法律关系

D．调整性法律关系

11 62208227

关于法律关系，下列哪一说法是错误的？

A．甲和乙因买卖房屋而产生的法律关系为双向法律关系

B．丁为他人的借款提供担保而产生的法律关系属于第二性法律关系

C．行政法中的人事调动关系为多向法律关系

D．丙因故意伤害罪被提起刑事诉讼产生的法律关系是调整性法律关系

12 62208228

张某驾驶小轿车在非机动车道行驶且速度过快，不慎将孕妇李某蹭倒在地，所幸李某并未受伤。但由于受到惊吓，腹中婴儿早产并取名为小李。随后交管部门对张某进行了罚款。对此，下列哪一说法是错误的？

A．交管部门的罚款决定是一种法律事实

B．引起张某和交管部门之间的法律关系的是法律

解析页码
036—038

行为

C. 李某和小李之间的法律关系是平权性法律关系

D. 张某和交管部门之间的法律关系是保护性法律关系

【多选】

13 62208229

关于法律关系，下列哪些说法是正确的？

A. 亲权关系属于横向法律关系

B. 国家可以作为一个整体成为法律关系主体

C. 分公司不可以作为法律关系主体

D. 法律关系是以法律上的权利、义务为纽带而形成的社会关系

14 62208230

根据我国法律的规定，下列哪些情况可以形成法律关系？

A. 朱某与肖某订立购房合同

B. 陈某和王某确立恋爱关系

C. 交警处罚违章行人

D. 钱某去商场购买家具

参考答案

[1]D	[2]B	[3]C	[4]B	[5]C
[6]B	[7]C	[8]ABC	[9]ABC	[10]B
[11]D	[12]C	[13]BD	[14]ACD	

第十一章 法律责任

一、历年真题及仿真题

（一）法律责任的竞合

【不定项】

1 1401091

下列构成法律责任竞合的情形是？

A. 方某因无医师资格开设诊所被卫生局没收非法所得，并被法院以非法行医罪判处3年有期徒刑

B. 王某通话时，其手机爆炸导致右耳失聪，可选择以侵权或违约为由追究手机制造商法律责任

C. 林某因故意伤害罪被追究刑事责任和民事责任

D. 戴某用10万元假币购买一块劳力士手表，其行为同时触犯诈骗罪与使用假币罪

（二）综合知识点

【单选】

2 1701009

《民法典》第187条规定：民事主体因同一行为应当承担民事责任、行政责任和刑事责任的，承担行政责任或者刑事责任不影响承担民事责任；民事主体的财产不足以支付的，优先用于承担民事责任。关于该条文，下列哪一说法是正确的？

A. 表达的是委任性规则

B. 表达的是程序性原则

C. 表达的是强行性规则

D. 表达的是法律责任的竞合

3 1101011

《民法典》第186条规定：“因当事人一方的违约行为，损害对方人身权益、财产权益的，受损害方有权选择请求其承担违约责任或者侵权责任。”该条款规定了下列哪一类法律现象的处理原则？

A. 法律位阶的冲突

B. 法律责任的免除

C. 法律价值的冲突

D. 法律责任的竞合

【多选】

4 2201082

甲和乙养老院订立合同，约定由乙养老院为甲提供养老服务，后因乙养老院未按合同约定提供营养餐并造成甲食物中毒，据此甲向乙养老院主张侵权责任和违约责任。关于本案下列说法正确的是？

A. 甲和乙养老院之间的关系属于纵向法律关系

B. 该案乙养老院产生了侵权与违约责任的竞合

C. 由此引起的诉讼法律关系属于第二性法律关系

解析页码 039—041

D. 双方订立的合同属于相对法律关系

5 1701057

赵某在行驶中的地铁车厢内站立，因只顾看手机而未抓扶手，在地铁紧急制动时摔倒受伤，遂诉至法院要求赔偿。法院认为，《民法典》规定，被侵权人对损害的发生有过失的，可以减轻经营者的责任。地铁公司在车厢内循环播放“站稳扶好”来提醒乘客，而赵某因看手机未抓扶手，故存在重大过失，应承担主要责任。综合各种因素，法院判决地铁公司按40%的比例承担赔偿责任。对此，下列哪些说法是正确的？

A．该案中赵某是否违反注意义务，是衡量法律责任轻重的重要标准

B．该案的民事诉讼法律关系属第二性法律关系

C．若经法院调解后赵某放弃索赔，则构成协议免责

D．法官对责任分摊比例的自由裁量不受任何限制

6 1601059

李某向王某借款200万元，由赵某担保。后李某因涉嫌非法吸收公众存款罪被立案。王某将李某和赵某诉至法院，要求偿还借款。赵某认为，若李某罪名成立，则借款合同因违反法律的强制性规定而无效，赵某无需承担担保责任。法院认为，借款合同并不因李某犯罪而无效，判决李某和赵某承担还款和担保责任。关于该案，下列哪些说法是正确的？

A．若李某罪名成立，则出现民事责任和刑事责任的竞合

B．李某与王某间的借款合同法律关系属于调整性法律关系

C．王某的起诉是引起民事诉讼法律关系产生的唯一法律事实

D．王某可以免除李某的部分民事责任

二、模拟训练

【多选】

7 61908140

甲工厂为降低成本，没有安装排污设备，大量含有工业重金属的污水排放到附近灌溉河流中，造成附近十多户农民水稻绝收。当地生态环境局根据《环境保护法》对该企业进行处罚。十多户农民向法院提起诉讼，法院根据《民法典》第1229条规定：“因污染环境、破坏生态造成他人损害的，侵权人应当承担侵权责任。”判处甲工厂赔偿农民每亩农田损失2万元。对此，以下分析正确的是？

A.《环境保护法》和《民法典》均是正式的法的渊源

B．污染环境违法行为的归责采取的是过错责任原则

C．甲工厂承担的责任之间存在竞合关系

D．甲工厂、农民、生态环境局、法院之间存在着平权型和隶属型法律关系

8 61908172

关于法律责任，下列说法正确的是？

A．法律责任是保障权利与义务实现的有效手段

B．违法行为并非承担法律责任的唯一根源

C．法律责任的认定离不开国家权力，因此，国家权力的行使无法产生法律责任

D．法律责任的竞合只能发生在同一法律部门内部

9 62208233

关于法律责任的免除，下列哪些说法是正确的？

A．诽谤案（未严重危害社会秩序和国家利益）中如果当事人不向法院起诉则责任实际免除

B．告诉才处理的案件中如果原告撤回起诉不算免责

C．受害人和加害人在法律允许的范围内协商同意可以免除责任

D．时效免责是指责任经过一定期限后而免除

参考答案

[1]D [2]C [3]D [4]BCD [5]ABC
[6]BD [7]AD [8]AB [9]ACD

解析页码
041—043

第十二章 法的实施

一、历年真题及仿真题

（一）执法、司法、守法、法律监督

【单选】

1 2201069

法谚有云“实施是法律的目的与果实”对此下列说法正确的是？

A. 法的唯一目的是实施

B. 法律经实施方有效力

C. 法律要具有司法裁判性

D. 法律实施无需考量后果

【多选】

2 1101054

近年来，我国部分地区基层法院在民事审判中试点“小额速裁”，对法律关系单一、事实清楚、争议标的额不足1万元的民事案件，实行一审终审制度。关于该审判方式改革体现出的价值取向，下列哪些说法是正确的？

A. 节约司法成本

B. 促进司法民主

C. 提高司法效率

D. 推行司法公开

（二）综合知识点

【单选】

3 2201111

法谚云：法大行，则是为公是，非为公非。对此下列说法正确的是？

A. 公法的效力高于私法

B. 法律的实施主体只能是国家公权力机关

C. 法律的局限性在于，不调整私人利益

D. 法律的实施不仅是遵守法，更是对法价值的认可

4 2201064

2018至2021年最高人民法院颁布了多个典型知识产权相关案例，旨在加强保护知识产权和企业权益，提高对知识产权的司法保护力度，发挥典型案例的价值引导和行为规范的作用。对此下列说法正确的是？

A. 最高人民法院发布的典型案例具有普遍约束力

B. 在我国，党的政策都是正式的法律渊源

C. 对于最高法院的典型案例，法院审判类似案件时应当参照适用

D. 司法具有被动性的特征

5 1901148

郑子产有疾。谓子大叔曰：“我死，子必为政。唯有德者能以宽服民，其次莫如猛。夫火烈，民望而畏之，故鲜死焉。水懦弱，民狎而玩之。则多死焉，故宽难。”疾数月而卒。关于执法，下列选项正确的是？

A. 法就是法律，执法必须严格，不能搞人文情怀

B. 执法应做到宽严相济

C. 执法必须严厉，不能“宽容”，否则易纵容犯罪

D. 为上者有德，就可以做到以宽服民，不需要法律的治理

【多选】

6 2101102

后西村村民委员会在开展“争创精神文明户”活动中，将子女是否孝敬老人作为一项重要的指标。老张的儿子小张书面承诺，每月至少给父亲500元的赡养费。之后，小张家被评为“精神文明户”。但是小张始终没有履行过承诺。村民委员会撤销了小张家“精神文明户”的称号，并支持老张向法院起诉。法院审理后，判令小张每月向老张支付赡养费500元，并支付老张看病的费用。几个月后，老张再次找到原审法官，请求撤销原判决。理由是判决生效后，虽然小张履行了判决，但是他的孙子和孙女从此再也不喊他“爷爷”了，他为此非常伤心。对此事件，下列说法哪些是正确

解析页码
043—044

的？

A．在农村地区，应当优先适用风俗习惯

B．风俗习惯与国家法律之间存在紧张关系

C．建设法治国家，必须综合运用法律、道德等手段

D．该案法官应当按照老张的要求，撤销原判决

7 1601060

王某向市生态环境局提出信息公开申请，但未在法定期限内获得答复，遂诉至法院，法院判决生态环境局败诉。关于该案，下列哪些说法是正确的？

A．王某申请信息公开属于守法行为

B．判决生态环境局败诉体现了法的强制作用

C．王某起诉生态环境局的行为属于社会监督

D．王某的诉权属于绝对权利

8 1401051

《民法典》第1254条第1款规定："禁止从建筑物中抛掷物品。从建筑物中抛掷物品或者从建筑物上坠落的物品造成他人损害的……经调查难以确定具体侵权人的，除能够证明自己不是侵权人的外，由可能加害的建筑物使用人给予补偿。"关于该条文，下列哪些说法是正确的？

A．规定的是责任自负原则的例外情形

B．是关于法律解释方法位阶的规定

C．条文属于确定性规则

D．是体现司法公正原则的规定

【不定项】

9 1501088

张某因其妻王某私自堕胎，遂以侵犯生育权为由诉至法院请求损害赔偿，但未获支持。张某又请求离婚，法官调解无效后依照《民法典》中"其他导致夫妻感情破裂的情形"的规定判决准予离婚。对此，下列选项中正确的是？

A．王某与张某婚姻关系的消灭是由法律事件引起的

B．张某主张的生育权属于相对权

C．法院未支持张某的损害赔偿诉求，违反了"有侵害则有救济"的法律原则

D．"其他导致夫妻感情破裂的情形"属于概括性立法，有利于提高法律的适应性

二、模拟训练

【多选】

10 62408024

关于法的实施，下列哪些选项是正确的？

A．守法的含义既包括消极的不违法，还包括积极主动实施法律

B．守法既包括履行义务，也包括行使权利

C．实证主义承认守法义务的存在

D．有些自然法学派学者认为守法义务是一种初始性义务

【不定项】

11 61908146

英国哲学家培根说："一次不公的裁判比多次不平的举动为祸尤烈。"我国北宋文学家欧阳修也说过："法施于人，虽小必慎。"对于上述言论所涉及的法学知识，以下说法正确的是？

A．执法具有绝对的主动性，而司法具有被动性，不告不理

B．我国要求"执法必严，违法必究"，执法要遵循程序性要求，只要做到合法，即使执法方式不为社会公众接受也可以

C．司法是一种解决纠纷争议的活动，涉及的范围比执法更加广泛

D．司法权是一种判断权，而不是一种决策权、执行权

参考答案

[1]C [2]AC [3]D [4]D [5]B
[6]BC [7]ABC [8]AC [9]BD [10]ABD
[11]D

解析页码 045—046

第十三章 法适用的一般原理

一、历年真题及仿真题

（一）法适用的目标

【不定项】

1 1401092

“法律人适用法律的最直接目标就是要获得一个合理的决定。在法治社会，所谓合理的法律决定就是指法律决定具有可预测性和正当性。”对于这一段话，下列说法正确的是？

A．正当性是实质法治的要求

B．可预测性要求法律人必须将法律决定建立在既存的一般性的法律规范的基础上

C．在历史上，法律人通常借助法律解释方法缓解可预测性与正当性之间的紧张关系

D．在法治国家，法律决定的可预测性是理当崇尚的一个价值目标

（二）内部证成和外部证成

【多选】

2 2101101

关于内部证成和外部证成的表述，下列哪些选项是正确的？

A．内部证成和外部证成共同保证了法律决定的合理性

B．内部证成由于采用演绎推理而可以保证法律决定的合法性，外部证成由于采取归纳推理而可以保证法律决定的合理性

C．外部证成是法官在审判中根据法条直接推导出判决结论的过程

D．外部证成的过程必然涉及内部证成，对法律决定所依赖的前提的证成本身也是一个推理过程，也有一个内部证成的问题

3 1001054

关于法律论证中外部证成的说法，下列哪些选项是错误的？

A．外部证成是对内部证成中所使用的前提本身之合理性的证成

B．外部证成是法官在审判中根据法条直接推导出判决结论的过程

C．外部证成与案件事实的法律认定无关

D．外部证成本身也是一个推理过程

【不定项】

4 1301086

关于适用法律过程中的内部证成，下列选项正确的是？

A．内部证成是给一个法律决定提供充足理由的活动

B．内部证成是按照一定的推理规则从相关前提中逻辑地推导出法律决定的过程

C．内部证成是对法律决定所依赖的前提的证成

D．内部证成和外部证成相互关联

（三）综合知识点

【单选】

5 1501015

关于法的适用，下列哪一说法是正确的？

A．在法治社会，获得具有可预测性的法律决定是法的适用的唯一目标

B．法律人查明和确认案件事实的过程是一个与规范认定无关的过程

C．法的适用过程是一个为法律决定提供充足理由的法律证成过程

D．法的适用过程仅仅是运用演绎推理的过程

6 1401012

原告与被告系亲兄弟，父母退休后与被告共同居住并由其赡养。父亲去世时被告独自料理后事，未通知原告参加。原告以被告侵犯其悼念权为由诉至法院。法院认为，按照我国民间习惯，原告有权对死者进行悼念，但现行法律对此没有规定，该诉讼请求于法无据，判决原告败诉。关于此案，下列哪一说法是错误的？

A．本案中的被告侵犯了原告的经济、社会、文化

解析页码 046—048

权利

B. 习惯在我国是一种非正式的法的渊源

C. 法院之所以未支持原告诉讼请求，理由在于被告侵犯的权利并非法定权利

D. 在本案中法官对判决进行了法律证成

7 1201012

中学生小张课间打篮球时被同学小黄撞断锁骨，小张诉请中学和小黄赔偿 1.4 万余元。法院审理后认为，虽然二被告对原告受伤均没有过错，不应承担赔偿责任，但原告毕竟为小黄所撞伤，该校的不当行为也是伤害事故发生的诱因，且原告花费 1.3 万余元治疗后尚未完全康复，依据公平原则，法院酌定被告各补偿 3000 元。关于本案，下列哪一判断是正确的？

A. 法院对被告实施了法律制裁

B. 法院对被告采取了不诉免责和协议免责的措施

C. 法院作出对被告有利的判决，原因在于对案件事实与规范间关系进行了证成

D. 被告承担法律责任主要不是因为行为与损害间存在因果关系

8 1201013

张老太介绍其孙与马先生之女相识，经张老太之手曾给付女方“认大小”钱 10100 元，后双方分手。张老太作为媒人，去马家商量退还“认大小”钱时发生争执。因张老太犯病，马先生将其送医，并垫付医疗费 1251.43 元。后张老太以马家未返还“认大小”钱为由，拒绝偿付医药费。马先生以不当得利为由诉至法院。法院考虑此次纠纷起因及张老太疾病的诱因，判决张老太返还马先生医疗费 1000 元。关于本案，下列哪一理解是正确的？

A. 我国男女双方订婚前由男方付“认大小”钱是通行的习惯法

B. 张老太犯病直接构成马先生之医药费返还法律关系的法律事实

C. 法院判决时将保护当事人的自由和效益原则作为主要的判断标准

D. 本案的争议焦点不在于事实确认而在于法律认定

【多选】

9 2001150

下列关于法律证成的说法，哪些选项是正确的？

A. 庭审中当事人及律师对于案件事实的争论，属于外部证成

B. 法的证成就是法律人获得法律决定或判断的事实过程

C. 法官对证据证明能力的认定过程，是纯粹的事实判断过程

D. 内部证成的过程既涉及事实判断，也涉及价值判断

10 1901060

杨某与丈夫赵某于 1980 年结婚，后赵某又在婚姻存续期间与弟媳冯某同居，1996 年赵某因车祸死亡，此前赵某曾订立遗嘱并进行了公证，承诺在其死后将名下的宝马车赠与冯某，赵某去世后，冯某因车辆所有权争议纠纷诉至法院。法院认为协议内容虽然真实，但因赵某与冯某行为有违公序良俗，故协议无效。对此，下列哪些说法是正确的？

A. 法院对遗赠扶养协议的有关法律规则创设例外是基于公序良俗原则

B. 法院审理案件时运用的公序良俗原则属于公理性原则

C. 法官在审理案件时进行了事实判断和价值判断

D. 法院选择适用公序良俗原则的目的是实现个案正义，属于内部证成

11 1801054

李某驾驶摩托车与高某驾驶的出租车相撞，李某死亡。交警部门认定高某、李某承担事故的同等责任。在交警部门主持下，高某与死者李某之妻达成调解协议，由高某赔偿李某家属各项费用 12.2 万元，双方永无纠葛。不久，李某之妻发现自己已有身孕，并在 7 个月后生下女儿小红。李某之妻依据全国人大制定的《民法通则》第一百一十九条，将受偿主体确定为死者生前“扶养”的人的规定，向高某索要女儿抚养费。高某根据国务院制定的《道路交通事故处理办法》第

解析页码
048—049

三十七条，将受偿主体确定为死者生前“实际扶养”的人为由，拒绝作出赔偿。下列说法错误的是？

A. 根据特别法优于一般法的原则，本案应当优先适用《道路交通事故处理办法》

B. 双方当事人关于本案法律适用问题的辩论，属于外部证成

C. 法官对本案案件事实的确定过程，是一个纯粹的事实判断的过程

D. 李某之妻和高某的举动，均显现了法律的指引作用

12 1201053

张某与王某于2000年3月登记结婚，次年生一女小丽。2004年12月张某去世，小丽随王某生活。王某不允许小丽与祖父母见面，小丽祖父母向法院起诉，要求行使探望权。法官在审理中认为，我国《婚姻法》虽没有直接规定隔代亲属的探望权利，但正确行使隔代探望权有利于儿童健康成长，故依据《民法通则》第7条有关“民事活动应当尊重社会公德”的规定，判决小丽祖父母可以行使隔代探望权。关于此案，下列哪些说法是正确的？

A. 我国《婚姻法》和《民法通则》均属同一法律部门的规范性文件，均是“基本法律”

B. “民事活动应当尊重社会公德”的规定属于命令性规则

C. 法官对判决理由的证成是一种外部证成

D. 法官的判决考虑到法的安定性和合目的性要求

13 1001055

贾律师在一起未成年人盗窃案件辩护意见中写到：“首先，被告人刘某只是为了满足其上网玩耍的欲望，实施了秘密窃取少量财物的行为，主观恶性不大；其次，本省盗窃罪的追诉限额为800元，而被告所窃财产评估价值仅为1,050元，社会危害性较小；再次，被告人刘某仅从这次盗窃中分得200元，收益较少。故被告人刘某的犯罪情节轻微，社会危害性不大，主观恶性小，依法应当减轻或免除处罚。”关于该意见，下列哪些选项是不正确的？

A. 辩护意见既运用了价值判断，也运用了事实判断

B. “被告人刘某的犯罪情节轻微，社会危害性不大，主观恶性小，依法应当减轻或免除处罚”，属于事实判断

C. “本省盗窃罪的追诉限额为800元，而被告人所窃取财产评估价值仅为1050元”，属于价值判断

D. 辩护意见中的“只是”“仅为”“仅从”这类词汇，属于法律概念

【不定项】

14 1701090

据《二刻拍案惊奇》，大儒朱熹作知县时专好锄强扶弱。一日有百姓诉称：“有乡绅夺去祖先坟茔作了自家坟地。”朱熹知当地颇重风水，常有乡绅强占百姓风水吉地之事，遂亲往踏勘。但见坟地山环水绕，确是宝地，遂问之，但乡绅矢口否认。朱熹大怒，令掘坟取证，见青石一块，其上多有百姓祖先名字。朱熹遂将坟地断给百姓，并治乡绅强占田土之罪。殊不知青石是那百姓暗中埋下的，朱熹一片好心办了错案。对此，下列说法正确的是？

A. 青石上有百姓祖先名字的生活事实只能被建构为乡绅夺去百姓祖先坟茔的案件事实

B. “有乡绅夺去祖先坟茔作了自家坟地”是一个规范语句

C. 勘查现场是确定案件事实的必要条件，但并非充分条件

D. 裁判者自身的价值判断可能干扰其对案件事实的认定

二、模拟训练

【单选】

15 62208235

在现代法治社会，人们总是要求法律决定具有高度的可预测性，同时具有高度的正当性。对此，下列哪一选项是错误的？

A. 对于特定时期、特定国家的法律人而言，法律的可预测性具有通常的优先性

B. 法律的可预测性是实质法治的要求，正当性是

解析页码 050

形式法治的要求

C. 法律的可预测性意在实现法律的安定性、确定性

D. 法律的可预测性和正当性存在一定的紧张关系

16 62208239

关于法适用的一般原理，下列说法不正确的是？

A. 法律适用最直接的目标是获得一个具有可预测性和正当性的法律决定

B. 具体而言，法律适用的步骤首先是选择和确定法律规范作为大前提，其次是查明和确认案件事实作为小前提，最后推导出法律决定

C. 外部证成保证的是推理前提的合理性、可靠性

D. 在法律推理过程中，必然涉及法的价值判断

【多选】

17 61808033

关于法律论证中的内部证成和外部证成，下列哪些说法是正确的？

A. 内部证成是指法律决定必须按照一定的推理规则从相关前提中推导出来

B. 外部证成主要是对内部证成中所推导出的结论的合理性进行逻辑说明

C. 内部证成和外部证成是相互关联的

D. 内部证成和外部证成都需要支持性理由和推理规则

18 62208236

关于法律适用的步骤，下列哪些选项是正确的？

A. 三段论推理是法律人适用法律最常用的形式

B. 三段论推理包含大前提、小前提和结论

C. 案件事实是三段论推理中的大前提

D. 与案件事实相符合的法律规范是三段论推理中的小前提

【不定项】

19 62008004

关于法的发现与法的证成，下列说法正确的有？

A. 法的发现与法的证成是先后各自独立发生的过程，先有法的发现，才有法的证成

B. 法的发现与法的证成是两种不同性质的过程，是同一个过程的不同层面

C. 相比法的证成，法的发现具有优先性

D. 相比法的发现，法的证成具有优先性

20 62008005

关于法的发现与法的证成的相关表述，下列说法错误的有？

A. 法的发现，是指法律人将其实际上所作的决定或判断进行合理化的证明和证成以保证该决定或判断是理性的、正当的或正确的

B. 法的证成将法律人作法律决定或判断作为一个事实或实际行为过程，将心理因素、社会因素与法律决定或判断之间的关系视为因果关系而进行处理

C. 苹果从树上掉落砸在牛顿的头上，让牛顿发现万有引力。这个过程就相当于“法的证成”

D. 法的发现与法的证成过程均无法进行规范评价

21 62008006

某医院对患癌症的甲采取放射治疗，但在放射治疗过程中致甲伤残。甲向法院提起诉讼要求医院赔偿。法院经审理后认定，甲的伤残确系医院的医疗行为所致。对此，下列说法正确的是？

A. 甲因医院的放射治疗而伤残，其向法院提起诉讼要求医院赔偿这一过程属于法的发现

B. 甲伤残与医院放射治疗行为之间具有因果关系这一结论的做出属于法的证成

C. 法院经审理后认定，甲的伤残确系医院的医疗行为所致这一过程属于法的发现

D. 法院经审理后认定，甲的伤残确系医院的医疗行为所致这一过程属于法的证成

参考答案

[1]ABCD	[2]AD	[3]BC	[4]ABD	[5]C
[6]A	[7]C	[8]D	[9]AD	[10]ABC
[11]AC	[12]ACD	[13]BCD	[14]CD	[15]B
[16]B	[17]ACD	[18]AB	[19]BD	[20]ABCD
[21]D				

解析页码
051—052

第十四章 法律推理

一、历年真题及仿真题

（一）综合知识点

【单选】

1 2201109

张三和李四在结婚之前存在借贷关系，张三想着两个人结婚以后就可以不用还钱了，遂与李四结婚。婚后一个月张三就向法院起诉和李四离婚，法院通过解释《民法典》诚实信用原则与该案的关系，判决双方离婚且张三需履行对李四的还款责任。对此，下列说法正确的是?

A．道德评价是司法判决的先决条件

B．该判决运用了涵摄的方法

C．婚姻是第一性法律关系，借贷是第二性法律关系

D．根据诚实信用原则进行判决让法律具有可预测性

2 2001147

贾某和丈夫王某非法代孕生下小雨。不久，王某因病去世，小雨的祖父母诉至法院，要求成为孩子的监护人，理由是王某为孩子生父，而贾某和孩子无血缘关系。法庭审理认为，联合国《儿童权利公约》第 3 条确立了儿童最大利益原则，我国作为缔约国，应在司法中体现该原则。在确定子女监护权归属时，应从双方的监护能力、孩子对情感的需求、家庭结构完整性等方面最大化地保护子女利益，因此将监护权判归贾某。下列说法正确的是?

A．《儿童权利公约》是国际惯例，属于我国法的正式渊源

B．小雨是民事诉讼法律关系的主体之一

C．“我国作为缔约国，应在司法中体现该原则”是确定法律推理的小前提

D．非法代孕子女监护权归属的法律问题，体现了法的本质最终反映为法的物质制约性

3 1701011

某法院在审理一起合同纠纷案时，参照最高法院发布的第 15 号指导性案例所确定的“法人人格混同”标准作出了判决。对此，下列哪一说法是正确的?

A．在我国，指导性案例是正式的法的渊源

B．判决是规范性法律文件

C．法官在该案中运用了类比推理

D．在我国，最高法院和各级法院均可发布指导性案例

4 1601012

在宋代话本小说《错斩崔宁》中，刘贵之妾陈二姐因轻信刘贵欲将她休弃的戏言连夜回娘家，路遇年轻后生崔宁并与之结伴同行。当夜盗贼自刘贵家盗走 15 贯钱并杀死刘贵，邻居追赶盗贼遇到陈、崔二人，因见崔宁刚好携带 15 贯钱，遂将二人作为凶手捉拿送官。官府当庭拷讯二人，陈、崔屈打成招，后被处斩。关于该案，下列哪一说法是正确的?

A．话本小说《错斩崔宁》可视为一种法的非正式渊源

B．邻居运用设证推理方法断定崔宁为凶手

C．“盗贼自刘贵家盗走 15 贯钱并杀死刘贵”所表述的是法律规则中的假定条件

D．从生活事实向法律事实转化需要一个证成过程，从法治的角度看，官府的行为符合证成标准

5 1301012

赵某与陈女订婚，付其 5000 元彩礼，赵母另付其 1000 元“见面礼”。双方后因性格不合解除婚约，赵某诉请陈女返还该 6000 元费用。法官根据《民法典》和最高法院《关于适用〈中华人民共和国民法典〉婚姻家庭编的解释（一）》的相关规定，认定该现金属彩礼范畴，按照习俗要求返还不违反法律规定，遂判决陈女返还。对此，下列哪一说法是正确的?

A．法官所提及的“习俗”在我国可作为法的正式渊源

B．在本案中，法官主要运用了归纳推理技术

解析页码
052—054

C. 从法理上看，该判决不符合《民法典》第1065条“男女双方可以约定婚姻关系存续期间所得的财产”之规定

D.《民法典》和《关于适用〈中华人民共和国民法典〉婚姻家庭编的解释（一）》均属于规范性法律文件

6 1301015

范某参加单位委托某拓展训练中心组织的拔河赛时，由于比赛用绳断裂导致范某骨折致残。范某起诉该中心，认为事故主要是该中心未尽到注意义务引起，要求赔偿10万余元。法院认定，拔河人数过多导致事故的发生，范某本人也有过错，判决该中心按40%的比例承担责任，赔偿4万元。关于该案，下列哪一说法是正确的？

A. 范某对案件仅做了事实描述，未进行法律判断

B. “拔河人数过多导致了事故的发生”这一语句所表达的是一种裁判事实，可作为演绎推理的大前提

C. “该中心按40%的比例承担责任，赔偿4万元”是从逻辑前提中推导而来的

D. 法院主要根据法律责任的效益原则作出判决

【多选】

7 1501058

徐某被何某侮辱后一直寻机报复，某日携带尖刀到何某住所将其刺成重伤。经司法鉴定，徐某作案时辨认和控制能力存在，有完全的刑事责任能力。法院审理后以故意伤害罪判处徐某有期徒刑10年。关于该案，下列哪些说法是正确的？

A. “徐某作案时辨认和控制能力存在，有完全的刑事责任能力”这句话包含对事实的法律认定

B. 法院判决体现了法的强制作用，但未体现评价作用

C. 该案中法官运用了演绎推理

D. “徐某被何某侮辱后一直寻机报复，某日携带尖刀到何某住所将其刺成重伤”是该案法官推理中的大前提

8 1401052

新郎经过紧张筹备准备迎娶新娘。婚礼当天迎亲车队到达时，新娘却已飞往国外，由其家人转告将另嫁他人，离婚手续随后办理。此事对新郎造成严重伤害。法院认为，新娘违背诚实信用和公序良俗原则，侮辱了新郎人格尊严，判决新娘赔偿新郎财产损失和精神抚慰金。关于本案，下列哪些说法可以成立？

A. 由于缺乏可供适用的法律规则，法官可依民法基本原则裁判案件

B. 本案法官运用了演绎推理

C. 确认案件事实是法官进行推理的前提条件

D. 只有依据法律原则裁判的情形，法官才需提供裁判理由

【不定项】

9 1501089

李某因热水器漏电受伤，经鉴定为重伤，遂诉至法院要求厂家赔偿损失，其中包括精神损害赔偿。庭审时被告代理律师辩称，一年前该法院在审理一起类似案件时并未判决给予精神损害赔偿，本案也应作相同处理。但法院援引最新颁布的司法解释，支持了李某的诉讼请求。关于此案，下列认识正确的是？

A. “经鉴定为重伤”是价值判断而非事实判断

B. 此案表明判例不是我国正式的法的渊源

C. 被告律师运用了类比推理

D. 法院生效的判决具有普遍约束力

二、模拟训练

【单选】

10 61908091

腾某从卢某处购买毒品并多次与其在自己房间内吸食。邻居钟某认为腾某做法违法，遂教育其不要再吸毒。后腾某事发，法院根据《刑法》第354条之规定“容留他人吸食、注射毒品的，处三年以下有期徒刑、拘役或者管制，并处罚金”，结合案件事实、证据，认定腾某构成容留他人吸毒罪。据此，下列哪种说法是正确的？

A. 法院所引用的刑法条款规定的内容属于任意性法律规则

B. 钟某认为腾某的做法违法，教育其不要再吸毒

解析页码

054—056

的行为表明了法律具有教育作用

C. 法院在该案件中的法律推理属于演绎推理

D. 腾某与法院之间的关系是平权型法律关系

【多选】

11 61808039

关于法律推理，以下说法正确的是？

A. 英美法系作为判例法国家，其只能采用类比推理

B. 最高人民法院通过对各级法院的判决进行研究，就某种类型案件的审判总结出一般规则，以司法解释的形式予以公布，其总结过程属于归纳推理

C. 设证推理是适用法律的重要环节，但它的推理结论是不确定的

D. 作为成文法国家，我国法律严格禁止类比推理

12 62208237

关于法律推理，下列哪些说法是正确的？

A. 演绎推理是从个别到一般的推理

B. 设证推理效力很弱

C. 法律推理不同于自然科学研究中的推理

D. 类比推理是从个别到个别的推理

参考答案

[1] B	[2] D	[3] C	[4] B	[5] D
[6] C	[7] AC	[8] ABC	[9] BC	[10] C
[11] BC	[12] BCD			

第十五章 法律解释

一、历年真题及仿真题

（一）法律解释的方法与位阶

【单选】

1 2201116

甲县法院在审理案件过程中发现，张某的行为具有严重的社会危害性但《刑法》并无明文规定其行为构成何罪，为遏制该类行为，甲县法院在解释法条时结合《刑法》总则及分则条文之间的关系，最终判处张某有期徒刑三年。甲县法院在本案中采取了何种解释方法？

A. 客观目的解释

B. 体系解释

C. 比较解释

D. 历史解释

2 2201075

依据《高检刑事诉讼规则》人民检察院可以对未成年人附条件不起诉，被害人不服附条件不起诉决定的，应当告知不适用《刑事诉讼法》第 180 条关于被害人可以向人民法院提起自诉的规定。该司法解释属于？

A. 客观目的解释

B. 体系解释

C. 文义解释

D. 主观解释

3 2201065

法谚有云：“法的最佳解释者是法律本身。”对此下列理解正确的是？

A. 立法的过程就是对法的解释

B. 法律之外无解释

C. 法律本身的解释属于体系解释

D. 有法律就有最优解释

4 1001010

法律解释是法律适用中的必经环节。关于法律解释及其方法，下列哪一说法是错误的？

A. “欲寻词句义，应观上下文”，描述的是体系解释方法

B. 文义解释是首先考虑的解释方法，相对于其他解释方法具有优先性

C. 历史解释的对象主要是法律问题中的历史事实，与特定解决方案中的法律后果无关

D. 客观目的解释中，一些法伦理性的原则可以作为解释的根据

解析页码
056—058

【多选】

5 1501059

张某出差途中突发疾病死亡，被市社会保障局认定为工伤。但张某所在单位认为依据《工伤保险条例》，只有"在工作时间和工作岗位突发疾病死亡"才属于工伤，遂诉至法院。法官认为，张某为完成单位分配任务，须经历从工作单位到达出差目的地这一过程，出差途中应视为工作时间和工作岗位，故构成工伤。关于此案，下列哪些说法是正确的?

A．解释法律时应首先运用文义解释方法

B．法官对条文作了扩张解释

C．对条文文义的扩张解释不应违背立法目的

D．一般而言，只有在法律出现漏洞时才需要进行法律解释

6 1201055

杨某与刘某存有积怨，后刘某服毒自杀。杨某因患风湿病全身疼痛，怀疑是刘某阴魂纠缠，遂先后 3 次到刘某墓地掘坟撬棺，挑出刘某头骨，并将头骨和棺材板移埋于自家责任田。事发后，检察院对杨某提起公诉。一审法院根据《中华人民共和国刑法》第 302 条的规定，认定杨某的行为构成侮辱尸体罪。杨某不服，认为坟内刘某已成白骨并非尸体，随后上诉。杨某对"尸体"的解释，属于下列哪些解释?

A．任意解释

B．比较解释

C．文义解释

D．法定解释

（二）正式解释与非正式解释

【多选】

7 2001151

古罗马法学家西塞罗说，"因为法律统治执政官，所以执政官统治人民，并且我们真正可以说，执政官乃是会说话的法律，而法律乃是不会说话的执政官"。对于这段话，下列哪些选项的表述是正确的?

A．只要是执政官所说的话都是法律

B．执政官对法律的解释具有法的效力

C．执政官的统治实际上是法律的统治

D．执政官是法律的产物，必须服从法律

（三）当代中国的法律解释体制：一元多级

【多选】

8 1701064

《全国人民代表大会常务委员会关于〈中华人民共和国民法通则〉第九十九条第一款、〈中华人民共和国婚姻法〉第二十二条的解释》规定："公民依法享有姓名权。公民行使姓名权，还应当尊重社会公德，不得损害社会公共利益。"关于该解释，下列哪些选项是正确的?

A．我国宪法明确规定了姓名权，故该解释属于宪法解释

B．与《民法通则》和《婚姻法》具有同等效力

C．由全国人大常委会发布公告予以公布

D．法院可在具体审判过程中针对个案对该解释进行解释

9 1501060

《最高人民法院关于适用合同法若干问题的解释（二）》第十九条规定："……对于合同法第七十四条规定的'明显不合理的低价'，人民法院应当以交易当地一般经营者的判断，并参考交易当时交易地的物价部门指导价或者市场交易价，结合其他相关因素综合考虑予以确认。"关于该解释，下列哪些说法是正确的?

A．并非由某个个案裁判而引起

B．仅关注语言问题而未涉及解释结果是否公正的问题

C．具有法律约束力

D．不需报全国人大常委会备案

（四）综合知识点

【单选】

10 2301062

年逾 60 的清洁工王某在打扫卫生时受伤，请求保险公司赔偿，保险公司以其超过法定退休年龄为

解析页码 058—059

由拒赔。工伤鉴定部门认为，老人已经超过退休年龄，不应认定为工伤。王某诉至法院，法院认为，法律未规定工作责任年龄，且为维护老年人合法权益，判决保险公司应支付保险费用。王某胜诉，体现了：

A. 当然推理

B. 历史解释

C. 反向推理

D. 目的解释

11 2201110

《最高人民法院关于审理抢劫刑事案件适用法律若干问题的指导意见》规定："认定'抢劫数额巨大'，参照各地认定盗窃罪数额巨大的标准执行。抢劫数额以实际抢劫到的财物数额为依据。对以数额巨大的财物为明确目标，由于意志以外的原因，未能抢到财物或实际抢得的财物数额不大的，应同时认定'抢劫数额巨大'和犯罪未遂的情节，根据刑法有关规定，结合未遂犯的处理原则量刑。"对此，下列哪项说法是正确的？

A. 该解释的效力高于《刑法》

B. 司法解释不包括对行政法规和地方性法规的解释

C. 该规则是确定性规则

D. 该解释与《刑法》具有同等效力

12 2201070

根据《道路交通安全法》第 47 条规定："机动车行经人行横道时，应当减速行驶；遇行人正在通过人行横道，应当停车让行。"甲驾驶机动车没有避让行人被处罚，甲以"行人静止站在人行道上，没有通过的意思"为由主张无责，且认为行人这样做会影响通行效率。法官乙认为行人通行过程中停下观察路况是被允许的，如果按照甲的抗辩理由，大家开车的时候故意逼停行人，先通行，然后以这个理由抗辩就和立法目的相违背了。根据本案，下列说法正确的是？

A. 法官仅运用了文义解释

B. 本案体现了安全大于效率

C. 该法条不是规范性表述

D. 停车属于消极义务

13 2201072

甲以乙的作品侵犯了甲所运营网络游戏中的游戏人物形象为由诉至法院，但关于此种侵权行为《著作权法》中没有法律条文明确规定，法官通过将其与视听作品进行对比，发现两者有相似之处，便将此行为视为视听作品侵权进行了裁判。关于该案下列说法正确的是？

A. 此法律漏洞为隐藏漏洞

B. 法官运用了类比推理

C. 法官进行了目的论扩张

D. 法官采用了文义解释

14 1201014

某商场促销活动时宣称："凡购买 100 元商品均送 80 元购物券。对因促销活动产生的纠纷，本商场有最终解释权。"刘女士在该商场购买了 1000 元商品，返回 800 元购物券。刘女士持券买鞋时，被告知鞋类商品 2 天前已退出促销活动，必须现金购买。刘女士遂找商场理论，协商未果便将商场告上法庭。关于本案，下列哪一认识是正确的？

A. 从法律的角度看，"本商场有最终解释权"是一种学理解释权的宣称

B. 本案的争议表明，需要以公平正义原则去解释合同填补漏洞

C. 当事人对合同进行解释，等同于对合同享有法定的解释权

D. 商场的做法符合"权利和义务相一致"的原则

15 2001145

下列关于法律漏洞和法律解释的说法，哪一选项是正确的？

A. 法律出现缺失即可称之为法律漏洞

B. 对于"词不尽意"的法律漏洞可采用目的论限缩的方法予以弥补

C. 法律漏洞是法律中的客观存在，其有无不需要法官进行价值判断

D. 目的论限缩的解释与缩小解释的差别之一在于有无改变法律规范的适用范围

解析页码
060—061

16 2001012

法谚有云："法官是会说话的法律"，关于此法律谚语的理解，下列选项正确是？

A．法律不经法官，则无从解释

B．法律不经解释，则不可适用

C．法律不经裁判，不产生义务

D．法律不经适用，不具效力

17 1901019

某危重病人被送医院就医，但因其拒绝在手术同意书上签字，医生未对其进行手术抢救，最终因病情耽误不治身亡。关于本案，哪一说法是正确的？

A．医生应当严守法律，哪怕危及患者生命，这是法律实证主义的要求

B．患者同意权在任何情况下都不应该被侵犯，这体现了个案中的比例原则

C．危重病人应该排除在同意权规定的适用范围之外，这是方法论上的目的论的扩张

D．立法者应当允许不经患者同意采取必要的医疗措施，这体现了伤害原则

18 1701012

"当法律人在选择法律规范时，他必须以该国的整个法律体系为基础，也就是说，他必须对该国的法律有一个整体的理解和掌握，更为重要的是他要选择一个与他确定的案件事实相切合的法律规范，他不仅要理解和掌握法律的字面含义，还要了解和掌握法律背后的意义。"关于该表述，下列哪一理解是错误的？

A．适用法律必须面对规范与事实问题

B．当法律的字面含义不清晰时，可透过法律体系理解其含义

C．法律体系由一国现行法和历史上曾经有效的法构成

D．法律的字面含义有时与法律背后的意义不一致

19 1601013

《全国人民代表大会常务委员会关于刑法第一百五十八条、第一百五十九条的解释》中规定："刑法第一百五十八条、第一百五十九条的规定，只适用于依法实行注册资本实缴登记制的公司。"关于该解释，下列哪一说法是正确的？

A．效力低于《刑法》

B．全国人大常委会只能就《刑法》作法律解释

C．对法律条文进行了限制解释

D．是学理解释

20 1401014

《最高人民法院、最高人民检察院关于办理赌博刑事案件具体应用法律若干问题的解释》第2条规定："以营利为目的，在计算机网络上建立赌博网站，或者为赌博网站担任代理，接受投注的，属于刑法第三百零三条规定的'开设赌场'"。关于该解释，下列哪一说法是不正确的？

A．属于法定解释

B．对刑法条文做了扩大解释

C．应当自公布之日起30日内报全国人大常委会备案

D．运用了历史解释方法

21 1401013

张林遗嘱中载明：我去世后，家中三间平房归我妻王珍所有，如我妻今后嫁人，则归我侄子张超所有。张林去世后王珍再婚，张超诉至法院主张平房所有权。法院审理后认为，婚姻自由是宪法基本权利，该遗嘱所附条件侵犯了王珍的婚姻自由，违反《婚姻法》规定，因此无效，判决张超败诉。对于此案，下列哪一说法是错误的？

A．婚姻自由作为基本权利，其行使不受任何法律限制

B．本案反映了遗嘱自由与婚姻自由之间的冲突

C．法官运用了合宪性解释方法

D．张林遗嘱处分的是其财产权利而非其妻的婚姻自由权利

22 1301013

李某在某餐馆就餐时，被邻桌互殴的陌生人误伤。李某认为，依据《消费者权益保护法》第7条第1款中"消费者在购买、使用商品和接受服务时享有人身、财产安全不受损害的权利"的规定，餐馆应负赔偿责任，据此起诉。法官结合该法第7条第2款中"消费者有权要求经营者提供的商品和服务，符合保障人身、财产安全的要求"的

解析页码
061—063

规定来解释第7条第1款，认为餐馆对商品和服务之外的因素导致伤害不应承担责任，遂判决李某败诉。对此，下列哪一说法是不正确的？

A. 李某的解释为非正式解释

B. 李某运用的是文义解释方法

C. 法官运用的是体系解释方法

D. 就不同解释方法之间的优先性而言，存在固定的位阶关系

23 1201011

2003年7月，年过七旬的王某过世，之前立下一份“打油诗”遗嘱：“本人已年过七旬，一旦病危莫抢救；人老病死本常事，古今无人寿长久；老伴子女莫悲愁，安乐停药助我休；不搞哀悼不奏乐，免得干扰邻和友；遗体器官若能用，解剖赠送我原求；病体器官无处要，育树肥花环境秀；我的一半财产权，交由老伴可拥有；上述遗愿能实现，我在地下乐悠悠。”

对于王某遗嘱中“我的一半财产权”所涉及的住房，指的是“整个房子的一半”，还是“属于父亲份额的一半”，家人之间有不同的理解。儿子认为，父亲所述应理解为母亲应该继承属于父亲那部分房产的一半，而不是整个房产的一半。王某老伴坚持认为，这套房子是其与丈夫的共同财产，自己应拥有整个房产（包括属于丈夫的另一半房产）。关于该案，下列哪一说法是正确的？

A. 王某老伴与子女间的争议在于他们均享有正式的法律解释权

B. 王某老伴与子女对遗嘱的理解属于主观目的解释

C. 王某遗嘱符合意思表示真实、合法的要求

D. 遗嘱中的“我的一半财产权”首先应当进行历史解释

24 1001011

2000年6月，最高法院决定定期向社会公布部分裁判文书，在汇编前言中指出：“最高人民法院的裁判文书，由于具有最高的司法效力，因而对各级人民法院的审判工作具有重要的指导作用，同时还可以为法律、法规的制定和修改提供参考，也是法律专家和学者开展法律教学和研究的宝贵素材。”对于此段文字的理解，下列哪一选项是正确的？

A. 最高法院的裁判文书可以构成法的渊源之一

B. 最高法院的裁判文书对各级法院审判工作具有重要指导作用，属于规范性法律文件

C. 最高法院的裁判文书具有最高的普遍法律效力

D. 最高法院的裁判文书属于司法解释范畴

25 2401048

甲因某公司安装的灯照射强度过高，诉至法院，法官经审理后认为该灯的照射强度超过正常人的光照承受范围，遂判决拆除该灯，在本案中，运用了什么方法判决？

A. 设证推理

B. 体系解释

C. 比较解释

D. 当然推理

【多选】

26 2301049

当事人通过网络聊天的方式签订合同，后产生纠纷，诉至法院，当事人认为本案应当由互联网法院管辖。法院认为：互联网法院管辖的是互联网购物等，该案不属于互联网法院管辖。对此，下列说法正确的是？

A. 对互联网案件的认定属于外部证成

B. 法院对互联网案件的解释属于目的论限缩

C. 属于明显漏洞

D. 属于嗣后漏洞

27 2201081

我国法律规定子女应赡养父母，有学者解释：“我国对于子女赡养父母立法的目的在于促使子女履行对老年人经济上供养、生活上照料和精神上慰藉的义务，照顾老年人的特殊需要。”该学者的解释属于？

A. 主观目的解释

B. 非正式解释

C. 文义解释

D. 体系解释

解析页码
063—065

28 2201080

《建筑法》第 61 条第 2 款规定:“建筑工程竣工经验收合格后，方可交付使用；未经验收或者验收不合格的，不得交付使用。”后甲乙二人因为房屋质量问题产生纠纷，法院认为根据《建筑法》立法本意，本条旨在确保购房者所购房屋质量合格，并不代表验收合格就不存在质量问题。关于本案下列说法正确的是?

A.《建筑法》属于公法

B. 本案中法官对该条作了文义解释

C. 未对质量问题进行规定属于自始漏洞

D. 未对质量问题进行规定属于嗣后漏洞

29 2201078

劳动者面试，用人单位以劳动者是某某省人拒绝，后劳动者向法院起诉，法院判决公司向劳动者赔偿一万元，并赔礼道歉。关于本案下列说法正确的是?

A. 体现了法的强制作用

B. 体现了判决具有普遍约束力

C. 该法院对《劳动法》的解释属于司法解释

D. 在判决公司承担责任时也要充分考虑归责效益原则

30 2101090

沈某因继承祖父的遗产取得房屋所有权，起诉至法院要求继祖母李某搬离。法院认为，此住房是李某唯一住房，且李某年岁已高，无其他生活来源，如果让其搬离，会违背公序良俗。虽然此房屋并未登记设立居住权，但根据《民法典》规定居住权的立法目的，应当承认李某的居住权利。故法院判沈某败诉。下列说法正确的是?

A. 为了证成李某的权利，法院做了目的论扩张

B. 沈某的所有权是普通权利，受到居住权这一基本权利的限制

C. 法院的判决体现了法律分配正义的个人需求原则

D. 为了确保判决合目的性，法院考量了公序良俗

31 1901061

开发商甲公司与小红因为未能在合同的规定期限内办理房产证而产生纠纷，小红将甲公司诉至某人民法院，请求解除双方签订的商品房买卖合同。法院在审理该案件时，认为因延迟办证而形成的解除权的合理期限，现行法律并未作出规定。但为维护商品经济秩序和平衡买卖合同双方利益需要对该期限进行合理限制。对此，法官援引了商品房买卖合同解释中与延迟办证具有一定相似性的因迟延交房形成的解除权的合理期限规定，从而作出相应的判决。下列说法正确的是?

A. 对于该判决法官运用了类比推理

B. 平衡买卖双方的利益和维护交易秩序稳定，体现了法的价值

C. 本案中存在的法律漏洞属于嗣后漏洞

D. 若需要认定法律漏洞，则需要探究立法目的

32 1701060

依《刑法》第 180 条第 4 款之规定，证券从业人员利用未公开信息从事相关交易活动，情节严重的，依照第 1 款的规定处罚；该条第一款规定了“情节严重”和“情节特别严重”两个量刑档次。在审理史某利用未公开信息交易一案时，法院认为，尽管第 4 款中只有“情节严重”的表述，但仍应将其理解为包含“情节严重”和“情节特别严重”两个量刑档次，并认为史某的行为属“情节特别严重”。其理由是《刑法》其他条款中仅有“情节严重”的规定时，相关司法解释仍规定按照“情节严重”“情节特别严重”两档量刑。对此，下列哪些说法是正确的?

A. 第 4 款中表达的是准用性规则

B. 法院运用了体系解释方法

C. 第 4 款的规定可以避免法条重复表述

D. 法院的解释将焦点集中在语言上，并未考虑解释的结果是否公正

33 1501057

某法院在一起疑难案件的判决书中援引了法学教授叶某的学说予以说理。对此，下列哪些说法是正确的?

A. 法学学说在当代中国属于法律原则的一种

B. 在我国，法学学说中对法律条文的解释属于非正式解释

解析页码
065—066

C. 一般而言，只能在民事案件中援引法学学说

D. 参考法学学说有助于对法律条文作出正确理解

34 1401055

甲骑车经过乙公司在小区内的某施工场地时，由于施工场地湿滑摔倒致骨折，遂诉至法院请求赔偿。由于《民法典》对“公共场所”没有界定，审理过程中双方对施工场地是否属于《民法典》中的“公共场所”产生争议。法官参考《刑法》、《集会游行示威法》等法律和多个地方性法规对“公共场所”的规定后，对“公共场所”作出解释，并据此判定乙公司承担赔偿责任。关于此案，下列哪些选项是正确的？

A. 法官对“公共场所”的具体含义的证成属于外部证成

B. 法官运用了历史解释方法

C. 法官运用了体系解释方法

D. 该案表明，同一个术语在所有法律条文中的含义均应作相同解释

35 1101090

2011 年 7 月 5 日，某公司高经理与员工在饭店喝酒聚餐后表示：别开车了，“酒驾”已入刑，咱把车推回去。随后，高经理在车内掌控方向盘，其他人推车缓行。记者从交警部门了解到，如机动车未发动，只操纵方向盘，由人力或其他车辆牵引，不属于酒后驾车。但交警部门指出，路上推车既会造成后方车辆行驶障碍，也会构成对推车人的安全威胁，建议酒后将车置于安全地点，或找人代驾。鉴于我国对“酒后代驾”缺乏明确规定，高经理起草了一份《酒后代驾服务规则》，包括总则、代驾人、被代驾人、权利与义务、代为驾驶服务合同、法律责任等共六章二十一条邮寄给国家立法机关。关于交警部门的推车前行不属于“酒驾”的解释，下列判断不正确的是？

A. 属于司法解释

B. 属于行政解释

C. 直接运用了类比推理

D. 运用了演绎推理

36 1001053

2007 年，张某请风水先生选了块墓地安葬亡父，下葬时却挖到十年前安葬的刘某父亲的棺木，张某将该棺木锯下一角，紧贴着安葬了自己父亲。后刘某发觉，以故意损害他人财物为由起诉张某，要求赔偿损失以及精神损害赔偿。对于此案，合议庭意见不一。法官甲认为，下葬棺木不属于民法上的物，本案不存在精神损害。法官乙认为，张某不仅要承担损毁他人财物的侵权责任，还要因其行为违背公序良俗而向刘某支付精神损害赔偿金。对此，下列哪些说法是正确的？

A. 下葬棺木是否属于民法上的物，可以通过“解释学循环”进行判断

B. “入土为安，死者不受打扰”是中国大部分地区的传统，在一定程度上可以成为法律推理的前提之一

C. “公序良俗”属伦理范畴，非法律规范，故法官乙推理不成立

D. 当地群众对该事件的一般看法，可成为判断刘某是否受到精神损害的因素之一

【不定项】

37 2301048

王某在超市买了很多假酒起诉，法院根据《消费者权益法》对消费的定义“为生活消费需要购买、使用商品或者接受服务”，据此判定王某多次故意买假的行为不属于《消费者权益法》保护的消费行为，遂驳回了王某的诉讼请求。下列说法正确的是？

A. 法院关于消费的定义是扩大解释

B. 法院的判决包含价值判断

C. 这属于目的论限缩

D. 法院的判断包含经验判断

38 2201115

乙冒名同甲进行婚姻登记，甲知晓后以欺诈为由申请撤销甲乙婚姻登记。民政部门以婚姻登记相关法律法规只规定了胁迫可以撤销婚姻为由没有办理。甲不服，仍以欺诈为由起诉至法院，法院认为根据立法目的欺诈也属于违背真实意思表示的，此种情况也可撤销。对此，请问下列说法正确的是？

解析页码
066—068

A．法院进行了目的论扩张
B．法院进行了隐藏漏洞的填补
C．民政部门的做法体现了形式法治
D．法院的做法体现了实质法治

39 1801087

下列与法律解释相关的分析中，正确的是？
A．李某将其仇人坟墓掘开并将骨头扔掉，其认为白骨不属于尸体，否认其构成侮辱尸体罪。他对白骨的解释属于无权解释、主观目的解释
B．法官甲在审理案件中认为刑法中“伪造货币罪”中的货币不包括生肖纪念币，该解释为有权解释、文义解释
C．最高人民法院某副院长在接受媒体采访时表示，《刑八修正案》中规定的“醉驾入刑”应结合《刑法》总则当中的“情节显著轻微，危害不大，不认为是犯罪”的规定来理解，因此并非只要醉驾就一定入刑，这属于体系解释方法的运用
D．李某认为组织他人卖淫罪中“他人”不仅包括女性，而且包括男性。其理由是目前组织男性卖淫的现象很普遍，危害性很大，要发挥法律的社会功能，应包含男性。其对相关条文的解释为客观目的解释

40 1601089

王某在未依法取得许可的情况下购买氰化钠并存储于车间内，被以非法买卖、存储危险物质罪提起公诉。法院认为，氰化钠对人体和环境具有极大毒害性，属于《刑法》第125条第2款规定的毒害性物质，王某未经许可购买氰化钠，虽只有购买行为，但刑法条文中的“非法买卖”并不要求兼有买进和卖出的行为，王某罪名成立。关于该案，下列说法正确的是？
A．法官对“非法买卖”进行了目的解释
B．查明和确认“王某非法买卖毒害性物质”的过程是一个与法律适用无关的过程
C．对“非法买卖”的解释属于外部证成
D．内部证成关涉的是从前提到结论之间的推论是否有效

二、模拟训练

【单选】

41 62208240

下列有关法律解释的说法中，哪一项是错误的？
A．体系解释有助于避免特定国家的法律秩序产生矛盾，从而保障法律适用的一致性
B．客观目的解释是根据过去和目前事实上存在着的任何个人的目的，对某个法律规定进行解释
C．要进行立法者的目的解释，解释者必须要以参与立法的人的意志或立法资料为根据
D．文义解释的焦点集中在语言上，而不顾及根据语言解释出的结果是否公正、合理

42 61908096

腾飞是一名黑客，通过网络技术进入他人网络账号，盗取“Q币”兑换牟利。检察院对其以盗窃罪提起公诉，后法院判决腾飞构成盗窃罪。法官在判决书中认为，Q币虽然不是国际社会通用货币，但是其同样具有经济价值，其虚拟属性不影响其可以通过售卖、兑换等方式在市面流通，具备了财物的一般属性，属于《刑法》第264条规定的“财物”，并且依据一般理性人的看法与道德观念，Q币可以视为财物的一种虚拟化存在，因此腾飞构成盗窃罪。对此，下列说法哪个是错误的？
A．法官的解释属于正式解释
B．法官在推理过程中对此法律条文进行了扩大解释
C．法官在本案的判决中进行了法律证成
D．法官在判决书中采用了客观目的解释

【多选】

43 61808034

关于法律解释，下列说法正确的是？
A．法律解释往往由待处理案件引起，需要将条文与案件事实结合起来进行
B．法律解释有的属于价值判断，有的属于事实判断
C．正式解释，也叫学理解释，是指由特定的国家

解析页码
068—069

机关、官员或其他有解释权的人对法律作出的具有法律上约束力的解释

D. 在我国，行政解释也是正式解释

44 61808036

下列关于法律解释的说法中，哪些选项是正确的?

A. 某民法专家在解释《民法典》某条款时研究参照了当时的立法资料，这一专家的解释为历史解释

B. 某法官在判决书中按照某法律条文的字面含义来解释该条文，这种解释属于文义解释

C. 某法学院教师利用外国的立法例和判例学说对某个法律规定进行解释，这种解释为历史解释

D. 某律师在解释《刑法》的分则条文时参照总则的规定，这一解释属于体系解释

45 62208238

张法官在审理一起刑事案件过程中，需要对我国《刑法》中的“入户盗窃”中的“户”进行界定。对此，下列说法中正确的有哪些?

A. 一般而言，张法官应当首先使用文义解释的方法

B. 如果文义解释不能取得满意的解释，张法官还可以使用系统解释的方法和目的解释的方法

C. 法律解释方法的位阶关系并不固定

D. 由于解释方法不同往往带来解释结果的差异，所以在对法律进行解释的过程中，法官往往只能选择一种方法进行解释

【不定项】

46 61908098

下列说法错误的是?

A. 无论是自始漏洞还是嗣后漏洞，都可以划分为明显漏洞或者隐藏漏洞

B. 设证推理虽然是适用法律所不可缺少的环节，但其推理结论是不确定的

C. 案件事实是法律推理的大前提

D. 解释法律时应首先运用文义解释的方法

47 61908176

关于我国法律解释制度的下列表述，不正确的是?

A. 重庆市人大常委会制定了本市的《食品卫生条例》，该法规的具体应用问题，应该由重庆市人大常委会进行解释

B. 全国人大宪法和法律委员会有权要求全国人大常委会对《民法典》第 1063 条作出解释

C. 最高人民法院、最高人民检察院所作的司法解释，不需要报国务院备案

D. 全国人大常委会对《刑法》第 30 条的解释，效力低于刑法，高于司法解释

参考答案

[1] B	[2] B	[3] C	[4] C	[5] ABC
[6] AC	[7] BCD	[8] BCD	[9] AC	[10] D
[11] B	[12] B	[13] B	[14] B	[15] D
[16] B	[17] A	[18] C	[19] C	[20] D
[21] A	[22] D	[23] C	[24] A	[25] A
[26] AB	[27] AB	[28] AC	[29] AD	[30] ACD
[31] ABD	[32] ABC	[33] BD	[34] AC	[35] ABC
[36] ABD	[37] BCD	[38] ACD	[39] CD	[40] ACD
[41] B	[42] A	[43] AD	[44] BD	[45] ABC
[46] C	[47] AD			

第十六章 法的起源和发展

一、历年真题及仿真题

（一）法的继承与法的移植

【单选】

1 1801008

关于法的移植与法的继承，下列说法正确的是?

A. 法律移植的对象是外国的法律，国际法律和惯例不属于移植对象

B. 与法律继承不同，法律移植的主要原因是社会发展和法的发展的不平衡性

C. 当前我国对美国诉讼法的吸收不属于法律移植

D. 法律继承的对象，必须局限于本民族的古代的法律

解析页码
070—071

（二）综合知识点

【单选】

2 1701013

有学者这样解释法的产生：最初的纠纷解决方式可能是双方找到一位共同信赖的长者，向他讲述事情的原委并由他作出裁决；但是当纠纷多到需要占用一百位长者的全部时间时，一种制度化的纠纷解决机制就成为必要了，这就是最初的法律。对此，下列哪一说法是正确的？

A．反映了社会调整从个别调整到规范性调整的规律

B．说明法律始终是社会调整的首要工具

C．看到了经济因素和政治因素在法产生过程中的作用

D．强调了法律与其他社会规范的区别

3 1001009

谢某、阮某与曾某在曾某经营的“皇太极”酒吧喝酒，离开时谢某从楼梯摔下，被扶起后要求在酒吧休息，第二天被发现已死亡。经鉴定，谢某系“醉酒后猝死”。该案审理中，合议庭对“餐饮经营者对醉酒者是否负有义务”产生争议。刘法官认为，我国相关法律对此没有明确规定，但根据德国、奥地利、芬兰等国判例，餐饮经营者负有确保醉酒顾客安全的义务，认定曾某负赔偿责任符合法律保护弱者的立法潮流。依据法学原理，下列哪一说法是正确的？

A．刘法官的解释属于我国正式法律解释体制中的司法解释

B．刘法官在该案的论证中运用了有关法的非正式渊源的知识

C．从法律推理角度看，“经鉴定，谢某系‘醉酒后猝死’”是推理的大前提

D．从德国、奥地利、芬兰等国家存在判例的情形看，这些国家的法律属于判例法系

二、模拟训练

【单选】

4 62208242

关于法产生的主要标志，下列说法中哪一项是错误的？

A．国家的产生

B．封建社会的产生

C．法律诉讼和司法的出现

D．权利和义务观念的形成

【多选】

5 61908087

作为资本主义国家的美国自罗斯福新政出台后，出现了不少调整经济立法、社会公共事务的法律，比如《紧急银行法令》《全国工业复兴法》《农业调整法》《社会保障法案》等，并出现了大量的授权立法、委托立法等，同时其他国家如德国、法国、英国也相继出现了社会经济立法。针对该现象的下列说法哪些是正确的？

A．大陆法系与英美法系的差别已经消亡

B．英美法系没有法典编纂

C．随着社会经济的现代化发展，美国普通法的判例法体系正在向制定法模式学习，两大法系在相互学习，有逐步靠拢的趋势

D．法的发展可以突破资本主义、社会主义，普通法系、大陆法系等藩篱，从法律技术层面实现法的移植

【不定项】

6 61908177

关于大陆法系和英美法系的主要区别，下列说法错误的是？

A．大陆法系以公法、私法的划分作为法律分类的基础

B．英美法系正式的法律渊源不包括判例法在内

C．英美法系因为采取对抗制，法官居中裁判，故对于法律推理方法有严格要求，主要使用演绎推理

D．英美法系国家没有法典编纂活动

参考答案

[1]B　[2]A　[3]B　[4]B　[5]CD　[6]BCD

解析页码 071—072

第十七章 法的传统与现代化

一、历年真题及仿真题

（一）法的传统

【单选】

1 1701020

关于英美、大陆两大法系特点的表述有：①以判例法为主要渊源；②以制定法为主要渊源；③以日耳曼法为历史渊源；④法官对法律的发展起举足轻重的作用；⑤以归纳为主要推理方法；⑥以演绎法为主要推理方法；⑦诉讼程序传统上倾向于职权主义，法官起积极主动的作用。下列哪一归纳是正确的？

A．属于英美法系特点的有：①③⑥⑦

B．属于大陆法系特点的有：②④⑤⑦

C．属于英美法系特点的有：①③④⑤

D．属于大陆法系特点的有：②③⑤⑦

【不定项】

2 1801088

下列关于两大法系的说法中，错误的是？

A．普通法法系又称英美法系、英国法系、海洋法系或判例法系

B．民法法系内部有法国法系和德国法系两大分支，前者凸显个人本位，后者强调社会利益

C．大陆法系的基本法律分类是公法与私法，海洋法系的基本法律分类是普通法与衡平法

D．罗马法系的正式法律渊源为制定法，英美法系的正式法律渊源是普通法与衡平法

（二）法的现代化

【单选】

3 1701014

关于法的现代化，下列哪一说法是正确的？

A．内发型法的现代化具有依附性，带有明显的工具色彩

B．外源型法的现代化是在西方文明的特定历史背景中孕育、发展起来的

C．外源型法的现代化具有被动性，外来因素是最初的推动力

D．中国法的现代化的启动形式是司法主导型

（三）综合知识点

【不定项】

4 1701086

孟子的弟子问孟子，舜为天子时，若舜的父亲犯法，舜该如何处理？孟子认为，舜既不能以天子之权要求有徇私枉法，也不能罔顾亲情坐视父亲受刑，正确的处理方式应是放弃天子之位，与父亲一起隐居到偏远之地。对此，下列说法正确的是？

A．情与法的冲突总能找到两全其美的解决方案

B．中华传统文化重视伦理和亲情，对当代法治建设具有借鉴意义

C．孟子的方案虽然保全了亲情，但完全未顾及法律

D．不同法律传统对情与法的矛盾可能有不同的处理方式

二、模拟训练

【单选】

5 62208244

下列关于西方传统法律文化的说法中，哪一选项是错误的？

A．法律受宗教的影响较大

B．强调个体的地位和价值

C．公法文化更加发达

D．以正义为法律的价值取向

【多选】

6 61808047

有关当代中国法的现代化的说法中，下列哪些选项是正确的？

A．由被动接受到主动选择

B．由模仿民法法系到建立中国特色的社会主义法律制度

解析页码
073—074

C．法的现代化的启动形式是立法主导型

D．法律制度变革在前，法律观念更新在后，思想领域斗争激烈

参考答案

[1]C　[2]D　[3]C　[4]BD　[5]C　[6]ABCD

第十八章 法治理论与法律意识

一、历年真题及仿真题

（一）法律意识

【多选】

1　1101052

下列哪些选项属于法律意识的范畴？

A．法国大革命后制定的《法国民法典》

B．西周提出的“以德配天，明德慎罚”

C．中国传统的“和为贵”“少讼”“厌讼”

D．社会主义法治理念

（二）法制与法治

【多选】

2　1301051

“近现代法治的实质和精义在于控权，即对权力在形式和实质上的合法性的强调，包括权力制约权力、权利制约权力和法律的制约。法律的制约是一种权限、程序和责任的制约。”关于这段话的理解，下列哪些选项是正确的？

A．法律既可以强化权力，也可以弱化权力

B．近现代法治只控制公权，而不限制私权

C．在法治国家，权力若不加限制，将失去在形式和实质上的合法性

D．从法理学角度看，权力制约权力、权利制约权力实际上也应当是在法律范围内的制约和法律程序上的制约

（三）综合知识点

【不定项】

3　1401093

关于法的发展、法的传统与法的现代化，下列说法正确的是？

A．中国的法的现代化是自发的、自下而上的、渐进变革的过程

B．法律意识是一国法律传统中相对比较稳定的部分

C．外源型法的现代化进程带有明显的工具色彩，一般被要求服务于政治、经济变革

D．清末修律标志着中国法的现代化在制度层面上的正式启动

二、模拟训练

【单选】

4　62208245

关于法律意识，下列说法中错误的是哪一项？

A．法律意识相对稳定，具有一定连续性

B．法律意识可能先于法律制度存在，也可能滞后于法律制度的发展

C．法律心理是法律意识的高级阶段

D．法律意识可以使一个国家的法律传统得以延续

【多选】

5　61808046

关于法治理论，下列说法正确的是？

A．法治与法制不同。法制主要指一个国家的法律制度，而法治则要求良法之治

B．清末修律标志着中国法的现代化在制度层面上的正式启动

C．中国法的现代化属于内发型法的现代化，具有浓厚的工具性

D．社会主义法治国家通过法律保障人权，限制公权力的滥用

参考答案

[1]BCD　[2]ACD　[3]BCD　[4]C　[5]ABD

解析页码
075—076

第十九章 法与社会

一、历年真题及仿真题

（一）法与道德

【单选】

1 1601002

相传，清朝大学士张英的族人与邻人争宅基，两家因之成讼。族人驰书求助，张英却回诗一首："一纸书来只为墙，让他三尺又何妨？万里长城今犹在，不见当年秦始皇。"族人大惭，遂后移宅基三尺。邻人见状亦将宅基后移三尺，两家重归于好。根据上述故事，关于依法治国和以德治国的关系，下列哪一理解是正确的？

A．在法治国家，道德通过内在信念影响外部行为，法律的有效实施总是依赖于道德

B．以德治国应大力弘扬"和为贵、忍为高"的传统美德，不应借诉讼对利益斤斤计较

C．道德能够令人知廉耻、懂礼让、有底线，良好的道德氛围是依法治国的重要基础

D．通过立法将"礼让为先""勤俭节约""见义勇为"等道德义务全部转化为法律义务，有助于发挥道德在依法治国中的作用

（二）法与人权

【单选】

2 2001148

关于法与人权的关系，下列选项不正确的是？

A．人权必须被法律化，所有的人权在实际上都被法律化

B．人权不是天赋的，最终由一定的物质生活条件所决定

C．人权可以诊断现实社会生活中法律侵权的症结，从而提出相应的法律救济的标准和途径

D．按照马克思主义法学的观点，人权在本原上具有历史性

3 1401015

关于法与人权的关系，下列哪一说法是错误的？

A．人权不能同时作为道德权利和法律权利而存在

B．按照马克思主义法学的观点，人权不是天赋的，也不是理性的产物

C．人权指出了立法和执法所应坚持的最低的人道主义标准和要求

D．人权被法律化的程度会受到一国民族传统、经济和文化发展水平等因素的影响

4 1101015

下列哪一表述说明人权在本原上具有历史性？

A．"根据自然法，一切人生而自由，既不知有奴隶，也就无所谓释放"

B．"没有无义务的权利，也没有无权利的义务"

C．"人人生而平等，他们都从他们的'造物主'那里被赋予某些不可转让的权利"

D．"权利永远不能超出社会的经济结构以及由经济结构所制约的文化发展"

（三）法与科技

【单选】

5 1001002

为了落实司法便民，检察院开设了网上举报、申诉和信息查询系统，法院实现网上预约立案和电子签章，公民对国家机关实行网上监督收效明显。关于网络技术在法治建设中的作用，下列哪一选项是不正确的？

A．社会主义法治理念的落实要与现代科学技术的发展相结合

B．社会主义法治理念的落实也体现于对网络依法进行管理

C．司法机关是否贯彻社会主义法治理念，其衡量的根本指标即是否采用现代科技手段

D．司法机关采用网络技术落实司法便民，是在工作中做到执法为民的具体表现

（四）法与经济

【多选】

6 1701051

有研究表明，在实施行贿犯罪的企业中，有一部

解析页码
077—078

分企业是由于担心竞争对手提前行贿，自己不行贿就会“输在起跑线上”，才实施了行贿行为。对此，下列哪些说法是正确的？

A．市场环境不良是企业行贿的诱因，应适当减轻对此类犯罪的处罚

B．应健全以公平为核心的市场法律制度，维护公平竞争的市场秩序

C．应加快反腐败立法，从源头上堵塞企业行贿的漏洞

D．必须强化对公权力的制约，核心是正确处理政府和市场的关系

（五）法与社会的一般关系

【单选】

7 1201005

作为创新社会管理的方式之一，社区网格化管理是根据各社区实际居住户数、区域面积大小、管理难度等情况，将社区划分数个网格区域，把党建、维稳、综治、民政、劳动和社会保障、计划生育、信访等社会管理工作落实到网格，形成了“网中有格、格中定人、人负其责、专群结合、各方联动、无缝覆盖”的工作格局，以此建立社情民意收集反馈机制和社会矛盾多元调解机制。关于充分运用法律手段创新社会管理，下列哪一说法是不准确的？

A．社会管理创新主要针对社会管理领域的重点人群、重点区域和重点行业

B．大调解格局是一种社会矛盾多元调解机制

C．社会管理创新要求建立以法律手段为主体，多种手段协调配合的管理和控制体系

D．社区网格与村民委员会、居民委员会的法律地位一样，属于基层群众性自治组织

（六）综合知识点

【单选】

8 2301061

王某去刘某的果园玩，刘某好心给王某摘苹果树上苹果时不慎砸到王某，王某提起诉讼，法官认为刘某给王某摘苹果是友好和睦的社会主义核心价值观的体现，认为王某起诉没有法律依据，下列说法正确的是？

A．体现了法律规范的指引作用

B．社会主义核心价值观是社会权

C．体现了法律对道德的促进作用

D．法律和道德对社会规范都有调整作用

9 2301047

ChatGPT 的发展给法律带来挑战，为应对该类挑战，国家网信办联合其他部门通过了《生成人工智能服务管理暂行办法》。《办法》规定，国家坚持发展和安全并重、促进创新和依法治理相结合的原则，采取有效措施鼓励生成式人工智能创新发展，对生成式人工智能服务实行包容审慎和分类分级管理。对此，下列哪一说法是正确的？

A．法律必然滞后于科技发展

B．对人工智能的法律监管，表明科技并非价值中立

C．发展价值和安全价值属于程序性原则

D．促进创新原则是以个案平衡的原则适用于实践

10 1201010

《中华人民共和国民法通则》第 6 条规定：“民事活动必须遵守法律，法律没有规定的，应当遵守国家政策。”从法官裁判的角度看，下列哪一说法符合条文规定的内容？

A．条文涉及法的渊源

B．条文规定了法与政策的一般关系

C．条文直接规定了裁判规则

D．条文规定了法律关系

11 1601014

王某参加战友金某婚礼期间，自愿帮忙接待客人。婚礼后王某返程途中遭遇车祸，住院治疗花去费用 1 万元。王某认为，参加婚礼并帮忙接待客人属帮工行为，遂将金某诉至法院要求赔偿损失。法院认为，王某行为属由道德规范的情谊行为，不在法律调整范围内。关于该案，下列哪一说法是正确的？

A．在法治社会中，法律可以调整所有社会关系

B．法官审案应区分法与道德问题，但可进行价值判断

解析页码
078—080

C. 道德规范在任何情况下均不能作为司法裁判的理由

D. 一般而言，道德规范具有国家强制性

12 1401011

尹老汉因女儿很少前来看望，诉至法院要求判决女儿每周前来看望 1 次。法院认为，根据《老年人权益保障法》第 18 条规定，家庭成员应当关心老年人的精神需求，不得忽视、冷落老年人。与老年人分开居住的家庭成员，应当经常看望或者问候老年人。而且，关爱老人也是中华传统美德。法院遂判决被告每月看望老人 1 次。关于此案，下列哪一说法是错误的?

A. 被告看望老人次数因法律没有明确规定，由法官自由裁量

B.《老年人权益保障法》第 18 条中没有规定法律后果

C. 法院判决所依据的法条中规定了积极义务和消极义务

D. 法院判决主要是依据道德作出的

13 1301011

韩某与刘某婚后购买住房一套，并签订协议:“刘某应忠诚于韩某，如因其婚外情离婚，该住房归韩某所有。”后韩某以刘某与第三者的 QQ 聊天记录为证据，诉其违反忠诚协议。法官认为，该协议系双方自愿签订，不违反法律禁止性规定，故合法有效。经调解，两人离婚，住房归韩某。关于此案，下列哪一说法是不正确的?

A. 该协议仅具有道德上的约束力

B. 当事人的意思表示不能仅被看作是一种内心活动，而应首先被视为可能在法律上产生后果的行为

C. 法律禁止的行为或不禁止的行为，均可导致法律关系的产生

D. 法官对协议的解释符合“法伦理性的原则”

【多选】

14 2001019

《民法典》是新中国第一部以“典”命名的法律，将于 2021 年 1 月 1 日施行。《民法典》的颁行将对我国社会发展起到重要作用。下列说法正确的是?

A.《民法典》的颁行有助于弘扬社会主义核心价值观

B.《民法典》的颁行，能够一劳永逸地解决我国民事法治建设中所有问题

C. 婚姻家庭单独成编，既体现新中国婚姻家庭发展的实际，又传承了中华传统法律文化的精华

D. 人格权独立成编，加强了网络人格权保护

15 2001018

“居有其所”是每个人最基本的生存需求，随着我国经济社会发展，居住权益保障问题日益成为人们普遍关注的社会热点问题，在这一背景下，《民法典》新增了居住权的规定，对此，下列表述正确的是?

A. 居住权作为一项人权，其产生先于《民法典》的规定

B. 居住权的设置有利于弱势群体的权益保障

C. 居住权既是道德权利，也是一项法律权利

D. 凡是道德需求的，都应当纳入法律的调整范围之内

16 1901098

甲乙两人分食两个苹果，甲先拿走大的，乙责怪甲自私，甲问乙若你先拿又如何，乙称会选小的，甲说道，既然如此我拿大的岂非正合你意，你又何必怪我，根据该故事，结合对法治和德治观念的理解，下列说法正确的是?

A. 道德缺乏强制力，不能保障人在同样的情形下做出一致的选择

B. 法律可以从外部约束人的行为，但对道德领域难题的解决并无帮助

C. 适用不同的程序可能对同样的结果赋予不同的意义

D. 提前约定好事情的处理方案，对于解决矛盾、避免纠纷起到至关重要的作用

17 1701055

程某利用私家车从事网约车服务，遭客管中心查处。执法人员认为程某的行为属于以“黑车”非

解析页码
080—082

法营运，遂依该省《道路运输条例》对其处以 2 万元罚款。对此，下列哪些说法是正确的?

A. 当新经营模式出现时，不应一概将其排斥在市场之外

B. 程某受到处罚，体现了“法无授权不可为”的法治原则

C. 科学技术的进步对治理体系和治理能力提出了更高要求

D. 对新事物以禁代管、以罚代管，这是缺乏法治思维的表现

18 1301052

公元前 399 年，在古雅典城内，来自社会各阶层的 501 人组成的法庭审理了一起特别案件。被告人是著名哲学家苏格拉底，其因在公共场所喜好与人辩论、传授哲学而被以“不敬神”和“败坏青年”的罪名判处死刑。在监禁期间，探视友人欲帮其逃亡，但被拒绝。苏格拉底说，虽然判决不公正，但逃亡是毁坏法律，不能以错还错。最后，他服从判决，喝下毒药而亡。对此，下列哪些说法是正确的?

A. 人的良知、道德感与法律之间有时可能发生抵牾

B. 苏格拉底服从判决的决定表明，一个人可以被不公正地处罚，但不应放弃探究真理的权利

C. 就本案的事实看，苏格拉底承认判决是不公正的，但并未从哲学上明确得出“恶法非法”这一结论

D. 从本案的法官、苏格拉底和他的朋友各自的行为看，不同的人对于“正义”概念可能会有不同的理解

19 1201051

“社会的发展是法产生的社会根源。社会的发展，文明的进步，需要新的社会规范来解决社会资源有限与人的欲求无限之间的矛盾，解决社会冲突，分配社会资源，维持社会秩序。适应这种社会结构和社会需要，国家和法这一新的社会组织和社会规范就出现了。”关于这段话的理解，下列哪些选项是正确的?

A. 社会不是以法律为基础，相反，法律应以社会为基础

B. 法律的起源与社会发展的进程相一致

C. 马克思主义的法律观认为，法律产生的根本原因在于社会资源有限与人的欲求无限之间的矛盾

D. 解决社会冲突，分配社会资源，维持社会秩序属于法的规范作用

【不定项】

20 1601090

在莎士比亚喜剧《威尼斯商人》中，安东尼与夏洛克订立契约，约定由夏洛克借款给安东尼，如不能按时还款，则夏洛克将在安东尼的胸口割取一磅肉。期限届至，安东尼无力还款，夏洛克遂要求严格履行契约。安东尼的未婚妻鲍西娅针锋相对地向夏洛克提出：可以割肉，但仅限一磅，不许相差分毫，也不许流一滴血，惟其如此方符合契约。关于该故事，下列说法正确的是?

A. 夏洛克主张有约必践，体现了强烈的权利意识和契约精神

B. 夏洛克有约必践（即使契约是不合理的）的主张本质上可以看作是“恶法亦法”的观点

C. 鲍西娅对契约的解释运用了历史解释方法

D. 安东尼与夏洛克的约定遵循了人权原则而违背了平等原则

21 1001091

“一般来说，近代以前的法在内容上与道德的重合程度极高，有时浑然一体。……近现代法在确认和体现道德时大多注意二者重合的限度，倾向于只将最低限度的道德要求转化为法律义务，注意明确法与道德的调整界限。”据此引文及相关法学知识，下列判断正确的是?

A. 在历史上，法与道德之间要么是浑然一体的，要么是绝然分离的

B. 道德义务和法律义务是可以转化的

C. 古代立法者倾向于将法律标准和道德标准分开

D. 近现代立法者均持“恶法亦法”的分析实证主义法学派立场

解析页码
082—083

二、模拟训练

【单选】

22 62208246

法之理在法外。关于法与社会的关系下列说法错误的是?

A. 法以社会为基础

B. 认识法律，必先认识社会

C. 法律可能与社会脱离

D. 理性、社会正义和法律统治三者之间有机联系

23 62208247

关于法与经济的表述，下列说法中哪一个选项是错误的?

A. 经济基础决定法律的性质

B. 法律促进经济基础的发展

C. 经济基础对法的决定作用要通过人的有意识的活动来实现

D. 法并非总是会自动体现经济基础的客观要求

【多选】

24 61808055

下列关于法与道德的表述不正确的是?

A. 近现代通说认为，法律是最低限度的道德

B. 近现代法学家一般强调法和道德之间的重合性，而古代法学家则强调法和道德之间的界限

C. 法律由国家制定或认可，明确具体；而道德则是自发演进形成，无具体的表现形式，标准模糊

D. 自然法学派认为法律和道德没有必然的联系

25 61908203

下列关于法与道德的说法，正确的是?

A. 道德也具有强制性，道德的强制是一种精神上的强制，而法律的强制更主要是一种外在行为的强制

B. 法以一元化的形态存在，而道德是多元、多层次性的

C. 法律具有既重权利又重义务的“两面性”，道德具有只重义务的“一面性”

D. 法和道德都是程序选择的产物，均具有建构性

26 62208248

人权是法的源泉，法是人权的体现和保障。人权与国家法律之间存在不可分割的关系，两者相互作用、相互影响。关于法律与人权的关系，下列哪些说法是正确的?

A. 人权是现代民主政治的目的，也是现代进步文明法律所要实现的价值目标之一，它构成了法律的人道主义基础

B. 人们可以根据人权的精神来判断法律的善与恶、好与坏

C. 从历史和现实的角度来看，人权的法律保护主要表现为国内法的保护

D. 人权的国际保护也是值得重视的法律保护方式，这是“二战”结束后人权保障的新机制

27 62208249

下列关于法与政治的说法中，哪些选项是正确的?

A. 法对政治角色的行为和活动进行程序上的控制

B. 政治的良性运行和发展都需要法的介入

C. 有什么样的政治制度就必须实行与之相适应的法律制度

D. 每一具体的法律都有相应的政治内容

【不定项】

28 61908148

关于法与社会，下列说法不正确的是?

A. 科学技术对于法律的影响，更多地注重实体层面，对于法律思想并没有什么影响

B. 近代法治的精义在于控权，主要是对公民滥用权力的控制

C. 近代通说认为，法律是最低限度的道德，而分析法学派强调恶法亦法

D. 人权是一种道德权利，法律不宜干涉

参考答案

[1]C	[2]A	[3]A	[4]D	[5]C
[6]BCD	[7]D	[8]D	[9]B	[10]A
[11]B	[12]D	[13]A	[14]ACD	[15]ABC
[16]CD	[17]ACD	[18]ABCD	[19]AB	[20]AB
[21]B	[22]C	[23]B	[24]BD	[25]ABC
[26]ABCD	[27]ABC	[28]ABD		

解析页码 083—085

第二十章 立法法

一、历年真题及仿真题

(一) 我国的立法体制

【单选】

1 2201083

2022年3月11日，十三届全国人大五次会议审议通过《关于修改〈中华人民共和国地方各级人民代表大会和地方各级人民政府组织法〉的决定》，修改后的《中华人民共和国地方各级人民代表大会和地方各级人民政府组织法》第10条第3款规定："省、自治区、直辖市以及设区的市、自治州的人民代表大会根据区域协调发展的需要，可以开展协同立法。"关于这条规定，下列选项中正确的是?

A. 区域协同立法的目的在于推动民主立法，提高立法效率

B. 区域协同立法需要加强全国人大常委会的统一领导

C. 区域协同立法完善了地方立法机制

D. 区域协同立法可以防止地方专权

2 1101020

坚持党的事业至上、人民利益至上、宪法法律至上是社会主义法治的必然要求。根据《宪法》规定，对于"宪法法律至上"中"法律"的理解，下列哪一选项是正确的?

A. 是指具有法的一般特征的规范性文件

B. 是指全国人大制定的基本法律

C. 是指全国人大常委会制定的法律

D. 是指全国人大及其常委会制定的法律

【多选】

3 2201085

在国家经济社会发展规划和区域发展战略的指引下，跨区域事务合作与发展进入新常态。作为经济和社会发展重要基础的立法工作，为了适应新形势，解决跨区域性问题和保障合作成果，各地方的立法主体主动创新，开展区域协同立法实践。关于区域协同立法，下列选项中哪些是正确的?

A. 县政府可以协同立法，报上一级政府批准，同级常委会备案

B. 省级和设区的市级人大和人大常委会可以协同立法

C. 县级以上政府可以建立跨区域协同发展工作机制

D. 协同立法的意义就是在中央统一领导下充分发挥地方的积极性和主动性

(二) 立法程序

【单选】

4 1101010

某市政府为缓解拥堵，经充分征求广大市民意见，做出车辆限号行驶的规定。但同时明确，接送高考考生、急病送医等特殊情况未按号行驶的，可不予处罚。关于该免责规定体现的立法基本原则，下列哪一选项是不准确的?

A. 实事求是，从实际出发

B. 民主立法

C. 注重效率

D. 原则性与灵活性相结合

【多选】

5 1701063

根据《宪法》和《立法法》规定，关于法律案的审议，下列哪些选项是正确的?

A. 列入全国人大会议议程的法律案，由宪法和法律委员会根据各代表团和有关专门委员会的审议意见，对法律案进行统一审议，向主席团提出审议结果报告和法律草案修改稿

B. 列入全国人大会议议程的法律案，在交付表决前，提案人要求撤回的，应说明理由，经主席团同意并向大会报告，对法律案的审议即行终止

C. 列入全国人大常委会会议议程的法律案，因调

解析页码
085—087

整事项较为单一，各方面意见比较一致的，也可经一次常委会会议审议即交付表决

D. 列入全国人大常委会会议议程的法律案，因暂不交付表决经过两年没有再次列入常委会会议议程审议的，由委员长会议向常委会报告，该法律案终止审议

【不定项】

6 1502097

2023 年《立法法》修正后，关于地方政府规章，下列说法正确的是？

A. 某省政府所在地的市针对城乡建设与管理、生态文明建设、历史文化保护、基层治理等以外的事项已制定的规章，自动失效

B. 应制定地方性法规但条件尚不成熟的，因行政管理迫切需要，可先制定地方政府规章

C. 没有地方性法规的依据，地方政府规章不得设定减损公民、法人和其他组织权利或者增加其义务的规范

D. 地方政府规章签署公布后，应及时在中国政府法制信息网上刊载

（三）立法审查

【单选】

7 2001017

关于合宪性审查和备案审查，下列选项正确的是？

A. 备案审查是指对规范性文件的事前审查

B. 全国人大常委会备案审查的对象包括行政法规、规章、司法解释

C. 合宪性审查的主体是全国人大宪法和法律委员会

D. 合宪性审查的对象包括规范性文件和具体行为

8 1201025

根据省政府制定的地方规章，省质监部门对生产销售不合格产品的某公司予以行政处罚。被处罚人认为，该省政府规章违反《产品质量法》规定，不能作为处罚依据，遂向法院起诉，请求撤销该行政处罚。关于对该省政府规章是否违法的认定及其处理，下列哪一选项是正确的？

A. 由审理案件的法院进行审查并宣告其是否有效

B. 由该省人大审查是否违法并作出是否改变或者撤销的决定

C. 由国务院将其提交全国人大常委会进行审查并作出是否撤销的决定

D. 由该省人大常委会审查其是否违法并作出是否撤销的决定

【多选】

9 1701066

根据《立法法》，关于规范性文件的备案审查制度，下列哪些选项是正确的？

A. 全国人大有关的专门委员会可对报送备案的规范性文件进行主动审查

B. 自治县人大制定的自治条例与单行条例应按程序报全国人大常委会和国务院备案

C. 设区的市市政府制定的规章应报本级人大常委会、市所在的省级人大常委会和政府、国务院备案

D. 全国人大宪法和法律委员会经审查认为地方性法规同宪法相抵触而制定机关不予修改的，应向委员长会议提出予以撤销的议案或者建议

（四）综合知识点

【单选】

10 2301060

某县政府《关于建立城乡居民补充养老保险制度意见》规定，子女应尽到赡养义务，在养老保险缴费期内，成年子女不主动为父母缴纳养老保险，视为不履行赡养义务，被赡养人不主张权利的，代为提起公益诉讼，司法强制其承担赡养义务。根据《宪法》和法律规定，以下说法正确的是？

A.《意见》的公益诉讼违反《立法法》的规定

B. 县人大常委会可对《意见》进行审查并撤销

C.《意见》与《民法典》中子女赡养父母的义务相一致

D. 该《意见》是地方政府规章

11 2301052

关于《最高人民法院关于适用〈中华人民共和国民法典〉时间效力的若干规定》第 2 条规定："民

解析页码
087—089

法典施行前的法律事实引起的民事纠纷案件，当时的法律、司法解释有规定，适用当时的法律、司法解释的规定，但是适用民法典的规定更有利于保护民事主体合法权益，更有利于维护社会和经济秩序，更有利于弘扬社会主义核心价值观的除外。”对此，下列说法正确的是？

A．该规定需报全人常备案

B．民法典不涉及法不溯及既往原则

C．该规定和法律效力相同

D．第 2 条中的但书体现了新法优于旧法

12 2101100

关于宪法监督的方式，我国采取事先审查与事后审查相结合的方式。根据《立法法》的规定，关于我国宪法监督事先审查方式的说法，下列哪一选项是不正确的？

A．自治区的自治条例和单行条例，报全国人大常委会批准后生效

B．自治州、自治县的自治条例和单行条例，报省、自治区、直辖市的人大常委会批准后生效

C．省、自治区、直辖市的地方性法规，报全国人大常委会批准后施行

D．设区的市、自治州的地方性法规报省、自治区的人大常委会批准后施行

13 2001146

根据我国现行《立法法》和正式的法的渊源的效力原则，下列哪一选项是错误的？

A．宪法具有最高的法律效力，一切法律、行政法规、地方性法规、自治条例和单行条例、规章都不得同宪法相抵触

B．某省人大制定的地方性法规的效力高于本级和下级地方政府规章

C．某省人大先后制定了两部地方性法规，其中新的规定与旧的规定不一致，应当适用新的规定

D．某省人大常委会制定的新的一般规定与旧的特别规定不一致时，由该省人大裁决

14 1601027

2015 年 10 月，某自治州人大常委会出台了一部《关于加强本州湿地保护与利用的决定》。关于该法律文件的表述，下列哪一选项是正确的？

A．由该自治州州长签署命令予以公布

B．可依照当地民族的特点对行政法规的规定作出变通规定

C．该自治州所属的省的省级人大常委会应对该《决定》的合法性进行审查

D．与部门规章之间对同一事项的规定不一致不能确定如何适用时，由国务院裁决

15 1501011

律师潘某认为《母婴保健法》与《婚姻登记条例》关于婚前检查的规定存在冲突，遂向全国人大常委会书面提出了进行审查的建议。对此，下列哪一说法是错误的？

A．《母婴保健法》的法律效力高于《婚姻登记条例》

B．如全国人大常委会审查后认定存在冲突，则有权改变或撤销《婚姻登记条例》

C．全国人大相关专门委员会和常务委员会工作机构需向潘某反馈审查研究情况

D．潘某提出审查建议的行为属于社会监督

【多选】

16 2201089

2004 年甲省乙市（设区的市）政府制定了《人口与计划生育管理规定》，以下简称《规定》。2022 年，随着生育政策的发展变化，甲省人大制定并开始实施《人口与计划生育管理条例》，以下简称《条例》。随后甲省乙市政府据此发布了《废止〈人口与计划生育管理规定〉的通知》，以下简称《通知》。关于以上事实，下列说法中不正确的有？

A．《规定》废止以后乙市政府不宜再就人口问题作出规定

B．甲省人大制定的《人口与计划生育管理条例》应报全国人大常委会和国务院备案

C．若甲省人大制定的《人口与计划生育管理条例》中部分规定与现行法律相抵触，全国人大有权撤销

D．该《通知》发布前，《人口与计划生育管理条例》与《规定》具有同等效力

解析页码
089—090

17 2201088

2019年10月26日，第十三届全国人民代表大会常务委员会第十四次会议通过了《全国人民代表大会常务委员会关于国家监察委员会制定监察法规的决定》，国家监察委员会据此制定了《中华人民共和国监察法实施条例》。关于该条例，下列选项中正确的有？

A．该条例应当由全国人大常委会公布
B．该条例可以对《监察法》进行变通
C．该条例应当由国家监察委员会全体会议通过
D．该条例应当报全国人大常委会备案

18 2201077

科学立法是一国法律体系是否完善的价值判断标准之一，科学立法要做到？

A．草案和配套法规同时起草、发布
B．立法多个环节都应该科学
C．让全社会各方共同参与
D．提高法律的针对性

19 1501065

某设区的市的市政府依法制定了《关于加强历史文化保护的决定》。关于该决定，下列哪些选项是正确的？

A．市人大常委会认为该决定不适当，可以提请上级人大常委会撤销
B．法院在审理案件时发现该决定与上位法不一致，可以作出合法性解释
C．与文化和旅游部有关文化保护的规定具有同等效力，在各自的权限范围内施行
D．与文化和旅游部有关文化保护的规定之间对同一事项的规定不一致时，由国务院裁决

20 1401061

根据《立法法》的规定，下列哪些选项是不正确的？

A．国务院和地方各级政府可以向全国人大常委会提出法律解释的要求
B．经授权，行政法规可设定限制公民人身自由的强制措施
C．专门委员会审议法律案的时候，应邀请提案人列席会议，听取其意见
D．地方各级人大有权撤销本级政府制定的不适当的规章

【不定项】

21 1301089

根据《宪法》和法律的规定，关于立法权权限和立法程序，下列选项正确的是？

A．全国人大常委会在人大闭会期间，可以对全国人大制定的法律进行部分补充和修改，但不得同该法律的基本原则相抵触
B．全国人大通过的法律由全国人民代表大会主席团予以公布
C．全国人大宪法和法律委员会审议法律案时，应邀请有关专门委员会的成员列席会议，发表意见
D．列入全国人大常委会会议议程的法律案，除特殊情况外，应当在举行会议七日前将草案发给常委会组成人员

22 1301087

关于我国立法和法的渊源的表述，下列选项不正确的是？

A．从法的正式渊源上看，“法律”仅指全国人大及其常委会制定的规范性文件
B．公布后的所有法律、法规均以在《国务院公报》上刊登的文本为标准文本
C．行政法规和地方性法规均可采取“条例”“规定”“办法”等名称
D．所有法律议案（法律案）都须交由全国人大常委会审议、表决和通过

二、模拟训练

【单选】

23 61808063

根据我国《立法法》的有关规定，下列说法正确的是？

A．福州市人大有权改变和撤销福州市人大常委会制定的地方性法规
B．根据授权制定的经济特区的法规与法律的规定

解析页码
091—093

不一致时，由全国人大常委会裁决

C. 部门规章与地方性法规就同一事项规定不一致时，由国务院作出最终裁决

D. 由于中央人民政府与省级人大及其常委会之间既非领导关系又非监督关系，因此省级地方性法规无需向国务院备案

24 61908095

某设区的市政府为了加强对本市的历史古迹的保护，依照法定程序制定了《加强本市文化遗迹保护的通知》的政府规章，关于该项《通知》，下列哪个选项是正确的？

A. 当该《通知》与文化和旅游部的规章之间就同一事项规定不一致时，由国务院裁决

B. 该《通知》的效力低于文化和旅游部关于相关内容的规定，但是可以在文化和旅游部的规定内进行细化规定

C. 市人大常委会认为该《通知》不适当，可以提请上级人大常委会撤销

D. 法院在审理相关案件时发现该《通知》与上位法规定不一致，可以做出合法解释

25 61908135

下列关于立法程序的相关规定，说法正确的是？

A. 民族自治地方的自治条例、单行条例报上一级人大批准后生效

B. 同一机关制定的法律，新的规定与旧的规定不一致的，由全国人大常委会裁决

C. 自治区人大制定的地方性法规应报全国人大常委会和国务院备案

D. 全国人大常委会可以决定将个别意见分歧较大的重要条款单独表决。全国人大常委会根据单独表决的情况，可以决定将法律草案表决稿交付表决，也可以决定暂不付表决，交宪法和法律委员会和有关的专门委员会进一步审议

【多选】

26 61808059

关于自治条例和单行条例的说法不正确的是？

A. 自治条例和单行条例的立法机关是自治地方的人大及其常委会

B. 自治区的自治条例和单行条例报全国人大常委会批准

C. 自治州的自治条例和单行条例报省级人大批准后生效

D. 根据《立法法》的规定，自治条例和单行条例可以对民族区域自治法和行政法规进行变通

27 62308002

关于我国的立法体制，下列说法正确的有？

A. 只有国务院各部、委员会、中国人民银行、审计署以及直属机构可以制定规章

B. 监察委、法院和检察院的产生、组织和职权只能由法律规定

C. 某一科技领域暂未制定法律进行规制，全国人大可以授权全国人大常委会制定

D. 自治州的地方性法规在内容上限于城乡建设与管理、生态文明建设、历史保护、文化保护方面的事项

28 62308003

下列说法中，错误的是？

A. 新社会保障基金政策于浙江省试点实施，浙江省人大可以决定实施期间在浙江省暂停适用《全国社会保障基金条例》的部分规定

B. 江苏省多地江河污染情况严重，南京市尤其突出，故南京市人大可以协同江苏省人大常委会制定江河污染防治的地方性法规

C. 海南省人大及其常委会可以依法制定《海南自由贸易港出入管理条例》，在海南自由贸易港范围内实施

D. 全国人大可以授权国务院以行政法规的形式制定仲裁基本制度

【不定项】

29 62108073

下列关于《立法法》的说法，正确的是？

A. 国务院、中央军事委员会、最高人民法院、最高人民检察院、全国人大各专门委员会，都可向全国人大、全国人大常委会提出法律案

B. 山东省政府有权向全国人大常委会提出法律解

解析页码
093—095

释要求

C. 深圳市政府可以制定地方政府规章，但仅限于城乡建设与管理、生态文明建设、历史文化保护、基层治理等方面的事项

D. 山东省政府规章由省长签署命令予以公布

参考答案

[1] C	[2] D	[3] BCD	[4] C	[5] ABC
[6] BD	[7] D	[8] D	[9] ABCD	[10] B
[11] A	[12] C	[13] D	[14] C	[15] B
[16] CD	[17] CD	[18] ABCD	[19] CD	[20] ABCD
[21] ACD	[22] BD	[23] B	[24] A	[25] C
[26] ACD	[27] BC	[28] AD	[29] ACD	

宪法学

第一章 宪法的基本理论

一、历年真题及仿真题

（一）宪法的概念和特征

【单选】

1 2301058

①宪法的规定与调整的社会关系不一致；②宪法的效力高于其他法律的效力；③宪法的制定和修改程序与其他法律不一致；④宪法是由宪法规定、宪法原则和宪法精神三个不同层次的要素组成的结构体系。这四种说法中，哪些体现了宪法的根本属性？

A. ①②③④

B. ①②③

C. ②③

D. ①④

2 1601022

我国《立法法》明确规定："宪法具有最高的法律效力，一切法律、行政法规、地方性法规、自治条例和单行条例、规章都不得同宪法相抵触。"关于这一规定的理解，下列哪一选项是正确的？

A. 该条文中两处"法律"均指全国人大及其常委会制定的法律

B. 宪法只能通过法律和行政法规等下位法才能发挥它的约束力

C. 宪法的最高法律效力只是针对最高立法机关的立法活动而言的

D. 维护宪法的最高法律效力需要完善相应的宪法审查或者监督制度

（二）宪法的渊源与宪法典的结构

【单选】

3 2001014

宪法惯例形成的前提是，书面的宪法文件对某些宪法事项没有作出明确规定，而政治实践中又需要一定的政治规则。关于宪法惯例，下列哪一选项是正确的？

A. 具有规范性，其含义由权威机关加以解释确认

B. 由国家的强制力来保障实施，违反宪法惯例会直接导致一定的法律后果

C. 宪法惯例并非我国的宪法渊源

D. 可以采取成文的形式

4 1601021

综观世界各国成文宪法，结构上一般包括序言、正文和附则三大部分。对此，下列哪一表述是正确的？

A. 世界各国宪法序言的长短大致相当

B. 我国宪法附则的效力具有特定性和临时性两大特点

C. 国家和社会生活诸方面的基本原则一般规定在序言之中

D. 新中国前三部宪法的正文中均将国家机构置于公民的基本权利和义务之前

5 1501021

宪法的渊源即宪法的表现形式。关于宪法渊源，下列哪一表述是错误的？

A. 一国宪法究竟采取哪些表现形式，取决于历史传统和现实状况等多种因素

解析页码
096—098

B. 宪法惯例实质上是一种宪法和法律条文无明确规定、但被普遍遵循的政治行为规范
C. 宪法性法律是指国家立法机关为实施宪法典而制定的调整宪法关系的法律
D. 有些成文宪法国家的法院基于对宪法的解释而形成的判例也构成该国的宪法渊源

6 1301021

根据《宪法》的规定，关于宪法文本的内容，下列哪一选项是正确的?
A.《宪法》明确规定了宪法与国际条约的关系
B.《宪法》明确规定了宪法的制定、修改制度
C. 作为《宪法》的《附则》,《宪法修正案》是我国宪法的组成部分
D.《宪法》规定了居民委员会、村民委员会的性质和产生，两者同基层政权的相互关系由法律规定

7 1101022

宪法结构指宪法内容的组织和排列形式。关于我国宪法结构，下列哪一选项是不正确的?
A. 宪法序言规定了宪法的根本法地位和最高法律效力
B. 现行宪法正文的排列顺序是：总纲、公民的基本权利和义务、国家机构以及国旗、国歌、国徽、首都
C. 宪法附则没有法律效力
D. 宪法没有附则

8 2401040

我国是（ ）的多民族国家，构建平等团结（ ）的民族关系。
A. 单一，互助和谐
B. 单一，和谐美丽
C. 统一，互助和谐
D. 统一，友好互助

【多选】

9 1001062

关于宪法表现形式的说法，下列哪些选项是正确的?
A. 宪法典是所有国家宪法结构体系的核心，均具有内容完整、逻辑严谨的特征
B. 宪法判例主要存在于普通法系国家，这些国家具有“遵从先例”的司法传统
C. 宪法判例在美国只能通过联邦最高法院新的宪法判例才能推翻
D. 宪法判例在英国有着调整英王、议会、内阁之间关系的决定性作用

（三）宪法的分类

【单选】

10 1801011

下列关于宪法的分类，正确的选项是?
A. 世界上第一部宪法是1787年的《美国宪法》，欧洲的第一部宪法是1791年的《法国宪法》
B. 中国是典型的刚性宪法国家，宪法的修改程序严于普通法律，宪法修正案要求全国人大全体代表的三分之二以上多数通过，普通法律只需要二分之一以上通过即可
C. 在成文宪法国家，宪法典就是通常意义上的宪法，而在不成文宪法国家，其宪法往往体现为实质意义上的宪法性法律、宪法惯例等形式
D. 1889年的《明治宪法》和1830年的《法国宪法》是两部典型的钦定宪法

11 1701021

成文宪法和不成文宪法是英国宪法学家提出的一种宪法分类。关于成文宪法和不成文宪法的理解，下列哪一选项是正确的?
A. 不成文宪法的特点是其内容不见于制定法
B. 宪法典的名称中必然含有“宪法”字样
C. 美国作为典型的成文宪法国家，不存在宪法惯例
D. 在程序上，英国不成文宪法的内容可像普通法律一样被修改或者废除

12 1201021

根据宪法分类理论，下列哪一选项是正确的?
A. 成文宪法也叫文书宪法，只有一个书面文件
B. 1215年的《自由大宪章》是英国宪法的组成部分

解析页码
098—099

C. 1830年《法国宪法》是钦定宪法
D. 柔性宪法也具有最高法律效力

（四）宪法的发展

【单选】

13 1401021

关于宪法的历史发展，下列哪一选项是不正确的?
A. 资本主义商品经济的普遍化发展，是近代宪法产生的经济基础
B. 1787年《美国宪法》是世界历史上的第一部成文宪法
C. 1918年《苏俄宪法》和1919年德国《魏玛宪法》的颁布，标志着现代宪法的产生
D. 行政权力的扩大是中国宪法发展的趋势

【多选】

14 1901064

《中国人民政治协商会议共同纲领》是中国共产党主持制定的一个具有临时宪法作用的文件，于1949年9月29日经中国人民政治协商会议第一届全体会议通过。对于该文件，下列哪些选项是正确的?
A. 该文件规定人民有选举权和被选举权
B. 该文件为社会主义性质的宪法文件
C. 中国人民政治协商会议的一项工作是在普选的全国人大召开之前行使全国人大的职权
D. 中华人民共和国的国家政权属于人民

15 1201058

①美国《独立宣言》与《美国联邦宪法》给予了人权充分保障
②法国《人权宣言》明确宣布“人们生来并且始终是自由的，并在权利上是平等的”，该宣言成为此后多部法国宪法的序言
③日本《明治宪法》对公民自由权作出充分规定，促进了日本现代民主政体的建立
④德国《魏玛宪法》扩大了人权范围，将“社会权”纳入到宪法保护范围
关于各国“人权与宪法”问题的说法，下列哪些选项不成立?
A. ①②
B. ③④
C. ①③
D. ②④

16 1001060

关于现代宪法的发展趋势，下列哪些说法是正确的?
A. 重视保障人权是宪法发展的共识
B. 重视宪法实施保障，专门宪法监督成为宪法发展的潮流
C. 通过加强司法审查弱化行政权力逐步成为宪法发展的方向
D. 寻求与国际法相结合成为宪法发展的趋势

（五）宪法的修改

【单选】

17 1801010

下列关于2018年宪法修正案说法错误的是?
A. 2018年宪法修正案是对1982年宪法的全面修改，共计21条修正案
B. 2018年宪法修正案明确了监察委员会的宪法地位
C. 2018年宪法修正案增加了习近平新时代中国特色社会主义思想
D. 体现了宪法与时俱进、全面发展

18 1401022

关于我国宪法修改，下列哪一选项是正确的?
A. 我国修宪实践中既有对宪法的部分修改，也有对宪法的全面修改
B. 经十分之一以上的全国人大代表提议，可以启动宪法修改程序
C. 全国人大常委会是法定的修宪主体
D. 宪法修正案是我国宪法规定的宪法修改方式

19 1001018

将“国家建立健全同经济发展水平相适应的社会保障制度”载入现行宪法的是下列哪一宪法修正案?
A. 1988年宪法修正案

解析页码
100—101

B. 1993 年宪法修正案
C. 1999 年宪法修正案
D. 2004 年宪法修正案

20 1001023

关于我国宪法的修改，下列哪一说法是错误的？
A.《宪法》没有专章规定修改程序
B.《宪法》规定的修宪机关是全国人民代表大会
C.《立法法》规定，宪法修正案由国家主席令公布
D.《全国人大议事规则》规定，宪法修改以投票方式表决

【不定项】

21 1601093

宪法修改是指有权机关依照一定的程序变更宪法内容的行为。关于宪法的修改，下列选项正确的是？
A. 凡宪法规范与社会生活发生冲突时，必须进行宪法修改
B. 我国宪法的修改可由五分之一以上的全国人大代表提议
C. 宪法修正案由全国人民代表大会公告公布施行
D. 我国 1988 年《宪法修正案》规定，土地的使用权可依照法律法规的规定转让

（六）宪法基本原则

【单选】

22 1301020

公平正义是社会主义法治的价值追求。关于我国宪法与公平正义的关系，下列哪一选项是不正确的？
A. 树立与强化宪法权威，必然要求坚定地坚持和维护公平正义
B. 法律面前人人平等原则是公平正义在宪法中的重要体现
C. 宪法对妇女、老人、儿童等特殊主体权利的特别保护是实现公平正义的需要
D. 禁止一切差别是宪法和公平正义的要求

23 1101006

马克思主义关于“人民主权”的论述是社会主义法治理念的理论渊源之一。下列哪一宪法原则准确体现了人民主权思想？
A. 国家尊重和保障人权
B. 中华人民共和国的一切权力属于人民
C. 中华人民共和国公民在法律面前一律平等
D. 中华人民共和国实行依法治国，建设社会主义法治国家

【多选】

24 1201059

关于如何根据社会主义法治理念完善我国宪法的权力制约原则，下列哪些选项是正确的？
A. 从法律上构建起权力制约监督体系与机制
B. 从制度上为各种监督的实施提供条件和保障
C. 完善权力配置，恰当地建构各种权力关系
D. 限制和缩小国家权力范围，扩大公民权利

25 1101059

权力制约是依法治国的关键环节。下列哪些选项体现了我国宪法规定的权力制约原则？
A. 全国人大和地方各级人大由民主选举产生，对人民负责，受人民监督
B. 法院、检察院和公安机关办理刑事案件，应当分工负责，互相配合，互相制约
C. 地方各级人大及其常委会依法对“一府两院”监督
D. 法院对法律合宪性审查

【不定项】

26 1601091

我国宪法规定了“一切权力属于人民”的原则。关于这一规定的理解，下列选项正确的是？
A. 国家的一切权力来自并且属于人民
B. “一切权力属于人民”仅体现在直接选举制度之中
C. 我国的人民代表大会制度以“一切权力属于人民”为前提
D. “一切权力属于人民”贯穿于我国国家和社会生活的各领域

解析页码
101—103

（七）宪法的作用

【单选】

27 1001019

关于宪法在立法中的作用，下列哪一说法是不正确的？

A．宪法确立了法律体系的基本目标

B．宪法确立了立法的统一基础

C．宪法规定了完善的立法体制与具体规划

D．宪法规定了解决法律体系内部冲突的基本机制

（八）宪法规范及效力

【单选】

28 2101093

《宪法》第 5 条第 3 款规定："一切法律、行政法规和地方性法规都不得同宪法相抵触。"关于该条文，下列哪一说法是正确的？

A．该条文表达的宪法规范规定了行为模式

B．该条文表达的宪法规范属于确认性规范

C．该条文表达的宪法规范没有规定法律后果

D．该条文表达的宪法规范是宣言性规范

29 1701022

最高法院印发的《人民法院民事裁判文书制作规范》规定："裁判文书不得引用宪法……作为裁判依据，但其体现的原则和精神可以在说理部分予以阐述。"关于该规定，下列哪一说法是正确的？

A．裁判文书中不得出现宪法条文

B．当事人不得援引宪法作为主张的依据

C．宪法对裁判文书不具有约束力

D．法院不得直接适用宪法对案件作出判决

30 1101023

宪法效力是指宪法作为法律规范所具有的约束力与强制性。关于我国宪法效力，下列哪一选项是不正确的？

A．侨居国外的华侨受中国宪法保护

B．宪法的效力及于中华人民共和国的所有领域

C．宪法的最高法律效力首先源于宪法的正当性

D．宪法对法院的审判活动没有约束力

【多选】

31 1501061

我国《宪法》第 38 条明确规定："中华人民共和国公民的人格尊严不受侵犯。"关于该条文所表现的宪法规范，下列哪些选项是正确的？

A．在性质上属于组织性规范

B．通过《民法典》中有关姓名权的规定得到了间接实施

C．法院在涉及公民名誉权的案件中可以直接据此作出判决

D．与法律中的有关规定相结合构成一个有关人格尊严的规范体系

【不定项】

32 1401094

关于宪法效力的说法，下列选项正确的是？

A．宪法修正案与宪法具有同等效力

B．宪法不适用于定居国外的公民

C．在一定条件下，外国人和法人也能成为某些基本权利的主体

D．宪法作为整体的效力及于该国所有领域

33 1201089

维护国家主权和领土完整，维护国家统一是我国宪法的重要内容，体现在《宪法》和法律一系列规定中。关于我国宪法对领土的效力，下列表述正确的是？

A．领土包括一个国家的陆地、河流、湖泊、内海、领海以及它们的底床、底土和上空（领空）

B．领土是国家的构成要素之一，是国家行使主权的空间，也是国家行使主权的对象

C．《宪法》在国土所有领域的适用上无任何差异

D．《宪法》的空间效力及于国土全部领域，是由主权的唯一性和不可分割性决定的

（九）宪法的制定

【单选】

34 1501020

宪法的制定是指制宪主体按照一定程序创制宪法的

解析页码
103—105

活动。关于宪法的制定，下列哪一选项是正确的?

A．制宪权和修宪权是具有相同性质的根源性的国家权力

B．人民可以通过对宪法草案发表意见来参与制宪的过程

C．宪法的制定由全国人民代表大会以全体代表的三分之二以上的多数通过

D．1954 年《宪法》通过后，由中华人民共和国主席根据全国人民代表大会的决定公布

（十）宪法的实施与保障

【单选】

35 1901024

根据《宪法》和《全国人民代表大会常务委员会关于实行宪法宣誓制度的决定》，关于我国宪法宣誓制度，下列哪一项是正确的?

A．全国人大常委会任命或者决定任命的最高人民法院副院长的宪法宣誓仪式由全国人大常委会委员长会议组织

B．直辖市人大常委会制定的关于本市国家工作人员的宣誓组织办法报全国人大常委会备案

C．宪法宣誓制度规定所有国家工作人员就职时都应当进行宪法宣誓

D．宪法宣誓制度规定宣誓仪式只可采取集体宣誓的方式

36 1201022

关于宪法实施，下列哪一选项是不正确的?

A．宪法的遵守是宪法实施最基本的形式

B．制度保障是宪法实施的主要方式

C．宪法解释是宪法实施的一种方式

D．宪法适用是宪法实施的重要途径

【多选】

37 1601061

《全国人民代表大会常务委员会关于实行宪法宣誓制度的决定》于 2016 年 1 月 1 日起实施。关于宪法宣誓制度的表述，下列哪些选项是正确的?

A．该制度的建立有助于树立宪法的权威

B．宣誓场所应当悬挂中华人民共和国国旗或者国徽

C．宣誓主体限于各级政府、法院和检察院任命的国家工作人员

D．最高法院副院长、审判委员会委员进行宣誓的仪式由最高法院组织

38 2401041

《宪法》规定全国人大及其常委会行使监督宪法实施的职权，全人常有权撤销同《宪法》、法律相抵触的行政法规、地方性法规。关于我国的宪法监督制度，下列表述正确的是?

A．全人常主要通过“撤销权”进行宪法监督

B．全人常行使监督职权的情况，应向全国人大报告，接受监督

C．全人常行使解释《宪法》、监督《宪法》实施的职权

D．监督《宪法》实施的职权由全国人大及其常委会专属享有

【不定项】

39 1601094

根据《宪法》和法律，关于我国宪法监督方式的说法，下列选项正确的是?

A．地方性法规报全国人大常委会和国务院备案，属于事后审查

B．自治区人大制定的自治条例报全国人大常委会批准后生效，属于事先审查

C．全国人大常委会应国务院的书面审查要求对某地方性法规进行审查，属于附带性审查

D．全国人大常委会只有在相关主体提出对某规范性文件进行审查的要求或建议时才启动审查程序

40 1501094

宪法解释是保障宪法实施的一种手段和措施。关于宪法解释，下列选项正确的是?

A．由司法机关解释宪法的做法源于美国，也以美国为典型代表

B．德国的宪法解释机关必须结合具体案件对宪法含义进行说明

C．我国的宪法解释机关对宪法的解释具有最高的、普遍的约束力

解析页码
106—108

D. 我国国务院在制定行政法规时，必然涉及对宪法含义的理解，但无权解释宪法

（十一）综合知识点

【单选】

41 2001153

关于宪法的分类、宪法渊源和宪法典的结构，下列哪一选项的说法是正确的？

A. 一般来说，成文宪法都是刚性宪法

B. 一般来说，不成文宪法都是柔性宪法

C. 英美法系国家中，作为宪法渊源的宪法判例均有明文规定

D. 我国现行《宪法》在序言部分明确了公民的基本权利和义务

42 1301022

关于宪法规范，下列哪一说法是不正确的？

A. 具有最高法律效力

B. 在我国的表现形式主要有宪法典、宪法性法律、宪法惯例和宪法判例

C. 是国家制定或认可的、宪法主体参与国家和社会生活最基本社会关系的行为规范

D. 权利性规范与义务性规范相互结合为一体，是我国宪法规范的鲜明特色

【多选】

43 1801057

宪法作为国家根本法，在国家和社会生活中发挥着重要作用，关于宪法作用和相关制度的说法，下列选项正确的是？

A. 宪法宣誓制度有利于宪法作用发挥

B. 宪法修改是宪法作用发挥的重要前提

C. 宪法为避免法律体系内部冲突提供了具体机制

D. 宪法能够为司法活动提供明确而直接的依据

44 1101060

我国宪法第6至18条对经济制度作了专门规定。关于《宪法修正案》就我国经济制度规定所作的修改，下列哪些选项是正确的？

A. 中华人民共和国实行依法治国，建设社会主义法治国家

B. 国家实行社会主义市场经济

C. 除第9、12、18条外，其他各条都进行过修改

D. 农村中的生产、供销、信用、消费等各种形式的合作经济，是社会主义劳动群众集体所有制经济

二、模拟训练

【单选】

45 62008003

宪法是我国的根本大法。下列关于宪法实施和监督制度的说法错误的是？

A. 全国各族人民、一切国家机关和武装力量、各政党和各社会团体、各企业事业组织，都必须以宪法为根本的活动准则，并且负有维护宪法尊严、保证宪法实施的职责

B. 要加强备案审查制度和能力建设，把所有规范性文件纳入备案审查范围，依法撤销和纠正违宪违法的规范性文件，允许地方制发带有立法性质的文件

C. 要建立由人大及人大常委会选举或决定产生的国家工作人员就职时的宪法宣誓制度

D. 在我国，监督宪法实施的国家机关是全国人大及其常委会

46 62208188

《宪法》作为中国民主制度的法律化，是国家组织和活动的总章程，是国家法治的自身基础和核心。下列关于我国《宪法》的表述正确的是？

A. 1949年9月由中国人民政治协商会议制定的《共同纲领》是新中国第一部社会主义类型的宪法

B. 1982年宪法即现行宪法经历了4次修改产生了52条修正案

C. 1999年宪法修正案确立了非公有制经济在社会主义市场经济中的地位

D. 2004年宪法修正案在统一战线增加致力于中华民族伟大复兴的爱国者

解析页码
108—110

【多选】

47 61908112

关于世界宪法发展过程的表述有哪些是正确的？

A. 欧洲大陆第一部成文宪法是法国 1791 年宪法

B. 1949 年《中国人民政治协商会议共同纲领》是中国历史上的第一部社会主义类型的宪法

C. 中国第一部成文宪法是“贿选宪法”

D. 世界第一部不成文宪法是英国宪法

48 61908204

关于宪法的基本理论，下列说法错误的是？

A. 宪法的目的在于保障人权，因此宪法的法律效力主要表现为对公民的行为约束

B. 最早提出制宪权的概念和理论的是英国学者 J·蒲莱士

C. 我国保障宪法实施的是专门机关，包括全国人民代表大会和全国人民代表大会常务委员会

D. 我国宪法监督中的政治保障是宪法的外在保障方式之一，是指中国共产党作为执政党模范遵守和执行宪法

49 61908205

关于我国宪法的效力、修改、实施和保障的说法，下列选项正确的是？

A. 宪法的效力适用于所有中国公民，包括定居国外的公民，一定条件下外国人和法人也可成为行使某些基本权利的主体

B. 宪法对于立法、执法、司法等活动都有约束力，但法院不得直接适用宪法对案件作出判决

C. 全国人民代表大会常务委员会和五分之一以上全国人民代表大会代表提议可以修改宪法

D. 宪法的实施既具有直接性，又具有间接性，且直接性更为突出

50 62008036

合宪性审查制度是监督宪法实施的重要制度之一。宪法是我国的根本大法，不仅需要完善的内容规定，更需要有效的保障措施。下列说法正确的是？

A. 在我国，合宪性审查权由全国人大常委会集中行使

B. 其他国家机关、社会团体、企事业组织以及公民认为行政法规、地方性法规同宪法或法律相抵触的，可以向全国人大口头提出审查建议

C. 全国人大有关的专门委员会和常委会工作机构可以将合宪性审查的情况向社会公开

D. 全国人大有关的专门委员会和常委会工作机构可以对报送备案的规范性文件进行主动审查

51 62208206

关于中国宪法的历史发展，下列哪些选项是正确的？

A.《中华民国临时约法》是中国历史上唯一一部具有资产阶级共和国性质的宪法性文件

B.《中国人民政治协商会议共同纲领》是新中国第一部社会主义类型的宪法

C. 1954 年宪法于 1974 年、1978 年、1982 年进行了全面修改

D. 全国人民代表大会分别于 1988 年、1993 年、1999 年、2004 年和 2018 年通过了共 52 条修正案

参考答案

[1] C	[2] D	[3] A	[4] D	[5] C
[6] D	[7] C	[8] C	[9] BD	[10] C
[11] D	[12] B	[13] D	[14] ACD	[15] ABC
[16] ABD	[17] A	[18] A	[19] D	[20] C
[21] BC	[22] D	[23] B	[24] ABC	[25] ABC
[26] ACD	[27] C	[28] C	[29] D	[30] D
[31] BD	[32] ACD	[33] ABD	[34] B	[35] B
[36] B	[37] AD	[38] ABCD	[39] AB	[40] ACD
[41] B	[42] B	[43] AB	[44] BCD	[45] B
[46] C	[47] ACD	[48] ABC	[49] ABC	[50] ACD
[51] AD				

解析页码
110—111

第二章 政治、经济、文化、社会制度

一、历年真题及仿真题

（一）人民民主专政制度

【单选】

1 2201084

2004年3月14日第十届全国人民代表大会第二次会议通过的宪法修正案，规定爱国统一战线的内涵增加"社会主义事业的建设者"，2018年3月11日，第十三届全国人民代表大会第一次会议通过的宪法修正案，规定爱国统一战线的内涵增加"致力于中华民族伟大复兴的爱国者"。关于爱国统一战线，下列说法正确的是?

A. 爱国统一战线是一个国家机构

B. 爱国统一战线是各个政党的联合

C. 爱国统一战线中的"社会主义事业的建设者"和"致力于中华民族伟大复兴的爱国者"扩大了现阶段"人民"概念的外延

D. 爱国统一战线正式确立是在新民主主义革命时期

【多选】

2 1301062

根据《宪法》，关于中国人民政治协商会议，下列哪些选项是正确的?

A. 中国人民政治协商会议是具有广泛代表性的统一战线组织

B. 中国人民政治协商会议是重要的国家机关

C. 中国共产党领导的多党合作和政治协商制度将长期存在和发展

D. 中国共产党领导的爱国统一战线将继续巩固和发展

【不定项】

3 1701091

我国宪法序言规定："中国共产党领导的多党合作和政治协商制度将长期存在和发展。"关于中国人民政治协商会议，下列选项正确的是?

A. 由党派团体和界别代表组成，政协委员由选举产生

B. 全国政协委员列席全国人大的各种会议

C. 是中国共产党领导的多党合作和政治协商制度的重要机构

D. 中国人民政治协商会议全国委员会和各地方委员会是国家权力机关

（二）人民代表大会制度

【单选】

4 2001156

与西方议会制度相比，下列选项属于我国人民代表大会制度特点的是?

A. 两院制

B. 代表的专职制

C. 人民代表大会的全权性

D. 代表任期的限任制

【不定项】

5 1701092

人民代表大会制度是我国的根本政治制度。关于人民代表大会制度，下列表述正确的是?

A. 国家的一切权力属于人民，这是人民代表大会制度的核心内容和根本准则

B. 各级人大都由民主选举产生，对人民负责，受人民监督

C. "一府一委两院"都由人大产生，对它负责，受它监督

D. 人民代表大会制度是实现社会主义民主的唯一形式

（三）基本经济制度

【单选】

6 1601023

社会主义公有制是我国经济制度的基础。根据现行《宪法》的规定，关于基本经济制度的表述，下列哪一选项是正确的?

解析页码 111—113

A. 国家财产主要由国有企业组成
B. 城市的土地属于国家所有
C. 农村和城市郊区的土地都属于集体所有
D. 国营经济是社会主义全民所有制经济，是国民经济中的主导力量

【多选】

7 1201060

根据《宪法》的规定，下列哪些选项是正确的?
A. 社会主义的公共财产神圣不可侵犯
B. 社会主义的公共财产包括国家的和集体的财产
C. 国家可以对公民的私有财产实行无偿征收或征用
D. 土地的使用权可以依照法律的规定转让

【不定项】

8 1801090

根据我国《宪法》的规定，下列说法不正确的是?
A. 城市的土地属于国家所有，农村和城市郊区的土地，除由法律规定属于国家所有的以外，属于集体所有
B. 宅基地、自留地、自留山属于集体所有
C. 国家为了公共利益的需要，可以对土地实行征收或征用并给予补偿
D. 土地的所有权可以依照法律的规定转让

9 1601092

我国宪法明确规定:“国家为了公共利益的需要，可以依照法律规定对公民的私有财产实行征收或者征用并给予补偿。”关于公民财产权限制的界限，下列选项正确的是?
A. 对公民私有财产的征收或征用构成对公民财产权的外部限制
B. 对公民私有财产的征收或征用必须具有明确的法律依据
C. 只要满足合目的性原则即可对公民的财产权进行限制
D. 对公民财产权的限制应具有宪法上的正当性

10 1401095

根据《宪法》规定，关于我国基本经济制度的说法，下列选项正确的是?
A. 国家实行社会主义市场经济
B. 国有企业在法律规定范围内和政府统一安排下，开展管理经营
C. 集体经济组织实行家庭承包经营为基础、统分结合的双层经营体制
D. 土地的使用权可以依照法律的规定转让

(四) 基本文化和社会制度

【单选】

11 1501022

国家的基本社会制度是国家制度体系中的重要内容。根据我国宪法规定，关于国家基本社会制度，下列哪一表述是正确的?
A. 国家基本社会制度包括发展社会科学事业的内容
B. 社会人才培养制度是我国的基本社会制度之一
C. 关于社会弱势群体和特殊群体的社会保障的规定是对平等原则的突破
D. 社会保障制度的建立健全同我国政治、经济、文化和生态建设水平相适应

12 1301023

近代意义上的宪法产生以来，文化制度便是宪法的内容。关于两者的关系，下列哪一选项是不正确的?
A. 1787 年美国宪法规定了公民广泛的文化权利和国家的文化政策
B. 1919 年德国魏玛宪法规定了公民的文化权利
C. 我国现行宪法对文化制度的原则、内容等做了比较全面的规定
D. 公民的文化教育权、国家机关的文化教育管理职权和文化政策，是宪法文化制度的主要内容

13 2401042

《宪法》规定：①国家鼓励集体经济组织、国家企业事业组织和其他社会力量依照法律规定举办各种教育事业。②国家发展自然科学和社会科学事业，普及科学和技术知识，奖励科学研究成果和技术发明创造。③国家推行计划生育，使人口的增长同经济和社会发展计划相适应。④国家保障

解析页码
113—115

自然资源的合理利用，保护珍贵的动物和植物。下列哪些选项体现了文化制度？

A. ②③

B. ①②

C. ①②③④

D. ①③④

【多选】

14 1601062

我国的基本社会制度是基于经济、政治、文化、社会、生态文明五位一体的社会主义建设的需要，在社会领域所建构的制度体系。关于国家的基本社会制度，下列哪些选项是正确的？

A. 我国的基本社会制度是国家的根本制度

B. 社会保障制度是我国基本社会制度的核心内容

C. 职工的工作时间和休假制度是我国基本社会制度的重要内容

D. 加强社会法的实施是发展与完善我国基本社会制度的重要途径

15 1501062

关于国家文化制度，下列哪些表述是正确的？

A. 我国宪法所规定的文化制度包含了爱国统一战线的内容

B. 国家鼓励自学成才，鼓励社会力量依照法律规定举办各种教育事业

C. 是否较为系统地规定文化制度，是社会主义宪法区别于资本主义宪法的重要标志之一

D. 公民道德教育的目的在于培养有理想、有道德、有文化、有纪律的社会主义公民

（五）国家标志

【单选】

16 1801013

第十二届全国人大常委会第二十九次会议通过了《国歌法》并于 2017 年 10 月 1 日起施行，根据《宪法》和《国歌法》，关于国歌，下列哪项不正确？

A. 国歌是国家的象征和标志

B. 宪法宣誓仪式上应奏唱国歌

C. 国歌应加入中小学教育

D. 国歌是历部宪法中不可缺少的内容

【多选】

17 2301065

下列属于国家标志的是：

A. 国旗

B. 国歌

C. 国徽

D. 首都

18 2101094

关于我国的国家标志，下列哪些说法是错误的？

A. 我国的国家标志包括国歌、国旗、国徽、国家主席

B. 各级政府应当每日升挂国旗

C. 港口、火车站、机场应当每日升挂国旗

D. 宪法宣誓场所应当悬挂国旗

19 2001158

下列关于国歌的说法中，哪些选项是不正确的？

A. 各级机关举行或者组织的重大庆典上应当奏唱国歌

B. 国歌可以作为公共场所的背景音乐

C. 公民可以在国庆节等重要的国家法定节日于广播电台点播国歌

D. 奏唱国歌可以使用简谱记载的国歌标准演奏曲谱

（六）综合知识点

【不定项】

20 2301059

2004 年第十届全国人大第二次会议通过宪法修正案之后，国家依次修订了《国旗法》《国徽法》，并于 2017 年出台了《国歌法》。根据我国现行《宪法》，下列说法正确的是？

A. 国家标志只有国徽、国旗、国歌

B. 设立特别行政区的法律依据写在宪法总纲中

C. 国旗、国徽、国歌和首都规定在我国宪法的附则中

D. 我国国歌是《义勇军进行曲》，于 2004 年写入宪法

解析页码
115—117

二、模拟训练

【单选】

21 62208189

国家制度又称国家体制，是确立一国阶级统治关系的基本制度。下列关于我国国家制度表述正确的是？

A. 人民代表大会制度是我国根本制度

B. 矿藏、水流、海域、城市及城市郊区的土地绝对属于国家所有

C. 受教育既是公民的权利也是公民的义务

D. 国家建立健全同居民需求水平相适应的社会保障制度

【多选】

22 61808088

关于人民代表大会制度，下列说法正确的是：

A. 上下级人大之间是监督关系，上级人大有权依照法律规定领导下级人大的工作

B. 对人民负责、受人民监督是人民代表大会制度的关键

C. 全国人大是最高国家权力机关，地方各级人大属于地方国家权力机关

D. 中华人民共和国的一切权力属于人民，全国人民代表大会和地方各级人民代表大会是人民掌握和行使国家权力的组织形式

23 61908116

根据《宪法》规定，以下关于我国国家基本制度的说法有哪些是错误的？

A. 中国人民政治协商会议作为爱国统一战线的组织形式，是我国国家机构体系的重要组成部分

B. 国家基本社会制度包括社会科学事业的内容

C. 对社会弱势群体和特殊群体的社会保障规定是对平等原则的突破

D. 国家为了公共利益的需要，可以依法对土地实行征收或征用并给予补偿

24 61908118

我国经济制度指中华人民共和国的社会主义经济制度，其基础是生产资料的社会主义公有制，即全民所有制和劳动群众集体所有制。下列有关我国经济制度的说法哪些是正确的？

A. 我国的森林、草原和山岭既可以属于国家所有，也可以属于集体所有

B. 国家监督、管理和引导非公有制经济的发展，非公有制经济是公有制经济的补充

C. 农村和城市郊区的土地属于集体专属所有，国家不享有所有权

D. 国有企业依照法律规定，通过职工代表大会和其他形式，实行民主管理

25 62208109

国家标志又称国家象征，一般由宪法和法律规定，是代表国家主权、独立和尊严的象征和标志，我国的国家标志主要包括国旗、国徽、国歌、首都。下列关于国家标志的说法正确的有？

A. 图书馆、博物馆、文化馆应当在开放日升挂、悬挂国旗

B. 在进行集体宪法宣誓时，宣誓场所应悬挂国旗或国徽

C. 国徽及其图案不得用于日常用品、日常生活的陈设布置

D.《义勇军进行曲》作为中华人民共和国国歌于1999年写入宪法

参考答案

[1] C	[2] ACD	[3] C	[4] C	[5] ABC
[6] B	[7] ABD	[8] D	[9] ABD	[10] AD
[11] B	[12] A	[13] B	[14] BCD	[15] BD
[16] D	[17] ABCD	[18] ABC	[19] BC	[20] BD
[21] C	[22] BCD	[23] ABC	[24] AD	[25] AC

解析页码
117—118

第三章 国家结构

一、历年真题及仿真题

（一）国家结构形式

【不定项】

1 1201090

维护国家主权和领土完整，维护国家统一是我国宪法的重要内容，体现在《宪法》和法律一系列规定中。关于我国的国家结构形式，下列选项正确的是？

A. 我国实行单一制国家结构形式

B. 维护宪法权威和法制统一是国家的基本国策

C. 在全国范围内实行统一的政治、经济、社会制度

D. 中华人民共和国是一个统一的国际法主体

（二）我国的行政区划

【单选】

2 1501023

根据《宪法》和法律法规的规定，关于我国行政区划变更的法律程序，下列哪一选项是正确的？

A. 甲县欲更名，须报该县所属的省级政府审批

B. 乙省行政区域界线的变更，应由全国人大审议决定

C. 丙镇与邻近的一个镇合并，须报两镇所属的县级政府审批

D. 丁市部分行政区域界线的变更，由国务院授权丁市所属的省级政府审批

【不定项】

3 1401096

根据《宪法》规定，关于行政建置和行政区划，下列选项正确的是？

A. 全国人大批准省、自治区、直辖市的建置

B. 全国人大常委会批准省、自治区、直辖市的区域划分

C. 国务院批准自治州、自治县的建置和区域划分

D. 省、直辖市、地级市的人民政府决定乡、民族乡、镇的建置和区域划分

4 1201091

维护国家主权和领土完整，维护国家统一是我国宪法的重要内容，体现在《宪法》和法律一系列规定中。关于我国的行政区域划分，下列说法不成立的是？

A. 是国家主权的体现

B. 属于国家内政

C. 任何国家不得干涉

D. 只能由《宪法》授权机关进行

（三）综合知识点

【单选】

5 1301024

根据《宪法》的规定，关于国家结构形式，下列哪一选项是正确的？

A. 从中央与地方的关系上看，我国有民族区域自治和特别行政区两种地方制度

B. 县、市、市辖区部分行政区域界线的变更由省、自治区、直辖市政府审批

C. 经济特区是我国一种新的地方制度

D. 行政区划纠纷或争议的解决是行政区划制度内容的组成部分

【多选】

6 2201096

甲省乙市撤销了丙县之后重新设立了丁市（县级市），归甲省直辖。关于以上事实，下列说法中正确的有？

A. 撤销丙县由甲省人大决定

B. 设立丁市（县级市），归甲省直辖由国务院决定

C. 丁市的行政事务由甲省直接管理

D. 丁市政府和乙市政府都有制定地方政府规章的权力

解析页码
118—120

二、模拟训练

【单选】

7 61908150

关于我国的行政区划，下列说法正确的是？

A. 省、自治区、直辖市区域界线的变更由全国人民代表大会决定

B. 国务院授权后，省政府有权决定乡级行政区域的设立、撤销与更名

C. 不设区的市的人民政府，经省级人民政府批准，可以设立若干街道办事处，作为它的派出机关

D. 全国人大决定重庆直辖市的设立，国务院决定重庆直辖市的区域划分

【多选】

8 61808098

关于中国的行政区划，下列说法错误的是？

A. 县、市、市辖区的部分行政区域界线的变更应由本级人大决定

B. 全国人大有权决定省级行政区划的设置及特别行政区的设立

C. 省级人民政府有权决定乡级行政区划的设置

D.《宪法》规定，中国的行政区划分为省、市、县、乡四级

参考答案

[1]ABD [2]D [3]AC [4]D [5]D
[6]BC [7]D [8]AD

第四章 选举制度

一、历年真题及仿真题

（一）选举基本原则

【单选】

1 2401043

下列说法中体现选举平等原则的有：

①投票采取不记名的方式；②县乡选举采用直接选举；③偏远地区民族，至少有当地人代表民族参与；④一个选民代表的人数名额，要与地域范围内的人数相当。

A. ①②③④

B. ②④

C. ③④

D. ②③

【多选】

2 1701062

某省人大选举实施办法中规定："本行政区域各选区每一代表所代表的人口数应当大体相等。各选区每一代表所代表的人口数与本行政区域内每一代表所代表的平均人口数之间相差的幅度一般不超过百分之三十。"关于这一规定，下列哪些说法是正确的？

A. 是选举权的平等原则在选区划分中的具体体现

B. "大体相等"允许每一代表所代表的人口数之间存在差别

C. "百分之三十"的规定是对前述"大体相等"的进一步限定

D. 不保证各地区、各民族、各方面都有适当数量的代表

（二）选举机构

【单选】

3 1601024

根据《选举法》和相关法律的规定，关于选举的

解析页码
121—122

主持机构，下列哪一选项是正确的?

A．乡镇选举委员会的组成人员由不设区的市、市辖区、县、自治县的人大常委会任命

B．县级人大常委会主持本级人大代表的选举

C．省人大在选举全国人大代表时，由省人大常委会主持

D．选举委员会的组成人员为代表候选人的，应当向选民说明情况

（三）选举程序

【多选】

4 1901001

选民王某，35岁，外出打工期间本村进行乡人大代表的选举。王某因路途遥远和工作繁忙不能回村参加选举，于是打电话嘱咐14岁的儿子帮他投本村李叔1票。根据上述情形，下列哪些说法是正确的?

A．王某仅以电话通知受托人的方式，尚不能发生有效的委托投票授权

B．王某必须同时以电话通知受托人和村民委员会，才能发生有效的委托投票授权

C．王某以电话委托他人投票，必须征得选举委员会的同意

D．王某不能电话委托儿子投票，因为儿子还没有选举权

（四）代表的罢免和辞职

【多选】

5 1901012

《选举法》以专章规定了对代表的监督、罢免和补选的措施。关于代表的罢免，下列哪些选项符合《选举法》的规定?

A．罢免直接选举产生的代表须经原选区过半数的选民通过

B．罢免直接选举产生的代表，须将决议报送上一级人大常委会备案

C．罢免间接选举产生的代表须经原选举单位过半数的代表通过

D．罢免间接选举产生的代表，在代表大会闭会期间，须经常委会成员2/3多数通过

（五）代表的补选、暂停和终止

【多选】

6 1801058

下列哪些情况，代表要终止代表资格?

A．被行政拘留的

B．未经批准一次不出席本级人大会议的

C．被判处管制并附加剥夺政治权利的

D．丧失行为能力的

（六）人大代表的权利

【多选】

7 1601064

根据《宪法》和法律的规定，关于全国人大代表的权利，下列哪些选项是正确的?

A．享有绝对的言论自由

B．有权参加决定国务院各部部长、各委员会主任的人选

C．非经全国人大主席团或者全国人大常委会许可，一律不受逮捕或者行政拘留

D．有五分之一以上的全国人大代表提议，可以临时召集全国人民代表大会会议

（七）综合知识点

【单选】

8 2001016

关于县人大代表的选举，下列说法正确的是?

A．县人大代表的选举由县人大主席团主持

B．10个选民联名有权提出县人大代表候选人

C．县人大代表选举时，候选人的人数比应选代表人数至少应多出1/5，至多多出1/2

D．县人大代表的选举与罢免，均要求全体选民过半同意

9 1101025

根据《选举法》的规定，关于选举机构，下列哪一选项是不正确的?

A．特别行政区全国人大代表的选举由全国人大常委会主持

解析页码
122—124

B. 省、自治区、直辖市、设区的市、自治州的人大常委会领导本行政区域内县级以下人大代表的选举工作
C. 乡、民族乡、镇的选举委员会受不设区的市、市辖区、县、自治县人大常委会的领导
D. 选举委员会对依法提出的有关选民名单的申诉意见，应在3日内作出处理决定

【多选】

10 2201091

关于县乡人大代表的选举，下列选项中正确的有？
A. 县级选委会确定选举名额并向上一级人大常委会备案
B. 县级选委会委员长可以由本级人大常委会主任兼任
C. 乡级选委会由县级人大常委会领导
D. 选举委员会成员同时被推荐为候选人的，不影响其担任的选委会职务

11 1501063

甲市乙县人民代表大会在选举本县的市人大代表时，乙县多名人大代表接受甲市人大代表候选人的贿赂。对此，下列哪些说法是正确的？
A. 乙县选民有权罢免受贿的该县人大代表
B. 乙县受贿的人大代表应向其所在选区的选民提出辞职
C. 甲市人大代表候选人行贿行为属于破坏选举的行为，应承担法律责任
D. 在选举过程中，如乙县人大主席团发现有贿选行为应及时依法调查处理

12 1401062

根据《选举法》的规定，关于选举制度，下列哪些选项是正确的？
A. 全国人大和地方人大的选举经费，列入财政预算，由中央财政统一开支
B. 全国人大常委会主持香港特别行政区全国人大代表选举会议第一次会议，选举主席团，之后由主席团主持选举
C. 县级以上地方各级人民代表大会举行会议的时候，至少三分之一以上代表联名，可以提出对由该级人民代表大会选出的上一级人大代表的罢免案
D. 选民或者代表10人以上联名，可以推荐代表候选人

13 1301060

根据《宪法》和法律的规定，关于选举程序，下列哪些选项是正确的？
A. 乡级人大接受代表辞职，须经本级人民代表大会过半数的代表通过
B. 经原选区选民30人以上联名，可以向县级的人民代表大会常务委员会书面提出罢免乡级人大代表的要求
C. 罢免县级人民代表大会代表，须经原选区三分之二以上的选民通过
D. 补选出缺的代表时，代表候选人的名额必须多于应选代表的名额

二、模拟训练

【单选】

14 61808094

关于我国的选举制度，下列哪一项是错误的？
A. 间接选举的代表候选人人数应比应选名额的代表人数多1/5至1/2倍
B. 每次选举前都需要登记全部选民
C. 直接选举的代表候选人人数应比应选名额的代表人数多1/3至1倍
D. 我国的选民登记原则是一次登记，长期有效

15 62208186

全国人大常委会办公厅研究室主任6月29日在新闻发布会上介绍，最近刚刚完成了新一轮全国县、乡两级人大换届选举，10亿多选民1人1票，产生了260多万名县、乡两级人大代表。对此，下列说法正确的是？
A. 不设区的市、市辖区、县、自治县、乡、民族乡、镇的人民代表大会的代表，由选民直接选举
B. 乡镇人民代表大会设立选举委员会主持本级人大代表的选举，并受本级人民代表大会常务委

解析页码
124—126

员会的领导

C. 县级人民代表大会常务委员会指导本行政区域内县级以下人民代表大会代表的选举工作

D. 民族乡的选举委员会组成人员可以兼任乡级代表候选人

16 62208265

关于我国人民代表大会代表的选举，下列选项正确的是？

A. 乡级人大代表的具体名额，由县级人大常委会确定，并报上一级人大常委会批准

B. 乡级选举委员会受县级人大常委会的指导，代表候选人获得参加投票的选民过半数的选票就可当选

C. 小美对乡级选举委员会公布的选民名单有异议的，应在选民名单公布之日起 5 日内向选举委员会申诉，对处理决定不服的，可向法院起诉

D. 香港特别行政区全国人大代表的选举，由全国人大主席团主持，候选人由选举会议成员 15 人以上提名

17 62208266

下列哪一行为不符合我国现行《宪法》和法律的相关规定？

A. 主席团或者 1/10 以上代表书面联名，可以向本级人民代表大会提议组织关于特定问题的调查委员会，由主席团提请全体会议决定

B. S 省 2019 年有人大代表 551 名，邓某等 63 名代表联名提出对省人大常委会组成人员林某的罢免案

C. 乡、民族乡、镇的人民代表大会举行会议的时候，主席团或者 1/5 以上代表联名，可以提出对人民代表大会主席、副主席，乡长、副乡长，镇长、副镇长的罢免案

D. 张某等 27 名选民向县级人大常委会提出对县人大代表谢某的罢免案

18 62208034

下列关于人大代表的辞职的表述，正确的是？

A. 甲乡人大代表赵某欲辞去乡人大代表的职务，则赵某需向县人大常委会提出

B. 乙县人大代表钱某在县人大会议期间可以口头向县人大常委会提出辞职

C. 丙市人大代表孙某向市人大常委会辞职，需市人大常委会组成人员过半数通过

D. 丁省人大常委会接受人大代表李某辞职决议后，须报全国人大常委会备案并公告

【多选】

19 62108001

下列关于地方各级人民代表大会代表名额的说法，错误的是？

A. 设区的市、自治州和县级的人民代表大会代表的具体名额，由省、自治区、直辖市的人民代表大会常务委员会确定即可

B. 乡级的人民代表大会代表的具体名额，由县级的人民代表大会依法确定，报上一级人民代表大会常务委员会备案

C. 地方各级人民代表大会的代表总名额经确定后，即不能变动

D. 重新确定代表名额的，省、自治区、直辖市的人民代表大会常务委员会应当在三十日内将重新确定代表名额的情况报全国人民代表大会备案

参考答案

[1] C	[2] ABC	[3] A	[4] AD	[5] AC
[6] CD	[7] BD	[8] B	[9] B	[10] BC
[11] ACD	[12] BD	[13] AB	[14] B	[15] A
[16] C	[17] D	[18] D	[19] ABCD	

第五章 民族区域自治制度

一、历年真题及仿真题

（一）民族自治权

【多选】

1 1001063

关于民族自治地方的自治权，下列哪些说法是正

解析页码
126—128

确的？

A．民族自治地方有权自主管理地方财政

B．自治州人大有权制定自治条例和单行条例

C．自治县政府有权自主安排本县经济建设事业

D．自治区政府有权保护和整理民族的文化遗产

（二）综合知识点

【单选】

2 2201112

甲省西部地区是一个物产丰富，文化多元的旅游胜地。该地区由多个民族聚居，为促进该地区的旅游业发展，甲省拟通过法律程序在该地区设立自治地方。对此下列说法正确的是？

A．甲省可以设立多个民族自治地方

B．自治地方的自治机关为同级人民代表大会

C．民族乡是我国基层民族自治地方

D．甲省应当设立多个民族自治地方

3 2101109

关于我国民族区域自治制度的表述，下列哪一选项是不正确的？

A．民族自治地方的自治机关是自治区、自治州、自治县的人大和常委会

B．民族自治地方人大常委会的主任或副主任，应当由实行区域自治民族的公民担任

C．自治县人大有权制定自治条例和单行条例，报省、自治区的人大常委会批准生效

D．自治地方可优先开发本地方的自然资源，依法确认森林和草原的归属

4 2101107

下列关于我国民族区域自治制度的表述，不正确的是？

A．民族自治地方的自治机关是中央统一领导下的地方政权机关

B．民族自治地方人大常委会的主任和副主任，应当由实行区域自治民族的人员担任

C．民族自治地方的自治机关依照国家的军事制度和当地的实际需要，经国务院批准，可以组织本地方维护社会治安的公安部队

D．自治州、自治县决定减税或者免税，须报省、自治区、直辖市政府批准

5 2001015

根据《宪法》和《民族区域自治法》的规定，下列选项不正确的是？

A．民族区域自治以少数民族聚居区为基础，是民族自治和区域自治的结合

B．民族自治地方的国家机关既是地方国家机关，又是自治机关

C．上级国家机关应该在收到自治机关变通执行或者停止执行有关决议、决定的报告之日起60日内给予答复

D．自治机关自主地管理本地方的教育、科学、文化、卫生、体育事业，保护和整理本民族的文化遗产，发展和繁荣民族文化

6 1701023

根据我国民族区域自治制度，关于民族自治县，下列哪一选项是错误的？

A．自治机关保障本地方各民族都有保持或改革自己风俗习惯的自由

B．经国务院批准，可开辟对外贸易口岸

C．县人大常委会中应有实行区域自治的民族的公民担任主任或者副主任

D．县人大可自行变通或者停止执行上级国家机关的决议、决定、命令和指示

7 1501024

根据《宪法》和法律的规定，关于民族自治地方自治权，下列哪一表述是正确的？

A．自治权由民族自治地方的权力机关、行政机关、审判机关和检察机关行使

B．自治州人民政府可以制定政府规章对国务院部门规章的规定进行变通

C．自治条例可以依照当地民族的特点对宪法、法律和行政法规的规定进行变通

D．自治县制定的单行条例须报省级人大常委会批准后生效，并报全国人大常委会和国务院备案

解析页码
128—130

【多选】

8 1401063

根据《宪法》和法律的规定，关于民族区域自治制度，下列哪些选项是正确的？

A. 民族自治地方法院的审判工作，受最高法院和上级法院监督

B. 民族自治地方的政府首长由实行区域自治的民族的公民担任，实行首长负责制

C. 民族自治区的自治条例和单行条例报全国人大批准后生效

D. 民族自治地方自主决定本地区人口政策，不实行计划生育

9 1101087

根据《宪法》和《民族区域自治法》的规定，下列选项不正确的是？

A. 民族区域自治以少数民族聚居区为基础，是民族自治与区域自治的结合

B. 民族自治地方的国家机关既是地方国家机关，又是自治机关

C. 上级国家机关应该在收到自治机关变通执行或者停止有关决议、决定执行的报告之日起 60 日内给予答复

D. 自治地方的自治机关依照国家规定，可以和外国进行教育、科技、文化等方面的交流

二、模拟训练

【单选】

10 62208191

1951 年 5 月 23 日，中央人民政府与原西藏地方政府在北京签订《中央人民政府和西藏地方政府关于和平解放西藏办法的协议》，宣告西藏和平解放，至今西藏自治区已和平解放七十余年，社会主义制度的建立和民族区域自治制度的实行，使西藏社会发展实现了历史性跨越。下列关于我国民族区域自治制度的表述正确的是？

A. 我国民族自治地方由自治区、自治州、自治县、民族乡四级组成

B. 我国民族自治地方的自治机关为自治地方人大、人民政府、人民法院和人民检察院

C. 自治区、自治州、自治县依照国家规定，可以和国外进行教育、科学技术、文化艺术、卫生、体育等方面的交流

D. 经国务院批准，自治地方可以组织本地方维护社会治安的公安部队

【多选】

11 62208040

下列关于民族区域自治制度的表述正确的是？

A. 自治地方的自治机关为人大及其常委会和人民政府

B. 民族自治地方人大常委会的主任可以由实行区域自治的民族公民担任

C. 民族自治地方的政府实行集体负责制

D. 自治地方检察院的领导人员和工作人员中，应当合理配置实行区域自治的民族人员

【不定项】

12 62208039

民族自治机关是民族区域自治制度的重要组成部分，下列关于民族自治机关说法正确的有？

A. 民族自治地方包括自治区、自治州、自治县、自治乡

B. 民族自治区主席或副主席由实行区域自治的民族公民担任

C. 自治地方法院的领导人员和工作人员中，应当合理配置实行区域自治的民族人员

D. 自治机关为自治地方的人民代表大会、人民政府

参考答案

[1]ABCD	[2]A	[3]A	[4]B	[5]B
[6]D	[7]D	[8]AB	[9]BD	[10]D
[11]BD	[12]CD			

解析页码 130—131

第六章 特别行政区制度

一、历年真题及仿真题

（一）中央对特区的管理

【单选】

1 1101026

根据我国宪法和港、澳基本法规定，关于港、澳基本法的修改，下列哪一选项是不正确的?

A. 在不同港、澳基本法基本原则相抵触的前提下，全国人大常委会在全国人大闭会期间有权修改港、澳基本法

B. 港、澳基本法的修改提案权属于全国人大常委会、国务院和港、澳特别行政区

C. 港、澳特别行政区对基本法的修改议案，由港、澳特别行政区出席全国人大会议的代表团向全国人大会议提出

D. 港、澳基本法的任何修改，不得同我国对港、澳既定的基本方针政策相抵触

（二）特区的政治体制

【单选】

2 1701024

根据《宪法》和《香港特别行政区基本法》规定，下列哪一选项是正确的?

A. 行政长官就法院在审理案件中涉及的国防、外交等国家行为的事实问题发出的证明文件，对法院无约束力

B. 行政长官对立法会以不少于全体议员 2/3 多数再次通过的原法案，必须在 1 个月内签署公布

C. 香港特别行政区可与全国其他地区的司法机关通过协商依法进行司法方面的联系和相互提供协助

D. 行政长官仅从行政机关的主要官员和社会人士中委任行政会议的成员

（三）特区维护国家安全的宪制责任

【多选】

3 2201118

根据《中华人民共和国香港特别行政区维护国家安全法》（以下简称《香港国安法》）的规定，下列选项中正确的是?

A. 特首就安全问题每年向人大报告工作

B. 香港的学校应当开展《香港国安法》普法教育活动

C.《香港国安法》由全国人民代表大会制定

D. 维护国家安全委员会主席由国务院任命

4 2001021

2020 年 5 月 28 日，十三届全国人大三次会议表决通过了《全国人民代表大会关于建立健全香港特别行政区维护国家安全的法律制度和执行机制的决定》，关于香港特区制定《维护国家安全法》的宪制责任，下面观点正确的是?

A. 维护国家主权统一和领土完整是香港特别行政区的宪制责任

B. 香港特别行政区应当尽早完成香港特别行政区基本法规定的维护国家安全立法。香港特别行政区行政机关、立法机关、司法机关应当依据有关法律规定有效防范、制止和惩治危害国家安全的行为和活动

C. 全国人大常委会有权力有责任维护香港特别行政区宪制秩序

D. 国家应当采取必要措施建立健全香港特别行政区维护国家安全的法律制度和执行机制，依法防范、制止和惩治危害国家安全的行为和活动

（四）综合知识点

【单选】

5 2001154

2020 年 5 月 28 日，十三届全国人大三次会议表决通过了《全国人民代表大会关于建立健全香港特别行政区维护国家安全的法律制度和执行机制的决定》，关于香港特区制定《维护国家安全法》

解析页码
132—133

的宪制责任，下面观点正确的是？

A. 香港特别行政区可以自行制定有关国家安全的基本法律

B. 香港特别行政区的国家安全事务均由香港特别行政区有关机关负责

C. 维护国家主权、统一和领土完整是香港特别行政区的宪制责任

D. 根据法律规定，维护香港特别行政区的国家安全仅仅是香港同胞的义务

6 1601025

澳门特别行政区依照《澳门基本法》的规定实行高度自治，享有行政管理权、立法权、独立的司法权和终审权。关于中央和澳门特别行政区的关系，下列哪一选项是正确的？

A. 全国性法律一般情况下是澳门特别行政区的法律渊源

B. 澳门特别行政区终审法院法官的任命和免职须报全国人大常委会备案

C. 澳门特别行政区立法机关制定的法律须报全国人大常委会批准后生效

D.《澳门基本法》在澳门特别行政区的法律体系中处于最高地位，反映的是澳门特别行政区同胞的意志

7 1401023

根据《宪法》和法律的规定，关于特别行政区，下列哪一选项是正确的？

A. 澳门特别行政区财政收入全部由其自行支配，不上缴中央人民政府

B. 澳门特别行政区立法会举行会议的法定人数为不少于全体议员的三分之二

C. 非中国籍的香港特别行政区永久性居民不得当选为香港特别行政区立法会议员

D. 香港特别行政区廉政公署独立工作，对香港特别行政区立法会负责

【多选】

8 2201094

关于我国的特区制度，下列说法中正确的有？

A. 特别行政区享有立法等方面特权的根本基础是一国两制

B. 中央政府对特区的全面管辖权体现在外交和防务事项上

C. 特区的立法机关制定的法律须报全国人民代表大会常务委员会备案

D. 特区无权对《基本法》的规定作出解释

9 1301061

根据《香港特别行政区基本法》和《澳门特别行政区基本法》的规定，下列哪些选项是正确的？

A. 对世界各国或各地区的人入境、逗留和离境，特别行政区政府可以实行入境管制

B. 特别行政区行政长官依照法定程序任免各级法院法官、任免检察官

C. 香港特别行政区立法会议员因行为不检或违反誓言而经出席会议的议员三分之二通过谴责，由立法会主席宣告其丧失立法会议员资格

D. 基本法的解释权属于全国人大常委会

10 1001065

关于特别行政区制度，下列哪些说法是不正确的？

A. 香港特别行政区行政长官任职须年满四十五周岁

B. 香港特别行政区司法机关由其法院和检察院组成

C. 香港和澳门特别行政区的各级法院都有权解释本特别行政区基本法

D. 国务院有权对香港和澳门特别行政区的部分地区宣布进入紧急状态

二、模拟训练

【单选】

11 62108043

我国一直坚定不移地全面贯彻“一国两制”“港人治港”、高度自治的方针，对于我国的特别行政区制度，下列哪一选项是错误的？

A. 香港特别行政区负有的维护国家安全的责任属于法定责任、宪制责任

B. 香港特别行政区维护国家安全委员会主席由行

解析页码
133—135

政长官担任

C.《香港特别行政区维护国家安全法》不属于全国性法律

D. 全国人大常委会有权决定宣布香港特别行政区进入战争状态

【多选】

12 62008022

根据港澳特别行政区基本法，关于特别行政区制度，下列选项错误的是？

A. 特别行政区的立法机关制定的法律须报全国人大常委会备案，未经备案的法律不生效

B. 全国人大授权特别行政区法院在审理案件时对基本法关于特别行政区自治范围内的条款自行解释

C. 特别行政区基本法的修改权属于全国人大，基本法的修改提案权属于全国人大常委会

D. 香港特别行政区的法官须为在外国无居留权的香港特别行政区永久性居民中的中国公民

13 62208043

下列关于《香港国家安全法》的主要内容说法正确的有？

A. 该法规定国务院在香港特区设立维护国家安全公署

B. 警务处设维护国家安全部，由行政长官担任负责人

C. 律政司设国家安全检控部门，依法处理相关的检控工作和法律事务

D. 维护国家安全委员会所作决定不受司法复核

参考答案

[1] A　[2] C　[3] BD　[4] ABCD　[5] C
[6] B　[7] A　[8] ABC　[9] ACD　[10] ABD
[11] C　[12] ABCD　[13] ACD

第七章 基层群众自治制度

一、历年真题及仿真题

（一）村民委员会

【单选】

1 1201026

根据《村民委员会组织法》的规定，下列哪一选项是正确的？

A. 村民委员会每届任期 3 年，村民委员会成员连续任职不得超过 2 届

B. 罢免村民委员会成员，须经投票的村民过半数通过

C. 村民委员会选举由乡镇政府主持

D. 村民委员会成员丧失行为能力的，其职务自行终止

2 1001021

关于村民委员会，下列哪一说法是正确的？

A. 村民委员会实行村务公开制度，涉及财务的事项至少每年公布一次

B. 村民委员会决定问题，采取村民委员会主任负责制

C. 村民委员会根据需要设人民调解、治安保卫、公共卫生委员会

D. 村民委员会由主任、副主任和村民小组长若干人组成

【多选】

3 2201117

甲的户籍不在乙村，但在乙村居住已满一年，甲申请参加乙村村委会选举，村民代表会议同意甲参加选举，但是最后甲的名字并未出现在选举名单上，请问下列说法正确的是？

A. 甲可以向村民选举委员会或村委会申诉

B. 村民代表会议应该将甲的名字添加到选民名单上

C. 乡政府可以责令村民委员会改正

解析页码
136—137

D. 选举委员会侵犯了甲的合法权益

【不定项】

4　1701093

杨某与户籍在甲村的村民王某登记结婚后，与甲村村委会签订了“不享受本村村民待遇”的“入户协议”。此后，杨某将户籍迁入甲村，但与王某长期在外务工。甲村村委会任期届满进行换届选举，杨某和王某要求参加选举。对此，下列说法正确的是？

A. 王某因未在甲村居住，故不得被列入参加选举的村民名单

B. 杨某因与甲村村委会签订了“入户协议”，故不享有村委会选举的被选举权

C. 杨某经甲村村民会议或村民代表会议同意之后方可参加选举

D. 选举前应当对杨某进行登记，将其列入参加选举的村民名单

（二）综合知识点

【单选】

5　2101106

关于我国基层群众性自治组织的表述，下列哪一选项是错误的?

A. 村民委员会是村民自我管理、自我教育、自我服务的基层群众性自治组织

B. 村民会议有权改变和撤销村民代表会议、村民委员会的不适当决定

C. 罢免村民委员会成员，须有登记参加选举的村民 2/3 投票，并须经投票的村民过半数通过

D. 村民委员会成员被判处刑罚的，其职务自动终止

6　1601026

某乡政府为有效指导、支持和帮助村民委员会的工作，根据相关法律法规，结合本乡实际作出了下列规定，其中哪一规定是合法的?

A. 村委会的年度工作报告由乡政府审议

B. 村民会议制定和修改的村民自治章程和村规民约，报乡政府备案

C. 对登记参加选举的村民名单有异议并提出申诉的，由乡政府作出处理并公布处理结果

D. 村委会组成人员违法犯罪不能继续任职的，由乡政府任命新的成员暂时代理至本届村委会任期届满

7　1401025

根据《宪法》和法律的规定，关于基层群众自治，下列哪一选项是正确的?

A. 村民委员会的设立、撤销，由乡镇政府提出，经村民会议讨论同意，报县级政府批准

B. 有关征地补偿费用的使用和分配方案，经村民会议讨论通过后，报乡镇政府批准

C. 居民公约由居民会议讨论通过后，报不设区的市、市辖区或者它的派出机关批准

D. 居民委员会的设立、撤销，由不设区的市、市辖区政府提出，报市政府批准

【多选】

8　2001020

某村集体土地被征收，村委会制定了有关征地补偿费的使用和分配方案，但遭到了部分村民反对，关于该方案，下列哪些选项正确?

A. 反对者可以申请乡镇政府予以撤销

B. 反对者可以申请法院予以撤销

C. 需要经过村民会议讨论决定

D. 经村民会议授权，由村民代表会议讨论决定

9　1801059

关于村庄治理，下列有关说法正确的是?

A. 村民代表应当向其推选户或者村民小组负责，接受村民监督

B. 村务监督机构成员向村民委员会负责，可以列席村民委员会会议

C. 村民委员会工作移交由村民选举委员会主持，由乡、民族乡、镇的人民政府监督

D. 村民会议有权撤销或者变更村民委员会不适当的决定；有权撤销或者变更村民代表会议不适当的决定

10　1501064

某村村委会未经村民会议讨论，制定了土地承包经营方案，侵害了村民的合法权益，引发了村民

解析页码
138—139

的强烈不满。根据《村民委员会组织法》的规定，下列哪些做法是正确的?

A. 村民会议有权撤销该方案

B. 由该村所在地的乡镇级政府责令改正

C. 受侵害的村民可以申请法院予以撤销

D. 村民代表可以就此联名提出罢免村委会成员的要求

11 1301063

根据《宪法》和法律的规定，关于自治和自治权，下列哪些选项是正确的?

A. 特别行政区依照法律规定实行高度自治，享有行政管理权、立法权、独立的司法权和终审权

B. 民族区域自治地方的法院依法行使自治权

C. 民族乡依法享有一定的自治权

D. 村民委员会是基层群众性自治组织

12 1101063

根据《宪法》和《村民委员会组织法》的规定，下列哪些选项是正确的?

A. 村民会议由本村 18 周岁以上，没有被剥夺政治权利的村民组成

B. 乡、民族乡、镇的人民政府不得干预依法属于村民自治范围内的事项

C. 罢免村民委员会成员，须经参加投票的村民过半数通过

D. 村民委员会成员实行任期和离任经济责任审计

二、模拟训练

【单选】

13 61808104

下列关于村民委员会的表述，正确的是?

A. 选委会应当在选举日 20 日前公布登记参加选举的村民名单，有异议者应自名单公布之日 5 日内向选委会申诉，选委会应在收到申诉之日起 3 日内做出决定

B. 村民代表会议的村民代表应当占村民代表会议组成人员的 1/3 以上

C. 非本村户籍的公民不可以参加村委会的选举

D. 村民委员会是我国特殊的基层政权组织，村民委员会可以设立人民调解、治安保卫等委员会

【不定项】

14 61908132

基层群众自治制度是依照宪法和法律，由居民（村民）选举的成员组成居民（村民）委员会，实行自我管理、自我教育、自我服务、自我监督的制度。这一制度是在新中国成立后的民主实践中逐步形成的，并首先发育于城市。中共十七大将“基层群众自治制度”首次写入党代会报告，正式与人民代表大会制度、中国共产党领导的多党合作和政治协商制度、民族区域自治制度一起，纳入了中国特色政治制度范畴。下列关于村委会的说法正确的是?

A. 村民委员会成员可以连选连任

B. 本村三分之一以上有选举权的村民联名，可以要求罢免村民委员会成员

C. 对于宅基地的使用方案，村民委员会必须提请村民会议讨论决定

D. 非本村户籍公民，在本村居住一年，本人申请参加选举，经过村民会议或者村民代表会议同意的，可被列入参加选举的村民名单

15 62208210

城市和农村按居民居住地区设立的居民委员会或者村民委员会是基层群众自治组织。有关基层群众自治组织，下列说法中错误的是?

A. 村民委员会成员实行任期和离任经济责任审计

B. 居委会由主任、副主任和委员共 5–9 人组成

C. 居民会议由居民委员会召集和主持。有 1/3 以上的 18 周岁以上的居民、1/3 以上的户或者 1/3 以上的居民小组提议，应当召集居民会议。涉及全体居民利益的重要问题，居民委员会必须提请居民会议讨论决定

D. 村民委员会、居民委员会每届任期 5 年，其成员可以连选连任

参考答案

[1] D	[2] C	[3] CD	[4] D	[5] C
[6] B	[7] A	[8] BCD	[9] ACD	[10] ABCD
[11] AD	[12] BD	[13] A	[14] ACD	[15] C

解析页码
140—141

第八章 公民的基本权利和义务

一、历年真题及仿真题

（一）我国公民的基本权利

【单选】

1 2101104

下列关于基本权利的表述，哪一说法是正确的？

A. 同社会经济权利一样，文化教育权利也属于公民的积极受益权

B. 劳动、受教育既是公民的基本权利，又是公民的基本义务

C. 公民有权对任何国家机关和国家工作人员提出批评、建议、申诉、控告和检举

D. 公民在年老、疾病或者身体虚弱的情况下，有从国家和社会获得物质帮助的权利

2 1701025

某市执法部门发布通告："为了进一步提升本市市容和环境卫生整体水平，根据相关规定，全市范围内禁止设置各类横幅标语。"根据该通告，关于禁设横幅标语，下列哪一说法是正确的？

A. 涉及公民的出版自由

B. 不构成对公民基本权利的限制

C. 在目的上具有正当性

D. 涉及宪法上的合理差别问题

3 1501025

中华人民共和国公民在法律面前一律平等。关于平等权，下列哪一表述是错误的？

A. 我国宪法中存在一个关于平等权规定的完整规范系统

B. 犯罪嫌疑人的合法权利应该一律平等地受到法律保护

C. 在选举权领域，性别和年龄属于宪法所列举的禁止差别理由

D. 妇女享有同男子平等的权利，但对其特殊情况可予以特殊保护

4 1301025

关于《宪法》对人身自由的规定，下列哪一选项是不正确的？

A. 禁止用任何方法对公民进行侮辱、诽谤和诬告陷害

B. 生命权是《宪法》明确规定的公民基本权利，属于广义的人身自由权

C. 禁止非法搜查公民身体

D. 禁止非法搜查或非法侵入公民住宅

5 1001017

根据我国宪法关于公民基本权利的规定，下列哪一说法是正确的？

A. 我国公民在年老、疾病或者遭受自然灾害时有获得物质帮助的权利

B. 我国公民被剥夺政治权利的，其出版自由也被剥夺

C. 我国公民有信仰宗教与公开传教的自由

D. 我国公民有任意休息的权利

【多选】

6 2001161

关于公民的基本权利，下列选项错误的是？

A. 对于公民的申诉、控告或者检举，一切国家机关必须查清事实，负责处理，任何人不得压制和打击报复

B. 我国公民有休息的权利，国家依照法律规定实行企业事业组织的职工和国家机关工作人员的退休制度。退休人员的生活受到国家和社会的保障

C. 劳动既是权利又是义务，国家通过各种途径，创造劳动就业条件，加强劳动保护，改善劳动条件，并在发展生产的基础上，提高劳动报酬和福利待遇

D. 在我国，为了国家安全或追查刑事犯罪的需要，公安机关、检察院、法院可以依法检查公民通信

7 2001159

我国《民法典》第 366 条规定，居住权人有权按

解析页码 142—144

照合同约定，对他人的住宅享有占有、使用的用益物权，以满足生活居住的需要。对此，下列哪些选项的说法是正确的？

A. 居住权属于我国公民的基本权利

B. 居住权作为人权的内容之一，其产生早于现行《民法典》的规定

C. 目前居住权已成为我国公民的法定权利

D. 对于类似居住权之类的公民的需求，国家都应该制定基本法律予以规定

8 1701061

我国《宪法》第 13 条规定："公民的合法的私有财产不受侵犯。国家依照法律规定保护公民的私有财产权和继承权。"关于这一规定，下列哪些说法是正确的？

A. 国家不得侵犯公民的合法的私有财产权

B. 国家应当保护公民的合法的私有财产权不受他人侵犯

C. 对公民私有财产权和继承权的保护和限制属于法律保留的事项

D. 国家保护公民的合法的私有财产权，是我国基本经济制度的重要内容之一

9 1601063

张某对当地镇政府干部王某的工作提出激烈批评，引起群众热议，被公安机关以诽谤他人为由行政拘留 5 日。张某的精神因此受到严重打击，事后相继申请行政复议和提起行政诉讼，法院依法撤销了公安机关《行政处罚决定书》。随后，张某申请国家赔偿。根据《宪法》和法律的规定，关于本案的分析，下列哪些选项是正确的？

A. 王某因工作受到批评，人格尊严受到侵犯

B. 张某的人身自由受到侵犯

C. 张某的监督权受到侵犯

D. 张某有权获得精神损害抚慰金

10 1201063

根据《宪法》和法律的规定，下列哪些选项是不正确的？

A. 生命权是我国宪法明确规定的公民基本权利

B. 监督权包括批评建议权、控告检举权和申诉权

C.《宪法》第 43 条第 1 款规定，中华人民共和国公民有休息的权利

D. 受教育既是公民的权利也是公民的义务

11 1201061

根据我国宪法规定，关于公民住宅不受侵犯，下列哪些选项是正确的？

A. 该规定要求国家保障每个公民获得住宅的权利

B.《治安管理处罚法》第 40 条规定，非法侵入他人住宅的，视情节给予不同时日的行政拘留和罚款。该条规定体现了宪法保障住宅不受侵犯的精神

C.《刑事诉讼法》第 71 条规定，被取保候审的犯罪嫌疑人、被告人未经执行机关批准不得离开所居住的市、县。该条规定是对《宪法》规定的公民住宅不受侵犯的合理限制

D. 住宅自由不是绝对的，公安机关、检察机关为了收集犯罪证据、查获犯罪嫌疑人，严格依法对公民住宅进行搜查并不违宪

12 1101062

公民基本权利也称宪法权利。关于公民基本权利，下列哪些选项是正确的？

A. 人权是基本权利的来源，基本权利是人权宪法化的具体表现

B. 基本权利的主体主要是公民，在我国法人也可以作为基本权利的主体

C. 我国公民在行使自由和权利的时候，不得损害国家的、社会的、集体的利益和其他公民的合法的自由和利益

D. 权利和义务的平等性是我国公民基本权利和义务的重要特点

【不定项】

13 1801089

关于《宪法》对人身自由的规定，下列选项正确的是？

A. 禁止用任何方法对公民进行侮辱、诽谤和诬告陷害

B. 在诉讼过程中，为了搜集证据，法院可以对公民的电话进行监听

解析页码
144—145

C．禁止非法搜查公民身体

D．禁止非法搜查或非法侵入公民住宅

14 1701094

基本权利的效力是指基本权利规范所产生的拘束力。关于基本权利效力，下列选项正确的是？

A．基本权利规范对立法机关产生直接的拘束

B．基本权利规范对行政机关的活动和公务员的行为产生拘束力

C．基本权利规范只有通过司法机关的司法活动才产生拘束力

D．一些国家的宪法一定程度上承认基本权利规范对私人产生拘束力

15 1501092

某县政府以较低补偿标准进行征地拆迁。张某因不同意该补偿标准，拒不拆迁自己的房屋。为此，县政府责令张某的儿子所在中学不为其办理新学期注册手续，并通知财政局解除张某的女婿李某（财政局工勤人员）与该局的劳动合同。张某最终被迫签署了拆迁协议。关于当事人被侵犯的权利，下列选项正确的是？

A．张某的住宅不受侵犯权

B．张某的财产权

C．李某的劳动权

D．张某儿子的受教育权

（二）我国公民的基本义务

【多选】

16 1201062

根据《宪法》的规定，关于公民纳税义务，下列哪些选项是正确的？

A．国家在确定公民纳税义务时，要保证税制科学合理和税收负担公平

B．要坚持税收法定原则，税收基本制度实行法律保留

C．纳税义务直接涉及公民个人财产权，宪法纳税义务具有防止国家权力侵犯其财产权的属性

D．履行纳税义务是公民享有其他权利的前提条件

（三）综合知识点

【单选】

17 1401024

王某为某普通高校应届毕业生，23 岁，尚未就业。根据《宪法》和法律的规定，关于王某的权利义务，下列哪一选项是正确的？

A．无需承担纳税义务

B．不得被征集服现役

C．有选举权和被选举权

D．有休息的权利

18 1201023

关于宪法与文化制度的关系，下列哪一选项是不正确的？

A．宪法规定的文化制度是基本文化制度

B．《魏玛宪法》第一次比较全面系统地规定了文化制度

C．宪法规定的公民文化教育权利是文化制度的重要内容

D．保护知识产权是我国宪法规定的基本文化权利

二、模拟训练

【单选】

19 61808106

下列关于平等权的说法中，正确的是？

A．用人单位在招聘时，不得设置性别要求，否则即违反宪法中的禁止差别对待原则

B．我国有《未成年人保护法》，说明对于弱势群体，法律给予特殊的保护

C．担任国家机关工作人员的公民，为了更好地履行职责，享有普通公民不享有的法律之外的特权

D．我国宪法中的平等权强调总体平等，即任何公民不分民族、种族、性别、职业、家庭出身、宗教信仰、教育程度、财产状况、居住期限，都一律平等地享有宪法和法律规定的权利和履行义务

解析页码
146—147

20 61808110

关于《宪法》对人身自由的规定，下列选项错误的是？

A．禁止非法搜查或非法侵入公民住宅

B．禁止在任何时候对公民的电话进行监听

C．禁止非法搜查公民身体

D．禁止用任何方法对公民进行侮辱、诽谤和诬告陷害

21 62208190

马克思曾说过：“没有无义务的权利，也没有无权利的义务。”下列关于我国《宪法》规定的基本权利和义务，表述正确的是？

A．《宪法》规定的公民基本权利和义务仅及于我国公民，外国人和无国籍人士不能成为基本权利和义务的主体

B．在我国平等权是指公民平等享有权利，任何情况对任何人都不得差别对待

C．对公民的逮捕，只能由人民检察院批准或者决定，并由公安机关执行

D．公民对于任何国家机关和国家工作人员，有提出批评和建议的权利

【多选】

22 61808108

我国宪法规定公民享有人身自由权。下列关于我国宪法所规定的人身自由的说法中，错误的是哪些项？

A．只有经过司法程序，才能剥夺公民的人身自由，否则即为非法

B．广义的人身自由除了包括身体不受非法侵犯外，还包括与其相关的生命权、人格尊严、住宅不受侵犯、通信自由和通信秘密等

C．人身自由虽然是公民的基本权利，但是必须建立在不侵害他人权利的基础之上

D．狭义的人身自由主要指公民的身体不受非法侵犯，所以生命权属于狭义的人身自由的范畴

【不定项】

23 61908160

公民基本权利也称宪法权利。关于公民基本权利，下列选项正确的是？

A．基本权利的主体主要是公民，在我国法人也可以作为基本权利的主体

B．我国公民在行使自由和权利的时候，不得损害国家的、社会的、集体的利益和其他公民的合法的自由和利益

C．劳动既是权利又是义务，国家通过各种途径，创造劳动就业条件，加强劳动保护，改善劳动条件，并在发展生产的基础上，提高劳动报酬和福利待遇

D．我国宪法明确规定了生命权等公民基本权利

参考答案

[1]B	[2]C	[3]C	[4]B	[5]B
[6]ABD	[7]BC	[8]ABCD	[9]BCD	[10]AC
[11]BD	[12]ABCD	[13]ACD	[14]ABD	[15]BCD
[16]ABC	[17]C	[18]D	[19]D	[20]B
[21]D	[22]AD	[23]ABC		

第九章 全国人大及其常委会

一、历年真题及仿真题

（一）全人大及其常委会概述

【单选】

1 1001020

根据《全国人大组织法》规定，在必要的时候，下列哪一机构有权决定全国人民代表大会会议秘密举行？（本题无答案）

A．十个以上代表团联名

B．全国人大常委会委员长会议

C．全国人大主席团和各代表团团长会议

D．全国人大常委会和全国人大主席团

解析页码
148—149

（二）全人大和全人常的职权

【单选】

2 2001157

下列法律中，不属于基本法律的是?

A.《人民法院组织法》

B.《人民检察院组织法》

C.《刑法》

D.《国家赔偿法》

3 2001155

根据我国现行《宪法》和相关法律的规定，下列哪一选项的说法是正确的?

A. 全国人大选举产生国务院副总理

B. 全国人大选举产生国务院总理

C. 全国人大选举产生中央军委主席

D. 全国人大选举产生中央军委副主席

【多选】

4 1001064

关于全国人大职权，下列哪些说法是正确的?

A. 选举国家主席、副主席

B. 选举国务院总理、副总理

C. 选举最高人民法院院长、最高人民检察院检察长

D. 决定特别行政区的设立与建置

（三）全人大和全人常的会议制度和议案程序

【不定项】

5 1001093

关于全国人大及其常委会的质询权，下列说法正确的是?

A. 全国人大会议期间，一个代表团可书面提出对国务院的质询案

B. 全国人大会议期间，三十名以上代表联名可书面提出对国务院各部的质询案

C. 全国人大常委会会议期间，常委会组成人员十人以上可书面提出对国务院各委员会的质询案

D. 全国人大常委会会议期间，委员长会议可书面提出对国务院的质询案

（四）专委会和特调会

【单选】

6 1301026

根据规定，关于全国人大的专门委员会，下列哪一选项是正确的?

A. 各专门委员会在其职权范围内所作决议，具有全国人大及其常委会所作决定的效力

B. 各专门委员会的主任委员、副主任委员由全国人大及其常委会任命

C. 关于特定问题的调查委员会的任期与全国人大及其常委会的任期相同

D. 全国人大及其常委会领导专门委员会的工作

（五）综合知识点

【单选】

7 2101105

关于全国人大常委会制度的表述，下列哪一选项是正确的?

A. 全国人民代表大会会议由全国人大常委会主持

B. 全国人民代表大会会议由全国人大主席团召集

C. 全国人大代表的选举由全国人大常委会主持

D. 全国人民代表大会批准省、自治区和直辖市的建置和区域划分

8 1101024

根据《宪法》和法律规定，关于人民代表大会制度，下列哪一选项是不正确的?

A. 人民代表大会制度体现了一切权力属于人民的原则

B. 地方各级人民代表大会是地方各级国家权力机关

C. 全国人民代表大会是最高国家权力机关

D. 地方各级国家权力机关对最高国家权力机关负责，并接受其监督

【多选】

9 1101061

根据《宪法》和《立法法》规定，关于全国人大

解析页码
149—151

常委会委员长会议，下列哪些选项是正确的？

A．委员长会议可以向常委会提出法律案

B．列入常委会会议议程的法律案，一般应当经 3 次委员长会议审议后再交付常委会表决

C．经委员长会议决定，可以将列入常委会会议议程的法律案草案公布，征求意见

D．专门委员会之间对法律草案的重要问题意见不一致时，应当向委员长会议报告

【不定项】

10 2101110

根据《宪法》和《各级人民代表大会常务委员会监督法》的规定，关于各级人大常委会依法行使监督权，下列选项不正确的是？

A．最高人民检察院作出的属于检察工作中具体应用法律的解释，应当在公布之日起 15 日内报全国人大常委会备案

B．撤职案的表决采取无记名投票的方式，由常委会全体组成人员的 2/3 以上的多数通过

C．特定问题调查委员会在调查过程中，应当公布调查的情况和材料

D．质询案以口头答复的，由受质询机关的负责人到会答复

二、模拟训练

【单选】

11 61908180

根据《宪法》和法律，下列选项中哪一个不属于全国人大主席团的职权？

A．向全国人大提名国家主席、副主席的人选

B．主持全国人大会议

C．向全国人大提出宪法修正案

D．向全国人大提出罢免国务院组成人员的议案

【多选】

12 62108026

根据《宪法》和法律的有关知识，下列哪些选项是正确的？

A．委员长会议可以决定议案草案是否提交表决

B．全国人民代表大会闭会期间，全国人大常委会可以决定中央军事委员会除主席以外其他组成人员的任免

C．全国人民代表大会闭会期间，全国人大常委会可以决定国务院除总理以外其他组成人员的任免

D．中央军事委员会副主席由全国人大选举产生

13 62108027

根据《宪法》和法律的有关知识，下列关于全国人大及其常委会、各专门委员会的有关表述正确的是？

A．全国人大常委会在全国人大闭会期间，可以决定撤销国务院其他个别组成人员的职务

B．全国人大闭会期间，全国人大常委会可以任免专门委员会副主任委员和委员

C．各专门委员会每届任期同全国人大每届任期相同

D．全国人大常委会交付的，被认为同宪法、法律相抵触的国家监察委员会的监察法规可由各专门委员会审议

14 62108044

根据 2021 年新修订的《全国人民代表大会议事规则》和《全国人民代表大会组织法》的相关内容，下列哪些选项是正确的？

A．最高人民法院和最高人民检察院可以向全国人大提出属于全国人大职权范围内的议案

B．全国人大主席团可以提出对国家主席的罢免案

C．全国人大会议期间，30 名以上的代表联名，可以书面提出对最高人民法院和最高人民检察院的质询案

D．1/10 以上的全国人大代表联名，有权决定组织关于特定问题的调查委员会

【不定项】

15 62208201

全国人民代表大会常务委员会是中华人民共和国最高国家权力机关——全国人民代表大会的常设机关，行使国家立法权。下列关于全国人大及其常委会的表述正确的有？

解析页码
151—153

A．遇到不能选举的非常情况，全人常以全体组成人员过半数通过，可推迟选举
B．全国人大常委会委员长、副委员长、秘书长连续任职不得超过两届
C．在全人大会议时，30 名以上代表可以提出对国务院的质询案
D．全国人大常委会有权决定全国进入紧急状态

参考答案

[1]无	[2]D	[3]C	[4]AC	[5]ABC
[6]D	[7]C	[8]D	[9]AD	[10]ABC
[11]C	[12]ABC	[13]ABCD	[14]ABC	[15]CD

第十章 国务院等其他国家机构

一、历年真题及仿真题

（一）国务院

【单选】

1 1901025

国务院，即中央人民政府，是最高国家权力机关的执行机关，最高国家行政机关。根据我国根本法《宪法》以及相关法律的规定，关于国务院，下列哪一项是正确的？

A．有权制定有关行政拘留的规范性文件
B．国务院司法部与教育部联合制定的规章的效力与地方政府规章的效力相同
C．领导和管理民政、司法行政、民族事务和监察监督等工作
D．行政法规的效力高于省级人大制定的法规，因此部门规章的效力高于市级人大制定的法规

【多选】

2 2201090

下列属于国务院组成部门的有？

A．国务院国有资产监督管理委员会
B．中国证券监督管理委员会
C．中华人民共和国审计署
D．中华人民共和国国家民族事务委员会

3 1001061

根据《宪法》规定，关于国务院的说法，下列哪些选项是正确的？

A．国务院由总理、副总理、国务委员、秘书长组成
B．国务院常务会议由总理、副总理、国务委员、秘书长组成
C．国务院有权改变或者撤销地方各级国家行政机关的不适当的决定和命令
D．国务院依法决定省、自治区、直辖市的范围内部分地区进入紧急状态

（二）中央军事委员会

【单选】

4 1501026

中华人民共和国中央军事委员会领导全国武装力量。关于中央军事委员会，下列哪一表述是错误的？

A．实行主席负责制
B．每届任期与全国人大相同
C．对全国人大及其常委会负责
D．副主席由全国人大选举产生

（三）人民法院和人民检察院

【单选】

5 1701027

某县人大闭会期间，赵某和钱某因工作变动，分别辞去县法院院长和检察院检察长职务。法院副院长孙某任代理院长，检察院副检察长李某任代理检察长。对此，根据《宪法》和法律，下列哪一说法是正确的？

A．赵某的辞职请求向县人大常委会提出，由县人大常委会决定接受辞职
B．钱某的辞职请求由上一级检察院检察长向该级人大常委会提出
C．孙某出任代理院长由县人大常委会决定，报县人大批准
D．李某出任代理检察长由县人大常委会决定，报

解析页码
154—155

上一级检察院和人大常委会批准

（四）监察委员会

【单选】

6 1002027

某监察委在对国家机关工作人员张某巨额财产来源不明案进行调查时，发现其巨额财产三分之二为诈骗所得，三分之一为盗窃所得。关于此案，下列哪一选项是正确的?

A. 本案应当继续由监察委调查

B. 本案应当由监察委为主调查，公安机关予以配合

C. 本案应当由公安机关为主侦查，监察委予以配合

D. 监察委应当将案件移送公安机关

7 2401044

我国监察委员会独立行使监察权，行使职责不受行政机关、（ ）、个人的干涉，监察委应依法受理（ ）案件。

A. 司法机关 反贪污

B. 社会团体 职务犯罪

C. 权力机关 职务犯罪

D. 社会团体 监察

【多选】

8 2001022

监察委员会是国家的监察机关，根据《宪法》和法律，下列说法正确的是?

A. 国家监察委员会和地方各级监察委员会是监督与被监督的关系

B. 地方监察委员会主任由本级人大选举产生，任期五年，且没有连任限制

C. 监察机关可以制定监察法规

D. 上级监察机关必要时可以办理所辖各级监察机关管辖范围内的监察事项

（五）地方主要国家机关

【多选】

9 1901017

根据《地方人大政府组织法》规定，关于地方各级人民政府工作部门的设立，下列选项正确的是?

A. 县人民政府设立审计机关

B. 县人民政府工作部门的设立、增加、减少或者合并由县人大批准，并报上一级人民政府备案

C. 县人民政府在必要时，经上级人民政府批准，可以设立若干区公所作为派出机关

D. 县人民政府的工作部门受县人民政府统一领导，并且依照法律或者行政法规的规定受上级人民政府主管部门的业务指导或者领导

10 1601066

甲市政府对某行政事业性收费项目的依据和标准迟迟未予公布，社会各界意见较大。关于这一问题的表述，下列哪些选项是正确的?

A. 市政府应当主动公开该收费项目的依据和标准

B. 市政府可向市人大常委会要求就该类事项作专项工作报告

C. 市人大常委会组成人员可依法向常委会书面提出针对市政府不公开信息的质询案

D. 市人大举行会议时，市人大代表可依法书面提出针对市政府不公开信息的质询案

11 1001022

根据《宪法》和《地方组织法》规定，下列哪一选项是正确的?

A. 县级以上的地方各级人民代表大会常务委员会由主任、副主任若干人，秘书长、委员若干人组成

B. 县级以上的地方各级人民代表大会根据需要，可以设法制（政法）委员会等专门委员会

C. 县级以上的地方各级人民代表大会可以组织关于特定问题的调查委员会

D. 县级以上的地方各级人民代表大会会议由本级人民代表大会常务委员会召集并主持

（六）综合知识点

【单选】

12 2301057

某县监察委员会主任黄某辞职，李某接任，符合《宪法》规定的选项有哪些?

解析页码
155—157

A. 县人常报请上一级且备案
B. 县人常决定李某任主任
C. 黄某可提名李某接任
D. 县人常可提名李某代理主任

13 2101108

关于国家勋章和国家荣誉称号的说法，下列哪一选项是不正确的？
A. 国家荣誉称号的具体名称由全国人大常委会在决定授予时确定
B. 国务院、中央军事委员会可以向全国人民代表大会常务委员会提出授予国家勋章、国家荣誉称号的议案
C. 国家勋章包括“共和国勋章”，不包括“友谊勋章”
D. 国家主席进行国事活动，可以直接授予外国政要、国际友人等人士“友谊勋章”

14 1801012

有关一般议案、质询案说法正确的是？
A. 一个代表团或者三十名以上的全国人大代表，可以向本级人大和本级人大常委会提出议案和质询案
B. 本级法院、检察院可以向本级人大和本级人大常委会提出议案
C. 县级以上人大的专门委员会可以向本级人大和本级人大常委会提出议案
D. 5 名以上乡级人大代表可以向本级人大提出议案和质询案

15 1701026

根据《国家勋章和国家荣誉称号法》规定，下列哪一选项是正确的？
A. 共和国勋章由全国人大常委会提出授予议案，由全国人大决定授予
B. 国家荣誉称号为其获得者终身享有
C. 国家主席进行国事活动，可直接授予外国政要、国际友人等人士“友谊勋章”
D. 国家功勋薄是记载国家勋章和国家荣誉称号获得者的名录

16 1401026

根据《监督法》的规定，关于监督程序，下列哪一选项是不正确的？
A. 政府可委托有关部门负责人向本级人大常委会作专项工作报告
B. 以口头答复的质询案，由受质询机关的负责人到会答复
C. 特定问题调查委员会在调查过程中，应当公布调查的情况和材料
D. 撤职案的表决采用无记名投票的方式，由常委会全体组成人员的过半数通过

【多选】

17 2201093

甲（省人大代表）、乙（设区的市人大代表）、丙（市中院院长）、丁（省检检察长）四人出于个人规划考虑，分别辞去职务。关于以上事实，下列说法中正确的有？
A. 甲可以向省人大常委会书面提出辞职，如果接受辞职的，应报全国人大常委会备案
B. 乙可以向选举他的人大常委会书面提出辞职，如果接受辞职的，应报该设区的市人大常委会备案
C. 在人大闭会期间，丙可以向本级人大常委会提出辞职并由其决定是否接受，接受辞职后应当报上一级人大备案
D. 在人大闭会期间，丁可以向本级人大常委会提出辞职并由其决定是否接受，接受辞职后应当报本级人大备案；同时，还须报经最高人民检察院检察长提请全国人民代表大会常务委员会批准

18 2201086

某自治州要选州人大常委会主任（甲），州长（乙），自治州中级人民法院院长（丙），自治州人民检察院检察长（丁），下列选项中正确的有？
A. 甲必须是本自治民族的公民
B. 乙必须是本自治民族的公民
C. 丙的任命需要省人大常委会批准
D. 丁的任命由省检察长报省人大常委会批准

19 2101089

下列说法正确的是？

解析页码
158—160

A．国务院可以向全国人民代表大会常务委员会提出国家勋章和国家荣誉称号的议案
B．国家勋章与国家荣誉称号由全国人民代表大会常务委员会决定授予
C．国家勋章和国家荣誉称号是法定的最高荣誉
D．国家荣誉称号与国家勋章可以由全国人民代表大会常务委员会撤销

20 2101092

关于国家勋章和国家荣誉称号，下列说法正确的是？
A．国家勋章和国家荣誉称号为国家最高荣誉
B．全国人大常委会有权决定授予国家勋章和国家荣誉称号
C．全国人大常委会有权决定撤销国家勋章和国家荣誉称号
D．国务院有权向全国人大常委会提出授予国家勋章和国家荣誉称号的议案

21 2001160

根据我国宪法和法律的规定，关于全国人大和全国人大代表，下列选项不正确的是？
A．全国人大审议通过的法律，由全国人大主席团公布以后才产生法律效力
B．全国人大代表在各种会议上的发言和表决，不受法律追究
C．在全国人大闭会期间，全国人大代表非经全国人大常委会许可不受逮捕或者刑事审判
D．全国人大每年举行会议的时候，全国人大常务委员会、国务院、中央军事委员会、最高人民法院、最高人民检察院向会议提出的工作报告，经各代表团审议后，会议可以作出相应的决议

22 1901062

2017年11月21日，国务院常务会议通过《行政区划管理条例》，该条例自2018年10月10日公布，并于2019年1月1日起实施。关于《行政区划管理条例》，下列哪些选项是正确的？
A．省、自治区、直辖市的行政区域界线的变更，报全国人民代表大会批准
B．由国务院总理签署，以国务院令形式公布
C．全国人大常委会有权撤销该条例
D．应在2018年10月10日后的30日内，报全国人大常委会备案

23 1401060

根据《宪法》和法律的规定，关于国家机构，下列哪些选项是正确的？
A．全国人民代表大会代表受原选举单位的监督
B．中央军事委员会实行主席负责制
C．地方各级审计机关依法独立行使审计监督权，对上一级审计机关负责
D．市辖区的政府经本级人大批准可设立若干街道办事处，作为派出机关

24 1101088

根据《宪法》和《监督法》的规定，下列选项正确的是？
A．县级以上地方各级政府应当在每年6月至9月期间，将上一年度的本级决算草案提请本级人大常委会审查和批准
B．人大常委会认为必要时，可以对审计工作报告作出决议；本级政府应在决议规定的期限内，将执行决议的情况向常委会报告
C．最高法院作出的属于审判工作中具体应用法律的解释，应当在公布之日起30日内报全国人大常委会备案
D．撤职案的表决采取记名投票的方式，由常委会全体组成人员的过半数通过

【不定项】

25 1501093

预算制度的目的是规范政府收支行为，强化预算监督。根据《宪法》和法律的规定，关于预算，下列表述正确的是？
A．政府的全部收入和支出都应当纳入预算
B．经批准的预算，未经法定程序，不得调整
C．国务院有权编制和执行国民经济和社会发展计划、国家预算
D．全国人大常委会有权审查和批准国家的预算和预算执行情况的报告

解析页码
160—162

26 1501091

我国《宪法》第2条明确规定："人民行使国家权力的机关是全国人民代表大会和地方各级人民代表大会。"关于全国人大和地方各级人大，下列选项正确的是？

A. 全国人大代表全国人民统一行使国家权力

B. 全国人大和地方各级人大是领导与被领导的关系

C. 全国人大在国家机构体系中居于最高地位，不受任何其他国家机关的监督

D. 地方各级人大设立常务委员会，由主任、副主任若干人和委员若干人组成

27 1301090

根据《宪法》和法律的规定，关于国家机关组织和职权，下列选项正确的是？

A. 全国人民代表大会修改宪法、解释宪法、监督宪法的实施

B. 国务院依照法律规定决定省、自治区、直辖市的范围内部分地区进入紧急状态

C. 省、自治区、直辖市政府在必要的时候，经国务院批准，可以设立若干派出机构

D. 地方各级检察院对产生它的国家权力机关和上级检察院负责

28 1301091

根据《宪法》和《监督法》的规定，关于各级人大常委会依法行使监督权，下列选项正确的是？

A. 各级人大常委会行使监督权的情况，应当向本级人大报告，接受监督

B. 全国人大常委会可以委托下级人大常委会对有关法律、法规在本行政区域内的实施情况进行检查

C. 质询案以书面答复的，由受质询的机关的负责人签署

D. 依法设立的特定问题调查委员会在调查过程中，可以不公布调查的情况和材料

29 1101086

根据《宪法》和《组织法》的规定，下列选项正确的是？

A. 地方各级人大代表非经本级人大主席团许可，在大会闭会期间非经本级人大常委会许可，不受逮捕或刑事审判

B. 乡、民族乡、镇的人大主席、副主席不得担任国家行政机关的职务

C. 审计机关依照法律独立行使审计权，不受行政机关、社会团体和个人的干涉

D. 中华人民共和国主席根据全国人大常委会的决定，进行国事活动

二、模拟训练

【单选】

30 62208105

下列说法正确的是？

A. 县级以上地方人大常委会由主任、副主任、委员、秘书长组成

B. 省级、市级、县级人大及其常委会可以制定地方性法规

C. 经国务院批准，省、自治区政府可以设立行政公署

D. 经省政府批准，县级政府可以设街道办事处

31 62408013

下列关于中央和地方人民政府的组成部门的说法，正确的是？

A. 国务院组成部门的设立、撤销或者合并，必须由全国人大决定

B. 县级以上地方各级政府工作部门的设立、增加、减少或者合并，需报本级人民代表大会备案

C. 县级以上的地方各级人民政府设立审计机关，对本级人民政府和上一级审计机关负责

D. 国务院组成部门确定或者调整后，必须由全国人大常委会公布

【多选】

32 62408011

国务院是我国的中央人民政府，下列有关国务院的说法正确的是？

A. 国务院是最高国家权力机关的执行机关，是最高国家行政机关

解析页码
162—164

B. 国务院决定授予国家勋章和国家荣誉称号

C. 国务院有权撤销国务院部门发布的不适当的部门规章

D. 国务院由总理、副总理、国务委员、秘书长组成

33 62408014

根据《宪法》和法律规定，下列关于国务院的说法，正确的是?

A. 国务院对全国人民代表大会负责并报告工作

B. 国务院具有行政管理职能的直属机构有权制定规章

C. 国务院有权制定有关行政拘留的规范性文件

D. 国务院有权改变或者发回地方各级国家行政机关发布的不适当的决定和命令

【不定项】

34 62408012

关于国务院的会议制度，下列说法错误的是?

A. 国务院工作中的重大问题，必须经国务院全体会议讨论决定

B. 国务院根据需要召开总理办公会议和国务院专门会议

C. 国务院常务会议由总理、副总理、国务委员、秘书长组成

D. 国务院全体会议的主要任务包含讨论法律草案、审议行政法规草案

35 62408015

根据《宪法》以及相关法律规定，下列关于国务院的表述，正确的是?

A. 国务院组成部门的设立、撤销或者合并，经总理提出，由全国人民代表大会决定

B. 国务院总理拟提名张某为国务院某组成部门部长，只能向全国人民代表大会提出

C. 国务院组成部门国家发展和改革委员会可设委员 2–4 人

D. 国务院依法决定某一省、自治区、直辖市进入紧急状态

参考答案

[1] B	[2] CD	[3] BCD	[4] D	[5] A
[6] D	[7] B	[8] BD	[9] AD	[10] ABCD
[11] BC	[12] D	[13] C	[14] C	[15] C
[16] C	[17] BD	[18] BD	[19] ABCD	[20] ABCD
[21] ABD	[22] BCD	[23] AB	[24] ABC	[25] ABC
[26] AC	[27] BD	[28] ACD	[29] B	[30] C
[31] C	[32] AC	[33] AB	[34] ABD	[35] A

中国法律史

第一章 西周

一、历年真题及仿真题

（一）西周时期的立法思想

【单选】

1 2201103

桃应问曰:“舜为天子，皋陶为士，瞽瞍杀人，则如之何?”孟子曰:“执之而已矣。”“然则舜不禁与?”曰:“夫舜恶得而禁之? 夫有所受之也。”“然则舜如之何?”曰:“舜视弃天下犹弃敝也。窃负而逃，遵海滨而处，终身欣然，乐而忘天下。”下列选项错误的是?

A. 舜放弃天子之位，窃负而逃的做法符合“尊尊”精神

B. 舜放弃天子之位，窃负而逃的做法符合“亲亲”精神

C. 舜未利用天子的权力赦免其父，表明“亲亲”与“尊尊”产生冲突时，“尊尊”高于“亲亲”

D. “忠”“孝”“节”“义”是从“亲亲”“尊尊”两大原则派生出来的

2 1501016

《左传》云:“礼，所以经国家，定社稷，序民人，

解析页码 164—166

利后嗣者也”，系对周礼的一种评价。关于周礼，下列哪一表述是正确的？

A. 周礼是早期先民祭祀风俗自然流传到西周的产物

B. 周礼仅属于宗教、伦理道德性质的规范

C. “礼不下庶人”强调“礼”有等级差别

D. 西周时期“礼”与“刑”是相互对立的两个范畴

（二）西周时期的法制内容

【单选】

3 1601015

西周商品经济发展促进了民事契约关系的发展。《周礼》载：“听买卖以质剂。”汉代学者郑玄解读西周买卖契约形式：“大市谓人民、牛马之属，用长券；小市为兵器、珍异之物，用短券。”对此，下列哪一说法是正确的？

A. 长券为“质”，短券为“剂”

B. “质”由买卖双方自制，“剂”由官府制作

C. 契约达成后，交“质人”专门管理

D. 买卖契约也可采用“傅别”形式

（三）综合知识点

【单选】

4 1701015

《汉书·陈宠传》就西周礼刑关系描述说：“礼之所去，刑之所取，失礼则入刑，相为表里。”关于西周礼刑的理解，下列哪一选项是正确的？

A. 周礼分为五礼，核心在于“亲亲”“尊尊”，规定了政治关系的等级

B. 西周时期五刑，即墨、劓、剕（刖）、宫、大辟，适用于庶民而不适用于贵族

C. “礼”不具备法的性质，缺乏国家强制性，需要“刑”作为补充

D. 违礼即违法，在维护统治的手段上“礼”“刑”二者缺一不可

5 1301016

关于西周法制的表述，下列哪一选项是正确的？

A. 周初统治者为修补以往神权政治学说的缺陷，提出了“德主刑辅，明德慎罚”的政治法律主张

B.《汉书·陈宠传》称西周时期的礼刑关系为“礼之所去，刑之所取，失礼则入刑，相为表里”

C. 西周的借贷契约称为“书约”，法律规定重要的借贷行为都须订立书面契约

D. 西周时期在宗法制度下已形成子女平均继承制

二、模拟训练

【单选】

6 62208252

中国古代西周时期就已经形成了具有体系性的法律思想。对于这一历史阶段的法律思想，下列哪一说法是错误的？

A. “礼不下庶人，刑不上大夫”

B. “以德配天，明德慎罚”

C. “出礼入刑”

D. “德主刑辅，礼刑并用”

7 62208251

西周时期在审判中判断当事人陈述真伪的方式“五听”中的“气听”指？

A. 分析当事人的陈述内容

B. 观察当事人陈述时的气色

C. 观察当事人陈述时的呼吸

D. 观察当事人陈述时的眼睛

8 62208136

西周（公元前 1046 ~ 前 771 年）是中国奴隶社会的鼎盛时期，社会生产力比商朝更高，农业繁盛，法制也进一步发展。下列关于西周的立法思想说法不正确的是？

A. 西周时期提倡尚德、敬德，刑罚适中，不乱罚无罪，不乱杀无辜的立法思想

B. 西周对礼与刑的关系概括为“礼之所去，刑之所取，失礼则入刑，相为表里”

C. 西周五礼包括吉礼、凶礼、军礼、宾礼、福礼

D. 西周的立法思想强调贵族的法律特权

解析页码
166—167

9 62208137

西周时期，商业发达，有专门从事贸易活动的商人。下列关于西周契约制度的说法正确的是?

A. 西周的借贷契约称为“借贷”，法律规定重要的借贷行为都须订立书面契约

B. 西周的买卖契约称为“质剂”

C. 一项买卖契约达成之后，由双方当事人将“质剂”各执一半进行保管

D. 短券为“质”，长券为“剂”

【多选】

10 62208126

关于西周时期的法律思想和法律制度，下列说法错误的是?

A. “五礼”包括吉礼、凶礼、军礼、宾礼、嘉礼，其中“吉礼”是指冠婚之礼

B. “眚”是指故意，“非眚”是指过失

C. “三刺”是指遇有重大疑难案件依次交群臣、官吏、国人商讨的制度

D. “三赦”是指幼弱、老耄、聋哑犯罪时从赦的制度

参考答案

[1]A	[2]C	[3]A	[4]D	[5]B
[6]D	[7]C	[8]C	[9]B	[10]ABD

第二章 春秋战国

一、历年真题及仿真题

(一) 春秋战国时期的法制内容

【单选】

1 2301064

《商君书·定分》中关于“抢兔子”的评述:“一兔走，百人逐之，非以兔可分以为百也，由名分之未定也。夫卖兔者满市，而盗不敢取，由名分已定也。”商鞅总结为:“故名分未定，尧、舜、禹、汤且皆如骛而逐之;名分已定，贪盗不取。”对此，下列哪一说法是正确的?

A. 商鞅认为只有圣人才是无私的

B. 法家和儒家不同，法家强调名分

C. 中国古代名分与现代所有权概念相同

D. 名分不定，纷争不息，定分才能止争

2 1601016

春秋时期，针对以往传统法律体制的不合理性，出现了诸如晋国赵鞅“铸刑鼎”，郑国执政子产“铸刑书”等变革活动。对此，下列哪一说法是正确的?

A. 晋国赵鞅“铸刑鼎”为中国历史上首次公布成文法

B. 奴隶主贵族对公布法律并不反对，认为利于其统治

C. 打破了“刑不可知，则威不可测”的壁垒

D. 孔子作为春秋时期思想家，肯定赵鞅“铸刑鼎”的举措

(二) 综合知识点

【单选】

3 1801014

关于先秦时期的法制内容，下列说法正确的是?

A. 西周时期奉行“德主刑辅”的治国思想，要求统治者应具有“敬天、敬祖、保民”的道德品行

B. 西周时期，男女离婚的法定理由称为“七出”，即若具法定七种理由之一，男女即可离婚

C. 西周时期，张三和李四就买卖一头黄牛所签订之契约称为“质剂”，因此产生的纠纷法官审理称为“听讼”

D.《法经》是中国历史上第一部比较系统的成文法典，具有六篇制的法典结构，其中《具法》相当于现代刑法的总则部分，置于法典最后

【多选】

4 2101113

西周时期在中国历史上有浓墨重彩的一笔，不仅

解析页码
168—169

在于生产力、文化艺术，同时也体现在法律制度上，下列关于西周与法律相关的活动说法错误的有？

A. 西周的法律思想体现为“德主刑辅，礼刑并用”

B. 婚姻关系的成立要符合“三不去”的条件

C. 公元前 513 年，晋国赵鞅第一次公布我国历史的成文法

D. 借贷契约被称作“傅别”，“别”是在简札中间写字，然后一分为二

二、模拟训练

【单选】

5 62208253

《法经》具有重要历史地位。以下表述正确的是？

A. 从体例上看，《法经》六篇为明清律直接继承

B.《法经》六篇成为隋唐律的篇目蓝本

C.《法经》是对西周出礼入刑制度的一种肯定

D.《法经》中各篇的主要内容被后世传统法典继承发展

【多选】

6 62108089

春秋战国时期，百花齐放，诞生了众多有深远影响的法律思想和制度。以下说法错误的是？

A. 子产将郑国法律条文铸在象征诸侯权位的金属鼎上，向社会公布，史称铸刑鼎

B. 商鞅变法是一场由当时权贵发起的、维护旧贵族特权的变法运动

C. 铸刑鼎将贵族权力刻在鼎上，巩固了奴隶主贵族的特权，贵族特权进一步得以扩张

D.《法经》在罪名及刑罚规定上呈现维护封建专制政权，保护地主私有财产和奴隶制残余的特征

参考答案

[1] D [2] C [3] D [4] ABC [5] D [6] ABC

第三章 秦朝

一、历年真题及仿真题

（一）秦朝的罪名与刑罚

【单选】

1 1701016

秦统治者总结前代法律实施方面的经验，结合本朝特点，形成了一些刑罚适用原则。对于秦律原则的相关表述，下列哪一选项是正确的？

A. 关于刑事责任能力的确定，以身高作为标准，男、女身高六尺二寸以上为成年人，其犯罪应负刑事责任

B. 重视人的主观意识状态，对故意行为要追究刑事责任，对过失行为则认为无犯罪意识，不予追究

C. 对共犯、累犯等加重处罚，对自首、犯后主动消除犯罪后果等减轻处罚

D. 无论教唆成年人、未成年人犯罪，对教唆人均实行同罪，加重处罚

2 1401016

秦律明确规定了司法官渎职犯罪的内容。关于秦朝司法官渎职的说法，下列哪一选项是不正确的？

A. 故意使罪犯未受到惩罚，属于“纵囚”

B. 对已经发生的犯罪，由于过失未能揭发、检举，属于“见知不举”

C. 对犯罪行为由于过失而轻判者，属于“失刑”

D. 对犯罪行为故意重判者，属于“不直”

3 1101016

据史书载，以下均为秦朝刑事罪名。下列哪一选项最不具有秦朝法律文化的专制特色？

A. “偶语诗书”

B. “以古非今”

C. “非所宜言”

解析页码
169—170

D. “失刑”

【多选】

4 1901097

秦代的刑罚比较繁杂，关于秦代的刑罚及其适用，下列哪些选项是错误的?

A. 秦代的刑罚既包括主刑，也包括附加刑

B. 秦代流放刑中的迁刑适用于犯罪的官吏

C. 秦律在处罚侵犯财产罪上共同犯罪较个体犯罪处罚从重，5 人以上的集团犯罪较一般犯罪处罚从重

D. 秦律规定，教唆未成年人犯罪者从轻处罚

5 1201056

秦汉时期的刑罚主要包括笞刑、徒刑、流放刑、肉刑、死刑、羞辱刑等，下列哪些选项属于徒刑?

A. 候

B. 隶臣妾

C. 弃市

D. 鬼薪白粲

二、模拟训练

【单选】

6 62208255

秦代“不直”罪和“纵囚”罪在《睡虎地秦墓竹简》所载律文中指?

A. 罪应重而故意轻判为“纵囚”

B. 罪应轻而故意重判为“不直”

C. 应当论罪而故意不论罪为“不直”

D. 不应当论罪而故意论罪为“纵囚”

7 62208256

秦律规定凡属未成年人犯罪，其刑事责任的执行标准是?

A. 不负刑事责任或减轻刑事处罚

B. 负刑事责任，但免予刑事处罚

C. 由其负完全刑事责任

D. 由其家长负完全刑事责任

参考答案

[1]C [2]B [3]D [4]BD [5]ABD
[6]B [7]A

第四章 汉代

一、历年真题及仿真题

（一）汉代法律思想

【单选】

1 1001013

汉宣帝地节四年下诏曰：“自今子首匿父母、妻匿夫、孙匿大父母，皆勿坐。其父母匿子、夫匿妻、大父母匿孙，罪殊死，皆上请廷尉以闻”，“亲亲得相首匿”正式成为中国封建法律原则和制度。对此，下列哪一选项是错误的?

A. 近亲属之间相互首谋隐匿一般犯罪行为，不负刑事责任

B. 近亲属之间相互首谋隐匿所有犯罪行为，不负刑事责任

C. “亲亲得相首匿”的本意在于尊崇伦理亲情

D. “亲亲得相首匿”的法旨在于宽宥缘自亲情发生的隐匿犯罪亲属的行为

（二）汉代的司法制度

【单选】

2 2001162

董仲舒在《春秋·繁露》篇中对“春秋决狱”做了解说:“《春秋》之听狱也，必本其事而原其志。志邪者不待成，首恶者罪特重，本直者其论轻。”根据《后汉书·章帝传》记载，东汉章帝元和二年重申:“王者生杀，宜顺时气。其定律：无以十一月、十二月报囚。”关于汉代的春秋决狱与秋冬行刑，下列选项错误的是?

A. 春秋决狱是法律儒家化在司法领域的反映，即应当依据儒家经典《春秋》来审判案件

B. 春秋决狱强调审案时应重视行为人在案情中的主观动机，实行“论心定罪”原则

C. 汉代统治者根据“天人感应”理论，规定春、夏不得执行死刑

解析页码
170—171

D. 唐律规定“立春后不决死刑”即源于汉代的秋冬行刑制度

【多选】

3 1301057

董仲舒解说“春秋决狱”：“春秋之听狱也，必本其事而原其志；志邪者不待成，首恶者罪特重，本直者其论轻。”关于该解说之要旨和倡导，下列哪些表述是正确的？

A. 断案必须根据事实，要追究犯罪人的动机，动机邪恶者即使犯罪未遂也不免刑责

B. 在着重考察动机的同时，还要依据事实，分为首犯、从犯和已遂、未遂

C. 如犯罪人主观动机符合儒家“忠”“孝”精神，即使行为构成社会危害，也不给予刑事处罚

D. 以《春秋》经义决狱为司法原则，对当时传统司法审判有积极意义，但某种程度上为司法擅断提供了依据

（三）综合知识点

【单选】

4 2201120

下列选项哪个不符合“天人合一”“天人感应”的神权理论？

A. 以德配天

B. 秋冬行刑

C. 春秋决狱

D. 德主刑辅

二、模拟训练

【多选】

5 62208053

下列选项中，属于汉代法律思想的是？

A. 上请

B. 恤刑

C. 亲亲得相首匿

D. “重其所重，轻其所轻”

【不定项】

6 62208257

关于汉代法制下列说法不正确的是？

A. 缇萦上书救父导致了汉武帝废除了肉刑

B. 汉高祖时确立了“上请”“恤刑”“亲亲得相首匿”等制度

C. “春秋决狱”的基本原则是“论心定罪”

D. 根据“秋冬行刑”制度，所有死刑犯必须在每年霜降以后，冬至以前执行死刑

参考答案

[1]B [2]A [3]ABD [4]C [5]ABC [6]ABD

第五章 魏晋南北朝

一、模拟训练

【多选】

1 62208254

魏晋南北朝时期法律发生了许多变化，对后世法律具有重要影响。下列哪些表述正确揭示了这些发展变化？

A.《北齐律》共12篇，首先将刑名与法例律合为名例律一篇

B.《晋律》确立了“准五服以治罪”的制度

C. 北魏太武帝时，正式确立死刑复奏制度，即奏请皇帝批准执行死刑判决

D.《北魏律》与《陈律》正式确立了“官当”制度，允许官吏以官职爵位折抵徒刑

【不定项】

2 62208083

“十恶”俗称“十恶不赦”，是中国古代十种为常赦所不原的重大犯罪。下列关于“十恶”与“重

解析页码 172—173

罪十条"说法正确的有?

A. "重罪十条"正式确立于《北魏律》，后发展为《开皇律》中的"十恶"

B. "重罪十条"中"不睦"是指谋杀或卖五服以内亲属，殴打或控告丈夫大功以上尊长等行为

C. "十恶"将"重罪十条"中的部分罪名的打击范围提前到了思想观念和谋划的准备阶段

D. "十恶"将"重罪十条"中的"叛"和"降"合并为"叛降"

参考答案

[1] ABCD [2] C

第六章 隋唐

一、历年真题及仿真题

(一) 唐代的法制内容

【单选】

1 2301056

丙先在甲家偷吃东西，又在街边酒肆偷酒，夜半时分酒醉闯入乙家，被乙带家丁打成重伤，送至官府。下列说法正确的是?

A. 根据《唐律》规定:"夜半闯入人家，主人出于防卫，登时杀死闯入者，不论罪。"因此，乙打伤丙的行为不构成犯罪

B. 根据唐律规定，如丙向官府交代了街边酒肆偷酒 1 瓶的行为，但实际上偷了 4 瓶，则属于自首不实

C. 丙在街边酒肆偷酒行为构成强盗罪

D. 丙所犯的罪行应当合并累加处刑

2 2101091

唐朝，刘某娶 X 某为妻，后 X 某因为父亲有病需要人照顾，提出分开，刘某同意，下面说法正确的是?

A. 刘某可以三不去

B. 可以和离

C. 刘某可以七出休妻

D. 政府可以强制离异

3 1801016

下列关于唐律中公罪和私罪说法正确的是?

A. 缘公事致罪就是公罪

B. "公罪"处刑从重

C. "私罪"处刑从轻

D. 不缘公事，私自犯者是私罪

4 1601017

元代人在《唐律疏议序》中说:"乘之(指唐律)则过，除之则不及，过与不及，其失均矣。"表达了对唐律的敬畏之心。下列关于唐律的哪一表述是错误的?

A. 促使法律统治"一准乎礼"，实现了礼律统一

B. 科条简要、宽简适中、立法技术高超，结构严谨

C. 是我国传统法典的楷模与中华法系形成的标志

D. 对古代亚洲及欧洲诸国产生了重大影响，成为其立法渊源

5 1501017

唐永徽年间，甲由祖父乙抚养成人。甲好赌欠债，多次索要乙一祖传玉坠未果，起意杀乙。某日，甲趁乙熟睡，以木棒狠击乙头部，以为致死(后被救活)，遂夺玉坠逃走。唐律规定，谋杀尊亲处斩，但无致伤如何处理的规定。对甲应当实行下列哪一处罚?

A. 按"诸断罪而无正条，其应入罪者，则举轻以明重"，应处斩刑

B. 按"诸断罪而无正条，其应出罪者，则举重以明轻"，应处绞刑

C. 致伤未死，应处流三千里

D. 属于"十恶"犯罪中的"不孝"行为，应处极刑

6 1401017

《唐律·名例律》规定:"诸断罪而无正条，其应出罪者，则举重以明轻;其应入罪者，则举轻以明重"。关于唐代类推原则，下列哪一说法是正确的?

A. 类推是适用法律的一般形式，有明文规定也可"比附援引"

解析页码
174—175

B. 被类推定罪的行为，处罚应重于同类案件
C. 被类推定罪的行为，处罚应轻于同类案件
D. 唐代类推原则反映了当时立法技术的发达

【多选】

7 2201104

唐永徽年间，一男子中举未授官，便被金钱大户选为女婿，遂书信告知亲友，因其妻仅育有一女，无子，听出。妻报官，知县认为符合“七出”的无子，当休。妻曰：吾年三十，未知几年无子，即合出之？县令查阅律条，《唐律疏议·户婚》规定：“……妻年五十以上无子，听立庶以长。”县令答曰：七出无规定年龄，律云：“妻年五十以上无子，听立庶以长。”即可推知四十九以下无子，未合出之。对此理解正确的是？

A. 该男子可以“七出”中“无子”为由休妻
B. 该妻有女儿不属于“七出”中无子的情形
C. 该男子休妻违反了“三不去”中“前贫贱后富贵，不去”的规定
D. 县令比附类推认定不应休妻的做法合理

8 1801061

《唐律》开篇言明“德礼为政教之本，刑罚为政教之用”，如唐太宗所说“失礼之禁，著在刑书”，根据上述说法，下列哪些选项是错误的？

A.《唐律》“礼律合一”的统治方法体现了对西周“德主刑辅，礼刑并用”的法律思想的承袭
B.《唐律》具有继往开来，承前启后的重要地位，其“礼律合一”的思想和方法对后世产生深远影响
C.《唐律》注重“礼律合一”的理论基础，是汉代中期儒家提出的“以德配天，明德慎刑”的策略思想
D.《唐律》与春秋战国时期法家思想同受西周法律思想影响，都主张和实行礼刑合一

9 1301056

《唐律疏议·贼盗》载“祖父母为人杀私和”疏：“若杀祖父母、父母应偿死者，虽会赦，仍移乡避仇。以其与子孙为仇，故令移配。”下列哪些理解是正确的？

A. 杀害同乡人的祖父母、父母依律应处死刑者，若遇赦虽能免罪，但须移居外乡
B. 该条文规定的移乡避仇制体现了情法并列、相互避让的精神
C. 该条文将法律与社会生活相结合统一考虑，表现出唐律较为高超的立法技术
D. 该条文侧面反映了唐律“礼律合一”的特点，为法律确立了解决亲情与法律相冲突的特殊模式

【不定项】

10 2201108

唐代年间两家人订婚，纳采、报婚书后，婚宴中，彩礼被全部用来款待亲友，宴后，男方认为女方奢侈提出悔婚。下列说法正确的是？

A. 宴席时，男女双方婚姻关系并未成立
B. 男方可以解除婚约并取回彩礼
C. 若男方解除婚约，则女方不需要返还彩礼
D. 若女方退婚，须得杖责六十并且退回彩礼

（二）隋唐时期的司法制度

【单选】

11 2001163

依照唐宋时期法律的规定，殴打或谋杀祖父母、父母的行为构成“十恶”犯罪的哪一项？

A. 谋大逆
B. 恶逆
C. 不孝
D. 不睦

12 1901026

关于隋唐的法律制度，下列说法错误的是？

A. 隋朝的《开皇律》确立了传统五刑：笞、杖、徒、流、死
B. 张某杀人碎尸，按唐律当定“不道”之罪
C. 官员在执行公务时不慎出现差错而犯罪，是为“公罪”
D. 唐代的刑部行使中央司法审判权

13 1701017

唐代诉讼制度不断完善，并具有承前启后的特点。

解析页码
175—176

下列哪一选项体现了唐律据证定罪的原则？
A．唐律规定，审判时“必先以情，审察辞理，反复参验，犹未能决，事须拷问者，立案同判，然后拷讯，违者杖六十”
B．《断狱律》说：“若赃状露验，理不可疑，虽不成引，即据状断之”
C．唐律规定，对应议、请、减和老幼残疾之人“不合拷讯”
D．《断狱律》说：“（断狱）皆须具引律、令、格、式正文，违者笞三十”

【不定项】

14 2401046

王某与其同乡陈某同撑一船返乡，途中王某与陈某就行船速度爆发激烈口角，陈某欲从王某手中抢夺船桨之时，王某情急之下将陈某推撞入水，导致陈某溺水而亡。陈某妻李某将本案状告至县衙，县令审理后判：此乃天灾，不当归责于王某。关于本案，下列选项中正确的是？
A．本案中王某之行为属“斗杀”
B．县令作出天灾的判决说明其认为陈某之死与王某的推撞行为之间没有因果关系
C．因李某的状告行为不属于诬告，故而不属于“坐赃”
D．在现代，王某之行为属于正当防卫

（三）综合知识点

【多选】

15 2401045

关于“十恶”，以下说法中正确的是？
A．王二砍皇陵的树，顺便盗走了一件东西，是“谋反”
B．张三和李四有仇，张三杀了李四的两个仕女和李四，是“不道”
C．甲乙是兄弟，未经父母同意，分立门户，是“不孝”
D．张某和妻子吵架，后出门遇到老师，老师教育张某，张某气不过，殴打老师，是“不义”

二、模拟训练

【单选】

16 62208259

《唐律疏议·贼盗律》《唐律疏议·斗讼律》中依犯罪人主观意图区分了“六杀”，下列哪一项不属于《唐律》中的“六杀”？
A．“误杀”
B．“过失杀”
C．“戏杀”
D．“自杀”

17 62208260

关于“春秋决狱”和《唐律》的相关制度，下列哪一选项是错误的？
A．春秋决狱实行“论心定罪”原则，动机邪恶者即使犯罪未遂也不免刑责，而主观上没有恶意则可以从轻处理
B．《唐律》中的私罪包括“不缘公事私自犯者”和“虽缘公事，意涉阿曲”的犯罪
C．《唐律》中的化外人原则只能起到维护国家主权的作用
D．春秋决狱侧重以主观动机判断有无罪行及其轻重，在某种程度上会为司法擅断提供依据

18 62208258

《唐律》规定，官吏犯罪需区分公罪、私罪，处理上适用的原则是？
A．私罪从重，公罪从轻
B．私罪从轻，公罪从重
C．私罪、公罪酌情处理
D．私罪比照公罪加倍处刑

19 62108087

作为中国传统法制的最高成就，《唐律疏议》全面体现了中国古代法律制度的水平、风格和基本特点，成为中华法系的代表性法典。下列关于《唐律疏议》的相关说法，正确的是？
A．“疏在律后，律以疏存”中的律和疏指的是《唐律疏议》及其《律疏》
B．《唐律疏议》中“谋大逆”是指谋害皇帝、危

解析页码
177—178

害国家的行为

C.《永徽律》承袭了《贞观律》的十恶制度，在中国古代立法史上占有最为重要的地位

D.《唐律》总结了汉魏晋以来立法和注律经验，尽可能引用儒家经典作为律文的理论根据

20 62208122

贞观年间监察御史张某因杀害了其授业恩师被捕，经审查张某系唐太宗故旧。关于该案下列的说法正确的是？

A. 官府可以张某为唐太宗故旧而减免其刑罚

B. “八议”制度自《唐六典》始正式载入律文

C. “八议”制度是“刑不上大夫”礼制原则的具体体现

D. 张某的职责主要为参与大理寺的审判和审理皇帝交付的重大案件

21 62208138

下列关于“十恶”与“六杀”说法正确的是？

A.《唐律疏议》首次确立了“十恶”

B. 杀本管上司、授业师的行为属于“十恶”犯罪中的“不孝”行为

C. “六杀”中的“故杀”是指故意的、有预谋的杀人

D. “乱杀”不属于唐律中规定的“六杀”

参考答案

[1]A	[2]B	[3]D	[4]D	[5]A
[6]D	[7]CD	[8]ACD	[9]ABCD	[10]CD
[11]B	[12]D	[13]B	[14]B	[15]BC
[16]D	[17]C	[18]A	[19]D	[20]C
[21]D				

第七章 宋元明清

一、历年真题及仿真题

（一）宋代的法制内容

【单选】

1 2301055

张咏知杭州，杭有富民，病将死，其子三岁。富民命其婿主家赀，而遗以书曰：“他日分财，以十之三与子，而七与婿。”其后子讼之官，婿持父书诣府，咏阅之，以酒酬地曰：“汝之妇翁，智人也。时子幼，故以子属汝，不然，子死汝手矣。”乃命三分其财与婿，而子与七。下列哪一项是正确的？

A. 宋朝出嫁女可以获得一半财产

B. 宋朝的判决都是根据律令作出的

C. 遗嘱继承是宋朝主要的继承方式

D. 宋朝法官断案不考虑契约

2 1801015

关于宋代的法律制度，下列说法错误的是？

A.《宋刑统》是中国历史上第一部刊印颁行的法典，全称为《宋建隆重详定刑统》

B. 张三借李四纹银十两，约定 3 个月后归还十两五钱，此种借贷宋朝称为“出举”

C. 南宋宋慈所著之《洗冤集录》是中国也是世界历史上第一部系统的法医学著作

D. 宋朝法律承认绝户之在室女与继子的继承权，具体比例为在室女继承三分之一，继子继承三分之一，另三分之一收为官有

3 1701018

随着商品经济的繁荣，两宋时期的买卖、借贷、租赁、抵押、典卖、雇佣等各种契约形式均有发展。据此，下列哪一说法是错误的？

A. 契约的订立必须出于双方合意，对强行签约违背当事人意愿的，要“重蝇典宪”

B. 买卖契约中的“活卖”，是指先以信用取得出

解析页码 178—179

卖物，之后再支付价金，且须订立书面契约

C．付息的消费借贷称为出举，并有“（出举者）不得迴利为本”的规定，防止高利贷盘剥

D．宋代租佃土地契约中，可实行定额租，佃农逾期不交租，地主可诉请官府代为索取

4 1601018

南宋时，霍某病故，留下遗产值银 9000 两。霍某妻子早亡，夫妻二人无子，只有一女霍甲，已嫁他乡。为了延续霍某姓氏，霍某之叔霍乙立本族霍丙为霍某继子。下列关于霍某遗产分配的哪一说法是正确的？

A．霍甲 9000 两

B．霍甲 6000 两，霍丙 3000 两

C．霍甲、霍乙、霍丙各 3000 两

D．霍甲、霍丙各 3000 两，余 3000 两收归官府

5 1201016

宋承唐律，仍实行唐制“七出”“三不去”的离婚制度，但在离婚或改嫁方面也有变通。下列哪一选项不属于对离婚制度的变通规定？

A．“夫外出三年不归，六年不通问”的，准妻改嫁或离婚

B．“妻擅走者徒三年，因而改嫁者流三千里，妾各减一等”

C．夫亡，妻“若改适（嫁），其见在部曲、奴婢、田宅不得费用”

D．凡“夫亡而妻在”，立继从妻

（二）明朝的法制内容

【单选】

6 2101112

关于明代刑事法律原则，下列表述错误的是？

A．“轻其轻罪，重其重罪”的原则，是与唐律相比，在伦理纲常以及危害封建统治犯罪上，明律加重处罚

B．祖父母、父母在，子孙别籍异财。唐律规定徒三年，明律规定处杖一百

C．“引律比附”原则在律令不尽事理、断罪无正条情况下适用，但须由皇帝批准。若辄引比，构成犯罪

D．根据《大明律·名例》相关规定，化外人犯罪科刑适用属地原则，一律适用明律

7 1101017

关于明代法律制度，下列哪一选项是错误的？

A．明朱元璋认为，“夫法度者，朝廷所以治天下也”

B．明律确立“重其所重，轻其所轻”刑罚原则

C．《大明会典》仿《元六典》，以六部官制为纲

D．明会审制度为九卿会审、朝审、大审

【多选】

8 1401057

明太祖朱元璋在洪武十八年（公元 1385 年）至洪武二十年（公元 1387 年）间，手订四编《大诰》，共 236 条。关于明《大诰》，下列哪些说法是正确的？

A．《大明律》中原有的罪名，《大诰》一般都加重了刑罚

B．《大诰》的内容也列入科举考试中

C．“重典治吏”是《大诰》的特点之一

D．朱元璋死后《大诰》被明文废除

【不定项】

9 2201107

明朝初期朱元璋觉得前朝的法律冗杂，使百姓不可知，后主持制定了《明大诰》等一系列法律。但因律法不能随便修改，要经过认真研究，才能修改，因此《大明律》没有修改。下列说法正确的是？

A．《明大诰》是明初的刑事特别法，具有法外用刑和严惩贪官污吏的特点

B．《大明律》执行上严于唐律，精神上宽于宋律

C．《明大诰》是中国历史上空前普及的法规

D．《大明律》几经修改最终没有颁布，体现了明朝统治者的审慎

（三）清朝的法制内容

【单选】

10 1401018

根据清朝的会审制度，案件经过秋审或朝审程序

解析页码
179—181

之后，分四种情况予以处理：情实、缓决、可矜、留养承祀。对此，下列哪一说法是正确的？

A．情实指案情属实、罪名恰当者，奏请执行绞监候或斩监候

B．缓决指案情虽属实，但危害性不能确定者，可继续调查，待危害性确定后进行判决

C．可矜指案情属实，但有可矜或可疑之处，免于死刑，一般减为徒、流刑罚

D．留养承祀指案情属实、罪名恰当，但被害人有亲老丁单情形，奏请皇帝裁决

11 1101018

清乾隆律学家、名幕王又槐对谋杀和故杀的有关论述：

①“谋杀者，蓄念于未杀之先；故杀者，起意于殴杀之时。”

②“谋杀则定计而行，死者猝不及防、势不能敌，或以金刃，或以毒药，或以他物，或驱赴水火，或伺于隐蔽处所，即时致死，并无争斗情形，方为谋杀。”

③“故杀乃因斗殴、谋殴而起，或因忆及夙嫌，或因畏其报复，或虑其控官难制，或恶其无耻滋事，或恐其遗祸受害。在兄弟，或利其赀财肥己；在夫妻，或恨其妒悍不逊。临时起意，故打重伤、多伤，伤多及致死处所而死者是也。”

据此，下列最可能被认定为谋杀者的是哪一选项？

A．张某将浦某拖倒在地，骑于身将其打伤。浦某胞弟见状，情急之下用木耙击中张某顶心，张某立时毙命

B．洪某因父为赵某所杀，立志复仇。后，洪某趁赵某独自上山之机，将其杀死

C．卢某欲拉林某入伙盗窃，林某不允并声称将其送官。卢某恐其败露欲杀之，当即将林某推倒在地，搯伤其咽喉并用腰带套其脖颈，林某窒息而死

D．雇主李朱氏责骂刘某干活不勤，刘某愧忿不甘，拿起菜刀将李朱氏砍倒。刘某逃跑之际，被李朱氏4岁的外孙韩某拉住衣服并大声呼救，刘某将其推倒在地并连砍数刀，致其立时毙命

【多选】

12 1201057

清乾隆年间，甲在京城天安门附近打伤乙被判笞刑，甲不服判决，要求复审。关于案件的复审，下列哪些选项是正确的？

A．应由九卿、詹事、科道及军机大臣、内阁大学士等重要官员会同审理

B．应在霜降后10日举行

C．应由大理寺官员会同各道御史及刑部承办司会同审理

D．应在小满后10日至立秋前1日举行

13 1001058

乾隆五十一年，四川发生一起杀人案：唐达根与宋万田本不相识，因赴集市买苞谷遂结伴同行。途中山洞避雨，宋万田提议二人赌钱。后宋万田得赢，唐达根将钱如数送上。归途，宋万田再次提议赌钱，唐达根得赢。宋万田声称唐达根要骗不肯给钱，唐达根与之争吵进而双方互殴，争斗中唐达根将宋万田打死。依据《大清律例》及《大清律辑注》，你认为唐达根有可能被官府认定犯下列哪些罪行？

A．唐达根系没有预谋、临时起意将宋万田打死，应定“故杀”

B．唐达根系恼羞成怒，欲夺赌钱故意将宋万田打死，应定“谋杀”

C．唐达根系无心之下，斗殴中不期将宋万田打死，应定“斗殴杀”

D．唐达根系无怨恨杀人动机，“以力共戏”将宋万田打死，应定“戏杀”

（四）综合知识点

【单选】

14 2101111

关于中国古代的继承制度，下列说法哪一选项是正确的？

A．西周时期主张“以德配天、明德慎罚”，强调统治者的“德”性的后果之一便是在继承问题上主张“立嫡以贤不以长”

解析页码
181—182

B. 西周时期的继承主要是财产的继承，此外，还包括政治身份的继承

C. 宋代的继承制度比较灵活，沿袭了遗产兄弟均分制，还允许在室女享受部分财产继承权

D. 宋代的继承制度规定，在存在遗腹子的情况下，亲生子享有 3/4 的财产继承权，遗腹子享有 1/4 的财产继承权

15 1301018

“名例律”作为中国古代律典的“总则”篇，经历了发展、变化的过程。下列哪一表述是不正确的?

A.《法经》六篇中有“具法”篇，置于末尾，为关于定罪量刑中从轻从重法律原则的规定

B.《晋律》共 20 篇，在刑名律后增加了法例律，丰富了刑法总则的内容

C.《北齐律》共 12 篇，将刑名与法例律合并为名例律一篇，充实了刑法总则，并对其进行逐条逐句的疏议

D.《大清律例》的结构、体例、篇目与《大明律》基本相同，名例律置首，后为吏律、户律、礼律、兵律、刑律、工律

16 1201017

《折狱龟鉴》载一案例：张泳尚书镇蜀日，因出过委巷，闻人哭，惧而不哀，遂使讯之。云:“夫暴卒。”乃付吏穷治。吏往熟视，略不见其要害。而妻教吏搜顶发，当有验。乃往视之，果有大钉陷其脑中。吏喜，辄矜妻能，悉以告泳。泳使呼出，厚加赏方，问所知之由，并令鞫其事，盖尝害夫，亦用此谋。发棺视尸，其钉尚在，遂与哭妇俱刑于市。关于本案，张泳运用了下列哪一断案方法?

A.《春秋》决狱

B. “听讼”“断狱”

C. “据状断之”

D. 九卿会审

17 1201018

关于中国古代法律历史地位的表述，下列哪一选项是正确的?

A.《法经》是中国历史上第一部比较系统的成文法典

B.《北魏律》在中国古代法律史上起着承先启后的作用

C.《宋刑统》是中国历史上第一部刊印颁行的仅含刑事内容的法典

D.《大明会典》以《元典章》为渊源，为《大清会典》所承继

18 1001015

关于中国古代刑罚制度的说法，下列哪一选项是错误的?

A. “八议”制度自曹魏《魏律》正式入律，其思想渊源为《周礼·秋官》的“八辟丽邦法”之说

B. “秋冬行刑”制度自唐代始，其理论渊源为《礼记·月令》关于秋冬季节“戮有罪，严断刑”之述

C. “大诰”是明初的一种特别刑事法规，其法律形式源自《尚书·大诰》周公对臣民之训诫

D. “明刑弼教”作为明清推行重典治国政策的思想基础，其理论依据源自《尚书·大禹谟》“明于五刑，以弼五教”之语

【多选】

19 2201119

关于“故杀”的含义，下列选项中正确的是?

A. 唐代“故杀”为事先预谋的故意杀人

B. 西夏规定的“故杀”包括了谋杀行为

C. 清代的“故杀”为临时起意

D. 根据张斐的说法“故杀”包括谋杀与贼杀

20 1801060

在我国封建法制中，国家对死刑的适用及执行非常重视，专门确立了死刑复奏制度。关于死刑复奏制度，下列哪些说法是正确的?

A. 汉代根据“天人感应”的理论，规定除谋反大逆等“决不待时”者外，一般死刑犯须在秋天霜降以后、冬至以前执行

B. 死刑复奏制度是在北魏太武帝时正式确立的

C. 明代的死刑复奏制度叫朝审

D. 清代的秋审是对刑部判决的重案及京师附近绞、斩监候案件进行的复审

解析页码
182—184

21 1401056

中国古代关于德与刑的关系理论，经历了一个长期的演变和发展过程。下列哪些说法是正确的？

A. 西周时期确立了“以德配天，明德慎罚”的思想，以此为指导，道德教化与刑罚处罚结合，形成了当时“礼”“刑”结合的宏观法制特色

B. 秦朝推行法家主张，但并不排斥礼，也强调“德主刑辅，礼刑并用”

C. 唐律“一准乎礼，而得古今之平”，实现了礼与律的有机统一，成为了中华法系的代表

D. 宋朝以后，理学强调礼和律对治理国家具有同等重要的地位，二者“不可偏废”

二、模拟训练

【单选】

22 62208261

对明代都察院司法执掌表述不正确的是？

A. 复核或审理直隶及各省职官犯罪案件

B. 复核或审理京师职官犯罪案件

C. 不复核或审理京师斩、绞监候案件

D. 复核或审理直隶及各省斩、绞监候案件

23 62108091

明清诉讼制度较为发达，九卿会审、朝审、秋审等，各有其特点，共同维护明清时期统治阶级的利益。以下关于明清时期诉讼制度的说法正确的是？

A. 九卿会审是由六部尚书及通政使司的通政使、都察院左都御使、大理寺卿九人会审重案囚犯而形成的制度

B. 朝审可以对刑部判决的重案进行复审，其审判组织、方式和秋审完全不同

C. 清代朝审后，若案情属实、罪名恰当，则可以奏请执行死刑，若案情属实、罪名恰当，但原告有亲老丁单情形的，可以按留养奏请皇帝裁决

D. 清朝会审制度体现的是一种慎刑思想，但也导致多方干预司法，以至于法律文本与司法实际日益脱节

24 62108093

关于宋代的法律思想与制度，下列说法正确的是？

A.《宋刑统》是历史上第一部刊印颁行的法典，其篇目、内容与《唐律疏议》大体相同

B. 南宋时期，重男轻女思想严重，户绝女没有财产继承权

C.《宋刑统》在买卖之债发生的法律规定上，强调双方的“合意”性，只要双方同意，买卖契约就合法有效

D. 宋朝中央设大理寺、刑部、御史台，分掌中央司法审判职权，其中御史台负责大理寺详断的全国死刑已决案件的复核

【多选】

25 62108090

明清时期的司法制度已颇为完善，以下关于明清时期的司法制度的表述，错误的是？

A. 明代大理寺掌纠察，主要是纠察百司，会审以及审理官吏犯罪案件

B. 清代地方司法机关一般分州县、府、省按察司三级

C. 秋审是清代最重要的死刑复审制度，它由三法司会同公侯、伯爵在吏部尚书主持下进行

D. 清代热审制度是每年小满后十日至立秋前一日对发生在京师的斩、绞监候案件进行重审的制度

26 62208141

下列关于我国古代的契约制度说法错误的是？

A. 西周时期，买卖奴隶所用契约为“剂”，买卖兵器所用契约为“质”

B. 宋代时期，甲乙之间订立的茶叶买卖契约为“绝卖”

C. 宋代借贷的借指消费借贷，把付息的消费借贷称为“负债”，而贷则指使用借贷，不付息的使用借贷称为“出举”

D. 宋代先以信用取得出卖物，之后再支付价金的买卖契约称之为“活卖”

27 62208142

下列关于宋朝时期的婚姻与继承制度的说法正确的是？

解析页码 184—185

A.“夫外出三年不归，六年不通问”的，准妻改嫁或离婚，夫亡妻改嫁的，不得转移财产

B.“义绝”是宋律中首次规定的一种强制离婚原则，无论夫妻双方是否同意，均由官府审断强制离异，对主动离婚的一方依律处罚

C. 在继承关系上，不仅沿袭了遗产兄弟均分制外，还允许在室女享有部分继承权，遗腹子与亲生子有相同继承权

D. 甲有丙女（出嫁女）和一子，其妻因产子而去世，其子因病去世后，甲也因病去世。为了延续甲的香火，甲之叔立本族乙为其继子。对于甲的财产，丙 2/3，乙 1/3

参考答案

[1] C	[2] D	[3] B	[4] D	[5] D
[6] A	[7] C	[8] ABC	[9] AC	[10] C
[11] B	[12] CD	[13] AC	[14] C	[15] C
[16] C	[17] A	[18] B	[19] BCD	[20] BC
[21] ACD	[22] C	[23] D	[24] A	[25] ABCD
[26] ACD	[27] AC			

第八章 清末民初

一、历年真题及仿真题

（一）清末的法律思想与制度

【单选】

1 1901058

《大清民律草案》是晚清立法修律的重要成果之一，关于该法，下列选项错误的是?

A. 清末民律的修订由沈家本、伍廷芳、俞廉三等人主持，同时还聘请了外国法律专家参与

B. 在民律草案修订过程中，立法机关曾派员赴全国各省进行民事习惯的调查

C.《大清民律草案》共分总则、债权、物权、亲属、继承五编

D.《大清民律草案》最后两编吸收了大量的西方资产阶级民法的理论、制度和原则

2 1601019

1903 年，清廷发布上谕:“通商惠工，为古今经国之要政，急应加意讲求，著派载振、袁世凯、伍廷芳，先定商律，作为则例。”下列哪一说法是正确的?

A.《钦定大清商律》为清朝第一部商律，由《商人通例》《公司律》和《破产律》构成

B. 清廷制定商律，表明随着中国近代工商业发展，其传统工商政策从“重农抑商”转为“重商抑农”

C. 商事立法分为两阶段，先由新设立商部负责，后主要商事法典改由修订法律馆主持起草

D.《大清律例》《大清新刑律》《大清民律草案》与《大清商律草案》同属清末修律成果

3 1501018

鸦片战争后，清朝统治者迫于内外压力，对原有的法律制度进行了不同程度的修改与变革。关于清末法律制度的变革，下列哪一选项是正确的?

A.《大清现行刑律》废除了一些残酷的刑罚手段，如凌迟

B.《大清新刑律》打破了旧律维护专制制度和封建伦理的传统

C. 改刑部为法部，职权未变

D. 改四级四审制为四级两审制

4 1401019

武昌起义爆发后，清王朝于 1911 年 11 月 3 日公布了《宪法重大信条十九条》。关于该宪法性文件，下列哪一说法是错误的?

A. 缩小了皇帝的权力

B. 扩大了人民的权利

C. 扩大了议会的权力

D. 扩大了总理的权力

5 1301017

清末修律时，修订法律大臣俞廉三在“奏进民律前三编草案折”中表示:“此次编辑之旨，约分四端:（一）注重世界最普通之法则。（二）原本后出

解析页码
186—187

最精确之法理。（三）求最适于中国民情之法则。（四）期于改进上最有利益之法则。”关于清末修订民律的基本思路，下列哪一表述是最合适的？

A. 西学为体、中学为用

B. 中学为体、西学为用

C. 坚持德治、排斥法治

D. 抛弃传统、尽采西说

【多选】

6 1101057

关于清末变法修律，下列哪些选项是正确的？

A. 在指导思想上，清末修律自始至终贯穿着“仿效外国资本主义法律形式，固守中国封建法制传统”的原则

B. 在立法内容上，清末修律一方面坚行君主专制体制和封建伦理纲常“不可率行改变”，一方面标榜“吸引世界大同各国之良规，兼采近世最新之学说”

C. 在编纂形式上，清末修律改变了传统的“诸法合体”形式，明确了实体法之间、实体法与程序法之间的差别，形成了近代法律体系的雏形

D. 在法系承袭上，清末修律标志着延续几千年的中华法系开始解体，为中国法律的近代化奠定了初步基础

（二）民国时期的法律思想与制度

【单选】

7 2001164

根据南京国民政府1932年公布的《法院组织法》，下列选项属于普通法院实行的是？

A. 四级三审制

B. 三级三审制

C. 四级二审制

D. 三级二审制

8 1101021

关于《中华民国临时约法》，下列哪一选项是正确的？

A.《临时约法》是辛亥革命后正式颁行的宪法

B.《临时约法》设立临时大总统，采行总统制

C.《临时约法》是中国历史上唯一一部具有资产阶级共和国性质的宪法性文件

D.《临时约法》确立了五权分立的原则

（三）综合知识点

【单选】

9 1901038

清末和民国时期的旧中国曾经进行频繁的立宪活动，下列关于该时期宪法文件，说法错误的是？

A.《钦定宪法大纲》为中国近代史上第一个宪法性文件，是由“宪政编查馆”编订，于1908年公布的

B. 1912年《临时约法》是由孙中山主导创制的中国第一部资产阶级共和国性质的宪法文件

C. 北洋政府时期的第一部宪法草案为“天坛宪草”，采用资产阶级三权分立的宪法原则，确认民主共和制度

D.《中华民国宪法》（1947年）是中国近代史上首部正式颁行的宪法

10 1301019

中国历史上曾进行多次法制变革以适应社会的发展。关于这些法制变革的表述，下列哪一选项是错误的？

A. 秦国商鞅实施变法改革，全面贯彻法家“明法重刑”的主张，加大量刑幅度，对轻罪也施以重刑，以实现富国强兵目标

B. 西汉文帝为齐太仓令之女缇萦请求将自己没官为奴、替父赎罪的行为所动，下令废除肉刑

C. 唐代废除了宫刑制度，创设了鞭刑和杖刑，以宽减刑罚，缓解社会矛盾

D.《大清新刑律》抛弃了旧律诸法合体的编纂形式，采用了罪刑法定原则，规定刑罚分为主刑、从刑

11 1101019

关于中外法律制度的发展演变，下列哪一表述是错误的？

A. 西周“七出”“三不去”“六礼”等婚姻法律的原则和制度，多为后世法律所继承和采用

B. 汉代“秋冬行刑”的死刑执行制度，对唐、

解析页码
187—188

明、清的法律制度有着深远影响

C. 清末规定的法官和检察官考试任用制度、监狱及狱政管理的改良制度，是清末司法体制上的重大变化

D. 法国国民会议于 1787 年 8 月 26 日通过《独立宣言》，这一划时代的历史性文件第一次明确而系统地提出了资产阶级民主和法制的基本原则

12 1001014

中国法制近代化经历了曲折的渐进过程，贯穿着西方法律精神与中国法律传统的交汇与碰撞。关于中国法制近代化在修律中的特点，下列哪一选项是不正确的？

A. 1910 年《大清民律草案》完成后，修律大臣俞廉三上陈“奏进民律前三编草案折”，认为民律修订仍然没有超出“中学为体、西学为用”的思想格局

B. 1911 年《大清新刑律》作为中国第一部近代意义的专门刑法典，在吸纳近代资产阶级罪刑法定等原则的同时，仍然保留了部分不必科刑的民事条款

C. 1910 年颁行的《法院编制法》规定，国家司法审判实行四级三审制

D. 1947 年颁行的《中华民国宪法》，所列各项民主自由权利比以往任何宪法性文件都充分

【多选】

13 2201105

孔子为鲁大司寇，有父子讼者，夫子同狴执之，三月不别。其父请止，夫子赦之焉。季孙闻之不悦，曰：“司寇欺余。曩告余曰：‘国家必先以孝’。余今戮一不孝以教民孝，不亦可乎？而又赦，何哉？”以下关于“礼”“刑”关系说法正确的是？

A. 孔子的行为是西周“德本刑用”思想的具体体现

B. 孔子的行为与汉代“德主刑辅、礼刑并用”思想相一致，体现了孔子明德慎刑，先教后诛的思想

C. “德礼为政教之本，刑罚为政教之用”和“明刑弼教”体现的精神是一致的

D. 清末的礼法之争本质就是礼刑之争

14 2201106

清朝年间，公公玷污了自己的儿媳，儿子和儿媳一同把公公杀了，直隶总督署判处儿子儿媳凌迟刑罚，儿媳辩称因被公公强奸在先才忍心杀害。案件提交至刑部，刑部将儿媳刑罚降为斩监候。下列说法正确的是？

A. 清朝的刑部只负责复核，不负责审判

B.《大清新刑律》规定卑幼对尊长杀伤等罪的刑罚重于尊长对卑幼杀伤等罪的刑罚

C. 若儿媳被判斩监候，有可能免于死罪

D. 如儿子儿媳仅预谋杀害而未实际行动也构成犯罪

15 2001165

关于中国古代法典的表述，下列选项错误的是？

A.《法经》由魏文侯相李悝制定，其中《盗法》《贼法》位于法典篇首，《具法》则位于篇尾，是中国历史上第一部成文法典

B.《魏律》依据《周礼·八辟》规定了八议，这是死刑复奏制度的最早规定

C.《宋刑统》颁行于建隆四年，其主体结构与唐律基本相同

D.《大清新刑律》是中国历史上第一部近代意义上的专门刑法典，抛弃了以往“诸法合体”的编纂形式，但其总则部分仍称为《名例律》

16 1001057

中国传统戏剧多有剧目涉及中国古代法律观念和法律制度。对此，下列哪些说法是成立的？

A. 越剧《梁山伯与祝英台》中，祝父强许祝英台婚配马文才的情节，反映了东晋仍然沿袭西周确立的“父母之命”婚姻缔结原则

B. 粤剧《斩娥》中，窦娥被无赖诬陷又被官府错判斩刑的案件，反映了元代对诬告等行为严加处罚的具体法律规范

C. 昆曲《十五贯》中，况钟对娄阿鼠偷盗十五贯杀死店主尤葫芦案调查取证的故事，反映了清初明律令、重调查、唯证据的审案观念

D. 京剧《徐九经升官记》中，徐九经“当官不为民作主，不如回家卖红薯”的唱词，反映了清末为官清明、为民父母的法律思想和观念

解析页码
189—190

二、模拟训练

【单选】

17 62208263

下列有关《钦定宪法大纲》的表述，错误的是？

A.《钦定宪法大纲》是中国近代史上第一部宪法性文件

B.《钦定宪法大纲》确立了资产阶级民主共和国的国家制度

C.《钦定宪法大纲》分为正文“君上大权”与附录“臣民权利义务”两个部分

D.《钦定宪法大纲》在结构与内容上都体现了“大权统于朝廷”的精神

18 62208262

《大清新刑律》的特点不包括下列哪一选项？

A. 是一部专门的刑法典

B. 采用西方刑法典的结构

C. 确立新的刑罚体系并大量采用了西方资产阶级的刑法原则

D. 维系了以往的传统旧律结构

19 62108092

南京国民政府立法频繁，法律法规数量繁多，体系庞杂，民法体系尤是如此。以下关于南京国民政府民法及其相关法规的表述正确的是？

A. 南京国民政府承认习惯和法理可作为判案依据，但民事习惯之适用不能违背公序良俗

B. 南京国民政府时期主要以单行民事法规为主，不存在统一的民法典

C. 南京国民政府时期，为报复国外势力对中国长久的压迫，剥夺了一切在华外国人的权益

D. 民商合一与民商分立之争早在南京国民政府时期便存在，经过多番论证，南京国民政府最终采取民商分立的体制

20 62208124

关于近代中国法律发展，下列说法正确的是？

A. 1928 年《中华民国刑法》是中国第一部近代意义上的专门刑法典

B.《大清民律草案》分为总则、债权、物权、亲属、继承五编

C.《大清现行刑律》将法典分为总则和分则

D.《训政时期约法》指导思想为中体西用

21 62208143

下列关于中国古代法典的说法错误的是？

A. “十恶”制度源于《北齐律》的“重罪十条”，正式确定于《开皇律》

B.《宋刑统》是中国历史上第一部刊印颁行的法典

C.《钦定宪法大纲》于 1908 年 8 月颁布，是中国近代史第一部宪法性文件

D.《大清现行刑律》是中国历史上第一部近代意义上的专门刑法典，但仍维护专制制度和封建伦理的传统

参考答案

[1] D	[2] C	[3] A	[4] B	[5] B
[6] ABCD	[7] B	[8] C	[9] D	[10] C
[11] D	[12] B	[13] BD	[14] BCD	[15] ABD
[16] ABCD	[17] B	[18] D	[19] A	[20] B
[21] D				

第九章 中国共产党民主政权宪法文件与审判制度特点

一、历年真题及仿真题

（一）马锡五审判方式

【不定项】

1 2301054

解放前某地有父亲给女儿包办婚姻，后觉得彩礼过低，父亲解除婚约并把女儿另许他人。包办男方抢亲将女儿带走，两家发生纠纷。马锡五亲自赴当地调查，撤销之前的错误判决，听取双方意见，最终确认婚约有效。关于本案中马锡五审判方式的体现，下列选项错误的是？

解析页码 190—191

A. 就地解决方式
B. 注重调解方式
C. 方便群众诉讼
D. 注重调查研究

二、模拟训练

【单选】

2 62308009

下列内容中，哪项不是马锡五审判方式的特征？
A. 深入农村调查研究，实事求是地了解案情
B. 借鉴城市案件审判形式，改良性地运用到农村群众的纠纷解决中去
C. 依靠群众，教育群众，尊重群众意见
D. 方便群众诉讼，手续简便、不拘形式

3 62408016

1949年，中国共产党为了实施新的法制原则，宣布废除了哪一项旧法律体系？
A.《大清律例》
B.《中华民国训政时期约法》
C.《六法全书》
D.《中国人民政治协商会议共同纲领》

【多选】

4 62408017

关于废除《六法全书》的主要原因，以下哪些是正确的？
A. 它由国民党政府制定，不符合新中国的法制理念
B. 包含了大量维护封建残余和反动统治的条款
C. 是新中国宪法的前身，需要被新的法律体系所取代
D. 为新中国司法工作的展开扫除障碍

5 62408022

下列关于《华北人民政府施政方针》的说法正确的有？
A. 从政治、经济、文化、社会制度等四个方面规定了实现基本任务的方针政策
B. 规定了发展工商业，贯彻公私兼顾、劳资两利方针
C. 明确应健全人民代表大会制度
D. 规定了公民的权利和义务

【不定项】

6 62408019

关于陕甘宁边区高等法院，下列说法正确的是？
A. 陕甘宁边区高等法院下设省、县、区三级裁判部
B. 为陕甘宁边区最高司法机关，负责边区审判及司法行政工作
C. 设陕甘宁边区高等法院分庭作为派出机关
D. 设检察员，在高等法院院长领导下独立行使检察权

参考答案

[1]B [2]B [3]C [4]ABD [5]BC
[6]BCD

司法制度和法律职业道德

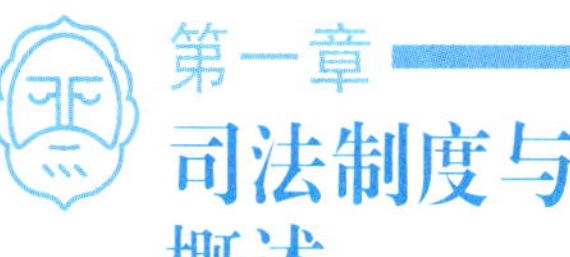

第一章 司法制度与法律职业道德概述

一、历年真题及仿真题

（一）司法特征

【多选】

1 1701065

我国宪法规定，法院、检察院和公安机关办理刑事案件，应当分工负责，互相配合，互相制约。对此，下列哪些选项是正确的？
A. 分工负责是指三机关各司其职、各尽其责
B. 互相配合是指三机关以惩罚犯罪分子为目标，通力合作，互相支持
C. 互相制约是指三机关按法定职权和程序互相

解析页码
192—193

监督

D. 公、检、法三机关之间的这种关系，是权力制约原则在我国宪法上的具体体现

2 1401083

司法与行政都是国家权力的表现形式，但司法具有一系列区别于行政的特点。下列哪些选项体现了司法区别于行政的特点？

A. 甲法院审理一起民事案件，未按照上级法院的指示作出裁判

B. 乙法院审理一起刑事案件，发现被告人另有罪行并建议检察院补充起诉，在检察院补充起诉后对所有罪行一并作出判决

C. 丙法院邀请人大代表对其审判活动进行监督

D. 丁法院审理一起行政案件，经过多次开庭审理，在原告、被告及其他利害关系人充分举证、质证、辩论的基础上作出判决

（二）司法功能

【单选】

3 1001047

关于司法功能的表述，下列哪一选项是错误的？

A. 司法具有解决纠纷、调整社会关系的直接功能和解释、补充法律及形成公共政策、秩序维持、文化支持等间接功能

B. 司法要求司法活动的公开性、裁判人员的中立性、当事人地位的平等性、司法过程的参与性、司法活动的合法性、案件处理的正确性

C. 我国晋代刘颂认为应该严格区分君臣在实现司法公正方面的职责

D. 英国哲学家培根强调司法公正的重要性："一次不公的判断比多次不平的举动为祸尤烈。因为这些不平的举动不过弄脏了水流，而不公的判断则把水源败坏了"

（三）司法公正与司法效率

【单选】

4 1601045

司法活动的公开性是体现司法公正的重要方面，要求司法程序的每一阶段和步骤都应以当事人和社会公众看得见的方式进行。据此，按照有关文件和规定精神，下列哪一说法是正确的？

A. 除依法不在互联网公布的裁判文书外，法院的生效裁判文书均应在互联网公布

B. 检察院应通过互联网、电话、邮件、检察窗口等方式向社会提供案件程序性信息查询服务

C. 监狱狱务因特殊需要不属于司法公开的范围

D. 律师作为诉讼活动的重要参与者，其制作的代理词、辩护词等法律文书应向社会公开

5 1401046

关于法官在司法活动中如何理解司法效率，下列哪一说法是不正确的？

A. 司法效率包括司法的时间效率、资源利用效率和司法活动的成本效率

B. 在遵守审理期限义务上，对法官职业道德上的要求更加严格，应力求在审限内尽快完成职责

C. 法官采取程序性措施时，应严格依法并考虑效率方面的代价

D. 法官应恪守中立，不主动督促当事人或其代理人完成诉讼活动

6 1201047

法官、检察官、律师等法律职业主管机关就3个职业在诉讼活动中的相互关系，出台了一系列规定。下列哪一说法是正确的？

A. 这些规定的目的是加强职业纪律约束，促进维护司法公正

B. 这些规定具有弥补履行职责上地位不平等，利于发挥各自作用的意义

C. 这些规定允许必要时适度突破职权限制、提高司法效率

D. 这些规定主要强调配合，不涉及互相制约关系的内容

【多选】

7 1301083

我国司法承担着实现公平正义的使命，据此，下列哪些说法能够成立？

A. 中国特色社会主义司法制度是我国实现公平正

解析页码
194—195

义的重要保障

B. 司法通过解决纠纷这一主要功能，维持社会秩序和正义

C. 没有司法效率，谈不上司法公正，公平正义也将难以实现，因此应当选择“公正优先，兼顾效率”的价值目标

D. 在符合法律基本原则的前提下，司法兼顾法理和情理更利于公平正义的实现

8 1101084

关于司法公正及实体公正、程序公正问题的理解，下列哪些表述是正确的？

A. 司法公正是法治的组成部分和基本内容，是民众对法治的必然要求，司法公正包括实体公正和程序公正两个方面

B. 追求实体公正，是我国司法制度和法律职业道德的基本准则，主要指努力发现案件事实真相和正确适用实体法律

C. 程序公正包括当事人平等地参与、严格遵循法定程序及法官的居中裁判等，保证当事人受到公平对待

D. 根据形势及效率需要，可在有关司法过程中将“类推”和“自由心证”作为司法公正的补充手段

【不定项】

9 2301096

根据司法公正的相关规定，下列表述正确的是？

A. 法官在审理案件过程中让当事人充分发表意见，体现了参与原则

B. 法官按照规则和程序进行操作，体现了实体正义

C. 检察官不收礼，体现了公平原则

D. 检察官公开表示反对不正之风，体现了公开性

（四）独立行使审判权与检察权

【单选】

10 1501014

卡尔·马克思说：“法官是法律世界的国王，法官除了法律没有别的上司。”对于这句话，下列哪一理解是正确的？

A. 法官的法律世界与其他社会领域（政治、经济、文化等）没有关系

B. 法官的裁判权不受制约

C. 法官是法律世界的国王，但必须是法律的奴仆

D. 在法律世界中（包括在立法领域），法官永远是其他一切法律主体（或机构）的上司

（五）司法改革措施

【多选】

11 1401084

《中共中央关于全面深化改革若干重大问题的决定》提出，应当改革司法管理体制，推动省以下地方检察院人财物统一管理，探索建立与行政区划适当分离的司法管辖制度。关于上述改革措施，下列哪些理解是正确的？

A. 有助于检察权独立行使

B. 有助于检察权统一行使

C. 有助于检务公开

D. 有助于强化检察机关的法律监督作用

（六）法律职业道德概述

【单选】

12 2101114

关于法律职业道德，下列哪一表述是错误的？

A. 法律职业道德与其他职业道德相比，具有更强的公平正义象征和社会感召作用

B. 法律职业以法官、检察官、律师为代表，法律职业之间具备同质性而无行业属性，因此多数国家规定担任法官、检察官、律师须通过专门培养和训练

C. 选择合适的内化途径和适当的内化方法，才能使法律职业人员将法律职业道德规范融进法律职业精神

D. 法律职业道德教育的途径和方法，包括提高法律职业人员道德认识、陶冶法律职业人员道德情感、养成法律职业人员道德习惯等

13 1801126

关于法律职业及特征，下列哪一说法是正确的？

解析页码
195—197

A．在我国，法律职业主要是指应用类法律人才和学术类法律人才

B．法官、检察官属于法律的实践型人才，其专业水平的高低与职业道德水平的高低无关

C．法官、检察官也要遵守公务员法类法律法规的规定

D．法官、检察官、律师、公证员均属于法律职业人员，具有同质性，其职业道德没有什么不同

14　1301045

关于法律职业道德，下列哪一表述是不正确的？

A．基于法律和法律职业的特殊性，法律职业人员被要求承担更多的社会义务，具有高于其他职业的职业道德品行

B．互相尊重、相互配合为法律职业道德的基本原则，这就要求检察官、律师尊重法官的领导地位，在法庭上听从法官的指挥

C．选择合适的内化途径和适当的内化方法，才能使法律职业人员将法律职业道德规范融进法律职业精神中

D．法律职业道德教育的途径和方法，包括提高法律职业人员道德认识、陶冶法律职业人员道德情操、养成法律职业人员道德习惯等

15　1201046

关于法律职业道德的理解，下列哪一说法不能成立？

A．法律职业道德与其他职业道德相比，具有更强的公平正义象征和社会感召作用

B．法律职业道德与一般社会道德相比，具有更强的约束性

C．法律职业道德的内容多以纪律规范形式体现，具有更强的操作性

D．法律职业道德通过严格程序实现，具有更强的外在强制性

【多选】

16　1701083

法律职业道德具有不同于一般职业道德的职业性、实践性、正式性及更高标准的特征。关于法律职业道德的表述，下列哪些选项是正确的？

A．法律职业人员专业水平的发挥与职业道德水平的高低具有密切联系

B．法律职业道德基本原则和规范的形成，与法律职业实践活动紧密相连

C．纵观伦理发展史和法律思想史，法律职业道德的形成与“实证法”概念的阐释密切相关

D．法律职业道德基本原则是对每个法律从业人员职业行为进行职业道德评价的标准

17　1601083

法律在社会中负有分配社会资源、维持社会秩序、解决社会冲突、实现社会正义的功能，这就要求法律职业人员具有更高的法律职业道德水准。据此，关于提高法律职业道德水准，下列哪些表述是正确的？

A．法律职业道德主要是法律职业本行业在职业活动中的内部行为规范，不是本行业对社会所负的道德责任和义务

B．通过长期有效的职业道德教育，使法律职业人员形成正确的职业道德认识、信念、意志和习惯，促进道德内化

C．以法律、法规、规范性文件等形式赋予法律职业道德以更强的约束力和强制力，并加强道德监督，形成他律机制

D．法律职业人员违反法律职业道德和纪律的，应当依照有关规定予以惩处，通过惩处教育本人及其他人员

（七）综合知识点

【单选】

18　2101115

下列关于司法原理的内容，表述正确的是？

A．与行政相比，司法具有独立性、法定性、交涉性、程序性、普遍性、终极性以及受监督性等特点

B．司法公开要求推进审判公开、检务公开、警务公开、狱务公开，所有生效法律文书必须统一上网

C．为办案需要，某法官经领导批准后，与当事人

解析页码
197—199

相约在距离当事人较近的某咖啡厅里沟通案件情况

D．司法机关领导干部因履行职责需要对正在办理的案件提出指导意见，应当以书面形式提出

19 2001167

关于优化司法职权的配置，下列选项不正确的是？

A．改革法院案件受理制度，变“立案登记制”为“立案审查制”

B．探索建立检察机关提起公益诉讼制度

C．建立司法机关内部人员过问案件的记录制度和责任追究制度

D．完善刑事诉讼中认罪认罚从宽制度

20 1801019

审判权与检察权独立是司法改革的重要目标。下列关于独立行使审判权与检察权说法不正确的是？

A．人民法院、人民检察院依照法律规定独立行使审判权、检察权，不受行政机关、社会团体和个人的干涉，也不受党和人大的监督

B．人民法院工作人员在审理相关案件时，以本人或者他人名义持有与所审理案件相关的上市公司股票的，应主动申请回避

C．健全维护司法权威的法律制度。完善惩戒妨碍司法机关依法行使职权、拒不执行生效裁判和决定、藐视法庭权威等违法犯罪行为的法律规定

D．非因法定事由，非经法定程序，不得将法官、检察官调离、辞退或者作出免职、降级等处分

21 1201045

关于司法、司法制度的特征和内容，下列哪一表述不能成立？

A．中国特色社会主义司法制度包括司法规范体系、司法组织体系、司法制度体系、司法人员管理体系

B．法院已成为现代社会最主要的纠纷解决主体，表明司法的被动性特点已逐渐被普遍性特点所替代

C．解决纠纷是司法的主要功能，它构成司法制度产生的基础、决定运作的主要内容和直接任务，也是其他功能发挥作用的先决条件

D．“分权学说”作为西方国家一项宪法原则，进入实践层面后，司法的概念逐步呈现技术性、程序性特征

22 1101045

关于司法和司法制度，下列哪一表述不成立？

A．司法历来以解决社会冲突为己任，与社会冲突相伴相随。从古至今，司法一直为一种独立的解纷形态和制度

B．司法和司法权曾是反对专制、对抗王权的一道屏障，负责监督政府、保护人民，同时也能有效地保护法官

C．晋刘颂上疏惠帝，论及司法制度时说：“君臣之分，各有所司。法欲人奉，故令主者守之；理有穷，故使大臣释滞；事有时立，故人主权断”

D．美国法学家亨利·米斯认为，“在法官做出判断的瞬间被别的观点或者被任何形式的外部权势或压力所控制和影响，法官就不复存在……法官必须摆脱不受任何的控制和影响，否则便不再是法官了”

【不定项】

23 1901149

2018 年 10 月 26 日，第十三届全国人民代表大会常务委员会第六次会议修订通过《人民法院组织法》增设了知识产权法院。关于知识产权法院，下列说法正确的是？

A．知识产权法院为跨行政区划法院，这有助于实现审判独立，防止地方政府的不当干涉，有利于司法公正的实现

B．知识产权法院的设立，对提高知识产权审判质效，促进严格公正司法，依法平等保护中外市场主体知识产权等将发挥重要作用

C．知识产权法院的设立，有利于统一知识产权裁判标准，严格保护知识产权，服务保障国家创新驱动发展战略实施

D．知识产权法院的设立，虽然立足我国知识产权审判实际，充分借鉴了域外成功经验，但忽视了对中华传统法律文化精华的吸收

解析页码
199—200

24 1601099

关于深化法院人事管理改革措施的表述，下列选项正确的是？

A. 推进法院人员分类管理制度改革，将法院人员分为法官、法官助理和书记员三类，实行分类管理

B. 建立法官员额制，对法官在编制限额内实行员额管理

C. 拓宽法官助理和书记员的来源渠道，建立法官助理和书记员的正常增补机制

D. 配合省以下法院人事改革，设立省市两级法官遴选委员会

二、模拟训练

25 2208117

关于司法特点和原则，下列说法正确的是？（单选）

A. 司法的直接功能是调整社会关系

B. 甲法官在审理乙和丙的借贷纠纷时，让乙丙充分辩论，举示证据，据此作出判决，该做法体现了司法的交涉性

C. 根据我国法律规定，审判独立原则是法院依照法律规定独立行使审判权，不受任何影响

D. 司法与行政都是国家权力的表现形式，二者具有独立性的特点

26 2208062

下列关于司法的概念和特征，说法正确的是？（不定项）

A. 近代以前，司法不具有独立地位，往往隶属于行政

B. 司法是实现国家目的的直接活动

C. 司法具有主动性

D. 司法是社会纠纷解决的唯一方式

27 1908165

效率与公正是市场经济条件下法律体系两大价值目标，二者相伴相随、两位一体。关于司法公正与司法效率的理解，下列哪些说法是不正确的？（不定项）

A. 司法公正包括程序公正和实体公正两个方面，相对于实体公正，程序公正具有独立价值

B. 司法公正要求法官在解决纠纷过程中要主动提醒双方当事人注意庭审中的各种可能导致败诉的因素，平等保障当事人的司法参与权

C. 司法效率大致包括司法的时间效率、司法的资源利用效率和司法活动的成本效率

D. 与司法公正相比，效率更具有实在性与可见性，因此，我们应当保证效率优先

28 1908164

关于司法的功能与特征，下列说法正确的是？（不定项）

A. 司法具有解决纠纷、调整社会关系的直接功能，解释和补充法律、形成公共政策、秩序维持、文化支持等间接功能

B. 司法的实然功能，即通常说的“定分止争”“惩奸除恶”“止恶扬善”“实现公平正义”“最后一道防线”以及亚里士多德讲的“矫正正义”等

C. 司法具有交涉性，要求各方参与，相互论辩，且裁判必须是在受判决直接影响的有关各方参与下，通过提出证据并进行理性说服和辩论之后作出来的

D. 在组织技术上，司法机关只服从法律，不受上级机关、行政机关的干涉

29 1808139

司法机关必须严格公正司法，让人民群众在每一个案件中感受到公平正义。下列说法正确的是？（单选）

A. 司法机关必须做到程序公正和实体公正相结合，做到法律效果和社会效果的有机统一

B. 迟到的正义非正义，司法机关必须进一步提高办案效率，将效率摆在第一位，同时兼顾公正

C. 司法机关为了保障判决的有效执行，应当实行谁立案谁审判谁执行的制度

D. 为了确保依法独立行使审判权，法院应当主动拒绝人大代表、政协委员和新闻媒体旁听重大疑难案件的审判

解析页码
200—202

参考答案

[1] ACD	[2] ABD	[3] A	[4] A	[5] D
[6] A	[7] ABCD	[8] ABC	[9] A	[10] C
[11] ABD	[12] B	[13] C	[14] B	[15] D
[16] ABD	[17] BCD	[18] C	[19] A	[20] A
[21] B	[22] A	[23] ABC	[24] BC	[25] B
[26] A	[27] BD	[28] CD	[29] A	

第二章 审判制度与法官职业道德

一、历年真题及仿真题

（一）审判制度概述

【多选】

1 1601084

法院的下列哪些做法是符合审判制度基本原则的?

A. 某法官因病住院，甲法院决定更换法官重新审理此案

B. 某法官无正当理由超期结案，乙法院通知其三年内不得参与优秀法官的评选

C. 对某社会高度关注案件，当地媒体多次呼吁法院尽快结案，丙法院依然坚持按期审结

D. 因人身损害纠纷，原告要求被告赔付医疗费，丁法院判决被告支付全部医疗费及精神损害赔偿金

【不定项】

2 1701087

某法院推行办案责任制后，直接由独任法官、合议庭裁判的案件比例达到99.9%，提交审委会讨论的案件仅占0.1%。对此，下列说法正确的是:

A. 对提交审委会讨论的案件，法官、合议庭也可以不执行审委会的决定

B. 办案责任制体现了“让审理者裁判、让裁判者负责”的精神

C. 提交审委会讨论的案件应以审委会的名义发布裁判文书

D. 法庭审理对于查明事实和公正裁判具有决定性作用

3 1501098

审判组织是我国法院行使审判权的组织形式。关于审判组织，下列说法错误的是?

A. 独任庭只能适用简易程序审理民事案件，但并不排斥普通程序某些规则的运用

B. 独任法官发现案件疑难复杂，可以转为普通程序审理，但不得提交审委会讨论

C. 再审程序属于纠错程序，为确保办案质量，应当由审判员组成合议庭进行审理

D. 不能以审委会名义发布裁判文书，但审委会意见对合议庭具有重要的参考作用

（二）法官的考核、奖励与惩戒

【单选】

4 1201048

根据《法官法》及《人民法院工作人员处分条例》对法官奖惩的有关规定，下列哪一选项不能成立?

A. 高法官在审判中既遵守严格程序，又为群众行使权利提供便利；既秉公执法，又考虑情理，案结事了成绩显著。法院给予其嘉奖奖励

B. 黄法官就民间借贷提出司法建议被采纳，对当地政府完善金融管理、改善服务秩序发挥了显著作用。法院给予其记功奖励

C. 许法官违反规定会见案件当事人及代理人，此事被对方当事人上网披露，造成不良影响。法院给予其撤职处分

D. 孙法官顺带某同学（律师）参与本院法官聚会，半年后该同学为承揽案件向聚会时认识的某法官行贿。法院领导严告孙法官今后注意

（三）法官回避制度

【多选】

5 2001169

根据我国《法官法》有关法官的任职回避的规定，下列选项正确的是?

A. 甲与乙系夫妻，二人不得同时在同一人民法院担任院长、副院长

解析页码
202—204

B. 甲系乙的岳母，二人不得同时在同一人民法院担任院长、审判员

C. 甲与乙系同胞兄弟，二人不得同时在同一人民法院担任刑一庭庭长、民一庭审判员

D. 甲系某省高级人民法院院长，其妻乙不得同时在该省某县人民法院担任院长

（四）法官职业道德

【单选】

6 2001168

某县法院的法官毛某交际广泛，其同学张某经营一家洗浴中心，经常组织聚会，毛某每次均欣然赴约，一起吃喝玩乐。张某在经营、生活中遇到法律纠纷，毛某尽力为其提供法律咨询意见。张某到县法院打官司，毛某主动提出回避，根据《法官职业道德基本准则》，毛法官的行为违反了下列哪一要求？

A. 约束业外活动

B. 保障司法廉洁

C. 保持中立地位

D. 忠诚司法事业

7 1801020

《中华人民共和国法官职业道德基本准则》为加强法官职业道德建设，保证法官正确履行法律赋予的职责，规定了相关内容，以下说法正确的是？

A. 法官应当严格遵守法定办案时限，提高审判执行效率，及时化解纠纷，注重节约司法资源，杜绝玩忽职守、拖延办案等行为，符合司法为民的要求

B. 法官认真贯彻司法公开原则，尊重人民群众的知情权，自觉接受法律监督和社会监督，同时避免司法审判受到外界的不当影响，符合司法公正的要求

C. 法官加强自身修养，培育高尚道德操守和健康生活情趣，杜绝与法官职业形象不相称、与法官职业道德相违背的不良嗜好和行为，遵守社会公德和家庭美德，维护良好的个人声誉，符合司法忠诚的要求

D. 法官不从事或者参与营利性的经营活动，不在企业及其他营利性组织中兼任法律顾问等职务，不就未决案件或者再审案件给当事人及其他诉讼参与人提供咨询意见，符合司法中立的要求

8 1701048

张法官与所承办案件当事人的代理律师系某业务培训班同学，偶有来往，为此张法官向院长申请回避，经综合考虑院长未予批准。张法官办案中与该律师依法沟通，该回避事项虽被对方代理人质疑，但审判过程和结果受到一致肯定。对照《法官职业道德基本准则》，张法官的行为直接体现了下列哪一要求？

A. 严格遵守审限

B. 约束业外活动

C. 坚持司法便民

D. 保持中立地位

9 1101047

下列哪一选项属于违反法官职业道德规范的情形？

A. 甲市中级法院陈法官的妹妹接到乙县法院开庭传票，晚上到哥哥家咨询开庭注意事项。陈法官只叮嘱其妹庭上发言要有针对性，不要滔滔不绝

B. 乙市某法学院针对甲市中级法院在审案件组织模拟法庭，乙市中级法院钱法官应邀担任审判长。庭审后，钱法官就该案件审理和判决向同学们谈了看法

C. 林法官担任某法学院兼职博士生导师，每年招收法学博士研究生1名

D. 某省高级法院朱院长担任法学会法律文书学研究会副会长

【多选】

10 2401051

下列选项中，哪些法官的行为没有违反法官职业道德规范？

A. 丁法官下班后未经批准去听了律所公益讲座

B. 周法官明知证据有问题但依然根据该证据作出判决

解析页码
204—205

C. 张法官 2022 年底离职后，2024 年代理其父亲在原任职法院审理的民事纠纷案件

D. 李法官在甲市法院退休两年后去乙市做律师，入职后向甲市法院备案

11 1901014

依据法官职业道德规范，下列说法正确的是？

A. 法官赵海在庭审时无故打断被告的发言。评论：法官的行为违反其职业道德

B. 法官赵海在开庭时，为营造轻松和谐的气氛，与一方当事人谈笑风生。评论：法官的行为违反法庭规则

C. 法官赵海以法官身份出席老同学私人投资的公司开业典礼，并在此公司入股。评论：法官的行为违反其职业道德

D. 法官赵海正在承办一轮奸案件。该案被告向法官的儿子表示，愿将一辆玛莎拉蒂相送，条件是法官赵海在办理案件时网开一面。法官知道后未置一词。评论：法官的行为违反了应当约束家庭成员的义务

12 1301084

法官的下列哪些做法体现了司法为民的要求？

A. 民庭段法官加班加点，春节前及时审结拖欠农民工工资案件

B. 刑庭范法官拒绝承办案件辩护律师的宴请

C. 立案庭刘法官将收案材料细化分类整理，方便群众查询

D. 执行庭肖法官多方调查被执行人财产，成功执行赡养费支付判决

13 1201083

法院领导在本院初任法官任职仪式上，就落实法官职业道德准则中的“文明司法”和践行执法为民理念的“理性文明执法”提出要求。下列哪些选项属于“文明执法”范围？

A. 提高素质和修养，遵守执法程序，注重执法艺术

B. 仪容整洁、举止得当、言行文明

C. 杜绝与法官职业形象不相称的行为

D. 严守办案时限，禁止拖延办案

（五）综合知识点

【单选】

14 1301046

关于法官任免和法官行为，下列哪一说法是正确的？

A. 唐某系某省高院副院长，其子系该省某县法院院长。对唐某父子应适用任职回避规定

B. 楼法官以交通肇事罪被判处有期徒刑一年、缓刑一年。对其无须免除法官职务

C. 白法官将多年办案体会整理为《典型案件法庭审理要点》，被所在中级法院推广到基层法院，收效显著。对其应予以奖励

D. 陆法官在判决书送达后，发现误将上诉期 15 日写成了 15 月，立即将判决收回，做出新判决书次日即交给当事人。其行为不违反法官职业规范规定

【多选】

15 2301097

根据《法官法》《法院组织法》的规定，下列说法正确的是？

A. 某法学院有四年教育经验的副教授可以参加公开法官的选拔

B. 某县法院对人民调解员进行指导工作

C. 丁担任仲裁调解员的时候，利用业余时间代理经济纠纷的案件

D. 某法院离职的院长在原任职法院代理其父亲提起的侵权责任纠纷案

二、模拟训练

16 2208154

深化司法改革，护航公平正义。下列做法中违反司法制度的是？（单选）

A. 某市法院成立的法官遴选委员会组成人员，应包括地方各级法院法官代表、其他从事法律职业的人员和有关方面代表，其中法官代表不少于三分之一

B. 某省高院的法官可从中级或基层法院的法官中

解析页码
205—207

遴选

C. 张法官辞去法官工作 2 年后在原工作辖区内从事律师职业

D. 某市基层法院从优秀的法学研究人员中公开选拔法官

17 2208118

关于法官的奖励和惩罚，下列说法错误的是？（单选）

A. 甲法官在某市扫黑除恶专项活动的某起重大案件中，作出了显著成绩和贡献，甲法官应当被给予奖励

B. 乙法官在区法院举办的《民法典》宣传活动中，采用小品、模拟法庭等形式进行积极宣传，获得了该地区群众的一致好评，效果显著，乙法官应当被给予奖励

C. 某市法官惩戒委员会可由法官代表、其他从事法律职业的人员和有关方面代表组成，其中法官代表不少于三分之二

D. 某省惩戒委员会对丙法官在民间借贷案件中是否违反审判职责的行为，作出了故意违反职责的意见后送达丙法官，丙法官不服的，可向其提出，惩戒委员会应当对异议及其理由进行审查

18 2208064

下列选项中，违反法官任职回避制度的是？（不定项）

A. 张某与小张系父子，张某担任甲市中院法官，小张毕业后入职乙市某律所为实习律师

B. 李某与马某系夫妻，李某为甲市 A 区法院院长，马某为甲市 B 区法院副院长

C. 王林与王华系亲兄弟，王林任甲市中院副院长，王华任甲市 A 区法院审判员

D. 陈大与陈二系亲兄弟，二人在同一审判庭担任审判员

19 1908072

小邱一直想成为一名法官，但由于担心自己与家人的人身安全一直未付诸行动，你能给小邱什么样的安慰？（多选）

A. 对法官及其近亲属实施报复陷害、侮辱诽谤、暴力侵害、威胁恐吓、滋事骚扰等违法犯罪行为的，应当依法从严惩治

B. 法官因依法履行职责遭受不实举报、诬告陷害、侮辱诽谤，致使名誉受到损害的，人民法院应当会同有关部门及时澄清事实，消除不良影响，并依法追究相关单位或者个人的责任

C. 法官因依法履行职责，本人及其近亲属人身安全面临危险的，人民法院、公安机关应当对法官及其近亲属采取人身保护、禁止特定人员接触等必要保护措施

D. 法官因公致残的，享受国家规定的伤残待遇。法官因公牺牲、因公死亡或者病故的，其亲属享受国家规定的抚恤和优待

20 2208153

消费者李某向法院起诉要求经营者张某赔偿经济损失 3 万元。法官陈某了解案件事实，经过庭审后作出裁判，判决张某赔偿经济损失 2.5 万元并向李某赔礼道歉。张某不服，遂提起上诉。陈某的做法违反下列哪项审判制度的基本原则？（单选）

A. 审判独立原则

B. 不告不理原则

C. 直接言词原则

D. 及时审判原则

参考答案

[1] ABC	[2] BD	[3] ABCD	[4] C	[5] AB
[6] A	[7] B	[8] D	[9] B	[10] CD
[11] ABCD	[12] ACD	[13] ABC	[14] C	[15] BCD
[16] A	[17] C	[18] D	[19] ABCD	[20] B

解析页码
207—208

第三章 检察制度与检察官职业道德

一、历年真题及仿真题

（一）检察制度的特征及基本原则

【单选】

1 1601047

检察一体原则是指各级检察机关、检察官依法构成统一的整体，下级检察机关、下级检察官应当根据上级检察机关、上级检察官的批示和命令开展工作。据此，下列哪一表述是正确的？

A．各级检察院实行检察委员会领导下的检察长负责制

B．上级检察院可建议而不可直接变更、撤销下级检察院的决定

C．在执行检察职能时，相关检察院有协助办案检察院的义务

D．检察官之间在职务关系上可相互承继而不可相互移转和代理

（二）主要检察制度

【单选】

2 1901023

最高人民检察院检察长在十三届全国人大二次会议上作报告指出，2018 年全国各级检察机关加强对刑事立案、侦查、审判活动的监督，督促侦查机关撤案近 2 万件，同比上升 32%，对不构成犯罪或证据不足的决定不批捕 16 万余人，不起诉 3 万余人，对此，下列哪一说法是错误的？

A．检察监督能够减少逮捕率，有利于贯彻宪法精神，尊重和保障人权

B．检察机关与侦查机关对于实现个案正义的目标并不相同

C．检察监督制度减少了不必要的逮捕、起诉，从而节约了司法审判资源

D．检察机关通过督促侦查机关撤案的方式行使监督的权力

【多选】

3 1501047

根据中央司法体制改革要求及有关检察制度规定，人民监督员制度得到进一步完善和加强。关于深化人民监督员制度，下列哪些表述是正确的？

A．是为确保职务犯罪侦查、起诉权的正确行使，根据有关法律结合实际确定的一种社会民主监督制度

B．重点监督检察机关查办职务犯罪的立案、羁押、扣押冻结财物、起诉等环节的执法活动

C．人民监督员由司法行政机关负责选任管理

D．参与具体案件监督的人民监督员，由选任机关从已建立的人民监督员信息库中随机挑选

（三）检察官的任免、考核、培训、保障

【多选】

4 1901015

根据我国相关法律规定，检察官不得兼任下列哪些职务？

A．行政机关职务

B．审判机关职务

C．人民代表大会常务委员会委员

D．政协委员

（四）检察官职业责任

【多选】

5 1701084

2016 年 10 月 20 日，《检察人员纪律处分条例》修订通过。关于规范检察人员的行为，下列哪些说法是正确的？

A．领导干部违反有关规定组织、参加自发成立的老乡会、校友会、战友会等，属于违反组织纪律行为

B．擅自处置案件线索，随意初查或者在初查中对被调查对象采取限制人身自由强制措施的，属于违反办案纪律行为

C．在分配、购买住房中侵犯国家、集体利益的，属于违反廉洁纪律行为

解析页码
208—210

D．对群众合法诉求消极应付、推诿扯皮，损害检察机关形象的，属于违反群众纪律行为

（五）检察官的职业道德

【单选】

6 1201049

关于检察官的行为，下列哪一观点是正确的？

A．房检察官在同乡聚会时向许法官打听其在办案件审理情况，并让其估计判处结果。根据我国国情，房检察官的行为可以被理解

B．关检察长以暂停工作要挟江检察官放弃个人意见，按照陈科长的判断处理某案。关检察长的行为与依法独立行使检察权的要求相一致

C．容检察官在本地香蕉滞销，蕉农面临重大损失时，多方奔走将10万斤香蕉销往外地，为蕉农挽回了损失，本人获辛苦费5000元。容检察官没有违反有关经商办企业、违法违规营利活动的规定

D．成检察官从检察院离任5年后，以律师身份担任各类案件的诉讼代理人或者辩护人，受到当事人及其家属的一致肯定。成检察官的行为符合《检察官法》的有关规定

7 1101048

王检察官的下列哪一行为符合检察官职业道德的要求？

A．穿着检察正装、佩戴检察标识参加单位组织的慰问孤寡老人的公益活动

B．承办一起两村械斗引起的伤害案，受害人系密切近邻，但为早日结案未主动申请回避

C．参加朋友聚会，谈及在办案件犯罪嫌疑人梁某交代包养了4个情人，但嘱咐朋友不要外传

D．业余时间在某酒吧任萨克斯管主奏，对其检察官身份不予否认，收取适当报酬

（六）综合知识点

【单选】

8 1401047

关于检察官职业道德和纪律，下列哪一做法是正确的？

A．甲检察官出于个人对某类案件研究的需要，私下要求邻县检察官为其提供正在办理的某案情况

B．乙检察官与其承办案件的被害人系来往密切的邻居，因此提出回避申请

C．丙检察官发现所办案件存在应当排除的证据而未排除，仍将其作为起诉意见的依据

D．丁检察官为提高效率，在家里会见本人所承办案件的被告方律师

【多选】

9 2301093

下列法官、检察官的法律职业行为不当的有？

A．检察官甲起诉书遗漏同案犯，导致无法查清犯罪事实

B．法官乙对评议决议和审委会决议不服，不按照两个决议宣判

C．法官丙的女婿作为合伙人在同城开了一家律所

D．某区检察机关的检察长丁拒不执行市级检察机关的决定

二、模拟训练

10 1808154

关于检察官的任免程序，下列说法正确的是？（多选）

A．最高人民检察院检察长由全国人民代表大会选举和罢免

B．地方各级人民检察院检察长由本级人民代表大会选举和罢免

C．地方各级人民检察院检察长的任免，须报上一级人民检察院检察长提请本级人民代表大会常务委员会批准

D．省、自治区、直辖市人民检察院分院检察长由省、自治区、直辖市人民检察院检察长任免

11 1908038

根据我国检察官法有关任职回避的规定，下列表述哪些选项是正确的？（多选）

A．王某和黄某是夫妻，二人不得同时在同一人民检察院同一业务部门担任检察员

解析页码
210—212

B. 何甲和何乙系姐弟，二人不得分别担任上下相邻两级人民检察院的检察长、副检察长
C. 邱某的母亲担任其所任职人民检察院辖区内律师事务所的合伙人，邱某应当实行任职回避
D. 检察官陈某从人民检察院离任后 2 年内，不得担任诉讼代理人或者辩护人

12 1908050

以下应当被给予奖励的是？（不定项）
A. 甲检察官总结检察实践经验成果突出，对检察工作有指导作用
B. 乙检察官勤勉尽责，清正廉明，恪守职业道德
C. 丙检察官依法保障当事人和其他诉讼参与人的诉讼权利
D. 丁检察官通过依法办理案件以案释法，增强全民法治观念，推进法治社会建设

13 1908045

小邱想要到市检察院任职，下列哪些说法是正确的？（多选）
A. 初任检察官应当到基层人民检察院任职
B. 上级人民检察院检察官应当逐级遴选
C. 最高人民检察院和省级人民检察院检察官可以从下两级人民检察院遴选
D. 参加上级人民检察院遴选的检察官应当在下级人民检察院担任检察官一定年限

14 1908044

以下哪些人员不得担任检察官？（多选）
A. 甲犯交通肇事罪被判处有期徒刑 2 年，现已执行完毕
B. 乙为美籍华裔，在中国从事律师行业已满 5 年
C. 丙 22 岁，高等院校法学专业本科毕业
D. 丁曾因犯罪被吊销律师执业证书

参考答案

[1]C	[2]B	[3]ABCD	[4]ABC	[5]ABCD
[6]D	[7]A	[8]B	[9]ABD	[10]ABC
[11]ABC	[12]A	[13]CD	[14]ABD	

第四章
律师制度与律师职业道德

一、历年真题及仿真题

（一）律师的权利和义务及业务范围

【单选】

1 1601048

法院、检察院、公安机关、国家安全机关、司法行政机关应当尊重律师，健全律师执业权利保障制度。下列哪一做法是符合有关律师执业权利保障制度的？
A. 县公安局仅告知涉嫌罪名，拒绝告知律师已经查明的该罪的主要事实
B. 看守所为律师提供网上预约会见平台服务，某律师来会见，看守所以没有提前预约为由拒绝
C. 国家安全机关在侦查危害国家安全犯罪期间，不批准律师的会见申请并且说明了理由
D. 作无罪辩护的律师在庭后提交量刑辩护意见，合议庭以没有在庭审中发表意见为由拒绝

（二）律师事务所的分类及设立、终止

【多选】

2 1901016

下列关于《律师法》说法正确的是？
A. 律师事务所变更名称、负责人、章程、合伙协议的，应当报原审核部门批准
B. 律师服务机构一般采用合伙形式
C. 设立个人律师事务所，设立人应当是具有五年以上执业经历的律师
D. 律师事务所采用特殊的普通合伙形式的，当个别合伙人因故意或重大过失造成对外债务时，该合伙人应当承担无限责任或者无限连带责任

解析页码
212—213

（三）律师职业道德、责任与执业行为规范

【单选】

3 1401048

某律师事务所一审代理了原告张某的案件。一年后，该案再审。该所的下列哪一做法与律师执业规范相冲突？

A. 在代理原告案件时，拒绝与该案被告李某建立委托代理关系

B. 在拒绝与被告李某建立委托代理关系时，承诺可在其他案件中为其代理

C. 得知该案再审后，主动与原告张某联系

D. 张某表示再审不委托该所，该所遂与被告李某建立委托代理关系

4 1301048

下列哪一情形下律师不得与当事人建立或维持委托关系？

A. 律师与委托当事人系多年好友

B. 接受民事诉讼一方当事人委托，同一律师事务所其他律师系该案件对方当事人的近亲属，但委托人知悉且同意

C. 同一律师事务所不同律师同时担任同一民事案件争议双方当事人代理人

D. 委托关系停止后二年，律师就同一法律业务接受与原委托人有利害关系的对方当事人委托

【多选】

5 2401053

张某涉嫌盗窃罪，由 A 省 C 市 D 区公安机关立案侦查，张某委托李律师作为辩护人，李律师为帮张某脱罪，指使张某做伪证，造成严重后果，以下选项正确的是？

A. 李律师涉嫌妨害作证罪，可以由 C 市公安机关立案侦查

B. 经法院审理后认为李律师构成犯罪并判处四年有期徒刑，A 省司法行政部门有权吊销李律师执业证书

C. 若李律师在代理中发现张某盗窃案受害人是自己胞妹，李律师应当及时告知张某并征求其意见

D. 李律师所在的律师事务所在收取张某办案费后，又收取了一笔 3 万的感谢费

6 2301098

建设高素质律师队伍至关重要，下列有利于建设高质量律师队伍的是？

A. 律师甲经常参加法律援助

B. 某某律师事务所经常开设纪律方面的培训

C. 检察机关整理律师典型违规案例供大家学习

D. 某市完善律师投诉查处工作机制

7 2101117

对于律师的行为的规制不能仅限于道德（律师职业道德），更应该有相应的规制措施，即通过律师职业责任的方式来约束律师的行为。律师职业责任是指律师在执业活动中因违反有关律师行为、律师管理的法律、法规和执业纪律所应承担的责任，包括违纪行为的处分、行政法律责任、民事法律责任和刑事法律责任，其中主要是行政责任，下列关于律师违纪责任与行政责任处分的说法正确的是？

A. 李律师在乘坐陈某女的车辆时，进行言语挑逗，因此发生口角，进而对陈某女殴打，后被行政拘留 7 日，为此当地律协予以公开谴责

B. 曾律师为保证本方当事人胜诉，劝导证人莫某某作证说亲眼看到对方当事人接过了借款款项 5 万元，事后曾律师给莫某某 2000 元好处费，当地司法行政部门给予停止执业 8 个月的处罚

C. 余律师在代理陆某某案件后发现，陆某某的表弟是自己的情敌，遂在开庭时不按时出庭，于是当地律协给予余律师停止执业 7 个月的处罚

D. 季律师在代理一起强奸案之后，在同学聚会期间将得知的被害人的姓名和手机号透露给老同学纪某某，当地司法行政部门给予警告，并处 1 万元以下的罚款

8 1701085

律师在推进全面依法治国进程中具有重要作用，律师应依法执业、诚信执业、规范执业。根据《律师执业管理办法》，下列哪些做法是正确的？

A. 甲律师依法向被害人收集被告人不在聚众斗殴现场的证据，提交检察院要求其及时进行审查

B. 乙律师对当事人及家属准备到法院门口静坐、

解析页码
213—215

举牌、声援的做法，予以及时有效的劝阻

C. 丙律师在向一方当事人提供法律咨询中致电对方当事人，告知对方诉讼请求缺乏法律和事实依据

D. 丁律师在社区普法宣传中，告知群众诉讼是解决继承问题的唯一途径，并称其可提供最专业的诉讼代理服务

（四）法律援助制度

【单选】

9 1901059

下列关于法律援助的说法不正确的是?

A. 法律援助机构须对人民检察院抗诉的案件进行经济状况审查

B. 律师事务所拒绝法律援助机构的指派，不安排本所律师办理法律援助案件的，情节严重的给予停业整顿的处罚

C. 我国的法律援助实行无偿服务

D. 检察院审查批准逮捕时，认为公安机关对犯罪嫌疑人应当通知辩护而没有通知的，应当通知公安机关予以纠正，公安机关应当将纠正情况通知检察院

10 1501049

某检察院对王某盗窃案提出二审抗诉，王某未委托辩护人，欲申请法律援助。对此，下列哪一说法是正确的?

A. 王某申请法律援助只能采用书面形式

B. 法律援助机构应当严格审查王某的经济状况

C. 法律援助机构只能委派律师担任王某的辩护人

D. 法律援助机构决定不提供法律援助时，王某可以向该机构提出异议

11 1401050

某法律援助机构实施法律援助的下列做法，哪一项是正确的?

A. 经审查后指派律师担任甲的代理人，并根据甲的经济情况免除其 80% 的律师服务费

B. 指派律师担任乙的辩护人以后，乙自行另外委托辩护人，故决定终止对乙的法律援助

C. 为未成年人丙指派熟悉未成年人身心特点但无律师执业证的本机构工作人员担任辩护人

D. 经审查后认为丁的经济状况较好，不符合法律援助的经济条件，故拒绝向其提供法律咨询

12 1301050

根据《法律援助条例》等规定，下列关于法律援助的哪一说法是不能成立的?

A. 在共同犯罪案件中，其他犯罪嫌疑人、被告人已委托辩护人的，本人及其近亲属可向法律援助机构提出法律援助申请，法律援助机构无须进行经济状况审查

B. 律师事务所拒绝法律援助机构的指派，不安排本所律师办理法律援助案件的，由司法行政部门给予警告，责令改正

C. 我国的法律援助实行部分无偿服务、部分为“缓交费”或“减费”形式有偿服务的制度

D. 检察院审查批准逮捕时，认为公安机关对犯罪嫌疑人应当通知辩护而没有通知的，应当通知公安机关予以纠正，公安机关应当将纠正情况通知检察院

13 1101049

我国法律援助制度因其保障人权而体现司法正义，因其救助贫困而体现社会公平。关于该制度，下列哪一表述是不正确的?

A. 我国法律援助是政府的一项重要职责，在性质上是一种社会保障制度

B. 实施法律援助的既有律师、法援机构，也有社会组织，形式上包括诉讼法律援助、非诉讼法律援助及公证、法律咨询

C. 对公民的法律援助申请和法院指派的法律援助案件，由法援机构统一受理、审查、指派、监督，必要时可以委托慈善机构协助受理事宜

D. 法援对象包括符合法定受援条件的经济困难者、残疾者、弱者，及符合规定的外国公民及无国籍人

【多选】

14 2401050

下列关于我国法律援助制度的说法，正确的是?

A. 再审改判无罪，当事人为请求赔偿而申请法律援助，不受经济困难条件限制

解析页码
215—217

B. 法律援助中心可以指派高校法学专业志愿者替申请人书写赔偿申请书

C. 对于国家赔偿的案件，免予核查法律援助申请人的经济困难状况

D. 对拒绝为符合法律援助条件的人员提供法律援助的工作人员可进行行政处罚

15 1601085

根据《法律援助条例》和《关于刑事诉讼法律援助工作的规定》，下列哪些表述是正确的?

A. 区检察院提起抗诉的案件，区法院应当通知区法律援助中心为被告人甲提供法律援助

B. 家住A县的乙在邻县涉嫌犯罪被邻县检察院批准逮捕，其因经济困难可向A县法律援助中心申请法律援助

C. 县公安局没有通知县法律援助中心为可能被判处无期徒刑的丙提供法律援助，丙可向市检察院提出申诉

D. 县法院应当准许强制医疗案件中的被告丁以正当理由拒绝法律援助，并告知其可另行委托律师

（五）律师事务所的管理与收费制度

【单选】

16 1701049

律师事务所应当建立健全执业管理和各项内部管理制度，履行监管职责，规范本所律师执业行为。根据《律师事务所管理办法》，某律师事务所下列哪一做法是正确的?

A. 委派钟律师担任该所出资成立的某信息咨询公司的总经理

B. 合伙人会议决定将年度考核不称职的刘律师除名，报县司法局和律协备案

C. 对本所律师执业表现和遵守职业道德情况进行考核，报律协批准后给予奖励

D. 对受到6个月停止执业处罚的祝律师，在其处罚期满1年后，决定恢复其合伙人身份

（六）综合知识点

【单选】

17 1601049

某律师事务所律师代理原告诉被告买卖合同纠纷案件，下列哪一做法是正确的?

A. 该律师接案时，得知委托人同时接触他所律师，私下了解他所报价后以较低收费接受委托

B. 在代书起诉状中，律师提出要求被告承担精神损害赔偿20万元的诉讼请求

C. 在代理合同中约定，如胜诉，在5万元律师代理费外，律师事务所可按照胜诉金额的一定比例另收办案费用

D. 因律师代理意见未被法庭采纳，原告要求律师承担部分诉讼请求损失，律师事务所予以拒绝

18 1501048

王某和李某斗殴，李某与其子李二将王某打伤。李某在王某提起刑事自诉后聘请省会城市某律师事务所赵律师担任辩护人。关于本案，下列哪一做法符合相关规定?

A. 赵律师同时担任李某和李二的辩护人，该所钱律师担任本案王某代理人

B. 该所与李某商定辩护事务按诉讼结果收取律师费

C. 该所要求李某另外预交办案费

D. 该所指派实习律师代赵律师出庭辩护

二、模拟训练

19 1808143

关于律师执业行为规范，以下哪些行为是错误的?（多选）

A. 李律师会见在押的犯罪嫌疑人时，携带了通讯设备提供给犯罪嫌疑人使用

B. 王律师在开庭前，私下与主审法官见面，并送给其一块名表，希望获得胜诉

C. 张律师代理的案件败诉后，故意在互联网上制造舆论压力，攻击司法机关

D. 陈律师到法院办案时，遇到甲在法院门口闹事，随即劝说甲回家，并主动为其提供法律援助

20 2108036

根据《律师和律师事务所违法行为处罚办法》的相关规定，下列说法正确的是?（多选）

A. 李律师在担任宏图公司的法律顾问期间，其为宏图公司有利益冲突的致远公司提供法律服务

解析页码
217—219

的行为违法

B. 王律师在办理案件过程中，向在法院担任法官的舅舅为代理案件"打招呼"的行为属于人之常情，不违反法律规定

C. 姜律师在受到警告处罚后的一年内又发生了应当给予警告处罚的情形，则应当吊销其律师执业证书

D. 刘律师因代理案件中存在违法行为而受到行政处罚，其违法行为又给第三人造成损害，则其应当赔偿第三人

21 2108037

王依因与孙一的买卖合同纠纷，欲委托天和律师事务所或泰合律师事务所提起诉讼，而甄律师、马律师都是天和律所事务所的律师，而泰合律师事务所却因违法代理案件受到停业整顿的处罚。据此，下列行为符合法律规定的是？（不定项）

A. 甄律师在和王依签订法律服务合同时，不顾事实向王依承诺："如果此案交给我办，至少能帮你要回 50 万元。"

B. 若泰合律师事务所受到停业整顿处罚期限未满的，则不能自行决定解散或者申请变更名称

C. 若天和律师事务所在接受了王依委托的同时，孙一又委托天和律师事务所为其提起诉讼，则天和律师事务所可以指派马律师担任孙一的代理人

D. 若天和律师事务所又因违法行为被吊销执业许可证书，则该行政处罚可由律师事务所所在地的设区的市级司法行政机关实施

22 2108045

对律师队伍进行法律规制对推动国家法治建设具有十分重要的作用。根据《律师和律师事务所违法行为处罚办法》的有关规定，下列各律师的行为中，符合法律规定的有？（多选）

A. 张律师受到 1 年停止执业处罚，其在执行处罚期满的第 5 年，可以担任律师事务所的合伙人

B. 向律师接受当事人委托代理某案件，代理权限为特别授权，法院依法向其送达该案的裁定书，其拒绝签收

C. 华律师因过失犯罪受到刑事处罚，其在刑期届满后可再申请恢复执业

D. 因委托人不履行委托合同约定义务，刘律师决定拒绝辩护

23 2208121

关于律师职业道德与法律援助制度，下列说法正确的是？（单选）

A. 甲律师在得知委托人同时接触他所律师后，可通过打听其他律师报价后以低于该地区同行业收费标准接受委托

B. 丙在提起国家赔偿的案件中，因经济困难可申请法律援助

C. 丙因贪污罪被判 10 年，一直坚持申诉，再审改判无罪，其在请求国家赔偿时申请法援，法援机构可因丙不符合经济困难拒绝其申请

D. 甲以欺骗的手段获得法律援助被法援机构发现后终止了法援，甲对此不服，可以申请行政诉讼

24 2208071

律师在全面推进依法治国的进程中扮演重要角色。关于律师执业，下列做法中哪项是正确的？（单选）

A. 陈律师作为专职律师，受聘担任某大学法学院实践教学导师

B. 王律师作为专职律师，担任某企业的法定代表人

C. 张律师为响应法律援助号召，未经指派，自行为某弱势群体提供法律援助

D. 李律师作为兼职律师，同时在两家律师事务所兼职

参考答案

[1] C	[2] ABCD	[3] D	[4] C	[5] AB
[6] ABCD	[7] ABD	[8] AB	[9] A	[10] C
[11] B	[12] C	[13] C	[14] AB	[15] CD
[16] B	[17] D	[18] C	[19] ABCD	[20] AD
[21] B	[22] ACD	[23] B	[24] A	

解析页码
219—220

第五章 公证制度与公证员职业道德

一、历年真题及仿真题

（一）公证机构的设立及业务范围

【单选】

1　2101116

下列哪一选项的事项不可以成为公证对象？

A. 张三请求公证处公证其于 2021 年 3 月 15 日借给李某 100 万元，李某予以否认，张三就此向法院起诉李某，目前尚未审结

B. 叶某于 2019 年 10 月 25 日 10 时 43 分在医院死亡的事实

C. 万力胜达教育科技有限公司的公司章程内容

D. 刘某设立的一份自书遗嘱，把遗产留给了小三田某

2　1601050

关于公证制度和业务，下列哪一选项是正确的？

A. 依据统筹规划、合理布局设立的公证处，其名称中的字号不得与国内其他公证处的字号相同或者相近

B. 省级司法行政机关有权任命公证员并颁发公证员执业证书，变更执业公证处

C. 黄某委托其子代为办理房屋买卖手续，其住所地公证处可受理其委托公证的申请

D. 王某认为公证处为其父亲办理的放弃继承公证书错误，向该公证处提出复议的申请

（二）公证员职业道德与职业责任

【不定项】

3　1801092

下列哪些做法不符合公证员职业道德的要求？

A. 王公证员在除了做好公证工作外，还自己开办了一家工厂

B. 某公证机构的公证员，经常利用节假日到街上发传单，对自己所在的公证机构进行大肆炫耀

C. 某公证机构的业务做得很好，深受当地人们的信赖，于是此公证机构找到了市行政部门，通过行政支持对当地的公证业务进行垄断

D. 公证员为一些当事人进行公证，给当事人带来了很大的益处，有时接受当事人的答谢款待也是人之常情

（三）综合知识点

【单选】

4　1701050

公证制度是司法制度重要组成部分，设立公证机构、担任公证员具有严格的条件及程序。关于公证机构和公证员，下列哪一选项是正确的？

A. 公证机构可接受易某申请为其保管遗嘱及遗产并出具相应公证书

B. 设立公证机构应由省级司法行政机关报司法部依规批准后，颁发公证机构执业证书

C. 贾教授在高校讲授法学 11 年，离职并经考核合格，可以担任公证员

D. 甄某交通肇事受过刑事处罚，因此不具备申请担任公证员的条件

5　1101050

甲病危，欲将部分财产留给保姆，咨询如何处理。下列哪一意见是正确的？

A. 甲行走不便，可由身为公证员的侄子办理公证遗嘱

B. 甲提出申请，可由公证机构到医院办理公证遗嘱

C. 公证机构无权办理甲的遗嘱文书及财产保管事务

D. 甲如后来对该财产曾有其他形式遗嘱，则以公证遗嘱效力优先

二、模拟训练

6　2208073

根据《公证员执业管理办法》，下列选项中关于担任公证员条件的说法，正确的有哪些？（多选）

解析页码
221—222

A. 甲24岁，毕业于某知名大学法学院法律硕士专业并通过法律职业资格考试，可以担任公证员

B. 乙因刑事犯罪被判处过刑罚，即便符合其他条件，也不能担任公证员

C. 丙原为某大学教授，已经离开原工作岗位且符合其他条件，经考核合格，可以担任公证员

D. 丁曾因违纪行为被开除公职，即便符合其他条件，也不能担任公证员

7 2208157

下列哪一做法不符合公证员职业道德的要求？（单选）

A. 公证员李某可为双方当事人办理婚前财产公证

B. 公证员王某主动就公证事项可能产生的法律后果向当事人进行说明

C. 公证员张某因出具的公证书有重大失实而被追究刑事责任

D. 公证员陈某利用各大网络平台宣传自己所在的公证机构，贬损其他同行，并招揽业务

8 1808151

下列哪些事项必须由本人亲自申请办理公证？（多选）

A. 生存状况公证

B. 遗赠扶养协议公证

C. 提存公证

D. 财产公证

9 2208076

根据《中华人民共和国公证法》，下列关于公证员的权利，说法正确的有哪些？（多选）

A. 获得劳动报酬

B. 提出辞职、申诉或控告

C. 非经法定事由和法定程序，不被免职或处罚

D. 享受保险和福利待遇

参考答案

[1]A [2]C [3]ABCD [4]C [5]B
[6]CD [7]D [8]AB [9]ABCD

第六章

法律职业道德的综合考查

一、历年真题及仿真题

【单选】

1 1901020

深化司法改革，护航公平正义。为了全面贯彻党的十九大报告精神，以司法改革促进社会公平，全面落实司法责任制，下列哪一做法没有体现此项精神？

A. 法官助理协助法官办理委托鉴定、评估、组织庭前证据交换、调解以及草拟调解文书等工作

B. 法官、检察官从符合条件的法官助理、检察官助理和书记员中遴选

C. 在检察长的授权下，检察官可行使检察长的部分职权并签发法律文书

D. 审判委员会在召开刑事案件会议时，邀请检察长和律师列席

2 1601046

根据法官、检察官纪律处分有关规定，下列哪一说法是正确的？

A. 张法官参与迷信活动，在社会中造成了不良影响，可予提醒劝阻，其不应受到纪律处分

B. 李法官乘车时对正在实施的盗窃行为视而不见，小偷威胁失主仍不出面制止，其应受到纪律处分

C. 何检察官在讯问犯罪嫌疑人时，反复提醒犯罪嫌疑人注意其聘请的律师执业不足2年，其行为未违反有关规定

D. 刘检察官接访时，让来访人前往国土局信访室举报他人骗取宅基地使用权证的问题，其做法是恰当的

3 1501045

保证公正司法，提高司法公信力，一个重要的方面是加强对司法活动的监督。下列哪一做法属于

解析页码
223—224

司法机关内部监督？

A. 建立生效法律文书统一上网和公开查询制度

B. 逐步实行人民陪审员只参与审理事实认定、不再审理法律适用问题

C. 检察院办案中主动听取并重视律师意见

D. 完善法官、检察官办案责任制，落实谁办案谁负责

4 1501046

职业保障是确保法官、检察官队伍稳定、发展的重要条件，是实现司法公正的需要。根据中央有关改革精神和《法官法》《检察官法》规定，下列哪一说法是错误的？

A. 对法官、检察官的保障由工资保险福利和职业（履行职务）两方面保障构成

B. 完善职业保障体系，要建立符合职业特点的法官、检察官管理制度

C. 完善职业保障体系，要建立法官、检察官专业职务序列和工资制度

D. 合理的退休制度也是保障制度的重要组成部分，应予高度重视

5 1401049

关于法律职业人员职业道德，下列哪一说法是不正确的？

A. 法官职业道德更强调法官独立性、中立地位

B. 检察官职业道德是检察官职业义务、职业责任及职业行为上道德准则的体现

C. 律师职业道德只规范律师的执业行为，不规范律师事务所的行为

D. 公证员职业道德应得到重视，原因在于公证证明活动最大的特点是公信力

6 1301049

盘叔系某山村农民，为人正派，热心公益，几十年来为村邻调解了许多纠纷，也无偿代理了不少案件，受到普遍肯定。下列哪一说法是正确的？

A. 法官老林说盘叔是个“土法官”，为充分发挥作用，可临时聘请其以人民陪审员身份参与审判活动

B. 检察官小张说盘叔见多识广，在人民检察院的配合协助下司法行政机关选任其为人民监督员

C. 律师小李说盘叔扰乱了法律服务秩序，应该对其进行批评教育，并禁止其继续代理案件

D. 公证员老万说盘叔熟悉法律法规，有几十年处理纠纷经验，经考核合格，可以担任公证员

7 1201050

下列哪一选项属于违反律师或公证有关制度及执业规范规定的情形？

A. 刘律师受当事人甲委托为其追索 1 万元欠款，因该事项与另一委托事项时间冲突，经甲同意后另交本所律师办理，但未告其支出增加

B. 李律师承办当事人乙的继承纠纷案，表示乙依法可以继承 2 间房屋，并作为代理意见提交法庭，未被采纳，乙仅分得万元存款

C. 林公证员对丙以贵重金饰用于抵押的事项，办理了抵押登记

D. 王公证员对丁代理他人申办合同和公司章程公证的事项，出具了公证书

8 1101046

关于我国司法制度，下列哪一选项是错误的？

A. 我国实行两审终审、人民陪审员、审判公开等审判制度，促进实现审判活动科学化、规范化

B. 基层法院可以审判案件，但不能指导人民调解委员会的工作

C. 我国实行立案监督、侦查监督、审判监督等检察制度，实现对诉讼活动的法律监督

D. 检察官独立不同于“除了法律没有上司”的法官独立，要受到“检察一体化”的限制

【多选】

9 2301092

下列司法人员的行为不当的是？

A. 检察官甲在非工作期间炒股，获得少量盈利

B. 仲裁员乙多次私下与当事人碰面

C. 公证员丙疏忽大意给非法赌博协议出具了公证书

D. 行政复议工作人员多次在外用公款吃喝

解析页码
225—227

10 2101118

下列关于法律职业制度及法律职业道德的表述，正确的有？

A．法律职业与一般职业不同，具有职业性、实践性、更高性和正式性等特点

B．法律职业道德的首要原则是清正廉洁、遵纪守法

C．法官与检察官的任职条件完全相同

D．被开除公职的司法人员、吊销执业证书的律师和公证员，5 年内禁止从事法律职业

11 1901013

关于我国司法制度，下列说法正确的是？

A．两审终审、人民陪审员、审判公开都是我国的审判制度

B．基层法院除审判案件外，还需要指导人民调解委员会的工作

C．检察机关有权实行立案监督、侦查监督、审判监督，以实现对诉讼活动的法律监督

D．检察官独立不同于法官独立，下级检察院要服从上级检察院的领导

12 1501084

法律职业人员在业内、业外均应注重清正廉洁，严守职业道德和纪律规定。下列哪些行为违反了相关职业道德和纪律规定？

A．赵法官参加学术研讨时无意透露了未审结案件的内部讨论意见

B．钱检察官相貌堂堂，免费出任当地旅游局对外宣传的“形象大使”

C．孙律师在执业中了解到委托人公司存在严重的涉嫌偷税犯罪行为，未向税务机关举报

D．李公证员代其同学在自己工作的公证处申办学历公证

13 1501085

法律职业人员应自觉遵守回避制度，确保司法公正。关于法官、检察官、律师和公证员等四类法律职业人员的回避规定，下列哪些判断是正确的？

A．与当事人（委托人）有近亲属关系，是法律职业人员共同的回避事由

B．法律职业人员的回避，在其《职业道德基本准则》中均有明文规定

C．法官和检察官均有任职回避的规定，公证员无此要求

D．不同于其他法律职业，律师回避要受到委托人意思的影响

14 1401085

根据有关规定，我国法律职业人员因其职业的特殊性，业外活动也要受到约束。下列哪些说法是正确的？

A．法律职业人员在本职工作和业外活动中均应严格要求自己，维护法律职业形象和司法公信力

B．业外活动是法官、检察官行为的重要组成部分，在一定程度上也是司法职责的延伸

C．《律师执业行为规范》规定了律师在业外活动中不得为的行为

D．《公证员职业道德基本准则》要求公证员应当具有良好的个人修养和品行，妥善处理个人事务

15 1301085

下列哪些行为违反了相关法律职业规范规定？

A．某律师事务所明知李律师的伯父是甲市中院领导，仍指派其到该院代理诉讼

B．检察官高某在办理一起盗车并杀害车内行动不便的老人案件时，发现网上民愤极大，即以公诉人身份跟帖向法院建议判处被告死刑立即执行

C．在法庭上，公诉人车某发现李律师发微博，当庭予以训诫，审判长怀法官未表明态度

D．公证员张某根据甲公司董事长申请，办理了公司章程公证，张某与该董事长系大学同学

16 1201084

某非法吸收公众存款刑事案件，因涉及人数众多，影响面广，当地领导私下曾有“必须重判”的说法。①主审李法官听此说法即向院长汇报。②开庭时，李法官对律师提出的非法证据排除的请求不予理睬。③李法官对刘检察官当庭反驳律师无罪辩护意见、严斥该律师立场有问题的做法不予制止。④李法官几次打断律师用方言发言，让其

解析页码
227—229

慢速并重复。⑤律师对法庭上述做法提出异议，遭拒后当即退庭抗议。⑥刘检察官大声对律师说："你太不成熟，本地没你的饭吃了。"⑦律师担心报复，向当事人提出解除委托关系。⑧李法官、刘检察官应邀参加该律师所在律所的十周年所庆，该律师向李、刘赠送礼品。关于法律职业人员的不当行为，下列哪些选项是正确的？

A. ①④⑤

B. ②③④

C. ②⑥⑦

D. ③⑦⑧

【不定项】

17 2401052

李某是大学老师，在某律所兼职当律师，同时担任仲裁员，在甲与乙的房地产合同纠纷中被甲指定为仲裁员。王某和李某是同一个所的律师，王某接受乙的委托代理此案件。以下行为符合仲裁员职业规范的有？

A. 李某作为仲裁员要全面维护委托人甲的利益

B. 李某应当将自己与王某是同所律师的情况如实告知仲裁庭

C. 李某和王某不能同时参加该案件的裁决处理

D. 李某在庭外向委托人暗示合议庭的讨论倾向于甲

18 1801091

小张为某仲裁委员会的仲裁员，根据《仲裁法》的规定，其行为所可能承担的责任，以下说法正确的是哪一项或几项？

A. 在调解过程中，受仲裁庭安排单独会见一方当事人，不属于违纪行为

B. 接受当事人的请客送礼，情节严重，被仲裁委员会除名

C. 保守仲裁秘密，不向外界透露任何与案件有关的实体与程序问题

D. 在仲裁案件时向当事人索取贿赂，枉法裁决，被人民检察院提起公诉

19 1701098

建立领导干部、司法机关内部人员过问案件记录和责任追究制度，规范司法人员与当事人、律师、特殊关系人、中介组织接触交往行为，有利于保障审判独立和检察独立。据此，下列做法正确的是？

A. 某案承办检察官告知其同事可按规定为案件当事人转递涉案材料

B. 某法官在参加法官会议时，提醒承办法官充分考虑某案被告家庭现状

C. 某检察院副检察长依职权对其他检察官的在办案件提出书面指导性意见

D. 某法官在参加研讨会中偶遇在办案件当事人的律师，拒绝其研讨案件的要求并向法院纪检部门报告

20 1601098

司法人员恪守司法廉洁，是司法公正与公信的基石和防线。违反有关司法廉洁及禁止规定将受到严肃处分。下列属于司法人员应完全禁止的行为是？

A. 为当事人推荐、介绍诉讼代理人、辩护人

B. 为律师、中介组织介绍案件

C. 在非工作场所接触当事人、律师、特殊关系人

D. 向当事人、律师、特殊关系人借用交通工具

21 1501099

关于我国法律职业人员的入职条件与业内、业外行为的说法：①法官和检察官的任职禁止条件完全相同；②被辞退的司法人员不能担任律师和公证员；③王某是甲市中院的副院长，其子王二不能同时担任甲市乙县法院的审判员；④李法官利用业余时间提供有偿网络法律咨询，应受到惩戒；⑤刘检察官提出检察建议被采纳，效果显著，应受到奖励；⑥张律师两年前因私自收费被罚款，目前不能成为律所的设立人。对上述说法，下列判断正确的是？

A. ①⑤正确

B. ②④错误

C. ②⑤正确

D. ③⑥错误

二、模拟训练

22 2108035

查律师在甲省乙市泰和律师事务所任专职律师，

解析页码 229—231

其为提高代理案件的胜诉率，私下送了一块名表（价值2万元）给承办该案件的王法官。根据《律师法》和《公职人员政务处分法》，下列说法正确的是？（多选）

A. 若王法官主动交代其受贿的违法行为，监察机关可以对其从轻或者减轻给予政务处分

B. 若监察机关对王法官进行调查，作出政务处分决定前应听取其陈述和申辩，不得因其申辩而加重政务处分

C. 若查律师因行贿罪成立受到刑事处罚，应由乙市司法局吊销其律师执业证书

D. 若王法官被立案调查，其所在法院可以视情况决定暂停其履行职务

23 2108086

下列行为，违反了法官或检察官职业道德的是？（不定项）

A. 法官李某应表姐赵某的要求，为其打探法官王某正在审理的案件

B. 检察官范某对贪污贿赂犯罪颇有研究，受聘于当地一家律师事务所做提成律师

C. 检察官肖某受聘为某政法大学的客座教授，为该校学生讲授关于经济犯罪的有关知识

D. 法官钟某在某一强奸案的庭审中，多次发表贬低被告人格尊严的言论

24 2208009

关于法律职业道德，下列说法不正确的是？（多选）

A. 小姜系某县法院刑庭庭长，其配偶系该县法院民庭书记员，对小姜及配偶应适用任职回避

B. 小周法官被该任职法院开除处分后，可被其律师朋友邀请在律所当助理

C. 小王检察官从检察院离任后，两年内不得担任原任职检察院办理案件的诉讼代理人

D. 小李无故将小吴打成轻伤，小吴提起刑事自诉后聘请省会城市某律师事务所的王律师担任代理人，小李则可聘请该律所的赵律师担任辩护人

25 2208119

关于法律职业道德规范，下列说法正确的是？（多选）

A. 甲仲裁员在辞职后当律师，乙欲委托甲代理执行事项，甲在整理证据材料后发现自己系生效仲裁书的仲裁员，拒绝与乙建立委托关系的做法是正确的

B. 甲律师在丙抢劫案中担任丙的辩护人后发现，同所的乙律师是受害人丁的近亲属，对此，即使丙得知后同意，甲律师也不得接受丙的委托

C. 乙认为甲公证员为其办理的赠与公证书有错误，其可在收到公证书之日起两年内向出具该公证书的公证机构提出复查

D. 甲律师在担任乙强奸案的辩护人后，自检察院对案件审查起诉之日，有权查阅、摘抄、复制案卷材料

26 2208092

下列关于法官、检察官的行为，说法正确的是？（多选）

A. 姜法官就组织领导传销罪提出的司法建议被采纳，在打击犯罪、预防犯罪方面发挥了显著作用，法院应当给予奖励

B. 被检察院以故意杀人罪起诉的小佳未委托辩护人，法律援助机构在法院通知后，应当指派具有三年以上相关执业经历的律师担任辩护人

C. 王检察官可利用业余时间担任某企业的法律顾问，收下企业给付的15000元费用

D. 强制医疗案件的被申请人没有委托诉讼代理人时，法院可以通知法律援助机构提供法律援助

参考答案

[1] B	[2] D	[3] D	[4] A	[5] C
[6] B	[7] A	[8] B	[9] BCD	[10] AC
[11] ABCD	[12] AD	[13] CD	[14] ABCD	[15] BC
[16] CD	[17] BC	[18] ABCD	[19] ACD	[20] ABD
[21] AD	[22] ABD	[23] ABD	[24] ABCD	[25] AD
[26] AB				

解析页码
232—233

习近平法治思想

第一章 习近平法治思想的形成发展及重大意义

一、历年真题及仿真题

【单选】

1 2001170

党的十八大以来，以习近平同志为核心的党中央从坚持和发展中国特色社会主义全局出发，把全面依法治国纳入"四个全面"战略布局，创造性地提出了关于全面依法治国的一系列新理念新思想新战略，领导和推动我国社会主义法治建设取得了历史性成就，概括起来称为"十一个坚持"。对此，下列哪一选项不属于"十一个坚持"？

A. 坚持加强党对依法治国的领导

B. 坚持建设中国特色社会主义制度

C. 坚持建设中国特色社会主义法治体系

D. 坚持中国特色社会主义法治道路

【多选】

2 1501051

关于对全面推进依法治国基本原则的理解，下列哪些选项是正确的?

A. 要把坚持党的领导、人民当家作主、依法治国有机统一起来

B. 坚持人民主体地位，必须坚持法治建设以保障人民根本利益为出发点

C. 要坚持从中国实际出发，并借鉴国外法治有益经验

D. 坚持法律面前人人平等，必须以规范和约束公权力为重点

【不定项】

3 2101128

关于习近平法治思想形成和发展的历史进程，下列说法不正确的有?

A. 党的十九大出台了关于全面推进依法治国若干重大问题的决定

B. 党的十八届四中全会提出到2035年基本建成法治国家、法治政府、法治社会

C. 十九届三中全会决定成立中央全面依法治国委员会，加强党对全面依法治国的集中统一领导

D. 十九届五中全会从推进国家治理体系和治理能力现代化的角度，对坚持和完善中国特色社会主义法治体系，提高党依法治国、依法执政能力作出部署

4 2001181

下列关于中国特色社会主义法律体系特征的表述正确的是?

A. 体现中国特色社会主义的本质要求

B. 体现改革开放和社会主义现代化建设的时代要求

C. 体现结构内在统一而又多层次的科学要求

D. 体现继承中国法制文化优秀传统和借鉴人类法制文明成果的文化要求

二、模拟训练

5 2208151

下列关于习近平法治思想，下列哪一说法是错误的?（单选）

A. 习近平法治思想是马克思主义法治理论同中国法治建设具体实际相结合、同中华优秀传统法律文化相结合的最新成果

B. 习近平法治思想是对党领导法治建设丰富实践和宝贵经验的科学总结

C. 习近平法治思想是在法治轨道上全面建设社会主义现代化国家的根本遵循

D. 习近平法治思想是中国特色社会主义国家制度和国家治理体系的显著优势

6 2208088

关于习近平法治思想，下列说法不正确的有?（多选）

A. 习近平法治思想体系完整，涉及理论和实践的

解析页码 233—235

方向性、根本性、全局性的重大问题，具有理论性、系统性、时代性、实践性特征

B. 习近平法治思想回答了新时代为什么要实行全面依法治国、怎样实现全面依法治国等一系列重大问题，为全面建设社会主义现代化国家、实现中华民族伟大复兴中国梦，提供了科学指南

C. 推进全面依法治国，必须要加强和改善党的领导，坚持党主导立法、领导执法、保证司法、带头守法

D. 推进全面依法治国的首要目的是依法保障人民权益

7 2208116

法治是国家核心竞争力的重要内容。当前，世界百年未有之大变局加速演进，和平与发展仍然是时代主题，但国际环境不稳定性不确定性明显上升。我国不断发展壮大，日益走近世界舞台中央。下列说法正确的是？（不定项）

A. 习近平法治思想贯穿各个领域，涵盖改革发展稳定、内政外交国防、治党治国治军各个方面，科学指明了在法治轨道上推进国家治理现代化的正确道路，为在法治轨道上推进国家治理体系和治理能力现代化提供了基本遵循

B. 在法治轨道上推进国家治理体系和治理能力现代化，要提高党依法治国、依法执政能力，推进党的领导制度化、法治化、规范化

C. 要打赢防范化解重大风险攻坚战，必须坚持和完善中国特色社会主义制度、推进国家治理体系和治理能力现代化，运用制度威力应对风险挑战的冲击

D. 坚持和完善中国特色社会主义制度，推进国家治理体系和治理能力现代化，就是要适应时代变革，不断健全我国国家治理的体制，实现党和国家各项制度化、规范化、程序化，提高运用制度和法律治理国家的能力

参考答案

[1] B [2] ABCD [3] ABD [4] ABCD [5] D
[6] ACD [7] BCD

第二章 习近平法治思想的核心要义

一、历年真题及仿真题

（一）坚持党对全面依法治国的领导

【单选】

1 2401049

下列关于我国依法治国的说法，正确的是？

A. 依法治国是依规治党的前提和政治保障

B. 民族性是我国同西方法治的最大区别

C. 依法治国的法仅限于国法

D. 领导干部的守法标准高于普通公民

【不定项】

2 1801086

关于党的领导和社会主义法治的关系，下列说法错误的是？

A. 党的领导是中国特色社会主义最本质的特征，是社会主义法治最根本的保证

B. 必须坚持党领导立法、保证执法、支持司法、带头守法

C. 政法委员会是党委领导政法工作的组织形式，必须长期坚持

D. 党内法规应严于和高于国家法律

（二）坚持以人民为中心

【单选】

3 2301094

“经国序民，正其制度”。人民的福祉是最高法律，下列选项与之意思最贴合的是？

A. 以人民为中心是中国特色社会主义法治的根本立场

B. 加强人民的法治意识是全面依法治国的基础

C. 中国特色社会主义法治体系是国家治理体系的骨干工程

D. 法治政府是建设法治国家的重点

解析页码
235—236

4 1601001

全面依法治国，必须坚持人民的主体地位。对此，下列哪一理解是错误的？

A. 法律既是保障人民自身权利的有力武器，也是人民必须遵守的行为规范

B. 人民依法享有广泛的权利和自由，同时也承担应尽的义务

C. 人民通过各种途径直接行使立法、执法和司法的权力

D. 人民根本权益是法治建设的出发点和落脚点，法律要为人民所掌握、所遵守、所运用

5 1401006

社会主义法治把公平正义作为一切法治实践活动的价值追求。下列哪一说法正确体现了公平正义理念的基本要求？

A. 在法律实施中为维护法律的权威性和严肃性，应依据法理而不是考虑情理

B. 在法治实践活动中，仅仅保证程序公正

C. 迟到的正义是非正义，法治活动应同时兼顾公正与效率

D. 法律是全社会平等适用的普遍性规范，为维护法制统一，对特殊地域和特殊群体应一视同仁，不作任何区别化对待

6 2101124

我国正处于社会主义初级阶段，全面建成小康社会进入决定性阶段，改革进入攻坚期和深水区，国际形势复杂多变，我们党面对的改革发展稳定任务之重前所未有、矛盾风险挑战之多前所未有，依法治国在党和国家工作全局中的地位更加突出、作用更加重大。因此必须坚持依法治国的基本原则，在习近平法治思想下，关于依法治国说法正确的是？

A. 党的领导是中国特色社会主义最本质的特征，是社会主义法治最根本的保证

B. 人民是依法治国的主体和力量源泉，人民代表大会制度是保证人民当家作主的根本制度

C. 坚持法律面前人人平等就要做到一切情况下都平等对待

D. 学习西方先进经验，改革人民代表大会制度成为三权分立

【多选】

7 2101126

目前，中国特色社会主义进入新时代，我国社会主要矛盾已经转化为人民日益增长的美好生活需要和不平衡不充分的发展之间的矛盾。关于社会主要矛盾变化对法治建设提出的新要求，下列哪些选项是正确的？

A. 人民群众的需要呈现多样化多层次多方面的特点，期盼有更好的教育、更稳定的工作、更满意的收入、更可靠的社会保障、更高水平的医疗服务、更舒适的居住条件、更优美的环境、更丰富的精神文化生活

B. 发展不平衡不充分问题已经成为满足人民日益增长的美好生活需要的主要制约因素

C. 依法维护国家安全，防范和化解风险，严厉打击严重侵害人民群众生命财产安全的违法犯罪行为，不断增强人民群众的幸福感、安全感

D. 社会矛盾和问题交织叠加，全面依法治国任务依然繁重，需要深入推进国家治理体系和治理能力现代化

（三）坚持中国特色社会主义法治道路

【单选】

8 2101121

关于坚持中国特色社会主义法治道路，下列哪一选项是不正确的？

A. 坚持中国特色社会主义法治道路，本质上是中国特色社会主义道路在法治领域的具体体现

B. 坚持中国共产党的领导是中国特色社会主义法治道路最根本的保证

C. 中国特色社会主义法治道路，是社会主义法治建设成就和经验的集中体现，是建设社会主义法治国家的唯一正确道路

D. 要从中国国情和实际出发，走适合自己的法治道路，不借鉴国外法治

9 2101119

中共中央印发了《法治中国建设规划（2020-2025年）》，关于坚定不移走中国特色社会主义法治道

解析页码
237—239

路，奋力建设良法善治的法治中国的主要原则，下列哪一选项是不正确的？

A. 牢牢把握党的领导是社会主义法治最根本的保证，坚持党领导立法、保证执法、支持司法、带头守法

B. 坚持法治建设为了人民、依靠人民，促进人的全面发展

C. 聚焦党中央关注、人民群众反映强烈的突出问题和法治建设薄弱环节，着眼推进国家治理体系和治理能力现代化

D. 汲取中华法律文化精华，应当借鉴国外法治有益经验

10 1701001

全面依法治国必须坚持从中国实际出发。对此，下列哪一理解是正确的？

A. 从实际出发不能因循守旧、墨守成规，法治建设可适当超越社会发展阶段

B. 全面依法治国的制度基础是中华法系，实践基础是中国传统社会的治理经验

C. 从中国实际出发不等于“关起门来搞法治”，应移植外国法律制度和法律文化

D. 从实际出发要求凸显法治的中国特色，坚持中国特色社会主义道路、理论体系和制度

（四）坚持依宪治国、依宪执政

【单选】

11 2101120

关于全面贯彻实施宪法，坚定维护宪法尊严和权威，下列哪一选项是不正确的？

A. 坚持依宪治国、依宪执政，把全面贯彻实施宪法作为首要任务

B. 党带头尊崇和执行宪法，把党领导人民制定和实施宪法法律同党坚持在宪法法律范围内活动统一起来，保障宪法法律的有效实施

C. 凡涉及宪法有关规定如何理解、实施、适用问题的，都应当依照有关规定向全国人大书面提出合宪性审查请求

D. 在备案审查工作中，应当注重审查是否存在不符合宪法规定和宪法精神的内容

（五）坚持在法治轨道上推进国家治理体系和治理能力现代化

【单选】

12 2201066

对于“新时代为什么要全面依法治国”，下列四个“坚持”中集中回答这个问题的是？

A. 坚持中国特色社会主义道路

B. 坚持全面推进科学立法、严格执法、公正司法、全民守法

C. 坚持在法治轨道上推进国家治理体系和治理能力现代化

D. 坚持依宪治国、依宪执政

（六）坚持建设中国特色社会主义法治体系

【单选】

13 1401001

关于依法治国，下列哪一认识是错误的？

A. 依法治国要求构建科学完善的权力制约监督机制

B. 依法治国要求坚持“法律中心主义”，强调法律在治理和管理国家中的作用

C. 实施依法治国基本方略，必须坚持法治国家、法治政府、法治社会一体建设

D. 依法治国要求党必须坚持依法执政，正确领导立法、保证执法、带头守法

【多选】

14 2001179

关于坚持和完善中国特色社会主义法治体系的重大意义，下列选项正确的是？

A. 坚持和完善中国特色社会主义法治体系是坚持和发展中国特色社会主义的内在要求

B. 坚持和完善中国特色社会主义法治体系是推进国家治理体系和治理能力现代化的重大举措

C. 坚持和完善中国特色社会主义法治体系是全面推进依法治国的总抓手

D. 坚持和完善中国特色社会主义法治体系，提高党依法治国、依法执政能力

解析页码
239—240

15 2101127

习近平总书记在不同场合一再强调“把权力装进制度的笼子里”。将权力管好，尤其是将行政权力管好，涉及人民利益的保障，也符合宪法要求的目的，关于强化行政权力的制约和监督，说法正确的是？

A. 加强党内监督、人大监督、民主监督、行政监督等各种监督，努力形成科学有效的权力运行机制和监督体系，增强监督合力和实效

B. 完善省以下地方审计机关人财物统一管理

C. 完善纠错问责机制，健全责令公开道歉、停职检查、引咎辞职、责令辞职、罢免等问责方式和程序

D. 完善政府内部层级监督和专门监督，改进上级机关对下级机关的监督，建立常态化监督制度

16 1801051

建设中国特色社会主义法治体系，必须坚持立法先行，发挥立法的引领和推动作用，关于完善立法体制，下列说法正确的有？

A. 完善立法体制，需加强党对立法工作的领导，完善党对立法工作中重大问题决策的程序

B. 完善立法体制，需要加强法律解释工作，及时明确法律规定含义和适用法律依据

C. 完善立法体制，需要明确地方立法权限和范围，依法赋予设区的市地方立法权

D. 完善立法体制，需要加强政府立法制度建设，完善行政法规、规章制定程序，完善公众参与政府立法机制

（七）坚持依法治国、依法执政、依法行政共同推进，法治国家、法治政府、法治社会一体建设

【单选】

17 2201067

根据《地方各级人民代表大会和地方各级人民政府组织法》，下列哪一选项不是法治政府的衡量标准？

A. 共建共治

B. 智能高效

C. 权责统一

D. 诚信廉洁

18 2001172

中共十八届四中全会提出，深入推进依法行政，加快建设法治政府，下列做法中，不符合建设法治政府基本要求的是？

A. 某市政府要求部门内所有决策都必须进行合法性审查

B. 某市城管局要求执法人员持证上岗

C. 某市改革行政执法管理体制，推进综合执法，把工商局、食品药品监督管理局、质量监督局合并成为市场监管局

D. 某县政府强化对行政权力的制约和监督，推行政府权力清单，要求各部门把自己的职责、权限等在网上公布

19 2001171

关于法治社会、法治国家、法治政府间的关系，下列说法错误的是？

A. 法治社会是建设法治国家的基础

B. 法治政府是建设法治国家的主体

C. 法治社会是法治建设的目标

D. 法治政府的建设对法治国家的建设具有示范作用

20 2001013

关于全面依法治国的总目标，下列说法错误的是？

A. 严密的法治监督体系既是全面依法治国总目标的重要内容，也是法治建设的一个重要环节

B. 依法治国是党领导人民治理国家的基本方略，依法治国能不能做好，关键要看党能否做到依法执政，各级政府能否做到依法行政

C. 法治社会是法治建设的目标，法治政府是法治建设的主体，法治国家是法治社会的基础

D. 全面依法治国既是国家治理体系和治理能力现代化的重要保障，也是国家治理体系和治理能力现代化的重要内容

21 1801002

关于加快建设法治政府，下列说法不正确的是哪一项？

A. 必须建立重大责任终身责任追究制度及责任倒查机制

解析页码
241—242

B. 建立健全行政裁量权基准制度，细化、量化行政裁量标准

C. 积极推进政府法律顾问制度，建立政府法治机构人员为主体、吸收专家和律师参加的法律顾问队伍

D. 为完善行政组织和行政程序法律制度，行政机关可以法外设定权力

【多选】

22 1901150

关于全面依法治国的总目标，下列说法正确的是？

A. 全面依法治国的总目标是建设中国特色社会主义法治体系，建设社会主义法治国家

B. 在中国共产党领导下，坚持中国特色社会主义制度，贯彻中国特色社会主义法治理论，形成完备的法律规范体系、高效的法治实施体系、严密的法治监督体系、有力的法治保障体系，形成完善的党内法规体系

C. 坚持依法治国、依法执政、依法行政共同推进，坚持法治国家、法治政府、法治社会一体建设

D. 实现科学立法、严格执法、公正司法、全民守法，促进国家治理体系和治理能力现代化

23 1701054

全面依法治国，要求推进覆盖城乡居民的公共法律服务体系建设。下列哪些做法体现了上述要求？

A. 甲市整合政府和社会调解资源，建立“一站式”纠纷解决平台

B. 乙社区设置法律服务机器人，存储海量法律法规和专业信息供居民查询

C. 丙省建立法律服务志愿者微信群，打通服务群众的“最后一米”

D. 丁县推行“一村一律师”，律师结对贫困村，为村民提供免费法律咨询

（八）坚持全面推进科学立法、严格执法、公正司法、全民守法

【单选】

24 2201068

近三年，我国采取的扫黑除恶专项行动成果斐然，比之前十年扫黑除恶的效果都好。对此下列说法中正确的是？

A. 要坚持把扫黑除恶常态化，让人民更安宁

B. 目前扫黑除恶的痛点在于于法无据，规范不够

C. 扫黑除恶运动由检察机关与公安机关联合负责

D. 运动式执法能够有效打击保护伞

25 2101123

关于深入推进全民守法，下列哪一选项是错误的？

A. 建立健全立法工作宣传报道常态化机制，对立法热点问题主动发声、解疑释惑

B. 深入开展法官、检察官、监察官、行政复议人员、行政执法人员、律师等以案释法活动

C. 广泛推动人民群众参与社会治理，打造共建共治共享的社会治理格局

D. 积极引导人民群众依法维权和化解矛盾纠纷，坚持和发展新时代“枫桥经验”

26 2001190

某外卖平台骑手王某在送餐途中，为了抢时间，未注意观察路面情况，将横穿马路的行人杨某撞伤，致其八级伤残。王某认为，他车速过快是为了按时配送快餐，因此应由外卖平台承担责任，而外卖平台认为，其从未和王某签订过任何劳动合同及雇佣合同，拒绝承担责任。法官认为，王某经注册成为该平台外卖员，在完成任务后由平台支付相应报酬，双方已成立雇佣关系，故判决在保险赔偿外，外卖平台公司和王某承担连带赔偿2万元。关于本案，下列哪一说法是错误的？

A. 应当深入推进科学立法，促进合理竞争，维护公平竞争的市场秩序

B. 推进公正司法，应当坚持事实认定符合客观真相，办案结果符合实体公正

C. 外卖骑手为了维护自身权益，应该有一定的法律常识和证据意识

D. 应加强行业自治，政府不能对外卖平台制定的相关规定，包括送餐时间如何计算进行监管

27 1801004

全面推进依法治国，要求深入推进科学立法和民主立法。下列哪一种做法不符合科学立法、民主

解析页码
242—244

立法原则？

A. 加强人大对立法工作的组织协调，健全立法起草、论证、协调、审议机制

B. 探索委托第三方起草法律法规草案机制

C. 探索建立有关国家机关、社会团体、专家学者等对立法中涉及的重大利益调整论证咨询机制

D. 完善法律草案表决程序，对重要条款应当单独表决

28 1801001

马锡五在审理“抢亲案”时发现，女方与男方两情相悦，定有婚约，女方父亲为了得到更多的彩礼，将女儿许配给另一人，男方父亲不服，于是强行带走女方与儿子成亲。经审理，马锡五判婚姻有效，男方父亲判徒刑半年，女方父亲判劳役半年。判决一出，群众无不交口称赞。关于马锡五审判，以下说法错误的是？

A. 群众不能理解的判决，很难具有公信力

B. 司法裁判要坚持走群众路线

C. 马锡五知民情知民意

D. 只要群众满意，不必恪守法律

29 1701002

推进依法行政、转变政府职能要求健全透明预算制度。修改后的《预算法》规定，经本级人大或者常委会批准的政府预算、预算调整和决算，应及时向社会公开，部门预算、决算及报表也应向社会公开。对此，下列哪一说法是错误的？

A. 依法行政要求对不适应法治政府建设需要的法律及时进行修改和废止

B. 透明预算制度有利于避免财政预算的部门化倾向

C. 立法对政府职能转变具有规范作用，能为法治政府建设扫清障碍

D. 立法要适应政府职能转变的要求，但立法总是滞后于改革措施

30 1501007

增强全民法治观念，推进法治社会建设，使人民群众内心拥护法律，需要健全普法宣传教育机制。某市的下列哪一做法没有体现这一要求？

A. 通过《法在身边》电视节目、微信公众号等平台开展以案释法，进行普法教育

B. 印发法治宣传教育工作责任表，把普法工作全部委托给人民团体

C. 通过举办法治讲座、警示教育报告会等方式促进领导干部带头学法、模范守法

D. 在暑期组织“预防未成年人违法犯罪模拟法庭巡演”，向青少年宣传《未成年人保护法》

【多选】

31 2201076

海南某派出所所长因在一起违法犯罪案件中秉公执法，拒绝亲戚的行贿行为，抓获其亲戚，领导核查案件中了解到该情况因而表扬了所长，本案体现了下列哪些选项？

A. 坚持严格执法作风

B. 坚持把权力关进制度的笼子里

C. 坚持廉洁的作风

D. 体现了执法的效率性

32 2001175

关于加强重点领域立法，以下说法正确的是？

A. 加强互联网领域立法，完善网络信息服务、网络安全保护、网络社会管理等方面的法律法规，依法规范网络行为

B. 加快保障和改善民生、推进社会治理体制创新法律制度建设。依法加强和规范公共服务。加强社会组织立法，规范和引导各类社会组织健康发展

C. 强化生产者环境保护的法律责任，大幅度提高违法成本。建立健全自然资源产权法律制度，促进生态文明建设

D. 坚持统筹推进国内法治和涉外法治，要加快涉外法治工作战略布局，强化法治思维，坚决维护国家主权、尊严和核心利益

33 1701053

鹿某为引起政府对其利益诉求的重视，以生产、生活和科研需要为由，在两年内向十几个行政机关提起近百次与其实际利益诉求无关的政府信息公开申请，在接到公开答复后又反复提起行政复

解析页码
244—245

议和行政诉讼，向相关部门施加压力。对此，下列哪些说法是正确的?

A. 鹿某为向相关部门施压而恶意提起政府信息公开申请的做法不符合法治精神

B. 滥用知情权和诉权造成了行政和司法资源的浪费

C. 法治国家以权利为本位，公民行使权利时不受任何限制

D. 诉求即使合理合法，也应按照法律规定和程序寻求解决

【不定项】

34 2001180

司法公正对社会公正具有重要引领作用，必须完善司法管理体制和司法权力运行机制，加强对司法活动的监督，努力让人民群众在每一个司法案件中感受到公平正义。下列说法正确的是?

A. 健全行政机关依法出庭应诉、支持法院受理行政案件、尊重并执行法院生效裁判的制度

B. 改革法院案件受理制度，变立案审查制为立案登记制，实行谁立案谁审判谁执行

C. 充分发挥人民法院解决纠纷的功能，实行诉访合一制度

D. 为解决纠纷，建设和谐社会，加大调解力度，提倡守法者在自愿的前提下为违法行为做出一定让步

（九）坚持建设德才兼备的高素质法治工作队伍

【单选】

35 2101122

习近平总书记强调:“全面推进依法治国，建设一支德才兼备的高素质法治队伍至关重要。”下列哪一选项是不正确的?

A. 要把拥护中国共产党领导、拥护我国社会主义法治作为法律服务人员从业的基本要求

B. 推进法治专门队伍革命化、正规化、专业化、职业化

C. 全面推进依法治国，首先要把法律服务队伍建设好

D. 加强教育、管理、引导，引导法律服务工作者坚持正确的政治方向，依法依规诚信执业，认真履行社会责任

【多选】

36 1501083

根据中国特色社会主义法治理论有关内容，关于加强法治工作队伍建设，下列哪些表述是正确的?

A. 全面推进依法治国，必须大力提高法治工作队伍思想政治素质、业务工作能力、职业道德水准

B. 建立法律职业人员统一职前培训制度，有利于他们形成共同的法律信仰、职业操守和提高业务素质、职业技能

C. 加强律师职业道德建设，需要进一步健全完善律师职业道德规范制度体系、教育培训及考核机制

D. 为推动法律服务志愿者队伍建设和鼓励志愿者发挥作用，可采取自愿无偿和最低成本方式提供社会法律服务

（十）坚持抓住领导干部这个“关键少数”

【单选】

37 1401003

实施依法治国方略，要求各级领导干部善于运用法治思维思考问题，处理每项工作都要依法依规进行。下列哪一做法违反了上述要求?

A. 某市环保部门及时发布大型化工项目的环评信息，回应社会舆论质疑

B. 某市法院为平息来访被害人家属及群众情绪签订保证书，根据案情承诺加重处罚被告人

C. 某市人大常委会就是否在地方性法规中规定“禁止地铁内进食”举行立法听证

D. 某省推动建立涉法涉诉信访依法终结制度

二、模拟训练

38 2308013

党的二十大中，习近平总书记高度重视法治建设，亲自推动全面依法治国。下列关于习近平法治思想的说法中，正确的是?（多选）

A. 到2035年，我国发展的总体目标是基本建成

解析页码 246—247

法治国家、法治政府、法治社会

B. 要完善以宪法为核心的中国特色社会主义法律体系。坚持依法治国首先要坚持依宪治国，坚持依法执政首先要坚持依宪执政

C. 扎实推进依法行政。法治政府建设是全面依法治国的重点任务和主体工程

D. 加快建设法治社会。法治社会构筑法治国家的基础

39 2308014

党的二十大中明确强调“发展全过程人民民主，保障人民当家作主”。下列关于全过程人民民主的说法中，正确的是？（多选）

A. 加强人民当家作主制度保障，确保人民依法通过各种途径和形式直接管理国家事务，管理经济和文化事业，管理社会事务

B. 全面发展协商民主，完善协商民主体系，健全各种制度化协商平台，推进协商民主广泛多层制度化发展

C. 积极发展基层民主，增强城乡社区群众自我管理、自我服务、自我教育、自我监督的实效

D. 巩固和发展最广泛的爱国统一战线。人心是最大的政治，统一战线是凝聚人心、汇聚力量的强大法宝

40 2308015

习近平总书记发表署名文章《谱写新时代中国宪法实践新篇章——纪念现行宪法公布施行 40 周年》，强调“贯彻党的二十大精神，强化宪法意识，弘扬宪法精神，推动宪法实施，更好发挥宪法在治国理政中的重要作用”。对此，下列说法正确的是？（多选）

A. 坚持和加强党对宪法工作的全面领导，更好发挥我国宪法制度的显著优势和重要作用

B. 把宪法实施贯穿到治国理政各方面全过程，不断提高党依宪治国、依宪执政的能力

C. 加快完善以立法为核心的中国特色社会主义法律体系，不断增强法律规范体系的全面性、系统性、协调性

D. 加强宪法理论研究和宣传教育，不断提升中国宪法理论和实践的说服力、影响力

41 2308016

2022 年，习近平总书记在《谱写新时代中国宪法实践新篇章——纪念现行宪法公布施行 40 周年》中强调“健全保证宪法全面实施的制度体系，不断提高宪法实施和监督水平”。因此，有助于宪法实施的中国特色社会主义法治体系的核心要义包括下列哪些内容？（多选题）

A. 完备的法律规范体系

B. 高效的法治实施体系

C. 严密的法治监督体系

D. 完善的法治保障体系

42 2308017

2023 年，中共中央办公厅、国务院办公厅印发《关于加强新时代法学教育和法学理论研究的意见》中强调“健全法学教学体系。注重思想道德素养培育，结合社会实践，积极开展理想信念教育、中华优秀传统法律文化教育。”因此，加快法治人才培养需要包括下列哪些内容？（多选）

A. 坚持以马克思主义法学思想和中国特色社会主义法治理论为指导，培养大批高素质法治人才

B. 加强法学学科体系建设

C. 强化法学教育实践环节

D. 加强法学教育、法学研究工作者和法治实务工作者之间的交流

43 2208086

法律是治国之重器，良法是善治之前提。关于科学立法、严格执法、公正司法、全民守法，下列说法正确的是？（多选）

A. 科学立法、严格执法、公正司法、全民守法是推进全面依法治国的重要环节

B. 科学立法要求在立法程序中优化立法职权配置，发挥党在立法工作中的主导作用，将社会主义核心价值观融入立法，加强重点新兴领域立法工作

C. 公正司法要求全面深化司法体制改革，大力推进检察队伍革命化、正规化、专业化、职业化建设，着力提高法律监督能力水平

D. 各级领导干部要带头尊法学法守法用法，引

解析页码
247—249

导广大群众自觉守法、遇事找法、解决问题靠法，将全民守法作为基础工程推进

44 2208091

下列关于习近平法治思想的核心要义的说法，正确的有？（不定项）

A. 坚持法治国家、法治政府、法治社会一体建设，其中法治国家是法治建设的基础，法治政府是建设法治国家的主体，法治社会是建设法治国家的目标

B. 全面推进依法治国，必须建设德才兼备的高素质法治工作队伍，加强法治专门队伍、法律服务队伍的建设，以及对法治人才的培养

C. 领导对法治建设既可以起到关键作用，也可能起到致命破坏作用，必须抓住领导干部这个“关键少数”，其中各级政府的负责人要履行推进法治建设第一责任人职责

D. 科学立法是推进全面依法治国的重要环节之一，要抓住立法质量这个关键，加强互联网领域立法，完善网络安全保护方面的法律法规，依法规范网络行为

45 2208111

习近平总书记在《论坚持全面依法治国》中指出“我们必须把依法治国摆在更加突出的位置，把党和国家工作纳入法治轨道，坚持在法治轨道上统筹社会力量、平衡社会关系、规范社会行为，依靠法治解决各种社会矛盾和问题，确保我国社会在深刻变革中既生机勃勃又井然有序”，对此，下列关于党与推进国家治理能力和体系现代化的说法，错误的是？（不定项）

A. 坚持党的领导是人民当家作主和依法治国的本质特征，人民当家作主是社会主义民主政治的根本保证，依法治国是党领导人民治理国家的基本方式，要坚持三者的统一

B. 党的十九届五中全会提出，到 2035 年基本实现国家治理体系和治理能力现代化

C. 国家治理体系是在党领导下管理国家的制度体系，其现代化就是要建立健全各领域的体制机制、法律法规，从而形成一整套紧密相连、相互协调的制度体系

D. 推进国家治理能力现代化，最关键是要发挥党总揽全局、协调各方的领导核心作用，不断提高党依法治国、依法执政能力，推动我国制度优势更好转化为国家治理效能

46 2208113

公正司法事关人民切身利益，事关社会公平正义，事关全面推进依法治国，下列关于司法公正与依法治国的说法，错误的是？（单选）

A. 全面依法治国是国家治理的一场深刻革命，科学立法、严格执法、公正司法、全民守法是全面依法治国的重要环节，是指引新时代法治中国建设的“十六字方针”

B. 推进公正司法，需要紧紧抓住影响司法公正、制约司法能力的深层次问题，深化司法体制和工作机制改革，确保检察机关、审判机关依法独立公正行使检察权、审判权，落实司法责任制

C. 司法是社会公平正义的最后一道防线，要健全公安机关、检察机关、审判机关、司法行政机关各司其职，侦查权、检察权、审判权、执行权相互配合、相互制约的体制机制

D. 公正是法治的生命线，必须规范司法行为，加强对司法活动的监督，完善人民监督员制度，加大司法公开的力度，以回应人民群众对司法公开公正的期待和关注

参考答案

[1] D	[2] D	[3] A	[4] C	[5] C
[6] A	[7] ABCD	[8] D	[9] D	[10] D
[11] C	[12] C	[13] B	[14] ABCD	[15] ABCD
[16] ABCD	[17] A	[18] A	[19] C	[20] C
[21] D	[22] ABCD	[23] ABCD	[24] A	[25] B
[26] D	[27] D	[28] D	[29] D	[30] B
[31] ABC	[32] ABCD	[33] ABD	[34] A	[35] C
[36] ABC	[37] B	[38] ABCD	[39] BCD	[40] ABD
[41] ABC	[42] ABCD	[43] ACD	[44] BD	[45] A
[46] A				

解析页码

249—250

第三章 习近平法治思想的实践要求

一、历年真题及仿真题

（一）充分发挥法治对经济社会发展的保障作用

【多选】

1 2101125

关于新时代深化依法治国实践的主要任务，下列哪些选项是正确的？

A. 成立中央全面依法治国领导小组，加强对法治中国建设的统一领导

B. 推进科学立法、民主立法、依法立法，以良法促进发展、保障善治

C. 加强宪法实施和监督，推进合宪性审查工作，维护宪法权威

D. 建设法治政府，推进依法行政，严格规范公正文明执法

【不定项】

2 2101129

习近平总书记指出：“推进全面依法治国是国家治理的一场深刻变革，必须以科学理论为指导。”对此，下列说法正确的有？

A. 要营造各种所有制主体依法平等使用资源要素、公开公平公正参与竞争、同等受到法律保护的市场环境

B. 立法要主动适应改革需要，改革也要以习近平法治思想为指导思想

C. 对实践证明已经比较成熟的改革经验和行之有效的改革举措，要尽快上升为法律，先推行改革，再修订、解释或者废止原有法律

D. 立足新发展阶段，贯彻“发展要上，法治要让”的基本原则，对不适应改革要求的现行法律法规，要及时修改或废止，不能让一些过时的法律条款成为改革的“绊马索”

（二）正确认识和处理全面依法治国一系列重大关系

【单选】

3 1201002

依法治国方略的实施是一项浩瀚庞大、复杂而艰巨的系统工程，要全面发挥各种社会规范的调整作用，综合协调地运用多元化的手段和方法实现对国家的治理和管理。关于依法治国理念的基本要求，下列哪一说法是不准确的？

A. 在指导思想上，要坚持党的领导、人民当家作主和依法治国三者有机统一

B. 在评价尺度上，要坚持法律效果与政治效果、社会效果有机统一

C. 在法的作用上，要构建党委调解、行政调解、司法调解三位一体纠纷解决机制

D. 在法的成效上，要实现依法治国与以德治国的结合与统一

4 1501002

东部某市是我国获得文明城市称号且犯罪率较低的城市之一，该市某村为了提高村民的道德素养，建有一条“爱心互助街”，使其成为交换和传递爱心的街区。关于对法治和德治相结合的原则的理解，下列哪一选项是错误的？

A. 道德可以滋养法治精神和支撑法治文化

B. 通过公民道德建设提高社会文明程度，能为法治实施创造良好的人文环境

C. 坚持依法治国和以德治国相结合，更要强调发挥道德的教化作用

D. 道德教化可以劝人向善，也可以弘扬公序良俗，培养人们的规则意识

5 2001173

关于坚持依法治国和以德治国相结合，下列选项不正确的是？

A. 法律有效实施有赖于道德支持，道德践行也离不开法律约束

B. 法治和德治不可分离、不可偏废，国家治理需要法律和道德协同发力

解析页码
250—251

C. 既重视发挥道德的规范作用，又重视发挥法律的教化作用

D. 以法治体现道德理念、强化法律对道德建设的促进作用，以道德滋养法治精神、强化道德对法治文化的支撑作用

【多选】

6 2001178

党的十九大报告提出："中国特色社会主义进入新时代，我国社会主要矛盾已经转化为人民日益增长的美好生活需要和不平衡不充分的发展之间的矛盾。"关于社会主要矛盾变化对法治建设提出的新要求，下列选项正确的是?

A. 人民美好生活需要日益广泛，不仅对物质文化生活提出了更高要求，而且在民主、法治、公平、正义、安全、环境等方面的要求日益增长

B. 发展不平衡不充分问题已经成为满足人民日益增长的美好生活需要的主要制约因素

C. 依法维护国家安全，防范和化解风险，严厉打击严重侵害人民群众生命财产安全的违法犯罪行为，不断增强人民群众的幸福感、安全感

D. 社会矛盾和问题交织叠加，全面依法治国任务依然繁重，国家治理体系和治理能力有待加强

7 1901063

党的十八大以来，党中央对全面依法治国作出一系列重大决策、提出一系列重大举措，中国特色社会主义法律体系日趋完善，社会主义法治稳步迈向良法善治的新境界。在全面依法治国的进程中，处理好全面依法治国各个方面工作的关系至关重要。对此，下列哪些选项的理解是正确的?

A. 只有在党的领导下依法治国、厉行法治，国家和社会生活法治化才能有序推进

B. 把法治贯穿于改革全过程，立法主动适应改革需要，积极发挥引导、推动、规范、保障改革的作用

C. 要坚持依法治国和以德治国相结合，实现法治和德治相辅相成、相得益彰

D. 依法治国和依规治党是相互统一、相互融合的

【不定项】

8 2301095

如何理解"把社会主义核心价值观融入依法治国"?

A. 法律和道德都可以调整社会关系

B. 道德可以促进法治

C. 法律可以提升公民道德素养

D. 法律和道德相辅相成

二、模拟训练

9 2208150

2022年6月某日凌晨，某市爆发了一起性质极为恶劣的寻衅滋事、暴力殴打他人事件，并在网络上引发舆论热潮。下列哪一说法是错误的?（单选）

A. 必须完善预防暴力事件相关立法，构建具有威慑力的法律体系

B. 生命健康安全高于一切，司法部门处理此类影响巨大的恶性事件，可以适当突破法律规定

C. 对此类案件，有关部门应当及时回应社会关切，加强舆论引导

D. 对此类案件，有关部门要吸取经验，加强道德教育，要在道德教育中突出法治内涵，注重培育人们的法律信仰、法治观念、规则意识，营造全社会都讲法治、守法治的文化环境

10 2208149

关于改革和法治，下列哪一选项是错误的?（单选）

A. 在法治下推进改革，在改革中完善法治

B. 立法应当主动适应改革的需要

C. 实践证明已经比较成熟的改革经验应尽快上升为法律

D. 对实践条件还不成熟且现行法律没有依据的，应推迟改革

11 2208112

建设法治中国，必须坚持依法治国、依法执政、依法行政共同推进，坚持法治国家、法治政府、法治社会一体建设。全面贯彻落实这些部署和要求，关系加快建设社会主义法治国家，关系落实

解析页码
252—253

全面深化改革顶层设计，关系中国特色社会主义事业长远发展。下列关于认识和处理全面依法治国一系列重大关系的说法，错误的是？（单选）

A. 中国特色社会主义法治道路的一个鲜明特征是坚持依法治国和以德治国相结合，用道德来滋养法治精神，用法治来弘扬道德

B. 在通过改革和法治推动贯彻落实新发展理念的过程中，要立足新发展阶段，坚持以法治为引领，坚决纠正“发展要上，法治要让”的认识误区，杜绝立法上“放水”、执法上“放弃”的乱象，用法治更好地促进发展，实现经济高质量发展

C. 党的政策是国家法律的先导和指引，是立法的依据和执法司法的重要指导，党的政策可通过任何形式转化为国家意志，形成法律，以保障党的政策有效实施

D. 正确处理依法治国和依规治党的关系，要从全面依法治国和全面从严治党相统一的高度，科学认识党内法规及其与国家法律的关系，确保党内法规与国家法律的衔接与协调

12 2208090

随着我国经济实力和综合国力快速增长，对外全方位开放，我国日益走近世界舞台中央，对我国既是挑战，也是机遇。对此，下列说法正确的有？（不定项）

A. 统筹推进国内法治和涉外法治是全面依法治国的迫切任务，协调推进国内治理和国际治理，是全面依法治国的根本要求

B. 在全面依法治国进程中，必须加强对外法治话语和叙事体系建设，注重中外融通，创新对外法治话语表达方式，更加鲜明地展示中国法治道路

C. 统筹国内国际两个大局，要加强涉外领域立法，推动我国法域外适用的法律体系建设，加强涉外法治人才建设

D. 必须在法治下推进改革，在改革中完善法治，对实践证明已经比较成熟的改革经验和行之有效的改革举措，要尽快上升为法律，先修订、解释或者废止原有法律之后再推行改革

参考答案

[1] ABCD [2] AB [3] C [4] C [5] C
[6] ABCD [7] ABCD [8] B [9] B [10] D
[11] C [12] BCD

解析页码 254

法考题库系列·客观严选 解析

理论法
客观·严选好题

觉晓法考组　编著

中国政法大学出版社
2024·北京

图书在版编目（CIP）数据

客观严选4000好题. 理论法客观·严选好题 / 觉晓法考组编著. -- 北京 : 中国政法大学出版社, 2024. 12. -- (法考题库系列). -- ISBN 978-7-5764-1809-5

Ⅰ. D920.4

中国国家版本馆CIP数据核字第2024GW1033号

出版者　中国政法大学出版社
地　址　北京市海淀区西土城路25号
邮寄地址　北京100088信箱8034分箱　邮编100088
网　址　http://www.cuplpress.com (网络实名：中国政法大学出版社)
电　话　010-58908285(总编室) 58908433（编辑部）58908334(邮购部)
承　印　重庆天旭印务有限责任公司
开　本　787mm×1092mm　1/16
印　张　25.5
字　数　715千字
版　次　2024年12月第1版
印　次　2024年12月第1次印刷
定　价　89.00元（全两册）

KEEP AWAKE

CSER 高效学习模型

觉晓坚持每年组建“名师 + 高分学霸”教学团队，按照 Comprehend（讲考点→理解）→ System（搭体系→不散）→ Exercise（刷够题→会用）→ Review（多轮背→记住）学习模型设计教学产品，让你不断提高学习效果。

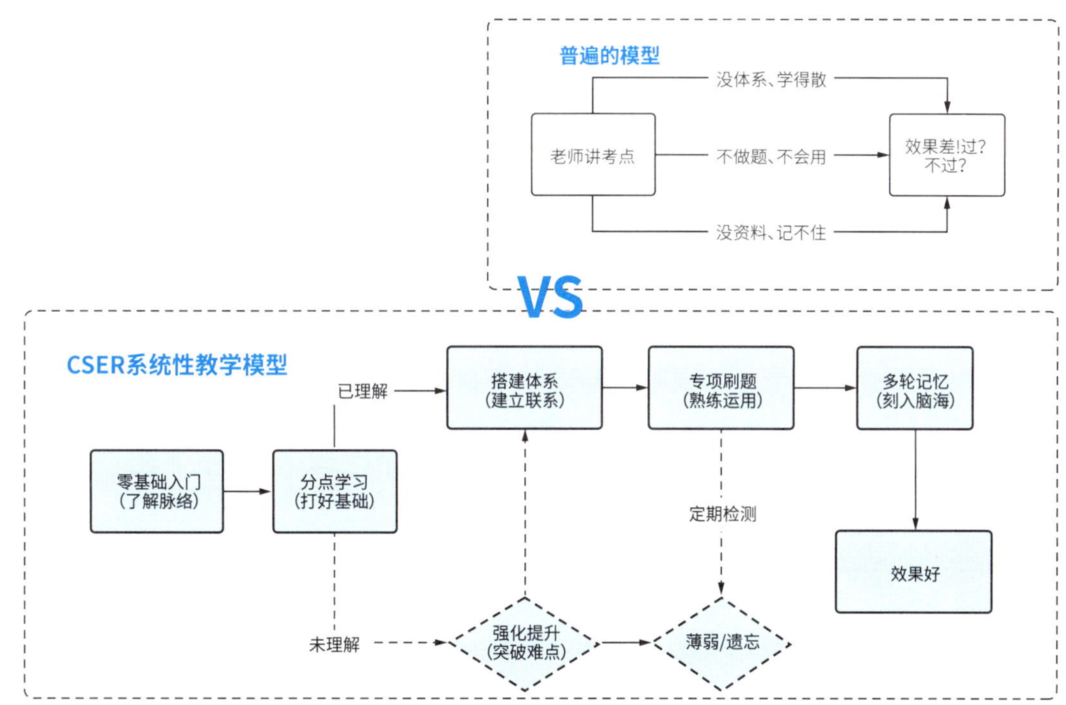

前面理解阶段跟名师，但后面记忆应试阶段，“高分学霸”更擅长，这样搭配既能保证理解，又能应试；时间少的在职考生可以直接跟“学霸”学习高效应试。

同时，知识要成体系性，后期才能记住，否则学完就忘！因此，觉晓有推理背诵图（推背图）、诉讼流程图等产品，辅助你建立知识框架体系，后期可以高效复习！

KEEP AWAKE

坚持数据化学习

“觉晓法考”APP已经实现“学→练→测→背→评”全程线上化学习。在学习期间，觉晓会进行数据记录，自2018年APP上线，觉晓已经积累了上百万条数据，并有几十万真实考生的精准学习数据。

觉晓有来自百度、腾讯、京东等大厂的AI算法团队，建模分析过线考生与没过线考生的数据差异，建立“过考模型”，指导学员到底要听多少课，做多少题，正确率达到多少才能飘过或者稳过。

过考模型的应用层包括：

1. 完整的过考方案和规划：内部班的过考规划和阶段目标，均按照过考模型稳过或过考标准制定；让学员花更少地时间，更稳得过线。

2. 精准的过考数据指标：让你知道过线每日需要消耗的“热量、卡路里”，有标准，过线才稳！

3. 客观题知识图谱：按往年180分、200分学员学习数据，细化到每个知识点的星级达标标准，并根据考频和考查难度，趋势等维度，将知识点划分为ABCDE类。还能筛选“未达标”针对提分。

知识类型	考频	难度	学习说明
A	高	简单	必须掌握
B	高	难	必须掌握（主+客）
C	中	简单	必须掌握
D	中	难	时间不够可放弃（主+客）
E	考频低或者很难、偏		直接放弃

4. 根据过考模型+知识图谱分级教学：BD类主客观都要考，主客融合一起学，E类对过考影响不大，可直接放弃，AC性价比高，简化背诵总结更能应试拿分，一些对过线影响不大的科目就减少知识点，重要的就加强；课时控制，留够做题时间，因为中后期做题比听课更重要！

5. AI智能推送查缺补漏包：根据你学习的达标情况，精准且有效地推送知识点课程和题目，查漏补缺，让你的时间花得更有价值！

6. 精准预测过考概率（预估分）：实时检测你的数据，对比往年相似考生数据模型，让你知道，你这样学下去，最后会考多少分！明确自己距离过线还差多少分，从而及时调整自己的学习状态。

注：觉晓每年都会分析当年考生数据，出具一份完整的过考模型数据分析报告，包括“客观题版”“主客一体版”“主观题二战版”，可以下载觉晓APP领取。

KEEP AWAKE

目录
Contents

法理学

宪法学

中国法律史

司法制度和法律职业道德

习近平法治思想

法理学

第一章 法的定义和特征

参考答案

[1] C	[2] C	[3] ABC	[4] B	[5] B
[6] ABC	[7] C	[8] AD	[9] ABC	[10] ACD

一、历年真题及仿真题*

（一）法的定义

【不定项】

1 1501090

答案：C。

解析：A 项：题干表述“法律规则不会因违反道德而丧失法的性质和效力”，说明法律即使违反道德亦是有效的，即恶法亦法，是典型的实证主义法学派的观点。因此，A 项错误。

BC 项：实证主义法学派可以分为分析实证主义法学派（以权威性制定为首要定义要素）与社会学法学派（以社会实效为首要定义要素）。内容正确性（即道德）是非实证主义法学派的考虑因素，如自然法学派就认为内容的正确性是法概念的唯一要素。因此，B 项错误，C 项正确。

D 项：实证主义理论主张，在定义法的概念时，不将道德因素包括在内，即法和道德之间不存在必然联系，即在法与道德之间，在法律命令什么与正义要求什么之间，在“实际上是怎样的法”与“应该是怎样的法”之间，不存在概念上的必然联系。而所有的非实证主义（自然法学派）理论都主张，在定义法的概念时，将道德因素包括在内，即法与道德是相互联结、有必然联系的。因此非实证主义法学派认为法律与道德之间存在必然的联系。因此，D 项错误。

综上所述，本题答案为 C 项。

2 1301088

答案：C。

* 注：下列题号对应觉晓 APP 的题号规则。本书中以 18~23 开头的题号均为 2018 年 ~2023 年的仿真题。

解析：A 项：实证主义法学在定义法的概念的时候，道德因素没有被包括在内，即法和道德是分离的，法与道德之间，不存在概念上的必然联系。法学研究应该关注法律实际上是什么，而不是关注法律应该是什么。因此，A 项正确，不当选。

B 项：非实证主义法学以内容的正确性作为定义法的概念的一个必要因素，其中的“第三条道路”认为定义法的概念也应包括社会实效性要素和权威性制定要素。因此，B 项正确，不当选。

C 项：非实证主义法学派除了古典自然法学派，还包括第三条道路等。因此，C 项错误，当选。

D 项：法律社会学和法律现实主义以社会实效为首要定义要素。在该派学者看来，权威性机关制定颁行的命令并不必然会对社会产生实效，法律的应然效力和法律的实然效力是两回事。非实证主义法学以内容的正确性作为定义法的概念的一个必要因素，同时部分内部流派认为也包括社会实效性要素和权威性制定要素。因而仅靠社会实效性因素并不能把各学派在法定义上的观点区别开来。因此，D 项正确，不当选。

综上所述，本题为选非题，答案为 C 项。

（二）法的特征

【多选】

3 1301055

答案：A,B,C。

解析：AC 项：法是具有规范性、国家意志性、强制性、普遍性、可诉性的，以权利义务为内容的特殊的社会规范。其中法律强制是一种国家强制，是以军队、宪兵、警察、法官、监狱等国家暴力为后盾的强制。因此，法律就一般情况而言是一种最具有外在强制性的社会规范。故 AC 项正确。

B 项：法律的制定和实施都必须遵守法律程序，法律职业者必须在程序范围内思考、处理和解决问题。法的程序性是法区别于其他社会规范的重要特征。故 B 项正确。

D 项：法的强制性体现于国家强制力，国家强制力决定法的强制性。可见法的强制性是由国家暴力保证的，自然力不是国家强制力的组成部分。故 D 项错误。

综上所述，本题答案为 ABC 项。

（三）法的本质

【单选】

4 1201009

答案：B。

解析：A 项：从历史上看，既有体现人民意志的法律，即民主的法律；也有体现专制国王意志的法律，如古代中国的法律，即专制的法律。故 A 项正确，不当选。

B 项：在民主的国家中，君主和国王是可以参与立法的，如英国实行民主制，是君主立宪制国家。故 B 项错误，当选。

C 项：在专制国家中，国王的意志往往具有强制力，并且通过一定程序上升为法律，具有法律的效力。故 C 项正确，不当选。

D 项：马克思此话的基本含义，是指在民主的国家中，法律具有相当于国王的至高无上的地位。民主主要强调人民当家作主，往往与法治相一致。故 D 项正确，不当选。

综上所述，本题为选非题，答案为 B 项。

（四）综合知识点

【单选】

5 2101099

答案：B。

解析：A 项：区分实证主义与非实证主义的主要标准是，是否认为法与道德之间有本质上的必然联系，而不是是否承认“法律是最低限度的道德”。因此，A 项错误。

B 项：“经验”即习惯、社会实效。社会法学派以社会实效作为定义法的首要因素，即只要某种规则在社会实际有效，这种规则就是法。因此，B 项正确。

C 项：按照马克思主义法学派的观点，法律是统治阶级意志的体现，而不是社会共同体意志的体现。因此，C 项错误。

D 项：区分分析法学派与社会法学派的主要标准是，是否承认社会实效是法的【首要】构成要素。因此，D 项错误。

综上所述，本题答案为 B 项。

6 1201054

答案：A,B,C。

解析：特定国家现行有效的法，笼统地讲，乃是指“国法”。其外延包括：（1）国家专门机关（立法机关）制定的“法”（成文法）；（2）法院或法官在判决中创制的规则（判例法）；（3）国家通过一定方式认可的习惯法（不成文法）；（4）其他执行国法职能的法（如教会法）。

A 项：国法是国家现行法的简称，将“国法”仅仅理解为国家法的说法是错误的，国法不仅包括国家法，还有习惯法、判例法等等。因此，A 项错误，当选。

B 项：国家立法机关创制的法仅仅是国法外延之一，其他的如习惯法、判例法并非立法机关所创制。因此，B 项错误，当选。

C 项：法律、道德与宗教都具有强制性，但只有法律具有国家强制性。因此，C 项错误，当选。

D 项：“国法”的概念是马克思主义关于法的本质的理论的应有之义，是法理学上的一个核心问题，而其他种种所谓的“法”，都不过是学者们基于对国法的认识而提出来的，因此不管自然法学派还是实证主义法学派都可能把“国法”看作是实在法。因此，D 项正确，不当选。

综上所述，本题是选非题，答案为 ABC 项。

二、模拟训练

【单选】

7 62208211

答案：C。

解析：A 项：法的认可主要有两种方式：明示认可与默示认可。明示认可，即在规范性文件中明确规定哪些已有的道德或习惯等规范具有法律上的效力，这种认可的规范往往构成规范性文件的内容。默示认可，即国家没有明文规定哪些社会规范是法律，而是通过法院判决时援引的方式承认它们的实际法律效力。以这种方式存在的法，往往是通行于一定地区、一定民族内的习惯法，如经国家认可的家法族规、村落规约（乡规民约）、行业（行会）规范等。因此，A 项错误。

B 项：社会规范是维系人们之间交往行为的基本准则，进而也是维系社会本身存在的制度和价值的准则。社会规范调整的是人与人之间的社会关系，技术规范调整的是人与自然之间的关系，自然规范调整的是自然现象之间的关系。法律是调整人的行为的一种社会规范，而非技术规范。因此，B 项错误。

C 项：一个国家的具体的法的效力，会呈现出不同的情况，不可一概而论。有些法律是在全国范围内生效的，有些则在部分地区或仅对特定主体生效，而那些经国家认可的习惯法，其适用范围则可能更为有限。故不能将法的普遍性作片面的理解，认为一切法律规范的效力都是完全相同的。因此，C 项正确。

D 项：法律具有国家强制性。其他社会规范也具有强制性，但是它们不是以国家的强制力作为它们实施的力量，故不具有国家强制性。因此，D 项错误。

综上所述，本题答案为 C 项。

【多选】

8 61908136

答案：A,D。

解析：A 项：古代社会，人们认为道德更重要，倾向于混同法律与道德。近现代社会，尤其是自分析实证主义法学兴起以来，人们认为法律更重要，倾向于划分法律与道德的界限。但现代社会的通说认为，法律与道德具有最低限度的联系，道德具有止恶扬善的作用，而法律的主要作用则是止恶，在止恶这个层面上，法与道德具有一致性。并且，近现代，既有实证主义法学，也有非实证主义法学。实证主义法学又包括分析实证法学、法社会学、法现实主义等法学流派，非实证主义法学则包括自然法学与第三条道路等法学流派。因此，A 项错误，当选。

B 项：非实证主义法学包括自然法学派和第三条道路，两者均要求法律必须符合道德，即都要求内容的正确性。对于自然法学派而言，只要法律符合道德即可，有没有权威性制定与法的实效这两个要素均可。第三条道路则三个要素都必须包括在内。因此，B 项正确，不当选。

C 项：处于不同立场的人，对同一案件所作的法律决定可能不同，如持自然法学派观点的法律人与持分析实证主义法学派观点的法律人针对同一案件就可能作出不同的法律决定。因此，C 项正确，不当选。

D 项：分析实证法学最强调法和国家之间的关系，即法律应当由国家制定或者认可，至于这个国家制定或者认可的法律是否符合道德，并不是分析实证法学关心的重点所在，即对于分析实证法学而言，重点是国家制定，该法律是否符合道德是无所谓的。因此，分析实证法学才强调“恶法亦法”。所以，不符合道德的法律只要是国家制定出来的，也属于分析实证法学认可的法律。因此，D 项错误，当选。

综上所述，本题为选非题，答案为 AD 项。

9 61908139

答案：A,B,C。

解析：法的本质包含三个层次，首先，表现为法的正式性，即国家性，法律是国家有关部门制定或者认可的具有国家强制力的正式的官方确定的行为规范。其次，反映为法的阶级性，法律反映统治阶级的整体意志，不反映被统治阶级的意志。最终，体现为法的社会性（物质制约性），法的内容最终是由一定的社会物质生活条件所决定。

A 项：法体现统治阶级的意志，但这种意志是统治阶级的整体意志，不是统治阶级内部各党派、集团及每个成员意志的简单相加。因此，A 项错误，当选。

B 项：法律只能反映统治阶级的意志，不反映被统治阶级的任何意志。但是可以反映被统治阶级的某种要求或者愿望，所以，缇萦上书促使汉文帝废除肉刑正是说明了这一点。因此，B 项错误，当选。

C 项：法的本质最初体现为法的正式性，最终体现为法的社会性（即物质制约性）。法的本质最终并不是由正式性单独体现的，而是由法的社会性（即物质制约性）所决定的。法的社会性揭示了法律与社会经济基础之间的内在联系，说明了法律是社会经济关系的反映和体现。因此，C 项错误，当选。

D 项：立法也必须受到社会物质生活条件的制约。

社会决定法律，法律反映社会。有什么样的社会，就有什么样的法律。法律实际上已经存在于社会当中，立法者不是凭空创造了法律，只是找到它，并将它表述出来。因此，D 项正确，不当选。

综上所述，本题为选非题，答案为 ABC 项。

10 61908168

答案：A,C,D。

解析：A 项：荀子的话体现了法的局限性。法律只是社会的组成部分，法的作用归根结底是社会自身力量的体现，所以，法律不是万能的，具有一定的局限性。因此，A 项正确。

B 项：林肯的话表明法律和道德相互联系，但是二者也存在很多区别，比如道德关注人的内在动机，法律侧重人的外在行为，道德只强调义务，法律同时关注权利和义务等，两者并非完全一致。因此，B 项错误。

C 项：霍布斯的说法体现出法是国家的意志。法是由国家制定和认可，以国家强制力为后盾，通过法律程序保证实现的社会规范，具有国家意志性。因此，C 项正确。

D 项：马克思的说法体现出法是由经济基础决定的，其内容是由物质生活条件决定的。法律是社会的组成部分，也是社会关系的反映，尤其是经济关系的反映。而经济关系中心是生产关系，生产关系是由生产力决定的。而生产力和生产关系就是我们所说的经济基础，也即社会物质生活条件。所以，法所反映的统治阶级的意志受到社会物质生活条件的制约。因此，D 项正确。

综上所述，本题答案为 ACD 项。

第二章 法的作用

参考答案

[1]A	[2]B	[3]C	[4]D	[5]D
[6]AB	[7]ABC	[8]ABCD	[9]BCD	

一、历年真题及仿真题

（一）法的规范作用

【不定项】

1 1101089

答案：A。

解析：A 项：法的指引作用是指法对本人的行为具有引导作用。本案中，因法律禁止酒驾，故高经理和公司员工都拒绝酒驾，体现了法的指引作用。故 A 项正确。

B 项：法的评价作用是指法律作为一种行为标准，具有判断、衡量他人行为合法与否的作用。本案中未对高经理和公司员工拒绝酒驾的行为进行合法与否的评价，故未体现评价作用。故 B 项错误。

C 项：法的预测作用是指凭借法律的存在预先估计到人们相互之间会如何行为。本案中只有高经理和公司员工拒绝酒驾的行为，没有体现高经理和公司员工和其他人相互间的行为，故未体现法的预测作用。故 C 项错误。

D 项：法的强制作用是指当一个行为被专门的国家机关评价为违法行为后，就要接受国家的制裁。本案中，高经理和公司员工拒绝酒驾的行为不是违法行为，根本不会接受国家的制裁，故不能体现强制作用。故 D 项错误。

综上所述，本题答案为 A 项。

（二）综合知识点

【单选】

2 1901018

答案：B。

解析：A 项：根据效力对象是否特定，可以将法律文件分为规范性法律文件与非规范性法律文件。

其中，规范性法律文件针对的是不特定的一般主体，而非规范性法律文件则针对的是特定的主体。法院的判决书只针对案件当事人发生效力，案外人则不需受其约束，故属于典型的非规范性法律文件。因此，A 项错误。

B 项：评价作用是指以法律为标准，对他人已经做出的行为作出合法或违法的判定。法院通过依法裁判的形式对当事人的行为进行判定，即变更无民事行为能力人（陈某宝）姓名需要由亲生父母同意，判决林某恢复其子原姓名，直接体现了法律的评价作用。因此，B 项正确。

C 项：根据义务主体是否特定，可以将法律权利划分为绝对权和相对权。绝对权的义务主体不特定（如物权、人格权），相对权的义务主体则为特定的对象（如债权），隶属于人格权的姓名权是典型的绝对权，权利人以外的一般主体都应尊重并负有不侵犯义务。因此，C 项错误。

D 项：无民事行为能力人从事民事法律行为的范围受限，但并不意味着其不享有任何民事权利。陈某宝虽然是无民事行为能力的人，但其享有民事权利，D 项说法过于绝对。因此，D 项错误。

综上所述，本题答案为 B 项。

3 1801005

答案：C。

解析：A 项：根据禁止拒绝裁判原则，法官不得以法律没有规定或规定不清楚为由拒绝裁判，故在民事案件的处理过程中，在法律没有明文规定的情况下，法官仍可以采用非正式法源或法律漏洞填补技术对案件进行处理。故 A 项错误。

B 项：法律的作用具有局限性，在社会治理的过程中，除了可以利用法律手段来处理社会问题外，还可以依靠政策、道德等其他社会规范来进行规制，因此诸如无人驾驶汽车等伴随科技发展引发的新问题并非只能通过法律手段才能解决。故 B 项错误。

C 项：“现行交通法规对无人驾驶汽车上路行驶尚无规定”属于立法空白，这是法律局限性的具体表现。故 C 项正确。

D 项：立法本身就应当具有一定的前瞻性，可以对可能出现的社会问题进行事前预防，因此并非只有当科技发展造成了实际危害后果时，才能动用法律手段干预。故 D 项错误。

综上所述，本题答案为 C 项。

4 1401009

答案：D。

解析：法律面前人人平等，体现的是法的普遍性。近代以来，法的普遍性表现为普遍平等对待性，即要求平等地对待一切人。法的平等是一种规范上的平等，不是事实上的平等。法律面前人人平等只是禁止不合理的差别对待，而不是禁止任何差别对待。

A 项：法律面前人人平等原则是指对任何人都平等对待与平等保护，并不能直接导致事实上的平等。该项对格言进行了字面上的理解。故 A 项错误。

B 项：“法律面前人人平等”是近代以来资产阶级革命后产生的法律原则，而在古代社会，人与人在法律面前是不平等的，所以并非在任何时代，法律面前人人平等都是一项基本法律原则。故 B 项错误。

C 项：法律不是万能的，存在其局限性，仅凭法律是无法解决现实中的一切不平等问题的，C 项说法过于绝对。故 C 项错误。

D 项：法律面前人人平等并不意味着均等，平等原则并不禁止在立法上作出合理区别的规定，以形式上的不平等去促进实质上的平等。故 D 项正确。

综上所述，本题答案为 D 项。

5 1401010

答案：D。

解析：AC 项：法的指引作用是指法对本人的行为具有引导作用。陈法官根据法律关于回避的规定作出申请回避的行为，体现了法的指引作用。故 A 项错误。林某参加法律培训后，开始注重所经营企业的法律风险防控，体现了法的指引作用，反映了法对秩序价值的保护，而非保护自由价值。故 C 项错误。

B 项：法的评价作用是指法律作为一种行为标准，具有判断、衡量他人行为合法与否的评价作用；强制作用是指法可以通过制裁违法犯罪行为来强制人们遵守法律。法院对王某的行为作出构成盗窃罪的评价，体现了法的强制作用和评价作用。

故 B 项错误。

D 项：法的强制作用是指法可以通过制裁违法犯罪行为来强制人们遵守法律。王某因散布谣言被罚款 300 元，是依法制裁违法犯罪行为的结果，体现了法的强制作用。故 D 项正确。

综上所述，本题答案为 D 项。

【多选】

6 2201113

答案：A,B。

解析：A 项：法律是调整人们行为的规范，不调整人的主观思想。道德和宗教往往会调整人们的思想。因此，A 项正确。

B 项：法律具有局限性，虽然法律是调整社会关系的主要社会规范，但是有些社会关系并不适合用法律的手段进行调整，故仍然存在法外空间，如爱情、友谊。因此，B 项正确。

C 项：法律保护每一位公民的合法权益。虽然当个人利益与集体利益发生冲突时，法律更倾向于保护集体利益，但并不意味着法律不关心个体利益。因此，C 项错误。

D 项：道德比法律调整的范围要广泛得多。一般地说，凡法律调整的关系，大多也由道德调整。而且，道德调整的对象不仅是人们现实的行为，而且还包括人们的思想、品格和行为的动机。因此，D 项错误。

综上所述，本题答案为 AB 项。

二、模拟训练

【多选】

7 62208213

答案：A,B,C。

解析：A 项：法的指引作用是指法对行为人本人的未发生行为具有引导作用。甲通过查阅法律手册知道了法律的要求，并按照法律规定去行为，这是法的指引作用的体现。因此，A 项正确。

B 项：法的评价作用是指法律作为一种行为标准，具有判断、衡量他人行为合法与否的作用。乙以法律标准，对丙窃取账号的行为进行了法律评价，这属于法的评价作用。因此，B 项正确。

C 项：法的教育作用是指通过法律实施对一般人的行为产生示范或示警作用。丁出狱后真心悔改，这正是法的教育作用的体现。因此，C 项正确。

D 项：法的预测作用是指人们可以凭借法律的存在预先估计到主体相互之间会如何行为，法的强制作用是指通过制裁违法犯罪行为来强制人们遵守法律。因戊企业拒不支付农民工工资，法院从戊企业账户上划走 10 万元，这并没有体现主体间相互预测的作用，而是体现了法的强制作用。因此，D 项错误。

综上所述，本题答案为 ABC 项。

【不定项】

8 62208001

答案：A,B,C,D。

解析：A 项：根据《中华人民共和国宪法》第 1 条规定："中华人民共和国是工人阶级领导的、以工农联盟为基础的人民民主专政的社会主义国家。社会主义制度是中华人民共和国的根本制度。禁止任何组织或者个人破坏社会主义制度。"可知，我国的国家性质和政治制度，而法律作为统治阶级意志的体现，其首要的社会作用便是确认和维护统治阶级的统治地位及其经济基础、政治制度和意识形态。法律通过规定权利义务、设定行为规范和制裁措施，调整统治阶级与被统治阶级、统治阶级内部以及与其他社会阶层之间的关系，从而维护统治阶级的统治秩序和社会稳定。因此，A 项正确，当选。

BCD 项：法律具有执行社会公共事务的社会作用，包括维护人类社会的基本生活条件；维护生产和交换条件；促进教育、科学和文化事业的发展。如《劳动法》等法律法规中，明确规定了劳动者的权益、劳动条件、工作时间、工资福利等。《教育法》等法律法规中，明确规定了国家的教育方针、教育制度、教育投入等，旨在促进教育事业的发展。因此，BCD 项正确，当选。

综上所述，本题答案为 ABCD 项。

9 62208002

答案：B,C,D。

解析：A 项：法的社会作用并非仅限于执行社会公

共事务，还包括维护统治阶级的统治秩序、保护公民的基本权利和自由、促进经济发展和进步等多个方面。因此，A 项错误。

B 项：法律具有维护人类社会的基本生活条件的作用：包括维护最低限度的社会治安，保障社会成员的基本人身安全，保障食品卫生、生态平衡、环境与资源合理利用、交通安全等。因此，B 项正确。

C 项：法律具有维护生产和交换条件的作用：即通过立法和实施法律来维护生产管理，保障基本劳动条件，调节各种交易行为，促进公共设施建设，组织社会化大生产，确认和执行技术规范，保护消费者权益等。因此，C 项正确。

D 项：法律具有促进教育、科学和文化事业发展的作用：如通过法律对人们的受教育权加以保护，鼓励兴办教育和科技发明，保护人类优秀的文化遗产，要求政府兴办各种图书馆、博物馆等文化设施。因此，D 项正确。

综上所述，本题答案为 BCD 项。

第三章 法的价值

参考答案

[1] B	[2] A	[3] C	[4] C	[5] BCD
[6] A	[7] C	[8] D	[9] ABCD	[10] ACD
[11] BD	[12] D	[13] B	[14] D	[15] BCD
[16] AD				

一、历年真题及仿真题

（一）秩序、自由、正义、人权

【单选】

1 2301050

答案：B。

解析：A 项：比例原则是指在一个具体的个案中，司法者需要权衡具体价值的优先地位，具体权衡，综合考虑，即使某种价值的实现必须以其他价值的损害为代价时，也应当使被损害的价值减低到最小限度。本题中甲安装摄像头的自由与乙的隐私权产生了冲突，法院为了保护乙的隐私权，判决限制部分甲安装摄像头的自由，未体现比例原则。因此，A 项错误。

B 项：伤害原则是指法律限制自由时所依据的理论基础是任何人的自由不能伤害其他人的合法权利与利益。法院限制了甲在家门口安装摄像头的自由，是为了保护乙的隐私权不受到侵害，体现了伤害原则。因此，B 项正确。

C 项：价值位阶原则是指在不同位阶的法的价值发生冲突时，在先的价值优于在后的价值。本题中甲的安装摄像头的自由与乙的隐私权不存在明显的高位阶与低位阶之分，因此，C 项错误。

D 项：家长主义原则是指法律为阻止相对人自我伤害，或为帮助个人增进其利益，可以不同程度地限制相对人的自由或权利。本题法院的判决不体现家长主义原则。因此，D 项错误。

综上所述，本题答案为 B 项。

2 1801007

答案：A。

解析：A 项：人权是法律权利的基础，从本质上讲，人权属于一种不依赖于法律规定即可存在的道德性权利，因此人权的内容只有在被法律确认之后才能变成法律权利，而并非所有的人权都会被法律确认，因此人权的内容与法律权利的内容不可等同。故 A 项错误，当选。

B 项：人权具有历史性，伴随着人类社会的发展而不断变化，从起源上讲，人权的观念源于近代资产阶级民主革命的萌发。故 B 项正确，不当选。

C 项：人权的主体是自然人，只要是自然人就有人权，而公民则是一个自然人从属于某个国家的一种法律上的身份，从主体范围上讲，人权的范围要宽于公民权的范围。故 C 项正确，不当选。

D 项：尽管人权的存在并不依赖于法律的规定，但人权被法律化后，就意味着人权的保障获得了国家强制力的支持，因此为了更好地保护人权，我们应当尽可能地将人权法律化。故 D 项正确，不当选。

综上所述，本题为选非题，答案为 A 项。

3 1201004

答案：C。

解析：公平正义是人类社会的共同理想，是和谐社会的基本内容和特征。公平的朴素含义是公允持平，不偏不倚、办事公道、利益均衡；正义则意味着惩恶扬善、激浊扬清、是非清楚、道义分明。

A 项：法律有善法和恶法之分，并不是所有的法律都是公平正义的体现。比如法西斯的法律其实是违反公平正义的。所以 A 项错误。

BC 项：公平正义是一个历史性范畴。由于不同社会条件下，公平正义的实际内容及其实现方式和手段具有重要差异，人类社会不存在普适于一切国度、完全相同一致的公平正义的标准。所以 C 项正确，B 项错误。

D 项：公平正义要求正确处理法理与情理的关系，注重法理与情理的相互统一，用法理为情理提供正当性支持，以情理强化法理施行的社会效果，而不能一味地追求“严格执法”。所以 D 项错误。

综上所述，本题答案为 C 项。

4 1101005

答案：C。

解析：A 项：公平正义是一个历史性范畴，不同的社会条件下，公平正义的实际内容及其实现方式和手段具有重要差异，人类社会不存在普适于一切国度、完全相同一致的公平正义的标准。所以 A 项正确，不当选。

B 项：我国法律反映了社会公平正义的主要方面，但法律并不能覆盖社会公平正义的全部内容。社会主义法治公平正义的实现，必须注重法理与情理的相互统一，用法理为情理提供正当性支持，以情理强化法理施行的社会效果。所以 B 项正确，不当选。

C 项：程序与实体是法治体系的两大组成部分，法治的公正也分别通过程序公正和实体公正两个方面得以体现。在法治实践活动中，要正确处理好程序与实体的关系，反对那种“只要程序公正，实体则必然公正”，以及“只要程序公正，实体则可以在所不问”的观念和做法。C 项的说法过于绝对，熟人社会和陌生人社会只是在倾向性上有区别，并非完全排斥实体公正或程序公正。所以 C 项错误，当选。

D 项：程序公正与实体公正具有密切的联系，程序公正是实体公正的外部形式，是实体公正得以实现的重要途径和重要保证；实体公正是程序公正的内在目标，也是程序公正的价值和意义所在。所以 D 项正确，不当选。

综上所述，本题为选非题，答案为 C 项。

【不定项】

5 1601088

答案：B,C,D。

解析：A 项：自由在法的价值中的地位，更重要的是它体现了人性最深刻的需要。人类活动的基本目标之一，便是为了满足自由的需要，实现自由欲望，达成自由目的。这体现在法律上，必须确认、尊重、维护人的自由权利，以主体的自由行为作为联结主体之间关系的纽带。可以说，没有自由，法律就仅仅是一种限制人们行为的强制性规则，而无法真正体现它在提升人的价值、维护人的尊严的伟大意义。所以，A 项错误。

BD 项：从价值上而言，法律是自由的保障。法律必须体现自由，保障自由，只有这样，才能使“个别公民服从国家的法律也就是服从他自己的理性即人类理性的自然规律”，从而达到国家、法律与个人之间的统一。显然，就法的本质来说，它以“自由”为最高价值目标。自由既然是人的本性，因而也就成为一种评价标准，是评价法律进步与否的标志。所以，BD 项正确。

C 项：坚持科学立法的原则，立法应尊重社会的客观实际状况，根据客观需要反映客观规律的要求，以理性态度对待立法工作，注意总结立法现象背后的普遍联系，揭示立法的内在规律。全面依法治国，必须充分尊重并自觉遵循自然规律、社会规律和经济规律，力求立法和执法实践，建立在正确认识自然、社会、经济三大客观规律，以及三者彼此互动规律的基础之上。所以，C 项正确。

综上所述，本题答案为 BCD 项。

（二）法的价值冲突的解决

【单选】

6 1501009

答案：A。

解析：A项：价值位阶原则是指在不同位阶的法的价值发生冲突时，在先的价值优于在后的价值。本题中，为了生命权牺牲了知情权、同意权，两个不同的价值有冲突，体现了价值位阶原则。因此，A项正确。

B项：法的价值冲突的解决中没有自由裁量原则。因此，B项错误。

CD项：比例原则意指为保护某种较为优越的法价值须侵及一种法益时，不得逾越此目的所必要的程度。功利主义原则即最大幸福原则，行为功利主义主张，为了更好的结果，可以放弃对日常准则的遵守。本题均未体现上述两个原则。因此，CD项错误。

综上所述，本题答案为A项。

7 1101013

答案：C。

解析：法的价值冲突指法的价值之间的抵触与冲突，主要包括：（1）个体之间法律所承认的价值发生冲突，例如行使个人自由可能导致他人利益的损失；（2）共同体之间价值发生冲突，例如国际人权与一国主权之间可能导致的矛盾；（3）个体与共同体之间的价值冲突，如个人自由与社会秩序的冲突。处理法的价值冲突的方法包括价值位阶原则、个案平衡原则和比例原则。

A项：个案平衡原则，指对处于同一位阶上的法的价值之间发生冲突时，必须综合考虑主体之间的特定情形、需求和利益，以使得个案的解决能够适当兼顾双方的利益。本题中，公共秩序、社会安全、犯罪分子生命属于不同位阶的法的价值，故不能适用个案平衡原则。因此，A项错误。（根据2019年官方教材，个案平衡原则已经被删去）

B项：比例原则，指为保护某种较为优越的法益须侵及另一种法益时，不得逾越此目的所必要的程度。换句话说，即使某种价值的实现必然会以其他价值的损害为代价，也应当使被损害的价值减低到最小限度，本题中，“该依法重判的坚决重判，该依法判处死刑立即执行的绝不手软”，完全牺牲了犯罪分子生命，没有体现比例原则中惩罚要降至最低程度的要求。因此，B项错误。

C项：价值位阶原则，是指在不同位阶的法的价值发生冲突时，在先的价值优于在后的价值。题目中条文表明对罪大恶极的犯罪分子，该重刑重判，该判死刑的判死刑，也就是说对于公共秩序、社会安全、犯罪分子生命之间存在的法律价值冲突，优先考虑社会秩序与公共安全，属于适用价值位阶原则解决法的价值之间的冲突。因此，C项正确。

D项：自由裁量原则不是法的价值的冲突解决原则。因此，D项错误。

综上所述，本题答案为C项。

（三）综合知识点

【单选】

8 1701008

答案：D。

解析：A项：法的价值是指法这种规范体系（客体）有哪些为人（主体）所重视、珍视的性状、属性和作用，主要包括秩序、自由和正义等价值。其中，法律是自由的保障。“法典就是人民自由的圣经”。它以“自由”为最高的价值目标。因此，相对于自由价值，秩序不是法的价值的顶端。故A项错误。

B项：法的价值冲突有两种解决方案。第一，价值位阶原则。这是指在不同位阶的法的价值发生冲突时，在先的价值优于在后的价值。在利益衡量中，首先就必须考虑“与此涉及的一种法益较其他法益是否有明显的价值优越性”。第二，比例原则。指“为保护某种较为优越的法的价值须侵及一种法益时，不得逾越此目的所必要的程度”。个案平衡原则。这是指在处于同一位阶上的法的价值之间发生冲突时，必须综合考虑主体之间的特定情形、需求和利益，以使得个案的解决能够适当兼顾双方的利益。（根据2019年官方教材，个案平衡原则已经被删去）本题中，秦某以虚构言论、合成图片的手段在网上传播多条“警察打人”的信息并不是法律保护的言论自由，违反了社会稳定的秩序价值，不利于维护国家整体的和谐稳定，因此，不是个案平衡，而是价值位阶原则。故B项错误。

C项：法律推理就是指法律人在从一定的前提推导出法律决定的过程中所必须遵循的推论规则。它是从法律规定与事实结合后得出的结论。C项中，法院认为，“原告捏造、散布虚假事实的行为不属于言论自由”这个是根据法律和事实得出的结论，是一个价值判断，不仅仅是对案件客观事实的陈述。故C项错误。

D项：所谓人权，是指每个人作为人应该享有或者享有的权利。人权既可以作为道德权利而存在，也可以作为法律权利而存在。但是，在根本上，人权是种道德权利。为了保障人权的实现，人权必须被法律化，但是，并不是所有的人权都实际上被法律化。本题中，言论自由是一个人应当享有的权利，故属于道德权利。同时，根据《宪法》第35条的规定：“中华人民共和国公民有言论、出版、集会、结社、游行、示威的自由。”故它也是我国的法定权利。故D项正确。

综上所述，本题答案为D项。

【多选】

9 2201114

答案：A,B,C,D。

解析：A项：出行是人的自由，而在疫情期间限制人身自由是为了防止疫情扩散影响社会秩序的稳定。因此疫情期间限制人身自由，直接体现了自由与秩序价值之间的冲突。因此，A项正确。

B项：伤害（或者危害）原则，是指禁止伤害他人或社会公共利益，也即一个人有自主作出某种行为的自由，但是没有侵害他人利益或者公共利益的自由。疫情期间限制人身自由的目的是降低病毒的传播率，以防扩散伤害到他人利益或公共利益，体现了伤害原则。因此，B项正确。

C项：家长主义原则，即法律为阻止相对人自我伤害，或为帮助个人增进其利益，可以不同程度地限制相对人的自由或权利。疫情期间限制人身自由是为了避免病毒传播对行为人自身造成感染，体现了家长主义原则。因此，C项正确。

D项：比例原则，是指在一个具体的个案中，选择更具优先性或分量的价值，即选择造成损害最小的法的价值。本案中为了社会的稳定及大多数人的利益，牺牲了小部分人的自由，体现了比例原则。因此，D项正确。

综上所述，本题答案为ABCD项。

【不定项】

10 1701088

答案：A,C,D。

解析：A项：根据法与道德是否存在概念上的必然联系，分为实证法学派和非实证法学派。实证法学派强调法与道德之间没有必然联系，即使是与道德相对抗的法律也是法律，即“恶法亦法”；非实证法学派则强调法与道德之间存在必然联系，与道德相对抗的法律不能称之为法律，即“恶法非法”。因此A项中，认为不公正的法律不是法律是恶法非法的体现，能够得出冉阿让并未犯罪的结论。因此，A选项正确。

B项：沙威“笃信法律就是法律”，是典型的恶法亦法，是实证主义的法律观。因此，B选项错误。

C项：冉阿让强调法应当包含正义性、正当性，体现法律的正义价值，是非实证主义的要求；沙威强调法律的严格遵守，是秩序性价值的要求，是实证主义的要求。因此，C选项正确。

D项：法律的权威来源于人们的自觉遵守和维护，以法律符合正义、道德为基础。因此，D选项正确。

综上所述，本题答案为ACD项。

11 1001092

答案：B,D。

解析：A项：该规定体现了立法者对残疾人群的特别规定，在很大程度上能够保护残疾人群的利益，减轻其负担，体现了立法者照顾残疾人群的价值取向。故A项正确，不当选。

B项：从法的价值角度分析，该规定的主要目的是对存在先天缺陷或处于弱势地位的人给予特殊照顾，即实现法的分配正义。故B项错误，当选。

C项：该规定要求政府、企业等主体给予残疾人相关便利，能够指引有关企业、政府和残疾人本身作出相应的行为。故C项正确，不当选。

D项：该规定给予残疾人的优待不仅不悖于法律面前人人平等的原则，更是体现了法律面前人人平等的原则。故D项错误，当选。

综上所述，本题为选非题，答案为BD项。

二、模拟训练

【单选】

12 61808009

答案：D。

解析：ABC项：价值位阶原则，即在高位阶价值和低位阶价值之间发生冲突时，应优先保护高位阶价值，牺牲低位阶价值，一般来说，人权 = 自由 > 正义 > 秩序 > 效率。A选项，甲对国家保护动物黑熊进行反击的过程中，秩序价值和人权价值发生了冲突，甲的选择是保护人权这一高位阶价值的体现；B选项，在为乙施行手术的过程中，秩序价值和人权价值发生了冲突，院长的批准系保护人权这一高位阶价值的体现；C选项，在丙的交通违规情形中，秩序价值和人权价值发生了冲突，丙及交警的行为是保护人权这一高位阶价值的体现。以上情形中体现的均系价值位阶原则，而非个案平衡原则。因此，ABC项错误。

D项：个案平衡原则是指处于同一位阶法的价值之间发生冲突时，必须综合考虑主体之间的特定情形、需求和利益，以使个案的解决能够适当兼顾双方的利益。法院为照顾无劳动能力的乙，在处于同一顺位的继承人中判处乙继承多数遗产，在这一裁判结果中充分考虑到了乙作为特定主体的特殊性，体现了个案平衡原则。因此，D项正确。

综上所述，本题答案为D项。

13 61908134

答案：B。

解析：A项：法的价值既包括对于实然的法的认识，更包括对于应然的法的追求。对实然的法的认识属于事实判断的范畴，对于应然的法的追求则属于价值判断的范畴。因此，A项正确，不当选。

B项：法反映统治阶级的整体意志，法的根本和首要任务不是建立对社会成员有利的社会秩序，而是确保统治秩序的建立和维护。因此，B项错误，当选。

C项：自由是法律的最高价值追求，所以法律应当保障人们的自由，而不是限制人们的自由。但是，人们的自由不可以违背法律的禁止性规定，法律会对那些可能干涉其他人自由的行为进行限制、禁止。因此，C项正确，不当选。

D项：自由是法律最高的价值目标，可以成为衡量法律是否是“真正的法律”的评判标准。因此，D项正确，不当选。

综上所述，本题为选非题，答案为B项。

14 62208214

答案：D。

解析：A项：人权在根本上是一种道德权利，但为了尽可能地保证人们在事实上享有与实现人权，人权就必须尽可能地被转化为法律权利，获得国家强制力的保证。可见，人权既可以作为道德权利，也可以作为法律权利。因此，A项错误。

B项：法的价值包括自由、秩序和正义，法律作为一种社会规范，其首要功能就是维护社会秩序，确保社会的稳定和安宁。其中秩序是法律的【基础价值】。因此，B项错误。

C项：自由是法律的【最高价值】，但自由并不是无限制的，如法律为阻止相对人自我伤害，或为帮助个人增进其利益，可以不同程度地限制相对人的自由。因此，C项错误。

D项：法学中所谓的正义主要涉及的是社会正义，即客观意义的正义，其是指社会共同生活的正直的、道德上合理的状态和规则。因此，D项正确。

综上所述，本题答案为D项。

【多选】

15 61808008

答案：B,C,D。

解析：A项：秩序作为法的基本价值之一，它主要关注的是社会生活的稳定与和谐，以及人们行为的有序性。主要体现为一种形式上的安排，如法律规则、制度设计等，为社会的正常运转提供了框架和保障。相比之下，法的价值中涉及的实质方面，如自由、平等、正义等，关注个体权利的保护、社会公平的实现等实质的问题。因此，A 项错误。

B 项：法律根本而首要的任务是确保统治秩序的建立。秩序是法的其他价值的基础，自由、平等、效率等也需要以秩序为基础，所以秩序是法的基础价值。因此，B 项正确。

C 项：自由是法律最本质的价值，也是法律最高的价值目标。自由是衡量国家的法律是不是“真正的法律”的评价标准。自由是评价法律进步与否的标准，体现了人性最深刻的需要。因此，C 项正确。

D 项：“正义”本身是个关系范畴，正义存在于人与人之间的相互交往之中，不同人对于正义会有不同理解，如果没有人与人之间的关系存在，就不会有正义问题的产生。因此，D 项正确。

综上所述，本题答案为 BCD 项。

【不定项】

16 62108079

答案：A,D。

解析：A 项：首先，人权是一种权利；其次，人权来自“人自身”。人权是一个人只要是人就应当享有或者实际享有的权利，除非否认他（她）是人，人权的享有并不以一定的身份为前提。因此，A 项正确。

B 项：由于不同的人具有不同的利益，在社会政策制定和执行的过程中，必须经常在不同个人或群体的利益间进行权衡，因此有的人必须作出牺牲。对任何人可以提出合理要求的牺牲，需要其承受的损失是有限度的，这个限度的伦理基础就是人们负有相互尊重的义务。故人权是可以牺牲的，但牺牲是有限度的。因此，B 项错误。

C 项：一般来说，人权 = 自由 > 正义 > 秩序 > 效率，但是在具体的法律中，自由、正义、秩序的排序可能会有不同，但人权和秩序一定不会处于同等位阶。因此，C 项错误。

D 项：个案中的比例原则是指与其他法的价值相比较，哪一个法的价值在具体案件的情境下更具有【优先性或分量】。个案中的比例原则是处理法律价值冲突的重要原则之一。因此，D 项正确。

综上所述，本题答案为 AD 项。

第四章 法律规则

参考答案

[1]C	[2]ABC	[3]C	[4]D	[5]A
[6]ABD	[7]AC	[8]C	[9]ACD	[10]AC
[11]BCD	[12]ABC			

一、历年真题及仿真题

（一）法律规则的分类

【单选】

1 1801006

答案：C。

解析：ABCD 项：关于法律规则的分类，按照规则的内容不同，可以分为授权性规则和义务性规则：授权性规则是以权利为内容的法律规则，义务性规则是以义务为内容的法律规则；按照内容的确定性程度不同，可以分为确定性规则、委任性规则和准用性规则：确定性规则是指内容本已明确规定，无需再援引或参照其他规则来确定其内容的法律规则；委任性规则是指内容尚未确定，而只是规定某种概括性指示，由相应【国家机关】通过相应途径或程序加以规定的法律规则；准用性规则是指内容本身没有规定人们具体的行为模式，而是可以援引或参照【其他相应内容】规定的规则。按照规则对人们行为规定和限定的范围或程度不同，可以分为强行性规则和任意性规则：强行性规则是指内容具有强制性质，不允许人们随便加以更改的法律规则；任意性规则是指规定在一定范围内，允许人们自行选择或协商确定为与不为、为的方式以及法律关系中的权利义务内容的法律规则。

本题中，“出卖人交付的标的物不符合质量要求的，买受人可以依据本法第五百八十二条至第五百八十四条的规定请求承担违约责任。”这一法条按照规则的内容，权利受到损害的买受人有权要求对方承担违约责任，是以权利为内容的规定，属于授权性规则；从内容是否确定的角度，当事人的权利内容需要援引、参考【其他法条】才能明确，属于准用性规则；从是否允许当事人变更的角度，买受人可以主张其权利，也可以选择不主张权利，属于任意性规则。因此，C 项正确，ABD 项错误。
综上所述，本题答案为 C 项。

【多选】

2 1701059

答案：A,B,C。
解析：ABC 项：法律应当尽可能地实现其确定性，但法律并不能实现完全绝对的确定性，极度的确定性反而可能限制法律的适用。法律可以通过援引其他规则、借助法律推理和法律解释、适用法律原则等内容提高其自身的确定性，保障法律的适用及其正义性。故 ABC 项正确。
D 项：根据法律规则的内容不同，分为权利性规则和义务性规则；根据法律规则的确定性程度不同，分为确定性规则、准用性规则、委任性规则。权利性规则可以是确定性规则、准用性规则、委任性规则，并非均是不确定性的。而权利性规则强调具有选择性，并非规则内容不确定。故 D 项错误。
综上所述，本题答案为 ABC 项。

【不定项】

3 1201087

答案：C。
解析：AC 项：按照规则内容的确定性程度不同，可以把法律规则分为确定性规则、委任性规则和准用性规则。①委任性规则，是指内容尚未确定，而只规定某种概括性指示，由相应国家机关通过相应途径或程序加以确定的法律规则；②准用性规则，是指内容本身没有规定人们具体的行为模式，而是可以援引或参照其他相应内容规定的规则。题目中条文“适用公司法和其他有关法律、行政法规的规定”和“适用《中华人民共和国公司法》的规定”的内容是引用其他法律的规定，为准用性规则。因此，A 项错误，C 项正确。
BD 项：按照规则对人们行为规定和限定的范围或程度不同，可以把法律规则分为强行性规则和任意性规则。①强行性规则，是指内容规定具有强制性质，不允许人们随便加以更改的法律规则，强行性规则中规定禁止内容的又称禁止性规则；②任意性规则，是指规定在一定范围内，允许人们自行选择或协商确定为与不为的方式以及法律关系中的权利义务内容的法律规则。本题中是否适用《公司法》的规定不能随意选择，故为强行性规则。所谓禁止性规则，是指法律规则中禁止法律主体从事某种行为的规则，而此条文中不含禁止性规定，不属于禁止性规则。因此，BD 项错误。
综上所述，本题答案为 C 项。
【《保险法》于 2015 年最新修订，但对本题考点无影响，按照原题干做题即可。】

（三）综合知识点

【单选】

4 2201073

答案：D。
解析：A 项：假定条件是指法律规则中有关适用该规则的条件和情况的部分，即法律规则在什么时间、空间、对什么人适用以及在什么情境下法律规则对人的行为有约束力的问题。本条省略了假定条件。因此，A 项正确，不当选。
B 项：内部证成是指法律决定必须按照一定的推理规则从相关前提中逻辑地推导出来的过程。基本形式是从大前提（法律规范）和小前提（案件事实）中推导出结论的过程，该规定属于法律规范可以作为大前提使用。因此，B 项正确，不当选。
CD 项：准用性规则指内容本身没有规定人们具体的行为模式，而是可以援引或参照其他相应内容规定的规则。例如，我国《商业银行法》第 17 条：“商业银行的组织形式、组织机构适用《中华人民共和国公司法》的规定。”委任性规则指具体内容尚未确定，只规定某种概括性指示，由相应国家机关通过相应途径或程序加以确定的法律规则。该条规定“由中国人民解放军卫生主管部门会同国务院卫生行政部门依据本条例制定”属于委任性规则，而非准用性规则。因此，C 项正确，不当选；D 项错误，当选。

综上所述，本题为选非题，答案为 D 项。

5 1501010

答案：A。

解析：A 项：表达法律规则的特定语句往往是一种规范语句。根据规范语句所运用的助动词的不同，规范语句可分为命令句和允许句。命令句是指使用了“必须”“应该”或“禁止”等道义助动词的语句。允许句是指使用了“可以”这类道义助动词的语句。据此可知，该条文具有“应当”一词，属于命令句，运用了规范语句来表达法律规则。故 A 项正确。

B 项：强行性规则，是指内容规定具有强制性质，不允许人们随便加以更改的法律规则。任意性规则，是指规定在一定范围内，允许人们自行选择或协商确定为与不为、为的方式以及法律关系中的权利义务内容的法律规则。据此可知，该条文具有强制性内容，属于强行性规则。故 B 项错误。

C 项：确定性规则，是指内容本已明确肯定，无须再援引或参照其他规则来确定其内容的法律规则。法律条文中规定的绝大多数法律规则属于此种规则。委任性规则，是指内容尚未确定，而只规定某种概括性指示，由相应国家机关通过相应途径或程序加以确定的法律规则。据此可知，该条文内容明确肯定，属于确定性规则。故 C 项错误。

D 项：法律后果，指法律规则中规定人们在作出符合或不符合行为模式的要求时应承担相应的结果的部分，是法律规则对人们具有法律意义的行为的态度。该条文只规定了假定条件和行为模式，没有规定法律后果。故 D 项错误。

综上所述，本题答案为 A 项。

【多选】

6 1301054

答案：A,B,D。

解析：A 项：确定性规则是指内容本已明确肯定，无须再援引或参照其他规则来确定其内容的法律规则。义务性规则是指在内容上规定人们的法律义务，即有关人们应当作出或不作出某种行为的规则。该法条符合确定性和义务性规则的描述。故 A 项正确。

B 项：语句分为陈述句和规范语句，二者区分的关键为是否使用道义助动词，如“应当”“不得”“禁止”等，如果使用了道义助动词则为规范语句。该法条使用了“应当”“不得”，故属于规范语句。故 B 项正确。

C 项：否定性法律后果，指行为人违反了法律法规的禁止性规定或者法律规定的特定义务，将承担对自己不利的法律后果。很明显，该法条并没有规定对违反义务人的制裁等否定性法律后果。故 C 项错误。

D 项：应为模式，是指在什么假定条件下，人们“应当或必须如何行为”的模式；勿为模式，是指在什么假定条件下，人们“禁止或不得如何行为”的模式。法条中规定，家庭成员应当关心老年人的精神需求，属于应为模式，不得忽视、冷落老年人，则属于勿为模式。故 D 项正确。

综上所述，本题答案为 ABD 项。

7 1001051

答案：A,C。

解析：AC 项：一切法律规范都必须以作为“法律语句”的语句形式表达出来，具有语言的依赖性。离开了语言，法律就无以表达、记载、解释和发展。表达法律规则的特定语句往往是一种规范语句，而根据规范语句所运用的助动词的不同，可以被区分为命令句和允许句。命令句是指使用了“必须”“应当”或“禁止”等这样一些道义助动词的语句；允许句是指使用了“可以”这类道义助动词的语句。但是，这并不意味着所有法律规则的表达都是以规范语句的形式表达，因为还可以用陈述语气或陈述句表达（只要这种陈述句可以被改造为规范语句且不影响原有的含义即可），故所有表达法律规则的语句都可以带有道义助动词是正确的。故 AC 项正确。

B 项：虽然所有法律规则都具有语言依赖性，但是法律规则和法律条文毕竟存在内容和形式的区别，规则是内容，而条文是形式，所以不能将二者等同视之。故 B 项错误。

D 项：D 项中所包含的明显是一个法律规则，虽然它是一种陈述语句的表达方式，并未以规范语句的方式表达出来，但是只要陈述语句能够被改造为规范性语句，法律规则同样能够用陈述性语句表达。比如，D 选项也可以这样表达："自然人应当以户籍登记或者其他有效身份登记记载的居所为住所；经常居所与住所不一致的，经常居所视为住所。"故 D 项错误。

综上所述，本题答案为 AC 项。

二、模拟训练

【单选】

8 62208215

答案：C。

解析：AB 项：准用性规则，是指内容本身没有规定人们具体的行为模式，而是可以援引或参照其他相应内容规定的规则。委任性规则，是指内容尚未确定，而只规定某种概括性指示，由相应国家机关通过相应程序加以确定的法律规则。《商业银行法》第 17 条第 1 款中规定参照《中华人民共和国公司法》的规定，故属于准用性规则，而非委任性规则。因此，A 项错误。《计量法》第 32 条中只规定了由相应国家机关依据本法另行制定，故属于委任性规则，而非准用性规则。因此，B 项错误。

C 项：授权性规则，是指规定人们有权作一定行为或者不作一定行为的规则。《民法典》第 40 条规定了利害关系人在自然人下落不明满二年时的权利，属于授权性规则。因此，C 项正确。

D 项：规范性条文，是指直接表述法律规范（法律规则和法律原则）的条文，而非规范性条文是指不直接规定法律规范，而规定某些法律技术内容（如专门法律术语的界定、公布机关和时间、法律生效日期等）的条文，不能独立存在，总是附属于规范性法律文件中的规范性法律条文。《民法典》第 200 条规定了"期间"这一法律术语的计算方法，属于非规范性条文。因此，D 项错误。

综上所述，本题答案为 C 项。

【多选】

9 61908195

答案：A,C,D。

解析：A 项：一个法律规则的三要素在逻辑上缺一不可，但在具体条文中不一定一一对应，任何一部分在一个条文中都是可以省略的，实践中也有大量省略的例子。因此，A 项正确。

B 项：法的自由价值是指人能够依赖自己的理性、根据自己的意志作决定与行为选择，该条文不涉及人可以根据自己的理性、意志决定与选择。该条文规定"又聋又哑的人或者盲人犯罪，可以从轻、减轻或者免除处罚。"体现的是法的正义价值中的合理差别的理念。作为法的价值的正义主要指分配正义，其遵循的原则包括：无差别原则、差别原则、个人需求原则。因此，B 项错误。

CD 项：确定性规则是指内容已经明确规定人们具体的行为模式，无需再援引或者参照其他规则来确定其内容的法律规则。委任性规则即具体内容尚未确定，只规定某种概括性指示，由相应国家机关通过相应途径或程序加以确定的法律规则。准用性规则是指内容本身没有规定人们具体的行为模式，而是可以援引或参照其他相应内容规定的规则。C 项未对具体内容作出规定，而是委任"国务院卫生健康主管部门"来加以确定，所以，C 项是委任性法律规则。D 项已经明确规定人们具体的行为模式，无须再援引或者参照其他规则来确定其内容，属于确定性规则。因此，CD 项正确。

综上所述，本题答案为 ACD 项。

10 61908196

答案：A,C。

解析：A 项：并不是所有的法律规范都表现为法律条文形式，在判例法国家，法律规范也可以通过判例表现，因此也不是所有的法律规则都是通过法律条文来表达的。因此，A 项错误，当选。

B 项：法律规则的内容可以分别由不同规范性法律文件的法律条文来表达，如故意杀人的法律后果可能既涉及刑事责任又涉及民事责任，则可以通过刑法、民法等相关不同法律的不同条文表达。因此，B 项正确，不当选。

C 项：法的概念宽于法律规则的概念。法的要素是规则、原则和概念三种要素，法律规则的要素是假定条件、行为模式、法律后果。两者不是一个概念。因此，C 项错误，当选。

D 项：同一个法律规则可以通过一个法律条文来表述，也可以通过若干个法律条文来表达。法条中数个条文表述一个规则的模式十分常见。因此，D 项正确，不当选。

综上所述，本题为选非题，答案为 AC 项。

11 62208217

答案：B,C,D。

解析：A 项：表达法律规则的特定语句往往是一种规范语句，规范语句通常使用“必须”“应该”“禁止”“可以”等道义助动词。此条文中有“应当负刑事责任”的表述，属于规范语句。因此，A 项错误。

B 项：假定条件，是指法律规则中有关适用该规则的条件和情况的部分，即法律规则在什么时间、空间、对什么人适用以及在什么情境下对人的行为有约束力的问题。因此，B 项正确。

C 项：行为模式，是指法律规则中规定人们如何具体行为之方式的部分，分为可为模式、应为模式、勿为模式。此条文规定为明显的勿为模式。因此，C 项正确。

D 项：法律后果，是指法律规则中规定人们在作出符合或不符合行为模式的要求时应承担相应结果的部分，是法律规则对人们具有法律意义的行为的态度。刑事责任是典型的法律后果。因此，D 项正确。

综上所述，本题答案为 BCD 项。

12 62208216

答案：A,B,C。

解析：A 项：规定人们的消极义务，即禁止人们作出一定行为的规则为禁止性规则，属于义务性规则，而不是授权性规则。本项中《刑法》的规定属于禁止性规则，禁止人们实施故意杀人行为。因此，A 项错误，当选。

B 项：在内容上规定人们的法律义务的属于义务性规则，故《宪法》第 56 条规定中华人民共和国公民的纳税义务属于义务性规则。因此，B 项错误，当选。

C 项：兼具授予权利、设定义务两种性质的法律规则为权义复合规则。本项中《宪法》规定了通信自由和通信秘密权属于权义复合规则。因此，C 项错误，当选。

D 项：规定人们有权做一定行为或不做一定行为的规则为授权性规则，故《民法典》第 240 条规定所有权人对自己的不动产或者动产，享有占有、使用、收益和处分权，属于授权性规则。因此，D 项正确，不当选。

综上所述，本题为选非题，答案为 ABC 项。

第五章 法律原则

参考答案

[1] C	[2] ABC	[3] ABC	[4] A	[5] B
[6] A	[7] B	[8] B	[9] D	[10] AC
[11] BC	[12] C	[13] BD	[14] CD	[15] ACD
[16] C				

一、历年真题及仿真题

（一）法律原则与法律规则的区别

【单选】

1 1601009

答案：C。

解析：A 项：根据《民法典》第 7 条的规定：“民事主体从事民事活动，应当遵循诚信原则，秉持诚实，恪守承诺。”这是典型地通过法律语句形式来表达法律原则。故 A 项说法错误。

BC 项：在内容上，法律规则的内容是明确具体的，它着眼于主体行为及各种条件（情况）的共性；其明确具体的目的是削弱或防止法律适用上的“自由裁量”。法律原则的着眼点不仅限于行为及条件的共性，而且关注它们的个别性，其要求比较笼统、模糊，它不预先设定明确的、具体的假定条件，更没有设定明确的法律后果。故 B 项说法错误，C 项说法正确。

D 项：在适用方式上，法律规则是以“全有或全无”的方式或涵摄的方式应用于个案当中，法律原则是以“衡量强度”“或多或少”的方式应用于个案当中。故 D 项说法错误。

综上所述，本题答案为 C 项。

【多选】

2 2001152

答案：A,B,C。

解析：ABCD 项：法律规则和法律原则都是法律规范，但二者性质不同，法律规则的内容明确具体，法律原则的内容宽泛抽象，从关系上来看，原则乃规则之母，宽泛抽象的原则在含义上较规则更加模糊，法律规则属于法律原则内容的具体化的结果，原则为规则提供基础和本源，构成规则的正当化基础。因此，ABC 项错误，当选；D 项正确，不当选。

综上所述，本题为选非题，答案为 ABC 项。

3 1701058

答案：A,B,C。

解析：A 项：采用列举式是为了使法律规则的内容尽可能的具体和确定，实现法的可预测性。故 A 项正确。

BC 项：题干中法院认为原告取证目的并无不当，也未损害社会公共利益和他人合法权益，且该取证方式有利于遏制侵权行为，应认定合法，体现法官的利益衡量。故 B 项正确。这种程序性内容的认定可能与客观事实不一致，不一定能够保证实质正义。故 C 项正确。

D 项：法律规则和法律原则相比，更加有助于实现法的确定性、可预测性及安定性，法律原则具有合正义性和正当性的特点，在法律规则出现漏洞时，法律原则的适用能够弥补缺陷，保障法律的合法合理适用。法律原则的适用条件之一为穷尽法律规则的适用，在没有法律规则时方得适用法律原则。因此，在一般情况下，法律规则具有优先适用性。故 D 项错误。

综上所述，本题答案为 ABC 项。

（二）综合知识点

【单选】

4 2401047

答案：A。

解析：ABC 项：不同的法律原则具有不同的“强度”，这些不同强度的原则甚至冲突的原则都可能存在于一部法律之中。例如，在民法中，无过错责任原则和公平责任原则，可能与意志自由原则是矛盾的。因此，B 项错误。当两个原则在具体的个案中冲突时，法官必须根据案件的具体情况及有关背景在不同强度的原则间作出权衡：被认为强度较强的原则对该案件的裁决具有指导性的作用，比其他原则的适用更有分量。但另一原则并不因此无效，也并不因此被排除在法律制度之外，因为在另一个案中，这两个原则的强度关系可能会改变。例如，不能根据在某一个案中采用公平原则，而否认意志自由原则的效力；相反在另一个案中强调意志自由原则，也并不否定公平原则的效力。因此，A 项正确。法律规则是以法律原则为前提或基础的，是法律原则或理念和价值的具体化和详细化，是对在事实情况下的许多法律原则与目标进行平衡或衡量的结果。法律原则之间存在冲突，法律原则更细化的法律规则与其他法律原则也可能存在冲突，因此，C 项错误。

D 项：穷尽法律规则，方得适用法律原则。只有出现无法律规则可以适用的情形，法律原则才可以作为弥补“规则漏洞”的手段发挥作用。如有可适用的法律规则，则不能适用原则，原则不能影响规则的适用，更不能否认规则。因此，D 项错误。

综上所述，本题答案为 A 项。

5 1701010

答案：B。

解析：A 项：权利分为应然权利与法定权利，应然权利是人权的组成部分，指人从理论上应当享有的基本人权，姓名权当然是人的基本权利，属于应然权利。同时，我国《民法典》等相关法律也规定了姓名权的内容，姓名权不仅是应然权利，也是法定权利。故 A 项说法错误。

B 项：法律原则，是为法律规则提供某种基础或本源的综合性、指导性的价值准则或规范，是法律诉讼、法律程序和法律裁决的确认规范。它可以弥补规则的不足。诚实信用原则可以弥补法律规则的漏洞，在规则出现缺陷时，按照法律原则予以处理。故 B 项说法正确。

C 项：根据权利义务所对应的主体范围可以将权利义务分为绝对权利义务和相对权利义务。绝对权利和义务，又称“对世权利”和“对世义务”，是对应不特定的法律主体的权利和义务，绝对权利对应不特定的义务人；绝对义务对应不特定的权利人，如物权。相对权利和义务又称“对人权利”和“对人义务”，是对应特定的法律主体的权利和义务，“相对权利”对应特定的义务人；“相对义务”对应特定的权利人，如债权。本题的姓名权是一个人独立享有的权利，针对不特定的多数人，因此是绝对权而不是相对权。故 C 项说法错误。

D 项：一个不道德的行为是否只有在伤害他人的情况下才应由法律加以干预，还是在伤害自己或伤害公众感情或损害社会的公共性的情况下也可引出法律干预，对此曾经提出的原则有：伤害原则、法律家长主义原则、冒犯原则、法律道德主义原则等。1. 伤害原则。密尔认为只有伤害别人的行为才是法律检查和干涉的对象，未伤害任何人或仅仅伤害自己的行为不应受到法律的惩罚。2. 法律家长主义。法律家长主义原则也称父爱主义，其基本思路是，禁止自我伤害的法律。如禁止自杀、禁止决斗、强制戒毒等法律法规都是该原则的体现。3. 冒犯原则。冒犯原则认为法律禁止那些虽不伤害别人但却冒犯别人的行为是合理的。这里的冒犯行为是指使人愤怒、羞耻或惊恐的淫荡行为或放肆行为，如人们忌讳的性行为、虐待尸体、亵渎国旗等。这种行为公然侮辱公众的道德信念、道德感情和社会风尚，因此必须受到刑事制裁。4. 法律道德主义原则。个人的行为只要违背了一个社群所接受的道德准则，就应该受到法律的禁止或者惩罚。本题中王甲的行为伤害了作家王乙的合法权益，法律对此行为予以评价、干涉的，属于伤害原则的体现。故 D 项说法错误。

综上所述，本题答案为 B 项。

6 **1301010**

答案：A。

解析：A 项：强行性规则是指内容规定具有强制性质，不允许人们随便加以更改的法律规则。任意性规则是指规定在一定范围内，允许人们自行选择或协商确定为与不为、为的方式以及法律关系中的权利义务内容的法律规则。题干中的条款明确规定“夫妻双方可以约定”，说明属于任意性范畴，故属于任意性规则。因此，A 项正确。

B 项：法律规则是一种以一定的逻辑结构形式具体规定人们的法律权利、法律义务以及相应法律后果的法律规范。法律原则是一种为法律规则提供某种基础或本源的综合性、指导性的原理或价值准则的法律规范。本题中，《民法典》第 1065 条第 1 款的内容具体明确，属于法律规则，非法律原则。因此，B 项错误。

C 项：准用性规则是指内容本身没有规定具体的行为模式，而是可以援引或参照其他相应内容规定的规则。【注意】C 选项有争议，有老师认为，准用性规则引用和参照的必须是其他法律的，引用本法的不算，所以不选 C，但该观点与 17 年卷一第 60 题的观点相矛盾，引用本法也算是准用性规则。题目主干的文字表述，主要是表述该法条是任意性规则，出题人出题目的也在于考查此知识点。故单选题优中选优应该选 A，但 C 也是正确的。该题属于出题有瑕疵，建议不需要纠结。

D 项：法律规则根据内容规定的不同，分为授权性规则和义务性规则，其中义务性规则又分为命令性规则和禁止性规则。本题所提供的法条内容道义助动词为“可以”“应当”，不存在“禁止”“不准”“不得”等禁止性规则的标志词，故非禁止性规则。因此，D 项错误。

综上所述，本题答案为 A 项。

7 **1601008**

答案：B。

解析：AB 项：法律规则有以下分类：1. 按照规则的内容规定的不同，法律规则可以分为授权性规则和义务性规则。所谓授权性规则，是指规定人们有权做一定行为或不做一定行为的规则，即规定人们的“可为模式”的规则；所谓义务性规则是指在内容上规定人们的法律义务，即有关人们应当作出或者不作出某种行为的规则。义务性规则也分为两种，（1）命令性规则，指规定人们的积极义务，即人们必须或应当作出某种行为的规则；（2）禁止性规则，是指规定人们的消极义务，即禁止人们作出一定行为的规则。2. 按照规则内容的确定性程度不同，可以把法律规则分为确定性规则、委任性规则和准用性规则。所谓确定性规则，是指内容已明确肯定，无须再援引或参照其他规则来确定其内容的法律规则；所谓委任性规则，是指内容尚未确定，而只规定某种概括性指示，由相应国家机关通过相应途径或程序加以确定的法律规则；所谓准用性规则，是指内容本身没有规定人们具体的行为模式，而是可以援引或参照其他相应内容规定的规则。3. 按照规则对人们行为规定和限定的范围或程序不同，可以把法律规则分为强行性规则和任意性规则。所谓强行性规则，是指内容规定具有强制性质，不允许人们随便加以更改的法律规则；所谓任意性规则，是指规定在一定范围内，允许人们自行选择或协商确定为与不为、为的方式以及法律关系中的权利义务内容的法律规则。本题中，《治安管理处罚法》第 115 条规定是强制性规定，不允许人们随意更改，且要求公安机关“应当”实行罚缴分离，而不是禁止公安机关实施罚缴不分离的行为，是命令性规则而非禁止性规则。故 B 项正确，A 项错误。

C 项：程序性法律原则是直接涉及程序法问题的原则，如诉讼法中规定的“一事不再理”原则、辩护原则、非法证据排除原则、无罪推定原则，本题不涉及程序法问题。故 C 项错误。

D 项：法律后果是指法律规则中指示可能的法律结果或法律反应的部分。而本选项并没有规定如果不实行罚缴分离，将承担何种法律后果。故 D 项错误。

综上所述，本题答案为 B 项。

8 1101009

答案：B。

解析：A 项：根据法律规则的内容规定不同，法律规则可以分为授权性规则和义务性规则。所谓授权性规则，是指规定人们有权做一定行为或不做一定行为的规则，即规定人们的“可为模式”的规则。所谓义务性规则，是指在内容上规定人们的法律义务，即有关人们应当作出或不作出某种行为的规则。它也分为两种：1. 命令性规则，是指规定人们的积极义务，即人们必须或应当作出某种行为的规则；2. 禁止性规则，是指规定人们的消极义务，即禁止人们作出一定行为的规则。《反垄断法》第 45 条的规定属于义务性规则中的禁止性规则。因此，A 项正确，不当选。

B 项：法律规则是采取一定的结构形式具体规定人们的法律权利、法律义务以及相应法律后果的行为规范。法律原则是为法律规则提供某种基础或本源的综合性的、指导性的价值准则或规范。《行政处罚法》第 43 条第 1 款规定较为宽泛抽象，对于“利害关系”并未具体说明，系“回避原则”在法律条文中的体现，故其属于法律原则，而非法律规则。因此，B 项错误，当选。

C 项：按照规则内容的确定性程度不同，可以把法律规则分为确定性规则、委任性规则和准用性规则。委任性规则，是指具体内容尚未确定，只规定某种概括性指示，由相应国家机关通过相应途径或程序加以确定的法律规则。准用性规则，是指内容本身没有规定人们具体的行为模式，而是可以援引或参照其他相应内容规定的规则。《政府信息公开条例》第 55 条规定的“全国政府信息公开工作主管部门根据实际需要可以制定专门的规定”属于委任性规则。因此，C 项正确，不当选。

D 项：确定性规则是指内容已经明确规定人们具体的行为模式，无须再援引或者参照其他规则来确定其内容的法律规则。《民法典》第 1015 条第 1 款可直接适用，属于确定性规则。因此，D 项正确，不当选。

综上所述，本题为选非题，答案为 B 项。

【本题因新法修改，在选项中更新了法条内容，但实质法理未作改变，按该题考查的知识点掌握即可。】

9 1001012

答案：D。

解析：AC 项：法律规则和法律原则共同构成了法律规范，而题目中合同双方共同签订的仅具有个体约束力的条款并不是法律规范，所以其既不是法律规则也不是法律原则，更谈不上授权性规则还是义务性规则。因此，AC 项错误。

B 项：题目中合同双方约定“合同一式三份，具有同等的法律效力”表明合同双方通过充分的意思表示和交换，同意按照合同内容来约束自己的行为，这是具有法律效力的约定，而非单纯的对事实的表述。因此，B 项错误。

D 项：双方的合同关系是法律关系的一种，一旦合同发生法律效力，对甲乙双方都具有法律效力和法律后果。因此，D 项正确。

综上所述，本题答案为 D 项。

【多选】

10 1801055

答案：A,C。

解析：A 项：法律规则以“全有或全无”的方式（冲突不共存）适用于个案。故 A 项正确。

B 项：法律原则以权衡强度或分量的方式（可共存）适用于个案，规则竞争的结果是获胜的规则排除与其相竞争的规则，原则竞争的结果则是分量重的原则优先适用，落败的原则并非毫无分量，只是分量较轻不主导案件裁判罢了。故 B 项错误。

CD 项：法律规则因其内容明确具体，能够最大限度地实现法律的可预测性价值，且能够有效地限制法官的自由裁量权，因此在案件裁判中具有通常的优先地位，但这并不意味着法律原则无法适用于司法裁判，只不过法律原则的适用条件更为严格而已，具体包括：1. 穷尽规则（原则弥补规则漏洞的条件）；2. 个案正义 + 更强理由（原则取代规则的条件）。故 C 项正确，D 项错误。

综上所述，本题答案为 AC 项。

11 1801053

答案：B,C。

解析：A 项：法律规则的逻辑结构三要素，在表述中均可以被省略，但在逻辑上缺一不可。故 A 项正确，不当选。

B 项：规范性条文指的是直接表达法律规范的条文，其内容不一定是法律规则，也可能是法律原则。故 B 项错误，当选。

C 项：在诉讼过程中，与当事人有利害关系的，应当回避，这是一个法律原则，该句正确。但要注意，假定条件、行为模式和法律后果是法律规则的逻辑结构，换句话说这些只用来描述规则，对于原则不适用，C 项认为法律原则也有行为模式，显然错误。故 C 项错误，当选。

D 项：规则和条文的关系为内容与形式的关系，二者可以随意对应，规则可以通过条文来表述，也可以通过条文以外的其他形式，如判例和习惯来表述。条文既可以表达规则这一内容，也可以表达规则以外的其他内容，如法律概念，法律原则等。也即法律规则并不都由法律条文来表述，并非所有的法律条文都规定法律规则。故 D 项正确，不当选。

综上所述，本题为选非题，答案为 BC 项。

二、模拟训练

【单选】

12 62208014

答案：C。

解析：A 项：法律原则的适用并非随意而为，而需遵循一定的条件和程序。当裁判结果不公时，法官并不能直接舍弃法律规则而适用法律原则。根据法律原则适用的条件，首先应当穷尽法律规则，即在没有可适用的法律规则时，才能考虑适用法律原则。其次，即使存在可适用的法律规则，但适用该规则将导致结果极端不公，才可适用法律原则。因此，A 项错误。

B 项：在法的安定性（即可预测性）和合目的性（即正当性）之间应首选安定性。合目的性虽然重要，但如果以牺牲安定性为代价，会导致法律适用的不确定性。因此，B 项错误。

CD 项：为了实现个案正义，若适用法律规则将导致结果极端不公，在提供更强理由的条件下，可适用法律原则。据此可作如下分析：原则上，没有可以适用的法律规则时，才可以适用法律原则；其次，即使同时存在可适用的法律规则和法律原则，原则上也应当适用法律规则。只有在适用法律规则将导致结果极端不公时，并且需要提供更强理由，才可以适用法律原则。若适用法律原则的理由和适用法律规则的理由只是分量相当，并非分量更强，则亦无法适用法律原则。因此，C 项正确，D 项错误。

综上所述，本题答案为 C 项。

【多选】

13 61908138

答案：B,D。

解析：A 项：原则的适用范围要远大于规则，规则只适用于某一类型行为，而原则则有可能适用于一个法律部门，乃至于整个法律体系。规则由于三要素的存在，行为模式具体明确，只关注案件的共性，因此，只能适用于某一类具体的行为。而法律原则的行为模式模糊不定，其既着眼于行为及条件的共性，又关注行为的个别性，所以，适用范围远大于规则，可能适用于一个部门，也可能适用于整个法律体系。因此，A 项错误。

BC 项：法律原则没有明确的假定条件、行为模式，所以法官在适用时具有较大的自由裁量权。而规则由于有明确的假定条件、行为模式，要求法官在适用时，必须严格依据假定条件与行为模式。需要注意的是，规则限制了法官的自由裁量权，有助于实现法的可预测性，但是可能导致法具有僵硬性缺陷，需要原则的适用来弥补。原则能够弥补规则的僵硬性缺陷，有助于实现实质正义，但是却对法的可预测性有伤害。正是因为规则和原则的上述特点，为了保证法的确定性和可预测性，法律规则应当优先于法律原则适用。因此，B 项正确，C 项错误。

D 项：不同的法律原则具有不同的强度，当两个法律原则在具体个案中发生冲突时，法官必须从实际出发，在不同强度的原则间作出权衡，而规则由于其严格的假定条件，要么适用，要么不适用，所以法律规则是以“全有或全无”的方式适用的。因此，D 项正确。

综上所述，本题答案为 BD 项。

14 62208012

答案：C,D。

解析：AB 项：按照法律原则产生的基础不同，可以把法律原则分为公理性原则和政策性原则。公理性原则是指从社会关系本质中产生的，得到广泛承认并被奉为法律的公理，在国际范围内具有普适性。如法律面前人人平等、无罪推定原则便是公理性原则。因此，A 项错误。政策性原则是指国家关于社会发展、进步的决策、指示、决定及目的、目标，如“四项基本原则”等，政策性原则具有针对性、民族性和时代性。B 项表述后半句正确，但前半句错误，具有针对性和时代性的是政策性原则，非公理性原则。因此，AB 项错误。

CD 项：基本原则是指整个法律体系或某一法律部门所适用的、体现法的基本价值的原则，如宪法基本原则；具体原则是指在基本原则指导下适用于某一法律部门中特定情形的原则，如上诉不加刑原则、一事不二罚原则。因此，CD 项正确。

综上所述，本题答案为 CD 项。

【不定项】

15 62208013

答案：A,C,D。

解析：A 项：法律规则的明确性和具体性使得其成为法律适用的首选。在法律规则存在漏洞或无法完全适应案件事实时，法律原则便发挥其作用。法律原则作为法律规则的基础和本源，具有抽象性和概括性，能够填补法律规则的空白或漏洞。当不存在可供适用的法律规则时，法律原则可以被用来填补这些漏洞，以确保法律适用的完整性和公正性。因此，A 项正确。

B 项：法律规则因其明确性和具体性，能够为法律适用提供清晰的标准和指引，从而最大程度地实现法的安定性和权威性。相比之下，法律原则虽然具有普遍性和抽象性，但在具体适用时可能因个案差异而产生不同的解释和适用结果，这在一定程度上削弱了法的安定性和权威性。因此，B 项错误。

C 项：当法律规则明显违背公平正义原则、法律规则之间存在无法调和的冲突，在这种情况下，坚持适用法律规则可能会导致不公正的结果，而适用法律原则则能够更好地实现法律的公正和正义价值。因此，C 项正确。

D 项：在法的安定性和合目的性之间应首选安定性，即在法律原则适用时应考虑个案正义的实现。如果仅仅追求法的安定性和权威性而忽视个案正义的实现，法律原则就失去其应有的价值和意义。

因此，D 项正确。

综上所述，本题答案为 ACD 项。

16 62208011

答案：C。

解析：A 项：在法律原则的分类中，并不以产生的基础不同作为区分基本原则与具体原则的标准。基本原则与具体原则的区分主要基于其覆盖面和适用范围。基本原则具有宏观性、根本性和全局性的特征，其覆盖面广，适用于整个法律体系或某一法律部门；而具体原则则相对具体，其适用范围较窄，通常只适用于某一特定领域或问题。因此，A 项错误。

B 项：公理性原则与政策性原则的区分是基于产生的基础不同，而非覆盖面和适用范围。公理性原则是由法律原理（法理）构成的法的原则，是由法律基础（法的存在、效力、作用及运作等）所决定的法的原则；政策性原则是一个国家或民族出于一定的政策考量而制定的一些原则，如我国宪法中规定的“依法治国，建设社会主义法治国家”的原则，“国家实行社会主义市场经济”的原则，婚姻法中“实行婚姻自由、一夫一妻、男女平等的婚姻制度”的原则等即属于政策性原则。因此，B 项错误。

C 项：以涉及的内容为标准可分为实体性原则与程序性原则。实体性原则是规定和确认实体权利和义务的原则，如宪法、民法、刑法、行政法等所规定的原则大多属于此类；程序性原则是规定和保证实现实体权利和义务的有关程序方面的原则，如刑事诉讼法、民事诉讼法、行政诉讼法等所规定的原则大多属于此类。因此，C 项正确。

D 项：法律原则无此分类标准，法律原则分类标准只有三种，即以产生的基础不同、以覆盖面和适用范围的大小、以涉及的内容和问题的大小。因此，D 项错误。

综上所述，本题答案为 C 项。

第六章 法律权利与义务

参考答案

[1] AC	[2] C	[3] B	[4] C	[5] CD
[6] BD	[7] B	[8] C	[9] ABC	[10] ABD

一、历年真题及仿真题

（一）法律权利与义务的分类

【多选】

1 1101055

答案：A,C。

解析：ABC 项：积极义务，又称作为义务，是指义务人必须根据权利的内容作出一定的行为，如赡养父母、抚养子女、纳税、服兵役等。消极义务，又称不作为义务，是指义务人不得作出一定行为的义务，例如不得破坏公共财产、禁止非法拘禁、严禁刑讯逼供等等。AC 项属于积极义务，当选；B 项属于消极义务，不当选。因此，AC 项正确，B 项错误。

D 项：紧急避险属于一项权利，而非义务。因此，D 项错误。

综上所述，本题答案为 AC 项。

（二）综合知识点

【单选】

2 1301009

答案：C。

解析：A 项：诚如马克思所言：“没有无义务的权利，也没有无权利的义务。”因此，权利和义务不可能孤立地存在和发展。故 A 项错误。

B 项：由于奴隶制度的存在，在古代法律中，支配权不仅仅指财产上的支配，还包括对人身的支配。故 B 项错误。

C 项：平等的社会，每个人都应当在人身上是自由的，一个人不可能丧失主体性，依附于某个人。平等社会也是明确反对奴役的，因为一旦存在奴役，这就不再是平等的社会了。故 C 项正确。

D 项：从价值上而言，法律是自由的保障，法律必须体现自由，保障自由，从法的本质来说，它以“自由”为最高的价值目标，对此，自由必须在法律规定的边界内行使，不得逾越。故 D 项错误。

综上所述，本题答案为 C 项。

3 1201015

答案：B。

解析：A 项：本题争议为熊某的养鸽行为对苏某的居住环境的影响，主要是居住安宁权与养鸽权利的冲突和协调问题。因此，A 项正确，不当选。

B 项：我国《宪法》对于文化生活的规定主要集中于教育、科学、医疗卫生体育和国家发展的文学艺术及其他文化事业，而安居权则属于社会权利而非文化权利。因此，B 项错误，当选。

C 项：权利冲突解决方案的前提是一个人行使权利的同时造成对他人权利的实际侵害，即没有权利的侵害就没有权利的救济。因此，C 项正确，不当选。

D 项：“没有无义务的权利，也没有无权利的义务”，由此可知，相应的权利与义务之间具有一定的关联性。因此，D 项正确，不当选。

综上所述，本题为选非题，答案为 B 项。

4 1001006

答案：C。

解析：A 项：权利是法律规定的，与权利主体是否知道相关规定无关。故 A 项错误。

B 项：所谓法律体系，是指一国的全部现行法律规范，按照一定的标准和原则，划分为不同的法律部门而形成的内部和谐一致、有机联系的整体。由此可见，权利是法律的重要内容，但不能代表整个法律体系，和个人权利相比，法律体系的涵盖面更加广阔，所以知道自己的权利并不代表了解整个法律体系。故 B 项错误。

C 项：法律和权利是密切相关的，一方面，权利是被法律所规定的，故权利人拥有权利是一个法律问题；另一方面，如果权利人不知道自己的权利，不行使权利，则权利是纸面上的，是虚幻的，于是，权利人所拥有的权利成为一个事实问题。故 C 项正确。

D 项：法律的内容除了权利，还有义务，以及一些其他规定，“权利构成法律的一切内容”说法过于片面。故 D 项错误。

综上所述，本题答案为 C 项。

【多选题】

5 1301053

答案：C,D。

解析：A 项：生命权是指享有生命的权利，体现着人类的尊严与基本价值。本题中的其他四人故意将摩尔杀死并吃掉的行为侵犯了摩尔的生命权。因此，A 项正确，不当选。

B 项：功利主义的中心思想就是多数人的利益大于少数人的利益，所以按照功利主义理论，牺牲摩尔一人的生命换取其他四人的生命的做法是正确的。因此，B 项正确，不当选。

C 项：利益冲突是指，个人与个人之间或个人与群体之间或群体与群体之间的利益存在矛盾冲突。很明显，五名探险者中，摩尔不想死，而其余四人决定杀死摩尔，摩尔和余下四人之间存在着利益冲突。因此，C 项错误，当选。

D 项：功利主义法学认为，“一命换多命”符合法理；而自然主义法学则认为，生命权是人的自然权利，人的生命是神圣不可侵犯的。可见不同的法学派对此案不能形成“唯一正确的答案”。因此，D 项错误，当选。

综上所述，本题为选非题，答案为 CD 项。

【不定项】

6 1701089

答案：B,D。

解析：A 项：探望权这种与人身性质密切相连的内容，不适于强制执行。故 A 项说法错误。

B 项：权利和义务并非漫无边界，而是要在法律的限度范围之内行使和履行，不可超越法律的界限。故 B 项说法正确。

C 项：探望权原则上应当认为是林某的权利，并非法律上的义务，即使道德上有义务，也不能构成对林某法律上的约束。故 C 项说法错误。

D 项：许某的协助义务包括积极和消极的义务，积极义务如积极地为探望准备条件，便于探视；消极义务如不干涉、不阻碍对方探望。故 D 项说法正确。

综上所述，本题答案为 BD 项。

二、模拟训练

【单选】

7 62208221

答案：B。

解析：A 项：绝对权，又称对世权，对象是不特定的法律主体。知识产权对象是不特定的法律主体，其权利主体可以对抗不特定的任何人，即任何未经授权的使用、复制等行为都构成对知识产权的侵犯，所以知识产权属于绝对权。因此，A 项正确，不当选。

B 项：不是所有时代权利都是第一性的。在等级特权时代，法律制度往往强调以义务为本位。强调个人对国家、君主或贵族的义务，而权利则受到严格限制。这与现代法治社会强调权利保护、权利与义务相平衡的原则截然不同。因此，B 项错误，当选。

C 项：权利和义务是一切法律规范、法律部门甚至是法律体系的核心内容。因此，C 项正确，不当选。

D 项：权利和义务是紧密联系、不可分割的。没有无义务的权利，也没有无权利的义务。因此，D 项正确，不当选。

综上所述，本题为选非题，答案为 B 项。

8 62208127

答案：C。

解析：A 项：自由并非无限制的，而是受到法律规范的约束。法律以权利义务规范为内容，法律赋予人们权利，同时也规定相应的义务，以确保权利的行使不会侵犯他人的权利或社会的公共利益，从而防止权利的滥用。因此，A 项正确，不当选。

B 项：自由并非绝对，需要考虑到社会的普遍价值观和公众情感。法律在限制自由时，会遵循冒犯原则，即任何人的自由都不能冒犯一般公众情感。目的在于维护社会的和谐与稳定，确保个人的自由行使不会对社会造成不良影响。因此，B 项正确，不当选。

C 项：根据法律权利义务的法律依据不同可以划分为基本权利义务与普通权利义务；根据法律权利义务对应主体范围的不同可以划分为绝对权利义务与相对权利义务。因此，C 项错误，当选。

D 项：法律权利与义务具有一致性，这是法律的基本原则之一。但法律权利义务一致性并不否认具体的权利义务之间的合理差别，如民法中的赠与，受赠与方则无相应的义务。因此，D 项正确，不当选。

综上所述，本题为选非题，答案为 C 项。

【多选】

9 61908084

答案：A,B,C。

解析：A 项：法定权利是指由宪法和法律明文规定的公民享有的权利。本题中，"戴眼镜权"并非一个法律上明确规定的权利，它并非基于任何具体的法律条款而产生。张某因鼻梁被撞断而主张的"戴眼镜权"，实际上是对其因伤害而可能产生的特定需求或损失的一种表述，但这并不构成法律上的法定权利。因此，A 项错误，当选。

B 项：规范性法律文件是指能够针对不特定主体反复适用具有法律效力的文件，而交警出具的责任认定书是仅在张某与李某之间发生效力的文书，其效力仅限于该事故的处理和后续的法律程序中，并不具有普遍适用的法律效力。因此不属于规范性法律文件。因此，B 项错误，当选。

C 项：绝对权利义务与相对权利义务的区分主要在于相对人是否特定，如果相对人特定，则属于相对权利义务，赔偿的 10 万元只能向李某主张，因此是相对权利义务。因此，C 项错误，当选。

D 项：法律规则是明确具体的，能够直接作为法律决定的大前提。但当法律规则存在漏洞或模糊时，法律原则可以作为补充或解释的依据。只有穷尽法律规则，才能使用法律原则。若法院没有找到"戴眼镜权"的法律规则，此时用法律原则作出判决是符合法律规定的。因此，D 项正确，不当选。

综上所述，本题为选非题，答案为 ABC 项。

10 62208222

答案：A,B,D。

解析：A 项：尽管权利与义务并非一一对应的关系，即某一权利不一定直接对应某一特定义务，但从整个法律体系的角度来看，权利和义务的总量是相等的。在法律规范中，每当设定一项权利时，往往也会相应地规定一项或多项义务，以确保权利的实现和社会的有序运行。因此，A 项正确。

B 项：在民主法治社会，法律制度的根本目的在于保障公民的权利和自由，同时规定相应的义务以确保社会秩序和公共利益。体现了对权利的重视和保护，将权利视为第一性的，而义务则是为了保障权利的实现而设定的，具有第二性的性质。因此，B 项正确。

C 项：绝对权利和义务，又称“对世权利”和“对世义务”，是指对应不特定的法律主体的权利和义务。因此，C 项错误。

D 项：权利的本质在于保护一定的利益，这些利益可以是权利人本人的利益，也可以是他人的、集体的或国家的利益。例如，个人通过行使自己的权利来保护他人的利益或公共利益，如见义勇为行为。因此，D 项正确。

综上所述，本题答案为 ABD 项。

第七章 法的渊源

参考答案

[1]ABCD	[2]BC	[3]ABC	[4]C	[5]B
[6]ACD	[7]AD	[8]AC	[9]BD	[10]A
[11]C	[12]A	[13]BD	[14]ABCD	[15]A

一、历年真题及仿真题

（一）法的正式渊源

【多选】

1 1601058

答案：A,B,C,D。

解析：特别法优于一般法，适用这一原则是有条件的，即必须是同一主体制定的法。“特别规定”与“一般规定”之间的形式关系包括：1. 指同一法律文件中的特别规定与一般规定。在同一法中，规定一般适用情形为普通条款，在一般适用情形之外适用特别条款，如《民法典·婚姻家庭编》对离婚的一般规定与对现役军人离婚的额外规定。2. 指特别法中的特别规定与一般法中的一般规定。如《反不正当竞争法》的适用对象是市场经济领域的一切经营活动，它调整所有的市场行为；《烟草专卖法》只适用于烟草专卖领域，当两者对不正当竞争的事项都有规定时，《反不正当竞争法》是一般法，《烟草专卖法》是特别法，应当优先适用。

A 项：同一机关的特别规定相对于一般规定优先适用，满足同一主体制定的法的前提。因此，A 项正确。

B 项：规则具有确定性，同一法律内部的规则规定优先于原则适用。因此，B 项正确。

C 项：同一法律内部的总则与分则，是一般性与特殊性、一般与具体的关系，故分则应当优先于总则适用。因此，C 项正确。

D 项：本项描述符合上述的第一种情况，即特别规定优先于一般规定。因此，D 项正确。

综上所述，本题的答案为 ABCD 项。

2 1101053

答案：B,C。

解析：AB 项：行政法规是指国家最高行政机关即国务院所制定的规范性文件，其法律地位和效力仅次于宪法和法律，而司法解释是国家最高司法机关对全国人大及其常委会所制定的法律在司法适用过程中进行的解释说明，其解释说明的对象是狭义上的“法律”。在本题中，《商标法》是全国人大常委会制定的，属于法律；《商标法实施条例》由国务院制定发布的，属于行政法规；《关于审理商标民事纠纷案件适用法律若干问题的解释》由最高人民法院制定，是司法解释。故 A 项错误，B 项正确。

C 项：行政法规的效力仅次于宪法和法律，因此作为行政法规的《商标法实施条例》效力低于法律《商标法》。故 C 项正确。

D 项：《关于审理商标民事纠纷案件适用法律若干问题的解释》是司法解释，是最高审判机关对在审判工作中具体应用《商标法》时遇到的问题所作的解释说明，因此其母法为《商标法》。故D项错误。

综上所述，本题答案为BC项。

【不定项】

 1201088

答案：A,B,C。

解析：A项：由于保险关系是一种特殊的商事关系，故相对于《公司法》中一般的公司形式规定来说，《保险法》中关于公司形式的规定是特别法。故A项正确。

BC项：在法学理论中，根据正式的法的渊源的效力原则，当同一位阶的法的渊源之间冲突，特别法优于普通法。正式的法的渊源的效力有时也会被称为法律效力等级或法律效力位阶，影响正式法的渊源的效力因素主要有以下三点：制定主体、适用范围、制定时间。同一位阶的法的渊源的冲突原则，主要包括以下几种：全国性法律优先、特别法优先原则、后法优先原则、实体法优先原则、国际法优先原则。本题中《保险法》和《公司法》都是全国人大常委会制定的，属于同一位阶的法律，依据"特别法优先原则"，《保险法》是特殊法、《公司法》是一般法，《保险法》对保险公司的规定不同于《公司法》的，优先适用《保险法》，《保险法》对保险公司没有规定的，则适用《公司法》。故BC项正确。

D项：根据2009年《保险法》的规定："保险公司除本法另有规定外，适用《公司法》的规定。"因此，对于保险公司的设立、变更、解散和清算事项，《保险法》没有规定的，应优先适用《公司法》的相关规定，而不是其他有关法律、行政法规的规定。故D项错误。

综上所述，本题答案为ABC项。

【《保险法》于2015年最新修订，但对本题考点无影响，按照原题干做题即可。】

（二）法的非正式渊源

【单选】

 1101014

答案：C。

解析：A项：我国是成文法系国家，判例在中国并不是正式的法的渊源，没有普遍约束的效力。故A项错误。

B项：所谓判例法，指基于法院的判决而形成的具有法律效力的判定，这种判定对以后的判决具有法律规范效力，能够作为法院判案的法律依据，判例法是英美法系国家的主要法律渊源，它是相对于大陆法系国家的成文法或制定法而言的，我国是成文法国家，立法权由立法机关行使，法官没有立法权，在法律体系中不存在判例法。故B项错误。

C项：最高法院公报发布的案例不是正式法的渊源，没有正式法的效力，但最高人民法院的裁判文书具有很强的权威性与指导性，具有一定法律说服力，同时还可以为法律、法规的制定和修改提供参考，也是法律专家和学者开展法律教学和研究的宝贵素材。故C项正确。

D项：这里应当是"司法强制执行力"而非"行政强制执行力"，因为民事调解书由法院执行，而非行政机关执行。故D项错误。

综上所述，本题答案为C项。

（三）综合知识点

【单选】

5 2201074

答案：B。

解析：A项：地方政府制定的管理办法可能只是行政规章或效力更低的非规范性行政规定，只要有法律法规的，就不能直接依据此类办法作出判决。因此，A项错误。

B项：地方性法规属于我国法的正式渊源，是规范性法律文件，可以作为法院裁判依据。因此，B项正确。

C项：只有最高人民法院、最高人民检察院依照法定程序出台的司法解释，才具有普遍约束力，C市中院内部规定不具有普遍约束力，不可作为判决依据。因此，C项错误。

D项：我国并非判例法国家，指导性案例仅参照适用，并非必须与指导案例一致，即指导案例不具有普遍约束力，不能作为判决依据。因此，D

项错误。
综上所述，本题答案为 B 项。

【多选】

6 1601056

答案：A,C,D。
解析：A 项：法的价值上所言的“自由”，即意味着法以确认、保障人的这种行为能力为己任，从而使主体与客体之间能够达到一种和谐的状态。从价值上而言，法律是自由的保障。法学上所说的秩序，主要是指社会秩序，它表明通过法律机构、法律规范、法律权威所形成的一种法律状态。秩序是法的基础价值，但秩序本身又必须以合乎人性、符合常理作为目标。也就是说，如果秩序是以牺牲人们的自由、平等为代价的，那么这种秩序就不是可取的秩序。从这个意义上说，现代社会所言的“秩序”还必须接受“正义”的规制。本题中，法有保障林某乘坐航空的自由，同时又有维护航空秩序与安全的价值。因此，体现了法的自由与秩序的价值冲突。所以，A 项正确。
B 项：法官自由裁量权是指在疑难案件中，当法律空白、冲突时，法官依据案情和公平正义的要求，独立判断、权衡并作出合理决定的权力。作为法律局限性的补充和救济，为实现实质正义，法官自由裁量权为司法过程之必须。但是法官的个体特性及自由裁量权本身的权力特性决定了权力有被滥用的风险，因此，对法官自由裁量权的控制又必不可少。严格的规则与适当的自由裁量权相结合是实现实质正义的最好方式。法官在行使自由裁量权时，必须客观、适度、合乎理性。所以，B 项错误。
C 项：按照 1990 年全国人大常委会通过的《中华人民共和国缔结条约程序法》和有关法律的规定，凡我国缔结或参加的国际条约与协定，在我国具有法律效力，属于当代中国法的正式渊源。所以，C 项正确。
D 项：正式的法的渊源完全不能为法律决定提供大前提；适用某种正式的法的渊源会与公平正义的基本要求、强制要求和占支配地位的要求发生冲突；一项正式的法的渊源可能会产生出两种解释的模棱两可性和不确定性。在上述三种情况发生时，法律人为了给法律问题提供一个合理的法律决定就需要诉诸于法的非正式渊源。当代中国，法的非正式渊源之一是习惯，只是指社会习惯，特别是那些与重要的社会事务即为了确保令人满意的集体社会而必须完成的各种相关的习惯，因为后者往往与人们的一些具体义务和责任相关。本题中，国际条约和我国法律对于此类拒载无明确规定，但是依据《民法典》和《民用航空法》又得出不确定性的解释，此时可以适用不违反法律的行业惯例作为裁判依据。所以，D 项正确。
综上所述，本题答案为 ACD 项。

7 1501056

答案：A,D。
解析：A 项：民俗习惯在民商法法律渊源中具有重要地位，不违背法律的民俗习惯可以作为裁判依据。故 A 项正确。
B 项：诚实信用原则不仅适用于民事案件，还可以适用于其他案件。诚实信用原则理论在近代经历了两次扩张，一次是诚实信用原则在私法内部的扩张，即该原则由债权法原则上升为整个民法的基本原则，这次扩张以《瑞士民法典》在总则中明确规定诚实信用原则为标志；第二次则是诚实信用原则向私法外的其他法律领域的扩张。这一过程正在进行之中，主要表现在诚实信用原则向民事诉讼法、行政法甚至刑事诉讼法领域的渗透。故 B 项错误。
C 项：法律原则适用时，不同的法律原则是具有不同的“强度”的，而且这些不同强度的原则甚至冲突的原则都可能存在于一部法律之中。当两个原则在具体的个案中冲突时，法官必须根据案件的具体情况及有关背景在不同强度的原则间作出权衡：被认为强度较强的原则对该案件的裁决具有指导性的作用，比其他原则的适用更有分量。但另一原则并不因此无效，也并不因此被排除在法律制度之外，因为在另一个案中，这两个原则的强度关系可能会改变，因而法律原则并非是以“全有或全无”的方式加以适用的。故 C 项错误。
D 项：法律原则，是为法律规则提供某种基础或本源的综合性的、指导性的原理或价值准则的一种法律规范。当法律规则存在正当化缺陷时，此时，诚实信用原则可以为其提供正当化基础。故 D 项正确。
综上所述，本题答案为 AD 项。

8 1001052

答案：A,C。
解析：AC 项：由于正式的法的渊源本身是有层次或等级划分的，因而其效力当然具有层次或等级性。同一位阶的法的渊源之间的冲突原则，主要包括：1. 全国性法律优先原则；2. 特别法优先原则；3. 后法优先或新法优先原则；4. 实体法优先原则；5. 国际法优先原则；6. 省、自治区的人民政府制定的规章效力高于本行政区域内较大的市的人民政府制定的规章。故 AC 项正确。
B 项：上位法优于下位法虽然是解决法律冲突的原则，但是该项与题干中的“同一位阶”矛盾。故 B 项错误。
D 项：“法溯及既往”涉及的是新法适用问题，不是解决法律冲突的原则。故 D 项错误。
综上所述，本题答案为 AC 项。

【不定项】

9 2301051

答案：B,D。
解析：A 项：法律原则通过权衡“强度”的方式应用于个案，而第 21 条属于法律规则，法律规则以“全有或全无”的方式应用于个案。因此，A 项错误。
BC 项：授权性规则是规定可以作出或不作出一定行为的规则，以“有权”“享有”“可以”等为标志词。命令性规则是规定积极义务，要求必须作出某种行为的规则，以“必须”“有义务”“应（当）”等为标志词。《企业破产法》第 21 条属于命令性规则。因此，B 项正确，C 项错误。
D 项：《企业破产法》第 21 条的规定对于《民事诉讼法》的管辖规则来说，属于特殊规定，故体现了特别法优于一般法。因此，D 项正确。
综上所述，本题答案为 BD 项。

10 1201086

答案：A。
解析：ABC 项：1995 年《保险法》和 2009 年修订的《保险法》是同一机关制定的相同位阶的法律，是新法与旧法、前法与后法的关系，不是一般法与特别法的关系，更不是上位法与下位法之间的关系。故 A 项正确，BC 项错误。
D 项：当代中国法的正式渊源主要为以宪法为核心的各种制定法，包括宪法、法律、行政法规、地方性法规、民族自治法规、经济特区的规范性文件、特别行政区的法律法规、规章、国际条约、国际惯例等。《保险法》是全国人大常委会制定的，属于法律，是当代中国法的正式渊源，而不是非正式渊源，因此新旧《保险法》之间并没有正式渊源和非正式渊源的关系。故 D 项错误。
综上所述，本题答案为 A 项。
【《保险法》于 2015 年最新修订，但对本题考点无影响，按照原题干做题即可。】

二、模拟训练

【单选】

11 61808015

答案：C。
解析：A 项：习惯是非正式的法的渊源。正式的法的渊源因为其明确的条文形式，应当优先于非正式的法的渊源适用。与正式的法的渊源相比，非正式的法的渊源因为缺乏明确的条文形式，难以保证法的可预测性，所以其适用必须满足一定条件，主要包括：制定法有漏洞、制定法不公平、制定法有歧义。因此，合同法作为正式渊源，交易习惯作为非正式渊源，合同法的效力优先于交易习惯。故 A 选项错误。
B 项：习惯与现行法律、法规和社会公共利益不相抵触，可以作为非正式的法的渊源适用，而不是具有正式渊源的意义。正式法的渊源是指，具有明文规定的法律效力并且直接作为法律人的法律决定的大前提的规范来源的那些资料，例如：国际条约、宪法、法律、法规等。非正式的法的渊源是指不具有明文规定的法律效力，但具有法律说服力并能够构成法律人的法律决定的大前提的准则来源的那些资料，例如：习惯、理性原则、政策、道德、乡规民约、社团规章等。故 B 选项错误。
C 项：非正式的法的渊源的存在，体现一个基本原理：禁止拒绝裁判原则，有法律要以法律来裁判，没有法律要以非正式的法的渊源来裁判。法官不得以法无明文规定为由拒绝裁判。非正式的法的渊源不具有明文规定的法律效力，但是具有法律说服力。故C选项正确。

D项：法官在审判案件时，应当优先考虑法的确定性和可预测性，正式的法的渊源具有较强的可预测性，因而优先于非正式的法的渊源适用，而非正式的法的渊源尽管缺乏明确的条文形式，但是依然可以作为法律判决的大前提。故D选项错误。

综上所述，本题答案为C项。

12 62208161

答案：A。

解析：A项：下列事项只能由全国人大及其常委会制定的法律规定：国家主权、国家机关组织、自治制度、犯罪和刑罚、政治权利的剥夺与人身自由的限制、税收基本制度、非国有财产的征收（用）、民事基本制度、基本经济制度以及财政、海关、金融和外贸的基本制度、诉讼和仲裁、其他事项。因此，A项正确。

B项：根据《立法法》第109条的规定："设区的市、自治州的人民代表大会及其常务委员会制定的地方性法规，由省、自治区的人民代表大会常务委员会报全国人民代表大会常务委员会和国务院备案；省、自治区的人民代表大会常务委员会对报请批准的地方性法规，应当对其合法性进行审查，同宪法、法律、行政法规和本省、自治区的地方性法规不抵触的，应当在四个月内予以批准。"可知，设区的市、自治州的地方性法规需省级人大常委会批准后生效。省级人大常委会对报批的地方性法规的合法性进行审查，如与上位法不抵触的，应当在4个月内批准，而非60日内。因此，B项错误。

C项：根据《宪法》第116条的规定："民族自治地方的人民代表大会有权依照当地民族的政治、经济和文化的特点，制定自治条例和单行条例。自治区的自治条例和单行条例，报全国人民代表大会常务委员会批准后生效。自治州、自治县的自治条例和单行条例报省、自治区、直辖市的人民代表大会常务委员会批准后生效，并报全国人民代表大会常务委员会备案。"可知，自治条例和单行条例由自治区、自治州、自治县的人大制定，而非只能由自治区、自治州人大制定。因此，C项错误。

D项：国务院发布的决定和命令，其中具有规范性内容的，实际上也起到了法律规范的作用，也属于法律渊源。因此，D项错误。

综上所述，本题答案为A项。

【多选】

13 61908197

答案：B,D。

解析：A项：政策对于国家政治、经济、文化等各个领域都具有重要的指导作用。尽管政策本身不是以成文法的形式存在，但根据我国的法治实践，政策对立法、司法、执法、守法、法律监督等活动产生了实际影响。此外，非正式法律渊源同样被视为法律渊源的一部分，虽然不具备正式的法律效力，但能够作为法律推理的参考或依据。非正式法律渊源也是法律渊源。因此，A项错误。

B项：我国是制定法国家，通常采用演绎法进行法律推理，即从大前提（法律规定）出发，结合小前提（案件事实），推导出结论（法律决定）。法的正式渊源，如宪法、法律、行政法规等，具有明文规定的法律效力，是法律推理中的大前提，可直接作为法律人作出法律决定的基础。因此，B项正确。

C项：2010年11月，最高人民法院发布《最高人民法院关于案例指导工作的规定》，这些指导性案例对于各级人民法院审判类似案例时具有参照作用，而非简单的"可以参照"。这里的"应当参照"意味着指导性案例在审判中具有更高的指导性和约束力，接近于正式法律渊源的效力。因此，将指导性案例仅视为非正式渊源，并认为各级人民法院在审判类似案例时可以随意选择是否参照的说法是错误的。因此，C项错误。

D项：根据《海商法》第268条的规定："中华人民共和国缔结或者参加的国际条约同本法有不同规定的，适用国际条约的规定，但是，中华人民共和国声明保留的条款除外。中华人民共和国法律和中华人民共和国缔结或者参加的国际条约没有规定的，可以适用国际惯例。”可知，我国缔结或参加的国际条约和国际惯例在我国属于正式渊源。因此，D 项正确。

综上所述，本题答案为 BD 项。

14 61908080

答案：A,B,C,D。

解析：A 项：党内法规可以规定对党员进行开除党籍等处罚，但是党内法规不是法律，不能作为法律制裁的依据。因此，A 项错误，当选。

B 项：党内法规在加强党的建设、规范党组织和党员行为方面发挥着重要作用，但它是党的内部规章制度，不属于国家法律范畴。行政机关依法行政的依据是国家法律、法规和规章，而非党内法规。党内法规的建设和完善虽然有助于提升党的执政能力和法治水平，但并不能直接作为行政机关依法行政的依据。因此，B 项错误，当选。

C 项：党内法规的适用范围仅限于中国共产党党内的各级组织和全体党员，其调整对象是党内的各种关系，维护的是中国共产党党内的秩序。国家法律适用范围及于我国整个主权管辖范围内的所有组织和个人，调整对象是我国范围内广泛而普遍的社会关系。因此，C 项错误，当选。

D 项：党内法规与国家法律相比，党内法规的修改权限和程序相对简单些，因而其稳定性要弱些。国家法律具有较强的稳定性，这是保证法律权威和法律有效实施的需要。二者都需要随着社会的发展而适时调整和变化，但是具有更高稳定性的法律对社会现实的适应和反应要比党内法规相对缓慢，党内法规可以随着党情和社会情势的变化做出相对较快的调整和应对。因此，D 项错误，当选。

综上所述，本题为选非题，答案为 ABCD 项。

【不定项】

15 61908093

答案：A。

解析：A 项：判例法在英美法系中具有正式的法律效力，是法院裁判案件的重要依据。法官在审理案件时，会参考先前的判例来确保法律的连续性和一致性。因此，在英美法系中，判例是正式的法的渊源。因此，A 项正确。

B 项：根据《立法法》第 102 条的规定：“部门规章之间、部门规章与地方政府规章之间具有同等效力，在各自的权限范围内施行。”可知，部门规章与地方政府规章在效力上是平等的，不存在高低之分。因此，B 项错误。

C 项：根据《立法法》第 106 条第 1 款第 2 项的规定：“地方性法规、规章之间不一致时，由有关机关依照下列规定的权限作出裁决：（二）地方性法规与部门规章之间对同一事项的规定不一致，不能确定如何适用时，由国务院提出意见，国务院认为应当适用地方性法规的，应当决定在该地方适用地方性法规的规定；认为应当适用部门规章的，应当提请全国人民代表大会常务委员会裁决。”可知，应当先由国务院提出意见，而不是直接由全国人大常委会裁决。因此，C 项错误。

D 项：我国是成文法国家，正式的法的渊源主要包括宪法、法律、行政法规、地方性法规等具有明文规定的法律效力的规范性文件。判例在我国属于非正式的法律渊源，主要通过法官在审理类似案件时的参考和借鉴来发挥作用。因此，D 项错误。

综上所述，本题答案为 A 项。

第八章 法律部门与体系

参考答案

[1]AB [2]BC [3]AD [4]BCD [5]D
[6]A

一、历年真题及仿真题

（一）综合知识点

【多选】

1 1701056

答案：A,B。

解析：A 项：一般法是涉及某一类法律关系内容的

一般事项；特别法则是涉及该类内容的特别事项的特别立法，前提是同一位阶。而《条例》属于行政法规，《食品安全法》属于法律，两者并不是同一位阶，故不能进行比较。故A项正确。

B项：《食品安全法》中涉及食品安全经营许可的内容涉及行政管理机关与公民之间的不平等法律关系，涉及行政管理事项和公共利益的保障性问题，因而属于公法。故B项正确。

C项：在中国，人民法院只有适用法律的权力，而没有宣告法律有效与否以及撤销法律的权力。故C项错误。

D项：《条例》属于当代中国法正式渊源中的行政法规，而非法律。故D项错误。

综上所述，本题答案为AB项。

2 1601057

答案：B,C。

解析：AC项：根据《立法法》第99条的规定："法律的效力高于行政法规、地方性法规、规章。行政法规的效力高于地方性法规、规章。"以及第100条的规定："地方性法规的效力高于本级和下级地方政府规章。本题中，《危险化学品安全管理条例》由国务院制定，属于行政法规；《安全生产法》由全国人大常委会制定，属于法律。因此《安全生产法》的位阶要高于《危险化学品安全管理条例》，要优先适用《安全生产法》。所以，C项正确，A项错误。

B项：公法调整的是国家与社会和公民之间的纵向关系以及政治资源的配置，而私法调整的是私人的、民间的横向权利与义务关系；公法领域通行的原则是少数服从多数、权力与权利双向互控、民主与集中、权威与服从等。而私法领域通行的则是平等原则、竞争原则、等价有偿原则、协商原则等。本题中，《安全生产法》中有关行政处罚的法律规范是调整国家与公民之间的纵向关系，因而属于公法。所以，B项正确。

D项：根据《立法法》第107条的规定，法律、行政法规、地方性法规、自治条例和单行条例、规章有下列情形之一的，由有关机关依照本法第一百零八条规定的权限予以改变或者撤销：（一）超越权限的；（二）下位法违反上位法规定的……以及《立法法》第108条的规定："改变或者撤销法律、行政法规、地方性法规、自治条例和单行条例、规章的权限是：……（二）全国人民代表大会常务委员会有权撤销同宪法和法律相抵触的行政法规，有权撤销同宪法、法律和行政法规相抵触的地方性法规，有权撤销省、自治区、直辖市的人民代表大会常务委员会批准的违背宪法和本法第八十五条第二款规定的自治条例和单行条例……"因此，法院无权撤销，需要由全国人大常委会进行。所以，D项错误。

综上所述，本题答案为BC项。

3 1101051

答案：A,D。

解析：A项：根据《立法法》第85条第1款规定："民族自治地方的人民代表大会有权依照当地民族的政治、经济和文化的特点，制定自治条例和单行条例。"可知，民族自治地方的人民代表大会属于地方权力机关，因此，自治条例和单行条例是地方国家权力机关制定的规范性文件。故A项正确。

B项：行政法部门是调整行政法律关系的法律规范的总和，包括法律、行政法规、地方性法规等，而不仅仅限于行政法规。故B项错误。

C项：中国特色社会主义法律体系由国内法组成，不包括国际公法。故C项错误。

D项：一般认为划分法律部门的主要标准是法律所调整的不同社会关系，即调整对象，其次是法律调整方法。故D项正确。

综上所述，本题答案为AD项。

4 1001056

答案：B,C,D。

解析：AB项：《畜牧法》是由全国人大常委会制定的，因此属于"法律"范畴，《畜禽遗传资源进出境和对外合作研究利用审批办法》是由国务院制定的，属于"行政法规"范畴。法律效力高于行政法规，《畜牧法》是《畜禽遗传资源进出境和对外合作研究利用审批办法》的上位法。因此，A项正确，不当选；B项错误，当选。

C项：规范可以分为三类：调整自然事物之间关系的自然规律、调整人与自然之间关系的技术规范、调整人与人之间关系的社会规范。该条款并未调整人与自然之间的关系，不属于技术规范，是典型的社会规范。因此，C 项错误，当选。
D 项：法律规则和法律原则共同构成法律规范。但是该条款内容仅仅是立法中的辅助性条款，不属于法律规范，谈不上是法律规则，更不会是任意性规则。因此，D 项错误，当选。
综上所述，本题为选非题，答案为 BCD 项。

二、模拟训练

【单选】

5 62208224

答案：D。
解析：A 项：民法所调整的事务或社会关系是人作为私人领域的事务或社会关系，而商事行为和商事关系是私人事务和私人关系中的特殊部分，故商法是私法的特别法，即民法与商法的关系是一般法与特别法的关系。因此，A 项正确，不当选。
BD 项：法律体系是由一个国家全部的现行有效的法律规范所构成的整体，不包括历史上废止的已经不再有效的法律规范，只包括现行的国家法和被本国承认的国际条约和国际惯例，但不包括完整意义的国际法，即国际公法。因此，B 项正确，不当选；D 项错误，当选。
C 项：如今公认的公法部门包括宪法、刑法和行政法等，故宪法属于公法的组成部分。因此，C 项正确，不当选。
综上所述，本题为选非题，答案为 D 项。

6 62208032

答案：A。
解析：A 项：法律部门又称部门法，是指一个国家根据一定的原则和标准划分的本国同类法律规范的总称。凡是调整同一类社会关系的法律规范的总和即构成一个法律部门。因此，A 项正确。
B 项：划分法律部门的主要标准是调整对象，即法律规范所调整的社会关系，辅助标准是调整方法。因此，B 项错误。
C 项：划分法律部门的适当平衡原则是指要保持法律部门之间的适当平衡，避免某些部门法过于庞大或过于细小，确保法律体系的整体协调性。划分法律部门时要具有适度的前瞻性，避免频繁变动指的是相对稳定原则。因此，C 项错误。
D 项：合目的性原则是划分法律部门的首要原则，是指划分法律部门的目的在于方便人们了解和掌握本国的现行法律。因此，D 项错误。
综上所述，本题答案为 A 项。

第九章 法律效力

参考答案

[1]A	[2]BC	[3]A	[4]D	[5]ABCD
[6]A	[7]A			

一、历年真题及仿真题

（一）法的对人效力、时间效力和空间效力

【单选】

1 1501013

答案：A。
解析：A 项：法对人的效力和空间效力指对什么人、在什么地方有约束力。该案涉及法对人的效力，即是否对赵某有效；还涉及空间效力，即是否对滞留在 A 国的赵某有效。故 A 项正确。
B 项：本国公民不在本国，则不受本国法律的约束和保护，体现的是属地主义。如果依据属人主义，不论其身在国内还是国外，都可以适用本国法律。如果依据保护主义，只要其侵害了本国利益，不论公民国籍和所在地域，都要受本国法律的追究。而我国法律采以属地主义为主、兼顾属人和保护主义的管辖原则，对作为中国公民的赵某，无论其是身处国内还是国外，都可以适用中国法律。故 B 项错误。
C 项：法的溯及力，也称法溯及既往的效力，是指法对其生效以前的事件和行为是否适用。该案的处理不涉及新法的适用问题，与法的溯及力无关。故 C 项错误。

D 项：时效免责，即法律责任经过了一定的期限后而免除。根据《刑法》第 88 条第 1 款的规定："在人民检察院、公安机关、国家安全机关立案侦查或者在人民法院受理案件以后，逃避侦查或者审判的，不受追诉期限的限制。"本案中，赵某已被立案侦查，故该案不会因为赵某长期滞留在 A 国而适用时效免责。故 D 项错误。

综上所述，本题答案为 A 项。

【多选】

2 1201052

答案：B,C。

解析：A 项：所谓法的溯及力，是指法对其生效以前的事件和行为是否适用，是法的时间效力。而题目中条文规定的是法的对人效力，与时间效力没有关系。故 A 项错误。

B 项：所谓法的对人效力，指法律对谁有效，适用于哪些人。题目中条文正是规定了《刑法》对哪些人生效的问题。故 B 项正确。

C 项：所谓保护主义，是指以维护本国利益作为是否适用本国法律的依据，任何侵害了本国利益的人，不论其国籍和所在地域，都要受本国法律的追究。本题中条文规定《刑法》有条件地适用于"外国人对中国国家或公民犯罪"的情况，体现的是保护中国利益的保护主义。故 C 项正确。

D 项：所谓属人主义，是指法律只适用于本国公民，不论其身在国内还是国外，而非本国公民即便身在该国领域内也不适用。本题中条文规定的是《刑法》对外国公民的适用，不是属人主义的体现。故 D 项错误。

综上所述，本题答案为 BC 项。

（二）综合知识点

【单选】

3 2001011

答案：A。

解析：A 项：公布是立法程序中最后的也是最重要的程序。未经公布的法律不为公众所知，"刑不可知，则威不可测"的思想已经为现代法治原则所否认。公布是法律生效的必要程序，法律不公布，不能生效。因此，A 项正确。

B 项：法律只要经过完整的立法程序就成为有效的立法，具有国家强制力。不被公众遵守并不否认法当然具有国家强制力。行为人因违反法律而受到法律制裁，恰恰是法律强制力的体现。因此，B 项错误。

C 项：任何规范都有保证自己实现的力量，只不过，法律的强制力是国家强制力。习惯的强制力往往来自社会舆论、个人自觉等主观因素，并不是没有强制力。因此，C 项错误。

D 项：习惯之所以称为习惯，是因为它是在长期的社会交往过程中自发形成，通过人们的言传身教，口口相传沿袭至今。因此，习惯虽可以被文字记录，但是否具有成文形式却并非其能够存续的关键，一般认为，习惯法也是不成文法最重要的表现形式之一。因此，D 项错误。

综上所述，本题答案为 A 项。

4 1601011

答案：D。

解析：A 项：法律具有滞后性。法对千姿百态、不断变化的社会生活的涵盖性和适应性不可避免地存在一定的局限。因此，A 项错误。

BCD 项：法是否具有溯及力，不同法律规范之间的情况是不同的。就有关侵权、违约的法律和刑事法律而言，一般以法律不溯及既往为原则。但是，法律不溯及既往并非绝对。目前各国采用的通例是"从旧兼从轻"原则，即新法原则上不溯及既往，但是新法不认为犯罪或者处罚较轻的，适用新法。我们也可以把这个原则称为"有利原则"，它同样具有其正当性或者合理性基础。因此，即便案件发生在过去，但是在符合"有利原则"的情况下，新法即"为未来作规定"的法律仍然可以作为其认定的根据。因此，BC 项错误，D 项正确。

综上所述，本题答案为 D 项。

【不定项】

5 1101091

答案：A,B,C,D。

解析：A 项：根据《立法法》规定，只有有权机关才可以根据职权或授权制定民商法法律文件。高经理作为自然人，无权制定民商法规则。故A项错误，当选。

B项：根据《立法法》规定，只有特定的机关和人员，才拥有立法的提案权，一般自然人高经理起草的《酒后代驾服务规则》不属于立法议案。故B项错误，当选。

C项：法的正式渊源是指具有明文规定的法律效力并且直接作为法律人决定的大前提规范来源的那些资料，如宪法、法律、法规等，主要为制定法，即不同国家机关根据具体职权和程序制定的各种规范性文件。《酒后代驾服务规则》并非有权机关制定，无法律效力，不属于正式渊源。故C项错误，当选。

D项：规范性文件，是各级机关、团体、组织制发的各类法律文件中最主要的一类，因其内容具有约束和规范人们行为的性质，故名称为规范性文件。高经理作为自然人无权拟定规范性文件，且其拟定的文件也不具有约束和规范人们行为的性质。因此，该文件不属于规范性文件。故D项错误，当选。

综上所述，本题是选非题，答案为ABCD项。

二、模拟训练

【单选】

6 62208225

答案：A。

解析：A项：法不溯及既往是原则，但也存在例外。在刑法领域，目前各国采用的通例是“从旧兼从轻”的原则，即新法原则上不溯及既往，但是新法不认为构成犯罪或者处刑较轻的，适用新法，被称为“有利追溯”，它同样具有其正当性或合理性基础。因此，A项错误，当选。

B项：法的空间效力一般适用于一国主权范围所及的全部领域，特殊情况下还包括驻外使领馆、本国停泊在外的船舶和境外飞行器。因此，B项正确，不当选。

C项：法的默示失效（废止），是指在适用法律过程中，出现新法和旧法冲突时，适用新法而使旧法事实上被废止。因此，C项正确，不当选。

D项：保护主义，是指以维护本国利益作为是否适用本国法的依据，只要侵害了本国国家和公民的利益，无论其国籍和所在地域，均适用本国法律加以追究。因此，D项正确，不当选。

综上所述，本题为选非题，答案为A项。

7 62208226

答案：A。

解析：ACD项：法对人的效力原则有以下四种：1.属人主义原则，法律只适用于本国公民，不论其身在何处；2.属地主义原则，法律适用于本国管辖区域内的所有人，不论是否为本国公民；3.保护主义原则，以维护本国利益作为是否适用本国法的依据，只要侵害了本国国家和公民的利益，均适用本国法律加以追究；4.以属地主义为主，与属人主义、保护主义相结合。本题中，我国为了维护本国国家和公民利益，不论犯罪分子的国籍和所在地域，适用我国法律加以追究，属于保护主义原则。因此，A项正确，CD项错误。

B项：公平原则是民法的一项基本原则，在本案中并未体现，且其并非法的对人效力的原则。因此，B项错误。

综上所述，本题答案为A项。

第十章 法律关系

参考答案

[1] D	[2] B	[3] C	[4] B	[5] C
[6] B	[7] C	[8] ABC	[9] ABC	[10] B
[11] D	[12] C	[13] BD	[14] ACD	

一、历年真题及仿真题

（一）法律关系的种类

【单选】

1 1801009

答案：D。

解析：AD项：调整性法律关系是基于人们的合法

行为而产生的、执行法的调整职能的法律关系，它所实现的是法律规范（规则）的行为规则（指示）的内容。保护性法律关系是由于违法行为而产生的、旨在恢复被破坏的权利和秩序的法律关系，它执行着法的保护职能，所实现的是法律规范（规则）的保护规则（否定性法律后果）的内容，是法的实现的非正常形式。张某与李某之间存在两种法律关系。张某和李某之间的雇佣劳动法律关系基于合法行为而产生，它是调整性法律关系。张某把李某打伤后引起的法律关系基于违法行为而产生，它属于保护性法律关系。张某和公安机关之间的法律关系因张某的犯罪行为所引发，故属于保护性法律关系。因此，A 项正确，不当选；D 项错误，当选。

BC 项：纵向的法律关系是指在不平等的法律主体之间所建立的权力服从关系。横向法律关系是指平等法律主体之间的权利义务关系，其特点在于法律主体的地位是平等的，权利和义务的内容具有一定程度的任意性。张某和检察院之间的买卖合同属于平等主体之间的民事法律关系，属于横向法律关系。在诉讼中，张某和法院的地位不平等，二者之间的诉讼法律关系属于纵向法律关系。因此，BC 项正确，不当选。

综上所述，本题为选非题，答案为 D 项。

2 1101012

答案：B。

解析：A 项：按照法律关系产生的依据、执行的职能和实现规范的内容不同，可以分为调整性法律关系和保护性法律关系。调整性法律关系不需要适用法律制裁，法律主体之间即能够依法行使权利、履行义务，如各种依法建立的民事法律关系、行政合同关系等。保护性法律关系的典型特征是一方主体（国家）适用法律制裁，另一方主体（通常是违法者）必须接受这种制裁，如刑事法律关系。担保关系属于民事法律关系，是调整性的法律关系，而非保护性法律关系。故 A 项错误。

B 项：在民法理论上，担保法律关系是基于债权法律关系而产生的，其目的是确保债的履行，因此二者之中债权法律关系是第一性的法律关系，担保法律关系依赖于债权法律关系的存在，属于第二性法律关系，故债权关系是质押关系（属于担保法律关系）的第一性法律关系。故 B 项正确。

C 项：选项中诉讼法律关系主体是平等的当事人双方，是一个典型的民事诉讼，双方地位平等，故是平权性法律关系而非隶属性法律关系。故 C 项错误。

D 项：在债权关系和质押关系二者的关系中，质押关系依附于债权关系而存在，故债权关系是主法律关系，质押关系是从法律关系。但无论是债权关系还是质押关系都属于民事法律关系，都是调整性法律关系。故 D 项错误。

综上所述，本题答案为 B 项。

（二）综合知识点

【单选】

3 2301063

答案：C。

解析：A 项：家长主义原则是指法律为阻止相对人自我伤害，或为帮助个人增进其利益，可以不同程度地限制相对人的自由或权利。本题没有体现家长主义原则对相对人自我伤害的限制。因此，A 项错误。

B 项：保护性法律关系基于违法行为产生，调整性法律关系基于合法行为产生。王某与体育培训机构签订的协议基于合法行为产生，属于调整性法律关系。因此，B 项错误。

C 项：法院认为协议有悖于公平原则无效，适用了公平原则对自甘风险的强度进行衡量。因此，C 项正确。

D 项：绝对义务是对应不特定的法律主体的义务，相对义务是对应特定的法律主体的义务。体育培训机构的安全保障义务是针对学员的义务，属于相对义务。因此 D 项错误。

综上所述，本题答案为 C 项。

4 1601010

答案：B。

解析：A 项：规范性法律文件是一种总称，专指一定的国家机关按照法定权力范围，依据法定程序制定出来的、以权利义务为主要内容的、有约束力的、要求人们普遍遵守的行为规则的总称。它是一个国家法律体系的主干部分，包括宪法、法律、法规和规章。因此，法院的判决不属于规范性法律文件。故 A 项错误。

B 项：根据相对应的主体范围可以将权利义务分为绝对权利义务和相对权利义务。绝对权利和绝对义务又称为“对世权利”和“对世义务”，“绝对权利”对应不特定的义务人，“绝对义务”对应不特定的权利人。相对权利和相对义务又称为“对人权利”和“对人义务”，是对应特定的法律主体的权利和义务，“相对权利”对应特定的义务人，“相对义务”对应特定的权利人。甲和乙对小琳的抚养义务是相对的，属于相对权利义务。故 B 项正确。

C 项：法院判决甲和乙支付甲母抚养费，由此，在甲乙和甲母之间就形成了要求给付抚养费的相对权利义务关系。故 C 项错误。

D 项：法律关系的主体，是指在法律关系中享有权利和履行义务的人。本案中，小琳既不承担支付抚养费的义务，在诉讼中也不是小琳要求给付抚养费。故小琳不是本案法律关系的主体之一。故 D 项错误。

综上所述，本题答案为 B 项。

5 1501012

答案：C。

解析：A 项：纵向（隶属）的法律关系是指在不平等的法律主体之间所建立的权力服从关系。如亲权关系中的家长与子女，行政管理关系中的上级机关与下级机关，在法律地位上有管理与被管理、命令与服从、监督与被监督诸方面的差别。与此不同，横向法律关系是指平权法律主体之间的权利义务关系。其特点在于，法律主体的地位是平等的，权利和义务的内容具有一定程度的任意性，如民事财产关系，民事诉讼之原、被告关系等。据此可知，张某、公交公司之间的服务合同法律关系属于横向法律关系。故 A 项错误。

B 项：第一性法律关系（主法律关系），是人们之间依法建立的不依赖其他法律关系而独立存在的或在多向法律关系中居于支配地位的法律关系。由此而产生的、居于从属地位的法律关系，就是第二性法律关系或从法律关系。在实体和程序法律关系中，实体法律关系是第一性法律关系（主法律关系），程序法律关系是第二性法律关系（从法律关系）。据此可知，该案中的主法律关系应当是张某与公交公司之间的服务合同关系，而诉讼法律关系是程序法律关系，是从法律关系。故 B 项错误。

C 项：《民法典》第 59 条规定：“法人的民事权利能力和民事行为能力，从法人成立时产生，到法人终止时消灭。”故公交公司的行为能力和权利能力是同时产生和同时消灭的。故 C 项正确。

D 项：地方规章由省级政府和设区的市级政府制定，《某市公交卡使用须知》的制定主体是该市公交公司，不是行政机关。所以，《某市公交卡使用须知》不可能属于地方规章。故 D 项错误。

综上所述，本题答案为 C 项。

6 1301014

答案：B。

解析：法律关系的主体是法律关系的参与者，在法律关系中享有权利或承担义务。享有权利或承担义务，就必须具有权利能力和行为能力。

A 项：物权的取得必须满足民法的基本原则，比如平等原则、意思自治原则、诚实信用原则等。李能采取欺骗的手段将房屋过户，明显是违反物权取得应遵守法律、尊重公德的法律规定。故 A 项正确，不当选。

B 项：“法律家长主义”的要求是免于自我伤害，李能的行为最终使自己受益，并不构成自我伤害。本案中，对李能母亲的意志行为判断适用“法律家长主义”原则，而非李能。故 B 项错误，当选。

C 项：潘桂花被鉴定为限制民事行为能力人，说明潘桂花的行为能力受限，其作为法律主体的资格也应受到限制。因此，潘桂花被鉴定为限制民事行为能力人构成对法律关系主体构成资格的认定。故 C 项正确，不当选。

D 项：本案的焦点在于如何判定合同效力，判断李能的行为是否构成欺骗，最后也是为了判断该合同行为是否有效。故 D 项正确，不当选。

综上所述，本题为选非题，答案为 B 项。

7 1001007

答案：C。

解析：A 项：法律事实是由法律规定的能够引起法律关系发生、变更、消灭的客观情况，包括事件和行为。其中法律事件是指法律规范规定的、不以当事人的意志为转移而引起法律关系形成、变更或消灭的客观事实。法律行为是指可以作为法律事实而存在，以当事人的意志为转移，能够引起法律关系形成、变更和消灭的人的行动。本案中，张女和司机之间因为司机的侵权行为而产生法律关系，侵权行为属于法律事实中的法律行为。因此，A 项错误。

B 项：按照是否由立法所确认，可以将权利义务划分为法定权利义务和非法定权利义务，而“接吻权”没有被立法所确认，因此不属于法定权利。因此，B 项错误。

C 项：交警出具的责任认定书是针对特定的主体—肇事者和张女，且责任认定书只针对本次事故，不可反复适用，因此交警出具的责任认定书属于非规范性法律文件。此外，虽然责任认定书无法直接对张女和肇事司机的权利义务直接产生效力，但可以在日后的诉讼过程中发挥证据的作用，因此也具有法律效力。因此，C 项正确。

D 项：司法赔偿 3000 元的义务只存在于张女和司机之间，是相对义务的承担方式，非绝对义务。因此，D 项错误。

综上所述，本题答案为 C 项。

【多选】

8 2101103

答案：A,B,C。

解析：A 项：按照主体在法律关系中的地位不同，法律关系可以分为纵向（隶属）法律关系和横向（平权）法律关系。横向法律关系是指平权法律主体之间的权利义务关系。其特点在于：法律主体的地位是平等的，权利和义务的内容具有一定程度的任意性，如民事财产关系，民事诉讼之原、被告关系等。新婚夫妇与影楼的地位平等，形成的是平权型法律关系。故 A 项正确。

B 项：法律关系是体现意志性的特种社会关系。法律关系是根据法律规范有目的、有意识地建立，所以法律关系必然体现国家的意志。但法律关系不同于法律规范，它是现实的、特定的法律主体所参与的具体社会关系。因此，特定法律主体的意志对于法律关系的建立与实现也有一定的作用。有些法律关系的产生，不仅要通过法律规范所体现的国家意志，而且要通过法律关系参加者个人意志的表示一致，如多数民事法律关系。故 B 项正确。

C 项：按法律关系主体是否完全特定化，法律关系分为绝对法律关系与相对法律关系。绝对法律关系指的是权利主体特定而义务主体不特定的法律关系。相对法律关系是存在于特定的权利主体和特定的义务主体之间的法律关系。新婚夫妇与影楼是特定的权利主体和特定的义务主体，形成的诉讼法律关系为相对法律关系。故 C 项正确。

D 项：法律关系客体的种类包括物质、人身、精神产品和行为结果等。作为法律关系客体的行为结果是特定的，即义务人完成其行为所产生的能够满足权利人利益要求的结果。行为结果一般分为两种：一种是物化结果，即义务人的行为凝结于一定的物体，产生一定的物化产品或营建物（如房屋、道路、桥梁等）；另一种是非物化结果，即义务人的行为没有转化为物化实体，而仅表现为一定的行为过程，最后产生权利人所期望的结果。例如，权利人在义务人完成一定行为后，得到了某种精神享受或物质享受，增长了知识和能力等。本题中，新婚夫妇与影楼之间的法律关系的客体之一是拍摄婚纱照行为（包括完成照片的冲洗）。故 D 项错误。

综上所述，本题答案为 ABC 项。

9 1401053

答案：A,B,C。

解析：A 项：法律关系产生的条件：一是法律规范，二是法律事实。所谓法律事实，就是法律规范所规定的、能够引起法律关系产生、变更和消灭的客观情况或现象。法院认定案件事实的依据标准是法律事实，对“是否自愿”以及“是否违反法律强制规定”属于对案件事实的认定。故 A 项正确。

B 项：出具借条的行为是法律事实，其直接导致了借款合同法律关系的发生。故 B 项正确。

C 项：在实体和程序法律关系中，实体法律关系是第一性法律关系，由此产生程序法律关系（诉讼法律关系）是第二性法律关系。故 C 项正确。
D 项：法律事件是法律规定的、不以当事人的意志为转移而引起法律关系形成、变更或消灭的客观事实。法律事件又分为社会事件和自然事件两种。本案裁判的依据是当事人之间意志自由且不违背法律强制性规定的法律行为，而不是法律事件。故 D 项错误。
综上所述，本题答案为 ABC 项。

二、模拟训练

【单选】

10 61808022

答案：B。
解析：A 项：本题的法律关系中，权利和义务主体都是特定的，属于相对法律关系。故 A 项错误。
B 项：工厂与生态环境局之间的法律关系是行政法律关系。在此关系中，生态环境局相对于工厂处于命令地位，属于"隶属性法律关系"。隶属性法律关系的特点有：主体地位不平等、权利义务的内容具有强制性，例如：行政强制关系。与隶属性法律关系相对应的是平权法律关系，其特点有：主体地位平等、权利义务的内容具有任意性，例如：合同法律关系。故 B 项正确。
CD 项：本题中的法律关系是由于工厂擅自排放未达标的污水引起的，属于由非法行为产生的法律关系，因此属于保护性法律关系、第二性法律关系。第二性法律关系由第一性法律关系引起、居于从属地位，例：担保法律关系、诉讼法律关系。与之相对应的是第一性法律关系，第一性法律关系不依赖其他法律关系而独立存在或在多向法律关系中居于支配地位的法律关系，例：合同法律关系、实体法律关系。故 CD 项错误。
综上所述，本题答案为 B 项。

11 62208227

答案：D。
解析：A 项：双向法律关系，是指法律关系主体双方互享权利、互担义务的法律关系。甲和乙买卖房屋后，一方负有转移房屋所有权的义务，一方负有付款的义务，权利亦是相反，故为双向法律关系。因此，A 项正确，不当选。
B 项：第二性法律关系，是指居于从属地位的法律关系。担保合同属于从合同，故担保关系也属于第二性法律关系。因此，B 项正确，不当选。
C 项：多向法律关系，是指存在多方法律关系主体的法律关系。行政法中的人事调动关系涉及调动人员、调出部门、调入部门等多个法律关系主体，故为多向法律关系。因此，C 项正确，不当选。
D 项：按照法律关系产生的依据、执行的职能和实现规范的内容不同，可以分为调整性法律关系和保护性法律关系。调整性法律关系不需要适用法律制裁，法律主体之间就能够依法行使权利、履行义务，如各种依法建立的民事法律关系、行政合同关系等。保护性法律关系是基于违法行为而产生的、旨在恢复被破坏的权利和秩序的法律关系，它的典型特征是一方主体（国家）适用法律制裁，另一方主体（通常是违法者）必须接受这种制裁，如刑事法律关系。丙因故意伤害罪被提起刑事诉讼产生的法律关系是保护性法律关系。因此，D 项错误，当选。
综上所述，本题为选非题，答案为 D 项。

12 62208228

答案：C。
解析：A 项：法律事实是指法律规范所规定的，能够引起法律关系产生、变更和消灭的客观情况或现象，包括法律行为和法律事件。交管部门的罚款决定是能够引起张某和交管部门之间的行政法律关系的客观情况，属于法律事实。因此，A 项正确，不当选。
B 项：法律行为是指由当事人的意志支配的身体活动。引起张某和交管部门之间的法律关系的是张某的违法驾驶行为，是由张某的意志支配的身体活动，属于法律行为。因此，B 项正确，不当选。
C 项：按照法律主体在法律关系中地位的不同，法律关系可以分为平权性（横向）法律关系和隶属性（纵向）法律关系。隶属性法律关系是指在不平等的法律主体之间所建立的权力服从关系，其特点为：1. 法律主体处于不平等的地位；2. 法律主体之间的权利与义务具有强制性，不得随意转让，也不能任意放弃。因为法律承认了子女对父母教导的服从义务，故李某和小李处于不平等地位，其亲权关系属于隶属性法律关系。因此，C项错误，当选。

D项：保护性法律关系，是指因违法行为而产生的旨在恢复被破坏的权利和秩序的法律关系。因张某的违法行为而引起的与交管部门之间的法律关系，属于保护性法律关系。因此，D项正确，不当选。

综上所述，本题为选非题，答案为C项。

【多选】

13 62208229

答案：B,D。

解析：A项：按照法律主体在法律关系中地位的不同，法律关系可以分为横向（平权性）法律关系和纵向（隶属性）法律关系。纵向法律关系是指在不平等的法律主体之间所建立的权力服从关系，亲权关系属于纵向法律关系，因为法律承认了子女对父母教导的服从义务。因此，A项错误。

B项：在特殊情况下，国家可以作为一个整体成为法律关系主体。例如，国家作为主权者，是国际公法关系的主体，可以成为外贸关系中的债权人或债务人。因此，B项正确。

C项：分公司同其他法律关系主体一样，具有权利能力和行为能力，可以作为法律关系主体。但需要注意分公司不具有企业法人资格，不具有独立的法律地位，不独立承担民事责任。因此，C项错误。

D项：法律关系是根据法律规范建立的一种社会关系，以权利义务为内容。因此，D项正确。

综上所述，本题答案为BD项。

14 62208230

答案：A,C,D。

解析：1. 法律关系是根据法律规范建立的一种社会关系，具有合法性。(1) 法律规范是法律关系产生的前提；(2) 法律关系不同于法律规范调整或保护的社会关系本身；(3) 法律关系是法律规范的实现状态，是法律规范的内容在现实生活中得到具体贯彻的成果。2. 法律关系是体现意志性的特种关系，主要体现国家意志，有时也体现特定法律主体的意志。3. 法律关系是一种权利义务关系，以权利义务为内容。法律权利和义务的内容是法律关系区别于其他社会关系的重要标志。

ACD项：AD项中，朱某与肖某之间，钱某与商场之间创设了买和卖的权利义务，形成了民事法律关系（买卖合同关系）。C项中，违章行人和行政机关之间创设了行政法律关系。因此，ACD项正确。

B项：恋爱关系不属于法律调整范围，不属于法律关系。因此，B项错误。

综上所述，本题答案为ACD项。

第十一章 法律责任

参考答案

[1] D	[2] C	[3] D	[4] BCD	[5] ABC
[6] BD	[7] AD	[8] AB	[9] ACD	

一、历年真题及仿真题

（一）法律责任的竞合

【不定项】

1 1401091

答案：D。

解析：法律责任的竞合，是指由于某种法律事实的出现，导致两种或者两种以上的法律责任产生，而这些责任之间相互冲突的现象。法律责任的竞合的特点为：数个法律责任的主体为同一法律主体；责任主体实施了一个行为；该行为符合两个或者两个以上的法律责任构成要件；数个法律责任之间相互冲突。

AC项：法律责任的竞合是指数个法律责任之间相互冲突。如果数个法律责任可以被其中之一所吸收，如某犯罪行为的刑事责任吸收了其行政责任；或者可以并存，如某犯罪行为的刑事责任与附带民事赔偿责任被同时追究，则不存在责任竞合的问题。故 AC 项错误。

B 项：因王某手机爆炸导致右耳失聪，产生的是侵权责任和违约责任的竞合。但对于手机制造商来说，只承担产品侵权责任，并不承担违约责任。故 B 项错误。

D 项：使用假币购买手表是一个行为，构成诈骗罪与使用假币罪的想象竞合犯，择一重罪处罚。故 D 项正确。

综上所述，本题答案为 D 项。

【注意】当年司法部给出的答案是 BD，现在有些老师给出的答案也是 BD。但是在民法上，手机制造商只承担侵权责任不承担违约责任，这是不存在任何异议的。这是老师在出题的时候存在不严谨，也是当年的第一错题。我们经过讨论，认为 B 项错误，以保持法律的统一性。本题掌握相关的知识点即可，不必过于纠结答案。

（二）综合知识点

【单选】

2 **1701009**

答案：C。

解析：A 项：按照规则内容的确定性程度不同，可以把法律规则分为确定性规则、委任性规则和准用性规则。确定性规则，是指内容本已明确肯定，无须再援引或参照其他规则来确定其内容的法律规则。委任性规则，是指内容尚未确定，而只规定某种概括性指示，由相应国家机关通过相应途径或程序加以确定的法律规则。准用性规则，是指内容本身没有规定人们具体的行为模式，而是可以援引或参照其他相应内容规定的规则。本题中，《民法典》第 187 条明确指出民事主体的财产不足以支付的，优先用于承担民事责任，并没有委托其他机构或者引用其他条文，为确定性规则。故 A 项说法错误。

B 项：法律规则是采取一定的结构形式具体规定人们的法律权利、法律义务以及相应的法律后果的行为规范。而法律原则，是为法律规则提供某种基础或本源的综合性的、指导性的价值准则或规范，是法律诉讼、法律程序和法律裁决的确认规范。本题中，《民法典》第 187 条规定内容明确，它是规则而不是原则。故 B 项说法错误。

C 项：按照规则对人们行为规定和限定的范围或程度不同，可以把法律规则分为强行性规则和任意性规则。所谓强行性规则是不允许当事人任意更改和协商变更内容的法律规则，隐含助动词“应当”。任意性规则，是指规定在一定范围内，允许人们自行选择或协商确定为与不为、为的方式以及法律关系中的权利义务内容的法律规则。《民法典》第 187 条之规定，没有规定当事人可以协商变更的内容，因而属于强行性规则。故 C 项说法正确。

D 项：法律责任的竞合，是指由于某种法律事实的出现，导致两种或两种以上的法律责任产生，而这些责任之间相互冲突的现象。最后的解决方式是选择其一而不是并存。本题中《民法典》第 187 条规定，民事主体因同一行为应当承担民事责任、行政责任和刑事责任的，承担行政责任或者刑事责任不影响承担民事责任；民事主体的财产不足以支付的，优先用于承担民事责任，这个是责任的聚合而不是责任的竞合。故 D 项说法错误。

综上所述，本题答案为 C 项。

3 **1101011**

答案：D。

解析：A 项：法律位阶是指每一部规范性法律文本在法律体系中的纵向等级，下位阶的法律必须服从上位阶的法律，所有的法律必须服从最高位阶的法。法律位阶的冲突指不同位阶的法之间产生冲突，通常按照上位法优于下位法的原则来处理。本题没有提及不同位阶的法的冲突，故 A 项错误。

B 项：法律责任的免除，也称免责，是指法律责任由于出现法定条件被部分或全部地免除，主要包括时效免责、不诉及协议免责、自首、立功免责和履行不能免责等。本题只描述了法律责任的竞合，并没有提及免责的情况，故 B 项错误。

C 项：法的价值冲突指法的价值之间的抵触与冲突，主要包括：1. 个体之间法律所承认的价值发生冲突，例如行使个人自由可能导致他人利益的损失；2. 共同体之间价值发生冲突，例如国际人权与一国主权之间可能导致的矛盾；3. 个体与共同体之间的价值冲突，如个人自由与社会秩序的冲突。处理法的价值冲突的方法包括价值位阶原则、比例原则，题目中法条只提及了法律责任的竞合，没有反映背后不同法的价值的冲突，故 C 项错误。

D 项：法律责任的竞合，是指由于某种法律事实的出现，导致两种或两种以上法律责任的产生，而这些责任之间相互冲突的现象。本题属于因当事人一方的违约行为，既侵害了对方人身权，也侵犯了对方的财产权，出现了违约责任与侵权责任的冲突，当事人可以就违约责任与侵权责任任选其一进行索赔，因此是一种法律责任的竞合，故 D 项正确。

综上所述，本题答案为 D 项。

【多选】

答案：B,C,D。

解析：A 项：纵向法律关系又叫隶属型法律关系，是一方当事人可依据职权而直接要求他方当事人为或不为一定行为的法律关系。本案中甲和乙养老院并无职权行为，不属于纵向法律关系，应为平等主体之间的横向法律关系。因此，A 项错误。

B 项：侵权责任与违约责任的竞合，是指行为人所实施的某一违法行为，具有侵权行为和违约行为的双重特性，从而在法律上导致侵权责任与违约责任同时产生。本案中乙养老院未按约定提供营养餐属于违约行为，同时导致甲食物中毒产生了侵权责任，即发生了侵权与违约责任的竞合。因此，B 项正确。

C 项：第二性法律关系即从法律关系。第一性法律关系（主法律关系），是人们之间依法建立的不依赖其他法律关系而独立存在的或在多向法律关系中居于支配地位的法律关系。由此而产生的、居于从属地位的法律关系，就是第二性法律关系或从法律关系。本案中合同法律关系属于第一性法律关系，由合同纠纷导致的诉讼法律关系属于第二性法律关系。因此，C 项正确。

D 项：相对法律关系是指存在于特定权利主体与特定义务主体之间的权利义务关系，其典型特征在于权利的主体是特定的，义务主体也是特定的。本案中甲和乙养老院形成了合同关系，是甲和乙养老院之间的约定，不约束第三人，属于相对法律关系。因此，D 项正确。

综上所述，本题答案为 BCD 项。

5 1701057

答案：A,B,C。

解析：A 项：赵某是否违反注意义务，直接影响该案法律责任的认定，因此是衡量法律责任轻重的重要标准，故 A 选项正确。

B 项：第一性法律关系，也称之为主法律关系，是具有独立性的法律关系；第二性法律关系，也称之为从法律关系，是具有从属性的法律关系，本题中赵某与地铁公司之间的侵权法律关系属于第一性法律关系，依附于该侵权法律关系产生的诉讼法律关系即属于第二性法律关系，故 B 选项正确。

C 项：协议免责发生在当事人之间，是当事人真实意思表示自愿放弃赔偿的情形，C 选项在法院调解之下达成协议，赵某放弃索赔，可以认定为协议免责，故 C 选项正确。

D 项：法官的自由裁量并非不受任何限制，要受到法律法规、习惯、习俗、道德以及内心良知正义的约束，而非不受限制，故 D 项错误。

综上所述，本题答案为 ABC 项。

6 1601059

答案：B,D。

解析：A 项：法律责任的竞合，是指由于某种法律事实的出现，导致两种或两种以上的法律责任产生，而这些责任之间相互冲突的现象。法律责任竞合的特点是：数个法律责任的主体为同一法律主体；责任主体实施了一个行为；该行为符合两个或者两个以上的法律责任构成要件。本题中，若李某的罪名成立，则其借款这一行为既构成刑法上的非法吸收公众存款罪，又构成民法中的借款合同的违约。但是，这两个法律责任并不互相冲突，可以同时追究，因此，不是民事责任和刑事责任的竞合。故 A 项错误。

B 项：按照法律关系产生的依据、执行的职能和实现规范的内容不同，可以分为调整性法律关系和保护性法律关系。调整性法律关系是基于人们的合法行为而产生的、执行法的调整职能的法律关系，它所实现的是法律规范（规则）的行为规则（指示）的内容。调整性法律关系不需要适用法律制裁，法律主体之间即能够依法行使权利、履行义务，如各种依法建立的民事法律关系、行政合同关系等。保护性法律关系是由于违法行为而产生的、旨在恢复被破坏的权利和秩序的法律关系，它执行着法的保护职能，所实现的是法律规范（规则）的保护规则（否定性法律后果）的内容，是法的实现的非正常形式。它的典型特征是一方主体（国家）适用法律制裁，另一方主体（通常是违法者）必须接受这种制裁，如刑事法律关系。本题中，李某与王某订立借款合同系合法行为，二者之间的借款合同法律关系属于调整性法律关系。故 B 项正确。

C 项：法律事实，就是法律规范所规定的、能够引起法律关系产生、变更和消灭的客观情况或者现象。本案中，一个民事诉讼法律关系的产生，除了需要王某的起诉以外，还需要法院的受理立案决定。故 C 项错误。

D 项：法律责任的免除，也称为免责，是指法律责任由于出现法定条件被部分或者全部的免除。从我国的法律规定和法律实践看，主要存在以下几种免责形式：1. 时效免责；2. 不诉及协议免责；3. 自首、立功免责。其中，对于不诉及协议免责，是指如果受害人或有关当事人不向法院起诉要求追究行为人的法律责任，行为人的法律责任就实际上被免除，或者受害人与加害人在法律允许的范围内协商同意的免责。在这些场合，责任人应当向受害人承担责任，法律将追究责任的决定权交给受害人和有关当事人。因此，王某可以免除李某的部分民事责任。故 D 项正确。

综上所述，本题答案为 BD 项。

二、模拟训练

【多选】

7 61908140

答案：A,D。

解析：A 项：法的正式渊源是指具有明文规定的法律效力，并可直接作为法律人的法律推理的大前提之规范来源的资料。如宪法、法律、法规等，主要是制定法。由此可知，《环境保护法》和《民法典》都是正式的法的渊源。因此，A 项正确。

B 项：环境污染责任作为一种特殊的侵权责任，其特殊性首先表现在其采用了无过错责任的归责原则。依无过错责任原则，在受害人有损害结果、污染者的行为与损害结果有因果关系的情况下，不论污染者有无过错，都应对其污染造成的损害承担侵权责任。因此，B 项错误。

C 项：责任的竞合是指由某种法律事实导致的多种法律责任产生，并且多种法律责任相互之间冲突的现象。甲工厂分别承担行政责任和民事责任，两种责任可以并存，并不存在冲突，所以不是责任竞合。因此，C 项错误。

D 项：平权型（横向）法律关系是指平等主体之间产生的，权利义务具有一定程度的随意性的法律关系；隶属型（纵向）法律关系是指法律主体地位不平等，存在权力服从关系，权利义务具有强制性，不得随意转让和放弃的法律关系。甲工厂和农民之间地位平等，属于平权型法律关系；生态环境局和甲工厂以及法院和甲工厂之间地位不平等，属于隶属型法律关系。因此，D 项正确。

综上所述，本题答案为 AD 项。

8 61908172

答案：A,B。

解析：A 项：法律责任指国家强制责任人作出一定行为或不作出一定行为，是救济受到侵害的合法权利的手段，可以有效保障人们权利和义务的实现。因此，A 项正确。

B 项：法律责任是指行为人由于违法行为、违约行为或者由于法律规定而应承受的某种不利的法律后果。由此可见，引起法律责任的原因包括违法行为、违约行为或者基于法律规定。因此，B 项正确。

C 项：法律由国家立法机关制定或认可，反映国家意志，具有国家强制力，故法律责任的认定离不开国家权力。但国家机关如果违法行使手中的权力，也可能会导致违法行为，同样会产生法律责任。因此，C 项错误。

D 项：法律责任竞合是指由某种法律事实导致多种法律责任产生，并且多种法律责任相互之间冲突的客观现象。该现象由社会生活的复杂性和法律的局限性共同导致，它既可发生在同一法律部门内部，也可发生在不同的法律部门之间。因此，D 项错误。

综上所述，本题答案为 AB 项。

9 62208233

答案：A,C,D。

解析：A 项：不诉免责是指法定情形下，如果受害人或者有关当事人不向法院起诉要求追究行为人的责任，则责任实际免除。本项中，如果诽谤案（亲告罪）当事人不向法院起诉则责任实际免除属于不诉免责的情形。因此，A 项正确。

B 项：告诉才处理的案件撤回起诉属于不诉免责。因此，B 项错误。

C 项：受害人和加害人在法律允许的范围内协商一致，同意免除加害人责任，属于自愿协议免责。因此，C 项正确。

D 项：责任经过一段期限后而免除称为时效免责。因此，D 项正确。

综上所述，本题答案为 ACD 项。

第十二章 法的实施

参考答案

[1] C	[2] AC	[3] D	[4] D	[5] B
[6] BC	[7] ABC	[8] AC	[9] BD	[10] ABD
[11] D				

一、历年真题及仿真题

（一）执法、司法、守法、法律监督

【单选】

1 2201069

答案：C。

解析：A 项：法律实施是指法律在社会中的运用、强制贯彻，即法律自公布后进入实际运行。法的实施是法律制定和调整社会关系的手段，法的实现才是法的目的，也不能绝对地表述为“唯一目的”。因此，A 项错误。

B 项：法律的生效时间有以下情形：法律颁布之日起生效、法律法规规定具体生效时间、法律规定的条件具备后生效。所以法律并非经实施就有效力。因此，B 项错误。

C 项：司法裁判性是指在社会中发生纠纷和冲突的时候，司法机关有权适用已经公布的法律规范居中裁判，解决纠纷和冲突。法律要具有司法裁判性才能有效地在司法实践中实施运用。因此，C 项正确。

D 项：法律实施以法律实现为直接目的，法律要想实现就需要考虑法实施的影响，以及造成的后果。因此，D 项错误。

综上所述，本题答案为 C 项。

【多选】

2 1101054

答案：A,C。

解析：A 项：司法成本指的是在整个司法活动中消耗的社会资源，又可称之为司法资源或司法投入，指司法机关、诉讼参与人在进行具体案件的诉讼过程中所消耗的物质资源和精神要素的总和，实行“小额速裁”，一审终审可促使纠纷得到迅速解决，节约了司法成本，故 A 项正确。

B 项：司法的民主性是指司法应充分体现人民的意志和利益，审判活动应体现民主性，并应受到人民的有效监督，本题中的“小额速裁案件”体现了节约司法成本与司法效率，并没有提及司法民主，故 B 项错误。

C 项：司法效率，是指司法资源的投入与办结案件及质量之间的比例关系，是解决司法资源如何配置的问题。司法效率追求的是以尽可能合理、节约的司法资源，谋取最大限度地对社会公平和正义的保障以及对社会成员合法权益的保护。提高司法效率，就要求人民法院和人民法官履行职责时，在坚持司法公正的前提下，认真、及时、有效地工作，尽可能地缩短诉讼周期，降低诉讼成本，力求在法定期限内尽早结案，取得最大的法律效果和社会效果。实行“小额速裁”，一审终审，加快纠纷的解决，提高了司法效率，故 C 项正确。

D项：所谓审判公开，意味着让特定的人或者不特定的人了解司法活动的内容和过程，了解司法活动中的诉讼文书、证据材料，从而使司法活动在不同程度上为社会大众所知晓，本题涉及的是司法成本与司法效率的问题，没有提及推进审判公开，故D项错误。

综上所述，本题答案为AC项。

（二）综合知识点

【单选】

3 2201111

答案：D。

解析：这句法律谚语的意思是：法律普遍得以施行，那么对的事物是世人公认的，不对的事物是世人都否定的。

A项：公法的效力不一定高于私法，比如《刑法》与《民法》的法律效力是同等的。因此，A项错误。

B项：法律实施一般指法的实施。法的实施，也叫法律的实施，是指法在社会生活中被人们实际施行。包括法的执行、法的适用、法的遵守和法律监督。法的实施主体不只有国家公权力机关，比如守法的主体包含任何组织和个人。因此，B项错误。

C项：法律调整私人利益，比如以《民法》为代表的私法调整的社会关系是平等主体之间的人身关系和财产关系，即包含了私人利益。因此，C项错误。

D项：法律的生命在于实施，而法律的实施不仅仅是对法律规范的遵守，在更深层次上乃是对法律所承载的价值理念的认可和向往。因此，D项正确。

综上所述，本题答案为D项。

4 2201064

答案：D。

解析：A项：我国的案例指导制度并没有经过立法机关或者现有制定法的明确授权，因而缺乏正式的法律地位，不具有法律上的强制性效力。典型案例作为案例指导制度中的一种，同样不具有普遍约束力。因此，A项错误。

B项：当代中国的正式法律渊源包括宪法、法律、行政法规、地方性法规、民族自治法规、经济特区法规、特别行政区的法律以及我国缔结或参加的国际条约、国际惯例。中国共产党的政策属于法的非正式渊源。因此，B项错误。

C项：根据最高人民法院发布的《关于案例指导工作的规定》第7条的规定："最高人民法院发布的指导性案例，各级人民法院审判类似案例时应当参照。"可知，典型案例不属于各级人民法院审判类似案件时应当参照的情形。因此，C项错误。

D项：司法具有被动性、中立性、形式性、专属性、终极性的特征。因此，D项正确。

综上所述，本题答案为D项。

5 1901148

答案：B。

解析：A项：执法必须严格，但严格并不代表不能搞人文情怀。恰恰相反，社会主义中国执法为民，应当通过人民群众喜闻乐见的方式执法。故执法当然可以根据具体情况采取具体对策，体现人文情怀。因此，A项错误。

BC项：执法应当做到宽严相济，在法律范围内，当严则严，当宽则宽，做到宽与严的有机统一。而且，我国当前刑事政策正是宽严相济。因此，B项正确，C项错误。

D项：中国特色社会主义法治理论的基本原则之一是依法治国和以德治国相结合。当代社会，最重要的调控手段是法律，但法律不是万能的，还需要道德等其他调控手段的治理。同样，仅仅依靠道德治理，也是绝对不可以的。因此，D项错误。

综上所述，本题答案为B项。

【多选】

6 2101102

答案：B,C。

解析：A项：法律具有普遍性，在国家权力范围内普遍适用，不允许存在不受法律控制的地域，故在农村地区也应当优先适用法律，非风俗习惯。因此，A项错误。

B项：风俗习惯属于法的非正式渊源，属于道德的范畴，与法律规定不是完全一致的，特定情况下甚至存在冲突。因此，B项正确。

C 项：法律具有局限性，建设法治国家必须要综合运用法律、道德等手段。因此，C 项正确。

D 项：司法行为具有公信力，一旦作出，非因法定事由、法定程序，任何人不得单方任意撤销。因此，D 项错误。

综上所述，本题答案为 BC 项。

7 1601060

答案：A,B,C。

解析：A 项：守法，是指公民、社会组织和国家机关以法律为自己的行为准则，依照法律行使权利、履行义务的活动。守法包括：1. 不做法律所禁止的事情，即消极、被动地守法；2. 根据授权性法律规范积极主动地去行使自己的权利，实施法律，即主动地守法。本题中，王某申请信息公开属于后者。故 A 项正确。

B 项：法的强制作用是指法可以通过制裁违法犯罪行为来强制人们遵守法律。这里，强制的对象是违法者的行为。制定法律的目的是让人们遵守，是希望法律的规定能够转化为社会现实。因此，法律必须具有一定的强制性。离开了强制性，法律就失去了权威；而加强法律的强制性，则有助于提高法律的权威。本题中，判决生态环境局败诉正是体现了法的强制作用。故 B 项正确。

C 项：我国法律监督体系包括国家法律监督体系和社会法律监督体系：1. 国家法律监督体系。国家机关的监督，包括国家权力机关、行政机关和司法机关的监督。2. 社会法律监督体系。社会监督，即非国家机关的监督，指由各政党、各社会组织和公民依照宪法和有关法律，对各种法律活动的合法性所进行的监督。根据社会监督的主体不同，可以将它分为以下几类：中国共产党的监督、社会组织的监督、公民的监督、法律职业群体的监督和新闻舆论的监督等。王某是在行使监督权，为公民的监督，属于社会监督。故 C 项正确。

D 项：根据相对应的主体范围可以将权利义务分为绝对权利义务和相对权利义务。绝对权利又称为“对世权利”，对应不特定的义务人。相对权利又称为“对人权利”，对应特定的义务人。本题中，王某的诉权是相对权，对应特定的义务人，即生态环境局。故 D 项错误。

综上所述，本题答案为 ABC 项。

8 1401051

答案：A,C。

解析：本题综合考查了法理学中法律责任、法律解释以及法律规则知识点。

A 项：法律责任，是指行为人由于违法行为、违约行为或者由于法律规定而应承受的某种不利的法律后果。责任自负是现代法律责任制度的基本原则，即对【自己的】违法、违约等行为承担法律责任。但也有例外，比如公平责任。《民法典》第 1254 条第 1 款规定的是为【他人的】侵害行为承担补偿责任，是责任自负原则的例外。因此，A 项正确。

B 项：法律解释方法的位阶通常为：文义解释——体系解释——立法者目的解释——历史解释——比较解释——客观目的解释。本条并未涉及法律解释位阶。因此，B 项错误。

C 项：按照规则内容的确定性程度不同，法律规则可以分为确定性规则、委任性规则和准用性规则。确定性规则，是指内容本身已明确肯定，无须再援引或参照其他规则来确定其内容的法律规则。委任性规则，是指内容尚未确定，而只规定某种概括指示，由相应国家机关通过相应途径或程序加以确定的法律规则。准用性规则，是指内容本身没有规定具体行为模式，而是可以援引或参照其他相应内容规定的规则。题干中法条规定了行为模式和法律后果，内容本身已明确肯定，属于确定性规则。因此，C 项正确。

D 项：本法条规定的公平责任是立法公正的体现，不是司法公正。因此，D 项错误。

综上所述，本题答案为 AC 项。

【不定项】

9 1501088

答案：B,D。

解析：A 项：法律事件是法律规范规定的、不以当事人的意志为转移而引起法律关系形成、变更或消灭的客观事实。法律事件又分成社会事件和自然事件两种。法律行为可以作为法律事实而存在，能够引起法律关系形成、变更和消灭。本案中，法院判决是法律行为，所以王某与张某婚姻关系的消灭是由于法律行为引起的。故A项错误。

B项：按照相对应的主体范围可以将权利义务分为绝对权利义务和相对权利义务。绝对权利和义务，又称“对世权利”和“对世义务”，是对应不特定的法律主体的权利和义务。相对权利和义务又称“对人权利”和“对人义务”，是对应特定的法律主体的权利和义务。本题中，张某主张的生育权只能向其妻子主张，属于相对权。故B项正确。

C项：《最高人民法院关于适用〈中华人民共和国民法典〉婚姻家庭编的解释（一）》第87条第3款规定：“在婚姻关系存续期间，当事人不起诉离婚而单独依据民法典第一千零九十一条提起损害赔偿请求的，人民法院不予受理。”因此，法院未支持张某的损害赔偿诉求，符合法律规定。故C项错误。

D项：概括性表述如“等”“其他方式”“其他方法”“其他手段”等，其立法语言的概括性，有利于提高法律的适应性。故D项正确。

综上所述，本题答案为BD项。

二、模拟训练

【多选】

10 62408024

答案：A,B,D。

解析：AB项：守法，是指公民、社会组织和国家机关以法律为自己的行为准则，依照法律行使权利、履行义务的活动。其含义不仅限于不违法，不做法律所禁止的事情或做法律所要求做的事情，还包括根据授权性法律规范积极主动地去行使自己的权利，实施法律。因此，AB项正确。

CD项：法律义务来自特定国家的法律，但守法义务不是来自法律本身。普遍的观点认为，守法义务来自道德，或者说，守法义务是道德义务而不是法律义务。由于守法义务是道德义务，法理学对守法义务是否实际存在以及在什么条件下实存存在不同的主张。一般来说，自然法学者主张实际存有一个守法义务；但是，有的自然法学者认为守法义务只是一种初始性义务。法实证主义者一般否认守法义务的实存，甚至否认初始性的守法义务的实存。因此，C项错误，D项正确。

综上所述，本题答案为ABD项。

【不定项】

11 61908146

答案：D。

解析：A项：司法具有被动性，不告不理，但是执法的主动性不是绝对的，执法有时也有被动性，比如依申请的具体行政行为（行政许可）。因此，A项错误。

B项：“公平合理”是执法的重要原则，执法不仅要合法，还要强调公正、公平、合理、适度，故执法方法也应让一般社会公众能够接受，否则无公平合理可言。因此，B项错误。

C项：司法活动主要是针对个别案件，执法是以国家名义对社会进行全面管理，涉及范围比司法广。因此，C项错误。

D项：司法裁判涉及个别法律问题的纠纷和争议，是对特定案件进行的特定处理，具有个案性。所以，司法权是一种判断权，不是一种决策权、执行权。因此，D项正确。

综上所述，本题答案为D项。

第十三章 法适用的一般原理

参考答案

[1]ABCD	[2]AD	[3]BC	[4]ABD	[5]C
[6]A	[7]C	[8]D	[9]AD	[10]ABC
[11]AC	[12]ACD	[13]BCD	[14]CD	[15]B
[16]B	[17]ACD	[18]AB	[19]BD	[20]ABCD
[21]D				

一、历年真题及仿真题

（一）法适用的目标

【不定项】

1 1401092

答案：A,B,C,D。

解析：A项：在法治社会，所谓合理的法律决定就是指法律决定具有可预测性和正当性。法律决定的可预测性是形式法治的要求，它的正当性是实质法治的要求。故 A 项正确。

BD 项：可预测性意味着做法律决定的人在做决定的过程中应该尽可能地避免武断和恣意。这就是要求必须将法律决定建立在既存的一般性的法律规范的基础上，而且必须要按照一定的方法适用法律规范。对在特定的一个时间段内的特定国家的法律人来说，法律决定的可预测性具有初始的优先性。因为对于特定国家的法律人来说，首先理当崇尚的是法律的可预测性。故 BD 项正确。

C 项：法律决定的可预测性与正当性之间存在着一定的紧张关系，实质上，这种紧张关系就是形式法治与实质法治之间的紧张关系的一种体现。法律人通过法律解释对一般性法律规范和个别案件适用的缝隙进行缝合，就是要解决规范和事实之间的紧张关系。故 C 项正确。

综上所述，本题答案为 ABCD 项。

（二）内部证成和外部证成

【多选】

2 2101101

答案：A,D。

解析：ABCD 项：内部证成指法律决定必须按照一定的推理规则从相关前提中逻辑地推导出来。【内部证成】能够保证从前提到结论的逻辑推导真实有效，但对于前提的真实性无法保证。而【外部证成】则恰恰是对内部证成的前提的真实性的证成。因此，C 项错误。内部证成就是推导出法律决定的演绎推理的三段论过程，而外部证成则同样是通过演绎推理的三段论过程证成前提的真实性。因此，B 项错误。法律决定的合理性在于：1. 法律决定是按照一定的推理规则从前提中推导出来，这是内部证成的问题；2. 推导法律决定所依赖的前提是真实的，这是外部证成的问题。内部证成与外部证成共同保证法律决定的合理性。因此，AD 项正确。

综上所述，本题答案为 AD 项。

3 1001054

答案：B,C。

解析：AB 项：法律证成分为内部证成和外部证成，法律决定必须按照一定的推理规则从相关前提中逻辑地推导出来，属于内部证成；对法律决定所依赖的前提本身合理性的证成属于外部证成。故 A 项正确，不当选；B 项错误，当选。

C 项：外部证成是对法律决定所依赖的前提本身的合理性进行法律认定，而法律决定依赖的前提包括小前提，而小前提就是关于案件事实的法律认定，故 C 项错误，当选。

D 项：在法律适用中，内部证成和外部证成是相互关联的，因为通过外部证成对法律决定所依赖的前提的证成本身也是一个推理过程，故外部证成过程中也必然涉及内部证成。故 D 项正确，不当选。

综上所述，本题为选非题，答案为 BC 项。

【不定项】

4 1301086

答案：A,B,D。

解析：本题考查内部证成。

ABC 项：内部证成是法律决定必须按照一定的推理规则从相关前提中逻辑地推导出来的过程；外部证成是对法律决定所依赖的前提的证成。内部证成关涉的只是从前提到结论之间推论是否有效，而推论的有效性则依赖于是否符合推理规则或规律。外部证成关涉的是对内部证成中所使用的前提本身的合理性，即对前提的证立。故 AB 项正确，C 项错误。

D 项：在法律适用中，内部证成和外部证成是相互关联的。外部证成是将一个新的三段论附加在论证的链条中，这个新的三段论是用来支持内部证成中的前提的。故 D 项正确。

综上所述，本题答案为 ABD 项。

（三）综合知识点

【单选】

5 1501015

答案：C。

解析：A 项：法律人适用法律的最直接的目标就是要获得一个合理的法律决定。在法治社会，所谓合理的法律决定就是指法律决定具有可预测性和正当性。故 A 项“获得具有可预测性的法律决定是法的适用的唯一目标”的说法错误。

B 项：在实际的法律活动中，法律人适用有效法律规范解决个案纠纷的步骤绝不是各自独立且严格区分的单个行为，它们之间界限模糊并且可以相互转换。如法律人查明和确认案件事实的过程就不是一个纯粹的事实归结过程，而是一个在法律规范与事实之间的循环过程，即目光在事实与规范之间来回穿梭，并非与规范认定无关。故 B 项错误。

C 项：法律人在适用法律的过程中，无论是依据一定的法律解释方法所获得的法律规范即大前提，还是根据法律所确定的案件事实即小前提，都是用来为法律决定提供支持程度不同的理由。在这个意义上，法律适用过程也是一个法律证成的过程。故 C 项正确。

D 项：法律推理是指法律人在法律适用中从一定的前提推导出法律决定的过程。法律人在法律适用中必然运用法律推理，主要的推理方式有演绎推理、归纳推理、类比推理、设证推理等，不只“演绎推理”一种。故 D 项错误。

综上所述，本题答案为 C 项。

6 1401012

答案：A。

解析：法的渊源分为正式渊源和非正式渊源。正式的法的渊源是指具有明文规定的法律效力并且直接作为法律人的法律决定的大前提的规范来源的那些资料，主要为制定法。对于正式渊源，法律人有义务适用它们。非正式的法的渊源则指不具有明文规定的法律效力，但具有法律说服力并能够构成法律人的法律决定的大前提的准则来源的那些资料，如习惯、政策、道德、信念等。

A 项：经济、社会、文化权利是宪法规定的权利，悼念权不是法律权利，更非宪法权利。故 A 项错误，当选。

B 项：当代中国的非正式的法的渊源主要包括习惯、判例和政策。故 B 项正确，不当选。

C 项：根据题干表述，现行法律并未明文规定悼念权，故悼念权属于非法定权利。故 C 项正确，不当选。

D 项：我国法院判决采用演绎推理，即大前提——小前提——结论，这是一种内部证成。故 D 项正确，不当选。

综上所述，本题为选非题，答案为 A 项。

7 1201012

答案：C。

解析：A 项：法律制裁，是指由特定国家机关对违法者依其法律责任而实施的强制性惩罚措施。法律制裁的前提是违法者不履行其法律责任而强制其履行，而在本案中，并没有到这一步，故 A 项说法错误。

B 项：不诉及协议免责，是指如果受害人或有关当事人不向法院起诉要求追究行为人的法律责任，行为人的法律责任就实际上被免除，或者受害人与加害人在法律允许的范围内协商同意的免责，而在本案中却没有体现当事人的意志，是法院的直接判决，故 B 项说法错误。

C 项：所谓法律证成，是指对作出法律决定提供充足理由的活动或过程，任何法律决定都是法律证成的过程，证成需要目光在事实与规范之间穿梭。故 C 项说法正确。

D 项：被告承担法律责任主要是因为其撞击行为导致了原告的损失，因此存在因果关系，故 D 项说法错误。

综上所述，本题答案为 C 项。

8 1201013

答案：D。

解析：A 项：在我国，习惯是属于非正式渊源，不能直接作为法律判决的依据，而习惯法是指部分习惯经由国家有权机关认可后具有法律效力的规范性法律文件，习惯不等于习惯法，而本案中订婚的“认大小”的习惯并没有被有权机关认定，因此不是习惯法，故 A 项说法错误。

B 项：法律事实，是指法律规范所规定的、能够引起法律关系产生、变更和消灭的客观情况或现象。导致张老太返还马先生医药费的直接法律事实是法院的判决而非张老太犯病。故 B 项说法错误。

C 项：法律判决应该本着“以事实为根据，以法律为准绳”的宗旨进行，以公平正义和当事人的合法利益的保护作为主要的判断标准，而不能以当事人的自由与效益为标准，故选 C 说法错误。
D 项：在司法过程的核心就是寻找作为大前提的法律和作为小前提的事实，而本案的焦点是“认大小”的钱的法律性质不明确，其原因是法律规定不明确，因此本案的争议点主要是法律的认定而非事实的认定，故 D 项说法正确。
综上所述，本题答案为 D 项。

【多选】

9 2001150

答案：A,D。
解析：A 项：法律适用的小前提就是法律事实，而“对于案件事实的争论”就是“对小前提的争论”，外部证成是对法律决定所依赖的前提的证成，也就是“对前提的论证”即外部证成，A 项正确。
B 项：法的发现是法律人获得法律决定或判断的事实过程，而法的证成是为法律决定或判断提供充足理由的推理或论证过程。故 B 项错误。
C 项：对证据证明能力的认定过程，既涉及事实判断，也涉及价值判断。故 C 项错误。
D 项：内部证成是法律决定必须按照一定的推理规则从相关前提中逻辑地推导出来的过程，关涉的只是从前提到结论推论是否有效，该过程既涉及案件事实的认定，也涉及法律规范的适用。故 D 项正确。
综上所述，本题答案为 AD 项。

10 1901060

答案：A,B,C。
解析：A 项：根据《民法典》第 1123 条的规定：“继承开始后，按照法定继承办理；有遗嘱的，按照遗嘱继承或者遗赠办理；有遗赠扶养协议的，按照协议办理。”按照法律规定，遗嘱继承本应优先于法定继承，但法院基于公序良俗原则认定协议内容无效，是为遗嘱继承应当优先于法定继承的规定创设了例外情形。因此，A 项正确。
B 项：公理性原则是从社会关系中产生并得到广泛认同的被奉为法律公理的法律原则，尊重善良风俗是具有普遍性的人类共同要求，因此属于世界各国普遍承认的公理性原则。因此，B 项正确。
C 项：法院在裁判案件的过程中查清案件事实的做法，体现了事实判断，坚守法律和人伦底线否定赵某的遗嘱效力，体现了价值判断。因此，C 项正确。
D 项：外部证成是指对法律决定所依赖的前提的证明，内部证成关注的是从前提到结论是否有效。法院选择适用公序良俗原则裁判案件，需要对大前提法律规范作出充分的论证说理，而对前提的论证属于外部证成。因此，D 项错误。
综上所述，本题答案为 ABC 项。

11 1801054

答案：A,C。
解析：A 项：特别法优于一般法是同一位阶的法律渊源冲突解决原则，本案中《民法通则》和《道路交通事故处理办法》一个是基本法律，一个是行政法规，显然属于不同位阶，应当按照上位法优先于下位法的原则，优先适用《民法通则》，故 A 项错误，当选。
B 项：法律证成可以分为内部证成和外部证成。法律决定必须按照一定的推理规则从相关前提中逻辑地推导出来，属于内部证成；对法律决定所依赖的前提的证成，属于外部证成。内部证成和外部证成都是一个三段论的过程，都涉及事实问题和法律规范问题。例如在内部证成中，我们通过大前提（法律规范）、小前提（事实认定）可以推导出结论。而大前提和小前提的合理性或者正当性又依赖于外部证成来证明。双方当事人关于本案法律适用问题的辩论，属于对法律渊源的辩论（围绕大前提展开），是典型的外部证成。故 B 项正确，不当选。
C 项：案件事实是法官在法律规范的前提下，通过“目光在事实与规范之间的往返流转”所得到的结果，案件事实本身就带有鲜明的规范性立场和裁判者价值判断，所以注定不是一个单纯的事实判断过程。故 C 项错误，当选。
D 项：指引作用是指法对本人的行为具有引导作用，主要体现为依法办事，显然李某之妻和高某的行为均是依法而为，都属于接受了法律的指引。故 D 项正确，不当选。
综上所述，本题为选非题，答案为 AC 项。

12 1201053

答案：A,C,D。

解析：A项：基本法律是以宪法为根据的由全国人大制定的最重要的法律，包括刑法、刑事诉讼法、民法、民事诉讼法、选举法、民族区域自治法、特别行政区基本法等。《婚姻法》和《民法通则》均属于民法部门法的规范性文件，属于基本法律。故A项说法正确。

B项：法律规范分为法律规则与法律原则，所谓法律规则是指采用一定的结构形式具体规定人们的法律权利、法律义务以及相应的法律后果的行为规范，而题目中“民事活动应当尊重社会公德”并没有规定具体的法律权利和义务，因此属于法律原则而不是法律规则，故B项说法错误。

C项：法律证成可以分为内部证成和外部证成。法律决定必须按照一定的推理规则从相关前提中逻辑地推导出来，属于内部证成；对法律决定所依赖的前提的证成属于外部证成。本案中，法官对判决理由的证成属于对法律决定所依赖的前提的证成，属于外部证成。故C项说法正确。

D项：法律人适用法律的最直接的目标就是要获得一个合理的法律决定，故法官如此判决正是出于法的安定性和合目的性要求的考虑。故D项说法正确。

综上所述，本题答案为ACD项。

【本题为12年真题，现《婚姻法》《民法通则》均已废除，做题时理解掌握本题相关知识点即可。】

13 1001055

答案：B,C,D。

解析：ABC项：对事物本身事实的描述和指陈判断称为事实判断；对主客体之间价值关系的肯定或否定性判断称为价值判断。事实判断和价值判断二者最大的区别在于是否具有客观性。“被告人刘某的犯罪情节轻微，社会危害性不大，主观恶性小，依法应当减轻或免除处罚”，属于价值判断；“本省盗窃罪的追诉限额为800元，而被告人所窃取财产评估价值仅为1,050元”，属于事实判断，故BC项错误，当选。A项正确，不当选。

D项：法律概念指的是不涉及权利义务的分配，不对法律主体的行为作出指示或提出要求，而是仅仅对法律中的一些重要的概念作出解释、说明与界定。辩护意见中的“只是”“仅为”“仅从”这类词汇，不属于法律概念。故D项错误，当选。

综上所述，本题为选非题，答案为BCD项。

【不定项】

14 1701090

答案：C,D。

解析：A项：法律事实与法律关系并非一一对应，一个法律事实也可以对应多个法律关系，本题中青石上有百姓祖先名字的生活事实既可被构建为乡绅夺去百姓祖先坟茔的案件事实，也可构建为百姓虚假诉讼的案件事实。故A项错误。

B项：根据规范语句所运用的助动词的不同，规范语句可以被区分为命令句和允许句。命令句使用“必须”“应该”或者“禁止”等道义助动词；允许句使用“可以”等道义助动词。而B选项并非使用“必须”“应该”“可以”等道义助动词，因此B项错误。

CD项：法的适用需要证据证明法律事实，故勘验现场是查明案件事实的必要步骤，但并非勘查现场就可得到案件事实，在疑难案件中，需要结合当事人的陈述、人证、物证等综合分析方能查清事实。故勘查现场是确定案件事实的必要但不充分条件。故C项正确。同时，裁判者自身的主观价值也会干扰案件事实认定，属于价值判断，比如本题中朱熹作知县时专好锄强扶弱，主观上对乡绅有一定的价值判断。故CD项正确。

综上所述，本题答案为CD项。

二、模拟训练

【单选】

15 62208235

答案：B。

解析：A项：合理的法律决定应当兼顾可预测性与正当性，若无法兼顾，则可预测性优先；但当选择可预测性可能会导致极端不公时，正当性优先。因此，A项正确，不当选。

B项：法律的可预测性是形式法治的要求，正当性是实质法治的要求。因此，B项错误，当选。

C 项：法的可预测性追求法的形式平等，即相同情况相同对待，类似情况类似处理，实现法律的安定性与确定性。因此，C 项正确，不当选。

D 项：法律决定的可预测性和正当性之间往往存在一定的紧张关系，其本质是形式法治与实质法治紧张关系的一种体现。因此，D 项正确，不当选。

综上所述，本题为选非题，答案为 B 项。

16 62208239

答案：B。

解析：A 项：法律人适用法律的最直接的目标就是要获得一个合理的法律决定。在法治社会，所谓“合理的法律决定”就是指法律决定具有可预测性和正当性。因此，A 项正确，不当选。

B 项：就整体来说，法的适用过程在形式上是逻辑三段论推理过程，即大前提、小前提和结论。但具体而言，首先是查明和确认案件事实，作为小前提；其次是选择和确定与案件事实相符合的法律规范，作为大前提；最后以整个法律体系的目的为标准，从两个前提中推导出法律决定。因此，B 项错误，当选。

C 项：外部证成关心前提是否合理，内部证成关心从前提到结论是否有效。因此，C 项正确，不当选。

D 项：法律具有语言依赖性，而语言一定具有模糊性，所以需要解释。只要有解释就涉及价值判断，故在法律推理的过程中，存在着大量的解释活动和价值判断。因此，D 项正确，不当选。

综上所述，本题为选非题，答案为 B 项。

【多选】

17 61808033

答案：A,C,D。

解析：A 项：法律决定必须按照一定的推理规则从相关前提中推导出来，这是内部证成的内容之一。因此，A 项正确。

B 项：外部证成是针对内部证成所采用的大、小前提的证成，而不是对结论合理性的证成。因此，B 项错误。

C 项：在法律适用中，外部证成需要论证内部证成中所使用的前提本身的合理性，故内部证成与外部证成是相互关联的。因此，C 项正确。

D 项：在外部证成中也有一个内部证成的活动，因此在进行外部证成的活动时和内部证成一样也要使用演绎方法，并且离不开支持性理由和推理规则。因此，D 项正确。

综上所述，本题答案为 ACD 项。

18 62208236

答案：A,B。

解析：AB 项：三段论是一种基本的法律推理模式，也是最基本的法律适用方法之一。三段论推理包含大前提、小前提和结论。因此，AB 项正确。

CD 项：与案件事实相符合的法律规范是大前提，案件事实是小前提，依据法律规范与案件事实推导出的法律决定是结论。因此，CD 项错误。

综上所述，本题答案为 AB 项。

【不定项】

19 62008004

答案：B,D。

解析：AB 项：法的发现与法的证成是两种不同性质的过程，但是它们并不是两个先后各自独立发生的过程，而是同一个过程的不同层面。因此，A 项错误，B 项正确。

CD 项：日常法律工作中，针对待决案件，往往是先有法律结论或判断，然后寻找作为理由的法律规范。这样的现象强调法的发现而贬低法的证成，认为法的发现是法律人作法律决定或判断的“真实过程”，法的证成是法律人伪装其法律决定或判断是理性证成的外衣，只起到“事后的包装功能”。但是，如果从法律人的法律决定或判断应该且必须具有合理性的角度看，即从可预测性与正当性的角度看，相比法的发现而言，法的证成具有优先性。这是因为，法的证成能够在更大程度上保证法律决定或判断的可预测性与正当性的实现。因此，C 项错误，D 项正确。

综上所述，本题答案为 BD 项。

20 62008005

答案：A,B,C,D。

解析：AB 项：法的发现将法律人作法律决定或判断作为一个事实或实际行为过程，将心理因素、社会因素与法律决定或判断之间的关系视为因果关系而进行处理。法的证成，是指法律人将其实际上所作的决定或判断进行合理化的证明和证成以保证该决定或判断是理性的、正当的或正确的。质言之，法的证成并不是将法律人作法律决定或判断的过程作为一个事实行为过程，而是将其作为一个推理或论证过程。AB 项说法刚好相反，因此，AB 项错误，当选。

C 项：苹果从树上掉落砸在牛顿的头上，让牛顿发现了万有引力。这个过程就相当于“法的发现”。但苹果砸在脑袋上，不可能说服物理学界接受万有引力，牛顿还必须用物理学理论对万有引力的存在进行证明，这个证明过程相当于“法的证成”。因此，C 项错误，当选。

D 项：法的发现过程中的心理与社会因素对法律人作法律决定或判断的影响缺乏确定性，可能是因人而异的，无法进行规范评价。但法的证成过程作为推理论证的过程，其所适用的推理方式、解释方法、论证过程等法律方法具有共性的法律思维，具有普遍性，可以进行规范评价。因此，D 项错误，当选。

综上所述，本题为选非题，答案为 ABCD 项。

21 62008006

答案：D。

解析：A 项：法的发现是指特定法律人的心理因素与社会因素引发他针对特定案件作出某个法律决定的实际过程。本题中，甲不属于特定法律人，且其向法院提起诉讼要求医院赔偿并不属于作出法律决定的过程，故不属于法的发现。因此，A 项错误。

B 项：法律人为获得法律决定或判断而进行推理论证的过程就是“法的证成”。B 项仅做出结论，并没有涉及推理论证的过程，不属于法的证成。因此，B 项错误。

CD 项：法的发现将法律人作法律决定或判断作为一个事实或实际行为过程，将心理因素、社会因素与法律决定或判断之间的关系视为因果关系而进行处理。法的证成，是指法律人将其实际上所作的决定或判断进行合理化的证明和证成以保证该决定或判断是理性的、正当的或正确的。本案中，法院审理认定甲的伤残确系医院的医疗行为所致，这一过程属于将其实际上所作的决定进行合理化的证明和证成，属于法的证成。因此，C 项错误，D 项正确。

综上所述，本题答案为 D 项。

第十四章 法律推理

参考答案

[1] B	[2] D	[3] C	[4] B	[5] D
[6] C	[7] AC	[8] ABC	[9] BC	[10] C
[11] BC	[12] BCD			

一、历年真题及仿真题

（一）综合知识点

【单选】

1 2201109

答案：B。

解析：A 项：法律和道德都是调整社会关系的方式，它们的调整领域存在交叉，但并不完全重合，有些案件道德评价无法介入，道德评价不是每个案件判决的必经程序，故道德评价是判决的先决条件过于绝对。因此，A 项错误。

B 项：涵摄是指将具体的案例事实置于法律规范的要件之下，以获得一定结论的一种思维过程。涵摄本身是演绎推理的另一种形式。司法三段论是我国法官司法裁判的主要形式，法官从法律条文出发，涵摄案件事实，推理判决结果。本案中，法院解释《民法典》诚实信用原则与该案的关系，得出判决结果，运用了涵摄的方法。因此，B 项正确。

C 项：第一性法律关系是指不依赖其他法律关系而独立存在，或在多项法律关系中居于支配地位的法律关系。第二性法律关系是指由第一性法律关系产生的、居于从属地位的法律关系。本题中，借贷关系与婚姻关系是相互独立的两种法律关系，二者没有产生从属关系。因此，C 项错误。

D 项：法律原则内涵高度抽象，外延宽泛，不像法律规则那样对假定条件和行为模式有具体明确的规定，所以当法律原则直接作为裁判案件的标准发挥作用之时，会赋予法官较大的自由裁量权，从而不能完全保证法律的确定性和可预测性。而法律规则，是法律中最具有硬度的部分，能最大限度地实现法律的确定性和可预测性。本案中法院根据《民法典》诚实信用原则进行判决，体现更多的是法官的自由裁量权，而非可预测性。因此，D 项错误。

综上所述，本题答案为 B 项。

2 **2001147**

答案：D。

解析：A 项：国际惯例是指国际法院等各种国际裁决机构的判例所体现或确认的国际法规则和国际交往中形成的共同遵守的不成文的习惯，而国际条约是指国际法主体同外国缔结的双边、多边协议和其他具有条约、协定性质的文件。《儿童权利公约》属于国际条约，而非国际惯例。因此，A 项错误。

B 项：该诉讼由小雨的祖父母提起，被告是贾某，所以该民事诉讼法律关系的主体是小雨的祖父母和贾某。因此，B 项错误。

C 项：该案法官在寻找法律规范时，既考虑了我国法律规定，又兼顾“儿童最大利益原则”，“我国作为缔约国，应在司法中体现该原则”是确定法律推理的大前提。因此，C 项错误。

D 项：代孕在我国是明确禁止的。案例中的争议是非法代孕子女的监护权归属，这就从立法和司法上对传统的民事法律领域提出新的问题，体现了社会发展对法的影响，从实质上表现出法的本质最终反映为法的物质制约性。因此，D 项正确。

综上所述，本题答案为 D 项。

3 **1701011**

答案：C。

解析：A 项：所谓法的渊源，就是指特定法律共同体所承认的具有法的约束力或具有法律说服力并能够作为法律人的法律决定之大前提的规范或准则来源的那些资料，如制定法、判例、习惯、法理等。其中，正式的法的渊源是指具有明文规定的法律效力并且直接作为法律人的法律决定的大前提的规范来源的那些资料，如宪法、法律、法规等，主要为制定法。而非正式的法的渊源则指不具有明文规定的法律效力，但具有法律说服力并能够构成法律人的法律决定的大前提的准则来源的那些资料，如正义标准、理性原则、公共政策、道德信念、社会思潮、习惯、乡规民约、社团规章、权威性法学著作，还有外国法等。本题中，指导性案例在我国并没有明文规定的法律效力，属于非正式渊源。故 A 项说法错误。

B 项：法的效力可以分为规范性法律文件的效力和非规范性法律文件的效力。规范性法律文件的效力，指法律的生效范围或适用范围，即法律对什么人、什么事、在什么地方和什么时间有约束力。其对象是不特定的。而非规范性法律文件的效力，指判决书、裁定书、逮捕证、许可证、合同等的效力。其适用对象是特定的。非规范性法律文件是适用法律的结果而不是法律本身，因此不具有普遍约束力。而 B 项中，判决书适用对象是特定的，不属于规范性法律文件。故 B 项说法错误。

C 项：类比推理是从个别到个别的推论，而不是从个别到一般的推论。具体来说，类比推理是根据两个或两类事物在某些属性上是相似的，从而推导出它们在另一个或另一些属性上也是相似的。主要处理原则是“相似情况，相似处理”。本题中，某法院在审理一起合同纠纷案时，参照最高法院发布的第 15 号指导性案例所确定的“法人人格混同”标准作出了判决，是一个典型的类比推理。故 C 项说法正确。

D 项：指导性案例，是指裁判已经发生法律效力，并符合以下条件的案例：1. 社会广泛关注的；2. 法律规定比较原则的；3. 具有典型性的；4. 疑难复杂或者新类型的；5. 其他具有指导作用的案例。这个只有最高院才可以发布，其他地方法院没有这个权力。故 D 项说法错误。

综上所述，本题答案为 C 项。

4 1601012

答案：B。

解析：A项：非正式的法的渊源指不具有明文规定的法律效力，但具有法律说服力并能够构成法律人的法律决定的大前提的准则来源的那些资料（例如公共政策、习惯、乡规民约、社团规章、权威性法学著作等）。话本小说《错斩崔宁》并不是非正式法律渊源，也不能作为法律决定的大前提的来源。故A项错误。

B项：设证推理是从所有能够解释事实的假设中优先选择一个假设的推论方式。首先，设证推理要求推论人必须形成一些假定背景以及相关的感性事实，即具有待解释现象所属领域的知识。其次，为了保证设证推理的结论的可靠性，推论人必须尽可能将待解释现象理论上所有可能的原因寻找出来。最后，推论人必须尽可能的使推论结论与待解释现象之间形成一种单一的因果关系。本题中，邻居认为“盗贼自刘贵家盗走15贯钱并杀死刘贵”，追赶中恰巧遇到陈、崔二人，崔宁刚好携带15贯钱，因此，便认定崔宁是凶手，是设证推理。故B项正确。

C项：法律规则由假定条件、行为模式、法律后果三部分构成。假定条件是指出适用这一规则的前提、条件或情况的部分；行为模式是具体要求人们做什么或禁止人们做什么的部分；法律后果是指出行为要承担的法律上后果的部分。本题中，“盗贼自刘贵家盗走15贯钱并杀死刘贵”属于对案件事实的描述，不是法律规则。故C项错误。

D项：如果说法律适用过程是一个证成过程，那么从法律证成的角度看，法律人的法律决定的合理性取决于下列两个方面：一方面，法律决定是按照一定的推理规则从前提中推导出来的；另一方面，推导法律决定所依赖的前提是合理、正当的。本题中，官府当庭拷讯二人，陈、崔屈打成招，导致法律决定所依赖的前提就不具有合理、正当性，也就不符合法律证成的合理性标准。故D项错误。

综上所述，本题的答案为B项。

5 1301012

答案：D。

解析：A项：正式渊源是指具有明文规定的法律效力，并可直接作为法律人法律决定的大前提的规范来源的资料。非正式渊源则指不具有明文规定的法律效力，但具有法律说服力并能够构成法律推理的大前提的准则来源，包括正义标准、理性原则、政策、道德信念、乡规民约、外国法、权威著作等。本案中，法官所提及的“习俗”在我国可作为非正式渊源，而不是正式渊源。故A项错误。

B项：法官首先查明和确认案件事实，作为小前提；其次选择和确定与案件事实相符合的法律规范，作为大前提；最后从两个前提中推导出法律决定，这是典型的演绎推理。故B项错误。

C项：订婚是民间的一种仪式，并不能产生婚姻关系，婚姻关系的产生必须经过登记。赵某与陈女虽然已经订婚，但二者之间还没有成立婚姻关系，而且二者之间不存在约定财产归属的意图，所以并不违反《民法典》第1065条。故C项错误。

D项：规范性法律文件是以规范化的成文形式表现出来的各种法的形式的总称。是有权制定法律规范的国家机关（国家权力机关、国家行政机关、国家司法机关）制定、发布的，具有普遍约束力的法律文件。它是法律规范的表现形式。这些规范具有对象的不特定性，可以反复适用，多次适用的特点。《民法典》和司法解释都是满足这些特征的，因此属于规范性法律文件。故D项正确。

综上所述，本题答案为D项。

6 1301015

答案：C。

解析：演绎推理即三段论式的推理，指从大前提和小前提中必然地推导出结论或结论必然地蕴含在前提之中的推论，其中大前提为法律规定，小前提为案件事实。

A项：范某起诉该中心，认为事故主要是该中心未尽到注意义务引起，要求赔偿10万余元。可见，范某对事故的发生及造成的结果做了事实描述，同时对“该中心未尽到注意义务”进行了法律判断。故A项错误。

B项：演绎推理的大前提是法律规定的内容，而拔河人数过多导致事故的发生属于案件事实，只能作为推理的小前提。故 B 项错误。

C 项：该中心按 40% 的比例承担责任，赔偿 4 万元的逻辑前提是中心有过错，范某本人也有过错，基于双方过错（大前提），事实及损害结果（小前提），推导出该中心承担部分责任（结论），这一过程是从逻辑前提中推导而来。故 C 项正确。

D 项：效益原则是指在追究行为人的法律责任时，应当进行成本收益分析，讲求法律责任的效益。本题中，法院判决中心承担 40% 的责任，根据的是过错原则，而不是效益原则。故 D 项错误。

综上所述，本题答案为 C 项。

【多选】

7 1501058

答案：A,C。

解析：A 项：整体上来说，法律人适用有效的法律规范解决具体个案纠纷的过程在形式上是逻辑中的三段论推理过程，即大前提、小前提和结论。在实际的法律活动中，法律人适用有效法律规范解决个案纠纷的这三个步骤“绝不是各自独立且严格区分的单个行为，它们之间界限模糊并且可以相互转换”。如法律人查明和确认案件事实的过程就不是一个纯粹的事实归结过程，而是一个在法律规范与事实之间的循环过程，即目光在事实与规范之间来回穿梭。这是因为法律人要想将一定的规范适用在特定的案件中，就必须要把当事人向他叙述的纯粹生活事实转化为“法律事实”。因此，“徐某作案时辨认和控制能力存在，有完全的刑事责任能力”这句话包含对事实的法律认定。故 A 项正确。

B 项：强制作用是指法可以通过制裁违法犯罪行为来强制人们遵守法律。评价作用是指法律作为一种行为标准，具有判断、衡量【他人】行为合法与否的评判作用。法院的判决认定徐某的行为构成故意伤害罪，体现了法的评价作用。故 B 项错误。

CD 项：演绎推理是从大前提和小前提中必然地推导出结论或结论必然地蕴涵在前提之中的推论。所谓大前提是因为该命题代表整体，是与案件事实相符合的法律规范；所谓小前提则代表整体中的人或事，是案件事实。演绎推理是从一般到个别的推论。其经典的方法是三段论。本题中“故意伤害致人重伤的，处三年以上十年以下有期徒刑”是大前提，“徐某故意伤害致人重伤”是小前提，“徐某被判处十年有期徒刑”是结论。故 C 项正确，D 项错误。

综上所述，本题答案为 AC 项。

8 1401052

答案：A,B,C。

解析：A 项：就适用条件而言，通常情况下，穷尽法律规则，方得适用法律原则。毁弃婚约的后果在我国民法中并未有明文规定，但诚实信用和公序良俗原则是我国民法的基本原则，在无法律规定的情况下，可依基本原则裁判案件。故 A 项正确。

BC 项：我国是成文法国家，采用演绎推理的推论方式。演绎推理是从大前提和小前提中必然地推导出结论的推论，成文法国家一般采取演绎推理的方式，大前提是法律，小前提是案件事实，结论是判决。故 BC 项正确。

D 项：裁判理由是任何裁判都需要提供的（“只有”说法过于绝对）。故 D 项错误。

综上所述，本题答案为 ABC 项。

【不定项】

9 1501089

答案：B,C。

解析：A 项：事实判断是对法的本来面目的认识，止步于认识阶段；价值判断是对法应当是什么样的追求，关注法的功能，超越认识阶段。“经鉴定为重伤”是事实判断，而不是价值判断。故 A 项错误。

BD 项：当代中国正式的法的渊源主要为以宪法为核心的各种制定法，包括宪法、法律、行政法规、地方性法规、民族自治法规、经济特区的规范性文件、特别行政区的法律法规、规章、国际条约、国际惯例等。据此可知，判例不是我国正式的法的渊源。法院的已生效同类判决书没有普遍约束力。故 B 项正确，D 项错误。

C 项：类比推理是从个别到个别的推论，具体来说，类比推理是根据两个或两类事物在某些属性上是相似的，从而推导出它们在另一个或另一些属性上也是相似的。本案中，被告律师运用了类比推理。故 C 项正确。

综上所述，本题答案为 BC 项。

二、模拟训练

【单选】

10 61908091

答案：C。

解析：A 项：强行性规则是指内容规定具有强制性质，不允许人们随便加以更改的法律规则；任意性规则是指规定在一定范围内，允许人们自行选择或者协商确定为与不为、为的方式以及法律关系中的权利义务内容的法律规则。本题中，《刑法》第 354 条之规定属于强行性规则，没有选择的余地，必须遵守。因此，A 项错误。

B 项：法的教育作用是指法的实施对一般人的行为产生影响，一个案件的发生使得不特定人群受到教育；法的评价作用是指法作为一种社会规范具有判断、衡量他人行为是否合法或有效的作用。此处钟某依据法律认定腾某行为违法体现了法的评价作用，而不是教育作用。因此，B 项错误。

C 项：演绎推理是由一般到个别的推理方法，法院根据制定法判案属于演绎推理。因此，C 项正确。

D 项：平权型法律关系又称横向法律关系，是存在于法律地位平等的当事人之间的法律关系；隶属型法律关系又叫纵向法律关系，是一方当事人可依据职权而直接要求他方当事人为或不为一定行为的法律关系。腾某与法院的法律地位不平等，二者之间不是平等关系，是隶属型法律关系。因此，D 项错误。

综上所述，本题答案为 C 项。

【多选】

11 61808039

答案：B,C。

解析：A 项：判例法国家一般采用归纳推理与类比推理，但是判例法国家的正式的法的渊源除判例之外，还有成文法。而在适用成文法判决案件时，判例法国家则采用演绎推理。因此，A 项错误。

B 项：最高人民法院通过对各级法院的判决进行研究，就某种类型案件的审判总结出一般规则，以司法解释的形式予以公布，其总结过程为从个别到一般，属于归纳推理。因此，B 项正确。

C 项：设证推理符合人的理解规律，是适用法律非常重要的环节。法官判断案件往往从假设开始，随着证据的出现，而否定或者肯定自己最初的结论。正因为提出的假设是开放的、可修正的，所以设证推理的推理结论是不确定的。因此，C 项正确。

D 项：尽管我国是成文法国家，一般采取演绎推理，但是，我国并非完全禁止类比推理，法官参照最高院指导案例进行判决就是类比推理的适用。因此，D 项错误。

综上所述，本题答案为 BC 项。

12 62208237

答案：B,C,D。

解析：A 项：演绎推理是从一般到个别的推理过程，归纳推理才是个别到一般的推理过程。因此，A 项错误。

B 项：设证推理符合人的理解规律，是适用法律非常重要的环节。法官判断案件往往从假设开始，随着证据的出现，而否定或者肯定自己最初的结论。正因为提出的假设是开放的、可修正的，所以设证推理的推理结论是不确定的，其效力很弱。因此，B 项正确。

C 项：法律推理是一种为行为规范或特定行为正确与否的判断寻找正当理由的过程，而为了发现真理的自然科学研究中的推理是指从实验结果出发，通过比较、分析、推断等方法，推导出科学理论的过程，二者并不相同。因此，C 项正确。

D 项：类比推理是根据两个或两类不同事物的相似性，或者说在某些属性上是相同的，从而推导出它们在另一个或另一些属性上也是相同的，这是一个从个别到个别的推理过程。因此，D 项正确。

综上所述，本题答案为 BCD 项。

第十五章 法律解释

参考答案

[1]B	[2]B	[3]C	[4]C	[5]ABC
[6]AC	[7]BCD	[8]BCD	[9]AC	[10]D
[11]B	[12]B	[13]B	[14]B	[15]D
[16]B	[17]A	[18]C	[19]C	[20]D
[21]A	[22]D	[23]C	[24]A	[25]A
[26]AB	[27]AB	[28]AC	[29]AD	[30]ACD
[31]ABD	[32]ABC	[33]BD	[34]AC	[35]ABC
[36]ABD	[37]BCD	[38]ACD	[39]CD	[40]ACD
[41]B	[42]A	[43]AD	[44]BD	[45]ABC
[46]C	[47]AD			

一、历年真题及仿真题

（一）法律解释的方法与位阶

【单选】

1 2201116

答案：B。

解析：A 项：客观目的解释是指根据法律本身的客观目的，对某个法律规定进行解释。通常会结合当前社会的客观发展需要来解释法律，往往用来解决新型案件，应对新鲜事物。本案中甲县法院并未基于社会发展的现实需要进行客观目的解释。因此，A 项错误。

B 项：体系解释是指将被解释的法律条文放在整部法律中乃至整个法律体系中，联系此法条与其他法条的相互关系来解释法律。本案中，甲县法院结合《刑法》总则及分则条文之间的关系对法条进行解释，属于体系解释。因此，B 项正确。

C 项：比较解释是指根据外国的立法例和判例学说对某个法律规定进行解释。本案中法官并未结合外国立法及案例进行解释。因此，C 项错误。

D 项：历史解释是指依据正在讨论的法律问题的历史事实对某个法律规定进行解释。本案中法官并未对法律的新旧背景、新旧法律和新旧做法的对比。因此 D 项错误。

综上所述，本题答案为 B 项。

2 2201075

答案：B。

解析：A 项：客观目的解释指根据法律本身的客观目的，对某个法律规定进行解释。通常会结合当前社会的客观发展需要来解释法律，往往用来解决新型案件，应对新鲜事物。该解释并非对附条件不起诉的目的解释。因此，A 项错误。

B 项：体系解释是指将法律条文或者法律概念放在整个法律体系中来理解，通过解释前后法律条文和法律的内在价值与目的，来明晰某一具体法律规范或法律概念的含义。该条解释联系《刑事诉讼法》第 180 条进行解释属于体系解释。因此，B 项正确。

C 项：文理解释又称文义解释，是按照表述法律规范的文字的字面意义进行的一种法律解释，包括对条文中字词、概念、术语的文字字义的解释。本条解释中并未包含此解释的内容。因此，C 项错误。

D 项：主观解释是指探究立法者的心理意图的解释，该条文并未对立法者意图进行探究。因此，D 项错误。

综上所述，本题答案为 B 项。

3 2201065

答案：C。

解析：A 项：法律解释是指一定的人或组织对法律规定含义的说明，法律解释的对象是法律规定及它的附随情况。即只有立法出台法律后，才会出现法律解释。因此，A 项错误。

B 项：根据解释的法律效力划分，法律解释可以分为正式解释和非正式解释，主要包括立法解释、司法解释、行政解释以及学理解释等。正式解释通常具有同法律相同的效力，而非正式解释通常不具有普遍的法律效力。即法律外仍有法律解释。因此，B 项错误。

C 项：体系解释是指将被解释的法律条文放在整部法律中乃至整个法律体系中，联系此法条与其他法条的相互关系来解释法律。即通过法律本身进行解释属于体系解释。因此，C 项正确。

D 项："法的最佳解释者是法律本身"强调的是法

的解释的方法，即如何得出法的解释，而非强调法律具有的解释最优性。因此，D项错误。
综上所述，本题答案为C项。

4 1001010

答案：C。
解析：A项：体系解释简而言之就是从整个法律文件或者整个法律体系中寻找真义，"寻其上下文"就是在整个体系中去解释。故A项正确，不当选。
B项：法律解释的各种方法在适用时必须遵循一定位序，现今大部分法学家都认可下列位序：文义解释＞体系解释＞立法者意图解释＞历史解释＞比较解释＞客观目的性解释，因此文义解释应该首先被考虑，具有优先性。故B项正确，不当选。
C项：历史解释的具体内容是：第一，正在讨论的法律问题的特定解决方案在过去曾被实施过；第二，该方案导致了一个后果；第三，该后果是不合乎社会道德标准的；第四，过去与现在的情形的不同，不能充分排除该后果在目前的情形下不会出现；第五，该解决方案在目前也许不被称赞。可见，历史解释与特定解决方案中的法律后果有关。故C项错误，当选。
D项：客观目的解释是从社会的需求角度对法律的具体应用，其目的是追求符合实际的正义，故一些正义标准和伦理性原则可以被适用。故D项正确，不当选。
综上所述，本题为选非题，答案为C项。

【多选】

5 1501059

答案：A,B,C。
解析：A项：每种解释方法有其各自特殊的功能。语义学解释和立法者意图或目的解释实质上使法律适用者在做法律决定时严格地受制于制定法。相对于其他的法律解释，这两种法律解释方法使法律适用的确定性和可预测性得到最大可能的保证。现今大部分法学家都认可下列位阶：1. 文义解释；2. 体系解释；3. 立法者意图或目的解释；4. 历史解释；5. 比较解释；6. 客观目的解释。故A项正确。
BC项：扩张解释是指根据立法精神，结合社会的现实需要，将法律条文的含义作扩大范围的解释。在扩张解释的情况下，解释的内容已经超出了法律条文的字面含义。这种超出条文字面含义的解释之所以是合法的，主要是因为所解释的法律条文上的概念与被解释的事实上的概念之间具有法律性质的联系，解释本身没有违背立法目的。本题中，将"出差途中"视为"工作时间和工作岗位"已经超出其字面上的原有含义，属于扩张解释。故BC项正确。
D项：法律解释既是人们日常法律实践的重要组成部分，又是法律实施的一个重要前提。法官在依据法律作出一项司法决定之前，需要合理地确定法律规定的含义；律师在向当事人提供法律服务时要向当事人说明法律规定的意义；公民为了遵守法律，也要对法律规定的意义有一个合理的理解。因此，法律解释并不仅针对法律漏洞。故D项错误。
综上所述，本题答案为ABC项。

6 1201055

答案：A,C。
解析：AD项：非正式解释，通常也叫学理解释或者任意解释，一般是指由学者或其他个人及组织对法律规定所作的不具有法律约束力的解释，这种解释是学术性或常识性的，不被作为执行法律的依据，与此相对，法定解释就是具有法定权限的机关或个人对法律法规作出的具有法律约束力的解释，杨某属于个人，无法定的解释权，其解释为任意解释，故A项说法正确，D项说法错误。
B项：所谓比较解释，是指根据外国的立法例和判例学说对某个法律规定进行解释，而题目中并没有根据外国的立法例进行解释，故B项说法错误。
C项：所谓文义解释，也称语法解释、文法解释、文理解释，这是指按照日常的、一般的或法律的语言使用方式清晰地描述制定法的某个条款的内容，杨某的解释就是从日常角度作出的，故C项说法正确。
综上所述，本题答案为AC项。

（二）正式解释与非正式解释

【多选】

7 2001151

答案：B,C,D。

解析：A 项：只有执政官依照法律所说的话，才能算是法律，"只要都是"的说法显然曲解西塞罗原意。故 A 项错误。

B 项："执政官乃是会说话的法律"，由此可见执政官有权依照法律作出解释、裁判。在历史上，特定人、组织、机构都曾经是法定解释的主体，现代法治社会通常以特定国家机关而非人或组织作为法定解释主体。故 B 项正确。

C 项："法律统治执政官"，而"执政官统治人民"，故执政官的统治实际上是法律的统治。故 C 项正确。

D 项："法律统治执政官"，故执政官是法律的产物，必须服从法律。故 D 项正确。

综上所述，本题答案为 BCD 项。

（三）当代中国的法律解释体制：一元多级

【多选】

8 1701064

答案：B,C,D。

解析：A 项：根据我国的宪法的规定，我国宪法并没有明文规定姓名权，本题是全国人大常委会的解释，应当属于立法解释而不是宪法解释。故 A 项错误。

BC 项：根据《立法法》的规定，全国人大常委会的立法解释与法律具有同等效力。本题中，《全国人民代表大会常务委员会关于〈中华人民共和国民法通则〉第 99 条第 1 款、〈中华人民共和国婚姻法〉第 22 条的解释》属于立法解释，与《民法通则》和《婚姻法》都属于法律这一位阶，故具有同等法律效力；根据《立法法》第 52 条规定，法律解释由全国人大常委会以公告方式予以公布，故 BC 项正确。

D 项：一般认为，法律适用需要法官对法律进行理解和解释，故人民法院在个案拥有进行解释法律的权力，故 D 项正确。

综上所述，本题答案为 BCD 项。

9 1501060

答案：A,C。

解析：AC 项：《立法法》第 119 条第 1 款规定："最高人民法院、最高人民检察院作出的属于审判、检察工作中具体应用法律的解释，应当主要针对具体的法律条文，并符合立法的目的、原则和原意。遇有本法第四十八条第二款规定情况的，应当向全国人民代表大会常务委员会提出法律解释的要求或者提出制定、修改有关法律的议案。"因此，我国司法解释针对的是具体的法律条文，而不仅仅针对个案，其具有普遍的约束力，故 AC 项正确。

B 项：由于法律条文涉及多方面的利益，对法律的解释必须综合反映相关权利主体的利益，并且要综合平衡，不能偏向某一方，不能机械地理解。该解释综合客观实际情况与立法的原有目的，既保证了语言含义的延伸，也是对公平正义的体现，故 B 项错误。

D 项：《立法法》第 119 条第 2 款规定："最高人民法院、最高人民检察院作出的属于审判、检察工作中具体应用法律的解释，应当自公布之日起三十日内报全国人民代表大会常务委员会备案。"故 D 项错误。

综上所述，本题答案为 AC 项。

（四）综合知识点

【单选】

10 2301062

答案：D。

解析：解析：A 项：当然推理指的是由某个更广泛的法律规范的效力推导出某个不那么广泛的法律规范的效力。当然推理包括两种形式：一是举轻以明重，二是举重以明轻。本题不涉及当然推理。因此，A 项错误。

B 项：历史解释是指依据正在讨论的法律问题的历史事实对某个法律规定进行解释。本题不涉及历史解释。因此，B 项错误。

C 项：反向推理，又称"反面推论"，是指从法律规范赋予某种事实情形以推出某个法律后果，这一后果不适用于法律规范未规定的其他事实情形。本题不涉及反向推理。因此，C 项错误。

D 项：目的解释是指根据法律本身的客观目的，对某个法律规定进行解释。本题从维护老年人合法权益的客观目的出发，判决保险公司应支付保险费用，属于目的解释。因此，D 项正确。

综上所述，本题答案为 D 项。

11 2201110

答案：B。

解析：AD 项：根据《立法法》第 53 条规定："全国人民代表大会常务委员会的法律解释同法律具有同等效力。"作为立法解释，全国人大常委会的解释同法律具有同等效力；而"两高"的解释属于司法解释，是工作层面的，其解释效力要低于立法解释，不能与立法解释相冲突。所以法律的效力高于司法解释，故《刑法》的效力高于该司法解释。因此，AD 项错误。

B 项：司法解释，是指最高人民法院、最高人民检察院在适用法律过程中对具体应用法律问题所作的解释。司法解释的对象只是狭义的法律，即由全国人大或全国人大常委会制定的规范性法律文件，不包括行政法规和地方性法规。因此，B 项正确。

C 项：确定性规则是指规则内容本身已经明确肯定，无须援引或参照其他规则。准用性规则是指把规则的内容指向了其他规则，要求使用者参照其他规则。该解释规定认定"抢劫数额巨大"需参照各地认定盗窃罪数额巨大的标准执行，以及根据刑法有关规定量刑，可知该规则仍然需要参照其他规则，故属于准用性规则，而不是确定性规则。因此，C 项错误。

综上所述，本题答案为 B 项。

12 2201070

答案：B。

解析：A 项：文义解释又称文理解释，指按照表述法律规范的文字的字面意义进行的一种法律解释，包括对条文中字词、概念、术语的文字字义的解释。立法者的目的解释，又称为主观目的解释，是指根据立法者的意图揭示和说明某个法律文本的意义。本案中，法官根据该法律条文背后的立法目的进行解释运用了立法者目的解释。因此，A 项错误。

B 项：该条规定机动车停车让行是对人权的保障，同时也不可避免地导致了效率受到影响，当两者发生冲突时优先保障了人权中的生命权，这正是安全大于效率的体现。因此，B 项正确。

C 项：表达法律规范的语句可以分为规范语句和陈述语句。规范语句可分为命令句和允许句，命令句是指使用了必须、应该、禁止这样的道义助动词。该法条明确规定"应当停车让行"属于规范句，即属于规范性表述。因此，C 项错误。

D 项：积极义务又称作为义务，是指以义务人须为一定行为（作为）为内容的义务。消极义务又叫不作为义务，是禁止性规则所规定的，即禁止人们作出一定的行为。该法条规定"应当停车让行"属于积极义务，而非消极义务。因此，D 项错误。

综上所述，本题答案为 B 项。

13 2201072

答案：B。

解析：A 项：明显漏洞是指关于某个法律问题，法律依其规范目的或立法计划，应积极地加以规定却未设规定；隐藏漏洞是指关于某个法律问题，法律虽已有规定，但依其规范目的或立法计划，应对该规定设有例外却未设例外。本案中《著作权法》中没有法律条文明确规定，属于明显漏洞而非隐藏漏洞。因此，A 项错误。

B 项：类比推理就是根据两个对象在某些属性上相同或相似，而且已知其中一个对象还具有其他特定属性，从而推出另一个对象也具有该特定属性的推理活动。法官通过将游戏中的人物形象与视听作品进行对比，两者有相似性，便将此行为视为视听作品侵权进行裁判，运用了类比推理。因此，B 项正确。

C 项：目的论扩张是指法律规范的文义所未能涵盖某类案件，但依据其规范目的应该将相同的法律后果赋予该类案件，因而扩张该规范的适用范围，以将该类案件包含进来。游戏中的人物形象侵权视为视听作品侵权并非目的论扩张，而是类推的适用。因此，C 项错误。

D 项：文义解释是指解释者按照表达法律的语言文字的日常意义和专业术语意义来解释和说明某个法律文本或资料的含义。题干中并未表明法官进行文义解释。因此，D 项错误。

综上所述，本题答案为 B 项。

14 1201014

答案：B。

解析：A 项：所谓学理解释，一般是指由学者或其他个人及组织对法律规定所作的不具有法律约束力的解释，但是商场进行解释的对象是本商场的相关活动事项，而不是法律规定，因此，不是学理解释。故 A 项说法错误。

B 项：本案中，商场对促销活动优惠券的使用所进行的解释有违公平正义原则，消费者在进行消费时，若按照商场的解释就会导致自己当初订立合同时的目的无法实现。因此，需要按照公平正义的原则去解释合同才能填补交易中的漏洞。故 B 项说法正确。

C 项：法律解释根据是否具有解释权可分为正式解释（法定解释、有权解释）和非正式解释，法定解释主体为相应国家机关，当事人无法定解释权限。故 C 项说法错误。

D 项：在现代社会，每个平等的主体均享有宪法和法律规定的权利，同时也必须履行宪法和法律规定的义务，而题目中商场仅单方面维护了自身权利，忽视了顾客的权利，违反了“权利和义务相一致”的原则。故 D 项说法错误。

综上所述，本题答案为 B 项。

15 2001145

答案：D。

解析：A 项：法律漏洞是指违反立法计划（规范目的）的不圆满性，即关于某类事项，法律该规定未规定，该排除没有排除，该限制未限制的情况，是法律内的、不符合立法目的的缺失，而非简单的法律的缺失。因此，A 项错误。

B 项：“词不尽意”是指法律规定字面过窄，不能适当表达立法目的，对于“词不尽意”的法律漏洞应采用【目的论扩张】的方法予以弥补。因此，B 项错误。

C 项：法律漏洞的有无是个价值判断问题，需要法官进行价值判断。因此，C 项错误。

D 项：缩小解释、扩大解释都是在既定的适用范围之内对字词的意义予以解释，而目的论限缩的解释、目的论扩张的解释则可以基于法律规范的目的对法律规范的适用范围予以限缩或扩张，目的论限缩的解释与缩小解释的区别主要在于有无改变法律规范的适用范围。因此，D 项正确。

综上所述，本题答案为 D 项。

16 2001012

答案：B。

解析：A 项：法官并非法律解释的唯一主体，特定的国家机关可以作出正式解释，社会公众和包括法官在内的人也可以对法律作出不具有规范性效力的非正式解释。因此，A 项错误。

B 项：“法官是会说话的法律”，是指法律在现实的司法审判中，只有经过法官的解释才能够真正作用于案件裁判，产生能直接影响当事人具体权利义务关系的司法判决。因此，这一法谚生动地指明了法律解释对于包括司法审判在内的法律实施的重要意义，可以说法律解释是将法律从“书本上的法”转化为“行动中的法”的必经之路。因此，B 项正确。

C 项：立法活动可以直接设定人们的法律义务，执法行为也可以在现实的社会生活中通过行政处罚等方式对行政相对人产生具体的义务。故法律不经裁判，也可以产生法律义务。因此，C 项错误。

D 项：法律效力，是指法律所具有或者被赋予的约束力。只要国家机关依据法定的职权和程序制定的规范性法律文件，就当然地具有一定的效力。司法审判对有效法律规范的具体适用，并不是使得法律有效的原因。因此，D 项错误。

综上所述，本题答案为 B 项。

17 1901019

答案：A。

解析：A 项：法律实证主义强调法律本身的权威性，主张社会公众应当严格遵守法律规定，而不管其内容是否符合我们一般的道德观念。医生严守法律，避免对法律内容是否恰当进行个人评判，这体现了法律实证主义的立场。因此，A 项正确。

B 项：比例原则是指保护较为优越的法价值须侵

及另一种法益时，不得逾越达到此目的所必要的程度，即“最小侵害原则”。“患者的同意权在任何情况下都不应该被侵犯”强调的是同意权至高无上的地位，而并未考量其代价是否符合侵害最小化的要求，故本题与强调最小伤害的比例原则无关。因此，B 项错误。

C 项：目的论扩张是指结合立法目的，将本该包含但未规定的情形纳入法律规范的调整范围，而目的论限缩则是结合立法目的，将法律已规定但本不应当规定的情形排除在外。将危重病人排除在同意权规定的适用范围之外的做法，体现的是目的论限缩，而非扩张。因此，C 项错误。

D 项：立法中的伤害原则是指除非行为人的行为伤害（侵犯）他人的合法权益，否则就不应对其进行限制。本题中该病人的行为并不构成对他人的伤害，而是一种自我伤害的行为，显然与伤害原则的内涵不符。立法者应当允许不经患者同意采取必要的医疗措施的做法更多体现了家长主义原则，即立法者应当对行为人的可能导致其自身利益受损的不理智行为进行必要的限制。因此，D 项错误。

综上所述，本题答案为 A 项。

18 1701012

答案：C。

解析：A 项：法律人适用法律的最直接的目标就是要获得一个合理的法律决定，即法律决定具有可预测性和正当性。整体上来说，法律人适用有效的法律规范解决具体个案纠纷的过程在形式上是逻辑中的三段论推理过程，即大前提、小前提和结论。首先要查明和确认案件事实，作为小前提，在诉讼中对应的就是法庭调查；其次要选择和确定与上述案件事实相符合的法律规范，作为大前提，在诉讼中对应的就是法庭辩论；最后以整个法律体系的目的为标准，从两个前提中推导出法律决定或法律裁决，在诉讼中对应的就是最后的评议和宣判。故 A 项正确，不当选。

B 项：由于法律具有抽象性，需要结合上下文或者其他法条加以明确含义，故通过法律体系，运用体系解释可以理解其含义。故 B 项正确，不当选。

C 项：法律体系是国内现行法。法律体系，也称为部门法体系，是指一国的全部现行法律规范，按照一定的标准和原则，划分为不同的法律部门而形成的内部和谐一致、有机联系的整体。法律体系是一国国内法构成的体系，不包括完整意义的国际法，即国际公法。同时，法律体系不包括历史上废止的已经不再有效的法律，一般也不包括尚待制定、还没有生效的法律。故 C 项错误，当选。

D 项：法律不是按表面的字面意思进行判决，而是要探求其背后的意义，两者并非总是一致。故 D 项正确，不当选。

综上所述，本题为选非题，答案为 C 项。

19 1601013

答案：C。

解析：ABD 项：根据《立法法》第 48 条的规定：“法律解释权属于全国人民代表大会常务委员会。法律有以下情况之一的，由全国人民代表大会常务委员会解释：（一）法律的规定需要进一步明确具体含义的；（二）法律制定后出现新的情况，需要明确适用法律依据的。”可知，全国人大常委会的解释属于立法解释，该解释同法律具有同等效力。且全国人民代表大会常务委员会可以对所有的法律进行解释，而非仅仅只有《刑法》。故 ABD 项错误。

C 项：限制解释是指法律条文的字面含义较之立法意图明显过宽时，对法律条文所作的窄于其文字含义的解释。它也是在法律条文的字面含义与立法意图、社会发展需要明显不符时，为贯彻立法意图，反映社会发展的实际需求而设定的解释方法。本题中，全国人大常委会对刑法第 158 条、第 159 条的适用作出限制性规定，即只适用于依法实行注册资本实缴登记制的公司而不是所有的公司，属于限制解释。故 C 项正确。

综上所述，本题答案为 C 项。

20 1401014

答案：D。

解析：由于解释主体和解释效力的不同，法律解释可以分为：正式解释和非正式解释。正式解释又叫法定解释，是由特定的国家机关、官员或其他有解释权的人对法律作出的具有法律上约束力的解释。非正式解释，通常也叫学理解释，一般是指由学者或者其他个人及组织对法律规定所作的不具有法律拘束力的解释。

法律解释方法有文义解释、立法者的目的解释、历史解释、比较解释、体系解释、客观目的解释等几种方法。

A 项：该解释由最高法、最高检作出，属于有权国家机关作出的具有法律拘束力的解释，属于法定解释。故 A 项正确，不当选。

B 项：刑法条文原规定的“赌场”是指实体中的赌场，随着网络科技的普及与发展，“网络赌场”也应属于这里的“赌场”，所以是对刑法条文进行了扩大解释。故 B 项正确，不当选。

C 项：《各级人民代表大会常务委员会监督法》第 31 条规定：“最高人民法院、最高人民检察院作出的属于审判、检察工作中具体应用法律的解释，应当自公布之日起三十日内报全国人大常委会备案。”故 C 项正确，不当选。

D 项：文义解释是指按照日常的、一般的或法律的语言使用方式清晰地描述制定法的某个条款的内容，所以该条的解释为文义解释。判断是文义解释还是其他解释方式，关键看解释的时候是否“参照”（如上位法、历史事实等），故 D 项错误，当选。

综上所述，本题为选非题，答案为 D 项。

21 1401013

答案：A。

解析：A 项：自由作为法律最本质的价值，其行使并非不受任何法律限制。根据《宪法》第 51 条的规定：“中华人民共和国公民在行使自由和权利的时候，【不得损害】国家的、社会的、集体的利益和其他公民的合法的自由和权利。”可知，即使行使婚姻自由，也要受到相关法律的限制。故 A 项错误，当选。

B 项：张林在遗嘱中限制了王珍的婚姻自由，因此张林的遗嘱自由与王珍的婚姻自由发生了价值冲突。故 B 项正确，不当选。

C 项：在解决遗嘱自由和婚姻自由的价值冲突中，法院认定婚姻自由是宪法的基本权利，表明法官运用了合宪性解释方法。故 C 项正确，不当选。

D 项：张林的遗嘱处分的是其房屋所有权，对其妻子婚姻所附的条件只是限制婚姻权利，并非处分。故 D 项正确，不当选。

综上所述，本题为选非题，答案为 A 项。

22 1301013

答案：D。

解析：法律解释是指一定的人或组织对法律规定意义的说明与阐释。法律解释由于解释主体和解释效力的不同，可以分为：正式解释与非正式解释。非正式解释，是指由学者或其他个人及组织对法律规定所作的不具有法律拘束力的解释。法律解释的方法主要包括：文义解释、立法者目的解释、历史解释、比较解释、体系解释、客观目的解释等。文义解释指按照日常的、一般的或法律的语言使用方式清晰地描述制定法的某个条款的内容。体系解释指将被解释的法律条文放在整部法律中乃至整个法律体系中，联系此法条与其他法条的相互关系来解释法律。

A 项：李某是受到伤害的个人，不具有解释法律的权力，所以其作出的解释为非正式解释。故 A 项表述正确，不当选。

B 项：李某根据法条规定，认为消费者在购买、使用商品和接受服务时享有人身、财产安全不受损害的权利，餐馆应负赔偿责任，是属于对法律本义的解释，属文义解释。故 B 项表述正确，不当选。

C 项：法官解释第 7 条第 1 款的时候，结合了该法的第 7 条第 2 款，联系了此法条与彼法条的相互关系，属于体系解释。故 C 项表述正确，不当选。

D 项：现今大部分法学家都认可法律解释存在位阶关系，但其中位阶关系不是固定的，也就是说依位阶关系不能终局确定个别解释方法的重要性，重要性很大部分取决于其将造成何种法律后果。故 D 项表述错误，当选。

综上所述，本题为选非题，答案为 D 项。

23 1201011

答案：C。

解析：本题考查了几种不同法律解释方法的区分。

A 项：王某老伴与其子女之间的争议在于房产如何分配，而不是他们双方均有正式的法律解释权。

故 A 项说法错误。

B 项：主观目的解释是指根据参与立法的人的意志或立法资料解释某个法律规定的含义，或者说将对某个法律规定的解释建立在参与立法的人的意志或立法资料的基础之上。王某老伴与其子女对遗嘱的理解属于文义解释，而非主观目的解释。故 B 项说法错误。

C 项：王某的遗嘱是在其意志自由、头脑清醒的情形下做出的意思表示，根据意思自治原则，应当予以保护。故 C 项说法正确。

D 项：法律解释方法有多种，因此在对法律进行解释时，应按照一定的位序对法律进行解释，一般来说，应首先采用文义解释，而非历史解释，故 D 项错误。

综上所述，本题答案为 C 项。

24 1001011

答案：A。

解析：A 项：在当今中国，法的渊源包括法的正式渊源和法的非正式渊源。其中，非正式渊源主要包括习惯、判例和政策，裁判文书作为判例的载体，自然构成了法的非正式渊源。故 A 项正确。

BC 项：最高人民法院的裁判文书，由于具有最高的司法效力，因而对各级法院审判工作具有重要指导作用，同时还可以为法律法规的制定和修改提供参考，也是法律专家和学者开展法律教学和研究的宝贵素材，没有法律明文规定的效力，而且其“最高的司法效力”仅仅体现在个案上，是针对特定个案的，没有普遍约束的规范性，因此，它不属于规范性法律文件。故 BC 项错误。

D 项：最高人民法院所作的司法解释是对法院审判工作中如何具体运用法律、法令所作的解释，是以规范性文件出现的，并具有普遍约束的效力，而最高法院的司法判决仅仅在个案上发生效力，不属于具有普遍法律效力的司法解释的范畴。故 D 项错误。

综上所述，本题答案为 A 项。

25 2401048

答案：A。

解析：A 项：设证推理又称“推定”，是指从某个结论或事实出发，依据某个假定的法则推导出某个前提或曾发生的事实的推论。本案中，法官从案涉灯的照射强度这一事实出发，根据其经验、知识得出其照射轻度超过正常人承受范围的结论，符合设证推理的模式。因此，A 项正确。

B 项：体系解释指将被解释的法律条文放在整部法律中乃至整个法律体系中，联系此法条与其他法条的相互关系来解释法律，本案中并未体现该解释方法。因此，B 项错误。

C 项：比较解释指根据外国的立法例和判例学说对某个法律规定进行解释，本案中未涉及任何外国法，故并未使用该方法。因此，C 项错误。

D 项：当然推理指的是由某个更广泛的法律规范的效力推导出某个不那么广泛的法律规范的效力。当然推理包括两种形式：一是举轻以明重，二是举重以明轻。本案中并不存在两个规范间的互相推导。因此，D 项错误。

综上所述，本题答案为 A 项。

【多选】

26 2301049

答案：A,B。

解析：A 项：外部证成是对法律决定所依赖的前提的证成，证明内部证成中所使用的前提本身的合理性。对互联网案件的认定属于认定适用法律决定的前提，属于外部证成。因此，A 项正确。

B 项：目的论限缩面对的是法律之“过度包含”的情形，即法律文义所指的范围宽于规范目的所指的范围，或者说立法者“言过其实”的情形。法院将通过网络聊天方式签订合同产生纠纷的案件排除在互联网法院管辖案件外，证明规范文义已包含的某类案件类型与其余案件类型不为同一规范目的所涵盖，属于目的论限缩。因此，B 项正确。

C 项：明显漏洞是指关于某个法律问题，法律依其规范目的或立法计划，应积极地加以规定却未设规定。本题中法院认定通过网络聊天方式签订的合同不属于互联网购物，是对互联网法院管辖范围的解释，不存在法律未加规定的情况，不属于法律漏洞。因此，C 项错误。

嗣后漏洞是指在法律制定和实施后，因社会客观形势的变化发展而产生了新问题，但这些新问题在法律制定时并未被立法者所预见以致没有被纳入法律的调整范围，由此而构成法律漏洞。网络聊天与互联网购物是同一时期的产物，并非法律制定和实施后新出现的法律问题。因此，D 项错误。

综上所述，本题答案为 AB 项。

27 2201081

答案：A,B。

解析：A 项：主观目的解释是指根据参与立法的人的意图或立法资料揭示和说明某个法律文本或资料的意义，强调探寻立法者目的。该解释属于从立法目的出发进行的解释。因此，A 项正确。

B 项：非正式解释是指没有法律约束力的法律解释。非正式解释的主体，是没有经国家授予法律解释权的任何主体，包括没有解释权的机关、社会组织和个人。该解释属于学者个人的解释，属于非正式解释。因此，B 项正确。

C 项：文理解释又称文义解释，是按照表述法律规范的文字的字面意义进行的一种法律解释，包括对条文中字词、概念、术语的文字字义的解释。本条解释中并未包含此解释的内容。因此，C 项错误。

D 项：体系解释是指将法律条文或者法律概念放在整个法律体系中来理解，通过解释前后法律条文和法律的内在价值与目的，来明晰某一具体法律规范或法律概念的含义。本条解释中并未包含此解释的内容。因此，D 项错误。

综上所述，本题答案为 AB 项。

28 2201080

答案：A,C。

解析：A 项:《建筑法》属于行政法，行政法在我国属于公法，即《建筑法》属于公法。因此，A 项正确。

B 项：文理解释又称文义解释，是按照表述法律规范的文字的字面意义进行的一种法律解释，包括对条文中字词、概念、术语的文字字义的解释。本条解释中并未包含此解释的内容。因此，B 项错误。

CD 项：自始漏洞是指法律漏洞在法律制定时即已存在。所谓嗣后漏洞是指在法律制定和实施后，因社会客观形势的变化发展而产生了新问题，但这些新问题在法律制定时并未被立法者所预见以致没有被纳入法律的调控范围，由此而构成法律漏洞。该条未就房屋质量问题进行规定属于自始漏洞，而非因社会发展变化导致的嗣后漏洞。因此，C 项正确，D 项错误。

综上所述，本题答案为 AC 项。

29 2201078

答案：A,D

解析：A 项：法的强制作用是指通过制裁违法犯罪行为来强制人们遵守法律。本案中，法院判决公司赔偿劳动者金钱并赔礼道歉，是对公司违法行为的制裁，体现了法的强制作用。因此，A 项正确。

B 项：司法具有要式性，司法必须有表明法的适用结果的法律文书，如判决书、裁定书和决定书等，这些法律文书具有法律约束力。但是法院已经生效的判决仅对该案具有约束力，不对其他纠纷具有约束力。本案法院以判决的方式让公司承担法律责任体现了判决的约束力，但仅具有个案效力，不是普遍约束力。因此，B 项错误。

C 项：司法解释，是指国家最高司法机关在适用法律过程中对具体应用法律问题所作的解释，包括审判解释和检察解释两种。本案法院并非最高人民法院，其对《劳动法》的解释不属于司法解释。因此，C 项错误。

D 项：归责的原则主要可以概括为：责任法定原则、公正原则、效益原则和合理性原则。效益原则是指在追究行为人的法律责任时，应当进行成本收益分析，讲求法律责任的效益。即在判决公司承担责任时要充分考虑归责效益原则。因此，D 项正确。

综上所述，本题答案为 AD 项。

30 2101090

答案：A,C,D。

解析：A 项：目的论扩张是指法律文义所指的范围窄于规范目的所指的范围，需要进行扩张解释的情形。法院根据《民法典》规定居住权的立法目的，承认李某的居住权，就是根据立法目的，将“未登记设立居住权”的情形纳入“居住权”的范围内，属于目的论扩张。因此，A 项正确。

B 项：公民的基本权利是由宪法规定的权利，而居住权属于用益物权，是他物权的一种，并非基本权利。因此，B 项错误。

C 项：个人需求原则是指某些人可能存在先天缺陷或者处于弱势地位，因此要对其进行特殊照顾，其实就是日常所讲的“合理差别”，也就是指“给予弱者特殊保护”。本题中，该住房是李某唯一住房，且李某年岁已高，无其他生活来源，符合个人需求原则“给予弱者特殊保护”的要求。因此，C 项正确。

D 项：公序良俗原则，是指法律关系的内容应当符合社会公共秩序与良好的道德风尚。法院考虑到李某年岁已高且无其他生活来源，作出承认李某居住权的判决，考量了公序良俗原则。因此，D 项正确。

综上所述，本题答案为 ACD 项。

31 1901061

答案：A,B,D。

解析：A 项：类比推理是指基于两种情形的相似性而作出相似处理的推理方式，法官基于延迟交房和延迟办证的相似性而作出相应判决的做法，属于类比推理的直接应用。因此，A 项正确。

B 项：平衡买卖双方的利益和维护交易秩序稳定体现了法律对于正义的追求和对秩序的维护，体现了法的价值。因此，B 项正确。

C 项：本案中涉及的延迟办证能否导致合同解除的问题，在法律中未有明确规定，属于法律漏洞，但这一漏洞在立法之时就已存在，只不过之前因没有相关纠纷的出现而没有显现出来而已，应理解为自始漏洞，并不属于因法律滞后于社会经济发展而导致的嗣后漏洞。因此，C 项错误。

D 项：当出现法律漏洞时，我们需要结合立法目的进行扩张或限缩以实现法律创设本应实现的目的。因此，D 项正确。

综上所述，本题答案为 ABD 项。

32 1701060

答案：A,B,C。

解析：A 项：准用性规则，即规则本身没有规定法律适用的模式，需援引或参照其他法条（包括本法）予以适用的规则。《刑法》180 条第 4 款引用了第 1 款的规定进行处罚，属于准用性规则。故 A 项正确。

B 项：体系解释，是指将被解释的法律条文放在整部法律中乃至整个法律体系中，联系此法条与其他法条的相互关系来解释法律。本案中，法院认定《刑法》180 条第 4 款包括“情节严重”和“情节特别严重”，是结合整部刑法和整个刑法体系进行的解释，法院运用相关司法解释进行认定，属于体系解释方法。故 B 项正确。

C 项:《刑法》的规定仅规定了“情节严重”而没有加上“情节特别严重”的表述，并在具体适用结合其他相关司法解释，在一定程度上是为了避免法条的重复表述。故 C 项正确。

D 项：法院的解释“情节严重”与“情节特别严重”的内容和量刑档次本身也是为了保障司法适用的公正性，并非仅仅是语言上的内容。故 D 项错误。

综上所述，本题答案为 ABC 项。

33 1501057

答案：B,D。

解析：A 项：法学学说不属于法律原则。故 A 项错误。

B 项：非正式解释，通常也叫学理解释，一般是指由学者或其他个人及组织对法律规定所作的不具有法律约束力的解释。因此，法学学说中对法律条文的解释属于非正式解释。故 B 项正确。

C 项：对法学学说的援引并未限定在民事案件中。故 C 项错误。

D 项：参考法学学说有助于对法律条文作出正确理解。故 D 项正确。

综上所述，本题答案为 BD 项。

34 1401055

答案：A,C。

解析：法律适用的过程是一个证成过程，法律证成分为内部证成和外部证成，即法律决定必须按照一定的推理规则从相关前提中逻辑地推导出来，属于内部证成；对法律决定所依赖的前提的证成属于外部证成。

法律解释的方法是法律人在进行法律解释时所必须遵循的特定法律共同体所公认的规则和原则。

法律解释的方法大体上可以被归纳为：文义解释、立法者目的解释、历史解释、比较解释、体系解释、客观目的解释等几种方法。

A 项:《民法典》中规定的“公共场所”是法官判案进行演绎推理（内部证成）的大前提，对“公共场所”具体含义的证成属于外部证成。故 A 项正确。

BC 项：历史解释是指依据正在讨论的法律问题的历史事实对某个法律规定进行解释。体系解释，也称逻辑解释、系统解释。这是指将被解释的法律条文放在整部法律中乃至整个法律体系中，联系此法条与其他法条的相互关系来解释法律。本案中，法官参考《刑法》《集会游行示威法》等法律和地方性法规对“公共场所”的规定后，对“公共场所”作出解释，这属于体系解释，而未涉及历史解释。故 B 项错误，C 项正确。

D 项：同一个术语在所有法律条文中的含义均应作相同解释的说法过于绝对，是错误的。如“死亡”，在民法上包括自然死亡和宣告死亡，但是刑法上则只包括自然死亡。故 D 项错误。

综上所述，本题答案为 AC 项。

35 1101090

答案：A,B,C。

解析：A 项：司法解释是法律解释的一种，属正式解释，是指司法机关对法律、法规的具体应用问题所作的说明。中国的司法解释一般特指由最高人民法院和最高人民检察院根据法律赋予的职权，对审判和检察工作中具体应用法律所作的具有普遍司法效力的解释。交警部门并非司法机关，无权作出司法解释。故 A 项错误，当选。

B 项：行政解释，是指国家行政机关在行政管理活动中，对有关法律法规如何具体应用贯彻的问题所作的说明。但只有特定的行政机关才有权进行行政解释，本题中的“交警部门”无权作出行政解释。故 B 项错误，当选。

C 项：类比推理是根据两个或两类对象有部分属性相同，从而推出它们的其他属性也相同的推理。简称类推、类比。它是以关于两个事物某些属性相同的判断为前提，推出两个事物的其他属性相同的结论的推理。从题中可看出，“交警部门”在作出解释时没有采用类推解释。故 C 项错误，当选。

D 项：演绎推理又称三段论推理，是由两个前提和一个结论组成，大前提是一般原理（规律），即抽象得出一般性、统一性的成果；小前提是指个别对象，这是从一般到个别的推理，从这个推理，然后得出结论。又称从规律到现象的推理。是从普通回到特殊再回到个别。演绎推理正确的条件：若大小前提正确，则结论正确；若大前提或小前提错误，则结论错误。本题中“交警部门”对“推车”和“酒后驾驶”的对比论证，属于演绎推理。故 D 项正确，不当选。

综上所述，本题是选非题，答案为 ABC 项。

36 1001053

答案：A,B,D。

解析：A 项：法律解释必须受到解释学的原理和一般原则的影响和制约，即解释活动都受到解释学循环规律和前理解的影响与制约，因此在此解释下葬棺木是否属于民法上的物，可以通过“解释学循环”进行判断，因此，A 项正确。

B 项：“入土为安，死者不受打扰”是中国大部分地区的传统，属于一种风俗习惯，属于法的非正式渊源，在一定程度上可以成为法律推理的前提，因此，B 项正确。

C 项：“公序良俗”原则在《民法典》中有明确的规定，已经从伦理规范上升到法律规范，因此，C 项错误。

D 项：刘某是否受到精神损害，取决于当地群众对该事件的一般看法，如果当地群众一般看法认为刘某不孝无能等，则会很大程度上影响刘某的精神状态，因此，D 项正确。

综上所述，本题答案为 ABD 项。

【不定项】

37 2301048

答案：B,C,D。

解析：A 项：扩大解释是指条文的字面通常含义比真实含义窄，于是扩张字面含义，使其符合真实含义。法院将消费的定义限制为“为生活消费需要购买、使用商品或者接受服务”，不属于扩张字面含义。因此，A 项错误。

B 项：法院作出判决的过程涉及法官对法进行解释的环节，只要有解释，就会有价值判断，故所有判决都需要法官进行价值判断。因此，B 项正确。

C 项：目的论限缩面对的是法律之“过度包含”的情形，即法律文义所指的范围宽于规范目的所指的范围，或者说立法者“言过其实”的情形。法院将王某多次故意假酒的行为排除在消费行为之外，将不符合规范目的的类型积极地剔除到规范适用范围之外，属于目的论限缩。因此，C 项正确。

D 项：法院作出判决的过程对比参考了日常消费行为的特征，包含经验判断。因此，D 项正确。

综上所述，本题答案为 BCD 项。

38 2201115

答案：A,C,D。

解析：A 项：目的论扩张是指在法律文义所指范围窄于立法目的所指范围时，扩大法条的适用范围。本案中，相关法律法规没有将欺诈列为撤销婚姻的理由，但根据立法目的，该情形也应当被允许撤销，以保护婚姻自由，故法院进行了目的论扩张。因此，A 项正确。

B 项：隐藏漏洞是指关于某个法律问题法律虽已有规定，但依其规范目的或立法计划，应对该规定设有例外却未设例外。隐藏漏洞的填补方法是目的论限缩。目的论限缩是指虽然法律规范的文义涵盖了某类案件，但是依据立法目的，该规范不应该包含此种情形，因而限缩该规范的范围，将其排除出去。本案属于目的论扩张而非目的论限缩。因此，B 项错误。

C 项：形式法治是指法治的形式性，强调法治的程序性和外在性。民政部门严格依据相关法规的规定没有办理甲的撤销婚姻登记，体现了形式法治。因此，C 项正确。

D 项：实质法治是在形式法治的基础上，强调良法善治，关注法治的实质性。法院根据立法目的，对实质上违背真实意思表示的欺诈行为也纳入了撤销婚姻的范畴，体现了实质上对婚姻自由的保护，符合实质法治。因此，D 项正确。

综上所述，本题答案为 ACD 项。

39 1801087

答案：C,D。

解析：法律解释可分为正式解释和非正式解释，正式解释也叫法定解释、有权解释，是指由法定的主体对法律作出的具有普遍法律约束力的解释。非正式解释也叫学理解释、任意解释，是指学者或其他个人及组织对法律所作的不具有普遍法律约束力的解释。法律解释的方法有文义解释、主观目的解释、历史解释、比较解释、体系解释、客观目的解释。具体而言，文义解释，又称语法、文法、文理解释，将解释的焦点集中在语言上，而不顾及根据语言解释所得出的结果是否公正、合理；主观目的解释又称立法者的目的解释，是以一定的立法资料为依据，探究立法者当时的立法意图；历史解释是指依据正在讨论的法律问题的历史事实对某个法律规定进行的解释；比较解释是指利用外国的立法例和判例学说；体系解释是指联系争议法条与其他法条的相互关系（追求无矛盾）；客观目的解释，探究法律自身的目的，即内在于法律的目的，即“理性的目的”“有效的法秩序的框架中客观上所指示的目的”或者“法伦理原则”。

A 项：李某的解释并未参照立法意图和立法资料，不属于主观目的解释，属于文义解释。故 A 项错误。

B 项：法官的解释属于文义解释，但并非有权解释，属于不具备规范性效力的非正式解释。故 B 项错误。

C 项：该副院长的解释属于分则联系总则的体系解释。故 C 项正确。

D 项：将“他人”解释为包括男性，有利于发挥法律在当前社会中的积极作用，符合法律自身的目的，属于客观目的解释。故 D 项正确。

综上所述，本题答案为 CD 项。

40 1601089

答案：A,C,D。

解析：A 项：目的解释是指从法律的目的出发对法律所作的说明。任何法律的制定都具有一定的立法目的。根据立法意图解答法律疑问，是法律解释的应有之意。目的解释的目的，不仅是整个法律的目的，而且也包括各法律规范的目的；可能是法律明确规定的，更多的则藏于法律规定之后；有的是立法当时的目的，有的则是后来赋予的。法官认为氰化钠对人体和环境具有极大毒害性，属于毒害性物质，符合《刑法》第125条以保护公共安全为目的的规制范围，因而对刑法条文中的“非法买卖”不要求兼有买进和卖出的行为，是根据立法意图进行了目的解释。故A项正确。

BCD项：法律证成可以分为内部证成和外部证成，即法律决定必须按照一定的推理规则从相关前提中逻辑的推导出来，属于内部证成；对法律决定所依赖的前提的证成属于外部证成。前者关涉的只是从前提到结论之间推论是否是有效的，而推论的有效性或真值依赖于是否符合推理规则或规律。后者关涉的是对内部证成中所适用的前提本身的合理性，即对前提的证立。因此，内部证成关涉的是从前提到结论之间的推论是否有效，即罪名是否成立；而外部证成关涉的是罪名成立所依据的前提“非法买卖”是否合理，法院对“王某非法买卖毒害性物质”的查明和确认，是认定“非法买卖”的重要依据。故CD项正确，B项错误。

综上所述，本题答案为ACD项。

二、模拟训练

【单选】

41 62208240

答案：B。

解析：A项：体系解释是指将被解释的法律条文放在整部法律乃至整个法律体系中，联系此法条与其他法条的相互关系来解释法律，有助于避免特定国家的法律秩序产生矛盾，从而保障法律适用的一致性。因此，A项正确，不当选。

B项：客观目的解释是根据“理性的目的”或“在有效的法秩序的框架中客观上所指示的目的”即法的客观目的，而不是根据过去和目前事实上存在的任何个人的目的，对某个法律规定进行解释。因此，B项错误，当选。

C项：立法者目的解释是指根据参与立法的人的意志或立法资料揭示某个法律规定的含义，或者说将对某个法律规定的解释建立在参与立法的人的意志或立法资料的基础上。因此，C项正确。

D项：文义解释是按照表达法律语言文字的日常意义和技术意义揭示某个法律文本或资料的含义，文义解释活动仅限于语言文字的含义，不关注解释结果。因此，D项正确，不当选。

综上所述，本题为选非题，答案为B项。

42 61908096

答案：A。

解析：A项：正式解释是指特定的国家机关对法律作出的具有普遍约束力的解释，我国正式解释分为立法解释、司法解释和行政解释三种，法官并非特定国家机关，其解释属于非正式解释，仅在个案中起到说理的作用。因此，A项错误，当选。

B项：法官对“财物”的外延进行了扩大，使其涵盖了虚拟财物，但并未超过“财物”本身范畴，属于扩大解释。因此，B项正确，不当选。

C项：法律证成是为一个决定提供充足理由的活动，只要有法律适用的过程，就有法律证成的存在。因此，C项正确，不当选。

D项：客观目的解释是指依据理性的目的以及法的客观目的解释法律，例如从道德、公序良俗等角度解释法律，题中“依据一般理性人的看法与道德观念”便是进行客观目的解释。因此，D项正确，不当选。

综上所述，本题为选非题，本题答案为A。

【多选】

43 61808034

答案：A,D。

解析：A项：法律只有在适用的过程中才需要解释，而法律适用的过程就是将法律条文与案件事实相结合的一个过程。法律解释往往由待处理案件引起，且需要将条文与案件事实结合起来进行。因此，A项正确。

B项：法律解释是指一定的人、组织以及国家机关在法律实施或适用过程中对表达法律的语言文字的意义进行揭示、说明和选择的活动，属于价值判断。注意，法律适用的整个过程中的各个阶段均属于价值判断。因此，B 项错误。

C 项：正式解释，也叫有权解释、法定解释。是指由特定的国家机关、官员或其他有解释权的人对法律作出的具有法律约束力的解释。而非正式解释又叫无权解释、学理解释、任意解释，是学者或者一般人对法律所作的解释。故正式解释和学理解释并非同一种解释类型。因此，C 项错误。

D 项：在我国，正式解释包括全国人大常委会作出的立法解释、两高作出的司法解释，国务院及其主管部门作出的行政解释。因此，D 项正确。

综上所述，本题答案为 AD 项。

44 61808036

答案：B,D。

解析：A 项：以一定的立法资料为根据，探究立法者当时立法的意图，为主观目的解释。依据正在讨论的法律问题的历史事实对某个法律规定进行解释，为历史解释。民法专家参照当时的立法资料进行解释属于主观目的解释，而不是历史解释。因此，A 项错误。

B 项：将解释的焦点集中在语言上，以字面含义来解释该条文，属于文义解释。法官的解释属于文义解释。因此，B 项正确。

C 项：利用外国的立法例和判例学说对某个法律规定进行解释属于比较解释，而不是历史解释。因此，C 项错误。

D 项：将被解释的法律条文放在整部法律中乃至整个法律体系中，联系此法条与其他法条的相互关系来解释法律，为体系解释。解释《刑法》的分则条文时参照总则的规定，属于体系解释。因此，D 项正确。

综上所述，本题答案为 BD 项。

45 62208238

答案：A,B,C。

解析：ABC 项：现今大部分法学家都认可的位阶关系：文义解释 > 体系解释 > 立法者目的解释 > 历史解释 > 比较解释 > 客观目的解释。但是，上述法律解释方法的顺序并非绝对的、固定的，在给予充分论证（即存在更强理由）的情况下，法律人可推翻上述优先性关系，选择更适合个案的法律解释方法。因此，ABC 项正确。

D 项：在进行法律解释时，并非只能选择一种解释方法，而可以选用多种解释方法进行。若采用多种解释方法得出不同解释结果，可依据法律解释方法位阶，分析论证各种解释结果，解决冲突。因此，D 项错误。

综上所述，本题答案为 ABC 项。

【不定项】

46 61908098

答案：C。

解析：A 项：根据法律漏洞的表现形式，漏洞分为明显漏洞和隐藏漏洞；根据漏洞产生时间可以分为自始漏洞与嗣后漏洞，自始漏洞是法律制定时漏洞已经存在，嗣后漏洞是法律制定后因客观情况的变化导致漏洞。二者是按照不同区分方法划分的法律漏洞的区别，法律制定时漏洞已经存在的自始漏洞有可能是明显漏洞或者隐藏漏洞，法律制定后因客观情况的变化导致的漏洞也有可能是明显漏洞或者隐藏漏洞。因此，A 项正确，不当选。

B 项：设证推理是指从所有能够解释事实的假设中优先选择一个假设的推理，设证推理必然存在，但这仅仅是一种推理方法，并不能保证结果的完全正确，还需依赖其他因素。因此，B 项正确，不当选。

C 项：法律规范是法律推理的大前提，案件事实是法律推理的小前提。因此，C 项错误，当选。

D 项：文义解释强调对法律条文的语言文字进行解释，严格局限于法律条文本来的含义，一般来说，除非文义解释的结果不公正，否则就应该采用文义解释的结果。因此，D 项正确，不当选。

综上所述，本题为选非题，答案为 C 项。

47 61908176

答案：A,D。

解析：A 项：《全国人民代表大会常务委员会关于加强法律解释工作的决议》第 4 条第 1 款规定："凡属于地方性法规条文本身需要进一步明确界限或作补充规定的，由制定法规的省、自治区、直辖市人民代表大会常务委员会进行解释或作出规定。凡属于地方性法规如何具体应用的问题，由省、自治区、直辖市人民政府主管部门进行解释。”所以，对于《食品卫生条例》的具体应用问题，应该由重庆市人民政府主管部门作出解释。因此，A 项错误，当选。

B 项:《立法法》第 49 条规定:“国务院、中央军事委员会、国家监察委员会、最高人民法院、最高人民检察院、全国人民代表大会各专门委员会，可以向全国人民代表大会常务委员会提出法律解释要求或者提出相关法律案。省、自治区、直辖市的人民代表大会常务委员会可以向全国人民代表大会常务委员会提出法律解释要求。”宪法和法律委员属于全国人大的专门委员会，有权向全国人民代表大会常务委员会提出《民法典》第 1063 条的解释要求。因此，B 项正确，不当选。

C 项:《立法法》第 119 条第 2 款规定:“最高人民法院、最高人民检察院作出的属于审判、检察工作中具体应用法律的解释，应当自公布之日起三十日内报全国人民代表大会常务委员会备案。”不需报国务院备案。因此，C 项正确，不当选。

D 项:《立法法》第 53 条规定:“全国人民代表大会常务委员会的法律解释同法律具有同等效力。”所以，全国人大常委会对《刑法》第 30 条的解释，其效力等同于刑法。因此，D 项错误，当选。

综上所述，本题为选非题，答案为 AD 项。

第十六章 法的起源和发展

参考答案

[1]B [2]A [3]B [4]B [5]CD
[6]BCD

一、历年真题及仿真题

（一）法的继承与法的移植

【单选】

1 1801008

答案：B。

解析：A 项：法律移植体现了本国对于国外先进法律制度的学习，因此移植既包括对外国的法律，也包括对国际条约和国际惯例的吸收和转化，故 A 选项错误。

B 项：法律继承主要体现为传统的延续，法律移植的主要动力则在于社会和法律发展的不平衡性，落后国家为了摆脱落后的局面，往往就需要学习国外的先进制度。故 B 项正确。

C 项：当前我国对于美国诉讼法的吸收属于典型的法律移植。故 C 项错误。

D 项：法律继承是指不同历史类型的旧法和新法之间的延续承接关系，因此只要新法和旧法属于不同历史类型即可，继承的对象并不局限于本民族的古代法律，典型如罗马法复兴，世界各国尤其是西欧国家对罗马法的研究与继承显然并未限于本民族的古代法。故 D 项错误。

综上所述，本题答案为 B 项。

（二）综合知识点

【单选】

2 1701013

答案：A。

解析：A 项：法的产生有三大规律。从个别调整到规范性调整，再到法的调整；从习惯到习惯法，再到制定法；从与宗教规范、道德规范浑然一体到与宗教规范、道德规范分化分立。本题中，最初的纠纷解决方式是双方找到一位共同信赖的长者，发展为一种制度化的纠纷解决机制，体现了从个别调整到规范性调整的发展规律，故 A 项说法正确。

B 项：在 16 世纪之后，法律成为了调整社会的主要工具，而之前，主要靠道德和宗教。B 项中的始终是说法过于绝对。因此，B 项错误。

C 项：法律起源有三个因素，经济因素，政治因素以及社会发展。经济根源是私有制和商品经济的产生；政治根源是阶级的产生；社会根源是社会事务的复杂化发展。本题强调的是社会因素，故 C 项说法错误。

D 项：法律和其他社会规范都具有规范性。本题中找长者解决纠纷或制定制度化的解决机制都是解决纠纷所遵从的规范，即本题强调的是法律与其他社会规范的共性而不是区别，故 D 项说法错误。

综上所述，本题答案为 A 项。

3 1001009

答案：B。

解析：A 项：在我国，正式解释只能由相关国家机构作出，司法解释仅指最高人民法院、最高人民检察院作出的对法律的适用的解释。本案中，刘法官的解释属于学理解释，不是司法解释，不具有法律效力。因此，A 项错误。

B 项：非正式渊源是指没有法律明文的规定，但是具有法律说服力的依据。本案中，刘法官的判决根据是德国等国的判例，在中国，判例属于非正式渊源。因此，B 项正确。

C 项：法律推理中的演绎推理是以法律为大前提，事实为小前提，然后得出法律决定的过程。本案中，谢某醉酒后猝死是事实问题，在演绎推理中充当小前提而非大前提。因此，C 项错误。

D 项：德国、奥地利、芬兰等国家虽然存在判例，但判例并不是法的正式渊源，这些国家仍属于大陆法系。因此，D 项错误。

综上所述，本题答案为 B 项。

二、模拟训练

【单选】

4 62208242

答案：B。

解析：A 项：国家的出现是法产生的重要标志之一。国家作为阶级矛盾不可调和的产物，其形成意味着公共权力系统建立，用以维护社会秩序和统治阶级的利益。因此，国家的产生是法产生的主要标志之一。因此，A 项正确，不当选。

B 项：法是伴随着私有制、阶级和国家的出现而逐步形成的，而封建社会是历史发展到一定阶段的社会形态，它的出现并非法产生的主要标志。因此，B 项错误，当选。

C 项：法律诉讼和司法的出现也是法产生的主要标志之一。在法律产生之前，社会纠纷主要通过私力救济的方式解决。随着国家的产生和法律制度的建立，法律诉讼和司法逐渐成为解决社会纠纷的主要方式。这种方式的出现标志着法的权威性和公正性得到社会认可，也体现了法对社会关系的调整作用。因此，C 项正确，不当选。

D 项：权利和义务观念的形成同样是法产生的主要标志。在法律产生之前，人们之间的社会关系主要依靠习惯、宗教或道德等规范来调整。随着法律制度的建立和发展，权利和义务观念逐渐形成并深入人心。这种观念使得人们更加清晰地认识到自己在社会关系中的地位和角色，也促进了法律的遵守和执行。因此，D 项正确，不当选。

综上所述，本题为选非题，答案为 B 项。

【多选】

5 61908087

答案：C,D。

解析：A 项：大陆法系与英美法系在相互借鉴、相互吸收对方的精华，但并不能说大陆法系与英美法系的差别已经消亡。因此，A 项错误。

B 项：英美法系只是不倾向于法典编纂，并不是说完全没有法典编纂。因此，B 项错误。

C 项：美国的法律传统为以判例法为标志的普通法系，但这些社会经济立法多以制定法的面目出现，说明两大法系出现了一定的融合。因此，C 项正确。

D 项：法律移植是指一个国家对同时代其他国家法律制度的吸收和借鉴，可以突破资本主义、社会主义，普通法系、大陆法系等限制进行移植。因此，D 项正确。

综上所述，本题答案为 CD 项。

【不定项】

6 61908177

答案：B,C,D。

解析：A 项：大陆法系国家一般将公法与私法的划分作为法律分类的基础，英美法系国家则是以普通法与衡平法作为法的基本分类。因此，A 项正确，不当选。

B 项：英美法系法的正式渊源包括制定法和判例法。因此，B 项错误，当选。

C 项：英美法系采用对抗制诉讼程序，法官在庭审中的地位相对消极和中立这一说法没错，但英美法系属于归纳式思维，故一般采用归纳推理与类比推理。大陆法系属于演绎型思维，一般采取演绎推理。因此，C 项错误，当选。

D 项：大陆法系倾向于法典编纂，如法国民法典、德国民法典都是法典编纂的产物。英美法系不倾向于进行系统的法典编纂。但要注意，尽管英美法系不倾向于进行法典编纂，但也有法典编纂活动，如美国的宪法典、统一商法典等就是法典编纂的产物。因此，D 项错误，当选。

综上所述，本题为选非题，答案为 BCD 项。

第十七章 法的传统与现代化

参考答案

[1]C [2]D [3]C [4]BD [5]C [6]ABCD

一、历年真题及仿真题

（一）法的传统

【单选】

1 1701020

答案：C。

解析：英美法系的特点有：1. 以判例法为主要法律渊源。2. 以日耳曼法为历史渊源。普通法系的核心——英国法是在较为纯粹的日耳曼法—盎格鲁·撒克逊法的基础上发展起来的。3. 法官对法律的发展所起的作用举足轻重。普通法系素有“法官造法”之称。4. 以归纳为主要推理方法。(5) 不严格划分公法和私法，而分为普通法和衡平法。故为①③④⑤。

大陆法系的特点：1. 从法律渊源传统来看，大陆法系具有制定法的传统，制定法为其主要法律渊源，判例一般不被作为正式法律渊源（除行政案件外），对法院审判无拘束力。2. 从法典编纂传统看，大陆法系的一些基本法律一般采用系统的法典形式。3. 从法律结构传统来看，大陆法系法律的基本结构是在公法和私法的分类基础上建立的，传统意义的公法指宪法、行政法、刑法以及诉讼法，而私法主要指民法和商法。4. 从运用法律的推理方法来看，大陆法系的法官通常采用的是演绎法，即将蕴涵于法典中的高度概括的法律原理进行演绎和具体化，然后适用于具体案件。在进行演绎时，往往需要对法律原理、概念、术语等进行法律解释。5. 从诉讼程序传统来看，大陆法系倾向于职权主义，法官在诉讼中起积极主动的作用。故为②⑥⑦。

据此，C 项正确，ABD 项错误。

综上所述，本题答案为 C 项。

【不定项】

2 1801088

答案：D。

解析：ABC 项：普通法系又称英美法系、判例法系，民法法系又称为法典法系、罗马－德意志法系、大陆法系，两者有着相同的经济基础、阶级本质，都重视法治。民法法系的特点在于：演绎型思维；以古罗马法为基础和传统；正式渊源只是制定法；分类的基础是公法与私法的划分；与教会法程序接近，属于纠问制；主要发展阶段都有代表性法典，大规模法典编纂活动。普通法系的特点在于：归纳式思维，注重类比推理；英国中世纪的法律是基础；判例法、制定法都是正式渊源；普通法和衡平法是基本分类；对抗制诉讼程序；总体上不倾向于系统的法典编纂，尽管历史上也有大规模的立法。故 ABC 项正确，不当选。

D 项：英美法系的正式法律渊源则较为复杂，不仅包括由普通法和衡平法组成的判例法，还包括由议会制定的成文法（制定法），故 D 项错误，当选。

综上所述，本题为选非题，答案为 D 项。

（二）法的现代化

【单选】

3 1701014

答案：C。

解析：本题考查新增考点——法的现代化。法的现代化根据动力来源大体上可以分为内发型法的现代化和外源型法的现代化。1. 内发型法的现代化是指由特定社会自身力量产生的法的内部创新。这种现代化是一个自发的、自下而上的、缓慢的、渐进变革的过程。这种类型的法的现代化是在西方文明的特定社会历史背景中孕育、发展起来的。2. 外源型法的现代化是指在外部环境影响下，社会受外力冲击，引起思想、政治、经济领域的变革，最终导致法律文化领域的革新。在这种法的现代化过程中，外来因素是最初的推动力。这种类型法的现代化的重要特点，不仅表现为正式法律制度的内部矛盾，而且反映在正式法律制度与传统习惯、风俗、礼仪的激烈斗争中。传统的利益群体和传统观念相结合，一方面成为法的现代化的强大阻力，另一方面又使法的现代化进程呈现多样性。在我国，清政府下诏，派沈家本、伍廷芳主持修律，以收回领事裁判权为契机，中国法的现代化在制度层面上正式启动了。

A 项：不是内发型而是外源型具有工具色彩。故 A 项说法错误。

B 项：在西方文明的特定历史背景中孕育、发展起来的是内发型不是外源型。故 B 项说法错误。

C 项：外源型是被动的。故 C 项说法正确。

D 项：中国法的现代化的启动形式是立法而不是司法主导型。故 D 项说法错误。

综上所述，本题答案为 C 项。

（三）综合知识点

【不定项】

4 1701086

答案：B,D。

解析：A 项：情与法的冲突有时未必有完美的解决方案，A 项说法太过绝对。故 A 项说法错误。

BD 项：情与法的冲突历来是社会较难解决的难题，往往很难找到两全的方法，但兼顾情理和法理是法律正当性、有效实施的保障，对当代法治有重要借鉴意义。孟子的方案并非完全未顾及法律，也是对古代礼与法作为两种不同法律性质内容的综合考量，在情与法的矛盾方面，不同法律传统会有不同的处理方式。故 BD 项说法正确。

C 项：孟子的方案主要以道德为主，同时也顾及法律的目的，故 C 项说法错误。

综上所述，本题答案为 BD 项。

二、模拟训练

【单选】

5 62208244

答案：C。

解析：A 项：西方传统法律文化中，法律深受宗教的影响，这一特点在多个历史时期的西方社会中均有体现，尤其在中世纪时期，教会法与世俗法并行，宗教教义对法律的解释和适用产生了深远影响。在《圣经》等宗教经典中，可以找到许多关于法律、道德和社会秩序的论述。因此，A 项正确，不当选。

B 项：西方传统法律文化历来重视个体的权利和自由，强调个体在社会中的独立地位和价值。从古希腊的哲学思想到罗马法的具体制度，再到近代启蒙思想家的理论，都体现了对个体权利和自由的高度尊重。如罗马法中的“人格权”制度，就体现了对个体在法律上独立地位的认可。因此，B 项正确，不当选。

C 项：西方传统法律文化中，私法文化更为发达，这体现在民法体系的完善、商法制度的创新以及私权保护机制的健全等方面。公法文化虽然也在不断发展，但并未达到与私法文化相抗衡的程度。因此，C 项错误，当选。

D 项：正义作为法律的基本价值取向，在西方传统法律文化中占有举足轻重的地位。从古希腊哲学家对正义的探讨，到中世纪教会法对正义的追求，再到近代自然法学派对正义理念的弘扬，都体现了西方法律文化对正义的执着追求。正义不仅是法律制定和实施的指导原则，也是衡量法律优劣的重要标准。因此，D 项正确，不当选。

综上所述，本题为选非题，答案为 C 项。

【多选】

6 61808047

答案：A,B,C,D。

解析：A 项：在中国法的现代化初期，中国法律体系大部分是借鉴和模仿国外，尤其是西方发达国家的法律体系。随着国家的发展和社会的变迁，中国开始意识到建立符合自身国情和特色的法律制度的重要性，从被动接受外来法律观念转向主动选择适合中国国情的法律发展道路。因此，A 项正确。

B 项：中国法在现代化的过程中，最初受到了民法法系（即大陆法系）的深刻影响，进行了大量的模仿和学习。但随着时间的推移，中国结合自身的国情、历史和文化传统，逐步形成了独具特色的中国特色社会主义法律体系。因此，B 项正确。

CD 项：中国法的现代化的启动形式为立法主导型。在现代化的初期和中期，通过大规模的立法活动，迅速建立起了一套相对完整的法律体系。因此，C 项正确。而正是由于中国法的现代化为立法主导型，通过立法活动形成中国特色法律体系，故法律制度变革较快。而法律观念的改变不可能一蹴而就，需要更长时间和更广泛的社会共识，形成了“法律制度变革在前，法律观念更新在后”的整体局面，思想领域斗争十分激烈。因此，D 项正确。

综上所述，本题答案为 ABCD 项。

第十八章 法治理论与法律意识

参考答案

[1]BCD　[2]ACD　[3]BCD　[4]C　[5]ABD

一、历年真题及仿真题

（一）法律意识

【多选】

1　1101052

答案：B,C,D。

解析：法律意识是指人们关于法律现象的思想、观念、知识和心理的总称，是社会意识的一种特殊形式。法律意识本身在结构上可以分为两个层次：法律心理和法律思想体系。法律心理是人们对法律现象表面的、直观的感性认识和情绪，是法律意识的初级形式和阶段。法律思想体系是法律意识的高级阶段，它以理性化、理论化、知识化和体系化为特征，是人们对法律现象进行理性认识的产物，也是人们对法律现象的自觉的反映形式，法律意识与其他法律现象，如法律规范、法律制度、法律行为等，既有有机的联系，又有相对的独立性。据此可作如下分析：

A 项：《法国民法典》属于法律规范和法律制度，不属于法律意识范畴。因此，A 项错误。

BCD 项：BCD 三个选项中的内容体现了人们对法律现象的认识，均属于法律意识范畴。因此，BCD 项正确。

综上所述，本题答案为 BCD 项。

（二）法制与法治

【多选】

2　1301051

答案：A,C,D。

解析：A 项：法律可以表述和确认国家权力，通过对国家权力的合法性肯定来强化和维护国家权力，故法律是可以强化权力的；其次，法的精义在于控权，通过各种法律程序来严格监督国家权力的行使，故法律也可以弱化权力。故 A 项正确。

B 项：在法理学中，各种价值、各种权利都不是绝对的，都可以被限制，其限制由法律规定。比如自由，法律保护人的自由，但自由也应受到法律的限制。公权私权都是平等对待的。故 B 项错误。

C 项：法治国家必须具有相对平衡和相互制约的符合制度需要的权力运行的法律机制。不能对权力进行有效约束的国家，不是法治国家；不能运用法律约束权力的国家，也不是法治国家。因而，权力若不加限制，将失去形式和实质上的合法性。故 C 项正确。

D 项：权力制约要依靠法律的规定，界定权力之间的关系，使权力服从法律。可见，权力制约权力、权利制约权力是在法律范围内和法律程序上的制约，而不能超越法律之外。故D项正确。

综上所述，本题答案为ACD项。

（三）综合知识点

【不定项】

3 1401093

答案：B,C,D。

解析：AC项：根据法的现代化的动力来源，法的现代化过程大体上可以分为内发型法的现代化和外源型法的现代化。内发型法的现代化是指由特定社会自身力量产生的法的内部创新。这种现代化是一个自发的、自下而上的、缓慢的、渐进变革的过程。这种类型的法的现代化是在西方文明的特定社会历史背景中孕育、发展起来的。外源型法的现代化是指在外部环境影响下，社会受外力冲击，引起思想、政治、经济领域的变革，最终导致法律文化领域的革新。在这种法的现代化过程中，外来因素是最初的推动力。其特点在于：1.具有被动性。一般表现为在外部因素的压力下（或由于外来干涉，或由于殖民统治，或由于经济上的依附关系），本民族的有识之士希望通过变法以图民族强盛。2.具有依附性。这种情况下展开的法的现代化进程，带有明显的工具色彩，一般被要求服务于政治、经济变革。法律改革的"合法性"依据，并不在于法律本身，而在于它的服务对象的合理性。3.具有反复性。由于法的现代化不是社会自身力量演变的自然结果，所以，在通往现代化的进程中，传统的本土文化与现代的外来文化之间矛盾比较尖锐，法的现代化过程经常出现反复。从起因上看，中国法的现代化明显属于外源型法的现代化。故A项错误，C项正确。

B项：法的传统之所以可以延续，在很大程度上是因为法律意识强有力的传承作用，即一个国家的法律制度可以经常随着国家制度和政权结构的变化而变化，但是人们的法律意识却相对比较稳定，具有一定的连续性。因此，法律意识可以使一个国家的法律传统得以延续。故B项正确。

D项：1902年，英日美葡四国表示，在清政府改良司法"皆臻完善"之后，愿意放弃领事裁判权。为此，清政府下诏，令沈家本、伍廷芳等主持修律，以收回领事裁判权为契机，中国法的现代化在制度层面上正式启动了。故D项正确。

综上所述，本题答案为BCD项。

二、模拟训练

【单选】

4 62208245

答案：C。

解析：AD项：法律意识可以使一个国家的法律传统得以延续。一个国家的法律制度可以经常随着国家制度和政权结构的变化而变化，但是人们的法律意识却相对比较稳定，具有一定的连续性。因此，AD项正确，不当选。

B项：法律意识相对独立于法律制度，因此法律意识可能先于法律制度而存在，也可能滞后于法律制度的发展。因此，B项正确，不当选。

C项：法律心理是人们对法律现象表面的、直观的感性认识，属于法律意识的初级形式和初级阶段，而法律思想则属于法律意识的高级阶段，它以理论化、知识化和体系化为特征，是人们对法律现象理性认识的产物，一般以著作、论文等方式呈现出来。因此，C项错误，当选。

综上所述，本题为选非题，答案为C项。

【多选】

5 61808046

答案：A,B,D。

解析：A项：法制属于事实判断，只要有国家，一定有法律制度。法治属于价值判断，要求法本身是善良之法，且所有的人都服从该法，在法治状态下，法律在社会生活中拥有最高权威。因此，A项正确。

B项：清末修律标志着中国法的现代化在制度层面上的正式启动，这一事件开启了中国法制现代化的进程，为中国法律体系的现代化奠定了基础。因此，B项正确。

C项：法的现代化分为外源型与内发型。内发型法的现代化是社会自身的发展变化带来法律的发展变化，具有自下而上，由内而外，缓慢渐进的特征，典型国家如英国。外源型法的现代化是在受外力冲击的社会历史背景下被迫变革，具有自上而下，由外而内，迅速突然的特征，法的现代化往往是为了富国强兵，具有明显的工具色彩，典型国家如中国。因此，C 项错误。

D 项：法治的基本思维就是以法律限制公权力的滥用，目的是保障公民的权利。因此，D 项正确。

综上所述，本题答案为 ABD 项。

第十九章 法与社会

参考答案

[1] C	[2] A	[3] A	[4] D	[5] C
[6] BCD	[7] D	[8] D	[9] B	[10] A
[11] B	[12] D	[13] A	[14] ACD	[15] ABC
[16] CD	[17] ACD	[18] ABCD	[19] AB	[20] AB
[21] B	[22] C	[23] B	[24] BD	[25] ABC
[26] ABCD	[27] ABC	[28] ABD		

一、历年真题及仿真题

（一）法与道德

【单选】

1　1601002

答案：C。

解析：ABCD 项：国家和社会治理需要法律和道德共同发挥作用，要坚持依法治国与以德治国相结合。必须坚持一手抓法治、一手抓德治，大力弘扬社会主义核心价值观，弘扬中华传统美德，培育社会公德、职业道德、家庭美德、个人品德。既重视发挥法律的规范作用，又重视发挥道德的教化作用，以法治体现道德理念、强化法律对道德建设的促进作用，以道德滋养法治精神、强化道德对法治文化的支撑作用，实现法律和道德相辅相成、法治和德治相得益彰。C 项表述正确，ABD 项表述过于绝对和片面。故 C 项正确，ABD 项错误。

综上所述，本题答案为 C 项。

（二）法与人权

【单选】

2　2001148

答案：A。

解析：A 项：人权既可以作为道德权利而存在，也可以作为法律权利而存在，从根本上讲，人权是一种道德权利，但为了保障人权的实现，必须被法律化，成为法律上的权利。即人权是一种道德权利，其次才是一种法律权利，并非所有的人权在实际上都被法律化。因此，A 项错误，当选。

BD 项："天赋人权"是西方资本主义为了反抗封建地主阶级而提出的观念。按照马克思主义法学的观点，人权不是天赋的，也不是理性的产物，而是历史地产生的，最终是由一定的物质生活条件所决定的。它的具体内容和范围总是随着历史发展、社会进步而不断丰富和扩展。因此，BD 项正确，不当选。

C 项：人权可以作为判断法律善恶的标准，人权对法的作用体现在：①人权指出了立法和执法所应坚持的最低的人道主义标准和要求；②人权可以诊断现实社会生活中法律侵权的症结，从而提出相应的法律救济的标准和途径；③人权有利于实现法律的效率性，促进法律的自我完善。因此，C 项正确，不当选。

综上所述，本题为选非题，答案为 A 项。

3　1401015

答案：A。

解析：A 项：人权既可以作为道德权利而存在，也可以作为法律权利而存在，从根本而言，人权是一种道德权利，但为了保障人权的实现，其必须被法律化。故 A 项错误，当选。

B 项：按照马克思主义法学的观点，人权不是天赋的，也不是理性的产物，而是历史地产生的，最终是由一定的物质生活条件所决定的。故 B 项正确，不当选。

C 项：人权可以作为判断法律善恶的标准，人权对法的作用之一体现在人权指出了立法和执法所应坚持的最低的人道主义标准和要求。故 C 项正确，不当选。

D 项：人权往往通过法律权利的形式具体化。哪些人权能转化为法律权利，得到法的保护，取决于以下因素：①一国经济、文化和法制状况；②某个国家的民族传统和基本国情。故 D 项正确，不当选。

综上所述，本题为选非题，答案为 A 项。

4 1101015

答案：D。

解析：人权在本源上具有历史性。人权存在和发展的内因是人的自然属性，外因是社会的经济、文化状况。“权利永远不能超出社会的经济结构以及由经济结构所制约的文化发展。”人权不是天赋的，也不是理性的产物，而是历史地产生的，最终是由一定的物质生活条件所决定的。它的具体内容和范围总是随历史发展、社会进步而不断丰富和扩展的。因此，不同时代对人权的取舍、理解和使用都会有所差异。

A 项：该选项表达了天赋人权的思想，认为自由是人的本性。但并不能体现人权的历史性特征，故 A 项错误。

B 项：“没有无义务的权利，也没有无权利的义务”，这句话表明权利义务是对立统一的，在结构上密切联系、不可分割；在数量上，总量相等；从产生和发展看，两者经历了一个从浑然一体到分裂对立再到相对一致的过程，但并未体现人权的历史性特征，故 B 项错误。

C 项：该选项表达了天赋人权的思想，认为人权是“造物主”赋予的，与题意不符。故 C 项错误。

D 项：权利永远不能超出社会的经济结构以及由经济结构所制约的文化发展，反映了人权的历史性特征。故 D 项正确。

综上所述，本题答案为 D 项。

（三）法与科技

【单选】

5 1001002

答案：C。

解析：A 项：现代科学技术的发展使得当今社会的信息渠道更加的畅通，同时，科学技术的进步为社会主义法治理念的落实提供了坚定的技术支撑和科学指导，促进了科学立法、文明执法和公正司法，因此社会主义法治理念的结合要与现代科学技术的发展相结合，因此，A 项正确，不当选。

B 项：科学技术是一把双刃剑，它既能有助于社会主义法治理念的落实，也有可能运用不得当违反社会主义法治理念的要求，因此对网络依法进行管理也是社会主义法治理念的题中之义，因此，B 项正确，不当选。

C 项：司法机关是否贯彻社会主义法治理念的根本指标是其是否在司法的过程中做到以人为本，采用现代科技手段能在一定程度上提高司法效率和公正，但并不是贯彻社会主义法治理念的根本指标，因此，C 项错误，当选。

D 项：司法机关在司法工作中采用包括网络技术的现代科学技术，其目的是执法为民，司法便民，体现了社会主义法治理念以人为本的原则，因此，D 项正确，不当选。

综上所述，本题为选非题，答案为 C 项。

（四）法与经济

【多选】

6 1701051

答案：B,C,D。

解析：A 项：法律意识是指人们关于法律现象的思想、观念、知识和心理的总称，是社会意识的一种特殊形式。法律意识可以使国家的法律传统得以延续。A 选项前半句话是正确的，市场环境不良是企业行贿的诱因之一；但是基于《刑法》罪刑法定的基本原则，量刑应当由刑法作出明文规定，而刑法中没有表述“应当从轻”，故该表述错误。因此 A 选项错误。

B 项：法律对市场经济具有促进作用。健全以公平为核心的市场法律制度，可以维护公平竞争的市场秩序。故 B 项说法正确。

C 项：立法对于违法行为可以加以规制，加快反腐败立法，可以从源头上堵塞行贿的行为。C 项说法正确。

D 项：处理政府和市场的关系，一方面要发挥市场在资源配置的核心地位，另一方面，要强化对

公权力的制约，正确处理政府和市场的关系，要求政企分开，故D项说法正确。
综上所述，本题答案为BCD项。

（五）法与社会的一般关系

【单选】

7 1201005

答案：D。
解析：A项：社会主义法治理念以人为本、执政为民的内涵要求在深刻把握社会运行的规律和特征的基础上，探索用法律手段强化社会管理的方式和方法，特别是针对社会管理领域中的重点人群、重点活动、重点区域以及重点行业，所以A项表述正确，不当选。
B项：依法治国要求构建人民调解、行政调解、司法调解三位一体的解决社会纠纷的大调解格局和体系，即社会矛盾多元调解机制，所以B项表述正确，不当选。
C项：依法治国要求建立起以法律手段为主体、多种手段协调与配合的管理和控制体系，形成党委领导、政府负责、社会协同、公众参与的社会管理格局，所以C项表述正确，不当选。
D项：根据我国《宪法》第111条规定："城市和农村按居民居住地区设立的居民委员会或者村民委员会是基层群众性自治组织……"可知，在我国，《宪法》与法律中确认的基层群众性自治组织只有村民委员会和居民委员会，D项认为社区网格与村民委员会、居民委员会的法律地位一样，所以D表述错误，当选。
综上所述，本题为选非题，答案为D项。

（六）综合知识点

【单选】

8 2301061

答案：D。
解析：A项：指引作用是指法律规范对行为人本人的未发生行为具有引导作用；评价作用是指法律规范对他人已发生的行为评价合法与否。法院对他人已发生的行为进行评价，体现了评价作用。因此，A项错误。
C项：坚持依法治国和以德治国相结合，就要重视发挥道德的教化作用。同时，也要发挥好法律的规范作用，必须以法治体现道德理念，强化法律对道德建设的促进作用。法院认为刘某摘苹果的行为是友好和睦的表现，体现社会主义核心价值观，是道德对法律的滋养作用，而不是法律对道德的促进作用。因此，C项错误。
D项：法治和德治在国家治理中相互补充、相互促进、相得益彰，对社会规范都有调整作用。因此，D项正确。
综上所述，本题答案为D项。

9 2301047

答案：B。
解析：A项：法律的稳定性与社会变化之间存在矛盾，故法律具有滞后性，可能存在立法空白和漏洞。但法律往往滞后于科技发展，不代表法律必然滞后于科技发展。因此，A项错误。
B项：科技的发展扩大了法律调整的社会关系的范围，但其在价值上的非中立性也导致了伦理困境和法律评价上的困难，故需要对科技进行监管以设置必要的限制，防止产生不利的社会后果。因此，B项正确。
C项：程序性原则是指直接涉及程序法（诉讼法）问题的原则，如诉讼法中规定的"一事不再理"原则、辩护原则、非法证据排除原则、无罪推定原则等。发展价值和安全价值是直接涉及实体法问题（实体性权利和义务等）的原则，属于实体性原则。因此，C项错误。
D项：个案平衡原则是指在一个具体的个案中，选择更具优先性或分量的价值，即选择造成损害最小的法的价值。促进创新原则不涉及具体个案。因此，D项错误。（自2019年起，官方教材中的个案平衡原则已经被删去）
综上所述，本题答案为B项。

10 1201010

答案：A。
解析：A项：法的渊源，是指特定法律共同体所承认的具有法的约束力或具有法律说服力并能够作为法律人的法律决定之大前提的规范或准则来源的那些资料。条文中的"法律"和"政策"分别属于我国法的正式渊源和非正式渊源，都具有法律效力，故 A 项正确。

B 项：法与政策的一般关系是既有联系又有区别：法与执政党政策在内容和实质方面存在联系，包括在阶级本质、经济基础、指导思想、基本原则和社会目标等根本方面具有共同性，但是在意志属性、规范形式、实施方式和调整范围有区别，而本条文只规定了适用法和政策的先后顺序，即法和政策作为法的渊源时的区别，并没有全面指出二者一般关系，故 B 项错误。

C 项：法律规则是采取一定的结构形式具体规定人们的法律权利、法律义务以及相应的法律后果的行为规范，而裁判规则就是在审判中能够被法官所适用以解决具体问题的法律规则。题目中条文并没有直接规定法律的权利与义务，故不是法律规则，更不是裁判规则，故 C 项错误。

D 项：所谓法律关系，是指在法律规范调整社会关系的过程中形成的人们之间的权利和义务关系，该条文是一个法律规范，其本身并不规定法律关系，法律关系是在条文所反映的法律规范调整社会关系中形成的人与人之间的社会关系，故 D 项错误。

综上所述，本题答案为 A 项。

11 1601014

答案：B。

解析：A 项：法律调整与道德调整各具优势，且形成互补。法律倾向于只调整可能且必须以法定权利义务来界定的、具有交涉性和可诉性的社会关系和行为领域，而不是调整所有的社会关系。故 A 项错误。

BC 项：法贯穿着道德精神，它的许多规范是根据道德原则或规范制定的；而道德的许多内容又从法律中汲取。尤其在价值层面，两者难以割裂。道德通过正当性评价，推动和引导法的废、改、立及实施；法则通过立法和实施，促进道德的完善，制约道德或不道德行为使其不越出社会基本秩序许可的范围。比如，见义勇为，但不得义愤杀人；不守诚信，法律并非都予以制裁，但如严重到欺诈或违约致人财产损失，则要负法律责任。因此，道德上升为法律层面时，可以作为判决的依据，且法官在判决时，既可以进行行为定性也可以进行价值判断。故 B 项正确，C 项错误。

D 项：法律具有国家强制性，违反法律将承担法律责任，受到法律明确规定的国家制裁。违反道德者通常受到社会舆论的批评、谴责，受到人们的蔑视。违反道德的后果是由社会直接实施的，不像法律制裁那样需要经过特别的程序并由特定机关实施，道德不具有可诉性，无国家强制性，主要表现为无形的舆论压力和良心谴责，且舆论的评价或谴责往往是多元的。故 D 项错误。

综上所述，本题答案为 B 项。

12 1401011

答案：D。

解析：A 项：《老年人权益保障法》第 18 条只是笼统规定了看望或问候义务，但未明确规定次数，被告看望老人次数应当由法官根据自由裁量权作出。故 A 项正确，不当选。

B 项：法律规则由假定条件、行为模式和法律后果三个部分构成。所谓法律后果，是指法律规则中规定人们在作出符合或不符合行为模式的要求时应承担相应的结果的部分，是法律规则对人们具有法律意义的行为的态度。法律后果分为两种：1. 合法后果，又称肯定性后果，表现为法律规则对人们行为的保护、许可或奖励。2. 违法后果，又称否定性后果，表现为法律规则对人们行为的制裁、撤销、不予保护，或要求赔偿、恢复等。该法条中只有假定条件和行为模式，并无法律后果。故 B 项正确，不当选。

C 项：义务模式包括作为义务和不作为义务，作为义务也就是积极义务，不作为义务也就是消极义务。“应当经常看望或问候老人”是积极义务，“不得忽视、冷落老年人”是消极义务。故 C 项正确，不当选。

D 项：法院必须依法作出判决，该判决主要是以《老年人权益保障法》等法律为依据作出的，法官在一定程度上参考了道德这一非正式法律渊源，并非主要依据道德作出。故 D 项错误，当选。

综上所述，本题为选非题，答案为 D 项。

13 1301011

答案：A。

解析：A 项：韩某和刘某的协议是在双方真实意愿的情况下签署的，意思表示真实且合法有效，因此不仅具有道德上的拘束力，更具有法律上的拘束力，可直接作为法官判案的事实根据。故 A 项错误，当选。

B 项：意思表示是法律行为的一种，只要双方有产生某种法律效果的意思，构成了一种法律行为，便会导致法律关系的产生、变更或消灭，所以意思表示不只是一种心理活动，而是一种法律行为。故 B 项正确，不当选。

C 项：男女双方自愿结合为夫妻，只要满足结婚的条件，就是法律不禁止的行为，当然会在二者之间产生法律关系；人们之间的侵权行为，是法律所禁止的，但只要侵权行为存在，二者就会产生赔偿的法律关系。故 C 项正确，不当选。

D 项：法官在解释法律的时候，考虑到了婚外情并不影响二者签订协议的生效，符合了法伦理性的原则。故 D 项正确，不当选。

综上所述，本题为选非题，答案为 A 项。

【多选】

14 2001019

答案：A,C,D。

解析：A 项：《民法典》第 1 条规定："为了保护民事主体的合法权益，调整民事关系，维护社会和经济秩序，适应中国特色社会主义发展要求，【弘扬社会主义核心价值观】，根据宪法，制定本法。"因此，A 项正确。

B 项：法律有局限性，理性的有限性使得立法者无法设计出完美的法典，社会的发展也会使得应当保持稳定的法律不可避免地具有滞后性，不可能一劳永逸地解决所有社会问题。《民法典》的颁行是建立在当前的社会基础之上，社会条件不是一成不变的，《民法典》也必须随着我国社会条件的变化而变化。因此，B 项错误。

C 项：我国《民法典》分为总则、物权、合同、人格权、婚姻家庭、继承、侵权责任七编。婚姻家庭编从中国实际出发，强调婚姻自由、一夫一妻、男女平等、保护妇女，其中的条款既体现新中国婚姻家庭发展的实际，又传承了中华传统法律文化的精华。因此，C 项正确。

D 项：我国是人民主权国家，人格权单独成编充分体现我国"坚持人民主体地位"，以人民为中心的基本原则。同时，近些年网络侵犯人格权的现象频发，我国《民法典》人格权编将人格权的保护延伸到网络领域，充分体现了我国对人的尊严的重视。因此，D 项正确。

综上所述，本题答案为 ACD 项。

15 2001018

答案：A,B,C。

解析：AC 项：人权是指每个人作为人应该享有的权利，是一种应然权利，具有自然法的属性，也就是属于道德层面上的权利。而居住权作为人权的一类，也就当然是一项道德权利。《民法典》第 366 条对居住权作出规定，意味着居住权从道德权利上升为法律权利，这个立法过程对居住权而言是确权而非赋权，故居住权产生先于《民法典》的规定。因此，AC 项正确。

B 项：我国法律体系中，居住权首先出现于已失效的《婚姻法解释（一）》，其中第 27 条第 3 款规定："离婚时，一方以个人财产中的住房对生活困难者进行帮助的形式，可以是房屋的居住权或者房屋的所有权。"此款体现了居住权对离婚后无房可居者的保护。《民法典》承继该精神，扩张了居住权的适用范围，有利于弱势群体的权益保障。因此，B 项正确。

D 项：法律是有局限性的，法律规定的权利只是人权中最普遍享有的权利，或者是最容易受到侵犯的权利因而有必要通过法律严肃声明。但是有相当部分的权利被排除在法律明文规定之外，可能由于立法者对该权利缺乏共识，也可能受制于社会意识的限制而不能承认该项人权。因此，即使是道德的需求，也无法都由法律作出规定。因此，D 项错误。

综上所述，本题答案为 ABC 项。

16 1901098

答案：C,D。

解析：A 项：任何社会规范都具有强制力，即保证自己不被随意违反的力量，道德规范也不例外，只不过道德规范往往通过内心强制、舆论强制等非正式的强制力量来实现其要求。因此，A 项错误。
B项：法律作为一种行为规范，可以从外部对人的行为进行直接约束，但往往无法直接调整人们的思想。道德规范主要通过帮助人们树立道德观念进而实现对人们行动的调整，但因道德规范本身的模糊性，在实践中往往会出现因观念纷争而导致行动上的冲突和矛盾，此时我们就可以通过将一定限度的道德要求转化为法律规定，以相对清晰的行为标准来规制统一人们的行动，进而化解一定范围内的道德难题，B选项的说法过于绝对。因此，B项错误。
C项：程序正义和结果正义构成正义的完整内涵，作为实现结果正义的过程和方法的程序选择当然会对最终的结果产生影响，方法不同，程序不同，结果也不同。因此，C项正确。
D项：约定方案并严格履行，可以有效避免争议，是避免行动纷争解决矛盾的重要方法，在日常生活中体现为严守合同、诚信交易等良好的社会氛围。因此，D项正确。
综上所述，本题答案为CD项。

17 1701055

答案：A,C,D。
解析：A项：科技的发展带动着新兴事物的出现，对法治提出了新的要求，如果出现新事物则一概排斥于市场之外，明显不符合市场经济、法治经济的要求，应当将新事物积极纳入立法活动予以科学监督和管理。网约车服务是随着科技发展而出现的新经营模式，不应一概将其排斥在市场之外。故A项说法正确。
B项：程某受到了惩罚并非行政机关“法无授权不可为”的表现，而是对“法无授权不可为”的违反。故B项说法错误。
C项：科学技术的发展，对于国家的治理能力和治理方式提出了新的挑战和新的要求，国家应当积极应对而非消极逃避。故C项说法正确。
D项：政府采用对新事物不加研究，不加引导，而是一味用以禁代管、以罚代管的逃避手段，是缺乏法治思维的表现，不符合现代国家的治理理念。故D项说法正确。
综上所述，本题答案为ACD项。

18 1301052

答案：A,B,C,D。
解析：关于法与道德在本质上的联系。西方法学界存在两种观点：一是肯定说，以自然法学派为代表，肯定法与道德存在本质上的必然联系，认为法在本质上是内含一定道德因素的概念，即“恶法非法”。二是否定说，以分析实证主义法学派为代表，否定法与道德存在本质上的必然联系，认为不存在适用于一切时代、民族的永恒不变的正义或道德准则，即“恶法亦法”。
A项：从道德评价的角度看，苏格拉底是善良的；但法律却认定其有罪，这直接说明道德与法律之间有时会发生冲突。故A项正确。
B项：苏格拉底认为，守法即正义，即使所遵守的法律是恶法。因而苏格拉底虽然遭受不公正的处罚，但是他仍然坚守内心的信仰，不放弃追求真理的权利。故B项正确。
C项：苏格拉底服从判决的原因在于，他认为即使不公正的判决（法律）也应当得到遵守，因为守法即正义。可见，苏格拉底并没有从哲学上明确得出“恶法非法”。故C项正确。
D项：本案的法官认为苏格拉底信奉新神，蛊惑青年，是不正义的行为，应当受到处罚。苏格拉底认为，守法即正义，即使是遵守恶法。而他的朋友则认为，不公正的法律不是法律，不值得遵守。可见，不同的人对于“正义”的概念可能有不同的理解。故D项正确。
综上所述，本题答案为ABCD项。

19 1201051

答案：A,B。
解析：AB项：法是社会的产物，社会是法的基础，即法律应以社会为基础。法以社会为基础，不仅指法律的性质与功能决定于社会，而且还指法律变迁与社会的发展的进程基本一致。故A、B项说法正确。
C项：马克思主义的法律观认为，法律产生根源于私有制商品经济的产生发展、阶级的产生和社会的发展，而非单一的社会资源有限与人的欲求无限之间的矛盾，因此C项说法错误。
D项：法的作用分为规范作用与社会作用，所谓法的社会作用，是指法为了实现一定的社会目的和任务而发挥的作用，主要包括维护社会秩序与和平、推进社会变迁、保障社会整合、控制和解决社会纠纷和争端、促进社会价值目标实现，因此D项中体现了法的社会作用而非规范作用。故D项说法错误。

综上所述，本题答案为AB项。

【不定项】

20 1601090

答案：A,B。

解析：AB项：围绕法的概念的争论的中心问题是关于法与道德之间的关系。依据人们在定义法的概念时对法与道德的关系的不同主张，可以分为两种基本立场，即实证主义的法的概念和非实证主义或自然法的法的概念。所有实证主义理论都主张，在定义法的概念时，没有道德因素被包括在内，即法与道德是分离的。具体来说，实证主义认为，在法与道德之间，在法律命令什么与正义要求什么之间，"在实际上是怎样的法"与"应该是怎样的法"之间，不存在概念上的必然联系，即"恶法亦法"。与此相反，所有的非实证主义理论都主张，在定义法的概念时，道德因素被包括在内，即法与道德是相互联结的，即"恶法非法"。故AB项正确。

C项：历史解释是指通过研究立法时的历史背景资料、立法机关审议情况、草案说明报告及档案资料，来说明立法当时立法者准备赋予法律的内容和含义。本题中，鲍西娅对契约的解释运用了文义解释的方法，而不是历史解释的方法。故C项错误。

D项：合同的原则之一是平等原则，即双方民事活动中，民事主体的法律地位一律平等，在民事活动中的行为均应遵循自愿和协商一致的原则。安东尼与夏洛克的约定遵循了平等原则，即双方自愿订立借款合同。但是违背了人权原则，即个人依法享有的生命、人身和政治、经济、社会、文化等各方面的自由平等权利应得到保护。人权具有普适性和道义性。安东尼与夏洛克约定到期不还割肉偿还，是损害他人生命健康权的，是违背人权原则的。所以D项错误。

综上所述，本题答案为AB项。

21 1001091

答案：B。

解析：A项：法与道德在内容上存在相互渗透的密切联系，A项说法过于绝对。故A项错误。

B项：近现代法在确认和体现道德时大多注意二者重合的限度，倾向将最低限度的道德要求转化为法律义务，因此道德义务和法律义务是可以转化的。故B项正确。

C项：一般来说，近代以前的法在内容上与道德的重合程度极高，有时浑然一体，故古代立法者倾向于将法律标准和道德标准分开的说法是错误的。故C项错误。

D项：近现代关于法律与道德在本质上的联系有两种学说，一种是以自然法学派为代表的非实证主义法学派的"恶法非法"，一种是以分析实证主义法学派为代表的实证主义法学派的"恶法亦法"。故D项说法错误。

综上所述，本题答案为B项。

二、模拟训练

【单选】

22 62208246

答案：C。

解析：A项：社会性质决定法律性质，社会物质生活条件在归根结底的意义上最终决定着法律的本质，所以法是社会的产物。因此，A项正确，不当选。

B项：认识法律，必先认识社会，掌握了社会的存在机理，才能了解法律的结构及其运行的规律。因此，B项正确，不当选。

C项：法律应该以社会为基础，二者具有紧密的联系，法律不能与社会脱离。因此，C项错误，当选。

D项：整个社会、一切人和组织都服从和遵守体现社会正义的理性法律统治。理性、社会正义和法律统治三者的有机联系，构成新世纪新阶段科学的法治精神内涵。因此，D项正确，不当选。

综上所述，本题为选非题，答案为C项。

23 62208247

答案：B。

解析：A 项：基础决定上层建筑，法作为上层建筑的一部分，是由经济基础决定的，故经济基础决定法律的性质。因此，A 项正确，不当选。

B 项：法对经济基础具有能动的反作用，既可能是进步作用，也可能是阻碍作用，并非一定促进经济基础的发展。因此，B 项错误，当选。

CD 项：法并不是从经济基础中直接、自发地产生出来的，经济基础对法的决定作用要通过人的有意识的活动来实现。这种决定作用也不意味着法总是会自动体现经济基础的客观要求，或者说不会出现违反经济生活规律的法。因此，CD 项正确，不当选。

综上所述，本题为选非题，答案为 B 项。

【多选】

24 61808055

答案：B,D。

解析：A 项：近现代的通说认为，法律是最低限度的道德，即法律是对人最低限度的要求，而道德是对人更高层次的要求。一个人的行为如果完全符合道德规范的要求，那他是不用担心会受法律追究的。相反的，一个人违反法律，他一定违反道德。A 项正确，不当选。

B 项：近代以前，法在内容上与道德的重合度极高，有时甚至浑然一体。而近现代则比较注意法与道德之间的界限，将法律标准与道德标准分离。通说认为，法律是最低限度的道德。B 项错误，当选。

C 项：法律由国家制定或认可而成，具有建构性，形式上明确具体，如法律规则的三要素，可操作性、可预测性较强。而道德自发演进生成，具有非建构性，缺乏具体的表现形式，标准抽象模糊。C 项正确，不当选。

D 项：分析法学派强调恶法亦法，认为法律和道德没有必然的联系，而自然法学强调恶法非法，法律和道德是有联系的。D 项错误，当选。

综上所述，本题为选非题，答案为 BD 项。

25 61908203

答案：A,B,C。

解析：A 项：道德也具有强制性，道德的实现不是凭借国家强制力，而主要是依靠社会舆论和传统的力量以及人们的自觉维护。因此道德的强制是一种精神上的强制，道德也正是以此来调整人们的行为的。因此，A 项正确。

B 项：法在特定的国家体系结构中基本是一元的，法律的一元化存在形态也使它具有统一性和普适性。由于信仰和良心是道德的存在方式，因而道德在本质上是多元、多层次的。因此，B 项正确。

C 项：一般而言，法律的内容比较具体明确、肯定，既规定人们的义务，也规定人们的权利，而道德则侧重于人们的义务而不是权利，因此在法学上有一种看法，即法律具有两重性（既重权利又重义务），而道德仅具有一面性（只重义务）。因此，C 项正确。

D 项：法律具有建构性，是人为形成的。而道德不具有建构性，是自然演进生成。并且法是程序性的，法的实体性内容通过程序选择和决定。而道德与程序无关。因此，D 项错误。

综上所述，本题答案为 ABC 项。

26 62208248

答案：A,B,C,D。

解析：A 项：人权法律保护以国家强制力为后盾，因而具有国家强制性、权威性和普遍有效性。一方面，人权的基本内容是法律权利的基础，只有争得了最基本的人权，才能将一般人权转化为法律权利；另一方面，法律权利是人权的体现和保障。因此，A 项正确。

B 项：人权是法的源泉，它可以作为判断法律善恶的标准，是立法和执法所应坚持的最低人道主义标准。因此，B 项正确。

CD 项："二战"前，人权的法律保护主要表现为国内法的保护。"二战"结束后，人权的国际保护也是值得重视的法律保护方式。因此，CD 项正确。

综上所述，本题答案为 ABCD 项。

27 62208249

答案：A,B,C。

解析：A 项：法对国家机构、政治组织等政治角色的行为和活动进行程序性和规范性控制。因此，A 项正确。

B 项：政治运行的规范化、政治生活的民主化和政治体系的完善化都需要法的介入。因此，B 项正确。

C 项：政治制度决定法律制度，有什么样的政治制度就必须实行与之相适应的法律制度。因此，C 项正确。

D 项：并非每一具体的法律都有相应的政治内容，都反映某种政治要求。因此，D 项错误。

综上所述，本题答案为 ABC 项。

【不定项】

28 61908148

答案：A,B,D。

解析：A 项：现代科学技术对于立法、司法、执法、守法，乃至于法律思想都有重要影响，既提出了新的法律调整领域，又更新了司法、执法的技术手段，更拓宽了法律思想的研究范围。因此，A 项错误，当选。

B 项：近代法治的精义在于控权，主要是对国家滥用权力的控制。法治的目的在于保障公民的权利而不是限制公民的权利。因此，B 项错误，当选。

C 项：近代通说认为，法律是最低限度的道德。但是，分析法学派强调恶法亦法，而自然法学派强调恶法非法。因此，C 项正确，不当选。

D 项：人权是人作为人应当享有的权利，在本质上是一种道德权利，为了更好地保护人权，我们必须将一部分人权在法律上规定出来，从而出现了法律权利。所以，对于侵犯人权的现象，法律当然可以，而且必须去制止。法律应当是维护人权，而不是不宜干涉。因此，D 项错误，当选。

综上所述，本题为选非题，答案为 ABD 项。

第二十章 立法法

参考答案

[1] C	[2] D	[3] BCD	[4] C	[5] ABC
[6] BD	[7] D	[8] D	[9] ABCD	[10] B
[11] A	[12] C	[13] D	[14] C	[15] B
[16] CD	[17] CD	[18] ABCD	[19] CD	[20] ABCD
[21] ACD	[22] BD	[23] B	[24] A	[25] C
[26] ACD	[27] BC	[28] AD	[29] ACD	

一、历年真题及仿真题

（一）我国的立法体制

【单选】

1 2201083

答案：C。

解析：A 项：民主立法是指在整个立法过程中，国家坚持民主立法的价值取向，使社会公众参与和监督立法的全过程，建立充分反映民意、广泛集中民智的立法机制。区域协同立法是指在一定区域范围内，有关立法主体在立法工作中相互协作和配合，并使所立之法规达到相互协调乃至统一的状态，强调的是提高立法的质量，与民主立法无关。因此，A 项错误。

B 项：《法治中国建设规划（2020–2025 年）》明确提出，要建立健全区域协同立法工作机制，加强全国人大常委会对跨区域地方立法的统一【指导】。可见，全人常对区域协同立法是统一指导而非领导。因此，B 项错误。

C 项：党的十九大报告明确提出，实施区域协调发展战略，对推动地区实现更高质量一体化发展具有重大现实意义。我国地域广袤辽阔，资源禀赋的区域差异多样，不同地区发展基础差距明显，通过区域协同立法，构建区域治理法律和制度体系，大大完善了地方立法机制，并提升了区域治理能力，而通过区域协同立法引领区域协调发展，更是法治中国建设的应有之义。因此，C 项正确。

D 项：区域协同立法是指在一定区域范围内，有关立法主体在立法工作中相互协作和配合，并使所立之法规达到相互协调乃至统一的状态，是为了加强区域间的立法协作，提高立法质量，与防止地方专权无关。因此，D项错误。

综上所述，本题答案为C项。

2 1101020

答案：D。

解析：ABCD项：广义上讲，法律泛指一切规范性文件；狭义上讲，仅指全国人大及其常委会制定的规范性文件。当“法律”与“宪法”并列时，体现的是不同效力等级的立法文件，即宪法、法律、行政法规、地方性法规和地方政府规章等，因此“宪法法律至上”中“法律”是指全国人大及其常委会制定的法律。故D项正确，ABC项错误。

综上所述，本题答案为D项。

【多选】

3 2201085

答案：B,C,D。

解析：AB项：根据《地方各级人大和地方各级政府组织法》第10条第3款的规定：“省、自治区、直辖市以及设区的市、自治州的人民代表大会根据区域协调发展的需要，可以开展协同立法。”以及第49条第3款的规定：“省、自治区、直辖市以及设区的市、自治州的人民代表大会常务委员会根据区域协调发展的需要，可以开展协同立法。”可知，可以开展协同立法的是省级和设区的市一级的人大及人常，县政府无权进行协同立法。因此，A项错误，B项正确。

C项：根据《地方各级人大和地方各级政府组织法》第80条第1款的规定：“县级以上的地方各级人民政府根据国家区域发展战略，结合地方实际需要，可以共同建立跨行政区划的区域协同发展工作机制，加强区域合作。”因此，C项正确。

D项：首先，区域协同立法不能同宪法、法律、行政法规等相抵触，对法律、行政法规中的一些具体规定作出改变，必须取得国家的认可，这说明要在中央统一领导之下进行协同立法。其次，区域协同立法需要体现区域协调发展要求，结合本区域实际情况，突出各自重点，这说明在区域协同立法中要充分发挥地方积极性。因此，D项正确。

综上所述，本题答案为BCD项。

（二）立法程序

【单选】

4 1101010

答案：C。

解析：立法原则是指导立法主体进行立法活动的基本准则，是立法过程中应当遵守的指导思想，包括合宪性与合法性原则，实事求是、从实际出发原则，民主立法原则和原则性与灵活性结合原则。

A项：立法应当尊重社会的客观实际状况，根据客观需要反映客观规律的要求，要以理性的态度对待立法工作。为治堵而限行，因特殊状况而免罚，充分地反映了实事求是、从实际出发原则，故A项正确，不当选。

B项：立法应当体现广大人民的意志和要求，确认和保障人民的利益；应当通过法律规定，保障人民通过各种途径参与立法活动，表达自己的意见；立法过程和立法程序应具有开放性、透明度，立法过程应坚持群众路线。“经充分征求广大市民意见”体现了民主立法原则，故B项正确，不当选。

C项：效率并非立法活动的原则，立法活动应当谨慎，充分考虑各方面的利益、意见与建议，注重公平正义。因此，相对于效率来说，更注重公平。故C项错误，当选。

D项：在立法中要做到原则性与灵活性相结合，恰当处理各种关系，注意各方面的平衡；应高度重视立法的技术和方法，提高立法质量。本题中，市政府既以坚持车辆限号行驶的规定为原则，又以接送高考考生、急病送医等特殊情况未按号行驶的，可不予处罚为例外的灵活性规定为补充，充分地体现了原则性与灵活性相结合的立法原则，故D项正确，不当选。

综上所述，本题为选非题，答案为C项。

【多选】

5 1701063

答案：A,B,C。

解析：A 项：根据《立法法》第 23 条规定："列入全国人民代表大会会议议程的法律案，由宪法和法律委员会根据各代表团和有关的专门委员会的审议意见，对法律案进行统一审议，向主席团提出审议结果报告和法律草案修改稿，对涉及的合宪性问题以及重要的不同意见应当在审议结果报告中予以说明，经主席团会议审议通过后，印发会议。"故 A 项说法正确。

B 项：根据《立法法》第 25 条规定："列入全国人民代表大会会议议程的法律案，在交付表决前，提案人要求撤回的，应当说明理由，经主席团同意，并向大会报告，对该法律案的审议即行终止。"故 B 项说法正确。

C 项：根据《立法法》第 33 条规定："列入常务委员会会议议程的法律案……调整事项较为单一或者部分修改的法律案，各方面的意见比较一致，或者遇有紧急情形的，也可以经一次常务委员会会议审议即交付表决。"故 C 项说法正确。

D 项：根据《立法法》第 45 条规定："列入常务委员会会议审议的法律案……或者因暂不交付表决经过两年没有再次列入常务委员会会议议程审议的，委员长会议可以决定终止审议，并向常务委员会报告；必要时，委员长会议也可以决定延期审议。"可知，委员长会议除了可以决定终止审议，并向常务委员会报告，在必要时也可以决定延期审议。故 D 项说法错误。

综上所述，本题答案为 ABC 项。

【不定项】

6 1502097

答案：B,D。

解析：A 项：《立法法》第 93 条第 3 款规定："设区的市、自治州的人民政府根据本条第一款、第二款制定地方政府规章，限于城乡建设与管理、生态文明建设、历史文化保护、基层治理等方面的事项。已经制定的地方政府规章，涉及上述事项范围以外的，继续有效。"所以，A 项错误。

B 项：《立法法》第 93 条第 5 款规定："应当制定地方性法规但条件尚不成熟的，因行政管理迫切需要，可以先制定地方政府规章。规章实施满两年需要继续实施规章所规定的行政措施的，应当提请本级人民代表大会或者其常务委员会制定地方性法规。"所以，B 项正确。

C 项：根据《立法法》第 93 条第 6 款的规定："没有法律、行政法规、地方性法规的依据，地方政府规章不得设定减损公民、法人和其他组织权利或者增加其义务的规范。"因此，除地方性法规外，地方政府规章还可以依据法律、行政法规设定上述规范。因此，C 项错误。

D 项：《立法法》第 97 条第 2 款规定："地方政府规章签署公布后，及时在本级人民政府公报和中国政府法制信息网以及在本行政区域范围内发行的报纸上刊载。"所以，D 项正确。

综上所述，本题答案为 BD 项。

（三）立法审查

【单选】

7 2001017

答案：D。

解析：A 项：事前审查和事后审查的区别在于被审查的法律文件在审查前是否已经生效。事前审查也被称为批准制，指未经审查（批准）的法律文件不得公布生效。但备案行为并不影响有关法律规范的生效，只在发现错误后才进行错误纠正，因此属于事后审查。因此，A 项错误。

B 项：根据《立法法》第 109 条第 4 项的规定："行政法规、地方性法规、自治条例和单行条例、规章应当在公布后的三十日内依照下列规定报有关机关备案：（四）部门规章和地方政府规章报国务院备案；地方政府规章应当同时报本级人民代表大会常务委员会备案；设区的市、自治州的人民政府制定的规章应当同时报省、自治区的人民代表大会常务委员会和人民政府备案。"故规章并非由全国人大常委会进行备案审查。因此，B 项错误。

C 项：根据我国宪法规定，有权监督宪法实施的主体是全国人大及其常委会。宪法和法律委员会作为全国人大专门委员会，只是负责具体审查工作并提出具体建议，不是合宪性审查的主体。因此，C项错误。

D项：合宪性审查的内容，主要包括两个方面：一是对规范性法律文件的合宪性审查和监督；二是对公权力机关行使公权力的具体行为的合宪性审查与监督。因此，D项正确。

综上所述，本题答案为D项。

8 1201025

答案：D。

解析：根据《立法法》第108条规定："改变或者撤销法律、行政法规、地方性法规、自治条例和单行条例、规章的权限是：(一)全国人民代表大会有权改变或者撤销它的常务委员会制定的不适当的法律，有权撤销全国人民代表大会常务委员会批准的违背宪法和本法第八十五条第二款规定的自治条例和单行条例；(二)全国人民代表大会常务委员会有权撤销同宪法和法律相抵触的行政法规，有权撤销同宪法、法律和行政法规相抵触的地方性法规，有权撤销省、自治区、直辖市的人民代表大会常务委员会批准的违背宪法和本法第八十五条第二款规定的自治条例和单行条例；(三)国务院有权改变或者撤销不适当的部门规章和地方政府规章；(四)省、自治区、直辖市的人民代表大会有权改变或者撤销它的常务委员会制定的和批准的不适当的地方性法规；(五)地方人民代表大会常务委员会有权撤销本级人民政府制定的不适当的规章；(六)省、自治区的人民政府有权改变或者撤销下一级人民政府制定的不适当的规章；(七)授权机关有权撤销被授权机关制定的超越授权范围或者违背授权目的的法规，必要时可以撤销授权。"可以进行以下分析：

BD项：根据《立法法》第108条第5项的规定："地方人民代表大会常务委员会有权撤销本级人民政府制定的不适当的规章；"所以该省人大常委会有权"撤销"而不是"改变"该省政府制定的地方规章，所以D项正确；同时，由于人大会议会期较短，只能由其常设机构常委会行使该项职权，因此，省人大无权作出决定，所以B项错误。

A项：根据《立法法》第108条规定，改变或者撤销规章的权限可以总结为：1.国务院有权改变或者撤销不适当的部门规章和地方政府规章；2.地方人民代表大会常务委员会有权撤销本级人民政府制定的不适当的规章；3.省、自治区的人民政府有权改变或者撤销下一级人民政府制定的不适当的规章。根据上述分析可以得出，我国法院无权对其进行审查并宣告其是否有效，所以A项错误。

C项：根据《立法法》第108条第3项的规定："国务院有权改变或者撤销不适当的部门规章和地方政府规章；"因此，无需提交全国人大常委会进行审查并作出是否撤销的决定。同时，规章属于行政机关制定的规范性法律文件，根据"家长式裁决"原则，也可得知国务院有权进行最终决定，所以C项错误。

综上所述，本题答案为D项。

【多选】

9 1701066

答案：A,B,C,D。

解析：A项：根据《立法法》第111条第1款规定："全国人民代表大会【专门委员会】、常务委员会工作机构可以对报送备案的行政法规、地方性法规、自治条例和单行条例等进行主动审查，并可以根据需要进行专项审查。"故A选项正确。

BC项：根据《立法法》第109条第3、4项规定："……(三)自治州、自治县的人民代表大会制定的自治条例和单行条例，由省、自治区、直辖市的人民代表大会常务委员会报全国人民代表大会常务委员会和国务院备案；(四)部门规章和地方政府规章报国务院备案；地方政府规章应当同时报本级人民代表大会常务委员会备案；设区的市、自治州的人民政府制定的规章应当同时报省、自治区的人民代表大会常务委员会和人民政府备案。"故BC项正确。

D项：根据《立法法》第112条第3款规定，全国人民代表大会宪法和法律委员会、有关的专门委员会、常务委员会工作机构经审查认为行政法规、地方性法规、自治条例和单行条例同宪法或者法律相抵触，或者存在合宪性、合法性问题需要修改或者废止，而制定机关不予修改或者废止的，应当向委员长会议提出予以撤销的议案、建议，由委员长会议决定提请常务委员会会议审议决定。故D选项正确。

综上所述，本题答案为ABCD项。

（四）综合知识点

【单选】

10 2301060

答案：B。

解析：A项：《立法法》并未规定关于公益诉讼的相关内容。因此，A项错误。

B项：根据《宪法》第104条的规定："县级以上的地方各级人民代表大会常务委员会……撤销本级人民政府的不适当的决定和命令……"可知，县人常有权审查《意见》并撤销。因此，B项正确。

C项：根据《民法典》第1067条第2款的规定："成年子女不履行赡养义务的，缺乏劳动能力或者生活困难的父母，有要求成年子女给付赡养费的权利。"可知，《民法典》并未将养老保险纳入赡养范围，未缴纳养老保险不等于不履行赡养义务，故《意见》与《民法典》中子女赡养父母的义务相违背。因此，C项错误。

D项：根据《立法法》第93条第1款的规定："省、自治区、直辖市和设区的市、自治州的人民政府，可以根据法律、行政法规和本省、自治区、直辖市的地方性法规，制定规章……"可知，县政府无权设立规章，故《意见》属于地方规范性文件。因此，D项错误。

综上所述，本题答案为B项。

11 2301052

答案：A。

解析：A项：根据《立法法》第119条第2款的规定："最高人民法院、最高人民检察院作出的属于审判、检察工作中具体应用法律的解释，应当自公布之日起三十日内【报全国人民代表大会常务委员会备案】。"可知，该规定属于司法解释，需报全人常备案。因此，A项正确。

B项：法的溯及力，也称法溯及既往的效力，是指法对其生效以前的事件和行为具有约束力。任何法律都涉及法的溯及力原则。因此，B项错误。

C项：司法解释的效力位阶是一个存在争议的问题，《立法法》第53条只规定了全人常的立法解释与法律具有相同效力，并未明确最高院所作的司法解释的效力位阶。但无论如何，司法解释的法律效力都不可能与法律相同。因此，C项错误。

D项："但是适用民法典的规定更有利于保护民事主体合法权益，更有利于维护社会和经济秩序，更有利于弘扬社会主义核心价值观的除外"不涉及新法与旧法的关系。因此，D项错误。

综上所述，本题答案为A项。

12 2101100

答案：C。

解析：AB项：《立法法》第85条第1款规定："……自治区的自治条例和单行条例，报全国人民代表大会常务委员会批准后生效。自治州、自治县的自治条例和单行条例，报省、自治区、直辖市的人民代表大会常务委员会批准后生效。"故AB项正确，不当选。

C项：《立法法》第109条第2项规定："行政法规、地方性法规、自治条例和单行条例、规章应当在公布后的三十日内依照下列规定报有关机关备案：（二）省、自治区、直辖市的人民代表大会及其常务委员会制定的地方性法规，报全国人民代表大会常务委员会和国务院【备案】……"可知，省、自治区、直辖市的地方性法规只需报全国人大常委会和国务院备案，而非批准后施行。故C项错误，当选。

D项：《立法法》第81条第1款、第4款规定："……设区的市的地方性法规须报省、自治区的人民代表大会常务委员会批准后施行……自治州的人民代表大会及其常务委员会可以依照本条第一款规定行使设区的市制定地方性法规的职权……"故D项正确，不当选。

综上所述，本题为选非题，答案为C项。

13 2001146

答案：D。

解析：A项：《立法法》第98条规定："宪法具有最高的法律效力，一切法律、行政法规、地方性法规、自治条例和单行条例、规章都不得同宪法相

觉晓法考 KEEP AWAKE 立法法

抵触。”故 A 项正确，不当选。

B 项：《立法法》第 100 条第 1 款规定：“地方性法规的效力高于本级和下级地方政府规章。”故 B 项正确，不当选。

C 项：《立法法》第 103 条规定：“同一机关制定……新的规定与旧的规定不一致的，适用新的规定。”对于某省人大先后制定的两部地方性法规，应当遵循“新法优于旧法”原则，适用新的规定。故 C 项正确，不当选。

D 项：《立法法》第 106 条第 1 款第 1 项规定：“地方性法规、规章之间不一致时，由有关机关依照下列规定的权限作出裁决：（一）同一机关制定的新的一般规定与旧的特别规定不一致时，由制定机关裁决。”某省人大常委会制定的新的一般规定与旧的特别规定不一致时，由省人大常委会裁决，而不是由该省人大裁决。故 D 项错误，当选。

综上所述，本题为选非题，答案为 D 项。

14 1601027

答案：C。

解析：A 项：根据《立法法》第 88 条第 3 款的规定，设区的市、自治州的人民代表大会及其常务委员会制定的地方性法规报经批准后，由设区的市、自治州的人民代表大会常务委员会发布公告予以公布。故 A 项错误。

B 项：根据《立法法》第 85 条第 2 款的规定，自治条例和单行条例可以依照当地民族的特点，对法律和行政法规的规定作出变通规定，但不得违背法律或者行政法规的基本原则，不得对宪法和民族区域自治法的规定以及其他有关法律、行政法规专门就民族自治地方所作的规定作出变通规定。自治条例和单行条例的制定者只能是自治机关（民族自治地方的人大），本题制定主体是自治州常委会，不是自治机关，故该文件不属于自治条例和单行条例，所以不能做出变通规定。故 B 项错误。

C 项：根据《立法法》第 81 条第 1 款的规定，……设区的市的地方性法规须报省、自治区的人民代表大会常务委员会批准后施行。省、自治区的人民代表大会常务委员会对报请批准的地方性法规，应当对其合法性进行审查，认为同宪法、法律、行政法规和本省、自治区的地方性法规不抵触的，应当在四个月内予以批准。故 C 项正确。

D 项：根据《立法法》第 106 条第 1 款第 2 项的规定，……（二）地方性法规与部门规章之间对同一事项的规定不一致，不能确定如何适用时，由国务院提出意见，国务院认为应当适用地方性法规的，应当决定在该地方适用地方性法规的规定；认为应当适用部门规章的，应当提请全国人民代表大会常务委员会裁决。故 D 项错误。

综上所述，本题的正确答案为 C 项。

15 1501011

答案：B。

解析：A 项：《母婴保健法》制定机关是全国人大常委会，属于法律；《婚姻登记条例》的制定机关是国务院，属于行政法规。法律的效力高于行政法规，因此《母婴保健法》的法律效力高于《婚姻登记条例》。故 A 项正确，不当选。

B 项：根据《立法法》第 108 条第 2 项的规定：“改变或者撤销法律、行政法规、地方性法规、自治条例和单行条例、规章的权限是：（二）全国人民代表大会常务委员会有权撤销同宪法和法律相抵触的行政法规 ......”据此可知，全国人大常委会只能撤销，无权改变。故 B 项错误，当选。

C 项：根据《立法法》第 113 条的规定：“全国人民代表大会有关的专门委员会、常务委员会工作机构应当按照规定要求，将审查情况向提出审查建议的国家机关、社会团体、企业事业组织以及公民反馈，并可以向社会公开。”因此，应当向提出审查建议的潘某反馈。故 C 项正确，不当选。

D 项：社会监督，即非国家机关的监督，指由各政党、各社会组织和公民依照宪法和有关法律，对各种法律活动的合法性所进行的监督。潘某提出审查建议的行为属于社会监督。故 D 项正确，不当选。

综上所述，本题是选非题，答案为 B 项。

【多选】

16 2201089

答案：C,D。

解析：A 项：《立法法》第 93 条第 1、2 款规定：

“省、自治区、直辖市和设区的市、自治州的人民政府，可以根据法律、行政法规和本省、自治区、直辖市的地方性法规，制定规章。地方政府规章可以就下列事项作出规定：（一）为执行法律、行政法规、地方性法规的规定需要制定规章的事项；（二）属于本行政区域的具体行政管理事项。”第3款规定：“设区的市、自治州的人民政府根据本条第一款、第二款制定地方政府规章，限于城乡建设与管理、生态文明建设、历史文化保护、基层治理等方面的事项。已经制定的地方政府规章，涉及上述事项范围以外的，继续有效。”人口问题不属于【城乡建设与管理、生态文明建设、历史文化保护、基层治理】等方面的事项，故《规定》废止以后乙市政府不宜再就人口问题作出规定。因此，A项正确，不当选。

B项：《立法法》第109条第2项规定：“行政法规、地方性法规、自治条例和单行条例、规章应当在公布后的三十日内依照下列规定报有关机关备案：（二）省、自治区、直辖市的人民代表大会及其常务委员会制定的地方性法规，报【全国人民代表大会常务委员会】和【国务院】备案……”《条例》作为甲省人大制定的地方性法规，应当报全国人大常委会和国务院备案。因此，B项正确，不当选。

C项：《立法法》第108条第1项、第2项规定：“改变或者撤销法律、行政法规、地方性法规、自治条例和单行条例、规章的权限是：（一）全国人民代表大会有权改变或者撤销它的常务委员会制定的不适当的法律，有权撤销全国人民代表大会常务委员会批准的违背宪法和本法第八十五条第二款规定的自治条例和单行条例；（二）全国人民代表大会常务委员会有权撤销同宪法和法律相抵触的行政法规，有权撤销同宪法、法律和行政法规相抵触的地方性法规，有权撤销省、自治区、直辖市的人民代表大会常务委员会批准的违背宪法和本法第八十五条第二款规定的自治条例和单行条例。”《人口与计划生育管理条例》属于地方性法规，【全国人大常委会】有权撤销，而非全国人大。因此，C项错误，当选。

D项：《立法法》第100条第1款规定：“地方性法规的效力高于本级和下级地方政府规章。”《人口与计划生育管理条例》属于省一级的地方性法规，《规定》属于市一级的规章，所以《人口与计划生育管理条例》效力高于《规定》。因此，D项错误，当选。

综上所述，本题为选非题，答案为CD项。

17 2201088

答案：C,D。

解析：AC项：《全国人民代表大会常务委员会关于国家监察委员会制定监察法规的决定》第2条规定：“监察法规应当经国家监察委员会全体会议决定，由国家监察委员会发布公告予以公布。”监察法规需经国家监察委全体会议决定，并且公布主体是国家监察委员会。因此，A项错误，C项正确。

B项：《全国人民代表大会常务委员会关于国家监察委员会制定监察法规的决定》第1条第3款规定：“监察法规不得与宪法、法律相抵触。”《监察法》属于本款所提到的法律之范畴，所以监察法规不得对《监察法》进行变通。因此，B项错误。

D项：《全国人民代表大会常务委员会关于国家监察委员会制定监察法规的决定》第3条第1款规定：“监察法规应当在公布后的三十日内报全国人民代表大会常务委员会备案。”监察法规应在公布后的30日内报全人常备案。因此，D项正确。

综上所述，本题答案为CD项。

18 2201077

答案：A,B,C,D。

解析：科学立法是指立法过程中必须以符合法律所调整事态的客观规律作为价值判断，并使法律规范严格地与其规制的事项保持最大限度的和谐，法律的制定过程尽可能满足法律赖以存在的内外在条件。在立法程序上应该让科学立法深入到各个环节，扩大公众有序参与，创新公众参与方式。

A项：草案和配套法规同时起草、发布体现了法律的制定过程尽可能满足法律赖以存在的内外在条件。因此，A项正确。

BC项：科学立法要求在立法程序上应该让科学立法深入到各个环节，扩大公众有序参与，创新公众参与方式。因此，BC项正确。

D项：科学立法要完善立法规划，突出立法重点，坚持立改废并举，提高立法科学化、民主化水平，提高法律的针对性、及时性、系统性。因此，D 项正确。

综上所述，本题正确答案为 ABCD 项。

19 1501065

答案：C,D。

解析：A 项：《立法法》第 108 条第 5 项规定："改变或者撤销法律、行政法规、地方性法规、自治条例和单行条例、规章的权限是：……（五）地方人民代表大会常务委员会有权撤销本级人民政府制定的不适当的规章……"因此，市人大常委会认为该决定不适当，应当自行撤销，故 A 项错误。

B 项：《立法法》第 100 条规定："地方性法规的效力高于本级和下级地方政府规章。省、自治区的人民政府制定的规章的效力高于本行政区域内的设区的市、自治州的人民政府制定的规章。"因此，法院在审理案件时发现该决定与上位法不一致，应当直接适用上位法。故 B 项错误。

C 项：《立法法》第 102 条规定："部门规章之间、部门规章与地方政府规章之间具有同等效力，在各自的权限范围内施行。"故 C 项正确。

D 项：《立法法》第 106 条第 1 款第 3 项规定："地方性法规、规章之间不一致时，由有关机关依照下列规定的权限作出裁决：……（三）部门规章之间、部门规章与地方政府规章之间对同一事项的规定不一致时，由国务院裁决。"故 D 项正确。

综上所述，本题答案为 CD 项。

20 1401061

答案：A,B,C,D。

解析：A 项：根据《立法法》第 49 条的规定，国务院、中央军事委员会、国家监察委员会、最高人民法院、最高人民检察院、全国人民代表大会各专门委员会，可以向全国人民代表大会常务委员会提出法律解释要求或者提出相关法律案。省、自治区、直辖市的人民代表大会常务委员会可以向全国人民代表大会常务委员会提出法律解释要求。因此，提出法律解释要求的主体不包括地方各级政府。所以，A 项错误，当选。

B 项：根据《立法法》第 12 条的规定，本法第十一条规定的事项尚未制定法律的，全国人民代表大会及其常务委员会有权作出决定，授权国务院可以根据实际需要，对其中的部分事项先制定行政法规，但是有关犯罪和刑罚、对公民政治权利的剥夺和限制人身自由的强制措施和处罚、司法制度等事项除外。因此，行政法规不可以规定限制人身自由的强制措施。所以，B 项错误，当选。

C 项：根据《立法法》第 18 条的规定，一个代表团或者三十名以上的代表联名，可以向全国人民代表大会提出法律案，由主席团决定是否列入会议议程，或者先交有关的专门委员会审议、提出是否列入会议议程的意见，再决定是否列入会议议程。专门委员会审议的时候，可以邀请提案人列席会议，发表意见。因此，专门委员会审议的时候，是"可以"邀请提案人列席会议而不是"应当"邀请。所以 C 项错误，当选。

D 项：根据《立法法》第 108 条第 5 项的规定，改变或者撤销法律、行政法规、地方性法规、自治条例和单行条例、规章的权限是：……（五）地方人民代表大会常务委员会有权撤销本级人民政府制定的不适当的规章……因此，是地方人大常委会有权撤销而不是地方人大有权撤销本级政府制定的不适当的规章。所以，D 项错误，当选。

综上所述，本题为选非题，答案为 ABCD 项。

【不定项】

21 1301089

答案：A,C,D。

解析：A 项：《宪法》第 67 条第 3 项规定："（三）在全国人民代表大会闭会期间，对全国人民代表大会制定的法律进行部分补充和修改，但是不得同该法律的基本原则相抵触。"故 A 项正确。

B 项：《立法法》第 28 条规定："全国人民代表大会通过的法律由国家主席签署主席令予以公布。"故 B 项错误。

C 项：《立法法》第 36 条第 2 款规定："宪法和法律委员会审议法律案时，应当邀请有关的专门委员会的成员列席会议，发表意见。"故 C 项正确。

D 项：《立法法》第 31 条第 1 款规定："列入常务委员会会议议程的法律案，除特殊情况外，应当在会议举行的七日前将法律草案发给常务委员会组成人员。”所以，D项正确。
综上所述，本题答案为ACD项。
【本题原答案为AD项，根据《立法法》的修订修改答案为ACD项。】

22 1301087

答案：B,D。
解析：A项：狭义上的法律仅指全国人大及其常委会制定的规范性文件。故A项说法正确，不当选。
B项：行政法规以在《国务院公报》上刊登的文本为标准文本，但法律以在其制定机关的公报《全国人大常委会公报》上刊登的文本为标准文本，地方性法规则以在《常务委员会公报》上刊登的文本为标准文本。故B项说法错误，当选。
C项：我国行政法规的名称，按照《行政法规制定程序条例》第5条的规定为“条例”“规定”“办法”。而我国的地方性法规，一般也采用“条例”“规定”“办法”等名称。故C项说法正确，不当选。
D项：基本法律由全国人大通过，非基本法律由全国人大常委会通过。故D项说法错误，当选。
综上所述，本题为选非题，答案为BD项。

二、模拟训练

【单选】

23 61808063

答案：B。
解析：A项：福州是地级市，因此，其地方性法规的生效是需要经过福建省人大常委会的批准的，事前经过批准的立法，当作批准机关自己的立法来处理，所以福州市人大无法改变、撤销。(但福建省人大可以改变或撤销，全国人大常委会可以撤销。)因此，A项错误。
B项：根据《立法法》第106条第2款的规定：“根据授权制定的法规与法律规定不一致，不能确定如何适用时，由全国人民代表大会常务委员会裁决。”因此，B项正确。
C项：针对地方性法规和部门规章的冲突问题，采取“三步走”的程序：首先提交国务院；其次，看国务院的意见，如果国务院认为应当适用地方性法规，则适用地方性法规，因为国务院作为国务院部委的领导机关，有权否定其下属立法行为的效力；如果国务院认为应当适用部门规章，则还需要提交全国人大常委会作出最终的裁决。因此，C项错误。
D项：“备案找上级”指的是找上位法的制定机关，国务院和地方权力机关虽然既不是领导关系，也不是监督关系，但国务院制定的行政法规具有仅次于宪法和法律的效力，所以构成地方性法规的上位法，所以是需要向国务院备案的。因此，D项错误。
综上所述，本题答案为B项。

24 61908095

答案：A。
解析：A项：根据《立法法》第106条第1款第3项规定：“地方性法规、规章之间不一致时，由有关机关依照下列规定的权限作出裁决：(三)部门规章之间、部门规章与地方政府规章之间对同一事项的规定不一致时，由国务院裁决。”该《通知》为地方政府规章，与文化和旅游部的部门规章不一致，由国务院进行裁决。因此，A项正确。
B项：根据《立法法》第102条规定：“部门规章之间、部门规章与地方政府规章之间具有同等效力，在各自的权限范围内施行。”该选项中关于二者效力等级高低之分的表述有误。因此，B项错误。
C项：根据《立法法》第108条第5项规定：“改变或者撤销法律、行政法规、地方性法规、自治条例和单行条例、规章的权限是：(五)地方人民代表大会常务委员会有权撤销本级人民政府制定的不适当的规章。”本级人大常委会与政府之间是监督与被监督的关系，因此本级人大常委会有权直接撤销本级政府的不适当决定，不用提请上级人大常委会。因此，C项错误。
D项：我国法院没有司法审查权，不能对法规规章进行合法性审查，法院在审理相关案件时发现该《通知》与上位法规定不一致时，应该直接适用上位法的规定进行审判。因此，D项错误。
综上所述，本题答案为A项。

25 61908135

答案：C。

解析：A 项：根据《立法法》第 85 条第 1 款的规定："……自治区的自治条例和单行条例，报全国【人民代表大会常务委员会】批准后生效。自治州、自治县的自治条例和单行条例，报省、自治区、直辖市的【人民代表大会常务委员会】批准后生效。"可知，民族自治地方的自治条例、单行条例需报人大常委会批准，而不是报人大批准。自治条例和单行条例本就是自治区、自治州、自治县就当地民族的政治、经济、文化的特点制定的调整本自治地方某方面事务的规范性文件。它的制定会根据当地民族的实际情况而定，而人大召开的时间在一年中是有限的，难以满足自治条例与单行条例制定的实际需求，所以自治条例与单行条例在制定后应当报上一级人大常委会批准。因此，A 项错误。

B 项：根据《立法法》第 103 条的规定："同一机关制定的法律……新的规定与旧的规定不一致的，【适用新的规定】。"这是法的效力原则。对于同一位阶的法律适用"新法优于旧法""特别法优于普通法"。有两种情况是报全国人大常委会裁决，第一种：地方性法规与部门规章之间对同一事项的规定不一致，不能确定如何适用时，由国务院提出意见，国务院认为应当适用部门规章的，应当提请全国人民代表大会常务委员会裁决；第二种：根据授权制定的法规与法律规定不一致，不能确定如何适用时，由全国人民代表大会常务委员会裁决。因此，B 项错误。

C 项：根据《立法法》第 109 条第 2 项的规定："行政法规、地方性法规、自治条例和单行条例、规章应当在公布后的三十日内依照下列规定报有关机关备案：(二) 省、自治区、直辖市的人民代表大会及其常务委员会制定的地方性法规，报全国人民代表大会常务委员会和国务院备案……"因此，C 项正确。

D 项：根据《立法法》第 44 条第 2、3 款的规定："法律草案表决稿交付常务委员会会议表决前，【委员长会议】根据常务委员会会议审议的情况，可以决定将个别意见分歧较大的重要条款提请常务委员会会议单独表决。单独表决的条款经常务委员会会议表决后，委员长会议根据单独表决的情况，可以决定将法律草案表决稿交付表决，也可以决定暂不付表决，交宪法和法律委员会和有关的专门委员会进一步审议。"可知，个别意见分歧较大的重要条款是否单独交付表决应当由委员长会议决定，而不是由全国人大常委会决定。因此，D 项错误。

综上所述，本题答案为 C 项。

【多选】

26 61808059

答案：A,C,D。

解析：A 项：根据《立法法》第 85 条第 1 款的规定："民族自治地方的【人民代表大会】有权依照当地民族的政治、经济和文化的特点，制定自治条例和单行条例……"可知，自治条例和单行条例的制定机关是自治区、自治州和自治县的人大，但不包括其常委会。因此，A 项错误，当选。

BC 项：根据《民族区域自治法》第 19 条的规定："……自治区的自治条例和单行条例，报【全国人民代表大会常务委员会】批准后生效。自治州、自治县的自治条例和单行条例报省、自治区、直辖市的【人民代表大会常务委员会】批准后生效，并报全国人民代表大会常务委员会和国务院备案。"可知，自治区的自治条例和单行条例报全人常批准，自治州的自治条例和单行条例报省级人大常委会批准，而不是省人大。因此，B 项正确，不当选；C 项错误，当选。

D 项：根据《立法法》第 85 条第 2 款的规定："自治条例和单行条例可以依照当地民族的特点，对法律和行政法规的规定作出变通规定，但不得违背法律或者行政法规的基本原则，不得对【宪法】和【民族区域自治法】的规定以及其他有关法律、【行政法规】专门就民族自治地方所作的规定作出变通规定。"因此，D 项错误，当选。

综上所述，本题为选非题，答案为 ACD 项。

27 62308002

答案：B,C。

解析：A 项：根据《立法法》第 91 条第 1 款的规定："国务院各部、委员会、中国人民银行、审计署和具有行政管理职能的直属机构【以及法律规定的机构】，可以根据法律和国务院的行政法规、决定、命令，在本部门的权限范围内，制定规章。”可知，法律规定的机构也可以制定规章。因此，A 项错误。

B 项：根据《立法法》第 11 条第 2 项的规定：“下列事项只能制定法律：（二）各级人民代表大会、人民政府、【监察委员会、人民法院和人民检察院的产生、组织和职权】。”可见，对于国家机构的产生、组织和职权属于法律保留事项，需有法律进行统一规定。因此，B 项正确。

C 项：根据《立法法》第 10 条第 4 款的规定：“全国人民代表大会可以授权全国人民代表大会常务委员会制定相关法律。”可见，由于全国人民代表大会召开的时间有限，但是法律制定的周期较长并且立法的需求也是日益增长，对于还未制定法律但又需规制的领域，可以由全国人大可以授权全国人大常委会制定。所以。因此，C 项正确。

D 项：根据《立法法》第 81 条的规定：“设区的市的人民代表大会及其常务委员会根据本市的具体情况和实际需要……可以对【城乡建设与管理、生态文明建设、历史文化保护、基层治理等】方面的事项制定地方性法规……自治州的人民代表大会及其常务委员会可以依照本条第一款规定行使设区的市制定地方性法规的职权……”可知，自治州的地方性法规在内容上限于城乡建设与管理、生态文明建设、历史文化保护、【基层治理等】方面事项。因此，D 项错误。

综上所述，本题答案为 BC 项。

28 62308003

答案：A,D。

解析：A 项：根据《立法法》第 79 条的规定：“【国务院】可以根据改革发展的需要，决定就行政管理等领域的特定事项，在规定期限和范围内暂时调整或者暂时停止适用行政法规的部分规定。”可知，《全国社会保障基金条例》是行政法规，因新社会保障基金政策试点实施的需要，国务院可以决定暂停适用该行政法规的部分规定，地方人大无权决定。因此，A 项错误，当选。

B 项：根据《立法法》第 83 条第 1 款的规定：“省、自治区、直辖市和设区的市、自治州的人民代表大会及其常务委员会根据区域协调发展的需要，可以协同制定地方性法规，在本行政区域或者有关区域内实施。”可知，2023 年《立法法》新增了省、市两级协同立法的规定。因此，B 项正确，不当选。

C 项：根据《立法法》第 84 条第 3 款的规定：“海南省人民代表大会及其常务委员会根据法律规定，制定海南自由贸易港法规，在海南自由贸易港范围内实施。”因此，C 项正确，不当选。

D 项：根据《立法法》第 11 条第 10 项的规定：“下列事项只能制定法律：（十）诉讼制度和【仲裁基本制度】。”以及第 12 条的规定：“本法第十一条规定的事项尚未制定法律的，全国人民代表大会及其常务委员会有权作出决定，授权国务院可以根据实际需要，对其中的部分事项先制定行政法规，【但是有关犯罪和刑罚、对公民政治权利的剥夺和限制人身自由的强制措施和处罚、司法制度等事项除外】。”可知，仲裁基本制度属于司法制度，属于法律绝对保留的事项，全国人大不可以授权国务院以行政法规的形式制定。因此，D 项错误，当选。

综上所述，本题为选非题，答案为 AD 项。

【不定项】

29 62108073

答案：A,C,D。

解析：A 项：根据《立法法》第 17 条、第 18 条的规定，有权向全国人大提出法律案的主体是：全国人大主席团、全国人大常委会、国务院、中央军事委员会、国家监察委员会、最高人民法院、最高人民检察院、全国人大各专门委员会、一个代表团或者 30 名以上的代表联名。根据《立法法》第 29 条、第 30 条，有权向全国人大常委会提出法律案的主体是：委员长会议、国务院、中央军事委员会、国家监察委员会、最高人民法院、最高人民检察院、全国人大各专门委员会、常委会组成人员 10 人以上联名。其中，既有权向全国人大也有权向全国人大常委会提出法律案的主体是：国务院、中央军事委员会、国家监察委员会、最高人民法院、最高人民检察院、全国人大各专门委员会。因此，A 项正确。

B 项：根据《立法法》第 49 条第 2 款的规定："省、自治区、直辖市的人民代表大会常务委员会可以向全国人民代表大会常务委员会提出法律解释要求。"山东省人大常委会有权向全国人大常委会提出法律解释要求，山东省政府没有此项权利。因此，B 项错误。

C 项：根据《立法法》第 93 条第 3 款的规定："设区的市、自治州的人民政府根据本条第一款、第二款制定地方政府规章，限于城乡建设与管理、生态文明建设、历史文化保护、基层治理等方面的事项。已经制定的地方政府规章，涉及上述事项范围以外的，继续有效。"深圳市属于设区的市，可以制定地方政府规章，但仅限于城乡建设与管理、生态文明建设、历史文化保护、基层治理等方面的事项。因此，C 项正确。

D 项：根据《立法法》第 96 条第 2 款的规定："地方政府规章由省长、自治区主席、市长或者自治州州长签署命令予以公布。"山东省政府规章由省长签署命令予以公布。因此，D 项正确。

综上所述，本题答案为 ACD 项。

宪法学

第一章 宪法的基本理论

参考答案

[1] C	[2] D	[3] A	[4] D	[5] C
[6] D	[7] C	[8] C	[9] BD	[10] C
[11] D	[12] B	[13] D	[14] ACD	[15] ABC
[16] ABD	[17] A	[18] A	[19] D	[20] C
[21] BC	[22] D	[23] B	[24] ABC	[25] ABC
[26] ACD	[27] C	[28] C	[29] D	[30] D
[31] BD	[32] ACD	[33] ABD	[34] B	[35] B
[36] B	[37] AD	[38] ABCD	[39] AB	[40] ACD
[41] B	[42] B	[43] AB	[44] BCD	[45] B
[46] C	[47] ACD	[48] ABC	[49] ABC	[50] ACD
[51] AD				

一、历年真题及仿真题

（一）宪法的概念和特征

【单选】

1 2301058

答案：C。

解析：ABCD 项：宪法的根本属性体现为：(1) 从内容上看，宪法规定一个国家最根本、最核心的问题。(2) 从效力上看，宪法具有最高法律效力。(3) 从制定和修改程序上看，宪法的程序严于一般法律。②体现了宪法具有最高法律效力，③体现了宪法的程序严于一般法律，①④与宪法的根本属性无关。因此，C 项正确，ABD 项错误。

综上所述，本题答案为 C 项。

2 1601022

答案：D。

解析：A 项：第一个"法律"是指广义的法律，即由享有立法权的立法机关依照法定程序制定、修改并颁布，并由国家强制力保证实施的规范总称。后一个"法律"是指全国人民代表大会和全国人民代表大会常务委员会行使国家立法权制定的基本法律和基本法律之外的其他法律。故 A 项错误。

BC 项：宪法效力具有最高性与直接性。在整个法律体系中，宪法效力是最高的，不仅成为立法的基础，同时对立法行为与依据宪法进行的各种行为产生直接的约束力。因此，宪法需要通过法律与行政法规等下位法发挥约束力，但并非只能通过这一途径，也不单单针对最高立法机关的立法活动。故 BC 项错误。

D 项：一方面，宪法具有最高的法律效力，一切法律、行政法规、地方性法规、自治条例和单行条例、规章都不得同宪法相抵触；另一方面，宪法的原则、精神只有通过普通法律、法规的具体化，通过整个国家法制的健全和完备才能有效实施。如果法律、法规、规章等规范性文件背离宪法的原则精神，宪法实施也就无从谈起。因此，为维护宪法的最高法律效力，建立完善的宪法审查或者监督制度，保障法律、法规、规章等规范性文件的合宪性是宪法实施保障的重要内容。故 D 项正确。

综上所述，本题答案为 D 项。

（二）宪法的渊源与宪法典的结构

【单选】

3 2001014

答案：A。

解析：ABD 项：宪法惯例是指在实际的政治生活中存在着的，并为国家机关、政党及公众所普遍遵守的，具有宪法效力的习惯或传统。宪法惯例并非法律，因此并没有具体的法律形式（成文形式），但它涉及国家根本制度、公民基本权利和义务等基本性的宪法问题，且宪法惯例并不借由国家强制力保障实施，而主要依靠政治家的自觉和公共舆论来保证实施，违反宪法惯例不会直接导致一定的法律后果。因此，A 项正确，BD 项错误。

C 项：宪法惯例本质上就是一个与宪法有关的习惯，通过长期的宪法实践得以形成，虽不具有成文法的形式，但在任何一个有宪法和宪法实践的国家中，都广泛存在。宪法惯例是我国的宪法渊源，如两会同时召开、党和国家最高领导职位由一人兼任、通过宪法修正案的形式来修改宪法等，都属于宪法惯例，属于我国宪法渊源。因此，C 项错误。

综上所述，本题答案为 A 项。

4 1601021

答案：D。

解析：A 项：从形式上看，各国宪法序言的长短不尽相同。根据宪法序言繁简程度和表现形式不同，可将其作如下分类：1. 目的性序言——从内容上说，这类序言仅陈述制定宪法的目的，而且字数不多。如美国 1787 年宪法的序言，只有 65 个字。2. 原则性序言——这类序言主要表述宪法的基本原则，字数一般在 100~200 字左右。3. 纲领性序言。4. 综合性序言——这类序言为数最少，篇幅最长。其中最典型的是南斯拉夫 1974 年宪法的序言，长达 2 万余字。由此可以看出，各国宪法序言长短不一。因此，A 项错误。

B 项：宪法的附则是指宪法对于特定事项需要特殊规定而作出的附加条款。由于附则是宪法的一部分，因而其法律效力与一般条文相同。附则的法律效力有两大特点：1. 特定性，即附则只对特定的条文或事项适用，有一定的范围，超出范围则无效；2. 临时性，即附则只对特定的时间或者情况适用，一旦时间届满或者情况发生变化，其法律效力自然终止。但是，我国现行宪法没有规定附则。因此，B 项错误。

C 项：宪法序言是宪法精神和内容的高度概括。其内容包括解释制宪机关和依据、揭示制宪的基本原则、揭示制宪的目的和价值体系等。宪法正文是宪法典的主要部分，具体规定宪法基本制度和权力体系的安排，是宪法的主体内容。正文中规定的内容一般包括：社会制度和国家制度基本原则；公民与国家的相互关系，即公民的基本权利与义务；国家机构；国家标志等。国家和社会生活诸方面的基本原则一般规定在正文之中。因此，C 项错误。

D 项：宪法的核心在于公民权利的有效保障和国家权力的限制，是各国宪法所不可缺少的。但在具体的规定中，特别是二者的顺序排列上却有不同。新中国成立后的前三部宪法均将国家机构置于公民的基本权利和义务之前，1982 年宪法调整了这种结构，将公民的基本权利和义务一章提到国家机构之前。这一调整充分表明，对公民权利的保护居于宪法的核心地位，合理定位了公民与国家之间的关系，符合人民主权原则。因此，D 项正确。

综上所述，本题答案为 D 项。

5 1501021

答案：C。

解析：A 项：宪法的渊源亦即宪法的表现形式。宪法的渊源主要有宪法典、宪法性法律、宪法惯例、宪法判例、国际条约和国际习惯等。但一国或一国不同历史时期的宪法究竟采取哪些渊源形式，取决于其本国的历史传统和现实政治状况等综合因素。故 A 项正确，不当选。

B 项：宪法惯例是指宪法条文无明确规定，但在实际政治生活中已经存在，并为国家机关、政党及公众所普遍遵循，且与宪法具有同等效力的习惯或传统。故 B 项正确，不当选。

C 项：宪法性法律是从部门法意义上按法律规定的内容、调整的社会关系进行分类所得出的结论，是由多部法律文书表现出来的宪法。有的国家并没有宪法典，但却有宪法性法律（比如英国），所以“宪法性法律是为了实施宪法典而制定”的说法是错误的。故 C 项错误，当选。

D 项：宪法判例是指宪法条文无明文规定，而由司法机关在审判实践中逐渐形成并具有实质性宪法效力的判例。在不成文宪法国家，法院在宪法性法律没有明确规定的前提下，就有关宪法问题作出的判决自然也是宪法的表现形式之一。在成文宪法国家，尽管法院的判决必须符合宪法的规定，因而不能创造宪法规范，但有些国家的法院享有宪法解释权，因而法院在具体案件中基于对宪法的解释而作出的判决对下级法院也有约束力。故 D 项正确，不当选。

综上所述，本题为选非题，答案为 C 项。

6 1301021

答案：D。

解析：A 项：我国现行宪法文本没有规定宪法与国际条约的关系，仅规定了缔结条约的具体程序包括三个阶段：国务院缔结条约；全国人民代表大会常务委员会决定条约的批准和废除；中华人民共和国主席根据全国人民代表大会常务委员会的决定批准和废除条约。故 A 项错误。

B 项：《宪法》第 64 条第 1 款规定：“宪法的修改，由全国人民代表大会常务委员会或者五分之一以上的全国人民代表大会代表提议，并由全国人民代表大会以全体代表的三分之二以上的多数通过。”但未明确规定宪法的制定制度。故 B 项错误。

C 项：我国现行宪法由序言；总纲；公民的基本权利和义务；国家机构；国旗、国歌、国徽、首都五部分组成。宪法修正案是宪法部分修改的一种方式，其属于宪法的组成部分，而不属于附则的组成部分，且我国宪法没有附则。故 C 项错误。

D 项：《宪法》第 111 条第 1 款规定：“城市和农村按居民居住地区设立的居民委员会或者村民委员会是基层群众性自治组织。居民委员会、村民委员会的主任、副主任和委员由居民选举。居民委员会、村民委员会同基层政权的相互关系由法律规定。”故 D 项正确。

综上所述，本题的答案为 D 项。

7 1101022

答案：C。

解析：A 项：宪法序言，是指写在宪法条文前面的陈述性表述，以表达本国宪法发展的历史、国家的基本政策和发展方向。我国宪法序言最后一个自然段指出：“本宪法以法律的形式确认了中国各族人民奋斗的成果，规定了国家的根本制度和根本任务，是国家的根本法，具有最高的法律效力。”故 A 项正确，不当选。

B 项：宪法正文是宪法典的主要部分，具体规定宪法基本制度和权力体系的安排，是宪法的主要内容，我国现行宪法正文的排列顺序是：总纲，公民基本权利义务，国家机构，国旗、国歌、国徽、首都。故 B 项正确，不当选。

C 项：宪法附则是指宪法对于特定事项需要特殊规定而做出的附加条款。由于附则是宪法的一部分，因而其法律效力当然应该与一般条文相同。故 C 项错误，当选。

D 项：我国现行宪法包括序言和正文两个部分，没有附则。故 D 项正确，不当选。

综上所述，本题为选非题，答案为 C 项。

8 2401040

答案：C。

解析：ABCD 项：我国宪法序言第 11 段明确指出：“中华人民共和国是全国各族人民共同缔造的【统一】的多民族国家。平等团结【互助和谐】的社会主义民族关系已经确立，并将继续加强。”因此，C 项正确，ABD 项错误。

综上所述，本题答案为 C 项。

【多选】

9 1001062

答案：B,D。

解析：A 项：宪法典是绝大多数国家采用的形式，是指将一国最根本、最重要的问题由一种有逻辑、有系统的法律文书加以明确规定而形成的宪法。

但并不是“所有国家”都有成文的宪法典，例如英国。故 A 项错误。
B 项：宪法判例是指宪法条文无明文规定，而由司法机关在审判实践中逐渐形成并具有宪法效力的判例。在普通法国家，根据“先例约束原则”，最高法院及上级法院的判决由于是下级法院审理同类案件的依据而成为判例。故 B 项正确。
C 项：根据“遵循先例”和“违宪审查”原则，宪法判例在美国联邦最高法院和其他联邦上诉法院都可以用新的宪法判例进行推翻。故 C 项错误。
D 项：在英国，宪法判例作为英国的不成文宪法的组成部分，主要就是调整英王、议会、内阁之间关系，并且起决定性作用。故 D 项正确。
综上所述，本题答案为 BD 项。

（三）宪法的分类

【单选】

10 1801011

答案：C。
解析：A 项：宪法有成文宪法和不成文宪法的区分，要注意的是，不成文宪法也是宪法，只不过不具备统一法典的形式而已，而世界上第一部宪法是 1215 年英国的《自由大宪章》（世界宪法之母）。A 项错在遗漏了成文二字。故 A 项错误。
B 项：中国是典型的刚性宪法国家，但普通法律的通过不是二分之一以上，而是过半数。“二分之一以上”和“过半数”并不等同，因为涉及到是否包含本数的问题，前者包含本数，后者不包含本数。故 B 项错误。
C 项：在成文宪法国家，宪法具有统一法典的形式，宪法典是通常意义上的宪法。在不成文宪法国家，没有统一的宪法典，没有根本意义上的宪法，只存在部门法意义上的宪法，一般包括宪法性法律、宪法惯例、宪法性判例、国际条约和国际习惯。故 C 项正确。
D 项：1889 年的《明治宪法》属于钦定宪法，1830 年的《法国宪法》属于协定宪法（还有另外一部典型的协定宪法，即《自由大宪章》）。故 D 项错误。
综上所述，本题答案为 C 项。

11 1701021

答案：D。
解析：AD 项：成文宪法与不成文宪法的区别在于有无统一法典形式，不成文宪法是指不具有统一法典形式的宪法，例如英国宪法是由一系列宪法性法律文件组成，而没有以系统化、体系化的法典形式表现出来，因而属于不成文宪法。不成文宪法的特征在于其修改和废止程序同普通法律一样。故 A 项错误，D 项正确。
B 项：宪法典并非仅能以“XX 宪法”的名称表现出来，也可以以“XX 基本法”的名称表现出来，例如德国基本法。故 B 项错误。
C 项：所谓宪法惯例，是指没有明文规定在宪法文本中，但在国家政治生活通常予以适用的惯例，美国作为典型的成文宪法国家，也存在着大量的宪法惯例，而最为人们所熟悉的司法审查权，也是由宪法惯例形成的。故 C 项错误。
综上所述，本题答案为 D 项。

12 1201021

答案：B。
解析：A 项：成文宪法与不成文宪法是英国学者 J. 蒲莱士 1884 年在牛津大学讲学时首次提出的宪法分类。这种分类的标准为宪法是否具有统一的法典形式。成文宪法是指具有统一法典形式的宪法，但是并非一个书面文件，还包括宪法修正案或者宪法性法律。故 A 项错误。
B 项：1215 年英国的《自由大宪章》是英王约翰在贵族、教士、骑士和城市市民的强大压力下签署的协定宪法，因此其属于英国宪法的组成部分。故 B 项正确。
C 项：根据宪法的制定主体不同，可以将宪法分为钦定宪法、民定宪法和协定宪法。钦定宪法是指由君主或以君主的名义制定和颁布的宪法；民定宪法是指由民意机关或者全民公决制定的宪法；协定宪法是指由君主与国民或者国民的代表机关协商制定的宪法。1830 年法国宪法是在 1830 年革命中，国会同国王路易·菲利浦共同颁布的宪法，因此其属于协定宪法，而不是钦定宪法。故 C 项错误。
D 项：柔性宪法是指制定、修改的机关和程序与一般法律相同的宪法，其在一国的法律体系中与一般法律的效力无异。故 D 项错误。

综上所述，本题答案为 B 项。

（四）宪法的发展

【单选】

13 1401021

答案：D。

解析：A 项：近代意义的宪法是资产阶级革命的产物，其产生是资本主义商品经济普遍发展的必然结果。故 A 项正确，不当选。

B 项：1787 年美国宪法是世界历史上第一部成文宪法，更是资产阶级社会的第一部成文宪法。故 B 项正确，不当选。

C 项：1917 年俄国十月社会主义革命胜利后，建立了第一个无产阶级专政的社会主义国家，1918 年制定了世界历史上第一部社会主义宪法——《苏俄宪法》。这是一种新型的现代宪法。现代宪法产生的前提是：宪法必须系统而全面的规定公民实体权利。《魏玛宪法》规定了德国人民的基本权利和义务，建立了财产福利制度，一般认为德国《魏玛宪法》是现代宪法产生的标志。故 C 项正确，不当选。

D 项：行政权力的扩大是现代宪法世界范围内的发展趋势，但是中国宪法逐步扩大公民的基本权利，中国宪法的发展并没有出现行政权力扩大的趋势。故 D 项错误，当选。

综上所述，本题为选非题，答案是 D 项。

【多选】

14 1901064

答案：A,C,D。

解析：A 项：根据《共同纲领》第 4 条的规定："中华人民共和国人民依法有选举权和被选举权。"因此，A 项正确。

B 项：新中国的建立标志着新民主主义革命的成功，在新中国成立后我国通过社会主义改造的方式走上社会主义道路，而完成社会主义改造的时间是在 1956 年前后，因此 1949 年的《共同纲领》在性质上只能属于新民主主义性质。因此，B 项错误。

C 项：我国第一届全国人大直到 1954 年才召开一次会议，在普选的全国人大开会之前，一直由中国人民政治协商会议全体会议代行人大职权。因此，C 项正确。

D 项：新民主主义革命的成功，意味着三座大山的推翻，也意味着人民掌握国家政权，翻身做主人。因此，D 项正确。

综上所述，本题答案为 ACD 项。

15 1201058

答案：A,B,C。

解析：美国的《联邦宪法》在正文中并没有对人权进行规定，而是通过第一至第十条宪法修正案来进行补充。故①项错误；《人权宣言》第 1 条明确指出："人们生来并且始终是自由的，在权利上是平等的。"故②项正确；《明治宪法》对公民自由权利的规定，不仅范围狭窄，而且随时可加以限制，是一部明显带有封建性和军事性的宪法。故③项错误；1919 年，战败的德国进入魏玛共和国时期。在沿用原有法律的同时，颁布了大量的"社会化"法律，如调整社会经济的法律和保障劳工利益的法律，使德国成为经济立法和劳工立法的先导。故④项正确。

综上所述，本题答案为 ABC 项。

16 1001060

答案：A,B,D。

解析：ABD 项：在第二次世界大战以后，世界各国在立宪运动中所制定的宪法呈现出共同的发展趋势：1. 各国宪法越来越强调对人权的保障，不断扩大公民权利范围；2. 政府权力的扩大，是社会发展的必然；3. 各国越来越重视建立违宪审查制度来维护宪法的最高权威，保障宪法实施。各国普遍认为，必须设立一个专门机关行使违宪审查的职能；4. 宪法领域从国内法扩展到国际法，许多国家的宪法出现了同国际法相结合的内容。故 ABD 项正确。

C 项：由于现代社会的发展使得行政机关的壮大成为必须，越来越多的领域需要行政进行干预和调节，加强司法审查的目的是使行政机关能够更好地发挥职权，不滥用职权，而不是限制行政的发展。故 C 项错误。
综上所述，本题答案为 ABD 项。

（五）宪法的修改

【单选】

17 1801010

答案：A。
解析：A 项：2018 年《宪法修正案》只是对宪法个别条款的增加、修改、删除，体现了对 1982 年宪法的部分修改，而全面修改是对宪法全文进行修改，意味着在事实上产生了一部新的宪法。故 A 项错误，当选。
B 项：根据《宪法》第 123 条的规定："中华人民共和国各级监察委员会是国家的监察机关。"该条款为 2018 年《宪法修正案》新增条款，其明确了监察委员会的宪法地位。故 B 项正确，不当选。
C 项：2018 年《宪法修正案》将宪法序言第七自然段中"在马克思列宁主义、毛泽东思想、邓小平理论和'三个代表'重要思想指引下"修改为"在马克思列宁主义、毛泽东思想、邓小平理论、'三个代表'重要思想、科学发展观、【习近平新时代中国特色社会主义思想指引下】"。故 C 项正确，不当选。
D 项：宪法的修改能够体现与时俱进、全面发展的精神。因此，D 项正确，不当选。
综上所述，本题为选非题，答案为 A 项。

18 1401022

答案：A。
解析：新中国成立以来，我国共颁行过四部宪法——1954 年宪法、1975 年宪法、1978 年宪法、1982 年宪法。后三次修宪都是全面修改，1982 年宪法是我国现行宪法，经历过五次部分修改。
A 项：我国修宪实践中既有对宪法的部分修改，也有对宪法的全面修改。故 A 项正确。
B 项：《宪法》第 64 条第 1 款规定："宪法的修改，由全国人民代表大会常务委员会或者五分之一以上的全国人民代表大会代表提议，并由全国人民代表大会以全体代表的三分之二以上的多数通过。"故 B 项错误。
C 项：《宪法》第 62 条第 1 项规定："全国人民代表大会行使下列职权：（一）修改宪法。"故 C 项错误。
D 项：宪法修正案是我国宪法典的组成部分，我国采用宪法修正案的形式进行宪法修改。但这属于宪法惯例，未在宪法中明文规定。故 D 项错误。
综上所述，本题答案为 A 项。
【本题解析根据新的《宪法》修正案进行了相应的修改。】

19 1001018

答案：D。
解析：ABCD 项：2004 年《宪法修正案》第 23 条规定："宪法第十四条增加一款，作为第四款：'国家建立健全同经济发展水平相适应的社会保障制度。'"故 D 项正确，ABC 项错误。
综上所述，本题答案为 D 项。

20 1001023

答案：C。
解析：A 项：关于宪法的修改程序，《宪法》正文第三章"国家机构"中作出了相关规定，但《宪法》并没有采取专章的形式进行规定。故 A 项正确，不当选。
B 项：根据《宪法》第 62 条第 1 项的规定："【全国人民代表大会】行使下列职权：（一）【修改宪法】；"故 B 项正确，不当选。
C 项：《宪法》及相关法律并没有明确规定宪法修正案的公布方式，历次宪法修正案的公布均由全国人大主席团进行。根据《立法法》第 28 条的规定："全国人民代表大会通过的法律由国家主席签署主席令予以公布。"因此，国家主席签署主席令予以公布的是全国人民代表大会通过的法律，不适用于宪法修正案的公布。故 C 项错误，当选。
D 项：根据《全国人大议事规则》第 60 条第 2 款的规定："宪法的修改，采用【无记名投票方式】表决。"故 D 项正确，不当选。
综上所述，本题为选非题，答案为 C 项。

【不定项】

21 1601093

答案：B,C。

解析：A 项：宪法作为根本大法应当具备极强的稳定性，宪法修改只有在宪法规范明显不适应现实生活变化，与社会现实产生无法调和的严重矛盾时方可进行，否则并不必然需要启动修宪程序，而是可以通过灵活的法律解释来保证宪法规范的适应性。因此，A 项错误。

B 项：根据《宪法》第 64 条第 1 款的规定："宪法的修改，由全国人民代表大会常务委员会或者五分之一以上的全国人民代表大会代表提议，并由全国人民代表大会以全体代表的三分之二以上的多数通过。"因此，B 项正确。

C 项：《宪法》及相关法律并没有明确规定宪法修正案的公布方式，但历次宪法修正案均由全国人民代表大会公告公布施行。因此，C 项正确。

D 项：1988 年《宪法修正案》第 2 条，修改了宪法第 10 条第 4 款，规定"土地的使用权可以依照法律的规定转让"。故土地使用权的转让依据不包括法规，仅能依照法律进行。因此，D 项错误。

综上所述，本题答案为 BC 项。

（六）宪法基本原则

【单选】

22 1301020

答案：D。

解析：A 项：公平正义是树立和强化法治权威的必要前提与保证。公平正义是法律的灵魂，只有充满公平正义精神的法律，才会为社会成员真心认同，并自觉遵守；公平正义又是法律实施的引导，只有把握公平正义的实质，才能全面展示出法律实施的积极效果。因此，树立与强化宪法权威，必然要求坚定地坚持和维护社会公平正义。故 A 项正确，不当选。

B 项：坚持公平正义的基本原则之一是坚持法律面前人人平等原则，法律面前人人平等原则是宪法的重要基本原则之一。因此，法律面前人人平等原则是公平正义在宪法中的重要体现。故 B 项正确，不当选。

CD 项：法律是全社会平等适用的普遍性社会规范，维护法律及其实施的普遍性，是实现公平正义的必要前提。但法律平等不是绝对的平等，在法律制定及其适用中，需要对特殊地域以及特殊群体或个体作出必要的区别化对待，特别是为不发达地区、困难群体或个体提供更多的发展机遇，给予更为完善的法律保护，这样更能体现公平正义的要求。故 C 项正确，不当选；D 项错误，当选。

综上所述，本题为选非题，答案为 D 项。

23 1101006

答案：B。

解析：人民主权是指主权归属的主体只能是人民。人民主权意味着国家的一切权力来源于人民的授予，国家权力尊重和保障公民的权利与自由，人民能自主、平等地参与国家权力的运转和公共政策的形成，人民能够共享经济改革和社会发展的文明成果，人民能对国家权力进行有效地监督和控制，人民是一切国家权力的最终拥有者，国家权力为人民服务，依照人民意思行使，接受人民的监督。

马克思主义以卢梭的"人民主权论"为蓝本，运用唯物史观的方法论系统地阐述了人民主权理论，强调一切权力属于人民。马克思、恩格斯关于人民主权和人民民主思想，以及人权和实现"每个人全面而自由发展"的思想，正是我国社会主义法治理念中执法为民、公平正义理念的理论基础。

A 项：国家尊重保障人权体现的是人权思想。因此，A 项错误。

B 项：一切权力属于人民体现的是人民主权思想。因此，B 项正确。

C 项：法律面前一律平等体现的是平等思想。因此，C 项错误。

D 项：依法治国体现的是法治思想。因此，D 项错误。

综上所述，本题答案为 B 项。

【多选】

24 1201059

答案：A,B,C。

解析：A 项：我国的权力制约原则主要体现为监督原则，即以国家权力制约国家权力，以公民权利制约国家权力。根据社会主义法治理念来完善我国宪法的权力制约原则，首要的就是要根据依法治国来完善宪法中的权力制约原则，因此从法律上构建起权力制约监督体系与机制是完善我国宪法权力制约的重要手段，故A项正确。

B项：完善宪法的权力制约原则需要一定的制度"保驾护航"，特别是各种监督制度。从制度上为各种监督的实施提供条件和相应的保障，是使监督发挥其作用的先决条件，故B项正确。

C项：权力制约原则是指国家权力机关的各部分之间相互监督、彼此牵制，从而保障公民权利。完善宪法的权力制约原则，就是要完善好国家权力纵向和横向的配置，理清其相互关系，起到相互监督、彼此牵制的作用，故C项正确。

D项：随着市场经济的发展，现代宪法不仅要求国家在政治领域发挥作用，同时将国家权力扩展到涉及社会保障的经济文化领域，要求国家积极作为，而不是消极管理，限制国家权力并不是缩小国家权力范围，对于新出现的领域如果缺少公权力的监管，则无法保障公民权利。因此缩小国家权力范围的说法不准确，故D项错误。

综上所述，本题答案为ABC项。

25 1101059

答案：A,B,C。

解析：ABCD项：权力制约原则在我国《宪法》中体现为：（1）宪法规定了人民对国家权力活动进行监督的制度。如《宪法》第3条第2、3款规定："全国人民代表大会和地方各级人民代表大会都由民主选举产生，对人民负责，受人民监督。国家行政机关、监察机关、审判机关、检察机关都由人民代表大会产生，对它负责，受它监督。"（2）宪法规定了公民对国家机关及其公务员的监督权。《宪法》第41条第1款规定："中华人民共和国公民对于任何国家机关和国家工作人员，有提出批评和建议的权利……"（3）规定了国家机关之间、国家机关内部不同的监督形式。《宪法》第140条规定："人民法院、人民检察院和公安机关办理刑事案件，应当分工负责，互相配合，互相制约，以保证准确有效地执行法律。"地方各级人大及其常委会依法对"一府两院"监督，是我国宪法中最基本也最重要的权力制约制度。ABC三个选项均体现了我国宪法规定的权力制约原则，故ABC项正确。我国宪法没有规定法院对法律的合宪性进行审查，故D项错误。

综上所述，本题答案为ABC项。

【不定项】

26 1601091

答案：A,C,D。

解析：A项：人民代表大会是中华人民共和国的国家权力机关，各级国家权力机关由人民选举的代表组成，代表人民统一行使国家权力，决定全国和地方的重大事务。因此，国家权力机关由人民选举产生，即国家的权力来自并属于人民。因此，A项正确。

BD项：人民代表大会制度是我国实现社会主义民主的基本形式。人民代表大会制度是指拥有国家权力的人民根据民主集中制原则，通过民主选举组成全国人民代表大会和地方各级人民代表大会，并以人民代表大会为基础，建立国家权力机构，对人民负责，受人民监督，以实现人民当家作主的政治制度。根据《宪法》第2条3款规定："人民依照法律规定，通过各种途径和形式，管理国家事务，管理经济和文化事业，管理社会事务。"因此，一切权力属于人民，不仅仅体现在直接选举制度中，而且贯穿于我国国家和社会生活的各领域。因此，B项错误，D项正确。

C项：根据《宪法》第2条第1、2款规定："中华人民共和国的一切权力属于人民。人民行使国家权力的机关是全国人民代表大会和地方各级人民代表大会。"在这个意义上说，人民代表大会制度以主权在民为逻辑起点，而人民主权构成了人民代表大会制度的最核心的基本原则。因此，C项正确。

综上所述，本题答案为ACD项。

（七）宪法的作用

【单选】

27 1001019

答案：C。

解析：ABCD项：宪法在立法中的功能主要体现

在：1.宪法确立了法律体系的基本目标；2.宪法确立了立法的统一基础；3.科学的法律体系的建立是实现宪法原则的基本形式之一；4.宪法规定了解决法律体系内部冲突的基本机制；5.宪法是立法体制发展与完善的基础与依据。由于宪法是国家根本法，其条文具有抽象性、宏观性和不宜变动性，因此，宪法是立法体制发展与完善的基础和依据，而并不是规定立法的具体规划。故C项错误，当选；ABD项正确，不当选。

综上所述，本题为选非题，答案为C项。

（八）宪法规范及效力

【单选】

28 2101093

答案：C。

解析：AC项：所谓行为模式，是指法律规则中规定人们具体如何行为的方式或范型的部分。所谓法律后果，是指法律规则中规定在作出符合或不符合行为模式的要求时应承担相应的结果的部分。《宪法》第5条第3款没有规定人们该如何行为，既没有规定行为模式，也未规定法律后果。因此，A项错误，C项正确。

BD项：根据宪法规范的性质与调整形式，可以将宪法规范分为确认性规范、禁止性规范、权利义务性规范、程序性规范。确认性规范，是对已经存在的事实的认定，确立具体宪法制度和权力关系，以肯定性规范的存在为其主要特征。确认性规范依其作用的特点，又可分为宣言性规范、调整性规范（主要涉及国家基本政策的调整）、组织性规范（主要涉及国家政权机构的建立与具体的职权范围等）、授权性规范等形式。禁止性规范，是对特定主体或行为的一种限制，也称其为强制性规范。一般含有“禁止”“不得”等词汇。《宪法》第5条第3款以“不得”的形式加以表现，是对除宪法以外的法律法规的一种限制，属于禁止性规范，而非确认性规范、宣言性规范。因此，BD项错误。

综上所述，本题答案为C项。

29 1701022

答案：D。

解析：A项：根据题干表明，宪法条文当然可以以说理的方式出现在裁判文书之中。因此，A项错误。

B项：宪法作为公民行为的最高行为准则和公民权利的最高规范保障，当事人当然可以援引宪法保障自身权利。因此，B项错误。

C项：宪法是其他一切法律规范的最高渊源，依据其他法律规范作出的生效判决同样不得违反宪法的内容，否则无效。因此，C项错误。

D项：根据题干可知，宪法不能直接作为司法适用的依据，判决需依据其他法律规范作出。因此，D项正确。

综上所述，本题答案为D项。

30 1101023

答案：D。

解析：A项：宪法效力适用于所有中国公民。华侨是指定居在外国的中国公民，也受中国宪法的保护。故A项正确，不当选。

B项：领土条款是宪法效力的重要表现，任何一个主权国家的宪法的空间效力都及于国土的所有领域，这是主权的唯一性和不可分割性所决定的，也是由宪法的根本法地位所决定的。1982年《宪法》效力涉及包括台湾在内的所有中国领土。故B项正确，不当选。

C项：宪法之所以具有最高法律效力首先是宪法具有正当性基础，即宪法是社会共同体基本规则，是社会多数人共同意志的最高体现。其基础在于：1.宪法制定权的正当性；2.宪法内容的合理性；3.宪法程序的正当性。故C项正确，不当选。

D项：宪法主要调整国家与公民的关系，其效力范围直接涉及国家权力的活动。在整个法律体系中宪法效力是最高的，不仅成为立法的基础，同时对立法行为和依据宪法进行的各种行为产生直接的约束力。因此法院的审判活动也应依据宪法进行，受到宪法约束。故D项错误，当选。

综上所述，本题为选非题，答案为D项。

【多选】

31 1501061

答案：B,D。

解析：A 项：确认性规范是对已经存在的事实的认定，其主要意义在于根据一定原则和程序，确立具体宪法制度和权力关系。依其作用的特点，又可分为宣言性规范、调整性规范（涉及国家基本政策的调整）、组织性规范、授权性规范等。组织性规范主要涉及国家政权机构的建立与具体的职权范围等，宪法中有关国家机构部分主要体现组织性规范的要求。题干中的法条并不是有关国家机构的规定，不属于组织性规范。故 A 项错误。

B 项：宪法在实施过程中具有直接性，但宪法的实施方式的间接性更为突出。这是由宪法作为“母法”的特点决定的，宪法在实施过程中主要是通过具体法律规范来作用于具体的人和事。故 B 项正确。

C 项：根据《最高人民法院关于裁判文书引用法律、法规等规范性法律文件的规定》第 1 条规定：“人民法院的裁判文书应当依法引用相关法律、法规等规范性文件作为裁判依据……”该条文从实际上否决了法院判决时直接引用宪法条文的做法。故 C 项错误。

D 项：我国宪法和法律构成了一个有关人格尊严的规范体系。主要基本内容包括：第一，公民的姓名权；第二，公民的肖像权；第三，公民的名誉权；第四，公民的荣誉权；第五，公民的隐私权。故 D 项正确。

综上所述，本题答案为 BD 项。

【不定项】

32 1401094

答案：A,C,D。

解析：A 项：宪法修正案与宪法具有同等法律效力。故 A 项正确。

BC 项：《宪法》第 33 条第 1 款明确规定：“凡具有中华人民共和国国籍的人都是中华人民共和国公民。”宪法的效力适用于所有中国公民。华侨是指定居在国外的中国公民，他们也受中国宪法的保护。此外，外国人和法人在一定条件下也能成为某些基本权利的主体，在其享有基本权利的范围内，宪法效力适用于外国人和法人的活动。故 B 项错误，C 项正确。

D 项：宪法是一个整体，具有一种主权意义上的不可分割性。由于宪法本身的综合性和价值多元性，宪法在不同领域的适用上有所差异。但是，宪法作为一个整体，任何组成部分上的特殊性并不意味着对这个整体的否定，其作为整体的效力及于中华人民共和国的所有领域。故 D 项正确。

综上所述，本题答案为 ACD 项。

33 1201089

答案：A,B,D。

解析：AB 项：领土包括一个国家的陆地、河流、湖泊、内海、领海以及它们的底床、底土和上空（领空），是主权国管辖的国家全部疆域。领土是国家的构成要素之一，是国家行使主权的空间，也是国家行使主权的对象。国家在确定的领土范围内行使主权，包括对领土范围内的一切人物事行使管辖权和对领土内的资源享有永久的所有权，这是由国家领土主权的性质决定的。故 AB 项正确。

C 项：由于宪法本身的综合性和价值多元性，宪法在不同领域的适用上是有所差异的。如在不同的经济形态之间、在普通行政区和民族自治地方之间有所区别，但这种区别绝不是说宪法在某些区域有效力而在有些区域没有效力。故 C 项错误。

D 项：任何一个主权国家的宪法的空间效力都及于国土的所有领域，这是主权的唯一性和不可分割性所决定的，也是由宪法的根本法地位所决定的。故 D 项正确。

综上所述，本题答案为 ABD 项。

（九）宪法的制定

【单选】

34 1501020

答案：B。

解析：A 项：从渊源看，修宪权源于制宪权。修宪权是“根据宪法而产生的权力”，是制宪权在法律上的延伸，一般称为“制度化的制宪权”，相对原始性的制宪权而言具有派生性。从制宪权、修宪权与宪法规范的关系上看，宪法规范是制宪权行使的结果，而修宪权则是宪法规范的产物。因此，修宪权与制宪权性质不同。故 A 项错误。

B 项：1954 年 6 月 14 日，中央人民政府委员会第三十次会议讨论通过了《中华人民共和国宪法草案》和关于公布宪法草案的决议，要求广泛开展讨论，发动人民群众提出修改意见。故B项正确。
C项：我国宪法只规定了全国人大对宪法的修改权，并没有对宪法的制定进行规定。故C项错误。
D项：1954年9月20日，中华人民共和国第一届全国代表大会第一次会议通过并颁布了《中华人民共和国宪法》，这是我国第一部社会主义类型的宪法。所以1954年《宪法》通过以后，其公布主体是第一届全国人民代表大会第一次会议。注意：《中国人民政治协商会议共同纲领》只是起“临时宪法”的作用，并不是真正的社会主义宪法。故D项错误。
综上所述，本题答案为B项。

（十）宪法的实施与保障

【单选】

35 1901024

答案：B。
解析：A项：根据《全国人民代表大会常务委员会关于实行宪法宣誓制度的决定》第6条规定：“全国人民代表大会常务委员会任命或者决定任命的……最高人民法院副院长……在依照法定程序产生后，进行宪法宣誓。宣誓仪式由国家监察委员会、最高人民法院、最高人民检察院、外交部分别组织。”最高人民法院副院长的宪法宣誓是由最高人民法院自行组织安排的。因此，A项错误。
B项：根据《全国人民代表大会常务委员会关于实行宪法宣誓制度的决定》第9条规定：“……宣誓的具体组织办法由省、自治区、直辖市人民代表大会常务委员会参照本决定制定，报全国人民代表大会常务委员会备案。”因此，B项正确。
C项：根据《全国人民代表大会常务委员会关于实行宪法宣誓制度的决定》第1条规定：“各级人民代表大会及县级以上各级人民代表大会常务委员会选举或者决定任命的国家工作人员，以及各级人民政府、监察委员会、人民法院、人民检察院任命的国家工作人员，在就职时应当公开进行宪法宣誓。”需要进行宪法宣誓的国家工作人员并不包括在军事机关、国有公司、企业、事业单位、人民团体中从事公务的人员。因此，C项错误。
D项：根据《全国人民代表大会常务委员会关于实行宪法宣誓制度的决定》第8条规定：“宣誓仪式根据情况，可以采取单独宣誓或者集体宣誓的形式……”因此，D项错误。
综上所述，本题答案为B项。

36 1201022

答案：B。
解析：AD项：宪法的实施包括三个方面：1. 宪法的执行。通常指国家的代议机关和国家行政机关落实贯彻宪法的内容，宪法执行的主体为国家代议机关和国家行政机关；2. 宪法适用。宪法适用的主体为司法机关。宪法的适用不仅是宪法实施的重要途径，而且也是建设法治国家，树立宪法权威的重要内容；3. 宪法的遵守。宪法遵守的要求：（1）根据宪法享有并行使权力和权利；（2）根据宪法承担并履行义务。宪法的遵守既是宪法最基本的要求，也是宪法实施最基本的形式。故AD项正确，不当选。
B项：宪法实施是指宪法规范在实际生活中的贯彻落实，是宪法制定颁布后的运行状态，也是宪法作用于社会关系的基本形式。宪法的制裁为间接制裁，即宪法对违宪行为不直接规定制裁措施，而是通过具体法律来追究法律责任。因此制度保障不是宪法实施的主要方式。故B项错误，当选。
C项：宪法解释是指依据一定的标准或原则对宪法内容、含义及其界限所做的说明，其不仅是宪法适用的重要途径，也是宪法实施的方式之一。故C项正确，不当选。
综上所述，本题为选非题，答案为B项。

【多选】

37 1601061

答案：A,D。
解析：A项：宪法是国家的根本法，是治国安邦的总章程，具有最高的法律地位、法律权威、法律效力。国家工作人员必须树立宪法意识，恪守宪法原则，弘扬宪法精神，履行宪法使命。为彰显宪法权威，激励和教育国家工作人员忠于宪法、遵守宪法、维护宪法，加强宪法实施，第十二届全国人民代表大会常务委员会第十五次会议决定通过《全国人民代表大会常务委员会关于实行宪法宣誓制度的决定》。因此，该制度有助于树立宪法的权威。因此，A 项正确。

B 项：根据《国旗法》第 7 条第 3 款的规定："举行宪法宣誓仪式时，应当在宣誓场所悬挂国旗。"以及《国徽法》第 5 条第 4 项的规定："下列场所应当悬挂国徽：（四）宪法宣誓场所。"可知，宪法宣誓时应当悬挂国旗【和】国徽。因此，B 项错误。

C 项：根据《全国人民代表大会常务委员会关于实行宪法宣誓制度的决定》第 1 条的规定："各级人民代表大会及县级以上各级人民代表大会常务委员会选举或者决定任命的国家工作人员，以及各级人民政府、监察委员会、人民法院、人民检察院任命的国家工作人员，在就职时应当公开进行宪法宣誓。"因此，宣誓的主体不限于各级政府、法院和检察院任命的国家工作人员。因此，C 项错误。

D 项：根据《全国人民代表大会常务委员会关于实行宪法宣誓制度的决定》第 6 条的规定："全国人民代表大会常务委员会任命或者决定任命的国家监察委员会副主任、委员，最高人民法院副院长、审判委员会委员、庭长、副庭长、审判员和军事法院院长，最高人民检察院副检察长、检察委员会委员、检察员和军事检察院检察长，中华人民共和国驻外全权代表，在依照法定程序产生后，进行宪法宣誓。宣誓仪式由国家监察委员会、最高人民法院、最高人民检察院、外交部分别组织。"可见，最高法院副院长、审判委员会委员进行宣誓的仪式应该由最高法院组织。因此，D 项正确。

综上所述，本题答案为 AD 项。

【本题原答案为 ABD 项，现根据 2020 年《国旗法》《国徽法》的修正修改答案为 AD 项。】

38 2401041

答案：A,B,C,D。

解析：ABCD 项：根据《宪法》第 62 条第 1、2 项的规定："全国人民代表大会行使下列职权：（一）修改宪法；（二）监督宪法的实施。"第 67 条第 1 项的规定："全国人民代表大会常务委员会行使下列职权：（一）解释宪法，监督宪法的实施。"我国宪法监督机关是全国人大及其常委会。因此，CD 项正确。宪法监督的方式主要有：事先审查、事后审查、附带性审查、宪法控诉。为维护社会主义法制统一，全国人大常委会有权撤销同宪法、法律相抵触的行政法规、决定和命令、监察法规、地方性法规和决议，有权撤销省、自治区、直辖市人大常委会批准的违背《宪法》和《立法法》关于立法权限规定的自治条例和单行条例。可知，全国人大常委会主要通过"撤销权"进行宪法监督。因此，A 项正确。全国人民代表大会常务委员会对全国人民代表大会负责并报告工作，全国人民代表大会行使改变或撤销全国人民代表大会常务委员会不适当的决定的职权，可知全国人民代表大会常务委员会行使监督职权的情况，应向全国人民代表大会报告，接受监督。因此，B 项正确。

综上所述，本题答案为 ABCD 项。

【不定项】

39 1601094

答案：A,B。

解析：A 项：法规、规章等规范性文件的备案审查是我国宪法监督的重要方式，是事后审查。根据《宪法》《立法法》和《监督法》的规定，全国人大常委会接受行政法规、地方性法规、自治州、自治县的自治条例和单行条例以及司法解释的备案。省、自治区、直辖市人大常委会接受本级政府制定的规章的备案。设区的市、自治州人民政府制定的规章应当报省、自治区人大常委会和本级人大常委会备案。因此，A 项正确。

B 项：我国宪法监督采取事先审查与事后审查相结合的方式。事先审查主要体现为法规等规范性文件经批准后生效。根据《宪法》和《立法法》的规定，自治区的自治条例和单行条例，报全国人民代表大会常务委员会批准后生效；自治州、自治县的自治条例和单行条例，报省、自治区、直辖市的人民代表大会常务委员会批准后生效；设区的市的地方性法规须报省、自治区的人民代表大会常务委员会批准后施行。因此，B 项正确。

C 项：附带性审查是指司法机关在审查案件过程

中，因提出对所适用的法律、法规和法律性文件是否违宪的问题，而对该法律、法规和规范性文件所进行的合宪性审查。附带性审查往往以争讼案件为前提，所审查的也是与诉讼有关的法律、法规和法律性文件。因此，全国人大常委会应国务院的书面审查要求对某地方性法规进行审查，不属于附带性审查。因此，C 项错误。

D 项：根据《立法法》第 111 条第 1 款的规定："全国人民代表大会专门委员会、常务委员会工作机构可以对报送备案的行政法规、地方性法规、自治条例和单行条例等进行主动审查，并可以根据需要进行专项审查。"全国人大常委会可以主动对规范性文件进行审查，也可以在相关主体提出请求时对有关文件进行审查，D 选项中的"只有在相关主体提出对某规范性文件进行审查的要求或建议时才启动审查程序"的表述过于片面。因此，D 项错误。

综上所述，本题答案为 AB 项。

40 1501094

答案：A,C,D。

解析：A 项：由司法机关按照司法程序解释宪法的体制起源于美国。1803 年美国联邦最高法院首席法官马歇尔在"马伯里诉麦迪逊"一案中作出了著名的判决，确立了"违宪的法律不是法律""阐释宪法是法官的职责"的宪法规则，从此开创了司法审查制度的先河。故 A 项正确。

B 项：解释宪法的专门机关解释宪法普遍采用司法积极主义原则，不对案件本身进行说明。故 B 项错误。

C 项：《立法法》第 53 条规定："全国人民代表大会常务委员会的法律解释同法律具有同等效力。"因此，全国人大常委会对宪法的解释具有最高的、普遍的约束力。故 C 项正确。

D 项：《宪法》第 67 条第 1 项规定："全国人民代表大会常务委员会行使下列职权：（一）解释宪法，监督宪法的实施。"宪法的解释权属于全国人大常委会，因此，国务院无权解释宪法。故 D 项正确。

综上所述，本题答案为 ACD 项。

（十一）综合知识点

【单选】

41 2001153

答案：B。

解析：A 项：成文宪法并非大部分都是刚性宪法，比如哥伦比亚、智利、秘鲁等国虽然是成文宪法国家，有宪法典，但是其宪法典是柔性宪法。故 A 项错误。

B 项：不成文宪法一般都是柔性宪法，因为不成文宪法国家没有宪法典，只有宪法性法律等其他宪法渊源，所以，宪法规范的制定、修改程序与普通法律相同。故 B 项正确。

C 项：宪法判例是宪法没有明文规定，由司法机关在实践中形成的、具有宪法效力的判例。故 C 项错误。

D 项：公民的基本权利和义务规定在现行《宪法》第二章，而非序言部分。故 D 项错误。

综上所述，本题答案为 B 项。

42 1301022

答案：B。

解析：A 项：宪法具有最高的法律效力表现在：第一，宪法是其他法律的立法依据。第二，宪法与法律相比，具有最高的法律效力。第三，宪法是一切组织和个人的根本活动准则。《宪法》第 5 条第 3 款规定："一切法律、行政法规和地方性法规都不得同宪法相抵触。"第 5 条第 4 款规定："一切国家机关和武装力量、各政党和各社会团体、各企业事业组织都必须遵守宪法和法律。一切违反宪法和法律的行为，必须予以追究。"故 A 项正确，不当选。

B 项：在我国，宪法的表现形式主要有宪法典，如《宪法》；宪法性法律，如《选举法》；宪法惯例，如修宪方式采取宪法修正案、国务院实行总理负责制等；但宪法判例在我国不具有法律明文规定的法律效力。故 B 项错误，当选。

C 项：宪法规范定义为：宪法规范是由国家制定或认可的、宪法主体参与国家和社会生活最基本社会关系的行为规范。故 C 项正确，不当选。

D 项：《宪法》第 42 条第 1 款规定："中华人民共和国公民有劳动的权利和义务。"第 46 条第 1 款规定："中华人民共和国公民有受教育的权利和义务。"其中权利与义务互为一体，表现其特殊的调整方式。因此，权利性规范与义务性规范相互结合为一体，是我国宪法规范的鲜明特色。故 D 项正确，不当选。

综上所述，本题为选非题，答案为 B 项。

【多选】

43 1801057

答案：A,B。

解析：A 项：宪法宣誓制度有利于增强公职人员的宪法意识，维护宪法权威，对于宪法作用的发挥有明显的促进作用。故 A 项正确。

B 项：保持宪法文本的与时俱进，避免宪法与现实的脱节，是宪法实施的的基本前提。故 B 项正确。

C 项：宪法作为根本大法，能够为避免法律体系内部冲突提供基本框架，而该基本框架的具体落实，往往需要普通法律来具体发挥作用，在国家社会生活中，宪法的作用具有根本性和宏观性。故 C 项错误。

D 项：我国宪法并未司法化，因此宪法规定本身不能直接作为法官案件裁判的依据。故 D 项错误。

综上所述，本题答案为 AB 项。

44 1101060

答案：B,C,D。

解析：A 项：1999 年《宪法修正案》第 13 条规定："宪法第五条增加一款，作为第一款，规定：'中华人民共和国实行依法治国，建设社会主义法治国家。'"可知，该条修正案是对我国宪法和法律的效力所作的修改，不是就我国经济制度的规定所作的修改，故 A 项错误。

B 项：1993 年《宪法修正案》第 7 条规定："宪法第十五条：'国家在社会主义公有制基础上实行计划经济。国家通过经济计划的综合平衡和市场调节的辅助作用，保证国民经济按比例地协调发展。''禁止任何组织或者个人扰乱社会经济秩序，破坏国家经济计划。'修改为：'国家实行社会主义市场经济。''国家加强经济立法，完善宏观调控。''国家依法禁止任何组织或者个人扰乱社会经济秩序。'"以上是对我国经济制度所作的修改。故 B 项正确。

C 项：1988 年《宪法修正案》第 1、2 条对《宪法》第 10、11 条进行了修改，93 年《宪法修正案》第 5、6、7、8、9 条对《宪法》第 7、8、15、16、17 条进行了修改，99 年《宪法修正案》第 14、15、16 条对《宪法》第 6、8、11 条进行了修改，2004 年《宪法修正案》第 20、21、22、23 条对《宪法》第 10、11、13、14 条进行了修改。因此，经济制度部分只有第 9、12、18 条未进行过修改，故 C 项正确。

D 项：根据《宪法》第 8 条第 1 款的规定："农村集体经济组织实行家庭承包经营为基础、统分结合的双层经营体制。农村中的生产、供销、信用、消费等各种形式的合作经济，是社会主义劳动群众集体所有制经济。参加农村集体经济组织的劳动者，有权在法律规定的范围内经营自留地、自留山、家庭副业和饲养自留畜。"故 D 项正确。

综上所述，本题答案为 BCD 项。

二、模拟训练

【单选】

45 62008003

答案：B。

解析：A 项：坚持依法治国首先要坚持依宪治国。坚持依宪治国，要求全国各族人民、一切国家机关和武装力量、各政党和各社会团体、各企业事业组织，都必须以宪法为根本的活动准则，并且负有维护宪法尊严、保证宪法实施的职责。这也是我国《宪法》序言最后一段中的内容。因此，A 项正确，不当选。

B 项：健全宪法实施和监督制度，就要加强备案审查制度和能力建设，把所有规范性文件纳入备案审查范围，依法撤销和纠正违宪违法的规范性文件，【禁止】地方制发带有立法性质的文件。（《中共中央关于全面推进依法治国若干重大问题的决定》）因此，B 项错误，当选。

C 项：根据《全国人民代表大会常务委员会关于实行宪法宣誓制度的决定》第 1 条的规定："各级人民代表大会及县级以上各级人民代表大会常务委员会选举或者决定任命的国家工作人员，以及各级人民政府、监察委员会、人民法院、人民检察院任命的国家工作人员，在就职时应当公开进行宪法宣誓。”因此，C项正确，不当选。

D项：根据《宪法》第62条第2项的规定：“全国人民代表大会行使下列职权：（二）监督宪法的实施。”以及第67条第1项的规定：“全国人民代表大会常务委员会行使下列职权：（一）解释宪法，监督宪法的实施。”可知，我国《宪法》明确规定全国人民代表大会及其常务委员会有权监督宪法实施。因此，D项正确，不当选。

综上所述，本题为选非题，答案为B项。

46 62208188

答案：C。

解析：A项：《共同纲领》于1949年9月由中国人民政治协商会议制定，起到了临时宪法作用；1954年宪法于1954年9月20日由第一届人大第一次会议通过，是新中国第一部社会主义类型宪法。因此，A项错误。

B项：1982年宪法即现行宪法经历了5次修改产生了52条修正案，包括1988年（2条）、1993年（9条）、1999年（6条）、2004年（14条）、2018年（21条）。因此，B项错误。

C项：1999年《宪法修正案》主要内容为将“邓小平理论”写进宪法序言；明确规定“中华人民共和国实行依法治国，建设社会主义法治国家”；明确了我国将长期处于社会主义初级阶段，确立了我国社会主义初级阶段的基本经济制度和分配制度，修改了我国的农村生产经营制度；确立了非公有制经济在社会主义市场经济中的地位；将《宪法》第28条“反革命的活动”修改为“危害国家安全的犯罪活动”。因此，C项正确。

D项：2004年《宪法修正案》在统一战线增加社会主义事业的建设者；2018年《宪法修正案》在统一战线增加致力于中华民族伟大复兴的爱国者。因此，D项错误。

综上所述，本题答案为C项。

【多选】

47 61908112

答案：A,C,D。

解析：A项：欧洲大陆第一部成文宪法是法国1791年宪法。因此，A项正确。

B项：中国历史上的第一部社会主义类型的宪法是1954年宪法，《中国人民政治协商会议共同纲领》系中国人民政治协商会议制定的宪法性文件，起临时宪法作用，具有新民主主义性质。因此，B项错误。

C项：中国第一部成文宪法是“贿选宪法”，即1923年《中华民国宪法》。因此，C项正确。

D项：世界第一部不成文宪法是英国宪法。不成文宪法国家主要有英国、新西兰、以色列、沙特阿拉伯等少数国家，以英国为典型。因此，D项正确。

综上所述，本题答案为ACD项。

48 61908204

答案：A,B,C。

解析：A项：宪法的核心价值取向在于限制国家权力以保障人权，因此，宪法的法律效力主要表现为对国家机关的行为约束。因此，A项错误，当选。

B项：法国学者西耶斯最早提出了制宪权的概念和理论。因此，B项错误，当选。

C项：我国保障宪法实施的是立法机关而不是专门机关，包括全国人民代表大会和全国人大常委会。因此，C项错误，当选。

D项：我国宪法监督中的政治保障是指中国共产党作为执政党模范遵守和执行宪法。因此，D项正确，不当选。

综上所述，本题为选非题，答案为ABC项。

49 61908205

答案：A,B,C。

解析：A项：宪法对人的效力体现在：第一、所有中国公民不分境内外，都必须遵守我国宪法；第二、一定条件下外国人和法人也可成为行使某些基本权利的主体。因此，A项正确。

B项：宪法的政治性强于法律性，规定的内容较为抽象，原则性高于具体性，因此，宪法在司法实践中不宜作为推理的大前提直接适用，法院不得直接适用宪法对案件作出判决。因此，B项正确。

C项：根据《宪法》第64条第1款规定：“宪法的修改，由全国人民代表大会常务委员会或者五分之一以上的全国人民代表大会代表提议，并由全国人民代表大会以全体代表的三分之二以上的多数通过。”因此，C 项正确。

D 项：宪法的“母法”特点决定了宪法实施尽管具有直接性，但是其间接性更为突出，即通过具体的法律作用于人和事。因此，D 项错误。

综上所述，本题答案为 ABC 项。

50 62008036

答案：A,C,D。

解析：A 项：在宪法监督体制上，我国属于代议机关作为宪法监督机关的模式。这种模式由 1954 年《宪法》确立。在保留全国人大行使宪法监督职权的基础上，1982 年《宪法》又授予全国人大常委会“监督宪法的实施”的职权。可知，全国人大及其常委会都具有合宪性审查的权利。由于全国人大每年仅召开一次会议，因此合宪性审查权在我国主要由其常设机关即全国人大常委会集中行使。因此，A 项正确。

B 项：根据《立法法》第 110 条第 2 款的规定：“前款规定以外的其他国家机关和社会团体、企业事业组织以及公民认为行政法规、地方性法规、自治条例和单行条例同宪法或者法律相抵触的，可以向全国人民代表大会常务委员会书面提出进行审查的建议，由常务委员会工作机构进行审查；必要时，送有关的专门委员会进行审查、提出意见。”可知，可以向“全国人民代表大会常务委员会”而非“全国人大”，应当“书面”提出而非“口头”提出进行审查的建议。因此，B 项错误。

C 项：根据《立法法》第 113 条的规定：“全国人民代表大会有关的专门委员会、常务委员会工作机构应当按照规定要求，将审查情况向提出审查建议的国家机关、社会团体、企业事业组织以及公民反馈，并可以向社会公开。”可知，全国人大有关的专门委员会和常委会工作机构可以将合宪性审查的情况向社会公开。因此，C 项正确。

D 项：根据《立法法》第 111 条第 1 款的规定：“全国人民代表大会专门委员会、常务委员会工作机构可以对报送备案的行政法规、地方性法规、自治条例和单行条例等进行主动审查，并可以根据需要进行专项审查。”全国人大有关的专门委员会和常委会工作机构可以对报送备案的规范性文件进行主动审查。因此，D 项正确。

综上所述，本题答案为 ACD 项。

51 62208206

答案：A,D。

解析：A 项：《中华民国临时约法》具有国家根本大法的性质，是中国历史上第一部也是唯一一部资产阶级共和国性质的宪法性文件。因此，A 项正确。

B 项：1949 年制定的《中国人民政治协商会议共同纲领》起到临时宪法的作用，1954 年第一届全国人民代表大会第一次全体会议制定的 1954 年《宪法》是新中国第一部社会主义类型的宪法。因此，B 项错误。

C 项：我国历次修宪实践中，只有 1975 年、1978 年和 1982 年对宪法的修改是全面修改，其他各次均是部分修改。因此，C 项错误。

D 项：1982 年宪法经过了五次修改，分别于 1988 年、1993 年、1999 年、2004 年和 2018 年通过了共 52 条修正案。因此，D 项正确。

综上所述，本题答案为 AD 项。

第二章 政治、经济、文化、社会制度

参考答案

[1] C	[2] ACD	[3] C	[4] C	[5] ABC
[6] B	[7] ABD	[8] D	[9] ABD	[10] AD
[11] B	[12] A	[13] B	[14] BCD	[15] BD
[16] D	[17] ABCD	[18] ABC	[19] BC	[20] BD
[21] C	[22] BCD	[23] ABC	[24] AD	[25] AC

一、历年真题及仿真题

（一）人民民主专政制度

【单选】

1 2201084

答案：C。

解析：A 项：统一战线是我国新民主主义革命和

社会主义革命时期，中国共产党为取得革命和建设的胜利，而与各阶级组成的政治联盟。中国人民政治协商会议是中国爱国统一战线的组织形式，是实现中国共产党领导的多党合作和政治协商制度的重要机构。它既不是国家机关，又不是一般的社会团体。因此，A 项错误。

B 项：爱国统一战线的实质就是要在一个共同的目标之下，在共产党的领导之下，实现全国各民族、各党派、各阶层、各方面人民最广泛的团结和联合，而不仅仅是各个政党的联合。因此，B 项错误。

C 项："人民"是一个政治概念，相对于敌人而言。毛泽东同志在《关于正确处理人民内部矛盾问题》一书中有过非常明确的论述。人民这个概念在不同的国家和各个国家的不同的历史时期，有着不同的内容。在爱国统一战线中加入"社会主义事业的建设者"和"致力于中华民族伟大复兴的爱国者"扩大了现阶段"人民"概念的外延。因此，C 项正确。

D 项：1981 年 6 月，中国共产党召开十一届六中全会，一致通过了《关于建国以来党的若干历史问题的决议》(简称《决议》)。《决议》提出："一定要毫不动摇地团结一切可以团结的力量，巩固和扩大爱国统一战线。"标志着爱国统一战线正式确立。而新民主主义革命时期是指 1919 年至 1949 年新中国成立这段历史时期。因此，D 项错误。

综上所述，本题答案为 C 项。

【多选】

2 1301062

答案：A,C,D。

解析：A 项：中国人民政治协商会议是中国共产党领导下，由中国共产党、8 个民主党派、无党派民主人士、人民团体、各少数民族和各界的代表，台湾同胞、港澳同胞和归国侨胞的代表，以及特别邀请的人士组成，具有广泛的社会基础。中国人民政治协商会议是具有广泛代表性的爱国统一战线组织。故 A 项正确。

B 项：中国人民政治协商会议是中国人民爱国统一战线的组织，是中国共产党领导的多党合作和政治协商的重要机构，并非国家机关。故 B 项错误。

C 项：《宪法》序言规定："中国人民政治协商会议是有广泛代表性的统一战线组织，过去发挥了重要的历史作用，今后在国家政治生活、社会生活和对外友好活动中，在进行社会主义现代化建设、维护国家的统一和团结的斗争中，将进一步发挥它的重要作用。中国共产党领导的多党合作和政治协商制度将长期存在和发展。"故 C 项正确。

D 项：中国共产党领导的多党合作和政治协商制度，是在长期历史发展中形成的，适合我国国情。它确定了中国共产党在国家政治生活中的领导地位，而不是各党派轮流执政；民主党派在国家政权中处于同中国共产党合作共事和参政议政的地位，而不是在野党、反对党。中国的政局要稳定，就必须稳定这个格局。中国共产党领导的爱国统一战线将继续巩固和发展。故 D 项正确。

综上所述，本题答案为 ACD 项。

【不定项】

3 1701091

答案：C。

解析：A 项：政协委员的产生方式是提名推荐及协商的方式产生，而非由选举产生。故 A 项错误。

B 项：全国人大会议和政治协商会议一起召开，并由全国政协委员列席全国人大的会议，是我国一项重要宪法性惯例和宪法制度性内容，但是，它不能列席各种会议。故 B 项错误。

C 项：政治协商会议，是多党合作和政治协商制度的重要表现和重要机构内容。故 C 项正确。

D 项：我国的国家权力机关是全国人民代表大会和地方各级人民代表大会。故 D 项错误。

综上所述，本题答案为 C 项。

（二）人民代表大会制度

【单选】

4 2001156

答案：C。

解析：ABC 项：我国人民代表大会制度具有以下特点：(1) 人民代表大会制度的目的是规范国家权力和保障公民权利；(2) 人民代表大会在国家机关中处于最高地位，其他国家机关由它产生，对它负责，受它监督；（3）人民代表大会实行一院制；（4）人大代表是兼职代表；（5）在人民代表大会中设立常务委员会作为常设机关。故 AB 项错误，C 项正确。

D 项：全国人大代表每届任期 5 年，没有连任限制。故 D 项错误。

综上所述，本题答案为 C 项。

【不定项】

5 1701092

答案：A,B,C。

解析：ABC 项：人民代表大会制度是人民主权原则的体现，表明国家的一切权力属于人民，各级人大及其人大代表都由选举产生，对人民负责，受人民监督。“一府一委两院”是指政府、监察委、法院与检察院，其主要组成人员均由人大产生，受人大监督。故 ABC 项正确。

D 项：人大制度是社会主义民主的重要形式，社会主义民主形式的重要内容还包括民族区域自治制度、基层群众性自治组织制度等。因此，人民代表大会制度不是实现社会主义民主的唯一形式。故 D 项错误。

综上所述，本题答案为 ABC 项。

（三）基本经济制度

【单选】

6 1601023

答案：B。

解析：A 项：在我国，国有企业和国有自然资源是国家财产的主要组成部分。另外，国家机关、事业单位、部队等全民单位的财产也是国有财产的重要组成部分。因此，A 项错误。

B 项：根据《宪法》第 10 条第 1 款的规定：“城市的土地属于国家所有。”因此，B 项正确。

C 项：根据《宪法》第 10 条第 2 款的规定：“农村和城市郊区的土地，除由法律规定属于国家所有的以外，属于集体所有；宅基地和自留地、自留山，也属于集体所有。”故农村和城市郊区的土地并不都属于集体所有。因此，C 项错误。

D 项：根据《宪法》第 7 条的规定：“国有经济，即社会主义全民所有制经济，是国民经济中的主导力量。国家保障国有经济的巩固和发展。”因此，D 项错误。

综上所述，本题答案为 B 项。

【多选】

7 1201060

答案：A,B,D。

解析：A 项：根据《宪法》第 12 条第 1 款的规定：“社会主义的公共财产神圣不可侵犯。”故 A 项正确。

B 项：根据《宪法》第 12 条第 2 款的规定：“国家保护社会主义的公共财产。禁止任何组织或者个人用任何手段侵占或者破坏国家的和集体的财产。”社会主义的公共财产包括国家财产和集体财产，故 B 项正确。

C 项：根据《宪法》第 13 条第 3 款的规定：“国家为了公共利益的需要，可以依照法律规定对公民的私有财产实行征收或者征用并给予补偿。”故不能对公民的私有财产实行无偿征收或征用，C 项错误。

D 项：根据《宪法》第 10 条第 4 款的规定：“任何组织或者个人不得侵占、买卖或者以其他形式非法转让土地。土地的使用权可以依照法律的规定转让。”故 D 项正确。

综上所述，本题答案为 ABD 项。

【不定项】

8 1801090

答案：D。

解析：ABCD 项：根据《宪法》第 10 条规定：“城市的土地属于国家所有。农村和城市郊区的土地，除由法律规定属于国家所有的以外，属于集体所有；宅基地和自留地、自留山，也属于集体所有。国家为了公共利益的需要，可以依照法律规定对土地实行征收或者征用并给予补偿。任何组织或者个人不得侵占、买卖或者以其他形式非法转让土地。土地的使用权可以依照法律的规定转让。一切使用土地的组织和个人必须合理地利用土地。”故 ABC 项正确，不当选。土地所有权不得转让，可以转让的是土地使用权，故 D 项错误，当选。

综上所述，本题为选非题，答案为 D 项。

9 1601092

答案：A,B,D。

解析：A 项：根据宪法和法律的规定，限制基本权利的形式主要有内在限制和外部限制。基本权利的内在限制是指基本权利内部已确定限制的范围，而不是从外部设定条件。包括两种情况，1. 基本权利本身具有的限制，即宪法中规定的基本权利概念本身对其范围和界限作了必要的限定；2. 通过具体附加的文句对其范围进行了限定，如行使言论自由时要求遵循社会公德。基本权利的外部限制是指宪法为基本权利行使确定了总的原则与程序，以此作为基本权利保障的内在条件。根据《宪法》第 51 条规定："中华人民共和国公民在行使自由和权利的时候，不得损害国家的、社会的、集体的利益和其他公民的合法的自由和权利。"这是外部限制的总原则与标准。根据《宪法》第 13 条第 3 款的规定："国家为了公共利益的需要，可以依照法律规定对公民的私有财产实行征收或者征用并给予补偿。"这是对公民私有财产权的基本权利的外部限制。因此，A 项正确。

BCD 项：宪法具有最高的法律效力，根据《宪法》第 13 条第 1 款和第 3 款规定："公民的合法的私有财产不受侵犯。但是国家为了公共利益的需要，可以依照法律规定对公民的私有财产实行征收或者征用，并给予补偿。"说明对公民私有财产的征收或征用必须为了公共利益的需要，必须有明确的法律依据。即必须满足合法性和目的性原则。因此，BD 项正确，C 项错误。

综上所述，本题答案为 ABD 项。

10 1401095

答案：A,D。

解析：解析：A 项：宪法第 15 条第 1 款规定："国家实行社会主义市场经济"。故 A 项正确。

B 项：《宪法》第 16 条第 1 款的规定："国有企业在法律规定的范围内有权自主经营。"故 B 项错误。

C 项：《宪法》第 8 条的规定："农村集体经济组织实行家庭承包经营为基础、统分结合的双层经营体制……城镇中的手工业、工业、建筑业、运输业、商业、服务业等行业的各种形式的合作经济，都是社会主义劳动群众集体所有制经济。国家保护城乡集体经济组织的合法的权利和利益，鼓励、指导和帮助集体经济的发展。"集体经济包括农村集体经济和城镇集体经济，仅农村集体经济组织实行家庭承包经营为基础、统分结合的双层经营体制，城镇集体经济组织不适用此体制。故 C 项错误。

D 项：《宪法》第 10 条第 4 款规定："任何组织或者个人不得侵占、买卖或者以其他形式非法转让土地。土地的使用权可以依照法律的规定转让。"故 D 项正确。

综上所述，本题答案为 AD 项。

（四）基本文化和社会制度

【单选】

11 1501022

答案：B。

解析：AB 项：我国现行宪法对基本社会制度的规定主要包括社会保障制度、医疗卫生事业、劳动保障制度、社会人才培养制度、计划生育制度、社会秩序及安全维护制度。发展社会科学事业属于文化制度，故 B 项正确，A 项错误。

C 项：在现实生活中，受各种主客观原因的影响，个体在社会生活权利的实现状况和实现程度上必然会存在较大差异，甚至有些社会成员的基本生活权利无法达到应有的基本保护状态，社会制度以其弱势群体扶助制度体系的建构促进社会实质公平的形成。所以合理的差别对待是平等原则的应有之义，而非对其的突破。故 C 项错误。

D 项：《宪法》第 14 条第 4 款规定："国家建立健全同经济发展水平相适应的社会保障制度。"故 D 项错误。

综上所述，本题答案为 B 项。

12 1301023

答案：A。

解析：A 项：1787 年美国宪法的主要内容包括联邦体制原则、三权分立原则、宪法至上原则、人人平等原则。但 1787 年美国宪法对文化权利和国家的文化政策几乎没有规定。故 A 项错误，当选。

B 项：公民的文化权利在法律中的最早体现是 1919 年德国的《魏玛宪法》。该宪法第 118 条规定，德国人民在法律限制的范围内，有用语言、文字、印刷、图书或其他方法，自由发表其意见之权，并不得因劳动或雇佣关系，剥夺此种权利。故 B 项正确，不当选。

C 项：现行宪法对文化制度的原则、内容等作了比较全面和系统的规定。具体内容包括：（一）国家发展教育事业；（二）国家发展科学事业；（三）国家发展医疗卫生体育事业；（四）国家发展文学艺术及其他文化事业。故 C 项正确，不当选。

D 项：文化制度的内容包括公民的文化教育权、国家机关的文化教育管理职权和文化政策。故 D 项正确，不当选。

综上所述，本题为选非题，答案为 A 项。

13 2401042

答案：B。

解析：文化制度是指一国通过宪法和法律调整以社会意识形态为核心的各种基本关系的规则、原则和政策的综合。我国宪法关于基本文化制度的规定有：国家发展教育事业、国家发展科学事业、国家发展文学艺术及其他文化事业、国家开展公民道德教育。

ABCD 项：①属于国家发展教育事业的内容，当选；②属于国家发展科学事业的内容，当选；③属于计划生育制度，是我国基本社会制度的内容，不当选；④属于我国基本经济制度（《宪法》第 9 条："矿藏、水流、森林、山岭、草原、荒地、滩涂等自然资源，都属于国家所有，即全民所有；由法律规定属于集体所有的森林和山岭、草原、荒地、滩涂除外。国家保障自然资源的合理利用，保护珍贵的动物和植物。禁止任何组织或者个人用任何手段侵占或者破坏自然资源。"）不当选。因此，B 项正确，ACD 项错误。

综上所述，本题答案为 B 项。

【多选】

14 1601062

答案：B,C,D。

解析：A 项：社会主义制度是中华人民共和国的根本制度。故 A 项错误。

B 项：社会保障制度是我国基本社会制度的核心内容，甚至说狭义上的社会制度就是指社会保障制度。故 B 项正确。

C 项：劳动保障制度是我国基本社会制度的内容之一。劳动是公民的一项基本权利，也是一个社会正常运转和持续发展的基础。要想保持社会活力，促进社会发展就必然要通过宪法、法律建立相应的劳动保障制度，以鼓励、保障和促进公民参与社会劳动。根据《宪法》第 43 条的规定："中华人民共和国劳动者有休息的权利。国家发展劳动者休息和休养的设施，规定职工的工作时间和休假制度。国家发展劳动者休息和休养的设施，规定职工的工作时间和休假制度。"故 C 项正确。

D 项：社会只有依法而治，实现和谐稳定，公民的基本生活权利保障、安居乐业，国家的兴盛和发展才具有存在的基础。社会制度是通过宪法和法律调整以基本社会生活保障及社会秩序维护为核心的各种基本关系的规则、原则、政策的总和。因此，加强社会法的实施，有助于发展和完善基本社会制度。故 D 项正确。

综上所述，本题答案为 BCD 项。

15 1501062

答案：B,D。

解析：A 项：文化制度主要包括教育事业，科技事业，文学艺术事业，广播电影电视事业，新闻出版事业，文物事业，图书馆事业以及社会意识形态等方面。爱国统一战线属于政治制度的内容。故 A 项错误。

B 项：《宪法》第 19 条第 3、4 款规定："国家发展各种教育设施，扫除文盲，对工人、农民、国家工作人员和其他劳动者进行政治、文化、科学、技术、业务的教育，鼓励自学成才。国家鼓励集体经济组织、国家企业事业组织和其他社会力量依照法律规定举办各种教育事业。"故 B 项正确。

C 项：近代意义的宪法产生以来，文化制度便成为宪法不可缺少的重要内容。不同国家的宪法以及同一国家不同历史时期的宪法，对文化制度的规定具有很大的差异。早期资产阶级宪法对文化制度的规定较为狭窄，主要集中于著作权、教育等，对国家文化政策规定较少，并且其意识形态主要来自自然法学说，但自德国《魏玛宪法》以后，资本主义的宪法内容越来越丰富，也越来越系统地规定文化制度。因此，社会主义宪法和资本主义宪法都有系统地规定文化制度，这并不是两者区别的重要标志。故C项错误。

D项：《宪法》第24条规定："国家通过普及理想教育、道德教育、文化教育、纪律和法制教育，通过在城乡不同范围的群众中制定和执行各种守则、公约，加强社会主义精神文明的建设。国家倡导社会主义核心价值观，提倡爱祖国、爱人民、爱劳动、爱科学、爱社会主义的公德，在人民中进行爱国主义、集体主义和国际主义、共产主义的教育，进行辩证唯物主义和历史唯物主义的教育，反对资本主义的、封建主义的和其他的腐朽思想。"故D项正确。

综上所述，本题答案为BD项。

（五）国家标志

【单选】

16 1801013

答案：D。

解析：A项：根据《国歌法》第3条第1款的规定："中华人民共和国国歌是中华人民共和国的象征和标志。"故A项正确，不当选。

B项：根据《国歌法》第4条第3项的规定："在下列场合，应当奏唱国歌：（三）宪法宣誓仪式"故B项正确，不当选。

C项：根据《国歌法》第11条第1款的规定："国歌纳入中小学教育。"故C项正确，不当选。

D项：将《义勇军进行曲》正式确定为国歌，是2004年修宪的结果，在此之前我国并未将《义勇军进行曲》确定为国歌。因此，D选项错误，当选。

综上所述，本题为选非题，答案为D项。

【多选】

17 2301065

答案：A,B,C,D。

解析：ABCD项：国家标志又称国家象征，一般是指由宪法和法律规定的，代表国家的主权、独立和尊严的象征和标志，主要包括国旗、国歌、国徽和首都等。因此，ABCD项正确。

综上所述，本题答案为ABCD项。

18 2101094

答案：A,B,C。

解析：A项：《宪法》第4章"国旗、国歌、国徽、首都"对国家标志作出明确规定，我国的国家标志包括国旗、国歌、国徽、首都，不包括国家主席。因此，A项错误，当选。

B项：《国旗法》第5条第2项规定："下列场所或者机构所在地，应当每日升挂国旗：（二）……国务院……"第6条第1款第4项规定："下列机构所在地应当在【工作日】升挂国旗：（四）地方各级人民政府。"各级政府包括国务院和地方各级政府，其中仅国务院应当每日升挂国旗，地方各级政府应当在工作日升挂国旗，而不是每日。因此，B项错误，当选。

C项：《国旗法》第5条第4项规定："下列场所或者机构所在地，应当每日升挂国旗：（四）【出境入境】的机场、港口、火车站和其他边境口岸，边防海防哨所。"只有出入境的机场、港口、火车站才需要每日升挂国旗，而不是所有的机场、港口、火车站。因此，C项错误，当选。

D项：《国旗法》第7条第3款规定："举行宪法宣誓仪式时，应当在宣誓场所悬挂国旗。"因此，D项正确，不当选。

综上所述，本题为选非题，答案为ABC项。

19 2001158

答案：B,C。

解析：A项：《国歌法》第4条第5项规定："在下列场合，应当奏唱国歌：（五）各级机关举行或者组织的重大庆典、表彰、纪念仪式等。"应当奏唱国歌的场合包括各级机关举行或者组织的重大庆典。因此，A项正确，不当选。

B项：《国歌法》第8条规定："国歌不得用于或者变相用于商标、商业广告，不得在私人丧事活动等不适宜的场合使用，不得作为公共场所的背景音乐等。"因此，B项错误，当选。

C项：《国歌法》第13条规定："国庆节、国际劳动节等重要的国家法定节日、纪念日，中央和省、自治区、直辖市的广播电台、电视台应当按照国务院广播电视主管部门规定的时点播放国歌。”公民不得将国歌作为电台点播歌曲。因此，C 项错误，当选。

D 项：首先，《国歌法》并没有明文规定国歌标准演奏曲谱为五线谱或简谱版中的某一个，《国歌法》的标准包含五线谱版和简谱版两个版本；其次，中国人大网也对应了这两个版本的曲谱，即国歌演奏是可以使用以上两个标准的曲谱之一进行演奏的。因此，D 项正确，不当选。

综上所述，本题为选非题，答案为 BC 项。

（六）综合知识点

【不定项】

20 2301059

答案：B,D。

解析：A 项：我国国家标志包括国徽、国旗、国歌、首都。因此，A 项错误。

B 项：设立特别行政区的法律依据是《宪法》第 1 章总纲第 31 条：“国家在必要时得设立特别行政区。在特别行政区内实行的制度按照具体情况由全国人民代表大会以法律规定。”因此，B 项正确。

C 项：国旗、国徽、国歌和首都是宪法正文的第四章，而非附则部分。因此，C 项错误。

D 项：我国 2004 年宪法修改，将《义勇军进行曲》确定为国歌写入宪法。因此，D 项正确。

综上所述，本题答案为 BD 项。

二、模拟训练

【单选】

21 62208189

答案：C。

解析：A 项：我国的根本制度是社会主义制度。人民代表大会制度是我国根本【政治】制度。因此，A 项错误。

B 项：绝对归属国家所有：矿藏、水流、海域、城市土地；绝对归属集体所有：宅基地、自留地、自留山；既可归国家也可归集体所有：森林、草地、荒地、滩涂、农村和城市郊区的土地。城市郊区的土地不一定属于国家所有。因此，B 项错误。

C 项：《宪法》第 46 条第 1 款规定：“中华人民共和国公民有受教育的权利和义务。”因此，C 项正确。

D 项：《宪法》第 14 条第 4 款规定：“国家建立健全同【经济发展水平】相适应的社会保障制度。”而非居民需求水平。因此，D 项错误。

综上所述，本题答案为 C 项。

【多选】

22 61808088

答案：B,C,D。

解析：A 项：各级人民代表大会上下级之间是监督关系，上级人大有权依照法律规定【指导、监督】下级人大的工作。因此，A 项错误。

B 项：《宪法》第 3 条第 2 款规定：“全国人民代表大会和地方各级人民代表大会都由民主选举产生，对人民负责，受人民监督。”因此，B 项正确。

C 项：《宪法》第 57 条规定：“中华人民共和国全国人民代表大会是最高国家权力机关。它的常设机关是全国人民代表大会常务委员会。”第 96 条第 1 款规定：“地方各级人民代表大会是地方国家权力机关。”因此，C 项正确。

D 项：《宪法》第 2 条第 1、2 款规定：“中华人民共和国的一切权力属于人民。人民行使国家权力的机关是全国人民代表大会和地方各级人民代表大会。”因此，D 项正确。

综上所述，本题答案为 BCD 项。

23 61908116

答案：A,B,C。

解析：A 项：中国人民政治协商会议是中国共产党领导的多党合作和政治协商制度的重要机构，但不是国家机关，不属于国家机构体系。因此，A 项错误，当选。

B 项：我国基本社会制度具体包括社会保障制度、医疗卫生制度、劳动保障制度、计划生育制度、社会人才培养制度、社会秩序及安全维护制度。社会科学事业属于基本文化制度的范畴。因此，B 项错误，当选。

C项：我国平等原则既包括形式上的平等，也包括实质上的平等，对特殊群体与弱势群体的制度倾斜则属于实质平等的范畴，并未突破平等原则。因此，C项错误，当选。

D项：根据《宪法》第10条第3款的规定："国家为了公共利益的需要，可以依照法律规定对土地实行征收或者征用并给予补偿。"因此，D项正确，不当选。

综上所述，本题为选非题，答案为ABC项。

24 61908118

答案：A,D。

解析：A项：根据《宪法》第9条第1款的规定"矿藏、水流、森林、山岭、草原、荒地、滩涂等自然资源，都属于国家所有，即全民所有；由法律规定属于集体所有的森林和山岭、草原、荒地、滩涂除外。"可知，森林、草原与山岭具有国家所有和集体所有两种所有形式。因此，A项正确。

B项：根据《宪法》第11条第1款的规定："在法律规定范围内的个体经济、私营经济等非公有制经济，是社会主义市场经济的重要组成部分。国家保护个体经济、私营经济等非公有制经济的合法的权利和利益。国家鼓励、支持和引导非公有制经济的发展，并对非公有制经济依法实行监督和管理。"可知，非公有制经济并非公有制经济的补充，而是社会主义市场经济的重要组成部分。因此，B项错误。

C项：根据《宪法》第10条第1款、第2款的规定："城市的土地属于国家所有。农村和城市郊区的土地，除由法律规定属于国家所有的以外，属于集体所有；宅基地和自留地、自留山，也属于集体所有。"因此，C项错误。

D项：根据《宪法》第16条第2款的规定："国有企业依照法律规定，通过职工代表大会和其他形式，实行民主管理。"因此，D项正确。

综上所述，本题答案为AD项。

25 62208109

答案：A,C。

解析：A项：《国旗法》第6条第3款规定："图书馆、博物馆、文化馆、美术馆、科技馆、纪念馆、展览馆、体育馆、青少年宫等公共文化体育设施应当在开放日升挂、悬挂国旗。"因此，A项正确。

B项：根据《国旗法》第7条第3款规定："举行宪法宣誓仪式时，应当在宣誓场所悬挂国旗。"以及《国徽法》第5条第4项规定："下列场所应当悬挂国徽：（四）宪法宣誓场所。"宪法宣誓场所应悬挂国旗【和】国徽，而不是【或】。因此，B项错误。

C项：《国徽法》第13条规定："国徽及其图案不得用于：（1）商标、授予专利权的外观设计、商业广告；（2）日常用品、日常生活的陈设布置；（3）私人庆吊活动；（4）国务院办公厅规定不得使用国徽及其图案的其他场合。"因此，C项正确。

D项：2004年《宪法修正案》新增规定："中华人民共和国国歌是《义勇军进行曲》。"即国歌于2004年而非1999年入宪。因此，D项错误。

综上所述，本题答案为AC项。

第三章 国家结构

参考答案

[1]ABD	[2]D	[3]AC	[4]D	[5]D
[6]BC	[7]D	[8]AD		

一、历年真题及仿真题

（一）国家结构形式

【不定项】

1 1201090

答案：A,B,D。

解析：A项：《宪法》序言规定："中华人民共和国是全国各族人民共同缔造的统一的多民族国家。"这表明单一制是我国的国家结构形式。故A项正确。

BD项：我国是单一制的国家结构形式，主要表现在：1.在法律制度方面，我国只有一部宪法，只有一套以宪法为基础的法律体系，维护宪法的权威和法制的统一是国家的基本政策；2. 在国家机构方面，只有一套包括最高国家权力机关、最高国家行政机关和最高国家司法机关的中央国家机关体系；3. 在中央与地方关系方面，地方政府都是中央人民政府领导下的地方行政区域；4. 在对外关系方面，中华人民共和国是一个统一的国际法主体，公民具有统一的中华人民共和国国籍。故 BD 项正确。

C 项：为了香港、澳门回归祖国，我国依照宪法在香港、澳门建立了特别行政区，允许特别行政区实行与国家其它地区不同的政治、经济、社会制度，因此，我国不是统一的政治、经济和社会制度，故 C 项错误。

综上所述，本题答案为 ABD 项。

（二）我国的行政区划

【单选】

2 1501023

答案：D。

解析：行政区域的变更包括行政区域的设立、调整、撤销和更名。根据我国现行宪法的规定，其法律程序包括：1. 省、自治区、直辖市的设立、撤销、更名，特别行政区的成立，应由全国人大审议决定。2. 省、自治区、直辖市行政区域界线的变更，自治州、县、自治县、市、市辖区的设立、撤销、更名或者隶属关系的变更，自治州、自治县的行政区域界线的变更，县、市的行政区域界线的重大变更，都须经国务院审批。3. 县、市、市辖区部分行政区域界线的变更，由国务院授权省、自治区、直辖市人民政府审批。4. 乡、民族乡、镇的设立、撤销、更名或者变更行政区域的界线，由省、自治区、直辖市人民政府审批。

A 项：甲县欲更名，须报国务院审批。故 A 项错误。

B 项：乙省行政区域界线的变更，须报国务院审批。故 B 项错误。

C 项：丙镇与邻近的一个镇合并，须报省级人民政府审批，故 C 项错误。

D 项：丁市部分行政区域界线的变更，由国务院授权省、自治区、直辖市人民政府审批。故 D 项正确。

综上所述，本题答案为 D 项。

【不定项】

3 1401096

答案：A,C。

解析：ABC 项：《行政区划管理条例》第 6 条规定："省、自治区、直辖市的设立、撤销、更名，报全国人民代表大会批准。"第 7 条规定："下列行政区划的变更由国务院审批：（一）省、自治区、直辖市的行政区域界线的变更，人民政府驻地的迁移，简称、排列顺序的变更；（二）自治州、县、自治县、市、市辖区的设立、撤销、更名和隶属关系的变更以及自治州、自治县、设区的市人民政府驻地的迁移；（三）自治州、自治县的行政区域界线的变更，县、市、市辖区的行政区域界线的重大变更；（四）凡涉及海岸线、海岛、边疆要地、湖泊、重要资源地区及特殊情况地区的隶属关系或者行政区域界线的变更。"因此，省、自治区、直辖市的设立、撤销、更名，由全国人大批准；变更行政区域界线，由国务院审批；自治州、自治县的设立、撤销、更名或者变更行政区域界线，均由国务院审批；故 AC 项正确。B 项错误。

D 项：《行政区划管理条例》第 9 条规定："乡、民族乡、镇的设立、撤销、更名，行政区域界线的变更，人民政府驻地的迁移，由省、自治区、直辖市人民政府审批。"故 D 项错误。

综上所述，本题答案为 AC 项。

4 1201091

答案：D。

解析：ABC 项：行政区域划分又称行政区划，是指根据宪法和法律的规定，结合政治、经济、民族状况以及地理历史条件，将国家的领土划分为不同的区域，以便进行管理的制度。行政区域划分的特点包括：1. 行政区划是国家的一种有目的的活动，对国家的政治、经济和其他社会生活产生重大影响；2. 行政区划【是国家主权的体现】，【属于国家内政】，国际社会应予以尊重，任何国家都不得干涉其他国家的行政区划；3. 国家一般以宪法和法律对行政区划制度作了较为具体的规定。故 ABC 项正确，不当选。

D 项：根据我国现行法律的规定，行政区域设立、调整、撤销和更名必须根据一定的法律程序进行。我国《宪法》第 62 条、第 89 条、第 107 条对其进行了系统的规定，即属于全国人大、国务院以及省级人民政府的职权范围；但有关的法律法规对行政区域划分也做了规定，如《行政区划管理条例》第 6 至 13 条对该内容也进行了详细的规定，因此，其他法律也有相关权力，故 D 项错误，当选。

综上所述，本题为选非题，答案为 D 项。

（三）综合知识点

【单选】

5 1301024

答案：D。

解析：A 项：按不同区域所实行的地方制度，我国的行政区划分为：（1）普通行政区划；（2）民族自治地方区划；（3）特别行政区划。故 A 项错误。

B 项：行政区域的变更包括行政区域的设立、调整、撤销和更名，都必须根据一定的法律程序进行。根据《行政区划管理条例》第 8 条的规定："县、市、市辖区的部分行政区域界线的变更，县、不设区的市、市辖区人民政府驻地的迁移，国务院授权省、自治区、直辖市人民政府审批；批准变更时，同时报送国务院备案。"并不是所有省、自治区、直辖市人民政府均可审批，需要经国务院授权。故 B 项错误。

C 项：经济特区是在国内划定一定范围，在对外经济活动中采取较国内其它地区更加开放和灵活的特殊政策的特定地区。经济特区不属于地方制度。故 C 项错误。

D 项：行政区域划分又称行政区划，是指根据宪法和法律的规定，结合政治、经济、民族状况以及地理历史条件，将国家的领土划分为不同的区域，以便进行管理的制度。从内容上看，行政区域划分制度包括行政区域划分的机关、原则、程序以及行政区域边界争议的处理等内容。故 D 项正确。

综上所述，本题答案为 D 项。

【多选】

6 2201096

答案：B,C。

解析：AB 项：《行政区划管理条例》第 7 条第 2 项规定："下列行政区划的变更由【国务院】审批：（二）自治州、县、自治县、市、市辖区的设立、撤销、更名和隶属关系的变更以及自治州、自治县、设区的市人民政府驻地的迁移。"丙县的撤销和丁县级市的设立以及归甲省直接管辖应该由国务院审批。因此，A 项错误，B 项正确。

C 项：由于丁市是甲省直接管辖的县级市，所以丁市的行政事务由甲省直接管理。因此，C 项正确。

D 项：《立法法》第 93 条第 1 款规定："省、自治区、直辖市和设区的市、自治州的人民政府，可以根据法律、行政法规和本省、自治区、直辖市的地方性法规，制定规章。"丁市政府作为一个县级市无权制定政府规章。因此，D 项错误。

综上所述，本题答案为 BC 项。

二、模拟训练

【单选】

7 61908150

答案：D。

解析：A 项：根据《宪法》第 89 条第 15 项规定："国务院行使下列职权：（十五）批准省、自治区、直辖市的区域划分，批准自治州、县、自治县、市的建置和区域划分。"根据《行政区划管理条例》第 7 条第 1 项规定："下列行政区划的变更由国务院审批：（一）省、自治区、直辖市的行政区域界线的变更……"可知，省、自治区、直辖市区域界线的变更由国务院而不是全国人民代表大会决定。因此，A 项错误。

B 项：根据《宪法》第 107 条第 3 款规定："省、直辖市的人民政府决定乡、民族乡、镇的建置和区域划分。"可知，省政府有权决定乡级行政区域的设立、撤销与更名，不需要国务院的授权。因此，B 项错误。

C 项：根据《地方各级人大和地方各级政府组织法》第 85 条第 3 款规定："市辖区、不设区的市的人民政府，经上一级人民政府批准，可以设立若干街道办事处，作为它的派出机关。"可知，不设区的市的人民政府，经"上一级人民政府"而非省级政府批准，可以设立若干街道办事处，作为它的派出机关。因此，C 项错误。

D 项：根据《宪法》第 62 条第 13 项规定："全国人民代表大会行使下列职权：(十三)批准省、自治区和直辖市的建置。"第 89 条第 15 项规定："国务院行使下列职权：(十五)批准省、自治区、直辖市的区域划分，批准自治州、县、自治县、市的建置和区域划分。"可知，全国人大决定重庆直辖市的设立，国务院决定重庆直辖市的区域划分。因此，D 项正确。

综上所述，本题答案为 D 项。

【多选】

8 61808098

答案：A,D。

解析：A 项：根据《行政区划管理条例》第 8 条的规定："县、市、市辖区的部分行政区域界线的变更，县、不设区的市、市辖区人民政府驻地的迁移，国务院授权省、自治区、直辖市人民政府审批；批准变更时，同时报送国务院备案。"故审批县、市、市辖区的部分行政区域界线的变更，应由省级人民政府根据国务院的授权。因此，A 项错误，当选。

B 项：根据《宪法》第 62 条第 13、14 项的规定："全国人民代表大会行使下列职权：(十三)批准省、自治区和直辖市的建置；(十四)决定特别行政区的设立及其制度。"可知，全国人大有权决定省级行政区划的设置及特别行政区的设立。因此，B 项正确，不当选。

C 项：根据《宪法》第 107 条第 3 款的规定："省、直辖市的人民政府决定乡、民族乡、镇的建置和区域划分。"可知，省级人民政府有权决定乡级行政区划的设置。因此，C 项正确，不当选。

D 项：《宪法》第 30 条第 1 款规定："中华人民共和国的行政区域划分如下：(一)全国分为省、自治区、直辖市；(二)省、自治区分为自治州、县、自治县、市；(三)县、自治县分为乡、民族乡、镇。"可知，《宪法》规定我国行政区域划分为省、县、乡三级。因此，D 项错误，当选。【注意】如果题干没有明确说"《宪法》规定"，那么"中国的行政区划分为省、市、县、乡四级"的表述亦是正确的。

综上所述，本题为选非题，答案为 AD 项。

第四章 选举制度

参考答案

[1] C	[2] ABC	[3] A	[4] AD	[5] AC
[6] CD	[7] BD	[8] B	[9] B	[10] BC
[11] ACD	[12] BD	[13] AB	[14] B	[15] A
[16] C	[17] D	[18] D	[19] ABCD	

一、历年真题及仿真题

(一) 选举基本原则

1 2401043

答案：C。

解析：选举平等原则是指在选举中，一切选民具有同等的法律地位，法律在程序上对所有的选民同等对待，选民所投的选票具有同等的法律效力。具体要求为一人一票，每票等值、城乡平等、选区平等、允许合理差别。

ABCD 项：①是秘密投票原则的体现，不当选；②是直接选举和间接选举并用原则的体现，不当选；③体现了允许合理差别的要求，当选；④体现了选区平等的要求，当选。因此，C 项正确，ABD 项错误。

综上所述，本题答案为 C 项。

【多选】

2 1701062

答案：A,B,C。

解析：AC 项：根据《选举法》第 26 条的规定：

"本行政区域内各选区每一代表所代表的人口数应当大体相等。"这是选举权的平等原则在选区划分中的具体体现，故 A 项正确。而"百分之三十"则是对规定中"大体相等"原则基础之上的进一步限定，符合《宪法》及相关法律的要求，故 C 项正确。

B 项："大体相等"不等于完全相等，因为具体操作上可能会产生误差，所以允许每一代表所代表的人口数之间存在差别。故 B 项正确。

D 项：根据《宪法》第 59 条第 1 款的规定："全国人民代表大会由省、自治区、直辖市、特别行政区和军队选出的代表组成。各少数民族都应当有适当名额的代表。"可见，应保证各地区、各民族、各方面都有适当数量的代表。故 D 项错误。

综上所述，本题答案为 ABC 项。

（二）选举机构

【单选】

3 1601024

答案：A。

解析：A 项：根据《选举法》第 10 条第 1 款的规定："……乡、民族乡、镇的选举委员会的组成人员由不设区的市、市辖区、县、自治县的人民代表大会常务委员会任命。"因此，A 项正确。

B 项：根据《选举法》第 9 条第 2 款的规定："不设区的市、市辖区、县、自治县、乡、民族乡、镇设立选举委员会，主持本级人民代表大会代表的选举……"注意，不是由县级人大常委会直接主持本级人大代表的选举，而是设立"选举委员会"，由该"选委会"主持本级人民代表大会代表的选举。因此，B 项错误。

C 项：根据《选举法》第 39 条的规定："县级以上的地方各级人民代表大会在选举上一级人民代表大会代表时，由各该级人民代表大会主席团主持。"因此，省人大在选举全国人大代表时，应由省人民代表大会主席团主持。因此，C 项错误。

D 项：根据《选举法》第 10 条第 2 款的规定："选举委员会的组成人员为代表候选人的，应当辞去选举委员会的职务。"因此，D 项错误。

综上所述，本题答案为 A 项。

（三）选举程序

【多选】

4 1901001

答案：A,D。

解析：ABC 项：根据《选举法》第 42 条的规定："选民如果在选举期间外出，经选举委员会同意，可以书面委托其他选民代为投票。每一选民接受的委托不得超过三人，并应当按照委托人的意愿代为投票。"由此可知，委托投票需要以书面形式进行，王某的电话委托无效。因此，A 项正确，BC 项错误。

D 项：根据《选举法》第 4 条的规定："中华人民共和国年满十八周岁的公民，不分民族、种族、性别、职业、家庭出身、宗教信仰、教育程度、财产状况和居住期限，都有选举权和被选举权。依照法律被剥夺政治权利的人没有选举权和被选举权。"在委托投票中，受托人必须是选民，王某 14 岁的儿子属于未成年人，没有选举权，故不得接受委托。因此，D 项正确。

综上所述，本题答案为 AD 项。

（四）代表的罢免和辞职

【多选】

5 1901012

答案：A,C。

解析：A 项：根据《选举法》第 3 条第 2 款的规定："不设区的市、市辖区、县、自治县、乡、民族乡、镇的人民代表大会的代表，由选民直接选举。"县级和乡级的人民代表大会代表为直接选举产生。又根据本法第 53 条第 1 款的规定："罢免县级和乡级的人民代表大会代表，须经原选区过半数的选民通过。"故罢免直接选举产生的代表须经原选区过半数的选民通过。因此，A 项正确。

BCD 项：根据《选举法》第 53 条第 2 款的规定："罢免由县级以上的地方各级人民代表大会选出的代表，须经各该级人民代表大会过半数的代表通过；在代表大会闭会期间，须经常务委员会组成人员的过半数通过。罢免的决议，须报送上一级人民代表大会常务委员会备案、公告。"只有在罢免间接选举产生的代表时，才需要将该决议报送上一级人大常委会备案，而不是罢免直接选举产生的代表。因此，B 项错误。罢免间接选举产生的代表需要经过原选举单位或者人大常委会的过半数通过。因此，C 项正确。罢免间接选举产生的代表，在代表大会闭会期间，常委会成员过半数即可通过，而非 2/3 多数通过。因此，D 项错误。

综上所述，本题答案为 AC 项。

（五）代表的补选、暂停和终止

【多选】

6 1801058

答案：C,D。

解析：ABCD 项：根据《代表法》第 49 条的规定："代表有下列情形之一的，其代表资格终止：（一）地方各级人民代表大会代表迁出或者调离本行政区域的；（二）辞职被接受的；（三）未经批准两次不出席本级人民代表大会会议的；（四）被罢免的；（五）丧失中华人民共和国国籍的；（六）依照法律被剥夺政治权利的；（七）丧失行为能力的。"故 CD 项正确，AB 项错误。

综上所述，本题答案为 CD 项。

（六）人大代表的权利

【多选】

7 1601064

答案：B,D。

解析：A 项：根据《全国人民代表大会组织法》第 48 条的规定："全国人民代表大会代表、全国人民代表大会常务委员会的组成人员，在全国人民代表大会和全国人民代表大会常务委员会各种会议上的发言和表决，不受法律追究。"该选项说法太绝对，因此，A 项错误。

B 项：根据《宪法》第 62 条第 5 项的规定："全国人民代表大会行使下列职权：（五）根据中华人民共和国主席的提名，决定国务院总理的人选；根据国务院总理的提名，决定国务院副总理、国务委员、各部部长、各委员会主任、审计长、秘书长的人选。"因此，B 项正确。

C 项：根据《全国人民代表大会组织法》第 49 条的规定："全国人民代表大会代表非经全国人民代表大会主席团许可，在全国人民代表大会闭会期间非经全国人民代表大会常务委员会许可，不受逮捕或者刑事审判。全国人民代表大会代表如果因为是现行犯被拘留，执行拘留的公安机关应当立即向全国人民代表大会主席团或者全国人民代表大会常务委员会报告。"该选项说法太绝对，因此，C 项错误。

D 项：根据《宪法》第 61 条第 1 款的规定："全国人民代表大会会议每年举行一次，由全国人民代表大会常务委员会召集。如果全国人民代表大会常务委员会认为必要，或者有五分之一以上的全国人民代表大会代表提议，可以临时召集全国人民代表大会会议。"因此，D 项正确。

综上所述，本题答案为 BD 项。

（七）综合知识点

【单选】

8 2001016

答案：B。

解析：A 项：根据《选举法》第 9 条的规定："全国人民代表大会常务委员会主持全国人民代表大会代表的选举。省、自治区、直辖市、设区的市、自治州的人民代表大会常务委员会主持本级人民代表大会代表的选举。不设区的市、市辖区、县、自治县、乡、民族乡、镇设立选举委员会，主持本级人民代表大会代表的选举……"可知，市级及以上的人大代表的选举由同级人大常委会主持；乡级和县级人大代表由选民直接选举，主持组织为选举委员会，而非人大主席团。因此，A 项错误。

B 项：根据《选举法》第 30 条第 2 款的规定："……选民或者代表，十人以上联名，也可以推荐代表候选人……"可知，10 个以上选民或代表联名有权提名候选人。因此，B 项正确。

C 项：根据《选举法》第 31 条第 2 款的规定："由选民直接选举人民代表大会代表的，代表候选人的人数应多于应选代表名额三分之一至一倍；由县级以上的地方各级人民代表大会选举上一级人民代表大会代表的，代表候选人的人数应多于应选代表名额五分之一至二分之一。”县人大代表由选民直接选举，应当多出1/3到1倍，而非多出1/5到1/2。因此，C项错误。

D项：根据《选举法》第45条第1款的规定：“在选民直接选举人民代表大会代表时，选区全体选民的过半数参加投票，选举有效。代表候选人获得参加投票的选民过半数的选票时，始得当选。”第53条第1款的规定：“罢免县级和乡级的人民代表大会代表，须经原选区过半数的选民通过。”可知，直接选举要求“双过半”，即全体选民过半投票时选举程序本身有效，获得过半选票方可当选。直接选举的罢免则要求“全过半”，即全体选民过半同意。因此，D项错误。

综上所述，本题答案为B项。

9 1101025

答案：B。

解析：A项：根据《选举法》第9条第1款的规定：“【全国人民代表大会常务委员会】主持全国人民代表大会代表的选举……”故A项正确，不当选。

BC项：根据《选举法》第9条第2款、第3款的规定：“……乡、民族乡、镇的选举委员会受不设区的市、市辖区、县、自治县的人民代表大会常务委员会的【领导】。省、自治区、直辖市、设区的市、自治州的人民代表大会常务委员会【指导】本行政区域内县级以下人民代表大会代表的选举工作。”可知，省级人大常委会“指导”而非“领导”本辖区内乡镇级人大代表的选举，故B项错误，当选；C项正确，不当选。

D项：根据《选举法》第29条的规定：“对于公布的选民名单有不同意见的，可以在选民名单公布之日起五日内向选举委员会提出申诉。选举委员会对申诉意见，应在【三日内】作出处理决定……”故D项正确，不当选。

综上所述，本题为选非题，答案为B项。

【多选】

10 2201091

答案：B,C。

解析：A项：《选举法》第13条规定：“省、自治区、直辖市的人民代表大会代表的具体名额，由全国人民代表大会常务委员会依照本法确定。设区的市、自治州和县级的人民代表大会代表的具体名额，由省、自治区、直辖市的【人民代表大会常务委员会】依照本法确定，报全国人民代表大会常务委员会备案。乡级的人民代表大会代表的具体名额，由县级的【人民代表大会常务委员会】依照本法确定，报上一级人民代表大会常务委员会备案。”县乡两级的选举名额均由人常确定，而非选举委员会。因此，A项错误。

B项：关于选举委员会的职位设置以及人员构成范围，选举法没有规定，一般情况下，【县一级选举委员会主任应由县一级人大常委会主任担任】，副主任应由县一级党委副书记或组织部长、人大常委会有关副主任担任，党委组织、纪检、统战等部门负责人员，人大常委会相关机构负责人员及有关方面负责人员作为成员参与其中；乡镇一级选举委员会主任应由乡镇人大主席担任，副主任应由党委副书记担任，乡镇党委、政府及有关方面负责人员作为成员参与其中。因此，B项正确。

C项：《选举法》第9条第2款规定：“不设区的市、市辖区、县、自治县、乡、民族乡、镇设立选举委员会，主持本级人民代表大会代表的选举。不设区的市、市辖区、县、自治县的选举委员会受本级人民代表大会常务委员会的领导。乡、民族乡、镇的选举委员会受不设区的市、市辖区、县、自治县的人民代表大会常务委员会的领导。”乡的选举委员会受县人民代表大会常务委员会的领导。因此，C项正确。

D项：《选举法》第10条第2款规定：“选举委员会的组成人员为代表候选人的，应当辞去选举委员会的职务。”可见，当选举委员会成员同时被推荐为候选人的，应当辞去选举委员的职务。因此，D项错误。

综上所述，本题答案为BC项。

11 1501063

答案：A,C,D。

解析：A项：《选举法》第49条规定：“全国和地方

各级人民代表大会的代表，受选民和原选举单位的监督。选民或者选举单位都有权罢免自己选出的代表。”故 A 项正确。

B 项:《选举法》第 55 条第 2 款规定:“县级的人民代表大会代表可以向本级人民代表大会常务委员会书面提出辞职，乡级的人民代表大会代表可以向本级人民代表大会书面提出辞职……”故 B 项错误。

C 项:《选举法》第 58 条第 1 款规定:“为保障选民和代表自由行使选举权和被选举权，对有下列行为之一，破坏选举，违反治安管理规定的，依法给予治安管理处罚；构成犯罪的，依法追究刑事责任:(一)以金钱或者其他财物贿赂选民或者代表，妨害选民和代表自由行使选举权和被选举权的。”故 C 项正确。

D 项:《选举法》第 39 条规定:“县级以上的地方各级人民代表大会在选举上一级人民代表大会代表时，由各该级人民代表大会主席团主持。”第 59 条规定:“主持选举的机构发现有破坏选举的行为或者收到对破坏选举行为的举报，应当及时依法调查处理……”故 D 项正确。

综上所述，本题答案为 ACD 项。

12 1401062

答案: B,D。

解析: A 项:《选举法》第 8 条的规定:“全国人民代表大会和地方各级人民代表大会的选举经费，列入财政预算，由国库开支。”国库开支包括中央和地方，故 A 项错误。

B 项:《香港特别行政区选举第十二届全国人民代表大会代表的办法》第 2 条的规定:“香港特别行政区选举第十二届全国人民代表大会代表由全国人民代表大会常务委员会主持。”第 6 条规定:“选举会议第一次会议由全国人民代表大会常务委员会召集，根据全国人民代表大会常务委员会委员长会议的提名，推选十九名选举会议成员组成主席团。主席团从其成员中推选常务主席一人。主席团主持选举会议。主席团常务主席主持主席团会议。”故 B 项正确。

C 项:《选举法》第 51 条第 1 款规定:“县级以上的地方各级人民代表大会举行会议的时候，主席团或者十分之一以上代表联名，可以提出对由该级人民代表大会选出的上一级人民代表大会代表的罢免案。”故 C 项错误。

D 项:《选举法》第 30 条第 2 款的规定:“各政党、各人民团体，可以联合或者单独推荐代表候选人。选民或者代表，十人以上联名，也可以推荐代表候选人。推荐者应向选举委员会或者大会主席团介绍代表候选人的情况。”故 D 项正确。

综上所述，本题答案为 BD 项。

13 1301060

答案: A,B。

解析: A 项:《选举法》第 55 条第 2 款规定:“乡级的人民代表大会代表可以向本级人民代表大会书面提出辞职……乡级的人民代表大会接受辞职，须经人民代表大会过半数的代表通过……”故 A 项正确。

B 项:《选举法》第 50 条第 1 款规定:“对于县级的人民代表大会代表，原选区选民五十人以上联名，对于乡级的人民代表大会代表，原选区选民三十人以上联名，可以向县级的人民代表大会常务委员会书面提出罢免要求。”故 B 项正确。

C 项:《选举法》第 53 条第 1 款规定:“罢免县级和乡级的人民代表大会代表，须经原选区过半数的选民通过。”故 C 项错误。

D 项:《选举法》第 57 条第 4 款规定:“补选出缺的代表时，代表候选人的名额可以多于应选代表的名额，也可以同应选代表的名额相等……”故 D 项错误。

综上所述，本题答案为 AB 项。

二、模拟训练

【单选】

14 61808094

答案: B。

解析: AC 项: 根据我国《选举法》31 条第 2 款规定:“由选民直接选举人民代表大会代表的，代表候选人的人数应多于应选代表名额【三分之一至一倍】；由县级以上的地方各级人民代表大会选举上一级人民代表大会代表的，代表候选人的人数应多于应选代表名额【五分之一至二分之一】。”

因此，AC项正确，不当选。

BD项：根据我国《选举法》27条第1款规定："选民登记按选区进行，经登记确认的选民资格【长期有效】。【每次】选举前对上次选民登记以后新满十八周岁的、被剥夺政治权利期满后恢复政治权利的选民，予以登记。对选民经登记后迁出原选区的，列入新迁入的选区的选民名单；对死亡的和依照法律被剥夺政治权利的人，从选民名单上除名。"因此，B项错误，当选；D项正确，不当选。

综上所述，本题为选非题，答案为B项。

15 62208186

答案：A。

解析：A项：根据《选举法》第3条第2款的规定："不设区的市、市辖区、县、自治县、乡、民族乡、镇的人民代表大会的代表，由选民直接选举。"因此，A项正确。

B项：根据《选举法》第9条第2款的规定："……不设区的市、市辖区、县、自治县的选举委员会受本级人民代表大会常务委员会的领导。乡、民族乡、镇的选举委员会受不设区的市、市辖区、县、自治县的人民代表大会常务委员会的领导。"乡镇选举委员会受【县级人民代表大会常务委员会】的领导，而不是【本级常委会】领导。因此，B项错误。

C项：根据《选举法》第9条第3款的规定："省、自治区、直辖市、设区的市、自治州的人民代表大会常务委员会指导本行政区域内县级以下人民代表大会代表的选举工作。"省、市级常委会指导选举工作，而不是县级。因此，C项错误。

D项：根据《选举法》第10条第2款的规定："选举委员会的组成人员为代表候选人的，应当辞去选举委员会的职务。"为了选举公平，选举委员会的组成人员不能为代表候选人。因此，D项错误。

综上所述，本题答案为A项。

16 62208265

答案：C。

解析：A项：根据《选举法》第13条的规定："……乡级的人民代表大会代表的具体名额，由县级的人民代表大会常务委员会依照本法确定，报上一级人民代表大会常务委员会【备案】。"可知，乡级人大代表的具体名额，由县级人大常委会确定，报上一级人大常委会备案，而非批准。因此，A项错误。

B项：根据《选举法》第9条第2款的规定："……乡、民族乡、镇的选举委员会受不设区的市、市辖区、县、自治县的人民代表大会常务委员会的【领导】。"以及第45条第1款的规定："在选民直接选举人民代表大会代表时，选区【全体选民的过半数】参加投票，选举有效。代表候选人获得【参加投票的选民过半数】的选票时，始得当选。"可知，乡级选举委员会受县级人大常委会的领导而非指导；乡级选举人大代表属于直接选举，双过半才能当选。因此，B项错误。

C项：根据《选举法》第29条的规定："对于公布的选民名单有不同意见的，可以在选民名单公布之日起五日内向选举委员会提出申诉……申诉人如果对处理决定不服，可以在选举日的五日以前向人民法院起诉……"可知，小美对乡级选举委员会公布的选民名单有异议的，应在选民名单公布之日起5日内向选举委员会申诉，对处理决定不服的，可以在选举日的5日以前向法院起诉。因此，C项正确。

D项：根据《香港特别行政区选举第十四届全国人民代表大会代表的办法》第2条的规定："香港特别行政区选举第十四届全国人民代表大会代表由【全国人民代表大会常务委员会】主持。"以及第10条第1款的规定："全国人民代表大会代表候选人由选举会议成员15人以上提名……"可知，香港特别行政区全国人大代表的选举，由全国人大常委会主持，而不是全国人大主席团主持，候选人由选举会议成员15人以上提名。因此，D项错误。

综上所述，本题答案为C项。

17 62208266

答案：D。

解析：A项：调查委员会，即指县级以上的地方各级人民代表大会可以组织关于特定问题的调查委员会。根据《地方各级人大和地方各级政府组织法》第36条第2款的规定："主席团或者十分之一以上代表书面联名，可以向本级人民代表大会提议组织关于特定问题的调查委员会，由主席团提请全体会议决定。”因此，A 项正确，不当选。·
B 项：根据《地方各级人大和地方各级政府组织法》第 31 条第 1 款的规定：“县级以上的地方各级人民代表大会举行会议的时候，主席团、常务委员会或者十分之一以上代表联名，可以提出对本级人民代表大会常务委员会组成人员、人民政府组成人员、人民法院院长、人民检察院检察长的罢免案，由主席团提请大会审议。”B 项中，63 名大于 551 名的十分之一，可以提出罢免案。因此，B 项正确，不当选。
C 项：根据《地方各级人大和地方各级政府组织法》第 31 条第 2 款的规定：“乡、民族乡、镇的人民代表大会举行会议的时候，主席团或者五分之一以上代表联名，可以提出对人民代表大会主席、副主席，乡长、副乡长，镇长、副镇长的罢免案，由主席团提请大会审议。”因此，C 项正确，不当选。
D 项：根据《选举法》第 50 条第 1 款的规定：“对于县级的人民代表大会代表，原选区选民五十人以上联名，对于乡级的人民代表大会代表，原选区选民三十人以上联名，可以向县级的人民代表大会常务委员会书面提出罢免要求。”可知，27 人不符合要求。因此，D 项错误，当选。
综上所述，本题为选非题，答案为 D 项。

18 62208034

答案：D。
解析：A 项：根据《选举法》第 55 条第 2 款规定：“……乡级的人民代表大会代表可以向本级人民代表大会书面提出辞职……”可知，乡人大代表辞职的，需向本级人大即乡人大而非县人大常委会书面提出。因此，A 项错误。
B 项：各级人大代表的辞职均需通过书面形式提出。因此，B 项错误。
CD 项：根据《选举法》第 55 条第 1 款规定：“全国人民代表大会代表，省、自治区、直辖市、设区的市、自治州的人民代表大会代表，可以向选举他的人民代表大会的常务委员会书面提出辞职。常务委员会接受辞职，须经常务委员会组成人员的过半数通过。接受辞职的决议，须报送上一级人民代表大会常务委员会备案、公告。”可知，间接选举中人大代表的辞职需向选举他的人大常委会书面提出辞职，且需经过常委会组成人员过半数通过。本题中孙某应向县人大常委会而非市人大常委会书面提出辞职。因此，C 项错误。间接选举中常委会接受辞职的决议后，须报送上一级人大常委会备案并公告。即省人大常委会接受辞职决议后，须报送全国人大常委会备案并公告。因此，D 项正确。
综上所述，本题答案为 D 项。

【多选】

19 62108001

答案：A,B,C,D。
解析：AB 项：根据《选举法》第 13 条的规定：“……设区的市、自治州和县级的人民代表大会代表的具体名额，由省、自治区、直辖市的人民代表大会常务委员会依照本法确定，【报全国人民代表大会常务委员会备案】。乡级的人民代表大会代表的具体名额，由【县级的人民代表大会常务委员】会依照本法确定，报上一级人民代表大会常务委员会备案。”可知，设区的市、自治州和县级的人民代表大会代表的具体名额，省级人民代表大会常务委员会确定后，还需要报全国人民代表大会常务委员会备案。因此，A 项错误，当选。乡级的人民代表大会代表的具体名额，由县级的人民代表大会常务委员会而非县级人民代表大会依法确定。因此，B 项错误，当选。
C 项：根据《选举法》第 14 条第 1 款的规定：“地方各级人民代表大会的代表总名额经确定后，不再变动。如果由于行政区划变动或者由于重大工程建设等原因造成人口较大变动的，该级人民代表大会的代表总名额依照本法的规定重新确定。”可知，地方各级人民代表大会的代表总名额并非不能变动，C 项说法过于绝对。因此，C 项错误，当选。
D 项：根据《选举法》第 14 条第 2 款的规定：“依照前款规定重新确定代表名额的，省、自治区、直辖市的人民代表大会常务委员会应当在三十日内将重新确定代表名额的情况报【全国人民代表大会常务委员会】备案。”可知，应当报全国人民代表大会常务委员会而非全国人民代表大会备案。因此，D 项错误，当选。

综上所述，本题为选非题，答案为 ABCD 项。

第五章 民族区域自治制度

参考答案

[1] ABCD	[2] A	[3] A	[4] B	[5] B
[6] D	[7] D	[8] AB	[9] BD	[10] D
[11] BD	[12] CD			

一、历年真题及仿真题

（一）民族自治权

【多选】

1 1001063

答案：A,B,C,D。

解析：A 项：根据《宪法》第 117 条的规定：“民族自治地方的自治机关有管理地方财政的自治权。凡是依照国家财政体制属于民族自治地方的财政收入，都应当由民族自治地方的自治机关自主地安排使用。”故 A 项正确。

B 项：根据《宪法》第 116 条的规定：“民族自治地方的人民代表大会有权依照当地民族的政治、经济和文化的特点，制定自治条例和单行条例……”民族自治地方包括自治区、自治州、自治县三级，所以，自治州人大有权制定自治条例和单行条例，故 B 项正确。

C 项：根据《宪法》第 118 条第 1 款的规定：“民族自治地方的自治机关在国家计划的指导下，自主地安排和管理地方性的经济建设事业。”故 C 项正确。

D 项：根据《宪法》第 119 条的规定：“民族自治地方的自治机关自主地管理本地方的教育、科学、文化、卫生、体育事业，保护和整理民族的文化遗产，发展和繁荣民族文化。”故 D 项正确。

综上所述，本题答案为 ABCD 项。

（二）综合知识点

【单选】

2 2201112

答案：A。

解析：AD 项：根据《民族区域自治法》第 12 条第 1 款的规定：“少数民族聚居的地方，根据当地民族关系、经济发展等条件，并参酌历史情况，【可以】建立以一个或者几个少数民族聚居区为基础的自治地方。”可知，如果有多个少数民族聚集的地方，可以而非应当建立几个自治地方。因此，A 项正确，D 项错误。

B 项：少数民族自治地方的自治机关是指中华人民共和国的自治区、自治州、自治县的人民代表大会和人民政府。因此，B 项错误。

C 项：我国的民族自治地方分为自治区、自治州、自治县（自治旗）三级，民族乡不是民族自治地方。因此，C 项错误。

综上所述，本题答案为 A 项。

3 2101109

答案：A。

解析：A 项：根据《民族区域自治法》第 15 条第 1 款的规定：“民族自治地方的自治机关是自治区、自治州、自治县的人民代表大会和人民政府。”可知，民族自治地方的自治机关无常委会。故 A 项错误，当选。

B 项：根据《民族区域自治法》第 16 条第 3 款规定：“民族自治地方的人民代表大会常务委员会中应当有实行区域自治的民族的公民担任主任或者副主任。”故 B 项正确，不当选。

C 项：根据《民族区域自治法》第 19 条规定：“民族自治地方的人民代表大会有权依照当地民族的政治、经济和文化的特点，制定自治条例和单行条例……自治州、自治县的自治条例和单行条例报省、自治区、直辖市的人民代表大会常务委员会批准后生效……”故 C 项正确，不当选。

D 项：根据《民族区域自治法》第 27 条第 1 款规定：“民族自治地方的自治机关根据法律规定，确定本地方内草场和森林的所有权和使用权。”第 28 条规定：“民族自治地方的自治机关依照法律规定，管理和保护本地方的自然资源。民族自治地方的自治机关根据法律规定和国家的统一规划，对可以由本地方开发的自然资源，优先合理开发利用。”故 D 项正确，不当选。

综上所述，本题为选非题，答案为 A 项。

4 2101107

答案：B。

解析：A 项：根据《民族区域自治法》第 15 条第 1 款的规定：“民族自治地方的自治机关是自治区、自治州、自治县的人民代表大会和人民政府。”可知，自治机关仅指人大和政府，不包括人大常委会，也不包括法院、检察院。故 A 项正确，不当选。

B 项：根据《民族区域自治法》第 16 条第 3 款的规定：“民族自治地方的人民代表大会常务委员会中应当有实行区域自治的民族的公民担任主任或者副主任。”民族自治地方人大常委会的主任或副主任，由实行区域自治的民族的【公民】担任，而不是区域自治民族的人员。故 B 项错误，当选。

C 项：根据《民族区域自治法》第 24 条的规定：“民族自治地方的自治机关依照国家的军事制度和当地的实际需要，经国务院批准，可以组织本地方维护社会治安的公安部队。”故 C 项正确，不当选。

D 项：根据《民族区域自治法》第 34 条的规定：“民族自治地方的自治机关在执行国家税法的时候，除应由国家统一审批的减免税收项目以外，对属于地方财政收入的某些需要从税收上加以照顾和鼓励的，可以实行减税或者免税。【自治州、自治县决定减税或者免税，须报省、自治区、直辖市人民政府批准】。”故 D 项正确，不当选。

综上所述，本题为选非题，答案为 B 项。

5 2001015

答案：B。

解析：A 项：民族区域自治制度是指在国家的统一领导下，以少数民族聚居区为基础，建立相应的自治地方，设立自治机关，行使自治权，使实行区域自治的民族的人民自主地管理本民族地方性事务的制度。民族区域自治必须以少数民族聚居区为基础，是民族自治与区域自治的结合。因此，A 项正确，不当选。

B 项：根据《民族区域自治法》第 15 条第 1 款的规定：“民族自治地方的自治机关是自治区、自治州、自治县的人民代表大会和人民政府。”可知，民族自治地方的自治机关只有人大和政府，不包括司法机关、监察机关等地方国家机关。因此，B 项错误，当选。

C 项：根据《民族区域自治法》第 20 条的规定：“上级国家机关的决议、决定、命令和指示，如有不适合民族自治地方实际情况的，自治机关可以报经该上级国家机关批准，变通执行或者停止执行；该上级国家机关应当在收到报告之日起六十日内给予答复。”因此，C 项正确，不当选。

D 项：根据《民族区域自治法》第 38 条的规定：“民族自治地方的自治机关自主地发展具有民族形式和民族特点的文学、艺术、新闻、出版、广播、电影、电视等民族文化事业，加大对文化事业的投入，加强文化设施建设，加快各项文化事业的发展。民族自治地方的自治机关组织、支持有关单位和部门收集、整理、翻译和出版民族历史文化书籍，保护民族的名胜古迹、珍贵文物和其他重要历史文化遗产，继承和发展优秀的民族传统文化。”发展具有民族特色的教科文卫事业，保护本民族的文化遗产，发展和繁荣民族文化是民族自治地方自治权的重要内容之一。因此，D 项正确，不当选。

综上所述，本题为选非题，答案为 B 项。

6 1701023

答案：D。

解析：A 项：根据《宪法》第 4 条第 4 款规定：“各民族都有使用和发展自己的语言文字的自由，都有保持或者改革自己的风俗习惯的自由。”因此，A 项正确，不当选。

B 项：根据《民族区域自治法》第 31 条第 1 款规定：“民族自治地方依照国家规定，可以开展对外经济贸易活动，经国务院批准，可以开辟对外贸易口岸。”因此，B 项正确，不当选。

C 项：根据《宪法》第 113 条第 2 款规定：“自治区、自治州、自治县的人民代表大会常务委员会中应当有实行区域自治的民族的公民担任主任或者副主任。”因此，C 项正确，不当选。

D 项：根据《民族区域自治法》第 20 条规定：“上级国家机关的决议、决定、命令和指示，如有不适合民族自治地方实际情况的，自治机关可以报经该上级国家机关批准，变通执行或者停止执行；该上级国家机关应当在收到报告之日起六十日内给予答复。”因此自治机关对上级国家机关的决议、决定、命令和指示并非自行变通和停止，而是需要向上级国家机关报批，因此，D 项错误，当选。

综上所述，本题为选非题，答案为 D 项。

7 1501024

答案：D。

解析：A 项：《宪法》第 112 条规定：“民族自治地方的自治机关是自治区、自治州、自治县的人民代表大会和人民政府。”第 4 条第 3 款规定：“各少数民族聚居的地方实行区域自治，设立自治机关，行使自治权。各民族自治地方都是中华人民共和国不可分离的部分。”故民族自治地方的自治机关不包括审判机关和检察机关，A 项错误。

BC 项：《立法法》第 85 条第 2 款规定：“自治条例和单行条例可以依照当地民族的特点，对法律和行政法规的规定作出变通规定，但不得违背法律或者行政法规的基本原则，不得对宪法和民族区域自治法的规定以及其他有关法律、行政法规专门就民族自治地方所作的规定作出变通规定。”《立法法》只规定了自治条例和单行条例可以对“法律和行政法规”作出变通规定，但并未赋予自治州人民政府对“国务院部门规章”的规定进行变通的权力，故 BC 项错误。

D 项：《民族区域自治法》第 19 条规定：“……自治州、自治县的自治条例和单行条例报省、自治区、直辖市的人民代表大会常务委员会批准后生效，并报全国人民代表大会常务委员会和国务院备案。”故 D 项正确。

综上所述，本题答案为 D 项。

【多选】

8 1401063

答案：A,B。

解析：A 项：《民族区域自治法》第 46 条第 2 款的规定：“民族自治地方人民法院的审判工作，受最高人民法院和上级人民法院监督……”故 A 项正确。

B 项：《民族区域自治法》第 17 条的规定：“自治区主席、自治州州长、自治县县长由实行区域自治的民族的公民担任……民族自治地方的人民政府实行自治区主席、自治州州长、自治县县长负责制……”故 B 项正确。

C 项：《立法法》第 85 条第 1 款的规定：“民族自治地方的人民代表大会有权依照当地民族的政治、经济和文化的特点，制定自治条例和单行条例。自治区的自治条例和单行条例，报全国人民代表大会常务委员会批准后生效。自治州、自治县的自治条例和单行条例，报省、自治区、直辖市的人民代表大会常务委员会批准后生效。”故民族自治区的自治条例和单行条例并不报全国人大批准后生效。故 C 项错误。

D 项：《民族区域自治法》第 44 条的规定：“民族自治地方实行计划生育和优生优育，提高各民族人口素质。民族自治地方的自治机关根据法律规定，结合本地方的实际情况，制定实行计划生育的办法。”故民族自治地方也要实行计划生育，故 D 项错误。

综上所述，本题答案为 AB 项。

9 1101087

答案：B,D。

解析：A 项：民族区域自治制度是指在国家的统一领导下，以少数民族聚居区为基础，建立相应的自治地方，设立自治机关，行使自治权，使实行区域自治的民族的人民自主地管理本民族地方性事务的制度。民族区域自治必须以少数民族聚居区为基础，是民族自治与区域自治的结合。故 A 项表述正确，不当选。

B 项：根据《民族区域自治法》第 15 条第 1 款的规定：“民族自治地方的自治机关是自治区、自治州、自治县的人民代表大会和人民政府。”只有民族自治地方的人大和政府才是自治机关，法院和检察院等国家机关不是自治机关，故 B 项错误，当选。

C 项：根据《民族区域自治法》第 20 条的规定：

"上级国家机关的决议、决定、命令和指示，如有不适合民族自治地方实际情况的，自治机关可以报经该上级国家机关批准，变通执行或者停止执行；该上级国家机关应当在收到报告之日起六十日内给予答复。"故 C 项表述正确，不当选。

D 项：根据《民族区域自治法》第 42 条第 2 款的规定："自治区、自治州的自治机关依照国家规定，可以和国外进行教育、科学技术、文化艺术、卫生、体育等方面的交流。"并不是所有自治地方的自治机关都有权，自治县的自治机关无此权力，故 D 项错误，当选。

综上所述，本题为选非题，答案为 BD 项。

二、模拟训练

【单选】

10 62208191

答案：D。

解析：A 项：《民族区域自治法》第 2 条第 2 款规定："民族自治地方分为自治区、自治州、自治县。"可知，我国民族自治地方由自治区、自治州、自治县组成，民族乡不属于自治地方。因此，A 项错误。

B 项：《民族区域自治法》第 15 条第 1 款规定："民族自治地方的自治机关是自治区、自治州、自治县的人民代表大会和人民政府。"可知，我国民族自治地方的自治机关为自治地方人大和人民政府，地方人民法院和人民检察院不是自治机关。因此，B 项错误。

C 项：《民族区域自治法》第 42 条第 2 款规定："自治区、自治州的自治机关依照国家规定，可以和国外进行教育、科学技术、文化艺术、卫生、体育等方面的交流。"可知，自治区、自治州的自治机关依照国家规定，可以和国外进行教育、科学技术、文化艺术、卫生、体育等方面的交流，不包括自治县。因此，C 项错误。

D 项：《民族区域自治法》第 24 条规定："民族自治地方的自治机关依照国家的军事制度和当地的实际需要，经国务院批准，可以组织本地方维护社会治安的公安部队。"因此，D 项正确。

综上所述，本题答案为 D 项。

【多选】

11 62208040

答案：B,D。

解析：A 项：地方自治机关为自治区、自治州和自治县的人民代表大会和人民政府，不包括人大常委会和法院检察院。因此，A 项错误。

B 项：民族自治地方人大常委会的主任或副主任，由实行区域自治的民族公民担任。因此，B 项正确。

C 项：民族自治地方政府负责制度为首长负责制。因此，C 项错误。

D 项：自治地方法院、检察院的领导人员和工作人员中，应当合理配置实行区域自治的民族人员。因此，D 项正确。

综上所述，本题答案为 BD 项。

12 62208039

答案：C,D。

解析：A 项：民族自治地方包括自治区、自治州、自治县（旗），不包括自治乡。因此，A 项错误。

B 项：自治区主席、自治州州长、自治县县长，由实行区域自治的民族公民担任。即【仅正职】有此要求，副职无此要求。因此，B 项错误。

C 项：自治地方法院、检察院的领导人员和工作人员中，应当有实行区域自治的民族人员。因此，C 项正确。

D 项：地方自治机关为自治区、自治州和自治县的人民代表大会和人民政府。因此，D 项正确。

综上所述，本题答案为 CD 项。

第六章 特别行政区制度

参考答案

[1]A	[2]C	[3]BD	[4]ABCD	[5]C
[6]B	[7]A	[8]ABC	[9]ACD	[10]ABD
[11]C	[12]ABCD	[13]ACD		

一、历年真题及仿真题

（一）中央对特区的管理

【单选】

1 1101026

答案：A。

解析：ABCD 项：根据《香港基本法》第 159 条的规定："本法的修改权属于【全国人民代表大会】。本法的修改提案权属于【全国人民代表大会常务委员会、国务院和香港特别行政区】。香港特别行政区的修改议案……交由【香港特别行政区出席全国人民代表大会的代表团向全国人民代表大会】提出。……本法的任何修改，均不得同中华人民共和国对香港既定的【基本方针政策相抵触】。"以及《澳门基本法》第 144 条的规定："本法的修改权属于【全国人民代表大会】。本法的修改提案权属于【全国人民代表大会常务委员会、国务院和澳门特别行政区】。澳门特别行政区的修改议案……交由澳门特别行政区出席【全国人民代表大会的代表团向全国人民代表大会提出】。……本法的任何修改，均不得同中华人民共和国对澳门既定的【基本方针政策相抵触】。"故 BCD 项正确，不当选。根据上述规定，港澳基本法的修改权专属于全国人大。故 A 项错误，当选。

综上所述，本题为选非题，答案为 A 项。

（二）特区的政治体制

【单选】

2 1701024

答案：C。

解析：A 项：根据《香港基本法》第 19 条第 3 款的规定："香港特别行政区法院对国防、外交等国家行为无管辖权。香港特别行政区法院在审理案件中遇有涉及国防、外交等国家行为的事实问题，应取得行政长官就该等问题发出的证明文件，上述文件对法院有约束力。行政长官在发出证明文件前，须取得中央人民政府的证明书。"故行政长官就法院在审理案件中涉及的国防、外交等国家行为的事实问题发出的证明文件，对法院有约束力，A 项错误。

B 项：根据《香港基本法》第 49 条的规定："香港特别行政区行政长官如认为立法会通过的法案不符合香港特别行政区的整体利益，可在三个月内将法案发回立法会重议，立法会如以不少于全体议员三分之二多数再次通过原案，行政长官必须在一个月内签署公布或按本法第五十条的规定处理。"第 50 条规定："香港特别行政区行政长官如拒绝签署立法会再次通过的法案或立法会拒绝通过政府提出的财政预算案或其他重要法案，经协商仍不能取得一致意见，行政长官可解散立法会。行政长官在解散立法会前，须征询行政会议的意见。行政长官在其一任任期内只能解散立法会一次。"故全体议员 2/3 多数再次通过原法案时，行政长官并非只能签署公布，也可以解散立法会，重新选出立法会。故 B 项错误。

C 项：根据《香港基本法》第 95 条的规定："香港特别行政区可与全国其他地区的司法机关通过协商依法进行司法方面的联系和相互提供协助。"故 C 项正确。

D 项：根据《香港基本法》第 55 条第 1 款的规定："香港特别行政区行政会议的成员由行政长官从行政机关的主要官员、立法会议员和社会人士中委任，其任免由行政长官决定……"故行政长官并非仅能从行政机关的主要官员和社会人士中委任行政会议的成员，还可以从立法会议员中委任，D 项错误。

综上所述，本题答案为 C 项。

（三）特区维护国家安全的宪制责任

【多选】

3 2201118

答案：B,D。

解析：A 项：根据《香港特别行政区维护国家安全法》（以下简称《香港国安法》）第 11 条第 1 款的规定："香港特别行政区行政长官应当就香港特别行政区维护国家安全事务向【中央人民政府】负责，并就香港特别行政区履行维护国家安全职责的情况提交年度报告。"可知，特首就安全问题每年向中央人民政府报告工作，而不是人大。因此，A 项错误。

B 项：根据《香港国安法》第 10 条的规定："香港特别行政区应当通过【学校】、社会团体、媒体、网络等开展国家安全教育，提高香港特别行政区居民的国家安全意识和守法意识。"可知，香港的学校应当通过《香港国安法》普法教育活动，开展国家安全教育。因此，B 项正确。

C 项：全国人大授权全国人大常委会制定《香港国安法》，并非全国人大制定。因此，C 项错误。

D 项：香港特别行政区政府设立"维护国家安全委员会"。行政长官担任主席，成员包括政府的主要官员。根据《中华人民共和国香港特别行政区基本法》第 45 条第 1 款规定："香港特别行政区行政长官在当地通过选举或协商产生，由中央人民政府任命。"因此，D 项正确。

综上所述，本题答案为 BD 项。

4 2001021

答案：A,B,C,D。

解析：AB 项：根据《全国人民代表大会关于建立健全香港特别行政区维护国家安全的法律制度和执行机制的决定》第 3 条的规定："维护国家主权、统一和领土完整是香港特别行政区的宪制责任。香港特别行政区应当尽早完成香港特别行政区基本法规定的维护国家安全立法。香港特别行政区行政机关、立法机关、司法机关应当依据有关法律规定有效防范、制止和惩治危害国家安全的行为和活动。"因此，AB 项正确。

CD 项：根据《全国人民代表大会关于建立健全香港特别行政区维护国家安全的法律制度和执行机制的决定》第 6 条的规定："授权全国人民代表大会常务委员会就建立健全香港特别行政区维护国家安全的法律制度和执行机制制定相关法律，切实防范、制止和惩治任何分裂国家、颠覆国家政权、组织实施恐怖活动等严重危害国家安全的行为和活动以及外国和境外势力干预香港特别行政区事务的活动……"《决定》授权全国人大常委会维护香港特别行政区宪制秩序，全国人大常委会对此有权力也有责任。因此，CD 项正确。

综上所述，本题答案为 ABCD 项。

（四）综合知识点

【单选】

5 2001154

答案：C。

解析：A 项：根据《宪法》第 62 条第 3 项的规定："全国人民代表大会行使下列职权：（三）制定和修改刑事、民事、国家机构的和其他的基本法律。"可知，基本法律是全国人大制定的法律，香港特别行政区无权制定基本法律。因此，A 项错误。

B 项：香港特别行政区的国家安全事务原则上由香港特别行政区有关机关负责，如有特殊需要，则由中央人民政府在香港特别行政区设立的机构负责。因此，B 项错误。

C 项：香港特别行政区维护国家主权、统一和领土完整的宪法依据为《宪法》第 31 条和第 62 条第 2、14、16 项的规定，以及《香港特别行政区基本法》的有关规定。因此，C 项正确。

D 项：维护香港特别行政区的国家安全是包括香港同胞在内的全中国人民的共同义务，而不仅仅是香港同胞的义务。因此，D 项错误。

综上所述，本题答案为 C 项。

6 1601025

答案：B。

解析：A 项：全国性法律是全国人大及其常委会制定的法律。由于特别行政区将保持其原有的法律制度，因而全国性法律一般不在特别行政区实施。但特别行政区作为中国不可分割的一部分，有些体现国家主权和统一的全国性法律有必要在特别行政区实施。因此，这部分在特别行政区实施的全国性法律也是特别行政区的法律渊源之一。故 A 项错误。

B 项：根据《澳门基本法》第 87 条第 4 款的规定："终审法院法官的任命和免职须报全国人民代

表大会常务委员会备案。”故 B 项正确。

C 项：根据《澳门基本法》第 17 条第 2 款的规定：“澳门特别行政区的立法机关制定的法律须报全国人民代表大会常务委员会备案。备案不影响该法律的生效。”可知，法案须报全国人大常委会备案，备案不影响该法律的生效。故 C 项错误。

D 项：《澳门基本法》是根据我国宪法，由全国人大制定的一部基本法律，它反映了包括澳门同胞在内的全国人民的意志和利益，体现了国家的方针政策，是社会主义性质的法律。基本法既是我国社会主义法律体系的组成部分，同时又是澳门特别行政区法律体系的组成部分，在我国社会主义法律体系中，其地位仅次于宪法，但是在澳门特别行政区法律体系中，基本法又处于最高的法律地位。故 D 项错误。

综上所述，本题答案为 B 项。

7 1401023

答案：A。

解析：A 项：《澳门基本法》第 104 条第 2 款规定：“澳门特别行政区财政收入全部由澳门特别行政区自行支配，不上缴中央人民政府。”故 A 项正确。

B 项：《澳门基本法》第 77 条第 1 款规定：“澳门特别行政区立法会举行会议的法定人数为不少于全体议员的二分之一……”故 B 项错误。

C 项：《香港基本法》第 67 条规定：“香港特别行政区立法会由在外国无居留权的香港特别行政区永久性居民中的中国公民组成。但非中国籍的香港特别行政区永久性居民和在外国有居留权的香港特别行政区永久性居民也可以当选为香港特别行政区立法会议员，其所占比例不得超过立法会全体议员的百分之二十。”故 C 项错误。

D 项：香港特区廉政公署是特区政府的独立执法机构，直接向特区行政长官负责，不对香港特区立法会负责。故 D 项错误。

综上所述，本题答案为 A 项。

【多选】

8 2201094

答案：A,B,C。

解析：A 项：根据《香港基本法》和《澳门基本法》的规定，特区不实行社会主义制度和政策，保持原有的资本主义制度和生活方式，在此基础上实行符合其政治制度的立法、司法等制度。因此，A 项正确。

B 项：特别行政区享有高度自治权，除【国防、外交】以及其他根据基本法应当由中央人民政府处理的行政事务外，特别行政区有权依照基本法的规定，自行处理有关经济、财政、金融、贸易、工商业、土地、教育、文化等方面的行政事务。因此，B 项正确。

C 项：根据《香港基本法》第 17 条第 2 款和《澳门基本法》第 17 条第 2 款的规定，香港、澳门特别行政区的立法机关制定的法律须报全国人民代表大会常务委员会备案。因此，C 项正确。

D 项：特别行政区的基本法解释权属于全国人民代表大会常务委员会。但《香港基本法》第 158 条第 2 款规定：“全国人民代表大会常务委员会授权香港特别行政区法院在审理案件时对本法关于香港特别行政区自治范围内的条款自行解释。”《澳门基本法》第 143 条第 2 款规定：“全国人民代表大会常务委员会授权澳门特别行政区法院在审理案件时对本法关于澳门特别行政区自治范围内的条款自行解释。”特区并非完全不能对《基本法》的规定作出解释，D 项的说法过于绝对。因此，D 项错误。

综上所述，本题答案为 ABC 项。

9 1301061

答案：A,C,D。

解析：A 项：《香港基本法》第 154 条第 2 款规定：“对世界各国或各地区的人入境、逗留和离境，香港特别行政区政府可实行出入境管制。”《澳门基本法》第 139 条第 2 款规定：“对世界各国或各地区的人入境、逗留和离境，澳门特别行政区政府可实行出入境管制。”故 A 项正确。

B 项：《澳门基本法》第 50 条第 9 项规定：“澳门特别行政区行政长官行使下列职权：（九）依照法定程序任免各级法院院长和法官，任免检察官。”《香港基本法》第 48 条第 6 项规定：“香港特别行政区行政长官行使下列职权：（六）依照法定程序任免各级法院法官。”香港特别行政区行政长官仅可任免各级法官，不可任免检察官。故 B 项错误。
C 项:《香港基本法》第 79 条第 7 项规定:“香港特别行政区立法会议员如有下列情况之一，由立法会主席宣告其丧失立法会议员的资格:(七)行为不检或违反誓言而经立法会出席会议的议员三分之二通过谴责。”故 C 项正确。
D 项:《香港基本法》第 158 条第 1 款规定:“本法的解释权属于全国人民代表大会常务委员会。”《澳门基本法》第 143 条第 1 款规定:“本法的解释权属于全国人民代表大会常务委员会。”故 D 项正确。
综上所述，本题答案为 ACD 项。

10 1001065

答案: A,B,D。
解析: A 项: 根据《香港基本法》第 44 条的规定:“香港特别行政区行政长官由年满四十周岁，在香港通常居住连续满二十年并在外国无居留权的香港特别行政区永久性居民中的中国公民担任。”故 A 项错误，当选。
B 项: 根据《香港基本法》第 80 条的规定:“香港特别行政区各级法院是香港特别行政区的司法机关，行使香港特别行政区的审判权。”以及第 63 条的规定:“香港特别行政区律政司主管刑事检察工作，不受任何干涉。”可知，香港的司法机关是各级法院，主管刑事检察工作的律政司属于行政机关，而非司法机关。故 B 项错误，当选。
C 项: 根据《香港基本法》第 158 条第 2 款和《澳门基本法》第 143 条第 2 款的规定可知，特别行政区法律解释权属于全国人大常委会，全国人大常委会授权特区各级法院在审理案件时对本法关于特区自治范围内的条款自行解释。特别行政区法院在审理案件时对基本法的其他条款也可解释。故 C 项正确，不当选。
D 项: 根据《香港基本法》第 18 条第 4 款的规定:“全国人民代表大会常务委员会决定宣布战争状态或因香港特别行政区内发生香港特别行政区政府不能控制的危及国家统一或安全的动乱而决定香港特别行政区进入紧急状态，中央人民政府可发布命令将有关全国性法律在香港特别行政区实施。”以及《澳门基本法》第 18 条第 4 款规定:“在全国人民代表大会常务委员会决定宣布战争状态或因澳门特别行政区内发生澳门特别行政区政府不能控制的危及国家统一或安全的动乱而决定澳门特别行政区进入紧急状态时，中央人民政府可发布命令将有关全国性法律在澳门特别行政区实施。”可知，宣布香港和澳门特别行政区的部分地区进入紧急状态的权力属于全国人大常委会。故 D 项错误，当选。
综上所述，本题为选非题，答案为 ABD 项。

二、模拟训练

【单选】

11 62108043

答案: C。
解析: A 项: 根据《香港特别行政区维护国家安全法》第 3 条第 2 款的规定:“香港特别行政区负有维护国家安全的宪制责任，应当履行维护国家安全的职责。”宪制责任就是宪制中的主体履行宪法和法律规定的责任，维护宪制中确立的政治关系的秩序，防止、制止和纠正破坏宪制秩序的行为。香港特别行政区负有的维护国家安全的责任属于法定责任，也属于宪制责任。因此，A 项正确，不当选。
B 项: 根据《香港特别行政区维护国家安全法》第 13 条第 1 款的规定:“香港特别行政区维护国家安全委员会由行政长官担任主席，成员包括政务司长、财政司长、律政司长、保安局局长、警务处处长、本法第十六条规定的警务处维护国家安全部门的负责人、入境事务处处长、海关关长和行政长官办公室主任。”可知，香港特别行政区维护国家安全委员会主席由行政长官担任。因此，B 项正确，不当选。
C 项: 根据《全国人大关于建立健全香港特别行政区维护国家安全的法律制度和执行机制的决定》第 6 条的规定:“授权全国人民代表大会常务委员会就建立健全香港特别行政区维护国家安全的法律制度和执行机制制定相关法律，切实防范、制止和惩治任何分裂国家、颠覆国家政权、组织实施恐怖活动等严重危害国家安全的行为和活动以及外国和境外势力干预香港特别行政区事务的活动。全国人民代表大会常务委员会决定将上述相关法律列入《中华人民共和国香港特别行政区基本法》附件三，由香港特别行政区在当地公布实施。”可知，列入《基本法》附件三的法律属于全国性法律。因此，C 项错误，当选。

D 项：根据《香港基本法》第 18 条第 4 款的规定：“全国人民代表大会常务委员会决定宣布战争状态或因香港特别行政区内发生香港特别行政区政府不能控制的危及国家统一或安全的动乱而决定香港特别行政区进入紧急状态……”可知，全国人大常委会有权决定宣布香港特别行政区进入战争状态。因此，D 项正确，不当选。

综上所述，本题为选非题，答案为 C 项。

【多选】

12 62008022

答案：A,B,C,D。

解析：A 项：根据《香港基本法》第 17 条第 2 款的规定：“香港特别行政区的立法机关制定的法律须报全国人民代表大会常务委员会备案。备案【不影响该法律的生效】。”《澳门基本法》第 17 条第 2 款亦作了相同的规定。可知，备案并不影响法律生效。因此，A 项错误，当选。

B 项：根据《香港基本法》第 158 条第 2 款的规定：“【全国人民代表大会常务委员会】授权香港特别行政区法院在审理案件时对本法关于香港特别行政区自治范围内的条款自行解释。”《澳门基本法》第 143 条第 2 款作了相同的规定。可知，全国人大常委会而非全国人大授权特别行政区法院享有对本法关于特别行政区自治范围内的条款的解释权。因此，B 项错误，当选。

C 项：根据《香港基本法》第 159 条第 1、2 款的规定：“本法的修改权属于全国人民代表大会。本法的修改提案权属于【全国人民代表大会常务委员会、国务院和香港特别行政区】……”《澳门基本法》第 144 条第 1、2 款作了相同的规定。可知，基本法的修改提案权的主体包括三个：全国人大常委会、国务院和特别行政区。因此，C 项错误，当选。

D 项：根据《香港基本法》第 92 条的规定：“香港特别行政区的法官和其他司法人员，应根据其本人的司法和专业才能选用，并可从其他普通法适用地区聘用。”可知，这意味着香港特别行政区的法官和其他司法人员并不必须是中国公民。因此，D 项错误，当选。

综上所述，本题为选非题，答案为 ABCD 项。

13 62208043

答案：A,C,D。

解析：A 项：根据《香港国家安全法》第 48 条第 1 款的规定：“中央人民政府在香港特别行政区设立维护国家安全公署。中央人民政府驻香港特别行政区维护国家安全公署依法履行维护国家安全职责，行使相关权力。”因此，A 项正确。

B 项：根据《香港国家安全法》第 16 条第 1、2 款的规定：“香港特别行政区政府警务处设立维护国家安全的部门，配备执法力量。警务处维护国家安全部门负责人由行政长官任命，行政长官任命前须书面征求本法第四十八条规定的机构的意见……”可见，负责人由行政长官任命而非直接由行政长官担任。因此，B 项错误。

C 项：根据《香港国家安全法》第 18 条第 1 款的规定：“香港特别行政区律政司设立专门的国家安全犯罪案件检控部门，负责危害国家安全犯罪案件的检控工作和其他相关法律事务……”因此，C 项正确。

D 项：根据《香港国家安全法》第 14 条第 2 款的规定：“香港特别行政区维护国家安全委员会的工作不受香港特别行政区任何其他机构、组织和个人的干涉，工作信息不予公开。香港特别行政区维护国家安全委员会作出的决定不受司法复核。”因此，D 项正确。

综上所述，本题答案为 ACD 项。

第七章 基层群众自治制度

参考答案

[1] D	[2] C	[3] CD	[4] D	[5] C
[6] B	[7] A	[8] BCD	[9] ACD	[10] ABCD
[11] AD	[12] BD	[13] A	[14] ACD	[15] C

一、历年真题及仿真题

（一）村民委员会

【单选】

1 1201026

答案：D。

解析：A 项：根据《村民委员会组织法》第 11 条第 2 款的规定："村民委员会每届任期五年，届满应当及时举行换届选举。村民委员会成员可以连选连任。"故 A 项错误。

B 项：根据《村民委员会组织法》第 16 条第 2 款的规定："罢免村民委员会成员，须有登记参加选举的村民过半数投票，并须经投票的村民过半数通过。"罢免村民委员会成员，必须有登记参加选举的村民过半数投票，故 B 项错误。

C 项：根据《村民委员会组织法》第 12 条第 1 款的规定："村民委员会的选举，由村民选举委员会主持。"故 C 项错误。

D 项：根据《村民委员会组织法》第 18 条的规定："村民委员会成员丧失行为能力或者被判处刑罚的，其职务自行终止。"故 D 项正确。

综上所述，本题答案为 D 项。

2 1001021

答案：C。

解析：A 项：根据《村民委员会组织法》第 30 条的规定："村民委员会实行村务公开制度……一般事项至少每季度公布一次；集体财务往来较多的，财务收支情况应当每月公布一次……"故村务公开制度中涉及财务的事项至少每月公开一次而非至少每年公布一次。故 A 项错误。

B 项：根据《村民委员会组织法》第 29 条的规定："村民委员会应当实行少数服从多数的民主决策机制和公开透明的工作原则，建立健全各种工作制度。"村民委员会实行民主制度而非村民委员会主任负责制，故 B 项错误。

C 项：根据《村民委员会组织法》第 7 条的规定："村民委员会根据需要设人民调解、治安保卫、公共卫生与计划生育等委员会……"故 C 项正确。

D 项：根据《村民委员会组织法》第 6 条第 1 款的规定："村民委员会由主任、副主任和委员共三至七人组成。"村民委员会组成人员不包括村民小组长，故 D 项错误。

综上所述，本题答案为 C 项。

【多选】

3 2201117

答案：C,D。

解析：A 项：根据《村民委员会组织法》第 14 条第 2 款的规定："对登记参加选举的村民名单有异议的，应当自名单公布之日起五日内【向村民选举委员会申诉】，村民选举委员会应当自收到申诉之日起三日内作出处理决定，并公布处理结果。"可知，甲对登记参加选举的村民名单有异议的，应当向村民选举委员会申诉，不能向村委会申诉。因此，A 项错误。

B 项：根据《村民委员会组织法》第 13 条第 2 款第 3 项的规定："村民委员会选举前，应当对下列人员进行【登记】，列入参加选举的村民名单：（三）户籍不在本村，在本村居住一年以上，本人申请参加选举，并且经村民会议或者村民代表会议同意参加选举的公民。"可知，甲符合上述情形，应当被登记于参加选举的村民名单。又根据第 14 条第 1 款的规定："登记参加选举的村民名单应当在选举日的二十日前由【村民选举委员会公布】。"可知，负责登记工作的为选举委员会，故应由选举委员会将甲的名字加到选民名单上。因此，B 项错误。

C 项：根据《村民委员会组织法》第 36 条第 2 款的规定："【村民委员会】不依照法律、法规的规定履行法定义务的，由乡、民族乡、镇的人民政府责令改正。"因此，C 项正确。

D 项：根据前述可知，甲具有选举和被选举为村民委员会成员的权利，但未被登记于选民名单上，故选举委员会的做法侵犯了甲根据《村民委员会组织法》规定的选举与被选举的权利。因此，D 项正确。

综上所述，本题答案为 CD 项。

【不定项】

4 1701093

答案：D。

解析：解析：ACD 项：根据《村民委员会组织法》第 13 条的规定，村民选举应当具备以下条件：1. 年满 18 周岁；2. 未被剥夺政治权利；3. 户籍在本村且在本村居住，或者户籍在本村但不在本村居住但本人表示愿意参加本村选举的，或者户籍不在本村但在本村居住一年以上，本人申请参加选举，经村民会议或村民代表会议同意，可参加本村选举。本题中，王某、杨某属于年满 18 周岁、未被剥夺政治权利、户籍在甲村但不在甲村居住但本人表示愿意参加选举的情形，均有权参加本村选举，应当将其列入参加选举的村民名单，无需村民会议或村民代表会议同意，故 AC 项错误，D 项正确。

B 项：杨某与村委会签订的“不享受本村村民待遇”协议中与法律规定不符的内容无效，村委会选举的被选举权是其法定权利，不可通过此协议放弃，故 B 项错误。

综上所述，本题答案为 D 项。

（二）综合知识点

【单选】

5 2101106

答案：C。

解析：A 项：《村民委员会组织法》第 2 条第 1 款规定：“村民委员会是村民自我管理、自我教育、自我服务的基层群众性自治组织，实行民主选举、民主决策、民主管理、民主监督。”故 A 项正确，不当选。

B 项：《村民委员会组织法》第 23 条第 1 款规定：“村民会议……有权撤销或者变更村民委员会不适当的决定；有权撤销或者变更村民代表会议不适当的决定。”故 B 项正确，不当选。

C 项：《村民委员会组织法》第 16 条第 2 款规定：“罢免村民委员会成员，须有登记参加选举的村民【过半数】投票，并须经投票的村民过半数通过。”故 C 项错误，当选。

D 项：《村民委员会组织法》第 18 条规定：“村民委员会成员丧失行为能力或者被判处刑罚的，其职务自行终止。”故 D 项正确，不当选。

综上所述，本题为选非题，答案为 C 项。

6 1601026

答案：B。

解析：A 项：根据《村民委员会组织法》第 23 条的规定：“村民会议审议村民委员会的年度工作报告……村民会议可以授权村民代表会议审议村民委员会的年度工作报告……”故村委会的年度工作报告由村民会议和经村民会议授权的村民代表会议审议。因此，A 项错误。

B 项：根据《村民委员会组织法》第 27 条第 1 款的规定：“村民会议可以制定和修改村民自治章程、村规民约，并报乡、民族乡、镇的人民政府备案。”因此，B 项正确。

C 项：根据《村民委员会组织法》第 14 条第 2 款的规定：“对登记参加选举的村民名单有异议的，应当自名单公布之日起五日内向村民选举委员会申诉，村民选举委员会应当自收到申诉之日起三日内作出处理决定，并公布处理结果。”故对登记参加选举的村民名单有异议并提出申诉的，由村民选举委员会作出处理并公布处理结果，而不是乡政府。因此，C 项错误。

D 项：根据《村民委员会组织法》第 18 条的规定：“村民委员会成员丧失行为能力或者被判处刑罚的，其职务自行终止。”以及第 19 条的规定：“村民委员会成员出缺，可以由村民会议或者村民代表会议进行补选。补选程序参照本法第十五条的规定办理。补选的村民委员会成员的任期到本届村民委员会任期届满时止。”故村委会组成人员违法犯罪不能继续任职的，由村民会议或村民代表会议补选，而不是任命新的成员暂时代理。因此，D 项错误。

综上所述，本题答案为 B 项。

7 **1401025**

答案：A。

解析：A 项：《村民委员会组织法》第 3 条第 2 款规定："村民委员会的设立、撤销、范围调整，由乡、民族乡、镇的人民政府提出，经村民会议讨论同意，报县级人民政府批准。"故 A 项正确。

B 项：《村民委员会组织法》第 24 条第 1 款第 7 项规定："涉及村民利益的下列事项，经村民会议讨论决定方可办理：（七）征地补偿费用的使用、分配方案。"故无须报乡镇政府批准。故 B 项错误。

C 项：《城市居民委员会组织法》第 15 条第 1 款规定："居民公约由居民会议讨论制定，报不设区的市、市辖区的人民政府或者它的派出机关【备案】，由居民委员会监督。执行居民应当遵守居民会议的决议和居民公约。"故是备案而不是批准，故 C 项错误。

D 项：《城市居民委员会组织法》第 6 条第 2 款规定："居民委员会的设立、撤销、规模调整，由不设区的市、市辖区的人民政府【决定】。"故不设区的市、市辖区的人民政府即可决定，无需报市政府批准，故 D 项错误。

综上所述，本题答案为 A 项。

【多选】

8 **2001020**

答案：B,C,D。

解析：A 项：根据《村民委员会组织法》第 24 条第 7 项的规定："涉及村民利益的下列事项，经村民会议讨论决定方可办理：（七）征地补偿费的使用、分配方案。"第 36 条第 2 款的规定："村民委员会不依照法律、法规的规定履行法定义务的，由乡、民族乡、镇的人民政府责令改正。"征地补偿分配方案属于须经村民会议讨论决定方可办理的事项，所以乡镇政府对于村委会的违法方案，应当责令改正，而不是申请予以撤销。因此，A 项错误。

B 项：根据《村民委员会组织法》第 36 条第 1 款的规定："村民委员会或者村民委员会成员作出的决定侵害村民合法权益的，受侵害的村民可以申请人民法院予以撤销，责任人依法承担法律责任。"反对的村民认为该方案侵害其合法利益的，可以申请法院予以撤销。因此，B 项正确。

CD 项：根据《村民委员会组织法》第 24 条的规定："涉及村民利益的下列事项，经村民会议讨论决定方可办理：……（七）征地补偿费的使用、分配方案……村民会议可以授权村民代表会议讨论决定前款规定的事项……"该方案需要经过村民会议讨论决定方可办理，村民会议也可以授权村民代表会议讨论决定。因此，CD 项正确。

综上所述，本题答案为 BCD 项。

9 **1801059**

答案：A,C,D。

解析：A 项：根据《村民委员会组织法》第 25 条第 3 款的规定："村民代表应当向其推选户或者村民小组负责，接受村民监督。"故 A 项正确。

B 项：根据《村民委员会组织法》第 32 条的规定："村应当建立村务监督委员会或者其他形式的村务监督机构，负责村民民主理财，监督村务公开等制度的落实，其成员由村民会议或者村民代表会议在村民中推选产生，其中应有具备财会、管理知识的人员。村民委员会成员及其近亲属不得担任村务监督机构成员。村务监督机构成员向村民会议和村民代表会议负责，可以列席村民委员会会议。"据此，村务监督机构成员是向村民会议和村民代表会议负责，而非对村委会负责。故 B 项错误。

C 项：根据《村民委员会组织法》第 20 条的规定："村民委员会应当自新一届村民委员会产生之日起十日内完成工作移交。工作移交由【村民选举委员会主持】，由【乡、民族乡、镇的人民政府监督】。"故 C 项正确。

D 项：根据《村民委员会组织法》第 23 条第 1 款的规定："村民会议审议村民委员会的年度工作报告，评议村民委员会成员的工作；有权撤销或者变更村民委员会不适当的决定；有权撤销或者变更村民代表会议不适当的决定。"故 D 项正确。

综上所述，本题答案为 ACD 项。

10 **1501064**

答案：A,B,C,D。

解析：A 项：《村民委员会组织法》第 23 条第 1 款

规定："村民会议审议村民委员会的年度工作报告，评议村民委员会成员的工作；有权撤销或者变更村民委员会不适当的决定；有权撤销或者变更村民代表会议不适当的决定。"故 A 项正确。

B 项:《村民委员会组织法》第 27 条第 3 款规定："村民自治章程、村规民约以及村民会议或者村民代表会议的决定违反前款规定的，由乡、民族乡、镇的人民政府责令改正。"故 B 项正确。

C 项:《村民委员会组织法》第 36 条第 1 款规定："村民委员会或者村民委员会成员作出的决定侵害村民合法权益的，受侵害的村民可以申请人民法院予以撤销，责任人依法承担法律责任。"故 C 项正确。

D 项:《村民委员会组织法》第 16 条第 1 款："本村五分之一以上有选举权的村民或者三分之一以上的村民代表联名，可以提出罢免村民委员会成员的要求，并说明要求罢免的理由。被提出罢免的村民委员会成员有权提出申辩意见。"故 D 项正确。

综上所述，本题答案为 ABCD 项。

11 **1301063**

答案：A,D。

解析：A 项：特别行政区是统一的中华人民共和国的一个地方行政区域，但与其他一般行政区域不同，它实行高度自治，依照法律的规定享有立法权、行政管理权、独立的司法权和终审权。故 A 项正确。

B 项:《宪法》第 112 条规定："民族自治地方的自治机关是自治区、自治州、自治县的人民代表大会和人民政府。"以及第 4 条第 3 款规定："各少数民族聚居的地方实行区域自治，设立自治机关，行使自治权……"故民族自治地方的法院没有自治权。故 B 项错误。

C 项:《民族区域自治法》第 2 条第 2 款规定："民族自治地方分为自治区、自治州、自治县。"民族乡不属于民族自治地方，不享有自治权。故 C 项错误。

D 项:《村民委员会组织法》第 2 条第 1 款规定："村民委员会是村民自我管理、自我教育、自我服务的基层群众性自治组织，实行民主选举、民主决策、民主管理、民主监督。"D 项表述符合上述规定，故 D 项正确。

综上所述，本题答案为 AD 项。

12 **1101063**

答案：B,D。

解析：A 项:《村民委员会组织法》第 21 条第 1 款规定："村民会议由本村十八周岁以上的村民组成。"村民会议的组成没有对"被剥夺政治权利的村民"进行限制，故 A 项错误。

B 项:《村民委员会组织法》第 5 条第 1 款规定："乡、民族乡、镇的人民政府对村民委员会的工作给予指导、支持和帮助，但是不得干预依法属于村民自治范围内的事项。"故 B 项正确。

C 项:《村民委员会组织法》第 16 条第 2 款规定："罢免村民委员会成员，须有登记参加选举的村民过半数投票，并须经投票的村民过半数通过。"罢免村民委员会成员，首先须有登记参加选举的村民过半数投票，再进一步看投票的村民是否过半数。故 C 项错误。

D 项:《村民委员会组织法》第 35 条第 1 款规定："村民委员会成员实行任期和离任经济责任审计……"故 D 项正确。

综上所述，本题答案为 BD 项。

二、模拟训练

【单选】

13 **61808104**

答案：A。

解析：A 项：根据《村民委会组织法》第 14 条规定："登记参加选举的村民名单应当在选举日的二十日前由村民选举委员会公布。对登记参加选举的村民名单有异议的，应当自名单公布之日起五日内向村民选举委员会申诉，村民选举委员会应当自收到申诉之日起三日内作出处理决定，并公布处理结果。"因此，A 项正确。

B 项：根据《村民委会组织法》第 25 条第 1 款规定："人数较多或者居住分散的村，可以设立村民代表会议，讨论决定村民会议授权的事项。村民代表会议由村民委员会成员和村民代表组成，村民代表应当占村民代表会议组成人员的五分之四以上，妇女村民代表应当占村民代表会议组成人员的三分之一以上。”可知，村民代表应占 4/5 以上，占 1/3 以上的是妇女村民代表。因此，B 项错误。

C 项：根据《村民委员会组织法》第 13 条第 2 款第 3 项规定：“村民委员会选举前，应当对下列人员进行登记，列入参加选举的村民名单：（三）户籍不在本村，在本村居住一年以上，本人申请参加选举，并且经村民会议或者村民代表会议同意参加选举的公民。”可知，年满 18 周岁有选举权的公民，非本村户籍，但居住一年以上，经村民会议或村民代表会议同意，也可以参加村委会的选举。因此，C 项错误。

D 项：根据《村民委员会组织法》第 2 条第 1 款规定：“村民委员会是村民自我管理、自我教育、自我服务的基层群众性自治组织，实行民主选举、民主决策、民主管理、民主监督。”第 7 条规定：“村民委员会根据需要设人民调解、治安保卫、公共卫生与计划生育等委员会……”可知，村委会具有群众性，并非基层政权组织。因此，D 项错误。

综上所述，本题答案为 A 项。

【不定项】

14 61908132

答案：A,C,D。

解析：A 项：根据《村民委员会组织法》第 11 条第 2 款的规定：“村民委员会每届任期五年，届满应当及时举行换届选举。村民委员会成员【可以连选连任】。”因此，A 项正确。

B 项：根据《村民委员会组织法》第 16 条第 1 款的规定：“本村【五分之一】以上有选举权的村民或者三分之一以上的村民代表联名，可以提出罢免村民委员会成员的要求，并说明要求罢免的理由……”故是五分之一以上而非三分之一以上有选举权的村民联名方可提出罢免要求。因此，B 项错误。

C 项：根据《村民委员会组织法》第 24 条第 1 款第 6 项的规定：“涉及村民利益的下列事项，经村民会议讨论决定方可办理：（六）宅基地的使用方案。”因此，C 项正确。

D 项：根据《村民委员会组织法》第 13 条第 2 款第 3 项的规定：“村民委员会选举前，应当对下列人员进行登记，列入参加选举的村民名单：（三）户籍不在本村，在本村居住一年以上，本人申请参加选举，并且经村民会议或者村民代表会议同意参加选举的公民。”因此，D 项正确。

综上所述，本题答案为 ACD 项。

15 62208210

答案：C。

解析：A 项：《村民委员会组织法》第 35 条第 2 款规定：“村民委员会成员的任期和离任经济责任审计，由县级人民政府农业部门、财政部门或者乡、民族乡、镇的人民政府负责组织……”因此，A 项正确，不当选。

B 项：《居民委员会组织法》第 7 条规定：“居民委员会由主任、副主任和委员共五至九人组成……”因此，B 项正确，不当选。

C 项：《居民委员会组织法》第 10 条第 2 款规定：“居民会议由居民委员会召集和主持。有【五分之一以上】的十八周岁以上的居民、【五分之一以上】的户或者三分之一以上的居民小组提议，应当召集居民会议。涉及全体居民利益的重要问题，居民委员会必须提请居民会议讨论决定。”因此，C 项错误，当选。

D 项：《居民委员会组织法》第 8 条第 1 款规定：“……居民委员会每届任期五年，其成员可以连选连任。”以及《村民委员会组织法》第 11 条第 2 款规定：“村民委员会每届任期五年，届满应当及时举行换届选举。村民委员会成员可以连选连任。”因此，D 项正确，不当选。

综上所述，本题答案为 C 项。

第八章 公民的基本权利和义务

参考答案

[1] B	[2] C	[3] C	[4] B	[5] B
[6] ABD	[7] BC	[8] ABCD	[9] BCD	[10] AC
[11] BD	[12] ABCD	[13] ACD	[14] ABD	[15] BCD
[16] ABC	[17] C	[18] D	[19] D	[20] B
[21] D	[22] AD	[23] ABC		

一、历年真题及仿真题

（一）我国公民的基本权利

【单选】

1 2101104

答案：B。

解析：A 项：基本权利可以分为积极受益权和消极防御权。前者是指公民可以积极主动地向国家提出要求，国家应积极保障的权利，如受教育权、物质帮助权和劳动权；后者是指国家负有不侵害该项权利合法行使并在该项权利受到侵害时予以救济的责任，如政治自由、人身自由、宗教信仰自由。经济、社会、文化教育权利一般属于积极受益权，但财产权和继承权除外。经济权利中的财产权和继承权是消极防御权。因此，A 项错误。

B 项：根据《宪法》第 42 条和第 46 条的规定可知，劳动、受教育既是基本权利又是基本义务。因此，B 项正确。

C 项：根据《宪法》第 41 第 1 款的规定："中华人民共和国公民对于任何国家机关和国家工作人员，有提出批评和建议的权利；对于任何国家机关和国家工作人员的【违法失职行为】，有向有关国家机关提出申诉、控告或者检举的权利，但是不得捏造或者歪曲事实进行诬告陷害。"可知申诉、控告和检举限于违法失职行为。因此，C 项错误。

D 项：根据《宪法》第 45 第 1 款的规定："中华人民共和国公民在年老、疾病或者丧失劳动能力的情况下，有从国家和社会获得物质帮助的权利……"故无"身体虚弱"这一条件。因此，D 项错误。

综上所述，本题答案为 B 项。

2 1701025

答案：C。

解析：A 项：根据《宪法》第 35 条的规定："中华人民共和国公民有言论、出版、集会、结社、游行、示威的自由。"所谓出版自由是指公民享有通过以印刷或其他复制手段制成的出版物公开表达和传播意见、思想、感情、信息、知识等的自由。我国出版自由需要新闻总署进行审核，否则就是非法出版物。各类横幅标语应当认定为公民言论自由的表现，而不是出版自由。故 A 项错误。

B 项：设置各类横幅标语是公民行使言论自由权的体现，政府为公共管理的需要禁止公民从事此类行为，属于对公民基本权利的限制。故 B 项错误。

C 项：执法部门出于提升市容市貌和环境卫生的需要，一律禁止各类横幅标语，其目的具有正当性，故 C 项正确。

D 项：合理差别涉及不同利益主体之间的问题，例如对老年人、妇女、儿童残疾人的倾斜性保护，即为合理差别对待，本题不涉及不同主体之间区别对待问题，故 D 项错误。

综上所述，本题答案为 C 项。

3 1501025

答案：C。

解析：A 项：平等权是我国宪法所保护的公民的一项基本权利，是公民行使其他权利的基础，也是我国社会主义法制的一项基本原则。我国的平等权规定形成了由基本内容、特定主体保护等组成的完整规范系统。故 A 项正确，不当选。

B 项：《宪法》第 33 条第 2 款规定："中华人民共和国公民在法律面前一律平等。"这一规定的含义有二：一是任何公民不分民族、种族、性别、职业、家庭出身、宗教信仰、教育程度、财产状况、居住期限，都一律平等地享有宪法和法律规定的权利，也都平等地履行宪法和法律规定的义务；二是任何人的合法权利都一律平等地受到保护，对违法行为一律依法予以追究，绝不允许任何违法犯罪分子逍遥法外，故犯罪嫌疑人的合法权利也应该一律平等地受到法律保护。故 B 项正确，不当选。
C 项:《宪法》第 34 条规定:“中华人民共和国年满十八周岁的公民，不分民族、种族、性别、职业、家庭出身、宗教信仰、教育程度、财产状况、居住期限，都有选举权和被选举权；但是依照法律被剥夺政治权利的人除外。”享有选举权和被选举权，必须年满 18 周岁，故在选举权领域，年龄不属于宪法所列举的禁止差别理由。故 C 项错误，当选。
D 项:《宪法》第 48 条规定:“中华人民共和国妇女在政治的、经济的、文化的、社会的和家庭的生活等各方面享有同男子平等的权利。国家保护妇女的权利和利益，实行男女同工同酬，培养和选拔妇女干部。”故 D 项正确，不当选。
综上所述，本题为选非题，答案为 C 项。

4 1301025

答案：B。
解析：A 项：根据《宪法》第 38 条的规定：“中华人民共和国公民的人格尊严不受侵犯。【禁止用任何方法对公民进行侮辱、诽谤和诬告陷害】。”故 A 项正确，不当选。
B 项：广义的人身自由包括与狭义的人身自由相关联的生命权、人格尊严、住宅不受侵犯、通信自由和通信秘密等与公民个人生活有关的权利和自由。生命权是享有生命的权利，体现着人类的尊严与基本价值，属于广义的人身自由，但我国《宪法》未对生命权进行明确规定。故 B 项错误，当选。
C 项：根据《宪法》第 37 条的规定：“中华人民共和国公民的人身自由不受侵犯。任何公民，非经人民检察院批准或者决定或者人民法院决定，并由公安机关执行，不受逮捕。禁止非法拘禁和以其他方法非法剥夺或者限制公民的人身自由，【禁止非法搜查公民的身体】。”故 C 项正确，不当选。
D 项：根据《宪法》第 39 条的规定：“中华人民共和国公民的住宅不受侵犯。【禁止非法搜查或者非法侵入公民的住宅】。”故 D 项正确，不当选。
综上所述，本题为选非题，答案为 B 项。

5 1001017

答案：B。
解析：A 项：根据《宪法》第 45 条第 1 款的规定：“中华人民共和国公民在年老、疾病或者丧失劳动能力的情况下，有从国家和社会获得物质帮助的权利……”可知，获得物质帮助权并不包括遭受自然灾害的情形。故 A 项错误。
B 项：根据《宪法》第 35 条的规定：“中华人民共和国公民有言论、出版、集会、结社、游行、示威的自由。”以及《刑法》第 54 条第 2 款的规定：“剥夺政治权利是剥夺下列权利：（二）言论、出版、集会、结社、游行、示威自由的权利。”可知，出版自由是政治权利的组成部分，故 B 项正确。
C 项：根据《宪法》第 36 条的规定：“中华人民共和国公民有宗教信仰自由。任何国家机关、社会团体和个人不得强制公民信仰宗教或者不信仰宗教，不得歧视信仰宗教的公民和不信仰宗教的公民。国家保护正常的宗教活动。任何人不得利用宗教进行破坏社会秩序、损害公民身体健康、妨碍国家教育制度的活动。宗教团体和宗教事务不受外国势力的支配。”可知，我国《宪法》规定的公民的宗教信仰自由不包括“公开传教”的自由。故 C 项错误。
D 项：根据《宪法》第 43 条的规定：“中华人民共和国劳动者有休息的权利。国家发展劳动者休息和休养的设施，规定职工的工作时间和休假制度。”可知，我国《宪法》所规定的休息权的主体是“劳动者”而并不是“公民”，故 D 项错误。
综上所述，本题答案为 B 项。

【多选】

6 2001161

答案：A,B,D。
解析：A 项:《宪法》第 41 条第 2 款规定:“对于公民的申诉、控告或者检举，【有关国家机关】必须查清事实，负责处理。任何人不得压制和打击报复。”注意，是有关国家机关，而不是一切国家机关。因此，A 项错误，当选。
B 项:《宪法》第 43 条第 1 款规定:“中华人民共和国劳动者有休息的权利。”仅劳动者有休息的权利，而非公民。因此，B 项错误，当选。
C 项:《宪法》第 42 条第 1、2 款规定:“中华人民共和国公民有劳动的权利和义务。国家通过各种途径，创造劳动就业条件，加强劳动保护，改善劳动条件，并在发展生产的基础上，提高劳动报酬和福利待遇。”因此，C 项正确，不当选。

D 项:《宪法》第 40 条规定:“……除因国家安全或者追查刑事犯罪的需要，由【公安机关或者检察机关】依照法律规定的程序对通信进行检查外，任何组织或者个人不得以任何理由侵犯公民的通信自由和通信秘密。”由此可知，为了国家安全或追查刑事犯罪的需要，公安机关、检察院可以依法检查公民通信。法院只有判断权，公安机关只有执行权，检察院既有判断权又有执行权，因此，D 项错误，当选。

综上所述，本题为选非题，答案为 ABD 项。

7 2001159

答案：B,C。

解析：A 项：基本权利是指由《宪法》加以规定的权利，而居住权只是《民法典》规定的普通权利，并非基本权利。因此，A 项错误。

B 项：居住权属于人权的内容之一，其产生早于现行《民法典》的规定。因此，B 项正确。

C 项：由题干即可得知，居住权是我国现行《民法典》明文规定的法定权利。因此，C 项正确。

D 项：并非所有公民的需求都必须以基本法律加以规定，如果有必要用法律规范保障某种需求，其具体形式可以是宪法、法律（基本法律和非基本法律）、行政法规、地方性法规、规章等多种形式。因此，D 项错误。

综上所述，本题答案为 BC 项。

8 1701061

答案：A,B,C,D。

解析：A 项：根据我国《宪法》规定，国家保护公民合法的私有财产权，其含义包括国家不得随意侵犯公民的合法的私有财产权，如果要因为公共利益进行征收或者征用，需要进行补偿。故 A 项正确。

B 项：国家还要履行责任，保护公民的合法的私有财产权不受他人侵犯。如果有侵权行为发生，要求给予司法救济等。故 B 项正确。

C 项：根据《立法法》第 11 条第 9 项的规定：“下列事项只能制定法律:（九）基本经济制度以及财政、海关、金融和外贸的基本制度。”题目中，国家依照法律规定保护公民的私有财产权和继承权。因此，只有法律才能进行规定。同时，财产权属于第 9 项中的基本经济制度以及财政、海关、金融和外贸的基本制度；对公民私有财产权和继承权的保护和限制属于法律保留的事项，故 C 项正确。

D 项：我国的基本经济制度主要包括公有制和私有制的保护及其相互关系。故 D 项正确。

综上所述，本题答案为 ABCD 项。

9 1601063

答案：B,C,D。

解析：A 项：根据《宪法》第 38 条的规定：“中华人民共和国公民的人格尊严不受侵犯。禁止用任何方法对公民进行侮辱、诽谤和诬告陷害。”本题中，张某对王某工作提出激烈批评，是行使监督权的表现，并不是侮辱、诽谤和诬告陷害等侵犯人格尊严的行为。”因此，A 项错误。

B 项：根据《宪法》第 37 条的规定：“中华人民共和国公民的人身自由不受侵犯。任何公民，非经人民检察院批准或者决定或者人民法院决定，并由公安机关执行，不受逮捕。禁止非法拘禁和以其他方法非法剥夺或者限制公民的人身自由，禁止非法搜查公民的身体。”本案中，张某因批评被公安机关行政拘留，人身自由受到侵犯。因此，B 项正确。

C 项：根据《宪法》第 41 条第 1 款的规定：”中华人民共和国公民对于任何国家机关和国家工作人员，有提出批评和建议的权利；对于任何国家机关和国家工作人员的违法失职行为，有向有关国家机关提出申诉、控告或者检举的权利，但是不得捏造或者歪曲事实进行诬告陷害。”本题中，张某因批评王某工作而被行政拘留，属于监督权被侵犯。因此，C 项正确。

D 项：根据《国家赔偿法》第 35 条的规定：“有本法第三条或者第十七条规定情形之一，致人精神损害的，应当在侵权行为影响的范围内，为受害人消除影响，恢复名誉，赔礼道歉；造成严重后果的，应当支付相应的精神损害抚慰金。”以及第

3 条第 1 项的规定："行政机关及其工作人员在行使行政职权时有下列侵犯人身权情形之一的，受害人有取得赔偿的权利：（一）违法拘留或者违法采取限制公民人身自由的行政强制措施的。"本题中，张某人身权受到侵害且精神受到严重打击，因此，有权获得精神损害抚慰金。因此，D 项正确。

综上所述，本题答案为 BCD 项。

10 1201063

答案：A,C。

解析：A 项：《宪法》第 33 至 51 条系统的规定了我国公民享有的基本权利，但并未明文规定生命权，因此，A 项错误，当选。

B 项：根据《宪法》第 41 条第 1 款的规定："中华人民共和国公民对于任何国家机关和国家工作人员，有提出批评和建议的权利；对于任何国家机关和国家工作人员的违法失职行为，有向有关国家机关提出申诉、控告或者检举的权利，但是不得捏造或者歪曲事实进行诬告陷害。"因此，B 项正确，不当选。

C 项：根据《宪法》第 43 条第 1 款的规定："中华人民共和国劳动者有休息的权利。"我国享有休息权的主体是"劳动者"，因此，C 项错误，当选。

D 项：根据《宪法》第 46 条第 1 款的规定："中华人民共和国公民有受教育的权利和义务。"受教育既是公民的权利也是公民的义务，因此，D 项正确，不当选。

综上所述，本题为选非题，答案为 AC 项。

11 1201061

答案：B,D。

解析：A 项：根据《宪法》第 39 条规定："中华人民共和国公民的住宅不受侵犯。禁止非法搜查或者非法侵入公民的住宅。"国家有义务保护公民住宅不受侵犯，即未经法定程序，任何组织和个人不能以任何形式侵犯公民的住宅。但国家并没有义务保障每个公民都有住宅。故 A 项错误。

B 项：住宅不受侵犯是指任何机关、团体的工作人员或者其他个人，未经法律许可或未经户主等居住者的同意，不得随意进入、搜查或查封公民的住宅。《治安管理处罚法》是依据《宪法》制定的，其对"非法侵入他人住宅"行为进行处罚的规定体现了《宪法》第 39 条的精神。故 B 项正确。

C 项：《刑事诉讼法》第 71 条主要是对取保候审人员的规定，与住宅不受侵犯没有关系。故 C 项错误。

D 项：公安机关、检察机关为了收集犯罪证据、查获犯罪嫌疑人，需要对有关人员的身体、物品、住宅及其他地方进行搜查时，必须严格依照法律规定的程序进行。因此，公民住宅不是绝对不受侵犯，法律允许在必要的时候对其予以限制。故 D 项正确。

综上所述，本题答案为 BD 项。

12 1101062

答案：A,B,C,D。

解析：A 项：人权是指作为一个人所应该享有的权利。所谓基本权利，是指有宪法规定的公民享有的主要的、必不可少的权利。人权是基本权利的来源，基本权利是人权宪法化的具体表现。故 A 项正确。

B 项：宪法上基本权利的主体主要是公民，但法人也可以成为某些基本权利的主体，典型如财产权。故 B 项正确。

C 项：《宪法》第 51 条规定："中华人民共和国公民在行使自由和权利的时候，不得损害国家的、社会的、集体的利益和其他公民的合法的自由和权利。"故 C 项正确。

D 项：我国宪法关于公民基本权利和义务的规定，合理地反映了公民与国家的关系，体现了公民的宪法地位，并成为公民其他权利义务的法律基础。从总体上讲，我国公民的基本权利和义务具有广泛性、平等性、现实性和一致性四大特点。权利和义务的平等性是我国公民基本权利和义务的重要特点。故 D 项正确。

综上所述，本题答案为 ABCD 项。

【不定项】

13 1801089

答案：A,C,D。

解析：A 项：根据《宪法》第 38 条的规定："中华

人民共和国公民的人格尊严不受侵犯。禁止用任何方法对公民进行侮辱、诽谤和诬告陷害。”故A项正确。

B项：根据《宪法》第40条的规定：“中华人民共和国公民的通信自由和通信秘密受法律的保护。除因国家安全或者追查刑事犯罪的需要，由公安机关或者检察机关依照法律规定的程序对通信进行检查外，任何组织或者个人不得以任何理由侵犯公民的通信自由和通信秘密。”据此可知，法院无权监听公民电话。故B项错误。

C项：根据《宪法》第37条第3款的规定：“禁止非法拘禁和以其他方法非法剥夺或者限制公民的人身自由，禁止非法搜查公民的身体。”故C项正确。

D项：根据《宪法》第39条的规定：“中华人民共和国公民的住宅不受侵犯。禁止非法搜查或者非法侵入公民的住宅。”故D项正确。

综上所述，本题答案为ACD项。

14 1701094

答案：A,B,D。

解析：A项：基本权利由宪法加以规定，并且通过立法机关制定法律得以规定和保障，并能直接对立法机关产生拘束力。故A项正确。

B项：基本权利规范对行政机关的活动和公务员的行为同样产生拘束力。故B项正确。

C项：并非只有司法机关的司法活动才能对基本权利予以拘束和限制。故C项错误。

D项：公民基本权利并非只能对国家机关行使，其他私主体也有义务尊重公民基本权利。故D项正确。

综上所述，本题答案为ABD项。

15 1501092

答案：B,C,D。

解析：A项：《宪法》第39条规定：“中华人民共和国公民的住宅不受侵犯。禁止非法搜查或者非法侵入公民的住宅。”本题并未侵犯张某的住宅权。故A项错误。

B项：《宪法》第13条第3款规定：“国家为了公共利益的需要，可以依照法律规定对公民的私有财产权实行征收或者征用并给予补偿。”即国家只有在为了公共利益的前提下，才可以对公民的私有财产进行征收或征用。故B项正确。

C项：《宪法》第42条第1款规定：“中华人民共和国公民有劳动的权利和义务。”县政府通知财政局解除张某的女婿李某与该局的劳动合同的行为侵犯了李某的劳动权。故C项正确。

D项：《宪法》第46条第1款规定：“中华人民共和国公民有受教育的权利和义务。”县政府责令张某的儿子所在中学不为其办理新学期注册手续的行为侵犯了张某儿子的受教育权。故D项正确。

综上所述，本题答案为BCD项。

（二）我国公民的基本义务

【多选】

16 1201062

答案：A,B,C。

解析：根据《宪法》第56条的规定：“中华人民共和国公民有依照法律纳税的义务。”

A项：纳税义务是指纳税义务人依法向税收部门按一定比例缴纳税款的义务。纳税的基本特征是无偿性、固定性、强制性。纳税的无偿性要求税收制度的平衡性，即根据税收法定的原则，是否纳税和纳税多少应考虑社会成员的纳税能力。故A项正确。

B项：根据《立法法》第11条第6项的规定：“下列事项只能制定法律：（六）税种的设立、税率的确定和税收征收管理等税收基本制度。”故B项正确。

C项：纳税义务具有双重性：一方面纳税是国家财政的重要来源，具有形成国家财力的属性；另一方面纳税义务具有防止国家权力侵犯公民财产权的属性。故C项正确。

D项：纳税义务的履行，实际上为纳税人带来相应的权利。从某种意义上说，纳税义务的履行是纳税者享有权利的基础和条件。但是并不是所有权利的前提条件都是履行纳税义务。D项是对纳税义务说法的断章取义，故D项错误。

综上所述，本题答案为ABC项。

（三）综合知识点

【单选】

17 1401024

答案：C。

解析：A 项：根据《宪法》第 56 条的规定："中华人民共和国公民有依照法律纳税的义务。"王某属于中华人民共和国公民，需要承担纳税义务。故 A 项错误。

B 项：根据《宪法》第 55 条第 2 款的规定："依照法律服兵役和参加民兵组织是中华人民共和国公民的光荣义务。"根据《兵役法》第 20 条第 1 款的规定："年满十八周岁的男性公民，应当被征集服现役；当年未被征集的，在二十二周岁以前仍可以被征集服现役。普通高等学校毕业生的征集年龄可以放宽至二十四周岁……"王某为普通高校应届毕业生，被征集服现役的年龄可以放宽至二十四周岁，故其仍可被征集服现役。故 B 项错误。

C 项：根据《宪法》第 34 条的规定："中华人民共和国年满十八周岁的公民，不分民族、种族、性别、职业、家庭出身、宗教信仰、教育程度、财产状况、居住期限，都有选举权和被选举权；但是依照法律被剥夺政治权利的人除外。"王某已年满 18 周岁，且未被剥夺政治权利，因此有选举权和被选举权。故 C 项正确。

D 项：《宪法》第 43 条第 1 款的规定："中华人民共和国劳动者有休息的权利。"因王某尚未就业，不属于劳动者，因此不享有劳动者休息权。故 D 项错误。

综上所述，本题答案为 C 项。

18 1201023

答案：D。

解析：A 项：文化制度是指一国通过宪法和法律调整以社会意识形态为核心的各种基本关系的规则、原则和政策的总和。宪法是国家的根本大法，规定的是国家的根本制度问题，宪法规定的文化制度属于基本制度，故 A 项正确，不当选。

B 项：随着自由资本主义制度向垄断资本主义制度过渡，资本主义国家的文化制度日渐趋于完善，宪法对文化制度的规定也随之丰富起来。1919 年德国《魏玛宪法》不仅详尽地规定了公民的文化权利，而且还明确地规定了国家的基本文化政策，第一次比较全面系统地规定了文化制度，故 B 项正确，不当选。

C 项：我国现行宪法对文化制度的原则、内容等作了比较全面和系统的规定，具体包括：1. 国家发展教育事业；2. 国家发展科学事业；3. 国家发展文学艺术及其他文化事业；4. 国家开展公民道德教育。因此公民文化教育权利是文化制度的重要内容，故 C 项正确，不当选。

D 项：我国现行《宪法》第 33 至 51 条系统地规定了公民的基本权利，但是知识产权并不在我国宪法所规定的公民的基本权利的范围之内，故 D 项错误，当选。

综上所述，本题为选非题，答案为 D 项。

二、模拟训练

【单选】

19 61808106

答案：D。

解析：ABC 项：我国宪法中的平等权强调保护平等，任何人的合法权利都一律受到平等的保护。禁止不合理的差别对待，反对歧视和反对特权，但允许合理差别存在。用人单位在招聘时，根据需求设置性别要求，不违反禁止差别对待原则，属于合理差别。我国之所以对未成年人专门设立法律进行保护，并不是对其有更强的保护力度，而是未成年人的权利受到侵害更加普遍和严重，更应当受到法律的特殊关切。同时，我国宪法强调责任平等，任何人不能有超出法律之外的特权。即使是国家工作人员，也只享有法律赋予其的权利。因此，ABC 项错误。

D 项：我国宪法中的平等权强调总体平等，即任何公民不分民族、种族、性别、职业、家庭出身、宗教信仰、教育程度、财产状况、居住期限，都一律平等地享有宪法和法律规定的权利和履行义务。因此，D 项正确。

综上所述，本题答案为 D 项。

20 61808110

答案：B。

解析：A项：根据《宪法》第39条的规定："……禁止非法搜查或者非法侵入公民的住宅。"因此，A项正确，不当选。

B项：根据《宪法》第40条的规定："中华人民共和国公民的通信自由和通信秘密受法律的保护。除因国家安全或者追查刑事犯罪的需要，由公安机关或者检察机关依照法律规定的程序对通信进行检查外，任何组织或者个人不得以任何理由侵犯公民的通信自由和通信秘密。"可知，若存在法定原因，公安机关或者检察机关可以对公民的电话进行监听，B项说法过于绝对。因此，B项错误，当选。

C项：根据《宪法》第37条第3款的规定："……禁止非法搜查公民的身体。"因此，C项正确，不当选。

D项：根据《宪法》第38条的规定："……禁止用任何方法对公民进行侮辱、诽谤和诬告陷害。"因此，D项正确，不当选。

综上所述，本题为选非题，答案为B项。

21 62208190

答案：D。

解析：A项：我国《宪法》规定公民基本权利和义务的主体具有广泛性，不仅包括全体中国公民，在一定条件下外国人和无国籍人士也能成为基本权利和义务的主体。因此，A项错误。

B项：在我国平等权是指公民依法平等地享有权利，要求国家对公民权利给予同等保护，同时允许合理的差别对待，如对妇女孕期的保护、对选举权的年龄限制等。因此，B项错误。

C项：根据《宪法》第37条第2款规定："任何公民，非经人民检察院批准或者决定或者人民法院决定，并由公安机关执行，不受逮捕。"可知，经人民法院决定公安机关执行也可对公民实施逮捕。因此，C项错误。

D项：根据《宪法》第41条第1款规定："中华人民共和国公民对于【任何国家机关和国家工作人员】，有【提出批评和建议的权利】；对于任何国家机关和国家工作人员的违法失职行为，有向有关国家机关提出申诉、控告或者检举的权利，但是不得捏造或者歪曲事实进行诬告陷害。"因此，D项正确。

综上所述，本题答案为D项。

【多选】

22 61808108

答案：A,D。

解析：A项：合法的行政拘留不是司法程序，但其可以限制人身自由。另外，在正当防卫、紧急避险的情况下剥夺他人人身自由，也不一定非法。因此，A项错误，当选。

BD项：根据《宪法》第37–40条的规定，广义的人身自由包括与狭义人身自由相关联的生命权、人格尊严、住宅不受侵犯、通信自由和通信秘密等与公民个人生活有关的权利和自由。因此，B项正确，不当选。生命权属于广义的人身自由。狭义的人身自由指公民的身体不受非法侵犯。因此，D项错误，当选。

C项：根据《宪法》第51条的规定："中华人民共和国公民在行使自由和权利的时候，不得损害国家的、社会的、集体的利益和其他公民的合法的自由和权利。"可知，C项正确，不当选。

综上所述，本题为选非题，答案为AD项。

【不定项】

23 61908160

答案：A,B,C。

解析：A项：基本权利的主体主要是公民，但法人也可以成为某些基本权利的主体，典型如财产权。因此，A项正确。

B项：《宪法》第51条规定："中华人民共和国公民在行使自由和权利的时候，不得损害国家的、社会的、集体的利益和其他公民的合法的自由和权利。"因此，B项正确。

C项：《宪法》第42条第1、2款规定："中华人民共和国公民有劳动的权利和义务。国家通过各种途径，创造劳动就业条件，加强劳动保护，改善劳动条件，并在发展生产的基础上，提高劳动报酬和福利待遇。"因此，C项正确。

D项：生命权具有自然法性质，我国现行宪法没有明确规定。因此，D 项错误。

综上所述，本题答案为 ABC 项。

第九章 全国人大及其常委会

参考答案

[1] 无	[2] D	[3] C	[4] AC	[5] ABC
[6] D	[7] C	[8] D	[9] AD	[10] ABC
[11] C	[12] ABC	[13] ABCD	[14] ABC	[15] CD

一、历年真题及仿真题

（一）全人大及其常委会概述

【单选】

1 1001020

答案：无。

解析：ABCD 项：根据《人大议事规则》第 17 条第 1 款的规定："全国人民代表大会会议公开举行。"第 19 条的规定："全国人民代表大会在必要的时候，可以举行秘密会议。举行秘密会议，经主席团征求各代表团的意见后，由有各代表团团长参加的主席团会议决定。"可见，全国人民代表大会举行会议以公开为原则，以秘密举行为例外，秘密举行需要经主席团征求各代表团的意见后，由有各代表团团长参加的主席团会议决定。因此，ABCD 错误。

【因 2021 年《人大组织法》修改，新法中已经没有关于秘密会议的内容，秘密会议统一由《人大议事规则》规定，根据《人大议事规则》，秘密举行需要经主席团征求各代表团的意见后，由有各代表团团长参加的主席团会议决定。故本题没有正确答案，为本题集中收录本题仅为考生作历年真题考点参考，掌握相关知识点即可。】

（二）全人大和全人常的职权

【单选】

2 2001157

答案：D。

解析：ABCD 项：基本法律是指由全国人大制定和修改的关于刑事、民事、国家机构和其他方面的规范性文件。基本法以外的法律是指由全国人大常委会制定和修改的规范性文件。《国家赔偿法》由全国人民代表大会常务委员会制定，不属于基本法。因此，ABC 项正确，不当选；D 项错误，当选。

综上所述，本题为选非题，答案为 D 项。

3 2001155

答案：C。

解析：AB 项：根据《宪法》第 62 条第 5 项的规定："全国人民代表大会行使下列职权：（五）根据中华人民共和国主席的提名，【决定】国务院总理的人选；根据国务院总理的提名，【决定】国务院副总理、国务委员、各部部长、各委员会主任、审计长、秘书长的人选。"国务院总理、副总理是"决定"产生，而非"选举"产生。因此，AB 项错误。

CD 项：根据《宪法》第 62 条第 6 项的规定："全国人民代表大会行使下列职权：（六）【选举】中央军事委员会主席；根据中央军事委员会主席的提名，【决定】中央军事委员会其他组成人员的人选。"因此，C 项正确，D 项错误。

综上所述，本题答案为 C 项。

【多选】

4 1001064

答案：A,C。

解析：《宪法》第 62 条规定："全国人民代表大会行使下列职权：……（四）选举中华人民共和国主席、副主席；（五）根据中华人民共和国主席的提名，决定国务院总理的人选；根据国务院总理的提名，决定国务院副总理、国务委员、各部部长、各委员会主任、审计长、秘书长的人选……（八）选举最高人民法院院长；（九）选举最高人民检察院检察长……（十四）决定特别行政区的设立及其制度……"

A 项：根据第（四）项，全国人大有权选举国家主席、副主席。故 A 项正确。

B 项：根据第（五）项，国务院总理是由国家主席提名，全国人大决定的；国务院副总理是由国务院总理提名，全国人大决定的；其都不是由全国人大选举产生的。故 B 项错误。

C 项：根据第（八）项、第（九）项，全国人大有权选举最高人民法院院长、最高人民检察院检察长。故 C 项正确。

D 项：根据第（十四）项的规定，全国人大只能决定特别行政区的设立及其制度，而不能决定其建置。故 D 项错误。

综上所述，本题答案为 AC 项。

【本题解析根据新的《宪法修正案》进行了相应的修改。】

（三）全人大和全人常的会议制度和议案程序

【不定项】

5 1001093

答案：A,B,C。

解析：AB 项：《全国人大组织法》第 21 条规定："全国人民代表大会会议期间，一个代表团或者三十名以上的代表联名，可以书面提出对国务院以及国务院各部门、国家监察委员会、最高人民法院、最高人民检察院的质询案。"故 AB 项正确。

CD 项：《全国人大组织法》第 30 条规定："常务委员会会议期间，常务委员会组成人员十人以上联名，可以向常务委员会书面提出对国务院以及国务院各部门、国家监察委员会、最高人民法院、最高人民检察院的质询案。"故 C 项正确。委员长会议只负责把质询案交由受质询的机关答复，法律没有规定委员长会议可书面提出对国务院的质询案。故 D 项错误。

综上所述，本题答案为 ABC 项。

（四）专委会和特调会

【单选】

6 1301026

答案：D。

解析：AD 项：《宪法》第 70 条规定："……在全国人民代表大会闭会期间，各专门委员会受全国人民代表大会常务委员会的领导。各专门委员会在全国人民代表大会和全国人民代表大会常务委员会领导下，研究、审议和拟订有关议案。"由此可知，全国人大及其常委会领导专门委员会的工作，全国人大专门委员会非最后作出决议的权力机关，没有独立的法定职权，其主要职责是：在全国人大和全国人大常委会领导下，研究、审议和拟定有关议案。因此，人大各专门委员会并没有作出最后决议的职权。故 A 项错误，D 项正确。

B 项：《全国人大组织法》第 34 条第 3 款规定："各专门委员会的主任委员、副主任委员和委员的人选由主席团在代表中提名，全国人民代表大会会议表决通过。在大会闭会期间，全国人民代表大会常务委员会可以任免专门委员会的副主任委员和委员，由委员长会议提名，常务委员会会议表决通过。"故人大常委会只能在大会闭会期间，任命副主任委员和委员，无权任命主任委员。故 B 项错误。

C 项：《全国人大组织法》第 41 条规定："全国人民代表大会或者全国人民代表大会常务委员会可以组织对于特定问题的调查委员会。调查委员会的组织和工作，由全国人民代表大会或者全国人民代表大会常务委员会决定。"特定问题调查委员会属于临时委员会，无特定任期，对特定问题的调查任务一经完成，该委员会即撤销。可见特定问题的调查委员会的任期与全国人大及其常委会的任期不一定相同。故 C 项错误。

综上所述，本题答案为 D 项。

（五）综合知识点

【单选】

7 2101105

答案：C。

解析：A 项：根据《宪法》第 61 条第 2 款的规定："全国人民代表大会举行会议的时候，选举主席团主持会议。"可知，全国人民代表大会会议由选举主席团主持，而不是由全国人大常委会主持。因此，A 项错误。

B 项：根据《宪法》第 61 条第 1 款的规定："全国人民代表大会会议每年举行一次，由全国人民代表大会常务委员会召集……"可知，全国人民代表大会会议由全国人大常委会召集，而不是由主席团召集。因此，B 项错误。

C 项：《宪法》第 59 条第 2 款规定："全国人民代表大会代表的选举由全国人民代表大会常务委员会主持。"因此，C 项正确。

D 项：《宪法》第 62 条第 13 项规定："全国人民代表大会行使下列职权：（十三）批准省、自治区和直辖市的建置。"第 89 条第 15 项规定："国务院行使下列职权：（十五）批准省、自治区、直辖市的区域划分，批准自治州、县、自治县、市的建置和区域划分。"据此可知，全国人大批准省、自治区和直辖市的建置，国务院批准省、自治区和直辖市的区域划分。因此，D 项错误。

综上所述，本题答案为 C 项。

8 1101024

答案：D。

解析：A 项：人民代表大会制度是指人民根据民主集中制原则，通过民主选举组成全国人民代表大会和地方各级人民代表大会，并以人民代表大会为基础，建立全部国家机构，对人民负责，受人民监督，以实现人民当家做主的政治制度。我国宪法明确规定，国家的一切权力属于人民；人民行使国家权力的机关是全国人民代表大会和地方各级人民代表大会；国家行政机关、监察机关、审判机关和检察机关都由人民代表大会产生，对它负责，受它监督。因此，人民代表大会制度体现了一切权力属于人民的原则。故 A 项正确，不当选。

BC 项：人民代表大会制度的基本内容包括：人民主权原则；人民掌握和行使国家权力的组织形式与制度；人大代表由人民选举，受人民监督；各级人大是国家权力机关，其他国家机关都由人大选举产生，对其负责，受其监督。故 BC 项正确，不当选。

D 项：全国人大与地方各级人大之间以及地方各级人大之间没有隶属关系，上级人大有权依照宪法和法律监督下级人大的工作。因此，全国人大与地方人大之间、上下级人大之间是"监督"关系而并非"领导"关系，地方各级国家权力机关对最高国家权力机关负责的说法体现的是领导关系。故 D 项错误，当选。

综上所述，本题为选非题，答案为 D 项。

【多选】

9 1101061

答案：A,D。

解析：A 项：根据《立法法》第 29 条第 1 款的规定："委员长会议可以向常务委员会提出法律案，由常务委员会会议审议。"可知，委员长会议有权向全国人大常委会提法律案。所以 A 项正确。

B 项：根据《立法法》第 32 条第 1 款的规定："列入常务委员会会议议程的法律案，一般应当经三次常务委员会会议审议后再交付表决。"可知，列入常委会会议议程的法律案需要经过 3 次"常务委员会会议"而非"委员长会议"审议。所以 B 项错误。

C 项：根据《立法法》第 40 条的规定："列入常务委员会会议议程的法律案，应当在常务委员会会议后将法律草案及其起草、修改的说明等向社会公布，征求意见，但是经委员长会议决定不公布的除外。向社会公布征求意见的时间一般不少于三十日。征求意见的情况应当向社会通报。"可知，法律案原则上应公布，不需要经委员长会议决定。所以 C 项错误。

D 项：根据《立法法》第 38 条的规定："专门委员会之间对法律草案的重要问题意见不一致时，应当向委员长会议报告。"所以 D 项正确。

综上所述，本题答案为 AD 项。

【不定项】

10 2101110

答案：A,B,C。

解析：A 项：《各级人民代表大会常务委员会监督法》第 31 条规定："最高人民法院、最高人民检察院作出的属于审判、检察工作中具体应用法律的解释，应当自公布之日起【三十日内】报全国人民代表大会常务委员会备案。"故 A 项错误，当选。

B 项：《各级人民代表大会常务委员会监督法》第 46 条第 3 款规定："撤职案的表决采用无记名投票的方式，由常务委员会全体组成人员的【过半数】

通过。”故 B 项错误，当选。

C 项：《各级人民代表大会常务委员会监督法》第 42 条第 3 款规定：“调查委员会在调查过程中，【可以不公布】调查的情况和材料。”故 C 项错误，当选。

D 项：《各级人民代表大会常务委员会监督法》第 38 条规定：“质询案以口头答复的，由受质询机关的负责人到会答复。质询案以书面答复的，由受质询机关的负责人签署。”故 D 项正确，不当选。

综上所述，本题为选非题，答案为 ABC 项。

二、模拟训练

【单选】

11 61908180

答案：C。

解析：A 项：根据《全国人民代表大会组织法》第 18 条的规定：“全国人民代表大会常务委员会委员长、副委员长、秘书长、委员的人选，中华人民共和国主席、副主席的人选，中央军事委员会主席的人选，国家监察委员会主任的人选，最高人民法院院长和最高人民检察院检察长的人选，由主席团提名，经各代表团酝酿协商后，再由主席团根据多数代表的意见确定正式候选人名单。”可知，全国人大主席团的提名人选包括国家主席、副主席。因此，A 项正确，不当选。

B 项：根据《全国人民代表大会组织法》第 12 条第 1 款的规定：“主席团主持全国人民代表大会会议。”因此，B 项正确，不当选。

C 项：根据《宪法》第 64 条第 1 款的规定：“宪法的修改，由全国人民代表大会常务委员会或者五分之一以上的全国人民代表大会代表提议，并由全国人民代表大会以全体代表的三分之二以上的多数通过。”可知，主席团无权提议宪法的修改。因此，C 项错误，当选。

D 项：根据《全国人民代表大会组织法》第 20 条的规定：“全国人民代表大会主席团、三个以上的代表团或者十分之一以上的代表，可以提出对全国人民代表大会常务委员会的组成人员，中华人民共和国主席、副主席，国务院和中央军事委员会的组成人员，国家监察委员会主任，最高人民法院院长和最高人民检察院检察长的罢免案，由主席团提请大会审议。”可知，主席团有权向全国人大提出罢免国务院组成人员的议案。因此，D 项正确，不当选。

综上所述，本题为选非题，答案为 C 项。

【多选】

12 62108026

答案：A,B,C。

解析：A 项：根据《全国人大组织法》第 25 条第 3 项的规定：“常务委员会的委员长、副委员长、秘书长组成委员长会议，处理常务委员会的重要日常工作：（三）决定是否将议案和决定草案、决议草案提请常务委员会全体会议表决，对暂不交付表决的，提出下一步处理意见。”因此，A 项正确。

BC 项：根据《全国人大组织法》第 31 条的规定：“常务委员会在全国人民代表大会闭会期间，根据国务院总理的提名，可以决定【国务院其他组成人员】的任免；根据中央军事委员会主席的提名，可以决定【中央军事委员会其他组成人员】的任免。”因此，BC 项正确。

D 项：根据《宪法》第 62 条第 6 项的规定：“全国人民代表大会行使下列职权：（六）选举中央军事委员会主席；根据中央军事委员会主席的提名，决定中央军事委员会其他组成人员的人选。”中央军事委员会副主席由全国人大【决定】产生，而不是【选举】产生。因此，D 项错误。

综上所述，本题答案为 ABC 项。

13 62108027

答案：A,B,C,D。

解析：A 项：根据《全国人大组织法》第 32 条的规定：“常务委员会在全国人民代表大会闭会期间，根据委员长会议、国务院总理的提请，可以决定撤销国务院其他个别组成人员的职务；根据中央军事委员会主席的提请，可以决定撤销中央军事委员会其他个别组成人员的职务。”因此，A 项正确。

B 项：根据《全国人大组织法》第 34 条第 3 款的规定：“各专门委员会的主任委员、副主任委员和委员的人选由主席团在代表中提名，全国人民代表大会会议表决通过。在大会闭会期间，全国人民代表大会常务委员会可以任免专门委员会的副主任委员和委员，由委员长会议提名，常务委员会会议表决通过。”因此，B 项正确。

C 项：根据《全国人大组织法》第 35 条的规定：“各专门委员会每届任期同全国人民代表大会每届任期相同，履行职责到下届全国人民代表大会产生新的专门委员会为止。”因此，C 项正确。

D 项：根据《全国人大组织法》第 37 条第 8 项的规定：“各专门委员会的工作如下：（八）审议全国人民代表大会常务委员会交付的被认为同宪法、法律相抵触的国务院的行政法规、决定和命令，国务院各部门的命令、指示和规章，国家监察委员会的监察法规，省、自治区、直辖市和设区的市、自治州的人民代表大会及其常务委员会的地方性法规和决定、决议，省、自治区、直辖市和设区的市、自治州的人民政府的决定、命令和规章，民族自治地方的自治条例和单行条例，经济特区法规，以及最高人民法院、最高人民检察院具体应用法律问题的解释，提出意见。”因此，D 项正确。

综上所述，本题答案为 ABCD 项。

14 62108044

答案：A,B,C。

解析：A 项：根据《全国人大组织法》第 16 条的规定：“全国人民代表大会主席团，全国人民代表大会常务委员会，全国人民代表大会各专门委员会，国务院，中央军事委员会，国家监察委员会，【最高人民法院，最高人民检察院，可以向全国人民代表大会提出属于全国人民代表大会职权范围内的议案】。”因此，A 项正确。

B 项：根据《全国人大组织法》第 20 条的规定：“全国人民代表大会主席团、三个以上的代表团或者十分之一以上的代表，可以提出对全国人民代表大会常务委员会的组成人员，中华人民共和国主席、副主席，国务院和中央军事委员会的组成人员，国家监察委员会主任，最高人民法院院长和最高人民检察院检察长的罢免案，由主席团提请大会审议。”可知，全国人大主席团可以提出对国家主席的罢免案。因此，B 项正确。

C 项：根据《全国人大组织法》第 21 条的规定：“全国人民代表大会会议期间，一个代表团或者【三十名以上的代表联名】，可以书面提出对国务院以及国务院各部门、国家监察委员会、【最高人民法院、最高人民检察院的质询案】。”因此，C 项正确。

D 项：根据《人大议事规则》第 52 条第 1 款的规定：“主席团、三个以上的代表团或者十分之一以上的代表联名，可以提议组织关于特定问题的调查委员会，由主席团提请大会【全体会议】决定。”可知，1/10 以上的全国人大代表联名有权提议组织但无决定权。因此，D 项错误。

综上所述，本题答案为 ABC 项。

【不定项】

15 62208201

答案：C,D。

解析：A 项：全人大每届任期 5 年，任期届满的两个月前，全人常必须完成下届人大选举工作。遇到不能选举的非常情况，全人常以全体组成人员【2/3 以上】通过，推迟选举，延长本届人大任期，在非常情况结束后一年内必须完成下届人大的选举。因此，A 项错误。

B 项：全国人大常委会由委员长、副委员长、秘书长、委员组成，任期 5 年，委员长、副委员长连续任职不得超过两届，【秘书长不受限制】。因此，B 项错误。

C 项：在全人大会议时，一个代表团或 30 名以上代表提出对国务院、国家监察委、最高法院和最高检察院的质询案。因此，C 项正确。

D 项：全国人大常委会有权决定全国或者省、自治区、直辖市进入紧急状态。因此，D 项正确。

综上所述，本题答案为 CD 项。

第十章 国务院等其他国家机构

参考答案

[1] B	[2] CD	[3] BCD	[4] D	[5] A
[6] D	[7] B	[8] BD	[9] AD	[10] ABCD
[11] BC	[12] D	[13] C	[14] C	[15] C
[16] C	[17] BD	[18] BD	[19] ABCD	[20] ABCD
[21] ABD	[22] BCD	[23] AB	[24] ABC	[25] ABC
[26] AC	[27] BD	[28] ACD	[29] B	[30] C
[31] C	[32] AC	[33] AB	[34] ABD	[35] A

一、历年真题及仿真题

（一）国务院

【单选】

1 1901025

答案：B。

解析：A项：根据《立法法》第11条第5项规定："下列事项只能制定法律：（五）对公民政治权利的剥夺、限制人身自由的强制措施和处罚。"以上两项属于法律的绝对保留事项，只能由全国人大或全国人大常委会制定法律加以规定，国务院的行政法规无权规定上述事项。因此，A项错误。

B项：根据《立法法》第102条的规定："部门规章之间、部门规章与地方政府规章之间具有同等效力，在各自的权限范围内施行。"因此，B项正确。

C项：根据《监察法》第3条的规定："各级监察委员会是行使国家监察职能的专责机关，依照本法对所有行使公权力的公职人员（以下称公职人员）进行监察，调查职务违法和职务犯罪，开展廉政建设和反腐败工作，维护宪法和法律的尊严。"2018年宪法修改创设了监察委员会这一全新的国家机关，专职负责监察工作，原政府部门中的监察部门并入监察委，国务院不再领导和管理监察工作。因此，C项错误。

D项：根据《立法法》第106条第1款第2项规定："地方性法规、规章之间不一致时，由有关机关依照下列规定的权限作出裁决：（二）地方性法规与部门规章之间对同一事项的规定不一致，不能确定如何适用时，由国务院提出意见，国务院认为应当适用地方性法规的，应当决定在该地方适用地方性法规的规定；认为应当适用部门规章的，应当提请全国人民代表大会常务委员会裁决。"部门规章与地方性法规没有上位法和下位法的关系，二者发生矛盾时，由国务院决定适用法规或由全国人大常委会决定裁决。因此，D项错误。

综上所述，本题答案为B项。

【多选】

2 2201090

答案：C,D。

解析：ABCD项：国务院的组成部门包括21个部、3个委员会（卫健委、发改委、民族事务委员会）、中国人民银行以及审计署。证监会是国务院直属机构，国资委是国务院直属特设机构，不属于国务院组成部门。因此，AB项错误，CD项正确。

综上所述，本题答案为CD项。

3 1001061

答案：B,C,D。

解析：A项：根据《国务院组织法》第5条第1款的规定："国务院由总理、副总理、国务委员、各部部长、各委员会主任、中国人民银行行长、审计长、秘书长组成。"故A项错误。

B项：根据《宪法》第88条第2款的规定："总理、副总理、国务委员、秘书长组成国务院常务会议。"故B项正确。

CD项：根据《宪法》第89条第14、16项的规定，"国务院行使下列职权：（十四）改变或者撤销地方各级国家行政机关的不适当的决定和命令；（十六）依照法律规定决定省、自治区、直辖市的范围内部分地区进入紧急状态。"故CD项正确。

综上所述，本题答案为BCD项。

【由于2024年《国务院组织法》修订，国务院组成人员增加了"中国人民银行行长"，故修改题干，考点未变动。】

（二）中央军事委员会

【单选】

答案：D。

解析：A 项：《宪法》第 93 条第 3 款规定：“中央军事委员会实行主席负责制。”故 A 项正确，不当选。

B 项：《宪法》第 93 条第 4 款规定：“中央军事委员会每届任期同全国人民代表大会每届任期相同。”故 B 项正确，不当选。

C 项：《宪法》第 94 条规定：“中央军事委员会主席对全国人民代表大会和全国人民代表大会常务委员会负责。”故 C 项正确，不当选。

D 项：《宪法》第 62 条第 6 项规定：“全国人民代表大会行使下列职权：（六）选举中央军事委员会主席；根据中央军事委员会主席的提名，决定中央军事委员会其他组成人员的人选。”因此，中央军事委员会副主席由全国人大决定产生，故 D 项错误，当选。

综上所述，本题为选非题，答案为 D 项。

（三）人民法院和人民检察院

【单选】

5 1701027

答案：A。

解析：解析：AB 项：根据《地方各级人大和地方各级政府组织法》第 32 条第 1 款的规定：“县级以上的地方各级人民代表大会常务委员会组成人员、专门委员会组成人员和人民政府领导人员，监察委员会主任，人民法院院长，人民检察院检察长，可以向本级人民代表大会提出辞职，由大会决定是否接受辞职；大会闭会期间，可以向本级人民代表大会常务委员会提出辞职，由常务委员会决定是否接受辞职。常务委员会决定接受辞职后，报本级人民代表大会备案。人民检察院检察长的辞职，须报经上一级人民检察院检察长提请该级人民代表大会常务委员会批准。”因此，赵某作为县法院院长，应该向同级县人大常委会提出，由县人大常委会决定接受辞职。符合谁选举，谁罢免，向谁辞职的规律。故 A 项正确。而钱某的辞职首先要向同级县人大常委会提出，由县人大常委会决定接受辞职，并且报经上一级人民检察院检察长提请该级人民代表大会常务委员会批准。故 B 项说法不全面，B 项错误。

CD 项：根据《地方各级人大和地方各级政府组织法》第 50 条第 13 项的规定：“在本级人民代表大会闭会期间，决定副省长、自治区副主席、副市长、副州长、副县长、副区长的个别任免；在省长、自治区主席、市长、州长、县长、区长和监察委员会主任、人民法院院长、人民检察院检察长因故不能担任职务的时候，根据主任会议的提名，从本级人民政府、监察委员会、人民法院、人民检察院副职领导人员中决定代理的人选；决定代理检察长，须报上一级人民检察院和人民代表大会常务委员会备案。”故县级以上地方各级人大常委会在本级人大会闭会期间，在人民法院院长因故不能担任职务的时候，从本级人民法院副职领导人员中决定代理的人选。因此孙某出任代理院长由县人大常委会决定，无需上报县人大批准。李某出任代理检察长由县人大常委会决定，须报上级人民检察院和人民代表大会常务委员会备案而不是批准。故 CD 项错误。

综上所述，本题答案为 A 项。

（四）监察委员会

【单选】

6 1002027

答案：D。

解析：注：本题因《监察法》出台，原题考查已无价值且无答案，故对题目进行相应修改。

AD 项：根据《监察法》第 35 条的规定：“监察机关对于报案或者举报，应当接受并按照有关规定处理。对于不属于本机关管辖的，应当移送主管机关处理。”本题中巨额财产来源不明案件依法由监察机关立案调查，但是监察机关在调查中发现巨额财产 2/3 为诈骗所得，1/3 为盗窃所得，而诈骗案件、盗窃案件依法由公安机关立案侦查，由于全案没有监察机关可以管辖的内容，所以，监察委不能再继续调查。所以 A 项错误，D 项正确。

BC 项：由于巨额财产的 2/3 为诈骗所得，1/3 为盗窃所得，所以，无论涉嫌的主罪还是副罪都由公安机关侦查，不存在公安机关和监察委配合侦查的情况。所以 BC 项均错误。

综上所述，本题答案为 D 项。

7 2401044

答案：B。

解析：ABCD 项：《监察法》第 4 条第 1 款和第 2 款规定："监察委员会依照法律规定独立行使监察权，不受行政机关、【社会团体】和个人的干涉。监察机关办理【职务违法和职务犯罪】案件，应当与审判机关、检察机关、执法部门互相配合，互相制约。"因此，B 项正确，ACD 项错误。

综上所述，本题答案为 B 项。

【多选】

8 2001022

答案：B,D。

解析：A 项：根据《监察法》第 10 条的规定："国家监察委员会领导地方各级监察委员会的工作，上级监察委员会领导下级监察委员会的工作。"可知，上下级监察委之间是领导关系，而非监督关系。因此，A 项错误。

B 项：根据《监察法》第 9 条第 2、3 款的规定："地方各级监察委员会由主任、副主任若干人、委员若干人组成，主任由本级人民代表大会选举……地方各级监察委员会主任每届任期同本级人民代表大会每届任期相同……"以及《全国人民代表大会组织法》第 8 条第 1 款的规定："全国人民代表大会每届任期五年。"在我国的监察系统中，只有最高监察机关即国家监察委员会主任有连续任职不得超过两届的限制，其余监察委员会主任没有连任限制。因此，B 项正确。

C 项：根据全国人大常委会的授权，只有国家监察委有权制定监察法规（效力等级相当于行政法规），也就是说，地方监察委是没有监察法规制定权的。因此，C 项错误。

D 项：根据《监察法》第 16 条第 2 款的规定："上级监察机关可以办理下一级监察机关管辖范围内的监察事项，必要时也可以办理所辖各级监察机关管辖范围内的监察事项。"监察委上下级之间为领导关系，因此在办理监察事项时，上级监察委对下级监察委绝对指挥，上命下从，当然可以办理下级管辖的案件。因此，D 项正确。

综上所述，本题答案为 BD 项。

（五）地方主要国家机关

【多选】

9 1901017

答案：A,D。

解析：解析：A 项：根据《地方各级人大和地方各级政府组织法》第 79 条第 2 款的规定："县级以上的地方各级人民政府设立审计机关……"因此，A 项正确。

B 项：根据《地方各级人大和地方各级政府组织法》第 79 条第 3 款的规定："省、自治区、直辖市的人民政府的厅、局、委员会等工作部门和自治州、县、自治县、市、市辖区的人民政府的局、科等工作部门的设立、增加、减少或者合并，按照规定程序报请批准，并报本级人民代表大会常务委员会备案。"县人民政府工作部门的设立、增加、减少或者合并，报本级人大常委会备案。因此，B 项错误。

C 项：根据《地方各级人大和地方各级政府组织法》第 85 条第 2 款的规定："县、自治县的人民政府在必要的时候，经省、自治区、直辖市的人民政府批准，可以设立若干区公所，作为它的派出机关。"县人民政府在必要时经省级人民政府的批准，可以设立区公所，而不是经上级人民政府批准。因此，C 项错误。

D 项：根据《地方各级人大和地方各级政府组织法》第 83 条第 2 款的规定："自治州、县、自治县、市、市辖区的人民政府的各工作部门受人民政府统一领导，并且依照法律或者行政法规的规定受上级人民政府主管部门的业务指导或者领导。"因此，D 项正确。

综上所述，本题答案为 AD 项。

10 1601066

答案：A,B,C,D。

解析：A 项：根据《政府信息公开条例》第 20 条

第 8 项的规定："行政机关应当依照本条例第十九条的规定，主动公开本行政机关的下列政府信息：（八）行政事业性收费项目及其依据、标准。"行政事业性收费的项目、依据、标准属于行政机关应当主动公开的信息范围。因此，A 项正确。

B 项：根据《各级人民代表大会常务委员会监督法》第 9 条第 2 款的规定："人民政府、人民法院和人民检察院可以向本级人民代表大会常务委员会要求报告专项工作。"市政府可以向市人大常委会要求就该类事项作专项报告，因此，B 项正确。

CD 项：根据《地方各级人大和地方各级政府组织法》第 24 条第 1 款的规定："地方各级人民代表大会举行会议的时候，代表十人以上联名可以书面提出对本级人民政府和它所属各工作部门以及人民法院、人民检察院的质询案。质询案必须写明质询对象、质询的问题和内容。"以及第 53 条第 1 款的规定："在常务委员会会议期间，省、自治区、直辖市、自治州、设区的市的人民代表大会常务委员会组成人员五人以上联名，县级的人民代表大会常务委员会组成人员三人以上联名，可以向常务委员会书面提出对本级人民政府、人民法院、人民检察院的质询案。质询案必须写明质询对象、质询的问题和内容。"所以市人大常委会组成人员和市人大代表都可以依法对市政府提出质询案。因此，CD 项正确。

综上所述，本题答案为 ABCD 项。

11 1001022

答案：B,C。

解析：A 项：根据《地方各级人大和地方各级政府组织法》第 47 条第 1、2 款的规定："省、自治区、直辖市、自治州、设区的市的人民代表大会常务委员会由本级人民代表大会在代表中选举主任、副主任若干人、秘书长、委员若干人组成。县、自治县、不设区的市、市辖区的人民代表大会常务委员会由本级人民代表大会在代表中选举主任、副主任若干人和委员若干人组成。"可知，县级人大常委会的组成人员中不设置秘书长。故 A 项错误。

B 项：根据《地方各级人大和地方各级政府组织法》第 33 条第 1 款的规定："省、自治区、直辖市、自治州、设区的市的人民代表大会根据需要，可以设法制委员会、财政经济委员会、教育科学文化卫生委员会、环境与资源保护委员会、社会建设委员会和其他需要设立的专门委员会；县、自治县、不设区的市、市辖区的人民代表大会根据需要，可以设法制委员会、财政经济委员会等专门委员会。各专门委员会受本级人民代表大会领导；在大会闭会期间，受本级人民代表大会常务委员会领导。"故 B 项正确。

C 项：根据《地方各级人大和地方各级政府组织法》第 36 条第 1 款的规定："县级以上的地方各级人民代表大会可以组织关于特定问题的调查委员会。"故 C 项正确。

D 项：根据《地方各级人大和地方各级政府组织法》第 15 条的规定："县级以上的地方各级人民代表大会会议由本级人民代表大会常务委员会召集。"以及第 17 条第 3 款的规定："县级以上的地方各级人民代表大会举行会议的时候，由主席团主持会议。"可知，县级以上的地方各级人民代表大会会议由本级人民代表大会常务委员会召集，由主席团主持会议。故 D 项错误。

综上所述，本题答案为 BC 项。

【因《地方各级人大和地方各级政府组织法》于 2022 年最新修改，原答案为 C 项，现修改为 BC 项。】

（六）综合知识点

【单选】

12 2301057

答案：D。

解析：A 项：根据《地方各级人大和地方各级政府组织法》第 32 条的规定："……监察委员会主任……可以向本级人民代表大会提出辞职，由大会决定是否接受辞职；大会闭会期间，可以向本级人民代表大会常务委员会提出辞职，由常务委员会决定是否接受辞职。常务委员会【决定接受辞职】后，【报本级人民代表大会备案】……"可知，县人常可自行决定接受辞职，并报同级人大备案即可。因此，A 项错误。

B 项：根据《宪法》第 101 条第 2 款的规定："县

级以上的地方各级【人民代表大会选举】并且有权罢免本级监察委员会主任……”可知，李某任职应由县人大选举，而不是由县人常决定。因此，B项错误。

C项：根据《地方各级人大和地方各级政府组织法》第50条第15项的规定：“县级以上的地方各级人民代表大会常务委员会行使下列职权：（十五）根据监察委员会主任的提名，任免监察委员会副主任、委员。”可知，监察委员会主任黄某有权提名副主任、委员，无权提名下一任主任。因此，C项错误。

D项：根据《地方各级人大和地方各级政府组织法》第50条第13项的规定：“县级以上的地方各级人民代表大会常务委员会行使下列职权：（十三）……在……监察委员会主任……因故不能担任职务的时候，根据主任会议的提名，从本级人民政府、监察委员会、人民法院、人民检察院副职领导人员中决定代理的人选……”可知，县人常主任会议有权提名。因此，D项正确。

综上所述，本题答案为D项。

13　2101108

答案：C。

解析：A项：《国家勋章和国家荣誉称号法》第4条第2款规定：“国家荣誉称号的名称冠以‘人民’，也可以使用其他名称。国家荣誉称号的具体名称由全国人民代表大会常务委员会在决定授予时确定。”因此，A项正确，不当选。

B项：《国家勋章和国家荣誉称号法》第5条第2款规定：“国务院、中央军事委员会可以向全国人民代表大会常务委员会提出授予国家勋章、国家荣誉称号的议案。”因此，B项正确，不当选。

C项：《国家勋章和国家荣誉称号法》第3条规定：“国家设立‘共和国勋章’，授予在中国特色社会主义建设和保卫国家中作出巨大贡献、建立卓越功勋的杰出人士。国家设立‘友谊勋章’，授予在我国社会主义现代化建设和促进中外交流合作、维护世界和平中作出杰出贡献的外国人。”国家勋章包括“友谊勋章”。因此，C项错误，当选。

D项：《国家勋章和国家荣誉称号法》第8条规定：“中华人民共和国主席进行国事活动，可以直接授予外国政要、国际友人等人士‘友谊勋章’。”因此，D项正确，不当选。

综上所述，本题为选非题，答案为C项。

14　1801012

答案：C。

解析：解析：A项：根据《全国人民代表大会组织法》第17条的规定：“一个代表团或者三十名以上的代表联名，可以向全国人民代表大会提出属于全国人民代表大会职权范围内的议案。”根据《全国人民代表大会组织法》第30条的规定：“常务委员会会议期间，常务委员会组成人员十人以上联名，可以向常务委员会书面提出对国务院以及国务院各部门、国家监察委员会、最高人民法院、最高人民检察院的质询案。”可见，一个代表团或者三十名以上全国人大代表只能向全国人大提出议案和质询案，向全国人大常委会提议案和质询案的是10个以上的常委会成员。故A项错误。

B项：根据《立法法》第17条的规定：“全国人民代表大会主席团可以向全国人民代表大会提出法律案，由全国人民代表大会会议审议。全国人民代表大会常务委员会、国务院、中央军事委员会、国家监察委员会、最高人民法院、最高人民检察院、全国人民代表大会各专门委员会，可以向全国人民代表大会提出法律案，由主席团决定列入会议议程。”法院、检察院提议案只能是最高人民法院和最高人民检察院向全国人大及其常务会提议案，地方的法院、检察院不能向本级人大及其常委会提议案。故B项错误。

C项：根据《地方各级人大和地方各级政府组织法》第22条第1款的规定：“地方各级人民代表大会举行会议的时候，主席团、常务委员会、各专门委员会、本级人民政府，可以向本级人民代表大会提出属于本级人民代表大会职权范围内的议案……”以及第52条的规定：“县级以上的地方各级人民代表大会常务委员会主任会议可以向本级人民代表大会常务委员会提出属于常务委员会职权范围内的议案，由常务委员会会议审议。县级以上的地方各级人民政府、人民代表大会各专门委员会，可以向本级人民代表大会常务委员会提出属于常务委员会职权范围内的议案……”地方向本级人大提议案的组织包括本级政府、本级人大常委会、本级人大专门委员会、本级人大主席团，地方向本级人大常委会提议案的组织包括本级政府、本级人大专门委员会、本级人大常委会主任会议。因此，C 项正确。

D 项：根据《地方各级人大和地方各级政府组织法》第 24 条第 1 款的规定：“地方各级人民代表大会举行会议的时候，代表十人以上联名可以书面提出对本级人民政府和它所属各工作部门以及监察委员会、人民法院、人民检察院的质询案。质询案必须写明质询对象、质询的问题和内容。”以及第 22 条第 2 款的规定：“县级以上的地方各级人民代表大会代表十人以上联名，乡、民族乡、镇的人民代表大会代表五人以上联名，可以向本级人民代表大会提出属于本级人民代表大会职权范围内的议案，由主席团决定是否列入大会议程，或者先交有关的专门委员会审议，提出是否列入大会议程的意见，再由主席团决定是否列入大会议程。”可知，5 名以上乡级人大代表可以向乡人大提出议案，但提质询案需要 10 名以上乡级人大代表提出，故 D 项错误。

综上所述，本题答案为 C 项。

15 1701026

答案：C。

解析：A 项：根据《国家勋章和国家荣誉称号法》第 6 条的规定：“全国人民代表大会常务委员会决定授予国家勋章和国家荣誉称号。”故 A 项错误。

B 项：根据《国家勋章和国家荣誉称号法》第 13 条的规定：“国家勋章和国家荣誉称号为其获得者终身享有，但依照本法规定被撤销的除外。”可知，仍存在例外情形。故 B 项错误。

C 项：根据《国家勋章和国家荣誉称号法》第 8 条的规定：“中华人民共和国主席进行国事活动，可以直接授予外国政要、国际友人等人士‘友谊勋章’。”故 C 项正确。

D 项：根据《国家勋章和国家荣誉称号法》第 10 条的规定：“国家设立国家功勋簿，记载国家勋章和国家荣誉称号获得者及其功绩。”因此，国家功勋簿不仅仅是名录，还记载获得者的功绩。故 D 项错误。

综上所述，本题答案为 C 项。

16 1401026

答案：C。

解析：A 项：《各级人民代表大会常务委员会监督法》第 13 条规定：“专项工作报告由人民政府、人民法院或者人民检察院的负责人向本级人民代表大会常务委员会报告，人民政府也可以委托有关部门负责人向本级人民代表大会常务委员会报告。”故 A 项正确，不当选。

B 项：《各级人民代表大会常务委员会监督法》第 38 条规定：“质询案以口头答复的，由受质询机关的负责人到会答复。质询案以书面答复的，由受质询机关的负责人签署。”故 B 项正确，不当选。

C 项：《各级人民代表大会常务委员会监督法》第 42 条第 3 款规定：“调查委员会在调查过程中，可以不公布调查的情况和材料。”故 C 项错误，当选。

D 项：《各级人民代表大会常务委员会监督法》第 46 条第 3 款规定：“撤职案的表决采用无记名投票的方式，由常务委员会全体组成人员的过半数通过。”故 D 项正确，不当选。

综上所述，本题为选非题，答案为 C 项。

【多选】

17 2201093

答案：B,D。

解析：AB 项：《选举法》第 55 条第 1 款规定：“全国人民代表大会代表，省、自治区、直辖市、设区的市、自治州的人民代表大会代表，可以向选举他的人民代表大会的常务委员会书面提出辞职。常务委员会接受辞职，须经常务委员会组成人员的过半数通过。接受辞职的决议，须报送上一级人民代表大会常务委员会备案、公告。”省级人大代表辞职的，可以向选举他的市级人大常委会书面提出，（市级人大常委会）接受辞职的决议，须报送上一级（省级）人民代表大会常务委员会备案、公告。市级人大代表辞职的，可以向选举他的区县级人大常委会书面提出，（区县级人大常委会）接受辞职的，须报送上一级（设区的市级）人民代表大会常务委员会备案、公告。因此，A

项错误，B项正确。

CD项：《地方各级人大和地方各级政府组织法》第32条第1款规定："县级以上的地方各级人民代表大会常务委员会组成人员、专门委员会组成人员和人民政府领导人员，监察委员会主任，人民法院院长，人民检察院检察长，可以向本级人民代表大会提出辞职，由大会决定是否接受辞职；大会闭会期间，可以向本级人民代表大会常务委员会提出辞职，由常务委员会决定是否接受辞职。常务委员会决定接受辞职后，报【本级】人民代表大会备案。人民检察院检察长的辞职，须报经上一级人民检察院检察长提请该级人民代表大会常务委员会批准。"县级以上法院院长、检察院检察长辞职的，闭会期间向本级人常提出，接受辞职的报本级人大备案，检察长辞职的还需报上一级检察院检察长提请该级人大常委会批准。因此C项错误，D项正确。

综上所述，本题答案为BD项。

18 2201086

答案：B,D。

解析：A项：《民族区域自治法》第16条第3款规定："民族自治地方的人民代表大会常务委员会中应当有实行区域自治的民族的公民担任主任或者副主任。"可见，民族自治地方的人常中，应当由实行区域自治的民族的公民担任的是主任【或者】副主任，A项中"人常主任甲必须要由实行区域自治的民族的公民担任"的说法过于绝对。因此，A项错误。

B项：《民族区域自治法》第17条第1款规定："自治区主席、自治州州长、自治县县长由实行区域自治的民族的公民担任。自治区、自治州、自治县的人民政府的其他组成人员，应当合理配备实行区域自治的民族和其他少数民族的人员。"可见，自治州的州长必须由实行区域自治的民族的公民担任。因此，B项正确。

C项：《法院组织法》第43条第1款规定："地方各级人民法院院长由本级人民代表大会选举，副院长、审判委员会委员、庭长、副庭长和审判员由院长提请本级人民代表大会常务委员会任免。"中院院长应由本级人大选举，不需要经过省级人大常委会批准。因此，C项错误。

D项：《检察院组织法》第38条第2款规定："地方各级人民检察院检察长的任免，须报上一级人民检察院检察长提请本级人民代表大会常务委员会批准。"自治州检察院检察长的任命需要报省检察院检察长提请省人民代表大会常务委员会批准。因此，D项正确。

综上所述，本题答案为BD项。

19 2101089

答案：A,B,C,D。

解析：A项：《国家勋章和国家荣誉称号法》第5条第2款规定："国务院、中央军事委员会可以向全国人民代表大会常务委员会提出授予国家勋章、国家荣誉称号的议案。"因此，A项正确。

B项：《国家勋章和国家荣誉称号法》第6条规定："全国人民代表大会常务委员会决定授予国家勋章和国家荣誉称号。"因此，B项正确。

C项：《国家勋章和国家荣誉称号法》第2条第1款规定："国家勋章和国家荣誉称号为国家最高荣誉。"因此，C项正确。

D项：《国家勋章和国家荣誉称号法》第18条规定："国家勋章和国家荣誉称号获得者因犯罪被依法判处刑罚或者有其他严重违法、违纪等行为，继续享有国家勋章、国家荣誉称号将会严重损害国家最高荣誉的声誉的，由全国人民代表大会常务委员会决定撤销其国家勋章、国家荣誉称号并予以公告。"因此，D项正确。

综上所述，本题答案为ABCD项。

20 2101092

答案：A,B,C,D。

解析：A项：《国家勋章和国家荣誉称号法》第2条第1款规定："国家勋章和国家荣誉称号为国家最高荣誉。"因此，A项正确。

B项：《国家勋章和国家荣誉称号法》第6条规定："全国人民代表大会常务委员会决定授予国家勋章和国家荣誉称号。"因此，B项正确。

C项：《国家勋章和国家荣誉称号法》第18条规定："国家勋章和国家荣誉称号获得者因犯罪被依法判处刑罚或者有其他严重违法、违纪等行为，继续享有国家勋章、国家荣誉称号将会严重损害国家最高荣誉的声誉的，由全国人民代表大会常务委员会决定撤销其国家勋章、国家荣誉称号并予以公告。”因此，C 项正确。

D 项:《国家勋章和国家荣誉称号法》第 5 条第 2 款规定:“国务院、中央军事委员会可以向全国人民代表大会常务委员会提出授予国家勋章、国家荣誉称号的议案。”因此，D 项正确。

综上所述，本题答案为 ABCD 项。

21 2001160

答案: A,B,D。

解析: A 项:《立法法》第 28 条规定:“全国人民代表大会通过的法律由国家主席签署主席令予以公布。”由此可知，全国人大审议通过的法律，由国家主席公布，而非由全国人大主席团公布。因此，A 项错误，当选。

B 项:《宪法》第 75 条规定:“全国人民代表大会代表在全国人民代表大会各种会议上的发言和表决，不受法律追究。”由此可知，全国人大代表仅在【全国人民代表大会各种会议上】的发言和表决不受追究，不包括除此之外的其他各种会议。因此，B 项错误，当选。

C 项:《宪法》第 74 条规定:“全国人民代表大会代表，非经全国人民代表大会会议主席团许可，在全国人民代表大会闭会期间非经全国人民代表大会常务委员会许可，不受逮捕或者刑事审判。”因此，C 项正确，不当选。

D 项:《人大议事规则》第 33 条规定:“全国人民代表大会每年举行会议的时候，全国人民代表大会常务委员会、国务院、最高人民法院、最高人民检察院向会议提出的工作报告，经各代表团审议后，会议可以作出相应的决议。”其中提出工作报告的主体不包括中央军事委员会。因此，D 项错误，当选。

综上所述，本题为选非题，答案为 ABD 项。

22 1901062

答案: B,C,D。

解析: A 项：根据《行政区划管理条例》第 7 条第 1 项的规定:“下列行政区划的变更由国务院审批:(一)省、自治区、直辖市的行政区域界线的变更，人民政府驻地的迁移，简称、排列顺序的变更。”省、自治区、直辖市的行政区域界线的变更由国务院审批即可，不需要报全国人民代表大会批准。因此，A 项错误。

B 项：根据《立法法》第 77 条第 1 款的规定:“行政法规由总理签署国务院令公布。”行政法规由国务院制定，并由国务院总理签署国务院令公布。因此，B 项正确。

C 项：根据《宪法》第 67 条第 7 项的规定:“全国人民代表大会常务委员会行使下列职权:(七)撤销国务院制定的同宪法、法律相抵触的行政法规、决定和命令。”全国人大常委会和国务院之间是监督关系，因此，可以撤销违反上位法的行政法规。因此，C 项正确。

D 项：根据《立法法》第 109 条第 1 项规定:“行政法规、地方性法规、自治条例和单行条例、规章应当在公布后的三十日内依照下列规定报有关机关备案:(一)行政法规报全国人民代表大会常务委员会备案。”因此，D 项正确。

综上所述，本题答案为 BCD 项。

23 1401060

答案: A,B。

解析: A 项：根据《宪法》第 77 条的规定:“全国人民代表大会代表受原选举单位的监督。原选举单位有权依照法律规定的程序罢免本单位选出的代表。”故 A 项正确。

B 项：根据《宪法》第 93 条第 3 款的规定:“中央军事委员会实行【主席负责制】。”故 B 项正确。

C 项：根据《宪法》第 109 条的规定:“县级以上的地方各级人民政府设立审计机关。地方各级审计机关依照法律规定独立行使审计监督权，对本级人民政府和上一级审计机关负责。”因此，地方各级审计机关除对上一级审计机关负责外，还要对本级人民政府负责。故 C 项错误。

D 项：根据《地方各级人大和地方各级政府组织法》第 85 条第 3 款的规定:“市辖区、不设区的市的人民政府，经【上一级人民政府】批准，可以设立若干街道办事处，作为它的派出机关。”因此，是经上一级人民政府批准，而不是经本级人大批准。故 D 项错误。

综上所述，本题的答案为 AB 项。

24 1101088

答案：A,B,C。

解析：A 项：根据《各级人民代表大会常务委员会监督法》第 15 条第 2 款的规定："县级以上地方各级人民政府应当在每年六月至九月期间，将上一年度的本级决算草案提请本级人民代表大会常务委员会审查和批准。"故 A 项正确。

B 项：根据《各级人民代表大会常务委员会监督法》第 20 条第 1 款的规定："常务委员会组成人员对国民经济和社会发展计划执行情况报告、预算执行情况报告和审计工作报告的审议意见交由本级人民政府研究处理。人民政府应当将研究处理情况向常务委员会提出书面报告。常务委员会认为必要时，可以对审计工作报告作出决议；本级人民政府应当在决议规定的期限内，将执行决议的情况向常务委员会报告。"故 B 项正确。

C 项：根据《各级人民代表大会常务委员会监督法》第 31 条的规定："最高人民法院、最高人民检察院作出的属于审判、检察工作中具体应用法律的解释，应当自公布之日起三十日内报全国人民代表大会常务委员会备案。"故 C 项正确。

D 项：根据《各级人民代表大会常务委员会监督法》第 46 条第 3 款的规定："撤职案的表决采用无记名投票的方式，由常务委员会全体组成人员的过半数通过。"故 D 项错误。

综上所述，本题答案为 ABC 项。

【不定项】

25 1501093

答案：A,B,C。

解析：A 项：《预算法》第 4 条规定："预算由预算收入和预算支出组成。政府的全部收入和支出都应当纳入预算。"故 A 项正确。

B 项：《预算法》第 13 条规定："经人民代表大会批准的预算，非经法定程序，不得调整。各级政府、各部门、各单位的支出必须以经批准的预算为依据，未列入预算的不得支出。"故 B 项正确。

C 项：《宪法》第 89 条第 5 项规定："国务院行使下列职权：（五）编制和执行国民经济和社会发展计划和国家预算。"故 C 项正确。

D 项：《宪法》第 62 条第 11 项规定："全国人民代表大会行使下列职权：（十一）审查和批准国家的预算和预算执行情况的报告。"故 D 项错误。

综上所述，本题答案为 ABC 项。

26 1501091

答案：A,C。

解析：解析：A 项：人民代表大会是中华人民共和国的国家权力机关，各级国家权力机关由人民选举的代表组成，代表人民统一行使国家权力，决定全国和地方的重大事务。全国人大代表全国人民统一行使国家权力。故 A 项正确。

B 项：全国人大与地方人大存在法律上的监督关系、工作上的联系和指导关系，而非领导与被领导的关系。故 B 项错误。

C 项：全国人大在国家机构体系中居于最高地位，其他国家机关由其产生对它负责，受它监督。全国人大监督其他国家机关，其他国家机关不可监督全国人大，因此，不受其他国家机关监督。故 C 项正确。

D 项：《宪法》第 96 条第 2 款规定："县级以上的地方各级人民代表大会设立常务委员会。"即乡人大不设常委会。故 D 项错误。

综上所述，本题答案为 AC 项。

27 1301090

答案：B,D。

解析：A 项：《宪法》第 62 条第 1、2 项规定："全国人民代表大会行使下列职权：（一）修改宪法；（二）监督宪法的实施。"第 67 条第 1 项规定"全国人民代表大会常务委员会行使下列职权：（一）解释宪法，监督宪法的实施。"解释宪法的职权由全国人民代表大会常务委员会行使。故 A 项错误。

B 项：《宪法》第 89 条第 16 项规定："国务院行使下列职权：（十六）依照法律规定决定省、自治区、直辖市的范围内部分地区进入紧急状态。"故 B 项正确。

C 项：《地方各级人大和地方各级政府组织法》第 85 条第 1 款规定："省、自治区的人民政府在必要的时候，经国务院批准，可以设立若干【派出机关】。"故 C 项错误。

D 项：《宪法》第 138 条规定："……地方各级人民检察院对产生它的国家权力机关和上级人民检察

院负责。”故D项正确。
综上所述，本题答案为BD项。
【本题解析根据新的《宪法修正案》进行了相应的修改】

28 1301091

答案：A,C,D。
解析：A项：《各级人民代表大会常务委员会监督法》第6条规定：“各级人民代表大会常务委员会行使监督职权的情况，应当向本级人民代表大会报告，接受监督。”故A项正确。
B项：《各级人民代表大会常务委员会监督法》第25条规定：“全国人民代表大会常务委员会和省、自治区、直辖市的人民代表大会常务委员会根据需要，可以委托【下一级】人民代表大会常务委员会对有关法律、法规在本行政区域内的实施情况进行检查。受委托的人民代表大会常务委员会应当将检查情况书面报送上一级人民代表大会常务委员会。”委托下一级人民代表大会常务委员会进行检查而不是下级。故B项错误。
C项：《各级人民代表大会常务委员会监督法》第38条规定：“质询案以口头答复的，由受质询机关的负责人到会答复。质询案以书面答复的，由受质询机关的负责人签署。”故C项正确。
D项：《各级人民代表大会常务委员会监督法》第42条第3款规定：“调查委员会在调查过程中，可以不公布调查的情况和材料。”故D项正确。
综上所述，本题答案为ACD项。

29 1101086

答案：B。
解析：A项：根据《地方各级人大和地方各级政府组织法》第40条的规定：“县级以上的地方各级人民代表大会代表，非经本级人民代表大会主席团许可，在大会闭会期间，非经本级人民代表大会常务委员会许可，不受逮捕或者刑事审判。如果因为是现行犯被拘留，执行拘留的公安机关应当立即向该级人民代表大会主席团或者常务委员会报告。”“县级以上的地方各级人大代表”未经本级人大主席团，或在大会闭会期间未经本级人大常委会许可，才不受逮捕或者刑事审判。故A项错误。
B项：根据《地方各级人大和地方各级政府组织法》第18条第2款的规定：“乡、民族乡、镇的人民代表大会主席、副主席不得担任国家行政机关的职务；如果担任国家行政机关的职务，必须向本级人民代表大会辞去主席、副主席的职务。”故B项正确。
C项：根据《地方各级人大和地方各级政府组织法》第79条第2款的规定：“县级以上的地方各级人民政府设立审计机关。地方各级审计机关依照法律规定独立行使审计监督权，对本级人民政府和上一级审计机关负责。”以及《宪法》第91条第2款的规定：“审计机关在国务院总理领导下，依照法律规定独立行使审计监督权，不受其他行政机关、社会团体和个人的干涉。”故C项错误。
D项：根据《宪法》第81条的规定：“中华人民共和国主席代表中华人民共和国，进行国事活动，接受外国使节；根据全国人民代表大会常务委员会的决定，派遣和召回驻外全权代表，批准和废除同外国缔结的条约和重要协定。”中华人民共和国主席进行国事活动，不需要根据全国人大常委会的决定进行。故D项错误。
综上所述，本题答案为B项。

二、模拟训练

【单选】

30 62208105

答案：C。
解析：A项：根据《地方各级人大和地方各级政府组织法》第47条的规定：“省、自治区、直辖市、自治州、设区的市的人民代表大会常务委员会由本级人民代表大会在代表中选举主任、副主任若干人、秘书长、委员若干人组成。县、自治县、不设区的市、市辖区的人民代表大会常务委员会由本级人民代表大会在代表中选举主任、副主任若干人和委员若干人组成。”可见，地方人大常委会由主任、副主任、委员、秘书长组成，但县级人大常委会不设秘书长。因此，A项错误。
B项：省级、市州级人大及其常委会可以制定地方性法规，县级人大及其常委会不可制定地方性法规。因此，B 项错误。

CD 项：根据《地方各级人大和地方各级政府组织法》第 85 条的规定："省、自治区的人民政府在必要的时候，经国务院批准，可以设立若干派出机关。县、自治县的人民政府在必要的时候，经省、自治区、直辖市的人民政府批准，可以设立若干区公所，作为它的派出机关。市辖区、不设区的市的人民政府，经上一级人民政府批准，可以设立若干街道办事处，作为它的派出机关。"可见，经国务院批准，省、自治区政府可以设立行政公署；不设区的市、市辖区政府设立街道办事处，由上一级政府批准，即县级政府设街道办事处由其上一级的市政府批准，而非省级政府批准。因此，C 项正确，D 项错误。

综上所述，本题答案为 C 项。

31 62408013

答案：C。

解析：AD 项：根据《国务院组织法》第 11 条的规定："国务院组成部门的设立、撤销或者合并，经总理提出，由全国人民代表大会决定；在全国人民代表大会闭会期间，由全国人民代表大会常务委员会决定。国务院组成部门确定或者调整后，由全国人民代表大会或者全国人民代表大会常务委员会公布。"可知，全国人大闭会期间，国务院组成部门的设立、撤销或者合并由全国人大常委会决定。因此，A 项错误。组成部门确定或调整后，由全国人大【或者】全国人大常委会公布。因此，D 项错误。

B 项：根据《地方各级人大和地方各级政府组织法》第 79 条第 3 款的规定："省、自治区、直辖市的人民政府的厅、局、委员会等工作部门和自治州、县、自治县、市、市辖区的人民政府的局、科等工作部门的设立、增加、减少或者合并，按照规定程序报请批准，并【报本级人民代表大会常务委员会备案】。"可知，地方各级人民政府工作部门调整应向本级人大常委会备案，而非向本级人大备案。因此，B 项错误。

C 项：根据《宪法》第 109 条的规定："县级以上的地方各级人民政府设立审计机关。地方各级审计机关依照法律规定独立行使审计监督权，对本级人民政府和上一级审计机关负责。"因此，C 项正确。

综上所述，本题答案为 C 项。

【多选】

32 62408011

答案：A,C。

解析：A 项：根据《国务院组织法》第 2 条的规定："中华人民共和国国务院，即中央人民政府，是最高国家权力机关的执行机关，是最高国家行政机关。"因此，A 项正确。

B 项：根据《国家勋章和国家荣誉称号法》第 5 条第 2 款的规定："国务院、中央军事委员会可以向全国人民代表大会常务委员会提出授予国家勋章、国家荣誉称号的议案。"以及第 6 条的规定："全国人民代表大会常务委员会决定授予国家勋章和国家荣誉称号。"可知，国务院可以提出授予国家勋章、国家荣誉称号的议案，但最终由全人常决定。因此，B 项错误。

C 项：根据《宪法》第 89 条第 13 项的规定："国务院行使下列职权：（十三）改变或者撤销各部、各委员会发布的不适当的命令、指示和规章。"撤销国务院部门发布的不适当的部门规章属于国务院的职权，因此，C 项正确。

D 项：根据《国务院组织法》第 5 条第 1 款的规定："国务院由总理、副总理、国务委员、【各部部长、各委员会主任、中国人民银行行长、审计长】、秘书长组成。"可知，选项中的组成人员不完整，因此，D 项错误。

综上所述，本题答案为 AC 项。

33 62408014

答案：A,B。

解析：A 项：根据《国务院组织法》第 4 条第 1 款的规定："国务院对全国人民代表大会负责并报告工作；在全国人民代表大会闭会期间，对全国人民代表大会常务委员会负责并报告工作。"因此，A 项正确。

B 项：根据《国务院组织法》第 14 条第 2 款的规定："国务院组成部门和【具有行政管理职能的直属机构】以及法律规定的机构，可以根据法律和国务院的行政法规、决定、命令，在本部门的权限范围内，制定规章。”因此，B 项正确。
C 项：根据《立法法》第 11 条第 5 项的规定：“下列事项只能制定法律：（五）对公民政治权利的剥夺、【限制人身自由的强制措施和处罚】。”以及第 12 条的规定：“本法第十一条规定的事项尚未制定法律的，全国人民代表大会及其常务委员会有权作出决定，授权国务院可以根据实际需要，对其中的部分事项先制定行政法规，但是有关犯罪和刑罚、对公民政治权利的剥夺和【限制人身自由的强制措施和处罚】、司法制度等事项除外。”可知，行政拘留属于限制人身自由的处罚，属于法律保留中的绝对保留事项，只能由全国人大或全国人大常委会制定法律加以规定，国务院的规范性文件无权规定上述事项。因此，C 项错误。
D 项：根据《宪法》第 89 条第 14 项的规定：“国务院行使下列职权：（十四）改变或者撤销地方各级国家行政机关的不适当的决定和命令。”可知，对于地方各级国家行政机关发布的不适当的决定、命令，国务院有权【改变或撤销】，而非【发回】。因此，D 项错误。
综上所述，本题答案为 AB 项。

【不定项】

34 62408012

答案：A,B,D。
解析：AC 项：根据《国务院组织法》第 7 条的规定：“国务院实行国务院全体会议和国务院常务会议制度。国务院全体会议由国务院全体成员组成。国务院常务会议由【总理、副总理、国务委员、秘书长】组成。总理召集和主持国务院全体会议和国务院常务会议。国务院工作中的重大问题，必须经国务院【常务会议】或者国务院【全体会议】讨论决定。”可知，C 项正确，不当选。A 项中，国务院工作中的重大问题，除了经国务院全体会议讨论决定，还可经国务院常务会议讨论决定。因此，A 项错误，当选。
B 项：根据《国务院组织法》第 8 条第 4 款的规定：“国务院根据需要召开总理办公会议和国务院专题会议。”可知，是国务院【专题】会议，并非【专门】会议。因此，B 项错误，当选。
D 项：根据《国务院组织法》第 8 条第 1、2 款的规定“国务院全体会议的主要任务是讨论决定政府工作报告、国民经济和社会发展规划等国务院工作中的重大事项，部署国务院的重要工作。国务院常务会议的主要任务是讨论法律草案、审议行政法规草案，讨论、决定、通报国务院工作中的重要事项。”可知，讨论法律草案、审议行政法规草案是国务院常务会议的主要任务。因此，D 项错误，当选。
综上所述，本题为选非题，本题答案为 ABD 项。

35 62408015

答案：A。
解析：A 项：根据《国务院组织法》第 11 条的规定：“国务院组成部门的设立、撤销或者合并，经【总理提出】，由【全国人民代表大会决定】；在全国人民代表大会闭会期间，由全国人民代表大会常务委员会决定。国务院组成部门确定或者调整后，由全国人民代表大会或者全国人民代表大会常务委员会公布。”可知，A 项正确。
B 项：根据《宪法》第 62 条第 5 项的规定：“全国人民代表大会行使下列职权：（五）根据中华人民共和国主席的提名，决定国务院总理的人选；根据国务院总理的提名，决定国务院副总理、国务委员、【各部部长】、各委员会主任、审计长、秘书长的人选。”以及第 67 条第 9 项的规定：“全国人民代表大会常务委员会行使下列职权：（九）在全国人民代表大会闭会期间，根据国务院总理的提名，决定【部长】、委员会主任、审计长、秘书长的人选。”可知，国务院总理可向全国人大或全国人大常委会提名部长。因此，B 项错误。
C 项：根据《国务院组织法》第 12 条第 1 款的规定：“国务院组成部门设部长（主任、行长、审计长）一人，副部长（副主任、副行长、副审计长）二至四人；委员会可以设委员五至十人。”可知，委员会可以设置委员【5–10 人】，而不是 2–4 人。因此，C 项错误。
D 项：根据《宪法》第 89 条第 16 项的规定：“国务院行使下列职权：（十六）依照法律规定决定省、自治区、直辖市的范围内部分地区进入紧急状态。”可知，国务院仅有权决定省、自治区、直辖市范围内【部分地区】进入紧急状态。因此，D项错误。

综上所述，本题答案为A项。

中国法律史

第一章 西周

参考答案

[1]A	[2]C	[3]A	[4]D	[5]B
[6]D	[7]C	[8]C	[9]B	[10]ABD

一、历年真题及仿真题

（一）西周时期的立法思想

【单选】

1 2201103

答案：A。

解析：AB项："尊尊"，即要求在社会范围内，君臣、上下、贵贱应该恪守名分，所有臣民皆应以君主为中心，即所谓"尊尊君为首"。"亲亲"，是要求在家族范围内，人人皆亲其亲，长其长，做到父慈、子孝、兄友、弟恭、夫义、妇听，即所谓"亲亲父为首"。舜放弃天子之位，窃负而逃涉及的是父子关系，不是君臣关系，体现了"亲亲父为首"的精神。因此，A项错误，当选；B项正确，不当选。

C项："亲亲"与"尊尊"都是周礼的重要精神原则，但比较而言，忠高于孝，国重于家。因此，C项正确，不当选。

D项：在"亲亲""尊尊"两大原则之下又形成了"忠""孝""节""义"等具体的精神规范。因此，D项正确，不当选。

综上所述，本题为选非题，答案为A项。

2 1501016

答案：C。

解析：A项：礼起源于原始社会祭祀鬼神时所举行的仪式。商、周两朝在前代礼制的基础上，都有所补充和发展。因此，A项错误。

B项：西周时期的礼已具备法的性质。首先，周礼完全具有规范性、国家意志性和强制性，即法的三个基本特性；其次，周礼对社会生活各个方面都有着实际调整作用。因此，B项错误。

C项："礼不下庶人"强调礼有等级差别，禁止任何越礼的行为；"刑不上大夫"强调贵族官僚在适用刑罚上的特权。因此，C项正确。

D项：西周时期"刑"多指刑法和刑罚。"礼"正面、积极规范人们的言行，而"刑"则对一切违背礼的行为进行处罚。《汉书·陈宠传》所说"礼之所去，刑之所取，失礼则入刑，相为表里"，两者共同构成西周法律的完整体系，互相补充而非互相对立。因此，D项错误。

综上所述，本题答案为C项。

（二）西周时期的法制内容

【单选】

3 1601015

答案：A。

解析：ABCD项：西周的契约分为买卖契约和借贷契约：（1）买卖契约称为"质剂"。"质"是买卖奴隶、牛马所使用的较长的契券；"剂"是买卖兵器、珍异之物所使用的较短的契券。因此，A项正确。"质""剂"皆由官府制作，而不是由买卖双方自制，因此，B项错误。签订的契约，由双方当事人各执一半，自行保管，而不是"质人"专门管理。因此，C项错误。（2）借贷契约称为"傅别"。"傅"是把债的标的和双方的权利义务等写在契券上；"别"是在简札中间写字，然后一分为二，双方各执一半，札上的字为半文。买卖契约不可采用"傅别"形式。因此，D项错误。

综上所述，本题答案为A项。

（三）综合知识点

【单选】

4 1701015

答案：D。

解析：A项：西周有五礼：吉礼（祭祀之礼）、凶礼（丧葬之礼）、军礼（行兵打仗之礼）、宾礼（迎宾待客之礼）、嘉礼（冠婚之礼）。背后可以归纳为“亲亲”与“尊尊”两个方面。“亲亲父为首”和“尊尊君为首”。它主要强调宗法伦理而不是政治关系的等级。故A项错误。

B项：西周有五刑，墨、劓、剕（刖）、宫、大辟。强调，“礼不下庶人，刑不上大夫”。“礼不下庶人”强调礼有等级差别，禁止任何越礼的行为；“刑不上大夫”强调贵族官僚在适用刑罚上的特权，并不是贵族没有刑罚。故B项错误。

C项：“礼”具有规范性，具有国家强制性，具备法的性质。故C项错误。

D项：西周强调“出礼入刑”。“礼”正面、积极规范人们的言行，而“刑”则对一切违背礼的行为进行处罚。“礼之所去，刑之所取，失礼则入刑，相为表里”。故D项正确。

综上所述，本题答案为D项。

5 1301016

答案：B。

解析：A项：西周为了谋取长治久安，统治者继承了夏商以来的天命观，提出了“以德配天，明德慎罚”的政治法律主张。因此，A项错误。

B项：礼与刑的关系在西周时期称为“出礼入刑”，正如《汉书·陈宠传》称西周时期的礼刑关系为“礼之所去，刑之所取，失礼则入刑，相为表里”。因此，B项正确。

C项：西周的借贷契约称为“傅别”。因此，C项错误。

D项：西周时期，在宗法制下已经形成嫡长子继承制。因此，D项错误。

综上所述，本题答案为B项。

二、模拟训练

【单选】

6 62208252

答案：D。

解析：A项：“礼不下庶人，刑不上大夫”是西周时期一项重要法律原则，它强调平民百姓与贵族官僚之间的不平等，强调官僚贵族的法律特权。因此，A项正确，不当选。

B项：西周初期统治者形成了“以德配天，明德慎罚”的基本政治观和基本治国方针。因此，B项正确，不当选。

C项：西周时期，“礼”正面、积极地规范人们的言行，而“刑”则对一切违礼行为进行处罚，二者间的关系为“出礼入刑”。因此，C项正确，不当选。

D项：“德主刑辅，礼刑并用”是汉朝的法律思想，不属于西周这一历史阶段。因此，D项错误，当选。

综上所述，本题为选非题，答案为D项。

7 62208251

答案：C。

解析：ABCD项：通过对长期司法经验的总结和提炼，西周时期形成了审理案件的“五听”制度。所谓“五听”即辞听、色听、气听、耳听和目听，这是审判案件时，判断当事人陈述真伪的五种观察方式。根据《周礼·秋官·小司寇》的记载：辞听，听当事人的陈述，理屈则言语错乱；色听，观察当事人的表情，如理亏就会面红耳赤；气听，听当事人陈述时的呼吸，如无理就会紧张得喘息；耳听，审查当事人听觉反应，如无理就会紧张得听不清话；目听，观察当事人的眼睛，无理就会失神。因此，C项正确，ABD项错误。

综上所述，本题答案为C项。

8 62208136

答案：C。

解析：A项：西周时期崇尚明德慎罚的立法思想，实施德教，用刑宽缓。明德就是提倡尚德、敬德，它是慎罚的指导思想和保证。慎罚，就是刑罚适中，不乱罚无罪，不乱杀无辜。因此，A项正确，不当选。

B项：《后汉书·陈宠传》所说“礼之所去，刑之所取，失礼则入刑，相为表里”。西周时期立法思想主张礼刑并用，二者关系是出礼入刑，互为表里。因此，B项正确，不当选。

C项：五礼是指：吉礼（祭祀之礼）；凶礼（丧葬之礼）；军礼（行兵打仗之礼）；宾礼（迎宾待客之礼）；嘉礼（冠婚之礼），而不是福礼。因此，C项错误，当选。

D 项：“礼不下庶人，刑不上大夫”就是西周时期贵族的法律特权体现。因此，D 项正确，不当选。

综上所述，本题为选非题，答案为 C 项。

9 62208137

答案：B。

解析：A 项：西周的借贷契约叫“傅别”，而不是“借贷”。因此，A 项错误。

B 项：《周礼》中规定：“听买卖以质剂”。因此，B 项正确。

CD 项：“质”是买卖奴隶、牛马所使用的较长的契券；“剂”是买卖兵器、珍异之物所使用的较短的契券，因此，D 项错误。“质”“剂”有不同的用途，一项交易买卖中只存在“质”或“剂”一种。因此，C 项错误。

综上所述，本题答案为 B 项。

【多选】

10 62208126

答案：A,B,D。

解析：A 项：西周时期“吉礼”是指祭祀之礼，“嘉礼”是指冠婚之礼。因此，A 项错误，当选。

B 项：“非眚”是指故意，“眚”是指过失。因此，B 项错误，当选。

C 项：“三刺”是指遇有重大疑难案件依次交群臣、官吏、国人商讨，体现明德慎罚。因此，C 项正确，不当选。

D 项：“三赦”是指幼弱、老耄、蠢愚犯罪从赦，不包含聋哑。因此，D 项错误，当选。

综上所述，本题为选非题，正确答案为 ABD 项。

第二章 春秋战国

参考答案

[1]D　[2]C　[3]D　[4]ABC　[5]D
[6]ABC

一、历年真题及仿真题

（一）春秋战国时期的法制内容

【单选】

1 2301064

答案：D。

解析：AD 项：商鞅并没有认为圣人是无私的，而是“名之未定”，所以“百人逐之”，“名分已定”故“贪盗不取”，也即强调确定“名分”，认可公民合法的私有财产，名分确定后才能知悉纷争。因此，A 项错误，D 项正确。

B 项：儒家认为合乎自然规则和社会道德的名分是社会稳定和谐的根本，而法家更注重通过强化名分来严格约束人民。古代儒家和法家均强调名分，认为名分是统治的关键。因此，B 项错误。

C 项：“名分”在古代可以指人的名誉、身份地位，也可以指物的权属。故古代的名分并不完全等同于现代的所有权。因此，C 项错误。

综上所述，本题答案为 D 项。

2 1601016

答案：C。

解析：A 项：公元前 536 年，郑国执政子产将郑国的法律条文铸在象征诸侯权威的金属鼎上，向全社会公布，史称“铸刑书”，是中国历史上第一次公布成文法活动。公元前 513 年，晋国赵鞅把前任执政范宣子所编制刑书正式铸于鼎上，公之于众，史称“铸刑鼎”，是中国历史上第二次公布成文法活动。故 A 项错误。

B 项：春秋时期成文法的公布，对旧贵族操纵和适用法律的特权是严重的冲击，是新兴地主阶级的一次重大胜利。故 B 项错误。

C 项：成文法的公布，否定了“刑不可知，则威不可测”的旧传统，明确了“法律公开”这一新兴地主阶级的立法原则，对于后世封建法制的发展具有深远的影响。故C项正确。

D项：孔子一向最重视礼，不看重法律，他甚至认为法律是有害的。因此，孔子对郑国晋国铸刑鼎的行为予以猛烈抨击，“晋其亡乎，失其度矣！”故D项错误。

综上所述，本题答案为C项。

（二）综合知识点

【单选】

3 1801014

答案：D。

解析：A项：“德主刑辅”是汉代的法制理念，西周是“以德配天，明德慎罚”。故A项错误。

B项：已婚妇女若属于“三不去”情形，虽有七出之行夫家亦不得休弃。故B项错误。

C项：因为质剂有别，质是涉及奴隶、牛马等大件活物商品的买卖合同，而剂是涉及兵器、珍宝等小件物品的买卖合同，因此买卖黄牛应当是质。“听讼”是指对民事纠纷的处理方式，对应刑事犯罪的案件处理方式即“断狱”，买卖纠纷属于“听讼”，但本项前半段错误。故C项错误。

D项：《法经》是中国历史上第一部比较系统的成文法典，具有六篇制的法典结构，其中《具法》相当于现代刑法的总则部分，置于法典最后，表述正确，故D项正确。

综上所述，本题答案为D项。

【多选】

4 2101113

答案：A,B,C。

解析：A项：西周的法律思想体现为“以德配天，明德慎罚”，“德主刑辅，礼刑并用”属于汉代的法律思想。故A项错误，当选。

B项：婚姻关系成立的条件是“六礼”：纳采、问名、纳吉、纳征、请期和亲迎，“三不去”与“七出”属于婚姻关系解除的问题，其中“三不去”是婚姻关系解除的排除情形。故B项错误，当选。

C项：历史上第一次公布成文法活动的是郑国执政子产铸刑书，晋国赵鞅铸刑鼎是历史上第二次公布成文法活动。故C项错误，当选。

D项：借贷契约被称作“傅别”，“别”是在简札中间写字，然后一分为二，双方各执一半，札上的字为半文。故D项正确，不当选。

综上所述，本题为选非题，答案为ABC项。

二、模拟训练

【单选】

5 62208253

答案：D。

解析：AB项：《法经》的体例和内容为后世封建成文法典的进一步完善奠定了重要的基础。从体例上来看，《法经》六篇为秦、汉律直接继承，成为秦、汉律的主要篇目。魏晋以后在此基础上进一步发展，最终形成了以《名例》为统率、以各篇为分则的较完善的法典体例。因此，AB项错误。

C项：《法经》是战国时期政治变革的重要成果，是战国时期封建立法的典型代表和全面总结，并不是对西周出礼入刑制度的肯定。因此，C项错误。

D项：在内容上，《法经》中“盗”“贼”“网（或囚）”“捕”“杂”“具”各篇的主要内容大都为后世封建法典继承与发展。因此，D项正确。

综上所述，本题答案为D项。

【多选】

6 62108089

答案：A,B,C。

解析：A项：子产将郑国法律条文铸在象征诸侯权位的金属鼎上，向社会公布，史称“铸刑书”而不是“铸刑鼎”。因此，A项错误，当选。

B项：商鞅变法包括废除世卿世禄制度，实行按军功授爵，取消分封制，实行郡县制，剥夺旧贵族对地方政权的世袭垄断权。商鞅变法是运用法律手段剥夺旧贵族的特权，而不是维护旧贵族特权。因此，B项错误，当选。

C项：铸刑鼎是将范宣子所编刑书铸于鼎上，并非是将贵族权力刻在鼎上。新兴地主阶级公布成文法，严重冲击了贵族以言代法的特权，从而引起守旧势力的激烈非难和反抗，铸刑鼎并没有扩大贵族特权。因此，C项错误，当选。

D项：《法经》是战国时期政治制度变革的重要成果，是战国时期封建立法的典型代表和总结，是中国法律史上一部极为重要的法典，但并不代表没有遗憾，一个明显的表现便是，《法经》在罪名及刑罚规定上呈现维护封建专制政权，保护地主私有财产和奴隶制残余的特点。因此，D项正确，不当选。

综上所述，本题为选非题，答案为ABC项。

第三章 秦朝

参考答案

[1]C	[2]B	[3]D	[4]BD	[5]ABD
[6]B	[7]A			

一、历年真题及仿真题

（一）秦朝的罪名与刑罚

【单选】

1 1701016

答案：C。

解析：A项：秦律以身高判定是否成年，大约六尺五寸为成年身高标准，低于六尺五寸的为未成年人。同时，男女不同。因此，A项错误。

B项：秦律区分故意（端）与过失（不端）的原则。故意诬告者，实行反坐；主观上没有故意的，按“告不审”从轻处理，不是不予追究。因此，B项错误。

C项：秦律规定共同犯罪与集团犯罪加重处罚的原则。集团犯罪（5人以上）较一般犯罪处罚从重。因此，C项正确。

D项：秦律规定教唆犯罪加重处罚的原则。教唆未成年人犯罪者加重处罚。不是同罪。因此，D项错误。

综上所述，本题答案为C项。

2 1401016

答案：B。

解析：A项：《睡虎地秦墓竹简》所载律文规定，“纵囚”是指应当论罪而故意不论罪，以及设法减轻案情，故意使案犯达不到定罪标准，从而判其无罪。因此，A项正确，不当选。

B项：“见知不举”罪，《史记·秦始皇本纪》载秦代禁书令规定：“有敢偶语《诗》《书》者，弃市。以古非今者，族。吏见知不举者，与同罪。”见知不举是指官吏知道犯罪而不纠举（故意）。因此，B项错误，当选。

CD项：“失刑”罪，指因过失而量刑不当（若系故意，则构成“不直”罪）。因此，CD项正确，不当选。

综上所述，本题为选非题，答案为B项。

3 1101016

答案：D。

解析：ABC项：“偶语诗书”即为两个人在一起谈论儒家的经典诗书。“以古非今”即用历史故事非难当前的政治。“非所宜言”是秦的主要罪名之一，属于危害皇权罪，即说了不应说的话，至于什么是不应该说的话，秦律无明文规定，封建统治者可以随意解释。秦朝专制文化色彩浓厚，“偶语诗书”“以古非今”和“非所宜言”等危害皇权的行为，不区分故意和过失，处罚极重。因此，ABC项不当选。

D项：“失刑”是渎职犯罪，指法官因过失而量刑不当，若系故意，则构成“不直”罪，该罪区分故意和过失。该项犯罪及刑罚具有合理性，不具有明显的专制色彩。因此，D项当选。

综上所述，答案为D项。

【多选】

4 1901097

答案：B,D。

解析：A项：秦代的刑罚种类繁多，主要包括八大类，即笞刑、徒刑、流放刑、肉刑、死刑、羞辱刑、经济刑、株连刑，其中前五类相当于现代的主刑，后三类相当于现代的附加刑。因此，A项正确，不当选。

B 项：秦代的流放刑包括迁刑和谪刑，都是将犯人迁往边远地区的刑罚，其中谪刑适用于犯罪的官吏【九大本表述】。因此，B 项错误，当选。但是，考释后的秦简原文，是这样表述的"故大夫斩首者，迁。本为大夫者而在阵前斩首，不符合法律规定，应当被迁。"可知，迁刑也适用于犯罪的官吏，从这一点来说，B 项是正确的，不当选。但我们应试还是以九大本为主，故本题答案还是倾向于 B 选项错误。

C 项：共同犯罪与集团犯罪加重处罚是秦律的刑罚原则，秦律在处罚侵犯财产罪上共同犯罪较个体犯罪处罚从重，集团犯罪（5 人以上）较一般犯罪处罚从重。因此，C 项正确，不当选。

D 项：秦律规定，教唆未成年人犯罪者加重处罚。教唆未满 15 岁的人抢劫杀人，虽分赃仅为十文钱，教唆者也要处以碎尸刑。因此，D 项错误，当选。

综上所述，本题为选非题，答案为 BD 项。

5 1201056

答案：A,B,D。

解析：ABCD 项：秦汉刑罚的徒刑包括以下几种：（1）城旦舂，男犯筑城，女犯舂米，但实际从事的劳役并不限于筑城舂米；（2）鬼薪、白粲，男犯为祠祀鬼神伐薪，女犯为祠祀择米，但实际劳役也绝不止于为宗庙取薪择米；（3）隶臣妾，即将罪犯及其家属罚为官奴婢，男为隶臣，女为隶妾，其刑轻于鬼薪、白粲；（4）司寇，即伺寇，意为伺察寇盗，其刑轻于隶臣妾；（5）候，即发往边地充当斥候，是秦代徒刑的最轻等级。弃市属于死刑。故 ABD 项正确，C 项错误。

综上所述，本题答案为 ABD 项。

二、模拟训练

【单选】

6 62208255

答案：B。

解析：ABCD 项：在《睡虎地秦墓竹简》所载律文中，"不直"罪指罪应重而故意轻判，或罪应轻而故意重判；"纵囚"罪指应当论罪而故意不论罪，以及设法减轻案情，故意使案犯达不到定罪标准，从而判其无罪。因此，B 项正确，ACD 项错误。

综上所述，本题答案为 B 项。

7 62208256

答案：A。

解析：ABCD 项：秦律规定，凡属未成年人犯罪，不负刑事责任或减轻刑事处罚。秦律以身高判定是否成年，男六尺五寸、女六尺二寸为成年人。因此，A 项正确，BCD 项错误。

综上所述，本题答案为 A 项。

第四章 汉代

参考答案

[1]B　[2]A　[3]ABD　[4]C　[5]ABC

[6]ABD

一、历年真题及仿真题

（一）汉代法律思想

【单选】

1 1001013

答案：B。

解析：AB 项："亲亲得相首匿"原则主张亲属间首谋隐匿犯罪可以不负刑事责任。其中，对卑幼亲属首匿尊长亲属的犯罪行为，不追究刑事责任。尊长亲属首匿卑幼亲属，罪应处死的，可上请皇帝宽宥，而非不负刑事责任。同时，有些犯罪必须上报，比如犯谋反、大逆，罪应处死的，可上请皇帝宽宥。故 A 项正确，不当选，B 项错误，当选。

CD 项："亲亲得相首匿"是法律儒家化的具体体现，对于有亲属关系者，可以宽宥。故 CD 项正确，不当选。

综上所述，本题为选非题，答案为 B 项。

（二）汉代的司法制度

【单选】

2 2001162

答案：A。

解析：A项：汉代的春秋决狱是依据《春秋》等儒家经典著作中提倡的精神原则审判案件，而不仅仅依据《春秋》审案，故A项错误。

B项：春秋决狱的要旨是必须根据案情事实，追究行为人的动机：动机邪恶者即使犯罪未遂也不免刑责，首恶者从重惩治；主观上无恶念者从轻处理。这里强调审断时应重视行为人在案情中的主观动机。在着重考察动机的同时，还要依据事实，分清首犯、从犯和已遂、未遂。故B项正确。

C项：汉代对死刑的执行，实行"秋冬行刑"制度。汉代统治者根据"天人感应"理论，规定春、夏不得执行死刑。故C项正确。

D项：秋冬行刑制度对后世有着深远影响，唐律规定"立春后不决死刑"、明清律中的"秋审"制度，皆溯源于此，故D项正确。

综上所述，本题答案为A项。

【多选】

3 1301057

答案：A,B,D。

解析：AB项：董仲舒在《春秋繁露》篇中对"春秋决狱"做了解说，其要旨是：必须根据案情事实，追究行为人的动机；动机邪恶者即使犯罪未遂也不免刑责；对首恶者从重惩治；主观上无恶念者从轻处理。因此，A项正确。这里强调审断时应重视行为人在案情中的主观动机；在着重考察动机的同时，还要依据事实，分为首犯、从犯和已遂、未遂。因此，B项正确。

C项：《春秋》决狱实行"论心定罪"原则，如犯罪人主观动机符合儒家"忠""孝"精神，即使其行为构成社会危害，也可以减免刑事处罚，而非免除刑事处罚。因此，C项错误。

D项：以《春秋》经义决狱为司法原则，对传统的司法和审判是一种积极的补充。但是，如果专以主观动机"心""志"的"善恶"，判断有罪无罪或罪行轻重，也往往会成为司法官吏主观臆断和陷害无辜的口实，在某种程度上为司法擅断提供了依据。因此，D项正确。

综上所述，本题答案为ABD项。

（三）综合知识点

【单选】

4 2201120

答案：C。

解析：A项："以德配天"是西周继承夏商君权神授理念后提出的政治法律主张，要求统治者敬天、敬祖、保民，符合"天人合一"理论。因此，A项正确，不当选。

B项："秋冬行刑"是汉代的司法制度，依董仲舒的"天人感应"理论形成，规定除谋反大逆等决不待时外，一般死刑犯须在秋天霜降以后、冬至以前执行。因为这时"天地始肃"，杀气已至，便可"申严百刑"，以示所谓"顺天行诛"。因此，B项正确，不当选。

C项："春秋决狱"是汉代的司法制度，由董仲舒所创，依据《春秋》等儒家经典著作审理案件，"春秋之治狱，论心定罪。志善而违于法者，免；志恶而合于法者，诛。"对传统的司法和审判是一种积极的补充，但为司法擅断提供了依据。与"天人感应"理论无关。因此，C项错误，当选。

D项：汉代中期儒家"德主刑辅、礼刑并用"的理论来源是西周"以德配天、明德慎罚"思想，董仲舒以"天人感应"为先导，提出了系统完整的"阳德阴刑"的德主刑辅论。因此，D项正确，不当选。

综上所述，本题为选非题，答案为C项。

二、模拟训练

【多选】

5 62208053

答案：A,B,C。

解析：A项：上请于汉朝时期由汉高祖确立，至东汉成为官吏的一项普遍特权，是指通过请示皇帝给有罪贵族官僚某些优待。因此，A项正确。

B项：恤刑是指汉朝时期为贯彻儒家矜老恤幼的思想，规定80岁以上老人、8岁以下幼童、怀孕妇女、侏儒等弱势群体，在量刑和处罚上享有优待。因此，B项正确。

C项：亲亲得相首匿于汉宣帝时确立，源于儒家

“父为子隐，子为父隐，直在其中”的理论，规定卑幼亲属隐匿尊长亲属的犯罪行为不负刑事责任，尊长亲属隐匿卑幼亲属的犯罪行为犯死罪可以上请皇帝宽待。因此，C 项正确。

D 项：“重其所重，轻其所轻”是明清时期的刑罚原则，不是汉代的法律思想。它是指贼盗及有关钱粮等事，明律较唐律处刑较重，且扩大株连范围，此即“重其所重”原则；典礼及风俗教化等一般性犯罪，明律处罚轻于唐律，此即“轻其所轻”原则。因此，D 项错误。

综上所述，本题答案为 ABC 项。

【不定项】

答案：A,B,D。

解析：A 项：“缇萦上书”救父导致汉文帝废除了肉刑，而不是汉武帝。因此，A 项错误，当选。

B 项：“亲亲得相首匿”是汉宣帝确立的，而不是汉高祖。它的意思是指对卑幼亲属首匿尊长亲属的犯罪行为，不追究刑事责任。尊长亲属首匿卑幼亲属，罪应处死的，可请求皇帝宽待。“恤刑”制度是为纠正秦朝法制的暴虐，汉朝以“仁政”精神为指导所确立的，并非汉高祖所确立。因此，B 项错误，当选。

C 项：春秋决狱是西汉中期儒家代表人物董仲舒提出来的，是一种审判案件的推理判断方式，主要用孔子的思想来对犯罪事实进行分析、定罪。春秋决狱主要是根据案件的事实，追究犯罪人的动机来断案。如果他的动机是好的，那么一般要从轻处理，甚至可以免罪。如果动机是邪恶的，即使有好的结果，也要受到严厉的惩罚。因此，C 项正确，不当选。

D 项：一般的死刑犯根据“秋冬行刑”制度在每年霜降以后，冬至以前执行死刑。但是对于谋反等罪名的罪犯立即执行死刑。因此，D 项错误，当选。

综上所述，本题为选非题，答案为 ABD 项。

第五章 魏晋南北朝

参考答案

[1] ABCD [2] C

一、模拟训练

【多选】

答案：A,B,C,D。

解析：A 项：《北齐律》篇目共 12 篇，首创了《名例律》的总则篇目，将《晋律》中的《刑名》和《法例》合并为《名例律》，放在律典第一篇，进一步突出了法典总则的性质和地位。因此，A 项正确。

B 项：《晋律》确立了“准五服以治罪”的制度。服制是以丧服为标志区分亲属范围和等级的制度。依远近关系分为五等：斩衰、齐衰、大功、小功、缌麻。服制不但确定继承与赡养等权利义务关系，同时也是亲属相犯时确定刑罚轻重的依据。因此，B 项正确。

C 项：死刑复奏制度是指奏请皇帝批准执行死刑判决的制度。该制度起源于汉朝，至北魏太武帝时正式确立这一制度，为唐代的死刑三复奏，打下了基础，这一制度的建立既加强了皇帝对司法审判的控制，又体现了皇帝对民众的体恤。因此，C 项正确。

D 项：“官当”制度是法律允许贵族官僚用官品和爵位抵挡徒流罪的一项法律制度，是封建等级特权原则在法律中的又一具体体现。“官当”作为一项制度正式形成于南北朝时期的北魏和南陈，通过《北魏律》与《陈律》确立。因此，D 项正确。

综上所述，本题答案为 ABCD 项。

【不定项】

答案：C。

解析：A 项：“重罪十条”正式确立于《北齐律》，后发展为《开皇律》中的“十恶”，并非确立于

《北魏律》。因此，A项错误。

B项："不睦"规定于"十恶"中，而非"重罪十条"。因此，B项错误。

C项："十恶"将"重罪十条"中的"反逆""大逆""叛"罪名前增加了"谋"，将打击范围提前到了思想观念和谋划的准备阶段。因此，C项正确。

D项："十恶"将"重罪十条"中的"叛"和"降"合并为"谋叛"。因此，D项错误。

综上所述，本题答案为C项。

第六章 隋唐

参考答案

[1]A	[2]B	[3]D	[4]D	[5]A
[6]D	[7]CD	[8]ACD	[9]ABCD	[10]CD
[11]B	[12]D	[13]B	[14]B	[15]BC
[16]D	[17]C	[18]A	[19]D	[20]C
[21]D				

一、历年真题及仿真题

（一）唐代的法制内容

【单选】

1 2301056

答案：A。

解析：A项：唐律中虽没有致伤的条文，但比照规定，杀死已不论罪，致伤更不论罪，因此比照《唐律》规定：夜半闯入人家，主人出于防卫，登时杀死闯入者，不论罪。可得出乙打伤丙的行为不构成犯罪。因此，A项正确。

B项：根据唐律规定，对犯罪分子交代犯罪性质不彻底的，叫作"自首不实"；对犯罪情节不作彻底交代的，叫作"自首不尽"。丙隐瞒偷酒数量的行为属于对犯罪情节交代不彻底，因此属于自首不尽。因此，B项错误。

C项：强盗罪，是指"以威若力而取其财"，即以暴力或暴力威胁而取他人财物；盗窃罪，是指"潜形隐面而取"，即秘密占有不属于自己的官私财物；丙偷酒的行为属于盗窃罪。因此，C项错误。

D项：根据《唐律疏议·名例律》的规定："诸二罪以上俱发，以重者论。"可知，唐采用重罪吸收轻罪、刑不累加的原则，也就是两罪轻重不等，只科重罪，不计轻罪。因此，D项错误。

综上所述，本题答案为A项。

2 2101091

答案：B。

解析：A项：三不去是指三种情形夫家不能离异休弃。包括：（1）有所娶而无所归；（2）与更三年丧；（3）前贫贱后富贵。X某不符合三不去的情形。因此，A项错误。

B项：《唐律疏议·户婚》"义绝离之条"规定为："诸犯义绝者离之，违者，徒一年。若夫妻不相安谐而和离者，不坐。"说明唐朝有和离制度，X某和刘某可以和离。因此，B项正确。

C项：七出，亦称七去，是指女子若有下列七项情形之一的，丈夫或公婆可休弃之，即：（1）不顺父母去；（2）无子去；（3）淫（乱族）去；（4）妒（乱家）去；（5）恶疾（不能共同祭祀祖先）去；（6）口多言（离间亲属）去；（7）盗窃（反义）。X某不符合七去情形，因此，C项错误。

D项：政府强制离异源于"义绝"。"义绝"是唐律中首次规定的一种强制离婚原则，是指夫妻间或夫妻双方亲属间或夫妻一方对他方亲属凡有殴、骂、杀、伤、奸等行为，依律视为夫妻恩义断绝，由官府审断强制离异，对任何不离婚的一方依律处罚。本题不符合政府强制离异的情形，因此，D项错误。

综上所述，本题答案为B项。

3 1801016

答案：D。

解析：ABCD项：唐律规定官吏"缘公事致罪，而无私曲者"为"公罪"；"不缘公事，私自犯者"，或"虽缘公事，意涉阿曲"为"私罪"。"公罪"处刑从轻，"私罪"处刑从重。缘公事犯罪有两种情况：1.缘公事而无私曲，则为公罪；2.虽缘公事而意涉阿曲，则为私罪。故ABC项错误，D项正确。

综上所述，本题答案为D项。

4 1601017

答案：D。

解析：A 项：《唐律疏议》承袭和发展了以往礼法并用的统治方法，使得法律统治"一准乎礼"，真正实现了礼与律的统一。故 A 项说法正确，不当选。

B 项：《唐律疏议》以科条简要、宽简适中为特点；在立法技术上，表现出高超的水平，且结构严谨，如自首、化外人有犯、类推原则的确定都有充分的表现。故 B 项说法正确，不当选。

CD 项：作为中国传统法制的最高成就，《唐律疏议》全面体现了中国法律制度的水平、风格和基本特征，成为中华法系的代表性法典，对后世及周边国家产生了极为深远的影响。《唐律疏议》是中国历史上迄今保存下来的最完整、最早、最具有社会影响的古代成文法典，在中国古代立法史上占有最为重要的地位。《唐律疏议》是古代中国在成文法典制定上的集大成作品。因此，C 项说法正确，不当选。《唐律疏议》没有成为欧洲立法渊源。故 D 项说法错误，当选。

综上所述，本题为选非题，答案为 D 项。

5 1501017

答案：A。

解析：ABC 项：《唐律·名例律》确定了类推原则，即对律文无明文规定的同类案件，凡应减轻处罚的，则列举重罪处罚规定，比照以解决轻案；凡应加重处罚的罪案，则列举轻罪处罚规定，比照以解决重案。如疏议举律文说，谋杀尊亲处斩；但无已伤已杀重罪的条文，在处理已杀已伤尊亲的案件时，通过类推就可以知道更应处以斩刑。故 A 项正确，BC 项错误。

D 项："不孝"指控告祖父母、父母，未经祖父母、父母同意私立门户、分异财产，对祖父母、父母供养有阙，为父母尊长服丧不如礼等不孝行为。本题中的行为不属于不孝。故 D 项错误。

综上所述，本题答案为 A 项。

6 1401017

答案：D。

解析：A 项：唐律类推原则的适用前提是法律无明文规定。故 A 项错误。

BC 项：被类推定罪的行为，处罚可能会重于同类案件也可能轻于同类案件，故 BC 项均错误。

D 项：唐代类推原则的完善反映了当时立法技术的发达。故 D 项正确。

综上所述，本题答案为 D 项。

【多选】

7 2201104

答案：C,D。

解析：AD 项：《唐律·名例律》规定："诸断罪而无正条，其应出罪者，则举重以明轻；其应入罪者，则举轻以明重。"可知，唐律规定了律无正条时的类推原则，因此县令根据唐律中"妻年五十以上无子，听立庶以长"规定比附推理"四十九以下无子，未合出之"的做法合理。因此，D 项正确。本案中，男子的妻子虽然没有儿子，但是年龄才三十岁，因此不能以"七出"中"无子"为由休妻。因此，A 项错误。

B 项："七出"中"无子"中的"子"指的是儿子而非女儿。因此，B 项错误。

C 项："前贫贱后富贵，不去"是指夫娶妻时贫贱，但婚后富贵的，不得离弃妻子，本题中男子中举后休妻违反了该规定。因此，C 项正确。

综上所述，本题答案为 CD 项。

8 1801061

答案：A,C,D。

解析：AC 项：西周时期的法制思想为"以德配天，明德慎罚"，汉代在此基础上发展为"德主刑辅，礼刑并用"。因此，AC 项错误，当选。

B 项：唐朝继承、发展以往礼法并用的统治方法和立法经验，使法律内容"一准乎礼"，真正实现了礼与法的统一，在中国法制史上具有继往开来、承前启后的重要地位。故 B 项正确，不当选。

D 项：战国时期的法家思想重视刑罚的价值，主张重刑主义，与《唐律》和西周的法律思想迥异。故 D 项错误，当选。

综上所述，本题为选非题，答案为 ACD 项。

9 1301056

答案：A,B,C,D。

解析：A 项：“若杀祖父母、父母应偿死者，虽会赦，仍移乡避仇”，即杀害同乡人的祖父母、父母依律应处死者，若遇赦虽能免罪，但须移居外乡。故 A 项正确。

B 项：杀害同乡人的祖父母、父母依律应处死者，若遇赦虽能免罪，但须移居外乡。这样规定的目的在于避免复仇，体现了唐律规定中情法并列、相互避让的精神。故 B 项正确。

C 项：唐律中规定杀害同乡人的祖父母、父母依律应处死者，若遇赦虽能免罪，但须移居外乡，充分考虑了法律与社会生活的结合，表现了唐律较为高超的立法技术。故 C 项正确。

D 项：礼刑并用，礼法合一是唐律的主要特点。唐统治者借助《疏议》，把德、礼都赋予法的内容。“‘祖父母为人杀私’和疏”表现了唐律“礼法合一”的特点。故 D 项正确。

综上所述，本题答案为 ABCD 项。

【不定项】

10 2201108

答案：C,D。

解析：A 项：唐代的“已报婚书”是婚姻关系成立的法律文书，报婚书之后只存在嫁娶的形式问题，而婚姻关系的确认不受影响，本题中男女双方婚姻关系已经成立。因此，A 项错误。

BCD 项：根据《唐律・户婚律》记载：“诸许嫁女，已报婚书及有私约而辄悔者，杖六十；虽无许婚之书，但受聘财，亦是。男家自悔者，不坐，不追聘财。”可知关于此律条，要注意以下几点：第一，虽然男方为主动求婚，而且女方“已报婚书”，但男方辄悔无罪，仅彩礼不得收回。第二，女方只要收受值绢一尺以上的彩礼，即使无婚书，辄悔也受杖罚六十并且退回彩礼。因此，B 项错误，CD 项正确。

综上所述，本题答案为 CD 项。

（二）隋唐时期的司法制度

【单选】

11 2001163

答案：B。

解析：ABCD 项：十恶中各项罪名分别为谋反、谋大逆、谋叛、恶逆、不道、大不敬、不孝、不睦、不义、内乱。其中，谋大逆是指图谋破坏国家宗庙、皇帝陵寝以及宫殿的行为；恶逆是指殴打或谋杀祖父母、父母、伯叔父母等尊长的犯罪；不孝是指控告祖父母、父母，未经祖父母、父母同意私立门户、分异财产，对祖父母、父母供养有阙，为父母尊长服丧不如礼等行为；不睦是指谋杀或出卖五服以内亲属，殴打或控告丈夫、大功以上尊长等行为。题干中行为则构成恶逆。因此，ACD 项错误，B 项正确。

综上所述，本题答案为 B 项。

12 1901026

答案：D。

解析：A 项：中国古代刑罚制度有奴隶制五刑和封建制五刑之分，前者包括：墨、劓、剕、宫、大辟五种肉刑。而封建制五刑为笞、杖、徒、流、死。封建制五刑最早在隋朝的《开皇律》中确立。因此，A 项正确，不当选。

B 项：十恶中的“不道”指灭绝人道，包括杀人全家（且被害人罪不当死），或用肢解分尸的手段杀人；或用蛊毒的方法，企图使人中毒致死等行为，张某杀人碎尸应属不道。因此，B 项正确，不当选。

C 项：唐律规定“缘公事致罪，而无私曲者”是为“公罪”，官员在执行公务时不慎出现差错而犯罪的情形发生在履行公务过程中，且并非为求私利而犯罪，属于“公罪”。因此，C 项正确，不当选。

D 项：唐代行使中央审判权的机关为大理寺，刑部主管复核（明清时二者职能对调）。因此，D 项错误，当选。

综上所述，本题为选非题，答案为 D 项。

13 1701017

答案：B。

解析：A 项：所谓唐律据证定罪的原则是指没有犯罪嫌疑人的供述，通过现有的证据证明，也可以定罪论刑的原则。A 项中，唐律允许刑讯逼供，但是有严格的限制条件。可知，不属于据证定罪的原则。因此，A 项错误。

B 项：如果出现了赃物，且人赃并获，没有可以怀疑的地方，即使没有口供，也可据状断之，就是据证定罪的原则。因此，B 项正确。

C 项：对于有特权的人、老人、小孩、残疾人不能用刑讯逼供是对特殊人群的特别保护，并不是据证定罪的原则。因此，C 项错误。

D 项：定罪必须引用法律的明文规定，这个属于罪刑法定原则，与据证定罪的原则无关。因此，D 项错误。

综上所述，本题答案为 B 项。

【不定项】

14 2401046

答案：B。

解析：A 项："斗杀" 指在斗殴中出于激愤失手将人杀死，本项情形符合 "故杀"，即事先虽无预谋，但情急杀人时已有杀人的意念。因此，A 项错误。

B 项：法官判决是天灾，说明法官认为陈某死亡与王某推撞行为之间没有因果关系。因此，B 项正确。

C 项："坐赃" 指官吏或常人非因职权之便非法收受财物的行为，《唐律》杂律篇规定，官吏因事接受他人财物的即构成 "坐赃"，同时禁止监临主守官在辖区内役使百姓，借贷财物，违者以坐赃论处。本项情形不属于 "坐赃" 是因为没有收受财物，而和是否 "诬告" 没有关系。因此，C 项错误。

D 项：现代正当防卫理论要求有现实的不法侵害存在，本题并未体现。且斗殴各方的行为都不具有正当性，各方都具有侵害对方的意图以及承诺对方给自己造成伤害的意思，故 "斗殴无防卫"。因此，D 项错误。

综上所述，本题答案为 B 项。

（三）综合知识点

【多选】

15 2401045

答案：B,C。

解析：A 项："谋反" 指谋危社稷，即谋害皇帝、危害国家的行为。砍伐皇陵的树是一种冒犯皇权的行为，属于 "谋大逆"（图谋破坏国家宗庙、皇帝陵寝以及宫殿的行为）。因此，A 项错误。

B 项："不道" 是指杀一家非死罪三人、肢解人及造畜蛊毒、厌魅的行为。因此，B 项正确。

C 项："不孝" 是指控告祖父母、父母，未经祖父母、父母同意私立门户、分异财产，对祖父母、父母供养有缺，为父母尊长服丧不如礼等不孝行为。因此，C 项正确。

D 项："不义" 是指杀本管上司、授业师及夫丧违礼的行为。张某气不过，殴打老师并未杀害老师，不属于 "不义"。因此，D 项错误。

综上所述，本题答案为 BC 项。

二、模拟训练

【单选】

16 62208259

答案：D。

解析：ABCD 项：《唐律疏议・贼盗律》《唐律疏议・斗讼律》中依犯罪人主观意图区分了 "六杀"，即所谓的 "谋杀" "故杀" "斗杀" "误杀" "过失杀" "戏杀"。唐律的 "谋杀" 指预谋杀人；"故杀" 指事先虽无预谋，但情急杀人时已有杀人的意念；"斗杀" 指在斗殴中出于激愤失手将人杀死；"误杀" 指由于种种原因错置了杀人对象；"过失杀" 指 "耳目所不及，思虑所不到"，即出于过失杀人；"戏杀" 指 "以力共戏" 而导致杀人。由此可以看出，ABC 项正确，不当选；"六杀" 不包含 "自杀"。因此，D 项错误，当选。

综上所述，本题为选非题，答案为 D 项。

17 62208260

答案：C。

解析：A 项：春秋决狱实行 "论心定罪" 原则，强调动机 "志善而违于法者，免；志恶而合于法者，诛"。因此，A 项正确，不当选。

B 项：《唐律》区分公私罪，其中私罪包括 "不缘公事私自犯者" 和 "虽缘公事，意涉阿曲" 的犯罪。因此，B 项正确，不当选。

C 项：《唐律》中的化外人原则，在当时不仅维护了国家主权，同时也比较妥善地解决了因大量外国侨民入境所引起的各种法律纠纷。因此，C 项错误，当选。

D项：以春秋决狱为司法原则，侧重以“心志”的“善恶”判断有罪、无罪或者罪行轻重，往往会成为司法官吏主观臆断和陷害无辜的口实，在某种程度上为司法擅断提供了依据。因此，D项正确，不当选。

综上所述，本题为选非题，答案为C项。

18 62208258

答案：A。

解析：ABCD项：唐律规定公罪从轻，私罪从重。之所以要区分公罪与私罪，主要目的在于保护各级官吏执行公务、行使职权的积极性，以便提高国家的统治效能；同时，防止某些官吏假公济私、以权谋私，保证法制的统一。因此，A项正确，BCD项错误。

综上所述，本题答案为A项。

19 62108087

答案：D。

解析：A项：为解决中央和地方在审判中对法律条文理解不一的问题，唐高宗下令对《永徽律》进行逐条逐句的解释，历时一年，撰写成立《律疏》，将其与《永徽律》合编在一起，即将疏义分附于律文之后颁行，也就是我们现在说的“疏在律后，律以疏存”，其中律和疏指的就是《永徽律》及其《律疏》，而不是《唐律疏议》及其《律疏》。《唐律疏议》=《永徽律疏》=《永徽律》+《律疏》，《唐律疏议》本身即包含了《律疏》。因此，A项错误。

B项：“谋大逆”是指图谋破坏国家宗庙、皇帝陵寝以及宫殿的行为；“谋反”是指谋害皇帝、危害国家的行为；选项中的行为是“谋反”，并非“谋大逆”。因此，B项错误。

C项：《永徽律》是在《贞观律》的基础上修订完成的，但是十恶制度并非承袭《贞观律》，而是承袭《开皇律》。因此，C项错误。

D项：《唐律》又称《唐律疏议》，它总结了汉魏晋以来立法和注律经验，不仅对主要法律原则和制度作了精确的解释与说明，而且尽可能引用儒家经典作为律文的理论根据，所谓“一准乎礼”，“以礼为出入”。因此，D项正确。

综上所述，本题答案为D项。

20 62208122

答案：C。

解析：A项：杀害授业恩师属于“十恶”中的“不义”，且犯“十恶”者，不适用八议等规定，因此张某不能因其是唐太宗故旧而减免刑罚。因此，A项错误。

BC项：“八议”制度的直接渊源是《周礼》中的“以八辟丽邦法”，自曹魏《新律》始正式载于律文。《唐六典》卷六称“是八议入律，始于魏也”。“八议”制度的出现是封建礼法结合的产物，是“刑不上大夫”礼制原则的具体体现。因此，B项错误，C项正确。

D项：御史台以御史大夫和御史中丞为正副长官，下设台、殿、察三院，台院是御史台的基本组成部分，设侍御史若干人，执掌纠弹中央百官，参与大理寺的审判和审理皇帝交付的重大案件；察院设监察御史若干人，执掌纠察州县地方官吏的违法行为，即张某主要职责为纠察州县地方官吏的违法行为。因此，D项错误。

综上所述，本题答案为C项。

21 62208138

答案：D。

解析：A项：“十恶”正式确立于《开皇律》，而不是《唐律疏议》。因此，A项错误。

B项：杀本管上司、授业师及夫丧违礼的行为属于“十恶”犯罪中的“不义”，“不孝”指控告祖父母、父母，未经祖父母、父母同意私立门户、分异财产，对祖父母、父母供养有缺，为父母尊长服丧不如礼等不孝行为。因此，B项错误。

C项：“故杀”是指事先无预谋，情急时产生杀人的意念，“谋杀”指的是预谋杀人。因此，C项错误。

D项：唐律中规定的“六杀”是指“谋杀”“故杀”“斗杀”“误杀”“过失杀”“戏杀”，并不包括“乱杀”。因此，D项正确。

综上所述，本题答案为D项。

第七章 宋元明清

参考答案

[1]C	[2]D	[3]B	[4]D	[5]D
[6]A	[7]C	[8]ABC	[9]AC	[10]C
[11]B	[12]CD	[13]AC	[14]C	[15]C
[16]C	[17]A	[18]B	[19]BCD	[20]BC
[21]ACD	[22]C	[23]D	[24]A	[25]ABCD
[26]ACD	[27]AC			

一、历年真题及仿真题

（一）宋代的法制内容

【单选】

1 2301055

答案：C。

解析：A 项：在宋朝的户绝财产继承制中，继子与户绝之女均享有继承权，只有出嫁女的，出嫁女继承 1/3，继子继承 1/3，官府继承 1/3。因此，A 项错误。

BC 项：遗嘱继承作为法律概念，始见于《宋刑统》准《丧葬令》中。此令规定“若亡人在日自有遗嘱处分，证验分明者，不用此令”。在其他宋代法律文件中，亦有“若亡人遗嘱证验分明，并依遗嘱施行”的规定。由此可见，遗嘱在宋代不仅适用广泛，而且还具有排除法定继承的效力。因此，B 项错误，C 项正确。

D 项：宋朝契约制度盛行，虽然本案中法官断案作出与遗嘱契约相反的判决，但并不是所有法官断案都不考虑契约。因此，D 项错误。

综上所述，本题答案为 C 项。

2 1801015

答案：D。

解析：A 项：《宋刑统》是宋代的基本法典，即《宋建隆重详定刑统》。宋朝初年沿用后周《显德刑统》，后因其“科条浩繁，或有未明”，诏令窦仪等人重新修订，建隆四年（公元 963 年）完成，刊版印刷，颁行全国，是中国历史上第一部刊印颁行的法典。因此，A 项正确，不当选。

B 项：出举就是宋朝付息的消费借贷。B 项中，五钱为利息。因此，B 项正确，不当选。

C 项：《洗冤集录》是古代验尸经验的集大成之作，也是世界最早的一部完整的法医学专著，由宋慈所著。因此，C 项正确，不当选。

D 项：宋代允许在室女享有部分继承权，承认遗腹子与亲生子享有同样继承权。绝户遗产继承的具体规定为：无男子继承，夫亡而妻在，立继从妻，称立继；夫妻俱亡，立继从尊长亲属，称为命继。继子与绝户之女均享有继承权，只有在室女的，在室女继承 3/4，继子继承 1/4。只有出嫁女的，出嫁女继承 1/3，继子继承 1/3，另外 1/3 收为官府所有。D 项描述的是只有出嫁女的情形，而非只有在室女的情形。因此 D 项错误，当选。

综上所述，本题为选非题，答案为 D 项。

3 1701018

答案：B。

解析：A 项：宋代强调合意。《宋刑统》与《庆元条法事类》在买卖之债的发生的法律规定上，强调双方的“合意”性，对强行签约违背当事人意愿的，要“重岠典宪”。同时维护家长的财产支配权，即“应典卖物业，或指名质举，须是家主尊长对钱主或钱主亲信人，当面署押契贴”。故 A 项正确，不当选。

B 项：“活卖”是指通过让渡物的使用权，收取部分利益而保留回赎权的一种方式。而以信用取得出卖物，之后再支付价金，不是“活卖”而是“赊卖”，故 B 项错误，当选。

C 项：宋代借贷的借指使用借贷，而贷则指消费借贷。把不付息的使用借贷称为负债，把付息的消费借贷称为出举。并且有不能“回利为本”的规定，防止高利贷盘剥。故 C 项正确，不当选。

D 项：宋代的租佃土地关系：若佃农过期不交地租，地主可于每年十月初一到正月三十向官府投诉，由官府代为索取。故 D 项正确，不当选。

综上所述，本题为选非题，答案为 B 项。

4 1601018

答案：D。

解析：在南宋，在一些地域规定与适用户绝财产继承的办法。户绝指家无男子承继。户绝立继承人有两种方式：凡“夫亡而妻在”，立继从妻，称“立继”；凡“夫妻俱亡”，立继从其尊长亲属，称为“命继”。继子与户绝之女均享有继承权，但只有在室女的（未嫁女），在室女享有 3/4 的财产继承权，继子享有 1/4 的财产继承权；只有出嫁女（已婚女）的，出嫁女享有 1/3 的财产继承权，继子享有 1/3，另外的 1/3 收为官府所有。

ABCD 项：本题中，霍某夫妻俱亡，只有出嫁女与继子。应该按照出嫁女享有 1/3 的财产继承权，继子享有 1/3，另外的 1/3 收为官府所有的规定来进行遗产分配。因此，对于霍某的 9000 两，应按照霍甲、霍丙各 3000 两，余 3000 两收归官府进行。故 D 项正确，ABC 项错误。

综上所述，本题答案为 D 项。

5 1201016

答案：D。

解析：A 项：宋朝在离婚方面，仍实行“七出”与“三不去”制度，但也有少许变通。《宋刑统》规定：夫外出三年不归，六年不通问，准妻改嫁或离婚，故 A 项正确，不当选。

B 项：“妻擅走者徒三年，因而改嫁者流三千里，妾各减一等”。妻子擅自出走的服刑三年，若因此而改嫁的流放三千里，若是妾（犯事）刑法减一等。这是宋律离婚或改嫁的变通规定之一，故 B 项正确，不当选。

C 项：如果夫亡，妻“不守志”者，宋代《户令》规定：“若改适（嫁），其见在部曲、奴婢、田宅不得费用。”故 C 项正确，不当选。

D 项：选项描述的是继承制度中的“户绝”制度，不是离婚或改嫁方面的规定，故 D 项错误，当选。

综上所述，本题为选非题，答案为 D 项。

（二）明朝的法制内容

【单选】

6 2101112

答案：A。

解析：A 项：“轻其轻罪”是指明朝对于有违伦理纲常的犯罪处刑上比唐律较轻；“重其重罪”是指明律在危害皇权和封建统治的犯罪处罚上比唐律更重。因此，A 项错误，当选。

B 项：《唐律·户婚》规定：“诸祖父母、父母在而子孙别籍异财者，徒三年。”《大明律·户律》规定：“凡祖父母、父母在，而子孙别立户籍、分异财产者、杖一百。”因此，B 项正确，不当选。

C 项：“引律比附”原则指断案定罪时，如果某种犯罪行为在律例的正式条文中没有明文规定，可以引用近似的法律条文和比照过去的判例来定罪量刑。该原则在律令不尽事理、断罪无正条情况下适用，但须由皇帝批准。若辄引比，构成犯罪。因此，C 项正确，不当选。

D 项：根据《大明律·名例》相关规定，化外人犯罪科刑适用属地原则，一律适用明律。因此，D 项正确，不当选。

综上所述，本题为选非题，答案为 A 项。

7 1101017

答案：C。

解析：A 项：鉴于元末法制败坏的教训，朱元璋曾说：“夫法度者，朝廷所以治天下也。”故 A 项正确，不当选。

B 项：对于“贼盗及有关钱粮”等事，明律较唐律处刑为重。唐律一般根据情节轻重作出不同处理，牵连范围相对较窄；而明律则不分情节，一律处以重刑，且扩大株连范围，此即“重其所重”原则。对于“典礼及风俗教化”等一般性犯罪，明律处罚轻于唐律，此即“轻其所轻”的原则。故 B 项正确，不当选。

C 项：《大明会典》基本仿照《唐六典》，以六部官制为纲，分述各行政机关职掌和事例。《大明会典》仿的是《唐六典》，而不是《元六典》。故 C 项错误，当选。

D 项：明代的会审制度包括：九卿会审、朝审和大审。明朝的九卿会审，也称圆审。凡特别重大案件，二次翻供不服，根据皇帝的诏令，可由九卿会审，即由大理寺卿、都察院左都御史、通政使以及吏、户、礼、兵、刑、工六部尚书共同审理，最后由皇帝审核批准的制度。朝审：明清两代由朝廷派员复审死刑案件的一种制度。始于明天顺三年。每年霜降后，三法司（刑部、都察院、大理寺）把已判死刑尚未执行的重囚犯罪情节，摘要制册，送九卿各官详审，分列“情实”“缓决”“可矜”“可疑”“留养承祀”等类，上呈皇帝裁决。大审：明代刑制，每五年朝廷命司礼太监会同三法司堂上官审理刑狱，谓之大审。故 D 项正确，不当选。
综上所述，本题为选非题，答案为 C 项。

【多选】

8 1401057

答案：A,B,C。
解析：A 项:《大诰》对大明律中原有的罪名，一般都加重处罚。故 A 项正确。
B 项:《大诰》是中国法制史上空前普及的法规，每户人家必须有一本大诰，科举考试中也列入了大诰的内容。故 B 项正确。
C 项:“重典治吏”是《大诰》的特点之一，其中大多数条文专为惩治贪官污吏而定，以此强化统治效能。故 C 项正确。
D 项：明太祖死后,《大诰》被束之高阁，不具法律效力，但未被明文废除。故 D 项错误。
综上所述，本题答案为 ABC 项。

【不定项】

9 2201107

答案：A,C。
解析：A 项:《明大诰》作为明初的刑事特别法，其打击锋芒主要指向贪官污吏，其大行法外之刑，滥用酷刑。因此，A 项正确。
BD 项:《大明律》从起草到最后颁布，前后历经三十年，在丰富完善了相关内容的情况下，朱元璋才决定将《大明律》“刊布中外，令天下所知遵守”，其充分体现了朱元璋对立法的慎重态度。其条文简于唐律，精神严于宋律，无论形式还是内容都有所发展，最终成为明之世通行不改的基本大法。因此，BD 项错误。
C 项：根据《大诰・颁行大诰第四十七》中记载：“一切官民诸色人等，户户有此一本，若犯笞、杖、徒、流罪名，每减一等。无者，每加一等。”可知,《明大诰》是中国历史上空前普及的法规，还成为各级学校的必修科目,《明大诰》也列入科举考试。因此，C 项正确。

综上所述，本题答案为 AC 项。

（三）清朝的法制内容

【单选】

10 1401018

答案：C。
解析：ABCD 项：根据清朝会审制度规定：其一，情实，指罪情属实、罪名恰当者，奏请执行死刑，故 A 项错误；其二，缓决，是指案情虽属实，但危害性不大，可减为流三千里，或发烟瘴极边充军，或再押监候，故 B 项错误；其三，可矜，是指案情属实，但有可矜或可疑之处，可免于死刑，一般减为徒、流刑罚，故 C 项正确；其四，留养承祀，指案情属实、罪名恰当，但有亲老丁单情形，合乎申请留养条件的，按留养奏请皇帝裁决，并非“被害人”有亲老丁单，故 D 项错误。
综上所述，本题答案为 C 项。

11 1101018

答案：B。
解析：明清都继承了《唐律》对故杀的定义，即双方并非因为斗殴，一方突然起意杀人。因此可以认为，谋杀、贼杀当然都包含于故杀。清代谋杀是有预谋的故意杀人，而故杀是没有预谋，突然起意的故意杀人。有无事先预谋是区分谋杀和故杀的根本标准。同时谋杀分为共同谋杀和单独谋杀。
A 项：“故杀者，起意于殴杀之时”，浦某胞弟是情急之下用木耙击中张某顶心。故 A 项错误。
B 项：“谋杀则定计而行”指的是谋杀是事先有犯罪意图，有计划行事。故“洪某因父为赵某所杀，立志复仇，“蓄念于未杀之先”，故应认定为谋杀。故 B 项正确。
CD 项：C 项的卢某恐事情败露而临时起意杀害林某，D 项中的刘某因被雇主责骂“愧忿不甘”而起杀心，以上两者并未“蓄念于未杀之先”，亦即并无杀人之预谋，应认定为故杀。故 CD 错误。
综上所述，本题答案为 B 项。

【多选】

12 1201057

答案：C,D。

解析：热审是对发生在京师的笞杖刑案件进行重审的制度，于每年小满后10日至立秋前1日，由大理寺官员会同各道御史及刑部秉办司共同进行，快速处决在监笞杖刑案犯。朝审是对刑部判决的重案及京师附近斩、绞监候案件进行的复审，于每年霜降后10日举行，由九卿、詹事、科道以及军机大臣、内阁大学士等重要官员会同审理。

AB项："被判笞刑"不适用朝审。故AB项错误。

CD项：发生在京师附近的笞杖案件，应适用热审。故CD项正确。

综上所述，本题答案为CD项。

13 1001058

答案：A,C。

解析：清代，"谋杀"是指有预谋的故意杀人；"故杀"是没有预谋、突然起意的故意杀人；"斗殴杀"是指在斗殴中出于激愤失手将人致死；"戏杀"指以力共戏而致人死亡。

AC项：唐达根与之争吵进而双方互殴，争斗中唐达根将宋万田打死，应是是"故杀"或"斗殴杀"。故AC项正确。

B项：唐达根将宋万田打死，并不是预谋，故B项错误。

D项：唐、宋二人不存在"以力共戏"情节，故D项错误。

综上所述，本题答案为AC项。

（四）综合知识点

【单选】

14 2101111

答案：C。

解析：A项：西周时期采行的是嫡长子继承制，即"立嫡以长不以贤，立子以贵不以长"。王位的继承人必须是正妻所生的长子，不论其贤愚。因此，A项错误。

B项：就继承的内容而言，主要是【政治身份】的继承，土地财产的继承是其次。因此，B项错误。

CD项：宋代的继承制度比较灵活，除沿袭以往遗产兄弟均分制外，还允许在室女享受部分财产继承权，同时承认遗腹子与亲生子享有【同样】的继承权。因此，C项正确，D项错误。

综上所述，本题答案为C项。

15 1301018

答案：C。

解析：名例律是由战国时期著名的改革家李悝编撰的《法经》中的《具法》演化而来的。《法经》共六篇：一为《盗法》，二为《贼法》，三为《网法》，四为《捕法》，五为《杂法》，六为《具法》。《具法》位居最后一篇，其作用相当于近代法典中的总则部分。战国时期，秦国商鞅变法中，商鞅改法为律，成为《具律》。汉承秦制，萧何作《九章律》，其中就有《具律》。魏国在汉律的基础上制定《魏律》（也叫《曹魏律》），将《具律》改成"刑名"，置于律首。《晋律》在"刑名"之后加上"法例"一篇。《北齐律》则把"刑名"和"法例"合成"名例"一篇，丰富了总则，精简了分则。这种"总则在前，分则在后"的模式对后世影响很大。主要内容：按犯罪情节的轻重给予加刑或减刑的法律规定。

A项：《法经》中《具法》是放在最后的，是关于定罪量刑中从轻从重法律原则的规定，起着"具其加减"的作用，相当于近代刑法典的总则部分。故A项正确，不当选。

B项：《晋律》对汉魏法律继续改革，精简法律条文，形成20篇602条的格局。与魏律相比，在刑名律后增加法例律，丰富了刑法总则的内容。故B项正确，不当选。

C项：北齐政权全面总结历代立法经验，历经十余年修成当时最有水准的法典《北齐律》。《北齐律》共12篇，其将刑名律与法例律合为名例律一篇，充实了刑法总则；精练了刑法分则，使其成为11篇。但未对名例律进行逐条逐句的疏议。故C项错误，当选。

D项：《大清律例》的结构、形式、体例、篇目与《大明律》基本相同，共分名例律、吏律、户律、礼律、兵律、刑律、工律七部分。其中《律目》《诸图》《服制》各一卷，《律例》正文36卷，律文 436 条。故 D 项正确，不当选。
综上所述，本题为选非题，答案为 C 项。

16 1201017

答案：C。
解析：A 项：《春秋》决狱是汉代法律儒家化的体现，要求“原心定罪”，与题干无关。
B 项：“听讼”“断狱”是西周司法诉讼的一种分类方式，听讼主要指民事诉讼，断狱主要指刑事诉讼，与题干无关。
C 项：“据状断之”是指对于那些人赃俱获，却没有拷讯获得口供，或者拷讯后仍拒不认罪的，也可“据状断之”，即根据证据定罪。故 C 项正确。
D 项：九卿会审，这是由六部尚书及通政使司的通政使、都察院左都御使、大理寺卿九人会审皇帝交付的案件或已判决但囚犯仍翻供不服之案，与题干无关。
综上所述，本题答案为 C 项。

17 1201018

答案：A。
解析：A 项：《法经》是中国历史上第一部比较系统的封建成文法典，《法经》之前，已经颁布过诸多法典，但都不完善。故 A 项正确。
B 项：《北齐律》是三国两晋南北朝时期立法成就最高的一部法律，对于《开皇律》乃至《唐律疏议》都有直接的影响，在中国封建法律史上起着承前启后的作用，对封建后世的立法影响深远，而非《北魏律》。故 B 项错误。
C 项：《宋刑统》为历史上第一部刊印颁行的法典。所谓“刑统”，是按照新的体例编纂的刑书，一般以刑律为主，而将其他刑事性质的敕、令、格、式分载在律文各条之后，依律目分门别类地加以汇编。中国古代立法均为民刑合一，自清末修律开始才打破了这一传统体例。故 C 项中“仅含刑事内容”的说法是错误的。
D 项：《大明会典》基本仿照《唐六典》，以六部官制为纲，分述各行政机关职掌和事例。后被《大清会典》所继承。故 D 项错误。
综上所述，本题答案为 A 项。

18 1001015

答案：B。
解析：A 项：“八议”于《魏律》正式入律，其思想渊源为《周礼》的“八辟”。所谓“八议”是指法律规定的以下八种人犯罪，一般司法机关无权审判，必须奏请皇帝裁决，由皇帝根据其身份及具体情况减免刑罚的制度。具体是：议亲，议故，议贤，议能，议功，议贵，议勤，议宾。故 A 项正确，不当选。
B 项：“秋冬行刑”制度始于汉代。汉代统治者根据“天人感应”理论，规定春夏不执行死刑。除谋反大逆“决不待时”以外，一般死刑犯须在秋天霜降以后，冬至以前执行。因为这时“天地始肃”，杀气已至，便可以“申严百刑”，以示所谓“顺天行诛”。唐律规定“立春后不决死刑”。明清律中的“朝审”“秋审”制度亦可渊源于此。故 B 项错误，当选。
C 项：明大诰来源于《尚书》。朱元璋为了从重处理犯罪特别是官吏犯罪，就将自己亲自审理的案件加以汇总，再加上就案而发的言论，合成一种训诫天下臣民必须严格遵守的刑事特别法。故 C 项正确，不当选。
D 项：“明刑弼教”指用刑法晓喻人民，使人们都知法、畏法而守法，以达到教化所不能收到的效果；目的是提升刑的地位，为明清推行重典治国提供理论基础。故 D 项正确，不当选。
综上所述，本题为选非题，答案为 B 项。

【多选】

19 2201119

答案：B,C,D。
解析：A 项：唐代的“故杀”为事先虽无预谋，情急杀人时已有杀人的意念。因此，A 项错误。
B 项：西夏《天盛律令》中杀人罪包括“故杀”“斗杀”“过失杀”“戏杀”四种类型，在宋律“六杀”的基础上适当地进行了简化。“故杀”则包括了宋律中的谋杀、故杀两种类型。因此，B 项正确。
C 项：清代的“故杀”为临时起意的故意杀人。因此 C 项正确。
D 项：张斐对“故”的解释是知而犯之、明知故犯，故谋杀、贼杀当然都包含于“故”杀。因此，D 项正确。

综上所述，本题答案为 BCD 项。

20 1801060

答案：B,C。

解析：A 项：汉代根据“天人感应”的理论，规定除谋反大逆等“决不待时”者外，一般死刑犯须在秋天霜降以后、冬至以前执行。这是秋冬行刑制度，与死刑复奏制度（即死刑的复核）无关。故 A 项错误。

B 项：死刑复奏制度是指奏请皇帝批准执行死刑判决的制度。北魏太武帝时正式确立这一制度，为唐代的死刑复奏（京师以内的犯罪实施五复奏、京师以外实施三复奏）打下了基础。这一制度的建立既加强了皇帝对司法审判的控制，又体现了皇帝对民众生命的重视。故 B 项正确。

C 项：明代的死刑复奏是朝审，“天顺三年令每岁霜降后，三法司同公、侯、伯会审重囚，谓之‘朝审’”，即每年霜降之后，由三法司长官会同公、侯、伯等高官，在吏部尚书（户部尚书）主持下对在京师刑部狱的大案重囚进行审理、复核的制度。清代秋审、朝审皆渊源于此。故 C 项正确。

D 项：清代的朝审（而非秋审）是对刑部判决的重案及京师附近绞、斩监候案件进行的复审，其审判组织、方式与秋审大体相同，于每年霜降后十日举行。故 D 项错误。

综上所述，本题答案为 BC 项。

21 1401056

答案：A,C,D。

解析：A 项：西周时期确立了“以德配天，明德慎罚”的政治法律主张，并以此为指导，形成了当时“礼”“刑”结合的宏观法制特色。故 A 项正确。

B 项：秦朝推行严刑峻法，不推崇“德主刑辅，礼刑并用”。故 B 项错误。

C 项：“礼律合一”是唐律的特点，唐朝承袭和发展了以往礼法并用的统治方法，使得法律统治“一准乎礼”，真正实现了礼与律的结合。同时，唐律是中国传统法典的楷模与中华法系形成的标志，是中华法系的代表，并对亚洲诸国产生深远影响。故 C 项正确。

D 项：宋代以后，在处理德、刑关系上始有突破，宋代理学家朱熹首先对“明刑弼教”作出新阐释，认为礼律二者对治国同等重要，“不可偏废”。故 D 项正确。

综上所述，本题答案为 ACD 项。

二、模拟训练

【单选】

22 62208261

答案：C。

解析：ABCD 项：明代都察院掌纠察，主要是纠察百司、会审及审理官吏犯罪案件。其设有十三道监察御史，都察院司法执掌主要有以下三个方面：一是复核或审理直隶、各省及京师职官犯罪案件；二是复核或审理直隶、各省及京师斩、绞监侯案件；三是奉旨监察御史巡按直隶、各省地方，对职官犯罪奏闻皇帝裁决，人命案件或亲审或交两司审理，“大事奏裁，小事立断”。因此，C 项不正确，当选，ABD 项正确，不当选。

综上所述，本题为选非题，答案为 C 项。

23 62108091

答案：D。

解析：A 项：九卿会审是由六部尚书及通政使司的通政使、都察院左都御史、大理寺卿九人会审皇帝交付的案件或已判决但囚犯仍翻供不服之案。朝审才是会审重案囚犯的制度。因此，A 项错误。

B 项：朝审可以对刑部判决的重案进行复审，其审判组织、方式和秋审类似。因此，B 项错误。

C 项：清代朝审后，若案情属实、罪名恰当，但被告有亲老丁单情形的，符合申请留养条件者，可以按留养奏请皇帝裁决，而不是原告。因此，C 项错误。

D 项：清代会审制度在明代会审制度的基础上，进一步完善了重案会审制度，形成了秋审、朝审、热审等比较规范的会审体制，这些制度体现的是一种慎刑思想，但也导致多方干预司法，以至于法律文本与司法实际日益脱节。因此，D 项正确。

综上所述，本题答案为 D 项。

24 62108093

答案：A。

解析：A 项：《宋刑统》全称《宋建隆重详定刑统》，由宋太祖诏“付大理寺刻板摹印，颁行天下”，成为历史上第一部刊印颁行的法典，其篇目、内容与《唐律疏议》大体相同。因此，A 项正确。

B 项：首先，南宋首都杭州有“风俗尚侈，细民有女则喜，生男则不举”的说法，故“南宋时期，重男轻女思想严重”的说法不准确。其次，户绝是指家无男子承继。南宋时期，一些地域规定了户绝财产继承办法。其中，户绝女和继子均享有继承权，只有在室女（未嫁女）的，在室女享有 3/4 的财产继承权，继子享有 1/4 的财产继承权；只有出嫁女（已婚女）的，出嫁女享有 1/3 财产继承权，继子享有 1/3 的财产继承权，另外的 1/3 收为官府所有。“户绝女没有财产继承权”的说法不正确。因此，B 项错误。

C 项：《宋刑统》在买卖之债发生的法律规定上，强调双方的“合意”性，但买卖契约还须以书面形式订立、取得官府承认后，才能视为合法有效。因此，C 项错误。

D 项：宋朝中央设大理寺、刑部、御史台，分掌中央司法审判职权。其中刑部负责大理寺详断的全国死刑已决案件的复核，而不是御史台。因此，D 项错误。

综上所述，本题答案为 A 项。

【多选】

25 62108090

答案：A,B,C,D。

解析：A 项：明代大理寺掌复核驳正，大理寺发现有“情词不明或失出入者”，驳回刑部改判，并再行复核。明代都察院掌纠察，主要是纠察百司，会审以及审理官吏犯罪案件。因此，A 项错误，当选。

B 项：清代地方司法机关一般分四级，分别是州县、府、省按察司和督抚（巡抚）。因此，B 项错误，当选。

C 项：秋审是清代最重要的死刑复审制度，它是由九卿、詹事、科道以及军机大臣、内阁大学士等重要官员共同审理。明代朝审才是三法司会同公侯、伯爵在吏部尚书（或户部尚书）主持下进行。因此，C 项错误，当选。

D 项：清代热审制度是每年小满后十日至立秋前一日对发生在京师的笞杖刑案件进行重审的制度，而不是斩、绞监候案件。因此，D 项错误，当选。

综上所述，本题为选非题，答案为 ABCD 项。

26 62208141

答案：A,C,D。

解析：A 项：西周的买卖契约称为“质剂”。长的称作“质”，供买卖奴隶和牛马等物之用；短的称为“剂”，供买卖兵器和珍异等物之用。买卖奴隶所用契约为“质”而非“剂”，买卖兵器所用契约为“剂”而非“质”。因此，A 项错误，当选。

BD 项：宋代买卖契约分为三类：绝卖、活卖与赊卖。“绝卖”是宋代的一般买卖。甲乙之间订立的茶叶买卖契约为“绝卖”。“活卖”是指通过让渡物的使用权，收取部分利益而保留回赎权的一种方式。以信用取得出卖物，之后再支付价金的买卖方式是“赊卖”而非“活卖”。因此，B 项正确，不当选；D 项错误，当选。

C 项：宋代借贷的借指【使用】借贷，而贷则指【消费】借贷。把不付息的使用借贷称为【负债】，把付息的消费借贷称为【出举】。因此，C 项错误，当选。

综上所述，本题为选非题，答案为 ACD 项。

27 62208142

答案：A,C。

解析：A 项：《宋刑统》规定：“夫外出三年不归，六年不通问，准妻改嫁或离婚。”如果夫亡，妻“不守志”者，宋代《户令》规定：“若改适（嫁），其见在部曲、奴婢、田宅不得费用。”严格维护家族财产不得转移的固有传统。因此，A 项正确。

B 项：“义绝”是【唐律】中首次规定的一种强制离婚原则，指夫妻间或夫妻双方亲属间或夫妻一方对他方亲属凡有殴、骂、杀、伤、奸等行为，依律视为夫妻恩义断绝，无论夫妻双方是否同意，均由官府审断，强制离异，【对任何不离婚的一方依律处罚】，而不是对主动离婚的一方依律处罚。因此，B 项错误。

C 项：宋代法律在继承关系上较其他朝代有一定的灵活性，除以往的遗产兄弟均分制外，允许在室女享受部分继承财产权，同时承认遗腹子与亲生子享有同样的继承权。因此，C 项正确。

D 项：甲的情形属于继承制度中的“户绝”，继子与绝户之女均享有继承权，只有出嫁女（已婚女）的，出嫁女享有 1/3 的财产继承权，继子享有 1/3 财产继承权，另外的 1/3 财产收为官府所有。即对于甲的财产，丙 1/3，乙 1/3，官府 1/3。因此，D 项错误。

综上所述，本题答案为 AC 项。

第八章 清末民初

参考答案

[1] D	[2] C	[3] A	[4] B	[5] B
[6] ABCD	[7] B	[8] C	[9] D	[10] C
[11] D	[12] B	[13] BD	[14] BCD	[15] ABD
[16] ABCD	[17] B	[18] D	[19] A	[20] B
[21] D				

一、历年真题及仿真题

（一）清末的法律思想与制度

【单选】

1 1901058

答案：D。

解析：AB 项：清末民商法修订由沈家本、伍廷芳、俞廉三等人主持。在编纂过程中，一方面聘请日本法学家松冈正义等外国法律专家参与起草工作，另一方面则派员赴全国各省进行民事习惯的调查。因此，AB 项正确，不当选。

CD 项：《大清民律草案》共分总则、债权、物权、亲属、继承五编。其中，总则、债权、物权三编由松冈正义等人仿照德、日民法典的体例和内容草拟而成，吸收了大量的西方资产阶级民法的理论、制度和原则。而亲属、继承两编则由修订法律馆会同保守的礼学馆起草，其制度、风格带有浓厚的封建色彩，保留了许多封建法律的精神。因此，C 项正确，不当选；D 项错误，当选。

综上所述，本题为选非题，答案为 D 项。

2 1601019

答案：C。

解析：A 项：《商人通例》《公司律》，在 1904 年 1 月（清光绪 29 年 12 月）奏准颁行，定名为《钦定大清商律》，是清朝第一部商律。《钦定大清商律》不包括《破产律》，《破产律》是 1906 年 5 月颁行的。故 A 项错误。

B 项：清廷制定法律，表明随着中国近代工商业发展，政府鼓励工商业的发展，但并不抑制农业发展。故 B 项错误。

C 项：清末的商事立法，大致可以分为前后两个阶段：1903~1907 年为第一阶段；1907~1911 年为第二阶段。在第一阶段，商事立法主要由新设立的商部负责。在第二阶段，主要商事法典改由修订法律馆主持起草；单行法规仍由各有关机关拟定，经“宪政编查馆”和“资政院”审议后请旨颁行。故 C 项正确。

D 项：清末主要修律内容包括《大清现行刑律》《大清新刑律》《大清民律草案》与《大清商律草案》诉讼法律与法院编制法等，不包括《大清律例》。《大清律例》是中国封建社会最后一部法典。故 D 项错误。

综上所述，本题答案为 C 项。

3 1501018

答案：A。

解析：A 项：《大清现行刑律》是清政府在《大清律例》的基础上稍加修改，作为《大清新刑律》完成前的一部过渡性法典，主要内容有：改律名为“刑律”；取消了六律总目，将法典各条按性质分隶 30 门；对纯属民事性质的条款不再科刑；废除了一些残酷的刑罚手段，如凌迟；增加了一些新罪名，如妨害国交罪等。故 A 项正确。

B 项：《大清新刑律》虽是中国历史上第一部近代意义上的专门刑法典，但仍保持着旧律维护专制制度和封建伦理的传统。故 B 项错误。

C 项：刑部是清朝最重要的司法机构，主要负责的法律事务：一是审理中央百官犯罪；二是审核地方上报的重案（死刑应交大理寺复核）；三是审理发生在京师的笞杖刑以上案件；四是处理地方上诉案及秋审事宜；五是主持司法行政与律例修订事宜。清末改刑部为法部，掌管全国司法行政事务；改大理寺为大理院，为全国最高审判机关；实行审检合署。故 C 项错误。
D 项：清政府对旧的诉讼体制和审判制度进行了一系列改革，包括确立一系列近代意义上的诉讼制度，实行四级三审制。故 D 项错误。
综上所述，本题答案为 A 项。

4 1401019

答案：B。
解析：《宪法重大信条十九条》内容有：形式上被迫缩小了皇帝的权力，相对扩大了议会和总理的权力，但仍强调皇权至上，且对人民权利只字未提，更暴露其虚伪性。因此，ACD 项正确，不当选，B 项错误，当选。
综上所述，本题为选非题，答案为 B 项。

5 1301017

答案：B。
解析：A 项：西学为体、中学为用，是要求以西方的学说为主体，这明显与当时的修法思想不一致。故 A 项错误。
B 项：中学为体、西学为用，要求以中方的儒家学说为主体，采用西方的思想，这正是当时修法的基本思想。故 B 项正确。
C 项：坚持德治、排斥法治，德与法并治是我国各个时期的相同点，不可能存在完全排除法治的情形。故 C 项错误。
D 项：抛弃传统、尽采西说，是与“中学为体，西学为用”的修法思想相悖的。故 D 项错误。
综上所述，本题答案为 B 项。

【多选】

6 1101057

答案：A,B,C,D。
解析：A 项：清末修律借用西方近现代法律制度的形式，坚持中国固有的封建制度内容，是统治者变法修律的基本宗旨。故 A 项正确。
B 项：清末修订的法律表现出封建专制主义传统与西方资本主义法学最新成果的混合：一方面，在新修订的法律中继续保持肯定和维护专制统治的传统；另一方面，大量引用西方法律理论、原则、制度和法律术语。故 B 项正确。
C 项：在法典编纂形式上，清末修律改变了中国传统的“诸法合体”的形式，明确了实体法之间、实体法与程序法之间的差别与不同，分别制定、颁行或起草了法典或法规，形成了近代法律体系的雏形。故 C 项正确。
D 项：随着清末修律过程中一系列新的法律法规的出现，中国封建法律制度的传统格局开始被打破。清末修律为中国法律的近代化奠定了初步基础。故 D 项正确。
综上所述，本题答案为 ABCD 项。

（二）民国时期的法律思想与制度

【单选】

7 2001164

答案：B。
解析：ABCD 项：根据南京国民政府 1932 年公布的《法院组织法》，普通法院分为地方法院、高等法院、最高法院三级，实行三级三审制，第三审为“法律审”。关于近代法院案件的审级，在清末的《大理院审判编制法》中第一次做出明确的规定，当时为四级三审制，其后北洋政府在《暂行法院编制法》中沿用了四级三审制的审判制度，南京国民政府改为三级三审制。因此，ACD 项错误，B 项正确。
综上所述，本题答案为 B 项。

8 1101021

答案：C。
解析：A 项：《临时约法》是辛亥革命的直接产物，不是辛亥革命后正式颁行的宪法。辛亥革命胜利后，以孙中山为首，建都于南京的中华民国临时政府，制定的具有“宪法”性质的根本大法。1912 年 3 月 11 日取代《中华民国临时政府组织大纲》开始施行，于 1914 年 5 月 1 日因《中华民国约法》的公布而被取代，故 A 项错误。

B 项:《临时约法》在国家政权体制上，为限制袁世凯的权力将原《中华民国临时政府组织大纲》的总统制改为责任内阁制使袁世凯成为虚位总统。故 B 项错误。

C 项:《临时约法》是中国历史上唯一一部具有资产阶级共和国性质的宪法性文件。规定临时大总统代表临时政府总揽政务，公布法律，统率全国海陆军，制定官制官规，任免文武官员等，但行使职权时，须有国务员副署。受参议院弹劾时，由最高法院组成特别法庭审判；法官有独立审判的权利，它否定了集大权于一身的封建君主专制制度。此外，还规定了“人民有保有财产及营业之自由”，体现了发展资本主义经济的要求。故 C 项正确。

D 项：确立“五权分立”政治体制的是南京国民政府 1947 年公布施行的《中华民国宪法》。五权分立，是孙中山提出的一种政治主张。他认为从前实行行政权、考试权和监察权的流弊很大，而西方实行立法权、行政权和司法权的三权分立也不够完全，因此提出采取西洋各国行政、立法、司法三权宪法的长处，并融入中国古代考试权和监察权独立的优点，而创立了以五权分立概念为核心理念的宪法。避免行政权兼考试权会造成私自用人，以及立法权兼监察权会造成议会专制的问题。故 D 项错误。

综上所述，本题答案为 C 项。

（三）综合知识点

【单选】

9 **1901038**

答案：D。

解析：A 项：1908 年修订的《钦定宪法大纲》，是中国历史上的第一个宪法性文件，由“宪政编查馆”编订，强调皇帝专权，人民无权。因此，A 项正确，不当选。

B 项：1912 年创制的《中华民国临时约法》以孙中山民权学说为指导，是辛亥革命的直接产物，是第一部资产阶级宪法性文件。因此，B 项正确，不当选。

C 项：1913 年创制的《天坛宪草》，又叫《中华民国宪法草案》，采用资产阶级三权分立宪法原则和民主共和制度，也体现了国民党通过制宪限制袁世凯权力的意图。因此，C 项正确，不当选。

D 项：中国近代史上首部正式颁行的宪法是 1923 年的《贿选宪法》，并非《中华民国宪法》。因此，D 项错误，当选。

综上所述，本题为选非题，答案为 D 项。

10 **1301019**

答案：C。

解析：A 项：商鞅变法全面贯彻法家“以法治国”和“明法重刑”的主张。其一，强调“以法治国”。要求全体臣民特别是国家官吏学法、“明法”，百姓学习法律者，“以吏为师”。其二，“轻罪重刑”。在变法过程中，商鞅尽力贯彻重刑原则，加大量刑幅度，对轻罪也施以重刑。故 A 项表述正确，不当选。

B 项：文帝开始刑罚改革的直接起因是在文帝十三年，齐太仓令获罪当施黥刑，其小女缇萦上书请求将自己没官为奴，替父赎罪，并指出肉刑制度断绝犯人自新之路的严重问题。文帝为之所动，下令废除肉刑。故 B 项表述正确，不当选。

C 项：北朝与南朝相继宣布废除宫刑，自此结束了使用宫刑的历史。故 C 项表述错误，当选。

D 项:《大清新刑律》抛弃了旧律诸法合体的编纂形式，以罪名和刑罚等专属刑法范畴的条文作为法典的唯一内容；在体例上抛弃了旧律的结构形式，将法典分为总则和分则；确立了新刑罚制度，规定刑罚分主刑、从刑；采用了一些近代西方资产阶级的刑法原则和刑法制度，如罪刑法定原则和缓刑制度等。故 D 项表述正确，不当选。

综上所述，本题为选非题，答案为 C 项。

11 **1101019**

答案：D。

解析：A 项：“七出”“三不去”“六礼”制度是宗法制度下夫权专制的典型反映。西周婚姻立法的原则和制度多为后世法律所继承和采用，成为中国传统法律的重要组成部分。故 A 项正确，不当选。

B 项：秋冬行刑制度，对后世有着深远影响，唐律规定“立春后不决死刑”，明清律中的“秋审”制度亦溯源于此。故 B 项正确，不当选。

C 项：清末司法体制的变化，初步规定了法官和检察官考试任用制度、监狱及狱政管理的改良制度，故 C 项正确，不当选。

D 项：法国国民会议于 1789 年 8 月 26 日通过《人权宣言》第一次明确而系统地提出了资产阶级民主和法制的基本原则，是建立资产阶级统治的纲领性文件。故 D 项错误，当选。

综上所述，本题为选非题，答案为 D 项。

12 1001014

答案：B。

解析：A 项：《大清民律草案》完成后，修订法律大臣俞廉三上陈《奏进民律前三编草案折》中表示："此次编辑之旨，约分四端：（一）注重世界最普遍之法则，（二）原本后出最精确之法理，（三）求最适于中国民情之法则，（四）期于改进上最有利益之法则" 其上书修订民律的基本思路，没有超出 "中学为体，西学为用" 的思想格局，故 A 项正确，不当选。

B 项：《大清新刑律》是一部近现代意义上的新式法典。在编纂体例上，法典采取了近代西方刑法典的模式，分为总则和分则两个部分，在内容上，不再纳入民法、诉讼法等方面的内容，突破了传统诸法合体的形式，是一部纯粹的刑法典。故 B 项错误，当选。

C 项：清末我国采用的是四级三审制，故 C 项正确，不当选。

D 项：《中华民国宪法》内容的主要特点有表面上的 "民有、民治、民享" 和实际上的个人独裁。虽然通过《维持社会秩序的临时办法》《戒严法》《紧急治罪法》等把宪法抽象的民主自由条款加以具体切实的否定，但单纯就其所列民主权利来看，的确比以往任何宪法性文件都充分。故 D 项正确，不当选。

综上所述，本题为选非题，答案为 B 项。

【多选】

13 2201105

答案：B,D。

解析：A 项："德本刑用" 是唐朝的立法指导思想，强调 "德礼为政教之本，刑罚为政教之用"。西周是 "以德配天、明德慎罚" 的立法指导思想。因此，A 项错误。

B 项：汉代中期主张 "德主刑辅、礼刑并用" 的立法指导思想，旨在纠正秦朝专任刑罚的偏失，以儒家的德礼教化和法家的刑罚惩治相结合。孔子通过关押而非直接杀戮起诉的父子，惩罚这对父子违反孝道的行为，体现德礼教化和刑罚惩治相结合，最终目的是为了维护封建礼教，体现 "德主刑辅" 的精神和孔子明德慎刑的思想。因此，B 项正确。

C 项："德礼为政教之本，刑罚为政教之用" 体现了唐朝法制指导思想的基本精神，既强调治理国家必须兼有德礼和刑罚，又强调德礼和刑罚在实施政教中的关系是 "德本" "刑用"。而 "明刑弼教" 最早出自《尚书・大禹漠》"明于五刑，以弼五教"。宋代以降，朱熹首先对 "明刑弼教" 作了新的阐释，有意提高了礼、刑关系中刑的地位，这意味着法制指导原则沿着德主刑辅到礼法合一再到明刑弼教的发展轨道，进入了一个新的阶段。因此，两者意思不一致。因此，C 项错误。

D 项：礼法之争，是指在清末变法修律过程中，以张之洞、劳乃宣为代表的 "礼教派" 与以修订法律大臣沈家本为代表的 "法理派"，围绕《大清新刑律》等新式法典的修订原则产生的论争，本质上是 "礼刑之争"。因此，D 项正确。

综上所述，本题答案为 BD 项。

14 2201106

答案：B,C,D。

解析：A 项：清沿明制，刑部是最高司法审判机关，在处理全国司法事务方面起着主导作用。其主要职权包括：审理中央百官的犯罪案件，批结全国军流遣案件，审理发生在京师的笞杖刑以上案件，处理地方上诉案及秋审事宜，主持司法行政与律例修订。因此，A 项错误。

B 项：清末变法修律过程中，发生了礼法之争，礼法之争的实质是礼刑之争，其结局是法理派的退让和妥协，清廷在新刑律后附加五条《暂行章程》，其中就有规定，加重卑幼对尊长、妻对夫杀伤等罪的刑罚；减轻尊长对卑幼、夫对妻杀伤等罪的刑罚等。因此，B 项正确。

C 项：斩监候属于“五刑”中的“死刑”，斩监候是对那些构成死罪，但并非罪大恶极的，可以先行拘押，待秋审复核之后再决定是否执行死刑，罪犯可有免死减刑的机会。因此，C 项正确。

D 项：“十恶”中的“恶逆”谓殴及谋杀祖父母、父母，杀伯叔父母、姑、兄姊、外祖父母、夫、夫之祖父母、父母。即意图杀害父母、夫之父母，即使未实际行动，“谋”的阶段也构成犯罪。因此，D 项正确。

综上所述，本题答案为 BCD 项。

15 2001165

答案：A,B,D。

解析：A 项：《法经》是中国历史上第一部【封建成文法典】，由魏文侯李悝制定，《盗法》《贼法》位于法典篇首，《具法》则位于篇尾。故 A 项错误，当选。

B 项：《魏律》依据《周礼·八辟》规定了八议，即八种人犯罪后享受减免刑罚的特权，这是封建特权的刑罚制度。而死刑复奏是指奏请皇帝批准死刑判决，八议不属于死刑复奏制度。故 B 项错误，当选。

C 项：《宋刑统》颁行于建隆四年，编纂体例可追溯至唐宣宗时期颁行的《大中刑律统类》，其主体结构与唐律基本相同，故 C 项正确，不当选。

D 项：《大清新刑律》是中国近代意义上的第一部专门刑法典，抛弃了以往“诸法合体”的编纂形式，以刑法、刑罚构成法典的全部内容，故 D 项错误，当选。

综上所述，本题为选非题，答案为 ABD 项。

16 1001057

答案：A,B,C,D。

解析：A 项：西周的婚姻制度中有“父母之命、媒妁之言”的原则，东晋时延续之，故 A 项正确。

B 项：“诬告反坐”原则自秦代以来被历朝沿用，元代的窦娥案中也有所体现，故 B 项正确。

C 项：我国古代在重口供外也有“重调查”、唯证据的审案观念，如清初对调查取证的重视，故 C 项正确。

D 项：中国历朝有“父母官”的传统思想，即“当官不为民作主，不如回家卖红薯”的为民作主的做法，故 D 项正确。

综上所述，本题答案为 ABCD 项。

二、模拟训练

【单选】

17 62208263

答案：B。

解析：ACD 项：《钦定宪法大纲》由“宪政编查馆”编订，于 1908 年颁布，是中国近代史上第一个宪法性文件。分正文“君上大权”和附录“臣民权利义务”两部分，在结构与内容上都体现了“大权统于朝廷”的精神。因此，ACD 项正确，不当选。

B 项：《钦定宪法大纲》的制定与颁布，反映出清朝统治集团以仿行西方君主立宪制为名，维护专制集权统治的本质，并未确立资产阶级民主共和国的国家制度。因此，B 项错误，当选。

综上所述，本题为选非题，答案为 B 项。

18 62208262

答案：D。

解析：ABCD 项：《大清新刑律》在形式和内容上都有较大的改动：（1）抛弃了以往旧律“诸法合体”的形式，以罪名和刑罚等专属刑法范畴的条文作为法典的唯一内容，因而成为一部纯粹的专门刑法典；（2）在体例上抛弃了以往旧律的结构形式，采用近代西方刑法典的体例，将整部法典分为总则和分则两部分；（3）确立了新的刑罚体系，规定刑罚分为主刑和从刑两种，采用了一些近代西方资产阶级的刑法原则和近代刑法学的通用术语，如罪刑法定主义、人人平等原则、正当防卫制度。但对于传统旧律并没有做实质性的修改，特别是附录《暂行章程》依然是法典的一部分，依然保持着旧律维护专制制度和封建伦理的传统。因此，D 项错误，当选。ABC 项正确，不当选。

综上所述，本题为选非题，答案为 D 项。

19 62108092

答案：A。

解析：A 项：南京国民政府《中华民国民法》总则编第 1 条规定：“民事法律未规定者，依习惯，无习惯者，依法理。”可知南京国民政府承认习惯和法理可作为判案依据，但民事习惯之适用不能违背公共秩序或善良风俗。因此，A 项正确。

B 项：1929 年，立法院成立后南京国民政府开始起草民法典，随后陆续颁布，民法典的颁布改变了我国没有单独民法典、民事法律规范依附于刑法典的历史。因此，B 项错误。

C 项：南京国民政府时期，我国民法确认了外国人在华权益。《民法》赋予外国人与中国人同样的权利能力。《民法总则施行法》第 12 条规定：“经认许之外国法人，于法令限制内，与同种类之我国法人有同一之权利能力。”因此，C 项错误。

D 项：南京国民政府采取民商合一的体制，而不是民商分立，国民政府成立之初，继续援用北京政府颁布的《商人通例》，调整各种商事活动，并于 1929 年，在国民党中央政治会议决定民商合一的原则。因此，D 项错误。

综上所述，本题答案为 A 项。

20 62208124

答案：B。

解析：AC 项：《大清新刑律》是中国第一部近代意义上的专门刑法典，分为总则和分则，后附《暂行章程》5 条；确立了新刑罚制度，规定刑罚分主刑、从刑；采用了罪刑法定原则和缓刑制度等。1928 年《中华民国刑法》是我国历史上首部以“刑法”相称的刑法典，并非中国第一部近代意义上的专门刑法典。因此，A 项错误。《大清现行刑律》改律名为“刑律”，取消了六律总目，将法典各条按性质分隶 30 门，并未将法典分为总则和分则。注意：是《大清新刑律》将法典分为总则和分则，《大清现行刑律》并无该结构。因此，C 项错误。

B 项：《大清民律草案》由沈家本、伍廷芳、俞廉三等人主持修订，修订法律馆与礼学馆共同制定，分为总则、债权、物权、亲属、继承五编，共计 1569 条，前三编由日本法学家松冈义正等仿照德国、日本民法典的体例和内容草拟而成，后两编由修订法律馆会同礼学馆起草。因此，B 项正确。

D 项：清末修律的指导思想为：中体西用。《训政时期约法》以《训政纲领》为基础，1931 年 6 月 1 日公布，该法共 8 章 89 条，主要内容规定中华民国“主权属于国民全体”，国体“永为统一共和国”，并未采取“中体”的方式。因此，D 项错误。

综上所述，本题答案为 B 项。

21 62208143

答案：D。

解析：A 项：“十恶”渊源于《北齐律》的“重罪十条”，隋《开皇律》正式确定。因此，A 项正确，不当选。

B 项：宋太祖建隆三年（公元 962 年），在工部尚书判大理寺卿窦仪等人的奏请下，开始修订法律，次年编成《宋建隆重详定刑统》（简称《宋刑统》），并于同年八月，由太祖诏“付大理寺刻板摹印，颁行天下”，成为历史上第一部刊印颁行的法典。因此，B 项正确，不当选。

C 项：《钦定宪法大纲》是由“宪政编查馆”编订，于 1908 年 8 月颁布，是中国近代史上第一部宪法性文件。因此，C 项正确，不当选。

D 项：中国第一部近代意义的专门刑法典是《大清新刑律》，其仍维护专制制度和封建伦理的传统，而非《大清现行刑律》。因此，D 项错误，当选。

综上所述，本题为选非题，答案为 D 项。

第九章 中国共产党民主政权宪法文件与审判制度特点

参考答案

[1]B　[2]B　[3]C　[4]ABD　[5]BC
[6]BCD

一、历年真题及仿真题

（一）马锡五审判方式

【不定项】

1 2301054

答案：B。

解析：马锡五审判方式是抗日战争时期在陕甘宁边区实行的一套便利人民群众的审判制度，主要特点有：(1)深入群众，调查研究，实事求是；(2)手续简单，不拘形式，方便群众；(3)审判与调解相结合；(4)采用座谈式而非坐堂式审判。

AC项：马锡五亲自赴当地调查，体现了就地解决、深入群众、方便群众诉讼的特点。因此，AC项正确，不当选。

B项：本案中没有体现注重调解方式的特点。因此，B项错误，当选。

D项：马锡五亲自调查，听取双方意见，体现了注重调查研究的特点。因此，D项正确，不当选。

综上所述，本题为选非题，答案为B项。

二、模拟训练

【单选】

2　62308009

答案：B。

解析：ABCD项：马锡五审判方式产生的思想基础是延安整风运动，产生源泉是群众智慧，马锡五审判方式是把【群众路线的工作方法】，创造性地运用到审判工作中去的司法民主的崭新形式。因此，马锡五审判方式具有“深入群众”的特征，主要表现为：①深入农村调查研究，实事求是地了解案情；②依靠群众，教育群众，尊重群众意见；③方便群众诉讼，手续简便、不拘形式。因此，ACD项正确，不当选；B项错误，当选。

综上所述，本题为选非题，答案为B项。

3　62408016

答案：C。

解析：A项：《大清律例》系清朝乾隆年间颁布，沿用至清末。1912年中华民国成立后废除清代律法，《大清律例》随之被废除。因此，A项错误。

BC项：《中华民国训政时期约法》于1931年由国民政府正式颁布，与该时期制定的民法、刑法、商事法、诉讼法、法院组织法及其他单行法规、特别法规的汇编统称为“六法全书”。1949年2月22日，中共中央委员会发布了《中共中央关于废除国民党的六法全书与确定解放区的司法原则的指示》，宣布“国民党的六法全书应该废除，人民的司法工作不能再以国民党的六法全书为依据”，并确定人民司法机关的办事原则：有纲领、法律、命令、条例、决议规定者，从规定；无规定者，从新民主主义的政策。可知，1949年中国共产党废除的旧法律体系为国民党的“六法全书”。因此，B项错误，C项正确。

D项：《中国人民政治协商会议共同纲领》系1949年第一届中国人民政治协商会议制定，具有临时宪法的性质。1954年《宪法》正式颁布施行后，《共同纲领》自动失效。因此，D项错误。

综上所述，本题答案为C项。

【多选】

4　62408017

答案：A,B,D。

解析：ABCD项：《六法全书》指南京国民政府制定的宪法（《中华民国训政时期约法》）、民法、刑法、商事法、诉讼法、法院组织法及其他单行法规、特别法规等的法律汇编，属于国民党政府的法律体系，包含大量维护封建残余和反动统治的条款，与新中国法制理念不符。因此，AB项正确。《六法全书》作为国民党政府具有大量维护封建残余和反动统治内容的法律体系，与新中国宪法人民民主专政、主权在民等理念背道而驰，其并非新中国宪法的前身。因此，C项错误。而正因为《六法全书》的反动实质，其与新中国的法治理念、法律体系存在根本冲突，继续施行将不利于新中国法制理念的培育和宣传，是新中国法制发展的绊脚石，故《六法全书》的废除乃为新中国司法工作的展开扫除障碍。因此，D项正确。

综上所述，本题答案为ABD项。

5　62408022

答案：B,C。

解析：A项：《华北人民政府施政方针》从【政治、经济、文化教育】这几个方面规定了实现华北人民政府基本任务的方针政策，但并未涉及社会制度。因此，A项错误。

B项：《华北人民政府施政方针》规定的实现基本任务的方针政策，在经济方面包括发展农业，颁发土地证确认地权；建立农民生产合作互助组织促进城乡经济交流;【发展工商业，贯彻公私兼顾、劳资两利方针】。因此，B 项正确。
C 项:《华北人民政府施政方针》规定的实现基本任务的方针政策，在政治方面包括【健全人民代表大会制度】，保障人民民主权利及自由与安全，破除迷信，保护守法的外国人及合法的文化宗教活动。因此，C 项正确。
D 项:《华北人民政府施政方针》未规定公民的权利和义务，是《中华苏维埃共和国宪法大纲》规定了公民的权利和义务。因此，D 项错误。
综上所述，本题答案为 BC 项。

【不定项】

6 62408019

答案: B,C,D。
解析: A 项：审判机关下设省、县、区三级裁判部是工农民主政权的司法制度，其中央的审判机关为“临时最高法庭”。因此，A 项错误。
B 项：陕甘宁边区高等法院为陕甘宁边区最高司法机关，负责边区审判及司法行政工作。其下设刑庭、民庭，各庭长、推事负责审判，必要时组织巡回法庭；同时设有检察处、书记室、看守所、监狱。因此，B 项正确。
C 项：1943 年为便利诉讼，加强对县司法处领导，各分区设置边区高等法院分庭。它是高等法院派出机关，受理不服各县司法处一审判决要求上诉的民刑案件，为二审机关。因此，C 项正确。
D 项：高等法院设检察员，在院长领导下独立行使检察权。设立的高等检察处，1942 年简政时被撤销。实行审检合一制，职权是侦查、起诉、监督判决执行。因此，D 项正确。
综上所述，本题答案为 BCD 项。

司法制度和法律职业道德

第一章 司法制度与法律职业道德概述

参考答案

[1] ACD	[2] ABD	[3] A	[4] A	[5] D
[6] A	[7] ABCD	[8] ABC	[9] A	[10] C
[11] ABD	[12] B	[13] C	[14] B	[15] D
[16] ABD	[17] BCD	[18] C	[19] A	[20] A
[21] B	[22] A	[23] ABC	[24] BC	[25] B
[26] A	[27] BD	[28] CD	[29] A	

一、历年真题及仿真题

（一）司法特征

【多选】

1 1701065

答案: A,C,D
解析: 本题考查的是宪法基本原则。
A 项：根据《宪法》第 140 条:“人民法院、人民检察院和公安机关办理刑事案件，应当分工负责，互相配合，互相制约，以保证准确有效地执行法律。” A 项中，三机关要各司其职、各尽其责，公安机关负责侦查，检察院负责提起公诉，法院负责审判。三机关分工负责。故 A 项说法正确。
B 项：互相配合是三机关在工作中应根据法律规定，按程序处理案件。同时，处理刑事案件并非仅仅以惩罚犯罪为目标，同样涉及保障正当的法益、社会稳定和公共秩序的职能，而且仅仅强调互相配合，而非通力合作。故 B 项说法错误。
C 项：相互制约是指三机关通过职权的分工与合作，实现对权力的监督与约束，以保障司法公正。
D 项：权力制约是指所有以国家强制力保证实现的公共权力，在其运行的同时，必须受到其他公共权力的制约。权力制约是相对于权力至上而言的，而权力至上的思想根源则是“为政在人”的贤人政治观念。实践证明，不受制约的权力必然被滥用，必然导致腐败。权力制约就是要依靠法律的规定，界定权力之间的关系，使权力服从法律。三机关相互制约是该原则的体现。故 D 项说法正确。
综上所述，本题答案为 ACD 项。

2 1401083

答案：A,B,D
解析：本题考查的是司法的特点。
司法与行政都是执行法律的个别化或者具体化的行为，属于法律实施的具体形式。但行政是实现国家目的的直接活动，而司法是实现国家目的的间接活动。司法的下述特点使之区别于行政：（1）独立性；（2）法定性；（3）交涉性；（4）程序性；（5）普遍性；（6）终局性。
A 项：体现的是司法的独立性。故 A 项正确。
B 项：体现的是司法的程序性。故 B 项正确。
C 项：行政和司法都可以接受人大代表的监督，不属于上述司法与行政的区别。故 C 项错误。
D 项：体现的是司法的交涉性。故 D 项正确。
综上所述，本题答案为 ABD 项。

（二）司法功能

【单选】

3 1001047

答案：A
解析：本题考查的是司法功能。
A 项：从总体上看，司法具有解决纠纷的直接功能和调整社会关系、解释和补充法律、形成公共政策、秩序维持、文化支持等间接功能。“调整社会关系”属于间接功能，而非直接功能。故 A 项错误，当选。
B 项：司法公正主要由以下要素构成：1. 司法活动的公开性；2. 裁判人员的中立性；3. 当事人地位的平等性；4. 司法过程的参与性；5. 司法活动的合法性；6. 案件处理的正确性。故 B 项正确，不当选。
C 项：晋代的刘颂在给惠帝的上疏中明确地说：“君臣之分，各有所司。法欲人奉，故令主者守之；理由穷，故使大臣释滞；事有时立，故人主权断。”（《晋书·刑法志》）中国古代社会强调司法官吏严格执法、大臣经义决狱、皇帝屈法伸情以实现司法公正，严格区分了君臣在司法公正方面各自的职责。故 C 项正确，不当选。
D 项：近代以来的西方各国重视司法公正，英国哲学家培根曾经指出：“……一次不公的判断比多次不平的举动为祸尤烈。因为这些不平的举动不过弄脏了水流，而不公的判断则把水源败坏了。”故 D 项正确，不当选。
综上所述，本题为选非题，答案为 A 项。

（三）司法公正与司法效率

【单选】

4 1601045

答案：A
解析：本题考查的是司法公开。
A 项：根据《最高人民法院关于人民法院在互联网公布裁判文书的规定》第 4 条，人民法院作出的裁判文书，1. 涉及国家秘密的；2. 未成年人犯罪的；3. 以调解方式结案或者确认人民调解协议效力的，但为保护国家利益、社会公共利益、他人合法权益确有必要公开的除外；4. 离婚诉讼或者涉及未成年子女抚养、监护的；5. 人民法院认为不宜在互联网公布的其他情形，不在互联网公布。由此可知除依法不公开的裁判文书外，法院的生效裁判文书应当在互联网公布。故 A 项正确。
B 项：根据《人民检察院案件信息公开工作规定》第 3 条，人民检察院应当通过互联网、电话、邮件、检察服务窗口等方式，向【相关人员】提供案件程序性信息查询服务，向【社会公开】重要案件信息和法律文书，以及办理其他案件信息公开工作。本题要注意区分对象，故 B 项错误。
CD 项：《中共中央关于全面推进依法治国若干重大问题的决定》对司法公开提出明确要求：“构建开放动态、透明、便民的阳光司法机制，推进审判公开、检务公开、警务公开、狱务公开，依法及时公开执法司法依据、程序、流程、结果和生效法律文书，杜绝‘暗箱操作’。加强法律文书释法说理，建立生效法律文书统一上网和公开查询制度。”可知监狱狱务公开属于司法公开的范围，而律师制作的代理词、辩护词等不属于司法公开的范围。故 CD 项错误。

综上所述，本题答案为 A 项。

5 1401046

答案：D

解析：本题考查的是司法效率。

ABC 项：司法效率指司法机关在司法活动中，以正确、合法为前提，提高办案效率，及时审理和结案，合理利用和节约司法资源。司法效率要求司法机关和司法工作人员具备高度的责任感，对法律负责，不断改进工作，迅速及时进行司法活动，在司法、诉讼的各个具体环节都要遵守法定的时限；同时，司法程序的设计还应确保当事人以最小的耗费利用诉讼制度。司法效率大致包括司法的时间效率、司法的资源利用效率和司法活动的成本效率三个方面。故 ABC 项正确，不当选。

D 项：在司法过程中，应坚持“公正优先，兼顾效率”的原则，法官在恪守中立的前提下，也应当督促当事人或其代理人完成诉讼活动。故 D 项错误，当选。

综上所述，本题为选非题，答案为 D 项。

6 1201047

答案：A

解析：本题考查的是出台法律职业主管机关的规定内容。

A 项：法官、检察官、律师等法律职业主管机关就三个职业在诉讼活动中的相互关系出台的一系列规定，目的是加强职业纪律约束，促进维护司法公正。故 A 项正确。

B 项：法官、检察官、律师等法律职业各自担负着不同的职责，在依法履责的地位上是平等的。故 B 项错误。

C 项：三个职业之间既有相互配合，也有相互制约，不能为了提高司法效率突破职权限制。故 C 项错误。

D 项：三个职业之间存在着职业分工，法官、检察官、律师等法律职业人员之间要互相尊重、互相配合、互相制约。故 D 项错误。

综上所述，本题答案为 A 项。

【多选】

7 1301083

答案：A,B,C,D

解析：本题考查的是司法的公平正义原则。

A 项：社会主义的优越性在很大程度上体现在中国特色社会主义司法制度能够更有效地保障和实现社会的公平正义。故 A 项正确。

B 项：司法的直接功能是解决纠纷，从而维持社会秩序和正义。故 B 项正确。

C 项：司法公正与司法效率相辅相成，司法公正本身就含有对司法效率的要求，没有司法效率，就谈不上司法公正；司法不公正，司法效率也就无从说起。与此同时，要坚持“公正优先，兼顾效率”的价值序位。故 C 项正确。

D 项：从司法的社会效果与法律效果统一的角度考虑，在不违背法律基本原则的情况下，尽量兼顾法理和情理的统一，不仅有助于实现社会公平正义，更有助于实现真正的“案结事了”。故 D 项正确。

综上所述，本题答案为 ABCD 项。

8 1101084

答案：A,B,C

解析：本题考查的是司法公正。

A 项：司法公正是法治的组成部分和基本内容，是民众对法治的必然要求，它既包括实体公正，也包括程序公正。故 A 项正确。

B 项：实体公正主要是指案件事实真相的发现和对实体法的正确适用，其中发现案件事实真相是正确适用实体法的前提，这就要求首先必须正确地认定案件事实。而正确适用法律则是实体公正的根本要求，因为只有适用法律正确，人们依赖法律而享有的权利和义务才能最终得到实现。故 B 项正确。

C 项：程序公正，主要是指司法程序具有正当性和合理性，当事人在司法过程中受到公平对待。故 C 项正确。

D 项：现代各国法律普遍确立的举证、回避、辩护、无罪推定、自由心证、公开审判等原则和制度是程序公正的必然要求和主要体现。根据形势及效率需要，在有关司法过程中可将“无罪推定”

和“自由心证”作为司法公正的补充手段，但“类推”不得作为司法公正的补充手段。故 D 项错误。
综上所述，本题答案为 ABC 项。

【不定项】

9 2301096

答案：A
解析：本题考查的是司法公正的体现。
A 项：司法程序的参与性指的是作为争议主体的当事人有权充分参与司法程序、进行陈述辩论、提出自己的主张及证据。故 A 项正确。
B 项：法官按照规则和程序进行操作，体现的是程序正义。故 B 选项错误。
C 项：检察官不收礼，说明其坚守廉洁底线，确保了司法廉洁而不是司法公正。故 C 选项错误。
D 项：司法活动的公开性指的是司法程序的每一个阶段、每一个步骤都应该以当事人和社会大众看得见的方式进行。检察官公开表示反对不正之风并不属于司法过程中。故 D 项错误。
综上所述，本题答案为 A 项。

（四）独立行使审判权与检察权

【单选】

10 1501014

答案：C
解析：本题考查的是独立行使审判权与检察权。
ABCD 项：法官是法律由精神王国进入现实王国的媒介，法律借助于法官而降临尘世。而在很大程度上，法官职业真正吸引人的地方在于，“法官是法律世界的国王，除了法律就没有别的上司。”而只有依法独立审判，才能让法官成为法律世界的国王，才能在法官心中形成一种尊荣和自豪感。然而，法官在审判上的诸多不独立，既影响到法官自身对职业意义的认同，也让公众难以获知法官的人格魅力。可见，这句话强调的是法官审理案件不受非法干预，即只遵从法律，不受其他非法因素的干扰。故 C 项正确，ABD 项错误。
综上所述，本题答案为 C 项。

（五）司法改革措施

【多选】

11 1401084

答案：A,B,D
解析：本题考查的是司法改革。
A 项：检察权独立行使原则，是指检察机关依法独立行使检察权，只服从法律，不受其他机关、团体和个人的非法干涉。推动省以下地方检察院人财物统一管理，探索建立与行政区划适当分离的司法管辖制度的措施，有利于检察机关独立行使检察权，不受行政机关的干涉。故 A 项正确。
B 项：检察权统一行使原则，即检察一体化原则，是指各级检察机关、检察官依法构成统一的整体，各级检察机关、检察官在履行职权、职务中，应当根据上级检察机关、检察长的批示和命令进行工作和活动。推动省以下地方检察院人财物统一管理有助于检察权统一行使。故 B 项正确。
C 项：检务公开制度是指检察机关依法向社会和诉讼参与人公开与检察职权相关的不涉及国家秘密和个人隐私等有关的活动和事项的制度。《中共中央关于全面深化改革若干重大问题的决定》的上述措施不涉及检务公开方面。故 C 项错误。
D 项：检察机关对诉讼活动实行法律监督原则，是指检察机关依法对各种诉讼的进行，以及诉讼中国家专门机关和诉讼参与人的诉讼活动的合法性进行监督，重点是对诉讼活动中国家机关及工作人员行为和事项的合法性进行监督。该项改革措施使省以下地方检察院人财物统一管理，不受地方财政的干涉，更加有利于检察机关监督作用的发挥。故 D 项正确。
综上所述，本题答案为 ABD 项。

（六）法律职业道德概述

【单选】

12 2101114

答案：B
解析：本题考查的是法律职业道德概述。
A 项：法律职业道德和其他职业道德相比具有更强的象征意义和感召作用，作为法律的实施者、执行者、裁判者的专业法律人员应该具有的道德品行必然要高于其他职业的道德要求，要承担更多的社会义务，这是法律职业的特殊性决定的。故A项正确，不当选。

B项：法律职业的特征之一是行业属性，即内部存在法官、检察官、律师、公证员等具体行业，因而不可能有完全统一的法律职业道德规范。B项说“具备同质性而无行业属性”，是错误的。故B项错误，当选。

C项：在实践中，只有选择合适的内化途径和适当的内化方法才能够使法律职业者将法律职业道德规范融进法律职业精神中。法律职业者作为法律职业内化的主体，就应该有意识地将被动学习与主动学习结合起来。故C项正确，不当选。

D项：法律职业道德教育的途径和方法，包括提高法律职业人员道德认识、确立法律职业人员道德信念、陶冶法律职业人员道德情感、锻炼法律职业人员道德意志、养成法律职业人员道德习惯等方面。故D项正确，不当选。

综上所述，本题为选非题，答案为B项。

13 1801126

答案：C

解析：本题考查的是法律职业及特征。

A项：在我国，法律职业主要是指应用类法律人才，包括律师、法官、检察官和公证员。不包括学术类法律人才。因此，A项错误。

BD项：法律职业具有政治性、法律性、行业性等特征。同时，需要注意到法律职业的专业属性。法律职业的专业性很强，每个法律专业人员都应该具备一定的资格条件。法律职业的专业性是法律职业的高层次的重要因素。法官、检察官、律师、公证员等属于法律的实践人员，其专业水平的高低与职业道德水平的高低是密切联系的，不同行业的职业道德是有差别的。因此，BD项错误。

C项：法官、检察官作为依法履行公职、纳入国家行政编制、由国家负担工资福利的工作人员，其要遵守公务员法等法律法规。因此，C项正确。

综上所述，本题答案为C项。

14 1301045

答案：B

解析：本题考查的是法律职业道德概述。

A项：法律在人们的心目中是公平与正义的体现，是规范社会、惩恶扬善的最后手段，也是最强有力的手段。作为法律的实施者、执行者、裁判者的专业法律人员的道德品行必然要高于其他职业道德要求，这是法律职业的特殊性所决定的。故A项正确，不当选。

B项：互相尊重，相互配合，要求法律职业人员在履行法律职责的过程中做到严格遵守执业纪律，依法执业，不能超越职权擅自干预和妨碍其他法律职业人员的正常办案。因此，不要求检察官、律师听从法官的指挥。故B项错误，当选。

C项：在实践中，只有选择合适的内化途径和适当的内化方法才能够使法律职业者将法律职业道德规范融进法律职业精神中。故C项正确，不当选。

D项：法律职业道德教育的途径和方法，主要包括提高法律职业人员道德认识、确立法律职业人员道德信念、陶冶法律职业人员道德情感、锻炼法律职业人员道德意志、养成法律职业人员道德习惯等方面。故D项正确，不当选。

综上所述，本题为选非题，正确答案为B。

15 1201046

答案：D

解析：本题考查的是法律职业道德概述。

法律职业道德是指法官、检察官、律师、公证员等法律职业人员所应遵循的符合法律职业要求的心理意识、行为准则和行为规范的总和，是社会道德体系的重要组成部分，是社会道德在法律职业领域中的具体体现和升华。

A项：法律职业道德和其他职业道德相比具有更强的公平正义象征和社会感召作用，因为法律在人们心目中是公平与正义的体现，是规范社会、惩恶扬善的最后手段。故A项正确，不当选。

B项：法律职业道德具有主体的特定性、职业的特殊性和更强的约束性的特征。故B项正确，不当选。

C项：法律职业道德中的很多内容都以纪律规范形式体现出来，如最高人民法院发布的《法官职业道德基本准则》等，对于违反相应的职业道德的行为规范规定了具体的处罚办法，使其具有更强的操作性。故 C 项正确，不当选。

D 项：法律职业道德教育的途径和方法，主要包括提高法律职业人员道德认识、确立法律职业人员道德信念、陶冶法律职业人员道德情感等方面，主要是通过内在的影响使法律职业人员养成职业素养。故 D 项表述错误，当选。

综上所述，本题为选非题，答案为 D。

【多选】

16 1701083

答案：A,B,D

解析：本题考查的是法律职业道德概述。

A 项：一般认为，法律职业具有政治性、法律性、行业性等特征。同时，需要注意到法律职业的专业属性。法律职业的专业性是法律职业高层次的重要因素。法官、检察官、律师、公证员等属于法律的实践人员，其专业水平的高低与职业道德水平的高低是密切联系的。因此，法律职业的专业属性对于法律职业道德的影响具有十分重要的积极意义。故 A 项正确。

B 项：由于法律职业的特殊性，因此法律职业道德具有不同于一般职业道德的特征：（1）职业性。法律职业道德具有职业性，法律职业道德的内容与法律职业实践活动紧密相连；（2）实践性。法律职业行为过程，就是法律职业实践过程，只有在法律实践过程中，才能体现出法律职业道德的水准；（3）正式性。法律职业道德的表现形式较为正式，除了一般职业道德的规章制度、工作守则、服务公约等表现形式以外，还通过法律、法规、规范性文件等形式表现出来；（4）更高性。法律为调整社会关系的主要规范，在社会中负有分配社会资源、维持社会秩序、解决社会冲突、实现社会正义的功能，因而要求法律职业人员具有更高的法律职业道德水准，要求较为明确，法律职业道德的约束力和强制力也更为明显。故 B 项正确。

C 项：在伦理发展史和法律思想史中，“实证法”这一概念强调法律与道德的分离，“自然法”这一概念强调法律与道德的关联。因此，法律职业道德与“自然法”概念的阐释密切相关，而非“实证法”。故 C 项错误。

D 项：职业道德的基本原则是指最根本的职业道德规范。它是从业人员进行职业活动时，应该遵守的具体职业道德行为规范中所体现的价值方针的高度概括。职业道德原则不仅是从业人员进行职业活动的根本指导思想，而且也是对每个从业人员的职业行为进行职业道德评价的最高标准。法律职业道德的基本原则是指作为法律职业道德规范基础或本源的根本准则。故 D 项正确。

综上所述，本题答案为 ABD 项。

17 1601083

答案：B,C,D

解析：本题考查的是法律职业道德概述。

A 项：法律职业道德是指法官、检察官、律师等从事法律职业的人员所应遵循的符合法律职业要求的心理意识、行为准则和行为规范的总和。是社会道德体系的重要组成部分，是社会道德在法律职业领域中的具体体现和升华。故法律职业道德是本行业对社会所负的道德责任和义务。故 A 项错误。

B 项：职业道德原则不仅是从业人员进行职业活动的根本指导思想，而且也是对每个从业人员的职业行为进行职业道德评价的最高标准。法律职业道德的基本原则是指作为法律职业道德规范基础或本源的基本准则。故对法律职业道德水准的提高离不开教育，使法律职业人员形成正确的职业道德认识、信念、意志和习惯，促进道德内化。故 B 项正确。

C 项：法律职业道德的表现形式较为正式，除了一般职业道德的规章制度、工作守则、服务公约、劳动规程、行为须知等表现形式外，还通过法律、法规、规范性文件等形式表现出来。故 C 项正确。

D 项：法律职业人员违反职业道德应予以惩处，通过惩处教育本人及其他人员。故 D 项正确。

综上所述，本题答案为 BCD 项。

（七）综合知识点

【单选】

18 2101115

答案：C

解析：本题考查的是司法特征。

A 项：司法、行政都有受监督性。故 A 项错误。

B 项：并非所有的生效法律文书都要统一上网公开，例如涉及国家秘密的不公开。故 B 项错误。

C 项：司法人员在案件办理过程中，应当在工作场所、工作时间接触当事人、律师和特殊关系人。但为办案需要经批准可以在非工作场所、非工作时间接触，或有特殊原因的，需要在接触之后 3 日内向本单位纪检监察部门报告情况。故 C 项正确。

D 项：不一定非得以书面形式提出，也可以口头提出。故 D 项错误。

综上所述，本题答案为 C 项。

答案：A

解析：本题考查的是优化司法职权。

AD 项：根据《中共中央关于全面推进依法治国若干重大问题的决定》的规定，改革法院案件受理制度，【变立案审查制为立案登记制】，对人民法院依法应该受理的案件，做到有案必立、有诉必理，保障当事人诉权。加大对虚假诉讼、恶意诉讼，无理诉讼行为的惩治力度。完善刑事诉讼中认罪认罚从宽制度。故 A 项错误，当选；D 项正确，不当选。

B 项：上述决定规定，完善审级制度，一审重在解决事实认定和法律适用，二审重在解决事实法律争议、实现二审终审，再审重在解决依法纠错、维护裁判权威。完善对涉及公民人身、财产权益的行政强制措施，实行司法监督制度。检察机关在履行职责中发现行政机关违法行使职权或者不行使职权的行为，应该督促其纠正。探索建立检察机关提起公益诉讼制度。故 B 项正确，不当选。

C 项：上述决定规定，明确司法机关内部各层级权限，健全内部监督制约机制。司法机关内部人员不得违反规定干预其他人员正在办理的案件，建立司法机关内部人员过问案件的记录制度和责任追究制度。完善主审法官、合议庭、主任检察官、主办侦查员办案责任制，落实谁办案谁负责。故 C 项正确，不当选。

综上所述，本题为选非题，答案为 A 项。

20 1801019

答案：A

解析：本题考查的是独立行使审判权与检察权。

A 项：独立行使审判权与检察权是指人民法院、人民检察院依照法律规定独立行使审判权、检察权，不受行政机关、社会团体和个人的干涉，即法官除了法律没有别的上司。A 项中，我国的审判权与检察权独立不仅仅是独立，而且要受监督，尤其要受党和人大的监督。故 A 项表述错误，当选。

B 项：根据《关于人民法院落实廉政准则防止利益冲突的若干规定》第 6 条，人民法院工作人员在审理相关案件时，以本人或者他人名义持有与所审理案件相关的上市公司股票的，应【主动申请回避】。故 B 项正确，不当选。

CD 项：独立行使审判权与检察权要求做到：1. 建立领导干部干预司法活动、插手具体案件处理的记录、通报和责任追究制度。不得违反规定过问和干预其他人员正在办理的案件，不得违反规定为案件当事人转递涉案材料或者打探案情，不得以任何方式为案件当事人说情打招呼。2. 健全维护司法权威的法律制度。完善惩戒妨碍司法机关依法行使职权、拒不执行生效裁判和决定、藐视法庭权威等违法犯罪行为的法律规定。3. 建立健全司法人员履行法定职责保护机制。非因法定事由，非经法定程序，不得将法官、检察官调离、辞退或者作出免职、降级等处分。C 项符合第 2 点要求，D 项符合第 3 点要求。故 CD 项表述正确，不当选。

综上所述，本题为选非题，答案为 A 项。

21 1201045

答案：B

解析：本题考查的是司法的概念、功能和特征。

A 项：中国特色社会主义司法制度不仅包括一系列独具中国特色的司法规范、司法组织、司法机构、司法程序、司法机制、司法制度和司法人员管理体系，而且包括独具中国特色的司法理念、司法理论、司法政策、司法文化、司法保障等丰富内容。故 A 项正确，不当选。

B 项：司法被动性主要表现在“不告不理”，司法的普遍性主要表现在案件的司法解决意味着个别性事件获得普遍性，普遍性在个别性事件中得以实现。司法的被动性和普遍性针对不同的角度，【不存在代替的问题】。故B项错误，当选。

C项：解决纠纷是司法的主要功能，也是司法制度的普遍特征，它构成司法制度产生的基础、运作的主要内容和直接任务，亦是其他功能发挥作用的先决条件。故C项正确，不当选。

D项：孟德斯鸠强调三权分立（该理论在我国并不适用），主要表现为以权制权，指出任何权力都有腐化的趋势，使分权学说成为西方国家的一项普遍性的宪法原则。分权学说1787年被载入美国宪法以后，即由学术层面进入现实实践，司法的概念逐步呈现技术性、程序性特征。故D项正确，不当选。

综上所述，本题为选非题，答案为B。

22 1101045

答案：A

解析：本题考查的是司法制度概述。

A项：司法历来是以解决社会冲突为己任的，它与社会冲突相伴相随，近代以来，司法才从行政等制度中分离出来，成为一种独立的解决纠纷的形态和制度。故A项错误，当选。

B项：西方司法独立原则（不符合我国国情）作为现代司法的一项基本原则，是由资产阶级三权分立学说派生出来的。17、18世纪，针对封建专制国家司法、行政不分，封建君主独揽立法、行政和司法大权以及独断专行的状况，新兴资产阶级提出了三权分立的主张。故B项正确，不当选。

C项：我国古代社会的学者讨论司法公正，有其独特的视角。晋代的刘颂在给惠帝的上疏中更明确地说："君臣之分，各有所司。法欲人奉，故令主者守之；理有穷，故使大臣释滞；事有时立，故人主权断。"（《晋书·刑法志》）。故C项正确，不当选。

D项：独立的、职业化的法官是使法院系统做到公平、公正和有宪法保障的基础。故D项正确，不当选。

综上所述，本题为选非题，答案为A。

【不定项】

23 1901149

答案：A,B,C

解析：本题考查的是司法改革措施——知识产权法院。

A项：《人民法院组织法》将知识产权法院设立为跨行政区划法院。十八届四中全会提出，设立跨行政区划法院，主要目的之一就是要确保审判独立，促进司法公正，防止地方政府的不当干涉。因此，A项正确，当选。

BC项：21世纪是知识经济的时代，发展知识产权已经上升为国家战略。知识产权法院的设立，有利于统一知识产权裁判标准，严格保护知识产权，服务保障国家创新驱动发展战略实施。对提高知识产权审判质效，促进严格公正司法，依法平等保护中外市场主体知识产权等将发挥重要作用。因此，BC项正确，当选。

D项：知识产权保护制度对我国而言属于舶来品。我国传统法律文化缺乏保护知识产权的意识。因此，知识产权法院的设立，充分借鉴了域外成功经验，但不存在对中华传统法律文化精华的漠视。因此，D项错误，不当选。

综上所述，本题答案为ABC项。

24 1601099

答案：B,C

解析：本题考查的是司法改革措施。

A项：司法改革将法院人员分为法官、司法辅助人员和司法行政人员三大类，A项错误。

B项：司法改革建立法官员额制，对法官在编制限额内实行员额管理，B项正确。

C项：司法改革要拓宽法官助理和书记员的来源渠道，建立法官助理和书记员的正常增补机制，C项正确。

D项：司法改革在省一级设立法官遴选委员会，作为省以下法院人员省级统管之后的法官遴选机构。D项在省市两级设立法官遴选委员会的说法是错误的。

综上所述，本题答案为BC项。

二、模拟训练

25 
2208117

答案：B

解析：本题考查的是司法的概念和特征。

A 项：司法的直接功能是【解决纠纷】。司法的间接功能有：人权保障、调整社会关系、解释补充法律、形成公共政策。因此，A 项错误。

B 项：交涉性是指裁判必须在利益相关方的参与下通过理性说服和辩论形成。甲法官在审理乙和丙的借贷纠纷时，让乙、丙充分辩论，举示证据，据此作出判决的做法体现了司法的交涉性。因此，B 项正确。

C 项：根据《宪法》第 131 条，审判独立原则是法院依照法律规定独立行使审判权，【不受行政机关、社会团体和个人的干涉】，但需要受到【党和人大的监督】。因此，C 项错误。

D 项：独立性是司法独有的特征，行政并不具有。因此，D 项错误。

综上所述，本题答案为 B 项。

26 2208062

答案：A

解析：本题考查的是司法的概念。

A 项：我国古代实行君主专制的中央集权制，行政与司法不分。事实上，中国古代没有“司法”这一概念，“司法”一词是清末修律时期从西方引进的。在我国，近代以前，司法不具有独立地位，隶属于行政。因此，A 项正确。

B 项：行政是实现国家目的的直接活动，而司法是实现国家目的的间接活动。因此，B 项错误。

C 项：司法程序的启动以及裁判范围，要以当事人的诉请为前提，具有被动性。因此，C 项错误。

D 项：司法具有终极性，它是社会纠纷解决的重要方式，但不是唯一方式。道德教化、协商调解等也是纠纷解决的方式。因此，D 项错误。

综上所述，本题答案为 A 项。

27 1908165

答案：B,D

解析：本题考查的是司法公正与司法效率。

A 项：司法公正包括实体公正和程序公正两个方面。实体公正主要指案件事实真相的发现和对实体法的正确适用。程序公正主要指程序的正当性和合理性，当事人受到公平对待。相对于实体公正，程序公正具有独立价值。因此，A 项正确，不当选。

B 项：司法公正要求法官被动中立，而不是主动提醒当事人各种可能导致败诉的因素。因此，B 项错误，当选。

C 项：司法效率强调的是司法机关要提高办案效率、不拖延积压案件，及时审理和结案，合理利用和节约司法资源，大致包括司法的时间效率、司法的资源利用效率和司法活动的成本效率三个方面。因此，C 项正确，不当选。

D 项：与司法公正相比，效率更具有实在性与可见性，但是，在司法价值取向问题上，当前我们宜选择“公正优先，兼顾效率”的价值目标。因此，D 项错误，当选。

综上所述，本题为选非题，答案为 BD 项。

28 1908164

答案：C,D

解析：本题考查的是司法的功能和特征。

A 项：司法具有解决纠纷的直接功能和调整社会关系，解释和补充法律、形成公共政策、秩序维持、文化支持等间接功能。因此，A 项错误。

B 项：司法的功能分为应然功能和实然功能。司法的应然功能，即通常说的“定分止争”“惩奸除恶”“止恶扬善”“实现公平正义”“最后一道防线”以及亚里士多德讲的“校正正义”等。司法的实然功能包括解决纠纷的直接功能和调整社会关系等间接功能。因此，B 项错误。

C 项：司法具有交涉性，司法过程强调各方参与，相互论辩。司法者所作的裁判，必须是在受判决直接影响的有关各方参与下，通过提出证据并进行理性说服和辩论，并以此为基础作出。因此，D 项正确。

D 项：司法具有独立性，司法的任务主要是解决法律争执，消除社会冲突，保障公民权利。因此在组织技术上，司法机关只服从法律，不受上级机关、行政机关的干涉。此题需要注意，有些考生会将司法的独立性这一原则性知识与司法机关独立行使审判权与检察权进行混淆，认为检察机关还需要受到上级机关的指导。但是这两个知识点的强调角度不同，都是考试大纲上的原文表述，考生在做题时需要区分。因此，C 项正确。

综上所述，本题答案为 CD 项。

29 1808139

答案：A

解析：本题考查的是司法的特征以及司法公正与效率。

A项：司法机关应做到程序公正和实体公正有机统一，法律效果和社会效果有机统一。但这里要注意，在程序公正的前提下尽量追求实体公正，让二者达到有机统一。在法律效果的前提下，尽量追求社会效果，让二者达到有机统一。因此，A项正确。

B项：公正和效率有机统一。但要注意，公正优先，兼顾效率。因此，B项错误。

C项：在审判独立制度的框架下，为防止法院肆意妄为，法院的各项职权应当分开，将立案权、审判权、执行权分立，让三者互相监督和制约，以确保司法公正。因此，C项错误。

D项：人民法院依法独立行使审判权，并不代表法院不接受党和人民的监督。相反，为了确保司法公正，人民法院应当主动邀请人大代表、政协委员和新闻媒体旁听重大疑难案件的审判。人大代表、政协委员、新闻媒体当然有权监督案件的审判。因此，D项错误。

综上所述，本题答案为A项。

第二章 审判制度与法官职业道德

参考答案

[1]ABC	[2]BD	[3]ABCD	[4]C	[5]AB
[6]A	[7]B	[8]D	[9]B	[10]CD
[11]ABCD	[12]ACD	[13]ABC	[14]C	[15]BCD
[16]A	[17]C	[18]D	[19]ABCD	[20]B

一、历年真题及仿真题

（一）审判制度概述

【多选】

1 1601084

答案：A,B,C

解析：本题考查的是审判制度基本原则。

A项：在我国诉讼制度中，审理形式一般采取直接言词原则，直接言词原则可再分为直接原则和言词原则，均以发现案件真相为主要目的。直接原则又称直接审理原则，是指办理案件的法官、陪审员只能以亲自在法庭上直接获取的证据材料作为裁判之基础的诉讼原则。言词原则，又称言词审理原则，要求当事人等在法庭上须用言词形式开展质证辩论的原则，该原则是公开原则、辩论原则和直接原则实施的必要条件。选项中法院更换法官，需要重新审理此案，符合直接言词原则，故A项正确。

B项：及时审判原则，是指人民法院审判案件应在法律规定的期限内进行，而且应尽量做到快速结案。某法官无正当理由超期结案，乙法院对其进行处罚，符合及时审判原则。故B项正确。

C项：审判独立原则是指我国宪法、人民法院组织法和刑事诉讼法、民事诉讼法和行政诉讼法都规定，人民法院依照法律规定独立行使审判权，不受行政机关、社会团体和个人的干涉。丙法院不受社会媒体的影响，坚持按期审结，体现了审判独立原则。故C项正确。

D项：不告不理原则是指为了尊重当事人诉权和体现法院的中立性，我国法律规定：未经控诉一方提起控诉，法院不得自行主动对案件进行裁判；法院审理案件的范围由当事人确定，法院无权变更、撤销当事人的诉讼请求；案件在审理中，法院只能按照当事人提出的诉讼事实和主张进行审理，对超出当事人诉讼主张的部分不得主动审理。选项中原告没有主张精神损害赔偿，而丁法院主动判决被告支付精神损害赔偿，违反了不告不理原则。故D选项错误。

综上所述，本题答案为ABC项。

【不定项】

2 1701087

答案：B,D

解析：本题考查的是审判制度概述。

A项：根据规定，审委会的决议合议庭必须执行，故A选项错误，不当选。

B项：司法责任制改革的目的就是“让审理者裁

判、让裁判者负责”，故 B 项说法正确，当选。

C 项：根据规定，裁判文书是以审判组织的名义进行发布，并且由合议庭人员进行署名，而不能以审委会的名义发布，故 C 选项错误，不当选。

D 项：推进以审判为中心的诉讼制度改革，确保侦查、审查起诉的案件事实证据经得起法律的检验。全面贯彻证据裁判规则，严格依法收集、固定、保存、审查、运用证据，完善证人、鉴定人出庭制度，保证庭审在查明事实、认定证据、保护诉权、公正裁判中发挥决定性作用。故 D 选项正确，当选。

综上所述，本题答案为 BD 项。

 1501098

答案：A,B,C,D

解析：本题考查的是审判组织。

A 项：根据规定，独任庭审判以下几种案件：1. 第一审的刑事自诉案件和其他轻微的刑事案件；2. 第一审的简单民事案件和经济纠纷案件；3. 适用特别程序审理的案件，除选民资格案件或者其他重大疑难案件由审判员组成合议庭审判外，其他案件由审判员 1 人独任审判；4. 符合条件的第一审行政案件。故由第 1 种和第 4 种情形可知，独任庭不是只能适用简易程序审理民事案件。因此，A 项错误，当选。

B 项：《关于改革和完善人民法院审判委员会制度的实施意见》指出：“审判委员会是人民法院的最高审判组织，在总结审判经验，审理疑难、复杂、重大案件中具有重要的作用。”独任法官发现案件疑难复杂的，可以提交审委会讨论。因此，B 项错误，当选。

C 项：根据《人民陪审员法》第 15 条第 1 款，人民法院审判第一审刑事、民事、行政案件，有下列情形之一的，由人民陪审员和法官组成合议庭进行：（一）涉及群体利益、公共利益的；（二）人民群众广泛关注或者其他社会影响较大的；（三）案情复杂或者有其他情形，需要由人民陪审员参加审判的。对于再审案件，按照第一审程序重新审理的，只有满足上述情形的才由人民陪审员和法官组成合议庭进行，而非应当。因此，C 项错误，当选。

D 项：根据《人民法院组织法》第 39 条第 2 款，审判委员会讨论案件，合议庭对其汇报的事实负责，审判委员会委员对本人发表的意见和表决负责。审判委员会的决定，合议庭应当执行。审委会意见合议庭必须执行而非参考。因此，D 项错误，当选。

综上所述，本题为选非题，答案为 ABCD 项。

（二）法官的考核、奖励与惩戒

【单选】

4 1201048

答案：C

解析：本题考查的是法官奖惩制度。

AB 项：根据《法官法》第 45 条，法官有下列表现之一的，应当给予奖励：（一）公正司法，成绩显著的；（二）总结审判实践经验成果突出，对审判工作有指导作用的；（三）在办理重大案件、处理突发事件和承担专项重要工作中，做出显著成绩和贡献的；（四）对审判工作提出改革建议被采纳，效果显著的；（五）提出司法建议被采纳或者开展法治宣传、指导调解组织调解各类纠纷，效果显著的；（六）有其他功绩的。根据《人民法院奖励暂行规定》第 6 条，个人奖励包括嘉奖、三等功、二等功、一等功、授予荣誉称号，适用于各级人民法院法官和其他工作人员。故 AB 项表述正确，不当选。

C 项：根据《法官法》第 46 条第 8 项，法官不得接受当事人及其代理人利益输送，或者违反有关规定会见当事人及其代理人。根据《人民法院工作人员处分条例》第 31 条的规定，违反规定会见案件当事人及其辩护人、代理人、请托人的，给予警告处分；造成不良后果的，给予记过或者记大过处分。许法官违反规定会见造成不良影响应给予记过或者记大过，但其严重程度还不足以撤职。故 C 项错误，当选。

D 项：孙法官顺带着某同学（律师）参与本院法官聚会，半年后该同学为承揽案件向聚会时认识的某法官行贿。行贿与孙法官并没有直接关系，且孙法官并没有利用自己的职权，法院领导严告孙法官今后注意并不违反相关规定。故 D 项正确，不当选。

综上所述，本题为选非题，答案为 C。

（三）法官回避制度

【多选】

5 2001169

答案：A,B

解析：本题考查的是法官回避制度。

ABCD 项：根据《法官法》第 23 条，法官之间有夫妻关系、直系血亲关系、三代以内旁系血亲以及近姻亲关系的，不得同时担任下列职务：（一）同一人民法院的院长、副院长、审判委员会委员、庭长、副庭长；（二）同一人民法院的院长、副院长和审判员；（三）同一审判庭的庭长、副庭长、审判员；（四）上下相邻两级人民法院院长、副院长。A 项符合第（一）项，需要回避；B 项符合第（二）项，需要回避；C 项不符合以上情形，不需要回避；D 项不符合以上情形，不需要回避。因此，AB 项正确，CD 项错误。

综上所述，本题答案为 AB 项。

（四）法官职业道德

【单选】

6 2001168

答案：A

解析：本题考查的是法官职业道德。

A 项：约束业外活动要求法官应避免使公众对法官的公正司法和清正廉洁产生合理怀疑，避免影响正常履行法官职责，避免对法院的公信力产生不良影响，法官毛某经常和同学张某一起吃喝玩乐，可能使当地民众对其清正廉洁产生合理怀疑，故 A 项当选。

B 项：保障司法廉洁要求法官秉持良善动机，增强自律意识，恰当处理关系，杜绝权力寻租。主要强调法官不得利用其掌握的审判职权为本人或亲友谋取不当利益，通过题干表述，毛某并未直接通过其审判职权为个人谋取不当利益，故 B 项不当选。

C 项：保持中立地位要求法官遵守回避制度，审理案件中保持中立公正的立场，平等对待双方当事人，张某到甲县法院打官司，毛法官主动申请回避，完全符合保持中立地位的要求，故 C 项不当选。

D 项：忠诚司法事业主要强调法官应具备高度的政治觉悟，遵守政治纪律，热爱司法事业，维护国家利益，从材料不能看出毛某违反该要求，故 D 项不当选。

综上所述，本题答案为 A 项。

7 1801020

答案：B

解析：本题考查的是法官职业道德。

《中华人民共和国法官职业道德基本准则》是法官职业道德的基本要求，它提出了以下要求：忠诚司法事业、保证司法公正、确保司法廉洁、坚持司法为民、维护司法形象。

A 项：法官应当严格遵守法定办案时限，提高审判执行效率，及时化解纠纷，注重节约司法资源，杜绝玩忽职守、拖延办案等行为，这个属于保证司法公正的要求，不是司法为民的要求。故 A 项说法错误。

B 项：法官认真贯彻司法公开原则，尊重人民群众的知情权，自觉接受法律监督和社会监督，同时避免司法审判受到外界的不当影响，符合司法公正的要求，故 B 项表述正确。

C 项：法官加强自身修养，培育高尚道德操守和健康生活情趣，杜绝与法官职业形象不相称、与法官职业道德相违背的不良嗜好和行为，遵守社会公德和家庭美德，维护良好的个人声誉，符合维护司法形象的要求，不是司法忠诚。故 C 项说法错误。

D 项：法官不从事或者参与营利性的经营活动，不在企业及其他营利性组织中兼任法律顾问等职务，不就未决案件或者再审案件给当事人及其他诉讼参与人提供咨询意见，符合司法廉洁的要求，不是司法中立与公正的要求。故 D 项表述错误。

综上所述，本题答案为 B 项。

8 1701048

答案：D

解析：本题考查的是法官职业道德。

ABCD 项：根据《法官职业道德基本准则》第 13 条的规定："自觉遵守司法回避制度，审理案件【保持中立】公正的立场，平等对待当事人和其他诉讼参与人，不偏袒或歧视任何一方当事人，不私自单独会见当事人及其代理人、辩护人。”因此，ABC 项错误，D 项正确。

综上所述，本题答案为 D 项。

9 1101047

答案：B

解析：本题考查的是法官职业道德。

A 项：法官不就未决案件或者再审案件给当事人及其他诉讼参与人提供咨询意见。本案中陈法官并没有向其妹妹提供处理建议和意见，只是就程序问题进行了说明，没有违反法官职业道德的要求，故 A 项正确，不当选。

B 项：法官除履行工作职责或者通过正当程序外，不过问、不干预、不评论其他法官正在审理的案件。钱法官对在审案件发表评论，违反了法官职业道德基本准则。故 B 项错误，当选。

CD 项：《法官职业道德基本准则》第 25 条规定：“加强自身修养，培育高尚道德操守和健康生活情趣，杜绝与法官职业形象不相称、与法官职业道德相违背的不良嗜好和行为，遵守社会公德和家庭美德，维护良好的个人声誉。”林法官和朱院长并没有在营利性组织兼职，没有违反法官职业道德的要求，故 CD 项表述正确，不当选。

综上所述，本题为选非题，答案为 B 项。

【多选】

10 2401051

答案：C,D

解析：本题考查的是法官职业道德。

法官的职业道德包括忠诚司法事业、保证司法公正、确保司法廉洁、坚持司法为民、维护司法形象。

A 项：根据规定，禁止法官非因工作需要且未经批准，擅自参加律师事务所或者律师举办的讲座、座谈、研讨、培训、论坛、学术交流、开业庆典等活动；丁法官下班后未经批准去听律所公益讲座属于与律师不正当接触交往行为，可能影响司法公正和司法权威，违反了法官职业道德。故 A 项不当选。

B 项：周法官明知证据有问题但依然据此作出判决，违背了保证司法公正的职业道德。司法公正要求坚持实体公正与程序公正并重，有问题的证据若不具备证据资格，则不应该作为定案的依据，否则就会影响司法公正。故 B 项不当选。

C 项：根据规定，法官从法院离任后，不得担任原任职法院办理案件的诉讼代理人或辩护人，但作为当事人的监护人或近亲属代理诉讼或进行辩护的除外。张法官为父亲代理案件属于为近亲属代理诉讼的例外情况，并未违反法官职业规范。故 C 项当选。

D 项：根据规定，法官从法院离任后两年内，不得以律师身份担任诉讼代理人或辩护人。李法官在离任两年后才成为律师同时还向原法院备案，已超出“2 年”的代理、辩护禁止期限，并不违反法官职业规范。故 D 项当选。

综上所述，本题答案为 CD 项。

11 1901014

答案：A,B,C,D

解析：本题考查的是法官职业道德。

A 项：根据《法官职业道德基本准则》第 10 条，法官应充分保障当事人和其他诉讼参与人的诉讼权利，避免执法办案中的随意行为。法官赵海无故打断被告发言的行为属于庭审过程中的随意行为，违反了保障当事人诉讼权利的理念，违反司法公正中保持中立的职业道德。因此，A 项正确。

B 项：根据《法官职业道德基本准则》第 13 条，法官应自觉遵守司法回避制度，审理案件保持中立公正的立场，平等对待当事人和其他诉讼参与人。法官赵海与一方当事人谈笑风生，违反了平等对待当事人的职业道德要求，同时“谈笑风生”也不利于保证庭审活动的严肃性，违反职业道德。因此，B 项正确。

C 项：根据《法官职业道德基本准则》第 17 条，法官应当不从事或者参与营利性的经营活动，不在企业及其他营利性组织中兼任法律顾问等职务，不就未决案件或者再审案件给当事人及其他诉讼参与人提供咨询意见。赵海以法官身份出席私人公司开业典礼已属不当，入股该公司属于“从事或者参与营利性的经营活动”，违反了法官廉洁职业道德的要求。因此，C 项正确。

D 项：根据《法官职业道德基本准则》第 18 条，法官应当妥善处理个人和家庭事务，不利用法官身份寻求特殊利益。按规定如实报告个人有关事项，教育督促家庭成员不利用法官的职权、地位谋取不正当利益。因此，赵海法官对其子应当进行批评教育，以坚决杜绝此类现象再次发生，未置一词的放任态度违反了应当约束家庭成员的义务，违反法官约束业外活动的职业道德。因此，D 项正确。

综上所述，本题答案为 ABCD 项。

12 1301084

答案：A,C,D

解析：本题考查的是法官职业道德。

司法为民的基本要求：1. 以人为本；2. 发挥司法能动作用；3. 司法便民；4. 尊重当事人和其他诉讼参与人。

A 项：民庭段法官加班加点，春节前及时审结拖欠农民工工资的案件，体现了便民利民、为人民服务的要求。故 A 项正确。

B 项：范法官拒绝承办案件辩护律师的宴请，体现的是坚持公正的要求。故 B 项错误。

C 项：刘法官将收案材料细化分类整理，方便群众查询，充分体现了坚持以人为本、便民利民的要求。故 C 项正确。

D 项：执行庭肖法官多方调查被执行人财产，成功执行赡养费支付判决，体现了坚持以人为本、便民利民的要求。故 D 项正确。

综上所述，本题答案为 ACD 项。

13 1201083

答案：A,B,C

解析：本题考查的是法官职业道德。

ABC 项：根据《法官职业道德基本准则》第 24 条的规定：“坚持文明司法，遵守司法礼仪，在履行职责过程中行为规范、着装得体、语言文明、态度平和，保持良好的职业修养和司法作风。”ABC 项体现了法官维护形象的职业道德，故 ABC 项正确。

D 项：根据《法官职业道德基本准则》第 11 条的规定：“严格遵守法定办案时限，提高审判执行效率，及时化解纠纷，注重节约司法资源，杜绝玩忽职守、拖延办案等行为。”其中，“严格遵守法定办案时限，禁止拖延办案”属于提高司法公正方面的内容。故 D 项错误。

综上所述，本题答案为 ABC 项。

（五）综合知识点

【单选】

14 1301046

答案：C

解析：本题考查的是法官回避制度与法官奖惩制度。

A 项：根据《法官法》第 23 条，法官之间有夫妻关系、直系血亲关系、三代以内旁系血亲以及近姻亲关系的，【禁止同院当领导，禁止院内上下级，禁止庭中上下级，禁止院长上下级】。唐某是省高院的副院长，其子是该省某县的法院院长，二者不符合以上情形，不需要回避。故 A 项错误。

B 项：根据《法官法》第 20 条规定：“法官有下列情形之一的，应当依法提请免除其法官职务：……（八）因违纪违法不宜继续任职的。”B 项楼法官因交通肇事罪受到刑事处罚但无须免除其法官职务的说法是错误的，故 B 项错误。

C 项：根据《法官法》第 45 条第 1 款规定：“法官有下列表现之一的，应当给予奖励：……（二）总结审判实践经验成果突出，对审判工作有指导作用的；……”C 项中白法官总结审判要点，并被中院推广且收效显著，应当予以奖励，故 C 项正确。

D 项：根据《民事诉讼法》第 157 条规定：“裁定适用于下列范围：……（七）补正判决书中的笔误……。”因此，陆法官更改判决书中的笔误应采用裁定的形式而不是直接收回。故 D 项错误。

综上所述，本题答案为 C 项。

（注：因 2019 年 10 月 1 日起实施新的《法官法》，本题法条已做更新）

【多选】

15 2301097

答案：B,C,D

解析：本题考查的是法官的选任、法院的职权、担任仲裁员的条件以及法官离职禁止。

A 项：根据《法官法》第 15 条，法院从法学教学、研究人员中公开选拔法官的条件是参与公开选拔的法学教学、研究人员应当有中级以上的职称，从事教学、研究工作【五年以上】，有突出研究能力和相应成果。因此，A 选项中该副教授仅任教 4 年，不符合规定。A 项错误。

B 项：根据《人民调解法》第 5 条第 2 款，基层人民法院对人民调解委员会的调解工作进行业务指导。因此，B 选项正确。

C 项：根据《仲裁法》第 13 条，从事律师工作满八年的可以被聘任为仲裁员。因此仲裁员可以同时从事律师职业，处理经济纠纷的案件，C 选项正确。

D 项：根据《法官法》第 36 条第 2 款，法官从法院离任后，不得担任原任职法院办理案件的诉讼代理人或辩护人，但作为当事人的监护人或近亲属代理诉讼或进行辩护的除外。本案中，该院长为其【近亲属】代理诉讼，是允许的。因此，D 项正确。

综上所述，本题答案为 BCD。

二、模拟训练

16 2208154

答案：A

解析：本题考查的是法官的任免与回避。

A 项：省、自治区、直辖市设立法官遴选委员会，负责初任法官人选专业能力的审核，市级不能设立法官遴选委员会。因此，A 项错误，当选。

B 项：最高人民法院和高级人民法院法官可以从下两级人民法院遴选。因此，B 项正确，不当选。

C 项：法律只是规定法官从法院离任后 2 年内，不得以律师身份担任诉讼代理人或者辩护人。但张某已经辞职超过 2 年，所以可以在原工作辖区内以律师身份担任诉讼代理人或者辩护人。因此，C 项正确，不当选。

D 项：人民法院可以根据审判工作需要，从律师或者法学教学、研究人员等从事法律职业的人员中公开选拔法官。因此，D 项正确，不当选。

综上所述，本题为选非题，答案为 A 项。

答案：C

解析：本题考查的是法官的考核、奖励与惩戒。

AB 项：根据《法官法》第 45 条，法官有下列表现之一的，应当给予奖励：……（三）在办理重大案件、处理突发事件和承担专项重要工作中，做出显著成绩和贡献的；……（五）提出司法建议被采纳或者开展法治宣传、指导调解组织调解各类纠纷，效果显著的；……法官的奖励按照有关规定办理。其中，A 项符合第（三）种情形；B 项符合第（五）种情形。因此，AB 项正确，不当选。

C 项：根据《法官法》第 48 条，【最高人民法院和省、自治区、直辖市】设立法官惩戒委员会，……法官惩戒委员会由法官代表、其他从事法律职业的人员和有关方面代表组成，其中法官代表不少于【半数】……因此，C 项错误，当选。

D 项：根据《法官法》第 50 条，法官惩戒委员会作出的审查意见应当送达当事法官。当事法官对审查意见有异议的，可以向惩戒委员会提出，惩戒委员会应当对异议及其理由进行审查，作出决定。因此，D 项正确，不当选。

综上所述，本题为选非题，答案为 C 项。

18 2208064

答案：D

解析：本题考查的是法官回避制度。

A 项：法官的配偶、父母、子女有下列情形之一的，法官应当实行任职回避：担任该法官所任职人民法院【辖区内】律师事务所的【合伙人或设立人】、【以律师身份担任诉讼代理人、辩护人】或者为诉讼案件当事人提供其他【有偿法律服务】的。张某与小张虽是父子关系，但小张只是在其父任职人民法院辖区外的乙市律所做实习律师，故张某无须实行法官任职回避。因此，A 项没有违反，不当选。

BCD 项：法官之间有夫妻关系、直系血亲关系、三代以内旁系血亲以及近姻亲关系的，不得同时担任下列职务：（1）同一人民法院的院长、副院长、审判委员会委员、庭长、副庭长；（2）同一人民法院的院长、副院长和审判员；（3）同一审判庭的庭长、副庭长和审判员；（4）上下相邻两级人民法院的院长、副院长。李某和马某虽为夫妻关系，但二人在同级别的不同法院任职，故二人均无须实行任职回避。因此，B 项没有违反，不当选。王林和王华虽为亲兄弟，也在上下相邻两级人民法院任职，但王华仅为审判员，故无须实行任职回避。因此，C 项没有违反，不当选。陈大与陈二为亲兄弟，不可以在同一审判庭担任审判员。因此，D 项违反了回避制度，当选。

综上所述，本题为选非题，答案为 D 项。

19 1908072

答案：A,B,C,D

解析：本题考查的是法官人身权利的保护。

A 项：根据《法官法》第 55 条，法官的职业尊严和人身安全受法律保护。任何单位和个人不得对法官及其近亲属打击报复。对法官及其近亲属实施报复陷害、侮辱诽谤、暴力侵害、威胁恐吓、滋事骚扰等违法犯罪行为的，应当依法从严惩治。因此，A 项正确。

B 项：根据《法官法》第 56 条，法官因依法履行职责遭受不实举报、诬告陷害、侮辱诽谤，致使名誉受到损害的，人民法院应当会同有关部门及时澄清事实，消除不良影响，并依法追究相关单位或者个人的责任。因此，B 项正确。

C 项：根据《法官法》第 57 条，法官因依法履行职责，本人及其近亲属人身安全面临危险的，人民法院、公安机关应当对法官及其近亲属采取人身保护、禁止特定人员接触等必要保护措施。因此，C 项正确。

D 项：根据《法官法》第 61 条，法官因公致残的，享受国家规定的伤残待遇。法官因公牺牲、因公死亡或者病故的，其亲属享受国家规定的抚恤和优待。因此，D 项正确。

综上所述，本题答案为 ABCD 项。

20 2208153

答案：B

解析：本题考查的是审判原则。

A 项：审判独立原则是指人民法院依照法律规定独立行使审判权，不受行政机关、社会团体和个人的干涉。陈某并未违反此项原则。因此，A 项错误。

B 项：不告不理原则是指没有原告的起诉，法院不得启动审判程序；法院审判的范围应与原告起诉的范围相一致，法院不得对原告未提出诉讼请求的事项审判。陈某判决张某向李某赔礼道歉超出了原告的诉讼请求，违反不告不理原则。因此，B 项正确。

C 项：直接言词原则是指法官亲自听取双方当事人、证人及其他诉讼参与人的当庭口头陈述和法庭辩论，从而形成案件事实真实性的内心确认，并据以对案件作出裁判。陈某并未违反此项原则。因此，C 项错误。

D 项：及时审判原则是指人民法院审判案件应在法律规定的期限内进行，而且应尽量做到快速结案。陈某并未违反此项原则。因此，D 项错误。

综上所述，本题答案为 B 项。

第三章 检察制度与检察官职业道德

参考答案

[1] C	[2] B	[3] ABCD	[4] ABC	[5] ABCD
[6] D	[7] A	[8] B	[9] ABD	[10] ABC
[11] ABC	[12] A	[13] CD	[14] ABD	

一、历年真题及仿真题

（一）检察制度的特征及基本原则

【单选】

1 1601047

答案：C

解析：本题考查的是检察一体原则。

A 项：人民检察院内部实行的是检察长负责制与检察委员会集体领导【相结合】的领导体制。故 A 项错误。

B 项：《中华人民共和国人民检察院组织法》第 10 条第 2 款规定："最高人民检察院领导地方各级人民检察院和专门人民检察院的工作，上级人民检察院领导下级人民检察院的工作。"因上下级检察院是领导关系，故上级检察院可直接变更、撤销下级检察院的决定。故 B 项错误。

CD 项：检察一体原则，是指各级检察机关、检察官依法构成统一的整体，各级检察机关、检察官在履行职权、职务中，应当根据上级检察机关、上级检察官的批示和命令进行工作和活动；具体包括在上下级检察机关和检察官之间存在着上命下从的领导关系、各地和各级检察机关之间具有职能协助的义务、检察官之间和人民检察院之间在职务上可以发生相互继承、转移和代理的关系。故各地和各级检察机关之间具有职能协助的义务；检察官之间在职务关系上可以发生相互转移和代理，故 C 项正确，D 项错误。

综上所述，本题答案为 C 项。

（二）主要检察制度

【单选】

答案：B

解析：本题考查的是检察监督制度。

ACD 项：检察院是我国法定的法律监督机关，对刑事案件的立案、侦查、审判活动进行监督是检察院的法定职责，通过加强检察监督，能够有效地督促公安机关和法院妥善行使职权，减少逮捕率、错判率，保障当事人人权，节约司法资源。因此，ACD 项正确，不当选。

B 项：实现案件的公正处理是公检法机关的共同追求，也是我国政法机关的法定职责，检察机关与侦查机关在实现个案正义的目标上并无不同。因此，B 项错误，当选。

综上所述，本题为选非题，答案为 B 项。

【多选】

3 1501047

答案：A,B,C,D

解析：本题考查的是人民监督员制度。

A 项：《深化人民监督员制度改革方案》指出：“人民监督员制度，是以健全确保依法独立公正行使检察权的外部监督制约机制为目标，改革人民监督员选任和管理方式，扩大人民监督员监督范围，完善人民监督员监督程序，进一步拓宽人民群众有序参与司法渠道，充分保障人民群众对检察工作的知情权、参与权、表达权、监督权，推进人民监督员制度法制化，提高检察工作透明度和司法公信力。”故 A 项正确。

B 项：《深化人民监督员制度改革方案》指出：“人民监督员对人民检察院办理直接受理立案侦查案件的下列情形实施监督：1. 应当立案而不立案或者不应当立案而立案的；2. 超期羁押或者检察机关延长羁押期限决定不正确的；3. 违法搜查、扣押、冻结或者违法处理扣押、冻结款物的；4. 拟撤销案件的；5. 拟不起诉的；……”故 B 项正确。

C 项：《深化人民监督员制度改革方案》指出：“人民监督员由司法行政机关负责选任，省级和设区的市级司法行政机关分别选任同级人民检察院人民监督员。”故 C 项正确。

D 项：根据旧法《深化人民监督员制度改革方案》的规定：“参与具体案件监督的人民监督员，由组织案件监督的人民检察院会同司法行政机关从人民监督员信息库中随机抽选产生。”因此，2016 年前，D 选项错误。2021 年《人民监督员选任管理办法》第 20 条第 1 款，司法行政机关从人民监督员信息库中随机抽选，联络确定参加监督评议的人民监督员，并通报检察机关。所以现在 D 选项也正确。

综上所述，本题答案为 ABCD 项。

（三）检察官的任免、考核、培训、保障

【多选】

4 1901015

答案：A,B,C

解析：本题考查检察官的任职条件及任免。

ABCD 项：根据《检察官法》第 23 条，检察官不得兼任人民代表大会常务委员会的组成人员，不得兼任行政机关、监察机关、审判机关的职务，不得兼任企业或者其他营利性组织、事业单位的职务，不得兼任律师、仲裁员和公证员。因此，ABC 正确。检察官兼任政协委员并不为法律所禁止。因此，D 项错误。

综上所述，本题答案为 ABC 项。

(四)检察官职业责任

【多选】

5 1701084

答案：A,B,C,D

解析：本题考查的是检察官职业责任。

A 项:《检察人员纪律处分条例》第 66 条规定:“领导干部违反有关规定组织、参加自发成立的老乡会、校友会、战友会等，情节严重的，给予警告、记过、记大过或者降级处分。”故 A 项说法正确。

B 项:《检察人员纪律处分条例》第 78 条规定:“擅自处置案件线索、随意初查或者在初查中对被调查对象采取限制人身自由强制性措施的，给予记过或者记大过处分；情节较重的，给予降级或者撤职处分；情节严重的，给予开除处分。”故 B 项说法正确。

C 项:《检察人员纪律处分条例》第 113 条规定:“在分配、购买住房中侵犯国家、集体利益，情节较轻的，给予警告、记过或者记大过处分；情节较重的，给予降级或者撤职处分；情节严重的，给予开除处分。”故 C 项说法正确。

D 项:《检察人员纪律处分条例》第 127 条规定:“对群众合法诉求消极应付、推诿扯皮，损害检察机关形象，情节较重的，给予警告、记过或者记大过处分；情节严重的，给予降级或者撤职处分。”故 D 项说法正确。

综上所述，本题答案为 ABCD 项。

(五)检察官的职业道德

【单选】

6 1201049

答案：D

解析：本题考查的是检察官职业道德。

A 项：根据检察官的相关职业道德，检察官不得干预其他司法机关办案，因此，房检察官打听其他案件情况的做法，违反了检察官公正的职业道德。故 A 项错误。

B 项：根据依法独立行使检察权原则，人民检察院依照法律规定独立行使检察权，不受行政机关、社会团体和个人的干涉。因此，关检察长的行为违反了依法独立行使检察权的要求，违反了检察官公正的职业道德。故 B 项错误。

C 项：根据《检察官法》第 47 条第 1 款第 9 项的规定:“检察官有下列行为之一的，应当给予处分；构成犯罪的，依法追究刑事责任:(九)违反有关规定从事或者参与营利性活动，在企业或者其他营利性组织中兼任职务的；”可知，容检察官获辛苦费的行为属于营利性活动，违反了检察官廉洁的职业道德。故 C 项错误。

D 项：根据《检察官法》第 37 条第 1 款，检察官从人民检察院离任后【两年内】，不得以律师身份担任诉讼代理人或者辩护人。因此，成检察官的行为符合规定。故 D 项正确。

综上所述，本题答案为 D 项。

7 1101048

答案：A

解析：本题考查的是检察官职业道德。

A 项：检察官文明职业道德准则要求检察官树立良好社会形象，不穿着检察正装、佩戴检察标识徽章到营业性娱乐场所进行娱乐、休闲活动，执行公务、参加政务活动时，按照检察人员着装规定穿着检察制服，佩戴检察标识徽章。单位组织的公益活动属于政务活动，故 A 项正确。

B 项：根据《检察官职业道德基本准则》第 4 条的规定:“坚持公正理念，维护法制统一。”公正要求检察官自觉遵守回避制度。故 B 项错误。

C 项：根据《检察官职业道德基本准则》第 5 条规定:“坚持廉洁操守，自觉接受监督。”清廉要求检察官在职务外活动中，不披露或者使用未公开的检察工作信息，以及在履职过程中获得的商业秘密、个人隐私等非公开的信息。故 C 项错误。

D 项：清廉的职业道德要求检察官不利用职务便利或者检察官的身份、声誉及影响，为自己、家人或者他人谋取不正当利益；不从事、参与经商办企业、违法违规营利活动，以及其他可能有损检察官廉洁形象的商业、经营活动；不参加营利性或者可能借检察官影响力营利的社团组织。故 D 项错误。

综上所述，本题答案为 A 项。

（六）综合知识点

【单选】

8 1401047

答案：B

解析：本题考查的是检察官职业道德。

AD 项：根据《最高人民检察院机关严肃纪律作风的规定》第 4、5 条，严禁违反规定过问、干预其他检察官、其他人民检察院或者其他司法机关正在办理的案件，为案件当事人说情；严禁私自会见案件当事人或其辩护人、代理人、申诉人、亲友及特定利害关系人，或者接受上述人员提供的财物、宴请、娱乐、健身、旅游活动及其他服务。可知，甲检察官过问其他检察官办理的案件，丁检察官在家里会见案件辩护人，都是违反规定的。因此，AD 项错误。

B 项：检察官应自觉遵守法定回避制度，对法定回避事由以外可能引起公众对办案公正产生合理怀疑的，应当主动请求回避。因此，B 项正确。

C 项：检察官应树立证据意识，依法客观全面地收集、审查证据，不伪造、隐瞒、毁损证据，不先入为主、主观臆断，严格把好事实关、证据关。因此，C 项错误。

综上所述，本题答案为 B 项。

9 2301093

答案：A,B,D

解析：本题考查的是法律职业的义务、法官回避制度与主要检察制度。

A 项：检察官应在其职权范围内对案件作出的决定负责，由于其失误导致无法查清犯罪事实，该行为明显不当。A 选项当选。

B 项：法官必须执行本院审委会的决定，法官乙不按照决议判决是错误的，因此 B 选项当选。

C 项：根据《法官法》第 24 条第 1 项，法官的配偶、父母、子女是该法官所任职法院辖区内律师事务所合伙人的，法官应当实行任职回避。女婿不属于上述范围。同时并无明文禁止法院亲属成为律所合伙人，仅是规定了有该种情况的【任职回避】，因此法官丙不应当受到处罚，C 选项不当选。

D 项：检察系统内部上下级为领导与被领导的关系，下级检察机关应当执行上级决定，拒不执行的，对直接责任者和领导责任者，要给予处分。D 选项当选。

综上所述，本题答案为 ABD 项。

二、模拟训练

10 1808154

答案：A,B,C

解析：本题考查的是检察官的任免。

A 项：根据《检察官法》第 18 条第 2 款，最高人民检察院检察长由全国人民代表大会选举和罢免，副检察长、检察委员会委员和检察员，由检察长提请全国人民代表大会常务委员会任免。因此，A 项正确。

B 项：根据《检察官法》第 18 条第 3 款，地方各级人民检察院检察长由本级人民代表大会选举和罢免，副检察长、检察委员会委员和检察员，由检察长提请本级人民代表大会常务委员会任免。因此，B 项正确。

C 项：根据《检察官法》第 18 条第 4 款，地方各级人民检察院检察长的任免，须报上一级人民检察院检察长提请本级人民代表大会常务委员会批准。因此，C 项正确。

D 项：根据《检察官法》第 18 条第 5 款，省、自治区、直辖市人民检察院分院检察长、副检察长、检察委员会委员和检察员，由省、自治区、直辖市人民检察院检察长提请本级人民代表大会常务委员会任免。因此，D 项错误。

综上所述，本题答案为 ABC 项。

11 1908038

答案：A,B,C

解析：本题考查的是检察官的任职回避。

AB 项：根据《检察官法》第 24 条，检察官之间有夫妻关系、直系血亲关系、三代以内旁系血亲以及近姻亲关系的，不得同时担任下列职务：（一）同一人民检察院的检察长、副检察长、检察委员会委员；（二）同一人民检察院的检察长、副检察长和检察员；（三）同一业务部门的检察员；（四）上下相邻两级人民检察院的检察长、副检察长。因此，A 项正确，B 项正确。

C 项：根据《检察官法》第 25 条，检察官的配偶、父母、子女有下列情形之一的，检察官应当实行任职回避：（一）担任该检察官所任职人民检察院辖区内律师事务所的合伙人或者设立人的；（二）在该检察官所任职人民检察院辖区内以律师身份担任诉讼代理人、辩护人，或者为诉讼案件当事人提供其他有偿法律服务的。因此，C 项正确。

D 项：根据《检察官法》第 37 条第 1 款，检察官从人民检察院离任后两年内，不得以律师身份担任诉讼代理人或者辩护人。因此，陈某离任后 2 年内，不得以律师身份担任诉讼代理人或者辩护人，并不是绝对的不能担任诉讼代理人或者辩护人。因此，D 项错误。

综上所述，本题答案为 ABC 项。

12 1908050

答案：A

解析：本题考查的是检察官的奖励与义务。

A 项：根据《检察官法》第 46 条，检察官有下列表现之一的，应当给予奖励：……（二）总结检察实践经验成果突出，对检察工作有指导作用的……因此，A 项正确。

B 项：根据《检察官法》第 4 条，检察官应当勤勉尽责，清正廉明，恪守职业道德。该条规定的是检察官应当做到的职业道德而不是其应当被给予奖励的事项，检察官遵守职业道德是其义务。因此，B 项错误。

CD 项：根据《检察官法》第 10 条，检察官应当履行下列义务：……（三）依法保障当事人和其他诉讼参与人的诉讼权利；……（七）通过依法办理案件以案释法，增强全民法治观念，推进法治社会建设……因此，CD 项均是检察官的义务，不是检察官应当被给予奖励的事项。CD 项错误。

综上所述，本题答案为 A 项。

13 1908045

答案：C,D

解析：本题考查的是检察官的任免。

ABCD 项：根据《检察官法》第 17 条，初任检察官一般到基层人民检察院任职。上级人民检察院检察官一般逐级遴选；最高人民检察院和省级人民检察院检察官可以从下两级人民检察院遴选。参加上级人民检察院遴选的检察官应当在下级人民检察院担任检察官一定年限，并具有遴选职位相关工作经历。AB 选项中“应当”错误，根据法条规定，应为“一般”，因此，AB 项错误，CD 项正确。

综上所述，本题答案为 CD 项。

14 1908044

答案：A,B,D

解析：本题考查的是检察官的任职条件。

BC 项：根据《检察官法》第 12 条，担任检察官必须具备下列条件：（一）具有中华人民共和国国籍；……（五）具备普通高等学校法学类本科学历并获得学士及以上学位；或者普通高等学校非法学类本科及以上学历并获得法律硕士、法学硕士及以上学位；或者普通高等学校非法学类本科及以上学历，获得其他相应学位，并具有法律专业知识。乙为美籍华裔，不具有中国国籍，不得担任检察官，因此，B 项当选。根据 2019 年新修改的《检察官法》，担任检察官取消了 23 岁的年龄限制，因此，丙可以担任检察官。C 项不当选。

AD 项：根据规定，下列人员不得担任检察官：（一）因犯罪受过刑事处罚的；……（三）被吊销律师、公证员执业证书或者被仲裁委员会除名的。因此，甲、丁不得担任检察官，AD 项当选。

综上所述，本题答案为 ABD 项。

第四章 律师制度与律师职业道德

参考答案

[1] C	[2] ABCD	[3] D	[4] C	[5] AB
[6] ABCD	[7] ABD	[8] AB	[9] A	[10] C
[11] B	[12] C	[13] C	[14] AB	[15] CD
[16] B	[17] D	[18] C	[19] ABCD	[20] AD
[21] B	[22] ACD	[23] B	[24] A	

一、历年真题及仿真题

（一）律师的权利和义务及业务范围

【单选】

1 1601048

答案：C

解析：本题考查的是律师执业权利保障制度。

A 项：根据规定，辩护律师在侦查期间可以为犯罪嫌疑人提供法律帮助；代理申诉、控告；申请变更强制措施；向侦查机关了解犯罪嫌疑人涉嫌的罪名和案件有关情况，提出意见。可知律师可以向公安机关了解案件情况和已经查明的事实，公安机关不得拒绝告知。故 A 项错误。

B 项：根据规定，看守所应当设立会见预约平台，采取网上预约、电话预约等方式为辩护律师会见提供便利，但不得以未预约会见为由拒绝安排辩护律师会见。可知看守所不得以未预约会见为由拒绝安排辩护律师会见。故 B 项错误。

C 项：根据规定，辩护律师在侦查期间要求会见危害国家安全犯罪、恐怖活动犯罪、特别重大贿赂犯罪案件在押的犯罪嫌疑人的，应当向侦查机关提出申请。侦查机关应对申请进行审查。因【有碍侦查或者可能泄露国家秘密而不许可会见的】，应当向辩护律师说明理由。可知，国家安全犯罪有碍侦查，可以不许会见，但应当说明理由。故 C 项正确。

D 项：根据规定，辩护律师作无罪辩护的，可以当庭就量刑问题发表辩护意见，也可以庭后提交量刑辩护意见。可见合议庭庭后拒绝律师请求的行为不当。故 D 项错误。

综上所述，本题正确答案为 C 项。

（二）律师事务所的分类及设立、终止

【多选】

2 1901016

答案：A,B,C,D

解析：本题考查律师事务所的设立、终止。

A 项：律师事务所变更名称、负责人、章程、合伙协议的，应当报原审核部门批准。因此，A 项正确。

B 项：我国目前律师事务所的形式主要有合伙形式、个人形式和国家出资成立的律师事务所，合伙制律师事务所仍然是律师事务所最广泛的存在形式。因此，B 项正确。

C 项：根据规定，设立个人律师事务所，设立人应当是具有五年以上执业经历的律师。设立人对律师事务所的债务承担无限责任。因此，C 项正确。

D 项：根据规定，合伙律师事务所可以采用普通合伙或者特殊的普通合伙形式设立。合伙律师事务所的合伙人按照合伙形式对该律师事务所的债务依法承担责任。此外，一个合伙人或者数个合伙人在执业活动中因故意或者重大过失造成合伙企业债务的，应当承担无限责任或者无限连带责任，其他合伙人以其在合伙企业中的财产份额为限承担责任。可知，特殊的普通合伙律师事务所一个合伙人或者数个合伙人在执业活动中因故意或者重大过失造成律师事务所债务的，该合伙人应当承担无限责任或者无限连带责任，其他合伙人以其在律师事务所中的财产份额为限承担责任。因此，D 项正确。

综上所述，本题答案为 ABCD 项。

（三）律师职业道德、责任与执业行为规范

【单选】

3 1401048

答案：D

解析：本题考查的是律师利益冲突回避。

ABD 项：《律师执业行为规范》（试行）第 51 条

规定："有下列情形之一的，律师及律师事务所不得与当事人建立或维持委托关系：（一）律师在同一案件中为双方当事人担任代理人，或代理与本人或者其近亲属有利益冲突的法律事务的；……（七）在委托关系终止后，同一律师事务所或同一律师在同一案件后续审理或者处理中又接受对方当事人委托的；……"故AB项正确，不当选；D项错误，当选。

C项：该律所一审代理了原告张某的案件，再审时依旧可以代理原告张某的案件，法律并未禁止，故C项正确，不当选。

综上所述，本题是选非题，本题正确答案为D项。

4 1301048

答案：C

解析：本题考查的是律师利益冲突回避。

AC项：根据规定，律师的绝对利益冲突情形有【一事+一人（亲）/一所，两例外】，要求律师及律师事务所不得与当事人建立或维持委托关系。本题中A选项的"多年好友"不属于由一人（亲）/一所所代理的情形（即"律师本人""同事"或者"律师近亲属"代理双方的情况），故A选项合法，不当选。本题中C选项属于一事+一所的情形（即同一案件由同一律所律师代理），且不存在刑诉与非诉的例外情形，律师应当回避，故C项不合法，当选。

BD项：根据规定，律师的相对利益冲突情形有【一事+一所（亲）或者非一事+原事利害关系人】，要求律师应当告知委托人并主动提出回避，但委托人同意其代理或者继续承办的除外。本题中B选项属于一事+一所（亲）的情形（即在同一案件中，同所律师近亲属为对方当事人），需要委托人同意，故B选项合法，不当选。本题中D选项虽然符合非一事+原事利害关系人的情形（即律师一年内又就同一法律事务接受与原委托人有利害关系的对方当事人的委托），但该情形限制时间为一年内，D选项时间为两年后，故D选项合法，不当选。

综上所述，本题为选非题，答案为C项。

【多选】

5 2401053

答案：A,B

解析：本题考查的是律师利益冲突回避与职业责任。

A项：根据规定，辩护人干扰诉讼活动，涉嫌犯罪的，应当由办理辩护人所承办案件的侦查机关以外的侦查机关办理，应当按照规定报请办理辩护人所承办案件的侦查机关的上一级侦查机关指定其他侦查机关立案侦查，或者由上一级侦查机关立案侦查。因此，D区公安机关上级C市公安机关可以立案侦查。故A项正确。

B项：根据规定，律师因故意犯罪受到刑事处罚的，由省、自治区、直辖市人民政府司法行政部门吊销其律师执业证书。李律师故意犯罪且被判处四年有期徒刑，A省司法行政部门有权吊销李律师执业证书。故B项正确。

C项：根据规定，律师在同一案件中为双方当事人担任代理人，或代理与本人或者其近亲属有利益冲突的法律事务的，不得与当事人建立或维持委托关系。李律师代理与其近亲属有利害冲突的法律事务，属于绝对不能建立或维持委托关系的情形，无需征求张某的意见（相对冲突情形才有征求意见的可能）。故C项错误。

D项：根据规定，律师事务所除收取律师服务费、代委托人支付的费用、异地办案差旅费外，严禁收取任何其他费用。故D项错误。

综上所述，本题答案为AB项。

6 2301098

答案：A,B,C,D

解析：本题考查的是律师执业行为规范与法律职业道德。

ABCD项：律师要坚持平等、诚信原则、遵守职业道德和执业纪律，遵守律师行业公认的行业准则，公平竞争。高素质的律师队伍要求律师能够担当作为、奉献社会，因此A选项正确。同时律师要遵守纪律，违法违规应当收到惩戒，因此BD选项正确。同时律师还要提高自身的专业素养，加强业务学习，因此C选项正确。

综上所述，本题答案为ABCD。

7 2101117

答案：A,B,D

解析：本题考查的是律师违纪行为的处分与行政法律责任。

A项：律协对于律师的违纪行为的处分包括训诫、警告、通报批评、【公开谴责】、中止会员权利1个月以上1年以下、取消会员资格。语言挑逗属于有悖律师职业道德、公民道德规范的行为，可以予以公开谴责。因此，A项正确。

B项：对于律师故意提供虚假证据或者威胁、利诱他人提供虚假证据，妨碍对方当事人合法取得证据的，设区的市级、直辖市的区司法行政部门给予停止执业6个月至1年的处罚，可以处5万元以下的罚款。因此，B项正确。

C项：对于接受委托后，无正当理由，拒绝辩护或者代理，不按时出庭参加诉讼或者仲裁的，设区的市级、直辖市的区司法行政部门给予警告，可以处1万元以下的罚款，有违法所得，没收；情节严重，给予停止执业3~6个月的处罚，7个月已超出规定的期间；且不是“律协”处罚，而是“司法行政部门”。因此，C项错误。

D项：对于泄露商业秘密或个人隐私的，设区的市级、直辖市的区司法行政部部门给予警告，可以处1万元以下的罚款，有违法所得，没收；情节严重，给予停止执业3~6个月的处罚，因此，D项正确。

综上所述，本题答案为ABD项。

8 1701085

答案：A,B

解析：本题考查的是律师执业行为规范。

A项：根据规定，律师担任辩护人的，应当根据事实和法律，提出犯罪嫌疑人、被告人无罪、罪轻或者减轻、免除其刑事责任的材料和意见，维护犯罪嫌疑人、被告人的诉讼权利和其他合法权益。律师担任辩护人的，其所在律师事务所应当在接受委托后三日以内，向办案机关提交接受委托告知函，告知委托事项、承办律师及联系方式。A项正确。

B项：根据规定，律师承办业务，应当引导当事人通过合法的途径、方式解决争议，不得采取煽动、教唆和组织当事人或者其他人员到司法机关或者其他国家机关静坐、举牌、打横幅、喊口号、声援、围观等扰乱公共秩序、危害公共安全的非法手段，聚众滋事，制造影响，向有关部门施加压力。故B项正确。

C项：根据规定，律师承办业务，应当诚实守信，不得接受对方当事人的财物及其他利益，与对方当事人、第三人恶意串通，向对方当事人、第三人提供不利于委托人的信息、证据材料，侵害委托人的权益。”故C项错误。

D项：根据规定，律师应当按照有关规定接受业务，不得为争揽业务哄骗、唆使当事人提起诉讼，制造、扩大矛盾，影响社会稳定。D项错误。

综上所述，本题答案为AB项。

（四）法律援助制度

【单选】

9 1901059

答案：A

解析：本题考查的是法律援助制度。

A项：根据规定，由检察院抗诉的，无须进行经济状况审查。因此，A项错误，当选。

B项：根据规定，律师事务所不得拒绝法律援助机构的指派，不安排本所律师办理法律援助案件，否则情节严重可能面临1个月以上3个月以下停业整顿的处罚。因此，B项正确，不当选。

C项：我国的法律援助是完全无偿的。因此，C项正确，不当选。

D项：根据规定，人民检察院审查批准逮捕时，认为犯罪嫌疑人具有应当通知辩护的情形，公安机关未通知法律援助机构指派律师的，应当通知公安机关予以纠正，公安机关应当将纠正情况通知人民检察院。因此，D项正确，不当选。

综上所述，本题为选非题，答案为A项。

10 1501049

答案：C

解析：本题考查的是法律援助制度。

A项：根据规定，申请法律援助应当采用书面形式，填写申请表；以书面形式提出申请确有困难的，可以口头申请，由法律援助机构工作人员或者代为转交申请的有关机构工作人员作书面记录。A项表述过于绝对，因此，A项错误。

B项：根据规定，犯罪嫌疑人、被告人因经济困难没有委托辩护人的，本人及其近亲属可以向办理案件的公安机关、人民检察院、人民法院所在地同级司法行政机关所属法律援助机构申请法律援助。具有下列情形之一，犯罪嫌疑人、被告人没有委托辩护人的，可以依照前款规定申请法律援助：（一）有证据证明犯罪嫌疑人、被告人属于一级或者二级智力残疾的；（二）共同犯罪案件中，其他犯罪嫌疑人、被告人已委托辩护人的；（三）人民检察院抗诉的；（四）案件具有重大社会影响的。本题中，本案属于“检察院抗诉”的情况，所以无须对被告人进行经济状况的审查。因此，B项错误。

C项：根据规定，对符合法律援助条件的，法律援助机构应当指派【律师】为其提供辩护。犯罪嫌疑人、被告人是盲、聋、哑人，或者是尚未完全丧失辨认或者控制自己行为能力的精神病人，没有委托辩护人的，人民法院、人民检察院和公安机关应当通知法律援助机构指派律师为其提供辩护。犯罪嫌疑人、被告人可能被判处无期徒刑、死刑，没有委托辩护人的，人民法院、人民检察院和公安机关应当通知法律援助机构指派律师为其提供辩护。因此，该案中，法律援助机构只能委派律师担任王某的辩护人。因此，C项正确。

D项：根据规定，申请人对法律援助机构作出的不符合法律援助条件的通知有异议的，可以向确定该法律援助机构的司法行政部门提出。王某应当向司法行政部门提出异议，因此，D项错误。

综上所述，本题答案为C项。

11 1401050

答案：B

解析：本题考查的是法律援助制度。

A项：根据规定，法律援助，是国家建立的为经济困难公民和符合法定条件的其他当事人无偿提供法律咨询、代理、刑事辩护等法律服务的制度，是公共法律服务体系的组成部分。法律援助服务是完全无偿的。故A项错误。

B项：根据规定，有下列情形之一的，法律援助机构应当作出终止法律援助的决定：（六）受援人自行委托律师或者其他代理人的；故B项正确。

C项：根据规定，未成年犯罪嫌疑人、被告人没有委托辩护人的，人民法院、人民检察院、公安机关应当通知法律援助机构指派律师为其提供辩护。律师是指依法取得律师执业证书，接受委托或者指定，为当事人提供法律服务的执业人员。故C项错误。

D项：法律咨询是对咨询者提出的有关法律援助制度方面的问题以及日常碰到的简单法律问题进行解答。法律咨询不需要审查经济条件。故D项错误。

综上所述，本题答案为B项。

12 1301050

答案：C

解析：本题考查的是法律援助制度。

A项：根据规定，具有下列情形之一，犯罪嫌疑人、被告人没有委托辩护人的，可以依照前款规定申请法律援助：（二）共同犯罪案件中，其他犯罪嫌疑人、被告人已委托辩护人的。因此，A项正确，不当选。

B项：根据规定，律师有下列情形之一的，由司法行政部门给予警告、责令改正；情节严重的，给予1个月以上3个月以下停止执业的处罚：（一）无正当理由拒绝接受、擅自终止法律援助案件的。因此，B项正确，不当选。

C项：《法律援助条例》第2条的规定“符合本条例规定的公民，可以依照本条例获得法律咨询、代理、刑事辩护等无偿法律服务。”因此，我国的法律援助都是无偿的。因此，C项错误，当选。

D项：根据规定，人民检察院审查批准逮捕时，认为犯罪嫌疑人具有应当通知辩护的情形，公安机关未通知法律援助机构指派律师的，应当通知公安机关予以纠正，公安机关应当将纠正情况通知人民检察院。因此，D项正确，不当选。

综上所述，本题为选非题，答案为C项。

13 1101049

答案：C

解析：本题考查的是法律援助制度。

A 项：根据规定，法律援助是政府的责任，县级以上人民政府应当采取积极措施推动法律援助工作，为法律援助提供财政支持，保障法律援助事业与经济、社会协调发展。因此，我国的法律援助是政府的一项重要职责，法律援助制度在性质上是一种社会保障制度。故 A 项正确，不当选。

B 项：法律援助的实施主体主要有四种：1. 法律援助机构的专业人员；2. 律师事务所的律师；3. 公证机关的公证员；4. 基层法律服务工作者。我国法律援助的实施形式具有多样性，主要包括法律援助咨询，法律援助代理，刑事法律援助辩护，法律援助调解，法律援助公证。故 B 项正确，不当选。

C 项：根据规定，法律援助机构负责受理、审查法律援助申请，指派或者安排人员为符合本条例规定的公民提供法律援助。“委托慈善机构协助受理事宜”不符合法律的相关规定，故 C 项错误，当选。

D 项：根据规定，公诉人出庭公诉的案件，被告人因经济困难或者其他原因没有委托辩护人，人民法院为被告人指定辩护时，法律援助机构应当提供法律援助。被告人是盲、聋、哑人或者未成年人而没有委托辩护人的，或者被告人可能被判处死刑而没有委托辩护人的，人民法院为被告人指定辩护时，法律援助机构应当提供法律援助，无须对被告人进行经济状况的审查。故 D 项正确，不当选。

综上所述，本题为选非题，答案为 C 项。

【多选】

答案：A,B

解析：本题考查的是法律援助制度、行政处罚的相关内容。

A 项：根据规定，有下列情形之一，当事人申请法律援助的，不受经济困难条件的限制：（一）英雄烈士近亲属为维护英雄烈士的人格权益；（二）因见义勇为行为主张相关民事权益；（三）再审改判无罪请求国家赔偿；（四）遭受虐待、遗弃或者家庭暴力的受害人主张相关权益；（五）法律、法规、规章规定的其他情形。A 项的情形符合上述（三）。故 A 项正确。

B 项：根据规定，高等院校、科研机构可以组织从事法学教育、研究工作的人员和法学专业学生作为法律援助志愿者，在司法行政部门指导下，为符合条件的当事人提供法律咨询、代拟法律文书等法律援助。故 B 项正确。

C 项：根据规定，法律援助申请人有材料证明属于下列人员之一的，免予核查经济困难状况：（一）无固定生活来源的未成年人、老年人、残疾人等特定群体；（二）社会救助、司法救助或者优抚对象；（三）申请支付劳动报酬或者请求工伤事故人身损害赔偿的进城务工人员；（四）法律、法规、规章规定的其他人员。国家赔偿案件并不在上述规定中（“不受经济困难条件限制”并不等于“免予核查”）。故 C 项错误。

D 项：根据规定，对于拒绝为符合法律援助条件的人员提供法律援助，或者故意为不符合法律援助条件的人员提供法律援助的法律援助机构或工作人员，由设立该法律援助机构的司法行政部门责令限期改正；有违法所得的，责令退还或者没收违法所得；对直接负责的主管人员和其他直接责任人员，依法给予处分。但因为该对象是法律援助机构及其工作人员（具有内部性），属于行政机关对内部工作人员的处分；而行政处罚是对“违反行政管理秩序”的外部行政相对人进行处罚，具有外部性和普遍性。故 D 项错误。

综上所述，本题答案为 AB 项。

15 1601085

答案：C,D

解析：本题考查的是法律援助制度。

AB 项：根据规定，犯罪嫌疑人、被告人因经济困难没有委托辩护人的，本人及其近亲属可以向办理案件的公安机关、人民检察院、人民法院所在地同级司法行政机关所属法律援助机构申请法律援助。具有下列情形之一，犯罪嫌疑人、被告人没有委托辩护人的，可以依照前款规定申请法律援助：（三）人民检察院抗诉的。可知 A 项应为“法院可以通知法律援助机构”而不是“应当通知”。B 项应为向办理案件的公、检、法所在地的法律援助机构申请法援。即应向邻县申请法援。

故 AB 项错误。

C 项：根据规定，应当通知法律援助机构指派律师为其提供辩护或者诉讼代理而没有通知的，有权向同级或者上一级人民检察院申诉或者控告。人民检察院应当对申诉或者控告及时进行审查，情况属实的，通知有关机关予以纠正。可知公安机关对于应当通知而没有通知法援的，丙可向市检察院提出申诉。故 C 项正确。

D 项：根据规定，对于应当通知辩护的案件，犯罪嫌疑人、被告人拒绝法律援助机构指派的律师为其辩护的，公安机关、人民检察院、人民法院应当查明拒绝的原因，有正当理由的，应当准许，同时告知犯罪嫌疑人、被告人需另行委托辩护人。犯罪嫌疑人、被告人未另行委托辩护人的，公安机关、人民检察院、人民法院应当及时通知法律援助机构另行指派律师为其提供辩护。强制医疗属于应当通知法援辩护的案件，丁有正当理由拒绝辩护的，法院应当准许。故 D 项正确。

综上所述，本题正确答案为 CD 项。

（五）律师事务所的管理与收费制度

【单选】

16 1701049

答案：B

解析：本题考查的是律师事务所的管理。

A 项：根据规定，律师事务所应当在法定业务范围内开展业务活动，不得以独资、与他人合资或者委托持股方式兴办企业，并委派律师担任企业法定代表人、总经理职务，不得从事与法律服务无关的其他经营性活动。故 A 项说法错误。

B 项：根据规定，律师事务所应当建立违规律师辞退和除名制度，对违法违规执业、违反本所章程及管理制度或者年度考核不称职的律师，可以将其辞退或者经合伙人会议通过将其除名，有关处理结果报所在地县级司法行政机关和律师协会备案。故 B 项说法正确。

C 项：根据规定，律师事务所应当建立律师表彰奖励制度，对依法、诚信、规范执业表现突出的律师予以表彰奖励。故对律师奖励，不需要报律协批准。C 项说法错误。

D 项：根据规定，已担任合伙人的律师受到六个月以上停止执业处罚的，自处罚决定生效之日起至处罚期满后三年内，不得担任合伙人。故 D 项说法错误。

综上所述，本题答案为 B 项。

（六）综合知识点

【单选】

17 1601049

答案：D

解析：本题考查的是律师执业行为规范。

A 项：律师不得以不正当的手段承揽业务。A 项，律师以低于同地区同行业收费标准为条件争揽业务为不正当竞争。故 A 项错误。

B 项：律师接受委托后，应当在委托人委托的权限内开展执业活动，不得超越委托权限。本案是买卖合同纠纷案件，不符合提精神损害赔偿条件，律师提出的诉讼请求超出了委托权限。故 B 项错误。

C 项：根据规定，律师事务所、律师不得采取分解收费项目、重复收费、扩大范围等方式变相提高收费标准。律师只能收取办案费和代理费。合同约定在 5 万元律师代理费外另行收费属于重复收费的情形。故 C 项错误。

D 项：律师违法执业或者因过错给当事人造成损失的，由其所在的律师事务所承担赔偿责任。如损失不是因律师违法执业或者过错给当事人造成损失的，律师事务所不承担赔偿责任。故 D 项正确。

综上所述，本题正确答案为 D 项。

18 1501048

答案：C

解析：本题考查的是律师执业行为规范。

A 项：律师不得在同一案件中为双方当事人担任代理人，或代理与本人或者其近亲属有利益冲突的法律事务的；同一律师事务所的不同律师不得同时担任同一刑事案件的被害人的代理人和犯罪嫌疑人、被告人的辩护人，但在该县区域内只有一家律师事务所且事先征得当事人同意的除外。故 A 项错误。

BC 项：针对刑事辩护，律师事务所应按照国家规定统一收取费用。故 B 项错误。但法律并未禁止预交办案费，因此，C 项正确。
D 项：没有取得律师执业证书的人员，不得以律师名义从事法律服务业务；除法律另有规定外，不得从事诉讼代理或者辩护业务。故 D 项错误。
综上所述，本题正确答案为 C 项

二、模拟训练

19 1808143

答案：A,B,C,D
解析：本题考查的是律师执业行为规范。
A 项：律师会见在押犯罪嫌疑人、被告人时，不得违反有关规定，如携同犯罪嫌疑人、被告人的近亲属或者其他利害关系人会见，将通讯工具提供给在押犯罪嫌疑人、被告人使用，或者传递物品、文件等。因此，A 项错误，当选。
B 项：根据规定，律师与法官、检察官、仲裁员以及其他有关工作人员接触交往，应当遵守法律及相关规定，不得违反规定会见法官、检察官、仲裁员以及其他有关工作人员，向其行贿、许诺提供利益、介绍贿赂。王律师的行为属于违反规定会见法官，并向法官行贿。因此，B 项错误，当选。
C 项：律师不得煽动舆论，恶意攻击司法制度和司法机关。因此，C 项错误，当选。
D 项：根据规定，律师必须接受援助机构的指派办理援助案件。但律师不得主动为当事人提供法律援助。因此，D 项错误，当选。
综上所述，本题为选非题，答案为 ABCD 项。

20 2108036

答案：A,D
解析：本题考查的是律师和律师事务所违法行为认定。
A 项：根据规定，律师担任法律顾问期间，为与顾问单位有利益冲突的当事人提供法律服务的，属于在同一案件中为双方当事人担任代理人，或者代理与本人及其近亲属有利益冲突的法律事务的违法行为。因此，A 项正确。
B 项：根据规定，律师不得利用与法官、检察官、仲裁员或者其他有关工作人员的特殊关系，影响依法办理案件。王律师利用与法官的亲戚关系，影响法官依法办理案件，其行为违法。因此，B 项错误。
C 项：根据《律师和律师事务所违法行为处罚办法》第 40 条第 1 款规定："律师在受到警告处罚后一年内又发生应当给予警告处罚情形的，应当给予停止执业三个月以上一年以下的处罚；在受到停止执业处罚期限未满或者期满后二年内又发生应当给予停止执业处罚情形的，应当吊销律师执业证书。"应当给予姜律师停止执业 3 个月以上 1 年以下的处罚，而非直接吊销律师执业证书。因此，C 项错误。
D 项：根据《律师和律师事务所违法行为处罚办法》第 46 条第 1 款规定："律师、律师事务所因违法执业受到行政处罚，其违法行为对当事人或者第三人造成损害的，应当依法承担相应的民事责任。"因此，D 项正确。
综上所述，本题答案为 AD 项。

21 2108037

答案：B
解析：本题考查的是律师事务所的设立、律师的利益冲突回避与律师执业行为规范。
A 项：根据规定，律师以误导、利诱、威胁或者作虚假承诺等方式承揽业务的属于以不正当手段承揽业务的违法行为。甄律师不顾事实作出的承诺为虚假承诺，因此，A 项错误。
B 项：根据《律师和律师事务所违法行为处罚办法》第 47 条第 2 款规定："律师事务所受到停业整顿处罚期限未满的，不得自行决定解散，不得申请变更名称，不得申请分立、合并，不得申请设立分所；该所负责人、合伙人和对律师事务所受到停业整顿处罚负有直接责任的律师不得申请变更执业机构。"因此，B 项正确。
C 项：根据规定，律所指派本所律师担任同一诉讼案件的原告、被告代理人，或者同一刑事案件被告人辩护人、被害人代理人的属于律师事务所"违反规定接受有利益冲突的案件的"违法行为。因此，C 项错误。
D 项：根据《律师和律师事务所违法行为处罚办法

法》第 31 条第 2 款规定："司法行政机关对律师事务所的违法行为……给予吊销执业许可证书处罚的，由许可该律师事务所设立的省、自治区、直辖市司法行政机关实施。"应由许可该律师事务所设立的省、自治区、直辖市司法行政机关实施。因此，D 项错误。

综上所述，本题答案为 B 项。

22 2108045

答案：A,C,D

解析：本题考查的是律师执业行为规范。

A 项：根据《律师和律师事务所违法行为处罚办法》第 47 条第 1 款规定："……受到六个月以上停止执业处罚的，执行处罚的期间以及期满未愈三年的，不得担任合伙人。"张律师的执行处罚已期满逾 5 年，超过了期满 3 年的期限，因而张律师担任合伙人的行为符合法律规定。因此，A 项正确。

B 项：根据规定，律师无正当理由，当庭拒绝辩护、代理，拒绝签收司法文书或者拒绝在有关诉讼文书上签署意见的属于扰乱法庭、仲裁庭秩序，干扰诉讼、仲裁活动的正常进行的违法行为。因此，B 项错误。

C 项：根据《律师和律师事务所违法行为处罚办法》第 42 条第 2 款的规定："……因过失犯罪受到刑事处罚的，在其服刑或者执行缓刑期间应当停止履行律师职务，刑期届满后可再申请恢复执业。"华律师在刑期届满后申请恢复执业的行为符合法律规定。因此，C 项正确。

D 项：根据规定，律师接受委托后，委托人不履行委托合同约定义务的，律师有权拒绝辩护，不违反法律规定。因此，D 项正确。

综上所述，本题答案为 ACD 项。

23 2208121

答案：B

解析：本题考查的是法律援助制度与律师执业行为规范。

A 项：根据规定，无正当理由，以低于同地区同行业收费标准为条件争揽业务，或者采用承诺给予客户、中介人、推荐人回扣、馈赠金钱、财物或者其他利益等方式争揽业务，属于律师执业不正当竞争行为。甲律师以低于同地区同行业收费标准为条件争揽业务为不正当竞争。因此，A 项错误。

B 项：根据规定，下列事项的当事人，因经济困难没有委托代理人的，可以向法律援助机构申请法律援助：（一）依法请求国家赔偿。因此，B 项正确。

C 项：根据规定，【英烈人格、义举权益、再审无罪、暴虐遗弃】四种情形申请法律援助不受经济困难的限制。丙符合再审无罪的情形，法援机构不能因丙不符合经济困难拒绝。因此，C 项错误。

D 项：根据《法律援助法》第 48 条的规定："有下列情形之一的，法律援助机构应当作出终止法律援助的决定：（一）受援人以欺骗或者其他不正当手段获得法律援助……"同时根据《法律援助法》第 49 条的规定："申请人、受援人对法律援助机构不予法律援助、终止法律援助的决定有异议的，可以向设立该法律援助机构的司法行政部门提出。……申请人、受援人对司法行政部门维持法律援助机构决定不服的，可以依法申请行政复议或者提起行政诉讼。"甲以欺骗的手段获得法律援助，法援机构发现后可终止法律援助。甲不服的，可以向设立该法律援助机构的司法行政部门提出。甲对司法行政部门【维持法律援助机构决定不服】的，可以依法申请行政复议或者提起行政诉讼。因此，D 项错误。

综上所述，本题答案为 B 项。

24 2208071

答案：A

解析：本题考查的是律师执业行为规范。

A 项：专职律师符合条件的，可接受大学法学院的聘请，担任实践教学导师，配合校内导师共同指导和督促学生的学习工作。因此，A 项正确。

B 项：专职律师不得担任企业的法定代表人、董事、监事、总经理、副经理。因此，B 项错误。

C 项：未经当事人委托或法律援助机构指派，不得以律师名义为当事人服务，介入案件，干扰依法办理案件。因此，C 项错误。

D 项：根据规定，律师只能在一个律师事务所执业。李律师同时在两家律师事务所执业是错误的。

因此，D 项错误。

综上所述，本题答案为 A 项。

第五章 公证制度与公证员职业道德

参考答案

[1]A [2]C [3]ABCD [4]C [5]B
[6]CD [7]D [8]AB [9]ABCD

一、历年真题及仿真题

（一）公证机构的设立及业务范围

【单选】

1 2101116

答案：A

解析：本题考查的是公证机构的业务范围。

ABCD 项：公证对象是没有争议的民事法律行为、有法律意义的事实和文书。张三借给李某 100 万元这一行为尚存争议，未获法院确认，不能成为公证对象。因此，A 项符合题意，当选。叶某死亡的事实具有法律意义，可能引发继承、债的转移等法律后果，可以成为公证对象。刘某设立的自书遗嘱、某公司的公司章程均是具有法律意义的文书，亦可成为公证对象。故 BCD 项不符合题意，不当选。

综上所述，本题为选非题，答案为 A 项。

2 1601050

答案：C

解析：本题考查的是公证机构的设立及业务范围。

A 项：根据《公证机构执业管理办法》第 19 条第 2 款规定："公证机构名称中的字号，应当由两个以上文字组成，并不得与所在省、自治区、直辖市内设立的其他公证机构的名称中的字号相同或者近似"。可知公证处名称中的字号不得与所在省、自治区、直辖市内设立的其他公证机构的名称中的字号相同或者近似，而不是国内其他公证处。故 A 项错误。

B 项：根据规定，担任公证员，应当由符合公证员条件的人员提出申请，经公证机构推荐，由所在地的司法行政部门报省、自治区、直辖市人民政府司法行政部门审核同意后，报请【国务院司法行政部门】任命，并由省、自治区、直辖市人民政府司法行政部门颁发公证员执业证书。公证员的任命应当由【国务院司法行政部门任命】，而不是省级司法行政机关。故 B 项错误。

C 项：根据规定，自然人、法人或者其他组织申请办理公证，可以向住所地、经常居住地、行为地或者事实发生地的公证机构提出。申请办理涉及不动产的公证，应当向不动产所在地的公证机构提出；申请办理涉及不动产的委托、声明、赠与、遗嘱的公证，可以适用前款规定。可知该公证为涉及不动产的委托可以向住所地公证处申请。故 C 项正确。

D 项：根据规定，当事人、公证事项的利害关系人认为公证书有错误的，可以向出具该公证书的公证机构提出【复查】。公证书的内容违法或者与事实不符的，公证机构应当撤销该公证书并予以公告，该公证书自始无效；公证书有其他错误的，公证机构应当予以更正。可知应向该公证处提出【复查】的申请，而不是复议。故 D 项错误。

综上所述，本题正确答案为 C 项。

（二）公证员职业道德与职业责任

【不定项】

3 1801092

答案：A,B,C,D

解析：本题考查公证员职业道德。

A 项：根据规定，公证员应当树立廉洁自律意识，遵守职业道德和执业纪律，不得从事有报酬的其他职业和与公证员职务、身份不相符的活动。本题中，王公证员开办工厂属于从事有报酬的其他职业。故 A 项错误，当选。

BC 项：根据规定，公证员不得利用媒体或其他手段炫耀自己，贬损他人，排斥同行，为自己招揽业务；不得利用与行政机关、社会团体的特殊关系进行业务垄断等行为。本题中，公证员对自己所在的公证机构进行大肆炫耀是不正当竞争，应当禁止。故 B 项错误，当选。公证机构意图通过行政支持对当地的公证业务进行垄断，也属于不正当竞争。故C项错误，当选。

D项：根据《公证员职业道德基本准则》第22条规定："公证员不得索取或接受当事人及其代理人、利害关系人的答谢款待、馈赠财物或其他利益。"故D项错误，当选。

综上所述，本题为选非题，答案为ABCD项。

（三）综合知识点

【单选】

4 1701050

答案：C

解析：本题综合考查公证机构的设立、公证员的条件及任免。

A项：根据规定，根据自然人、法人或者其他组织的申请，公证机构可以办理保管遗嘱、遗产或者其他与公证事项有关的财产、物品、文书的业务。而根据《办理遗嘱保管事务的指导意见》第7条规定："公证机构应当向申请人出具【保管证书】。保管证书应当载明申请人的身份信息、遗嘱的形式、遗嘱领取人的身份信息及联系方式、遗嘱开启与领取的条件等内容。保管证书一式两份，一份交与申请人，一份由公证机构留档。"因此公证机构办理保管遗嘱应该出具的是保管证书，而不是公证书，故A项错误。

B项：根据规定，设立公证机构，由【所在地的司法行政部门】报【省、自治区、直辖市人民政府司法行政部门】按照规定程序批准后，颁发公证机构执业证书，而不是由省级司法行政机关报司法部依规批准。故B项说法错误。

C项：担任公证员的特殊条件：从事法学教学、研究工作，具有高级职称的人员，或者具有本科以上学历，从事审判、检察、法制工作、法律服务满10年的公务员、律师，已经离开原工作岗位，经考核合格的，可以担任公证员。贾教授符合该条规定，可以担任公证员，故C项说法正确。

D项：根据规定，有下列情形之一的，不得担任公证员：（1）无民事行为能力或者限制民事行为能力的；（2）因【故意】犯罪或者【职务过失】犯罪受过刑事处罚的；（3）被开除公职的；（4）被吊销公证员、律师执业证书的。甄某交通肇事属于一般过失犯罪，依然可以担任公证员，故D项说法错误。

综上所述，本题答案为C项。

5 1101050

答案：B

解析：本题综合考查公证机构的业务范围及公证程序、效力。

A项：公证员禁止为本人及近亲属办理公证或者办理与本人及近亲属有利害关系的公证。甲与公证员有利害关系，公证员不能为其叔叔办理。故A项错误。

B项：根据《公证程序规则》第53条第1款、第2款规定："公证机构办理遗嘱公证，应当由二人共同办理。承办公证员应当全程亲自办理，并对遗嘱人订立遗嘱的过程录音录像。特殊情况下只能由一名公证员办理时，应当请一名见证人在场，见证人应当在询问笔录上签名或者盖章。"办理公证并没有具体公证地点的限制，故B项正确。

C项：公证机构办理合同、继承、委托、声明、赠与、遗嘱事项，可以办理保管遗嘱、遗产或者其他与公证事项有关的财产、物品、文书的事项。故C项错误。

D项：《民法典》第1142条第3款规定，立有数份遗嘱，内容相抵触的，以最后的遗嘱为准。若甲后边所立遗嘱与此公证遗嘱内容相抵触，则以后来所立遗嘱为准。故D项错误。

综上所述，本题答案为B项。

二、模拟训练

6 2208073

答案：C,D

解析：本题考查的是公证员的条件及任免。

A项：根据《公证员执业管理办法》第7条第2项规定："担任公证员，应当具备下列条件：……（二）年龄二十五周岁以上六十五周岁以下。"甲虽然通过法律职业资格考试，但未满二十五周岁，故无法担任公证员。因此，A项错误。

BD项：根据《公证员执业管理办法》第9条规定："有下列情形之一的，不得担任公证员：……

二）因故意犯罪或者职务过失犯罪受过刑事处罚的；（三）被开除公职的；……”乙如果是过失犯罪且不是职务犯罪，符合其他条件，依然可以担任公证员。因此，B 项错误。丁被开除公职，即便符合其他条件，也不能担任公证员。因此，D 项正确。

C 项：根据《公证员执业管理办法》第 8 条规定：“符合本办法第七条第（一）项、第（二）项、第（三）项规定，并具备下列条件之一，已经离开原工作岗位的，经考核合格，可以担任公证员：（一）从事法学教学、研究工作，具有高级职称的人员。……”丙作为大学教授，属于法学教学、研究人员，已经离开原工作岗位且符合其他条件，经考核合格，可以担任公证员。因此，C 项正确。

综上所述，本题答案为 CD 项。

7 **2208157**

答案：D

解析：本题考查的是公证员职业道德与责任。

A 项：根据规定，根据自然人、法人或者其他组织的申请，公证机构办理下列公证事项：（一）合同；（二）继承；（三）委托、声明、赠与、遗嘱；（四）财产分割；（五）招标投标、拍卖；（六）婚姻状况、亲属关系、收养关系；……因此，A 项正确，不当选。

B 项：公证员应告知当事人、代理人和参与人权利与义务，并就权利和义务的真实意思和可能产生的法律后果作出明确解释，避免形式上的简单告知。因此，B 项正确，不当选。

C 项：公证员如果出具的公证书有重大失实，应以出具证明文件重大过失罪追究其刑事责任。因此，C 项正确，不当选。

D 项：公证员不得从事以下不正当竞争行为：利用媒体或其他手段炫耀自己，贬损他人，排斥同行，为自己招揽业务；以支付介绍费、给予回扣、许诺提供利益等方式承揽业务；利用与行政机关、社会团体的特殊关系进行业务垄断；其他不正当竞争行为。因此，D 项错误，当选。

综上所述，本题为选非题，答案为 D 项。

8 **1808151**

答案：A,B

解析：本题考查的是公证程序。

ABCD 项：根据《公证程序规则》第 11 条第 1 款的规定，“当事人可以委托他人代理申办公证，但申办遗嘱、遗赠扶养协议、赠与、认领亲子、收养关系、解除收养关系、生存状况、委托、声明、保证及其他与自然人人身有密切关系的公证事项，应当由其本人亲自申办。”所以 AB 项正确，CD 项错误。

综上所述，本题答案为 AB 项。

9 **2208076**

答案：A,B,C,D

解析：本题考查的是公证员的权利与义务。

ABCD 项：根据《中华人民共和国公证法》第 22 条规定：“公证员应当遵纪守法，恪守职业道德，依法履行公证职责，保守执业秘密。公证员有权获得劳动报酬，享受保险和福利待遇；有权提出辞职、申诉或者控告；非因法定事由和非经法定程序，不被免职或者处罚。”故上述四项均为公证员的权利。因此，ABCD 项正确。

综上所述，本题答案为 ABCD 项。

第六章 法律职业道德的综合考查

参考答案

[1] B	[2] D	[3] D	[4] A	[5] C
[6] B	[7] A	[8] B	[9] BCD	[10] AC
[11] ABCD	[12] AD	[13] CD	[14] ABCD	[15] BC
[16] CD	[17] BC	[18] ABCD	[19] ACD	[20] ABD
[21] AD	[22] ABD	[23] ABD	[24] ABCD	[25] AD
[26] AB				

一、历年真题及仿真题

【单选】

1 **1901020**

答案：B

解析：本题考查的是法官、检察官的选任条件、法官助理的工作职责、检察官的职责与司法改革的相关规定。

A项:法官助理是司法辅助人员,应当在法官的督导下工作,协助法官进行法律研究,负责起草法律文书以及其他与案件准备和案件管理有关的工作。题干所列“委托鉴定、评估、组织庭前证据交换、调解以及草拟调解文书等工作”,属于案件准备、案件管理和文书起草的范畴。因此,A项正确,不当选。

B项:根据规定,人民法院可以根据审判工作需要,从律师或者法学教学、研究人员等从事法律职业的人员中公开选拔法官;人民检察院可以根据检察工作需要,从律师或者法学教学、研究人员等从事法律职业的人员中公开选拔检察官。关于法官和检察官遴选中特别强调要扩大法官、检察官的遴选范围,符合条件的律师及法学研究人员均可参与遴选,B项单纯强调从法院和检察院内部的法官助理、检察官助理和书记员中遴选的方式与上述理念和要求不符。因此,B项错误,当选。

C项:根据规定,检察官在检察长领导下开展工作,重大办案事项由检察长决定。检察长可以将部分职权委托检察官行使,可以授权检察官签发法律文书。因此,C项正确,不当选。

D项:根据《关于人民检察院检察长列席人民法院审判委员会会议的实施意见》第1条的规定:“人民检察院检察长可以列席同级人民法院审判委员会会议。”以及《最高人民法院关于健全完善人民法院审判委员会工作机制的意见》第18条:“审判委员会召开会议,必要时可以邀请人大代表、政协委员、专家学者等列席。”司法体制改革要求加强办案过程的透明性和公开性,审判委员会在召开刑事案件会议时,邀请检察长和律师列席会议并发表意见,符合这一理念。因此,D项正确,不当选。

综上所述,本题为选非题,答案为B项。

2 1601046

答案:D

解析:本题考查的是法官、检察官纪律处分。

A项:根据规定,参与迷信活动,造成不良影响的,给予警告、记过或者记大过处分。张法官参与迷信活动,在社会中造成不良影响,应当受到纪律处分。故A项错误。

B项:根据规定,法官应当履行下列义务:(一)严格遵守宪法和法律;(二)秉公办案,不得徇私枉法;(三)依法保障当事人和其他诉讼参与人的诉讼权利;(四)维护国家利益、社会公共利益,维护个人和组织的合法权益;(五)保守国家秘密和审判工作秘密,对履行职责中知悉的商业秘密和个人隐私予以保密;(六)依法接受法律监督和人民群众监督;(七)通过依法办理案件以案释法,增强全民法治观念,推进法治社会建设;(八)法律规定的其他义务。本题中,李法官不制止小偷的盗窃以及威胁失主的行为不违反上述规定,不应受到纪律处分。故B项错误。

C项:根据《最高人民检察院机关严肃纪律作风的规定》:“严禁违反规定向案件当事人推荐特定的律师作为本人办理案件的诉讼代理人、辩护人,或者要求、暗示当事人更换律师,等等”。本题中,何检察官违反了不得暗示当事人更换律师的规定。故C项错误。

D项:根据规定,检察官的职责:(一)对法律规定由人民检察院直接受理的刑事案件进行侦查;(二)对刑事案件进行审查逮捕、审查起诉,代表国家进行公诉;(三)开展公益诉讼工作;(四)开展对刑事、民事、行政诉讼活动的监督工作;(五)法律规定的其他职责。检察官对其职权范围内就案件作出的决定负责。受理本案中的宅基地使用权举报不属于检察官职责范畴,属于国土局的职责范畴,故刘检察官的做法是恰当的。故D项正确。

综上所述,本题答案为D项。

3 1501045

答案:D

解析:本题考查的是司法监督。

A项:《中共中央关于全面推进依法治国若干重大问题的决定》指出:“保障人民群众参与司法,要求构建开放、动态、透明、便民的阳光司法机制,推进审判公开、检务公开、警务公开、狱务公开,依法及时公开执法司法依据、程序、流程、结果和生效法律文书，杜绝暗箱操作。加强法律文书释法说理，建立生效法律文书统一上网和公开查询制度。”该项属于保障人民群众参与司法活动的要求，属于外部监督。故A项错误。

B项:《中共中央关于全面推进依法治国若干重大问题的决定》指出:“保障人民群众参与司法，……完善人民陪审员制度，保障公民陪审权利，扩大参审范围，完善随机抽选方式，提高人民陪审制度公信度。逐步实行人民陪审员不再审理法律适用问题，只参与审理事实认定问题。”该项属于保障人民群众参与司法活动的要求，属于外部监督。故B项错误。

C项：根据《最高人民检察院关于依法保障律师执业权利的规定》第8条规定:“人民检察院应当依法保障律师在诉讼中提出意见的权利。人民检察院应当主动听取并高度重视律师意见……”律师不属于司法机关内部人员，因此该项不属于司法机关内部监督。故C项错误。

D项:《中共中央关于全面推进依法治国若干重大问题的决定》指出:“明确司法机关内部各层级权限，健全内部监督制约机制。司法机关内部人员不得违反规定干预其他人员正在办理的案件，建立司法机关内部人员过问案件的记录制度和责任追究制度。完善主审法官、合议庭、主任检察官、主办侦查员办案责任制，落实谁办案谁负责。”可知，该项属于司法机关的内部监督。故D项正确。

综上所述，本题答案为D项。

4 1501046

答案：A

解析：本题考查的是法官、检察官的职业保障。

A项：对法官、检察官的保障体现在三个方面：职业保障、人身财产保障和工资保障。故A项错误，当选。

BC项:《中共中央关于全面推进依法治国若干重大问题的决定》指出:“推进法治专门队伍正规化、专业化、职业化，提高职业素养和专业水平。完善法律职业准入制度，健全国家统一法律职业资格考试制度，建立法律职业人员统一职前培训制度。建立从符合条件的律师、法学专家中招录立法工作者、法官、检察官制度，畅通具备条件的军队转业干部进入法治专门队伍的通道，健全从政法专业毕业生中招录人才的规范便捷机制。加强边疆地区、民族地区法治专门队伍建设。加快建立符合职业特点的法治工作人员管理制度，完善职业保障体系，建立法官、检察官、人民警察专业职务序列及工资制度。”故BC项正确，不当选。

D项：根据规定，检察官退休后，享受国家规定的养老金和其他待遇。合理的退休制度属于法官、检察官保障制度中的职业保障之一，所以说合理的退休制度也是保障制度的重要组成部分，应予高度重视。故D项正确，不当选。

综上所述，本题为选非题，答案为A项。

5 1401049

答案：C

解析：本题考查的是法官、检察官、律师、公证员法律职业道德概述。

A项：法官职业道德是指法官在履行其职责活动中应当具备的与法官职业的职能、性质相适应的基本素质和应当遵循的行为准则、行为规范，是法官履行职责所必须具备的业务素质、思想情操、品行修养、价值观念、行为准则的总和。其特征如下：主体的特定性，即主体是法官和法院内的相关工作人员，特别【强调法官独立、中立地位】；内容的全面性，如忠诚司法事业、保证司法公正等；约束的广泛性，法官职业道德既规范职业内活动，也规范职业外行为。故A项正确，不当选。

B项：检察官职业道德是指检察官在履行检察职能的活动中，应当遵守的行为准则和规范。检察官的职业道德是检察官的职业义务、职业责任以及职业行为上的道德准则的体现。故B项正确，不当选。

C项：律师职业道德是律师在执业活动、提供法律服务时所应当遵守的道德观念、行为准则、行为规范的总称。律师职业道德主要对律师的执业行为进行规范，同时律师职业道德也规范律师事务所。故C项错误，当选。

D项：公证职业道德是指公证员在履行职务活动中所应遵循的行为规范的总和。公证是公证机构或公证员对公民、法人及其他组织的法律行为、有法律意义的文书和事实的真实性、合法性的证明，其最大的特点是公信力。故 D 项正确，不当选。

综上所述，本题为选非题，答案为 C 项。

6 1301049

答案：B

解析：本题考查的是人民陪审员、人民监督员、律师与公证员的任职条件。

A 项：根据规定，因审判活动需要，可以通过个人申请和所在单位、户籍所在地或者经常居住地的基层群众性自治组织、人民团体推荐的方式产生人民陪审员候选人，经司法行政机关会同基层人民法院、公安机关进行资格审查，确定人民陪审员人选，由基层人民法院院长提请同级人民代表大会常务委员会任命。法院、法官均无权任命或聘请陪审员。因此，A 项错误。

B 项：《人民监督员选任管理办法》第 3 条第 1 款规定："人民监督员的选任和培训、考核等管理工作由司法行政机关负责，人民检察院予以配合协助。"因此，B 项正确。

C 项：《民事诉讼法》第 61 条的规定："当事人、法定代理人可以委托一至二人作为诉讼代理人。下列人员可以被委托为诉讼代理人：（一）律师、基层法律服务工作者；（二）当事人的近亲属或者工作人员；（三）当事人所在社区、单位以及有关社会团体推荐的公民。"因此，C 项错误。

D 项：《公证员执业管理办法》第 7 条的规定："担任公证员，应当具备下列条件：（一）具有中华人民共和国国籍；（二）年龄二十五周岁以上六十五周岁以下；（三）公道正派，遵纪守法，品行良好；（四）通过国家司法考试；（五）在公证机构实习二年以上或者具有三年以上其他法律职业经历并在公证机构实习一年以上，经考核合格。"因此，D 项错误。

综上所述，本题答案为 B 项。

7 1201050

答案：A

解析：本题考查的是律师职业道德、责任与执业行为规范和公证员的权利与义务。

A 项：根据规定，非经委托人的同意，不能因转委托而增加委托人的费用支出。故 A 项错误，当选。

B 项：根据规定，律师根据委托人提供的【事实和证据】，依据【法律规定】进行分析，向委托人提出分析性意见。律师的辩护、代理意见未被采纳，不属于虚假承诺。故 B 项正确，不当选。

CD 项：根据自然人、法人或者其他组织的申请，公证机构办理合同和公司章程的公证事项。根据自然人、法人或者其他组织的申请，公证机构可以办理法律、行政法规规定由公证机构登记的事务。故 CD 项正确，不当选。

综上所述，本题为选非题，答案为 A 项。

8 1101046

答案：B

解析：本题考查的是审判制度、审判原则及检察制度、检察原则。

A 项：根据《法院组织法》和三大诉讼法的规定，我国的主要审判制度有两审终审制、审判公开制、人民陪审员制度以及审判监督制度等，其目的旨在实现审判活动的科学化和规范化，以保证审判公正，提高审判效率。故 A 项正确，不当选。

B 项：根据《法院组织法》第 25 条规定："基层人民法院审理第一审案件，法律另有规定的除外。基层人民法院对人民调解委员会的调解工作进行业务指导"故 B 项错误，当选。

C 项：我国法律规定的主要的检察制度包括检务公开制度、人民监督员制度、立案监督制度、侦查监督制度、刑事审判监督制度、刑罚执行与监所监督制度以及民事行政检察制度。故 C 项正确，不当选。

D 项：检察权独立行使原则，是指检察机关依照法律规定独立行使检察权，不受其他行政机关、社会团体和个人的非法干涉。同时，检察权的行使遵循检察一体化原则，即各级检察机关、检察官依法构成统一的整体，在行使职权、执行职务的过程中实行"上命下从"。故 D 项正确，不当选。

综上所述，本题为选非题，答案为 B。

【多选】

9 2301092

答案：B,C,D

解析：本题考查的是法律职业道德。

A 项：根据规定，公职人员不可以从事盈利性兼职，但可以利用非工作时间或自行委托他人进行证券投资。因此，A 项行为正确，不当选。

B 项：根据规定，仲裁员私自会见当事人、代理人，或者接受当事人、代理人的请客送礼的，情节严重的，应当依法承担法律责任，仲裁委员会应当将其除名。因此 B 项行为错误，当选。

C 项：根据规定，公证员为不真实、不合法的事项出具公证书，由省、自治区、直辖市或者设区的市人民政府司法行政部门对公证机构进行处罚。因此，C 项行为错误，当选。

D 项：根据规定，行政机关公务员有贪污、索贿、受贿、行贿、介绍贿赂、挪用公款、利用职务之便为自己或者他人谋取私利、巨额财产来源不明等违反廉政纪律行为的，给予记过或者记大过处分；情节较重的，给予降级或者撤职处分；情节严重的，给予开除处分。因此 D 项行为错误，当选。

综上所述，本题为选非题，答案为 BCD 项。

10 2101118

答案：A,C

解析：本题考查的是法律职业道德概述。

A 项：由于法律职业的特殊性，因此法律职业道德具有不同于一般职业道德的特征：（1）职业性。法律职业道德的内容与法律职业实践活动紧密相连，反映着法律职业活动对从业人员行为的道德要求。（2）实践性。法律职业行为过程，就是法律职业实践过程，只有在法律实践过程中，才能体现出法律职业道德的水准。（3）正式性。法律职业道德的表现形式较为正式。（4）更高性。法律为调整社会关系的主要规范，要求法律职业人员具有更高的法律职业道德水准，要求较为明确，法律职业道德的约束力也更为明显。因此，A 项正确。

B 项：法律职业人员应当把忠于党、国家、人民和法律作为首要原则。因此，B 项错误。

C 项：根据《法官法》第 12 条和《检察官法》第 12 条可知，法官与检察官的任职条件完全相同。因此，C 项正确。

D 项：被开除公职的司法人员、吊销执业证书的律师和公证员，【终身】禁止从事法律职业。因此，D 项错误。

综上所述，本题答案为 AC 项。

11 1901013

答案：A,B,C,D

解析：本题考查的是审判制度与检察制度。

A 项：我国的审判制度包括两审终审、人民陪审、审判公开制度等，这些制度的实施可以保障和促进实现审判活动科学化、规范化。因此，A 项正确。

B 项：根据《人民调解法》第 5 条第 2 款的规定："基层人民法院对人民调解委员会调解民间纠纷进行业务指导。"因此，B 项正确。

C 项：检察机关作为法律监督机关，有权对诉讼活动进行法律监督，包括立案监督、侦查监督和审判监督等。因此，C 项正确。

D 项：检察权独立行使原则，是指检察机关依照法律规定独立行使检察权，不受其他行政机关、社会团体和个人的非法干涉。同时，检察权的行使遵循检察一体化原则，即各级检察机关、检察官依法构成统一的整体，在行使职权、执行职务的过程中实行"上命下从"，上级检察院领导下级检察院的工作。因此，D 项正确。

综上所述，本题答案为 ABCD 项。

12 1501084

答案：A,D

解析：本题综合考查法官、检察官、律师、公证员的职业道德。

A 项：根据《法官职业道德基本准则》第 7 条规定："维护国家利益，遵守政治纪律，保守国家秘密和审判工作秘密，不从事或参与有损国家利益和司法权威的活动，不发表有损国家利益和司法权威的言论。"未审结案件的内部讨论意见属于审判工作秘密，赵法官透露未审结案件的内部讨论意见的行为违反了法官职业道德基本准则，故 A 项错误，当选。

B项：根据《检察官职业道德基本准则》第5条的规定："坚持廉洁操守，自觉接受监督"。检察官不应利用职务便利或者检察官的身份、声誉及影响，为自己、家人或者他人谋取不正当利益；不从事、参与经商办企业、违法违规营利活动，以及其他可能有损检察官廉洁形象的商业、经营活动；不参加营利性或者可能借检察官影响力营利的社团组织。该项中检察官的行为并未谋取利益或者损害检察官形象，故B项正确，不当选。

C项：根据规定，律师对在执业活动中知悉的委托人和其他人不愿泄露的有关情况和信息，应当予以保密。但是，委托人或者其他人准备或者正在实施危害国家安全、公共安全以及严重危害他人人身安全的犯罪事实和信息除外。偷税犯罪行为不属于危害国家安全、公共安全以及严重危害他人人身安全的犯罪事实和信息，孙律师未举报不违反律师职业道德，故C项正确，不当选。

D项：根据《公证程序规则》第11条第2款规定："公证员、公证机构的其他工作人员不得代理当事人在本公证机构申办公证。"故D项错误，当选。

综上所述，本题为选非题，答案为AD项。

13　1501085

答案：C,D

解析：本题考查的是法律职业回避制度。

A项：根据规定，审判人员、检察人员、侦查人员有下列情形之一的，应当自行回避，当事人及其法定代理人也有权要求他们回避：（一）是本案的当事人或者是当事人的近亲属的。《公证法》第23条规定："公证员不得有下列行为：……（三）为本人及近亲属办理公证或者办理与本人及近亲属有利害关系的公证；……"《律师法》第39条规定："律师不得在同一案件中为双方当事人担任代理人，不得代理与本人或者其近亲属有利益冲突的法律事务。"我国律师法并未禁止律师为其近亲属代理，故A项错误。

B项：根据《法官职业道德基本准则》第13条规定："自觉遵守司法回避制度，审理案件保持中立公正的立场，平等对待当事人和其他诉讼参与人，不偏袒或歧视任何一方当事人，不私自单独会见当事人及其代理人、辩护人。"法官、检察官、公证员的回避，在相应的《职业道德基本准则》中均有明确规定，但《律师职业道德基本准则》并未明确规定回避制度。故B项错误。

C项：根据《公证员职业道德基本准则》第4条规定："公证员应当自觉遵守法定回避制度，不得为本人及近亲属办理公证或者办理与本人及近亲属有利害关系的公证。"故C项正确。但这个是公务回避的规定，任职回避是任用关系上的限制，《公证法》没有相关的规定。因此C项正确。

D项：根据规定，委托人可以拒绝已委托的律师为其继续辩护或者代理，同时可以另行委托律师担任辩护人或者代理人。律师回避要受到委托人意思的影响。故D项正确。

综上所述，本题答案为CD项。

14　1401085

答案：A,B,C,D

解析：本题考查的是法官、检察官、律师、公证员法律职业道德概述。

AB项：根据规定，法官应当自觉遵守法官职业道德，在本职工作和业外活动中严格要求自己，维护人民法院形象和司法公信力。检察官职业道德的主要内容是忠诚、为民、担当、公正、廉洁，要求检察官在行使检察权和职务外活动中恪守职业道德要求。故AB项正确。

C项：根据《律师执业行为规范》第15条的规定："律师不得为以下行为：（一）产生不良社会影响，有损律师行业声誉的行为；（二）妨碍国家司法、行政机关依法行使职权的行为；（三）参加法律所禁止的机构、组织或者社会团体；（四）其他违反法律、法规、律师协会行业规范及职业道德的行为。（五）其他违反社会公德，严重损害律师职业形象的行为。"可知，《律师执业行为规范》规定了律师在业务外活动的不得为的行为，故C项正确。

D项：根据《公证员职业道德基本准则》第15条的规定："公证员应当道德高尚、诚实信用、谦虚谨慎，具有【良好的个人修养和品行】。"根据第21条的规定："公证员应当【妥善处理个人事务】，不得利用公证员的身份和职务为自己、亲属或他人谋取利益。”故 D 项正确。
综上所述，本题的正确答案为 ABCD 项。

15 1301085

答案：B,C
解析：本题考查的是法官、检察官、律师、公证员职业规范。
A 项：根据规定，法官的配偶、父母、子女有下列情形之一的，法官应当实行任职回避：（一）担任该法官所任职人民法院辖区内律师事务所的合伙人或者设立人的；（二）在该法官所任职人民法院辖区内以律师身份担任诉讼代理人、辩护人，或者为诉讼案件当事人提供其他有偿法律服务的。侄子并不在回避范围。故 A 项正确，不当选。
B 项：检察官应当积极维护检察机关的形象，在公共场合及新闻媒体上，不发表有损法律严肃性、权威性，有损检察机关形象的言论。未经批准，不对正在办理的案件发表个人意见或者进行评论。故 B 项错误，当选。
C 项：根据《法官行为规范》第 26 条第 4 款规定：“基本要求……维护庭审秩序，保障审判活动顺利进行。”审判长怀法官在庭审过程中，应当坚持中立的职业道德，明确表明态度。故 C 项错误，当选。
D 项：根据规定，公证员不得有下列行为……（三）为本人及近亲属办理公证或者办理与本人及近亲属有利害关系的公证……D 项中公证员张某与甲仅是大学同学，未说明二者存在利害关系，故不属于回避范围。故 D 项正确，不当选。
综上所述，本题为选非题，答案为 BC 项。

16 1201084

答案：C,D
解析：本题考查法官职业道德、检察官职业道德和律师职业道德。
ABCD 项：①由于案件遇到一定的案外因素的干扰，案件主审李法官向院长汇报是正确的，故①属于合法行为，不当选。②开庭时，律师有权提出非法证据排除的申请，根据法律的规定，法院应当进行调查和确认。而李法官不予理睬是错误的，故②属于不当行为，应选。③法官作为中立的裁判者，对检察官的无理斥责律师，不能不予制止，故③属于不当行为，应选。④在庭审过程中，法官有权力对律师不使用普通话提出异议，让庭审顺利进行，李法官几次打断律师用方言发言，让其慢速并重复是正确的，故④属于合法行为，不当选。⑤律师在没有委托人的“特别授权”下，没有未经法庭许可而退庭抗议的权利，否则视为放弃辩护。故⑤属于不当行为，应选。⑥检察官不能利用检察官身份威胁律师，故⑥属于不当行为，应选。⑦如果没有法定事由，律师一般不能擅自解除委托关系，故⑦属于不当行为，应选。⑧律师与法官应当保持距离，以免产生对法官中立性的合理怀疑，故⑧属于不当行为，应选。因此，①④属于合法行为不当选，故 AB 项错误。除①④外均属于不当行为，故 CD 项正确。
综上所述，本题答案为 CD 项。

【不定项】

17 2401052

答案：B,C
解析：本题考查的是仲裁员职业道德。
A 项：根据规定，仲裁员不代表任何一方当事人，应当平等地对待双方当事人。仲裁员职业道德要求仲裁员保持独立公正。因此，A 项错误。
B 项：仲裁员职业道德要求仲裁员主动披露其与当事人或代理人之间的某种关系，以便于当事人和仲裁机构考虑此种关系是否影响该仲裁员的独立性和公正性。仲裁员在正式接受选定或指定后知悉应予披露情形的，应立即披露。李某在得知其跟王某同所律师的身份可能影响独立公正后，应当及时告知仲裁庭。因此，B 项正确。
C 项：根据规定，仲裁员有下列情形之一的，必须回避，当事人也有权提出回避申请：（一）是本案当事人或者当事人、代理人的近亲属；（二）与本案有利害关系；（三）与本案当事人、代理人有其他关系，可能影响公正仲裁的；（四）私自会见当事人、代理人，或者接受当事人、代理人的请客送礼的。李某与王某存在上述第（三）项规定的情形，可能影响公正仲裁，应当回避。因此，C 项正确。
D 项：仲裁员职业道德要求仲裁员保守秘密，不得向当事人或外界透露本人的看法和合议庭合议的情况。因此，D 项错误。

综上所述，本题答案为 BC 项。

18 1801091

答案：A,B,C,D

解析：本题考查的是其他法律职业人员及其职业道德。

A 项：根据规定，仲裁可以先行调解。在调解过程中，仲裁员可以受仲裁庭安排单独会见一方当事人。故 A 项正确。

B 项：根据规定，仲裁员具有下列情形时，应当依法承担责任，仲裁委员会应当将其除名：（1）仲裁员私自会见当事人、代理人或者接受当事人、代理人的请客送礼，情节严重的；（2）仲裁员在仲裁案件时有索取贿赂、徇私舞弊、枉法裁判行为的。故 B 项正确。

C 项：根据规定，仲裁不公开进行。当事人协议公开的，可以公开进行，但涉及国家秘密的除外。因此，仲裁员应当保守仲裁秘密，不向外界透露任何与案件有关的实体与程序问题，包括案情、仲裁程序进展、仲裁庭意见等等。仲裁员的保密义务不仅体现在仲裁程序进行中，在仲裁案件审结以后，仲裁员仍然负有保密的义务。仲裁员不能在结案后以接受采访、撰写文章等方式向外界透露仲裁当事人的名称、仲裁程序进展的细节等内容。故 C 项正确。

D 项：枉法仲裁罪是指依法承担仲裁职责的人员，在仲裁活动中故意违背事实和法律作出枉法裁决、情节严重的行为。根据《刑法》第 399 条之一和《刑法修正案（六）》第 20 条的规定，犯枉法仲裁罪的，可以处 3 年以下有期徒刑或者拘役；情节特别严重的，处 3 年以上 7 年以下有期徒刑。故 D 项说法正确。

综上所述，本题答案为 ABCD 项。

19 1701098

答案：A,C,D

解析：本题考查法官、检察官的职业道德与职业责任。

ABCD 项：2015 年 3 月 26 日，中央政法委员会通过了《司法机关内部人员过问案件的记录和责任追究规定》要求：司法机关内部人员应当依法履行职责，严格遵守纪律，不得违反规定过问和干预其他人员正在办理的案件，不得违反规定为案件当事人转递涉案材料或者打探案情，不得以任何方式为案件当事人说情打招呼。司法机关办案人员应当恪守法律，公正司法，不徇私情。对于司法机关内部人员的干预、说情或者打探案情，应当予以拒绝；对于不依正当程序转递涉案材料或者提出其他要求的，应当告知其依照程序办理。司法机关领导干部和上级司法机关工作人员因履行领导、监督职责，需要对正在办理的案件提出指导性意见的，应当依照程序以书面形式提出，口头提出的，由办案人员记录在案。其他司法机关的工作人员因履行法定职责需要，向办案人员了解正在办理的案件有关情况的，应当依照法律程序或者工作程序进行。根据该规定，ACD 三项相关司法人员做法正确，而 B 项某法官做法违反了审判独立的要求，错误。

综上所述，本题答案为 ACD 项。

20 1601098

答案：A,B,D

解析：本题考查的是法律职业道德。

AB 项：根据《人民法院工作人员处分条例》第 32 条的规定：“违反规定为案件当事人推荐、介绍律师或者代理人，或者为律师或者其他人员介绍案件的，给予警告处分；造成不良后果的，给予记过或者记大过处分。”可知，司法人员被禁止为当事人推荐、介绍诉讼代理人、辩护人。故 AB 正确。

C 项：根据《关于进一步规范司法人员与当事人、律师特殊关系人、中介组织接触交往行为的若干规定》第 6 条规定：“司法人员在案件办理过程中，应当在工作场所、工作时间接待当事人、律师、特殊关系人、中介组织。因办案需要，确需与当事人、律师、特殊关系人、中介组织在非工作场所、非工作时间接触的，应依照相关规定办理审批手续并获批准。”由此可知，司法人员禁止私下接触当事人、律师、特殊关系人，但是不意味着完全禁止在非工作场合接触这些人，如法官可以在一些学术讲座中接触律师。故 C 项错误。

注意：接触并不代表就一定是坏的，有利益关系，但其他选项的词就是有利益关系，有可能不公正如“推荐律师、介绍案件、借用财物”。

D 项：根据《关于进一步规范司法人员与当事人、律师特殊关系人、中介组织接触交往行为的若干规定》第 5 条第 4 项的规定：“严禁司法人员与当事人、律师、特殊关系人、中介组织有下列接触交往行为：（四）向当事人、律师、特殊关系人、中介组织借款、租借房屋，借用交通工具、通讯工具或者其他物品；”可知，司法人员禁止向当事人、律师、特殊关系人借用交通、通讯工具。故 D 项正确。

综上所述，本题答案为 ABD 项。

21 1501099

答案：A,D

解析：本题考查的是法官、检察官、律师与公证员的任职禁止条件、法官回避制度、法官职业道德、律所的设立。

ABCD 项：①《法官法》第 13 条规定：“下列人员不得担任法官：（一）因犯罪受过刑事处罚的；（二）被开除公职的；（三）被吊销律师、公证员执业证书或者被仲裁委员会除名的；（四）有法律规定的其他情形的。”法官和检察官的任职禁止条件相同，①正确。

②《律师法》第 7 条规定：“申请人有下列情形之一的，不予颁发律师执业证书：（一）无民事行为能力或者限制民事行为能力的；（二）受过刑事处罚的，但过失犯罪的除外；（三）被开除公职或者被吊销律师、公证员执业证书的。”《公证法》第 20 条规定：“有下列情形之一的，不得担任公证员：（一）无民事行为能力或者限制民事行为能力的；（二）因故意犯罪或者职务过失犯罪受过刑事处罚的；（三）被开除公职的；（四）被吊销公证员、律师执业证书的。”法律并未规定被辞退的司法人员不能担任律师和公证员，被辞退与开除公职不同，②错误。

③《法官法》第 23 条规定：“法官之间有夫妻关系、直系血亲关系、三代以内旁系血亲以及近姻亲关系的，不得同时担任下列职务：（一）同一人民法院的院长、副院长、审判委员会委员、庭长、副庭长；（二）同一人民法院的院长、副院长和审判员；（三）同一审判庭的庭长、副庭长、审判员；（四）上下相邻两级人民法院的院长、副院长。”③的情形不符合以上规定的回避情形，因而③错误。

④《法院工作人员处分条例》第 63 条规定：“违反规定从事或者参与营利性活动，在企业或者其他营利性组织中兼职的，给予记过或者记大过处分；情节较重的，给予降级或者撤职处分；情节严重的，给予开除处分。”④正确。

⑤《检察官法》第 46 条第 5 项规定：“检察官有下列表现之一的，应当给予奖励：……（五）提出检察建议被采纳或者开展法治宣传、解决各类纠纷，效果显著的……”⑤正确。

⑥《律师法》第 14 条第 2 款第 3 项规定：“……设立律师事务所应当具备下列条件：……（三）设立人应当是具有一定的执业经历，且三年内未受过停止执业处罚的律师……”张律师两年前只是受到罚款处罚，并未受到停止执业处罚，因此，其可以成为设立人。⑥错误。

如上可知，①④⑤正确，②③⑥错误，故 AD 项正确，BC 项错误。

综上所述，本题答案为 AD 项。

二、模拟训练

22 2108035

答案：A,B,D

解析：本题考查的是法官的考核、奖励与惩戒与律师职业责任。

A 项：根据《公职人员政务处分法》第 11 条规定：“公职人员有下列情形之一的，可以从轻或者减轻给予政务处分：（一）主动交代本人应当受到政务处分的违法行为的；……”因此，A 项正确。

B 项：根据《公职人员政务处分法》第 43 条规定：“作出政务处分决定前，监察机关应当将调查认定的违法事实及拟给予政务处分的依据告知被调查人，听取被调查人的陈述和申辩，并对其陈述的事实、理由和证据进行核实，记录在案。……不得因被调查人的申辩而加重政务处分。”因此，B 项正确。

C 项：根据规定，律师因故意犯罪受到刑事处罚的，由省、自治区、直辖市人民政府司法行政部门吊销其律师执业证书。查律师的律师职业资格证应由甲省司法厅吊销，而非乙市司法局。因此，C 项错误。

D 项：根据《公职人员政务处分法》第 52 条第 1 款规定："公职人员涉嫌违法，已经被立案调查，不宜继续履行职责的，公职人员任免机关、单位可以决定暂停其履行职务。"因此，D 项正确。

综上所述，本题答案为 ABD 项。

23 2108086

答案：A,B,D

解析：本题考查的是法官与检察官职业道德。

A 项：根据《法官职业道德基本准则》第 14 条的规定："尊重其他法官对审判职权的依法行使，除履行工作职责或者通过正当程序外，不过问、不干预、不评论其他法官正在审理的案件。"法官李某打探法官王某正在审理的案件，违反了法官"保证司法公正"的要求。因此，A 项错误，当选。

B 项：根据《检察官职业道德基本准则》第 5 条的规定："坚持廉洁操守，自觉接受监督。"为确保检察官职权行使的纯洁性、独立性和公正性，检察官不得兼任律师、法律顾问等职务。因此，B 项错误，当选。

C 项：检察官职业道德对检察官兼职的要求是不能有损检察官廉洁的形象，肖检察官受聘为某政法大学的客座教授，不但无损于检察官的廉洁形象，还有利于树立学者型检察官的良好职业形象。因此，肖检察官的行为并不违反职业道德的要求。因此，C 项正确，不当选。

D 项：根据《法官职业道德基本准则》第 22 条的规定："尊重当事人和其他诉讼参与人的人格尊严，避免盛气凌人、'冷硬横推'等不良作风；尊重律师，依法保障律师参与诉讼活动的权利。"钟某贬低被告人格尊严的行为不符合法官职业道德的要求。因此，D 项错误，当选。

综上所述，本题为选非题，答案为 ABD 项。

24 2208009

答案：A,B,C,D

解析：本题考查的是法官、检察官的回避制度与律师利益冲突回避。

A 项：根据规定，法官之间有夫妻关系、直系血亲关系、三代以内旁系血亲以及近姻亲关系的，不得同时担任下列职务：（一）同一人民法院的院长、副院长、审判委员会委员、庭长、副庭长；（二）同一人民法院的院长、副院长和审判员；（三）同一审判庭的庭长、副庭长、审判员；（四）上下相邻两级人民法院的院长、副院长。小姜及配偶不符合上述法条规定的情形，不适用任职回避，不需要回避。因此，A 项错误，当选。

B 项：开除公职的法检人员，不得在律师事务所从事任何工作。故被法院开除公职的小周不得在律师事务所从事任何工作。因此，B 项错误，当选。

C 项：根据规定，检察官从人民检察院离任后两年内，不得以【律师身份】担任诉讼代理人或者辩护人。检察官从人民检察院离任后，不得担任原任职检察院办理案件的诉讼代理人或者辩护人，但是【作为当事人的监护人或者近亲属代理诉讼或者进行辩护的除外】……因此，小王检察官依然可以作为当事人的监护人或者近亲属代理诉讼或者进行辩护，C 项错误，当选。

D 项：根据规定，同一律师事务所的不同律师不得同时担任同一刑事案件的被害人的代理人和犯罪嫌疑人、被告人的辩护人，但在该县区域内只有一家律师事务所且事先征得当事人同意的除外。题中所给条件不符合该法条的例外情况。故 D 项错误，当选。

综上所述，本题为选非题，答案为 ABCD 项。

25 2208119

答案：A,D

解析：本题考查的是律师利益冲突回避、律师权利与公证程序。

A 项：根据规定，曾经亲自处理或者审理过某一事项或者案件的行政机关工作人员、审判人员、检察人员、仲裁员，成为律师后又办理该事项或者案件的，律师及律师事务所不得与当事人建立或维持委托关系。A 项符合该情形，甲仲裁员不得接受委托，因此，A 项正确。

B 项：根据规定，律师担任刑事案件犯罪嫌疑人、被告人的辩护人，而同所的其他律师是该案件被害人的近亲属的，律师应当告知委托人并主动提出回避，但委托人同意其代理或者继续承办的除外。可知B项的甲律师在告知丙后，其同意为其代理的，甲可以接受委托。因此，B项错误。

C项：当事人认为公证书有错误的，可以在收到公证书之日起【一年】内，向出具该公证书的公证机构提出复查，而不是两年。因此，C项错误。

D项：根据规定，律师担任辩护人的，自人民检察院对案件审查起诉之日起，有权查阅、摘抄、复制本案的案卷材料。因此，D项正确。

综上所述，本题答案为AD项。

26 2208092

答案：A,B

解析：本题考查的是法官的考核、奖励与惩戒以及法律援助制度。

A项：根据规定，法官有下列表现之一的，应当给予奖励：……（五）提出司法建议被采纳或者开展法治宣传、指导调解组织调解各类纠纷，效果显著的；……因此，A项正确。

B项：根据规定，对可能被判处无期徒刑、死刑的人，以及死刑复核案件的被告人，法律援助机构收到人民法院、人民检察院、公安机关通知后，应当指派具有三年以上相关执业经历的律师担任辩护人。此外，故意杀人的，处死刑、无期徒刑或者十年以上有期徒刑；情节较轻的，处三年以上十年以下有期徒刑。故意杀人罪可能会被判处无期或死刑，小佳未委托辩护人，法律援助机构在收到法院通知后，应当指派具有三年以上相关执业经历的律师担任辩护人。因此，B项正确。

C项：根据规定，检察官不得违反有关规定从事或者参与营利性活动，在企业或者其他营利性组织中兼任职务。可知，王检察官不得参与营利性活动。因此，C项错误。

D项：根据《法律援助法》第28条的规定："强制医疗案件的被申请人或者被告人没有委托诉讼代理人的，人民法院【应当】通知法律援助机构指派律师为其提供法律援助。"所以法院应当通知法律援助机构提供法律援助，而不是可以。因此，D项错误。

综上所述，本题答案为AB项。

习近平法治思想

第一章 习近平法治思想的形成发展及重大意义

参考答案

[1]B [2]ABCD [3]ABD [4]ABCD [5]D
[6]ACD [7]BCD

一、历年真题及仿真题

【单选】

1 2001170

答案：B

解析：本题考查的是十一个坚持的内容。

ABCD项："十一个坚持"包括：(1)坚持党对全面依法治国的领导；(2)坚持以人民为中心；(3)坚持中国特色社会主义法治道路；(4)坚持依宪治国、依宪执政；(5)坚持在法治轨道上推进国家治理体系和治理能力现代化；(6)坚持建设中国特色社会主义法治体系；(7)坚持全面推进科学立法、严格执法、公正司法、全民守法；(8)坚持依法治国、依法执政、依法行政共同推进，法治国家、法治政府、法治社会一体建设；(9)坚持统筹推进国内法治和涉外法治；(10)坚持建设德才兼备的高素质法治工作队伍；(11)坚持抓住领导干部这个"关键少数"。故ACD项正确，不当选；B项错误，当选。

综上所述，本题为选非题，答案为B项。

【多选】

2 1501051

答案：A,B,C,D

解析：本题考查的是习近平法治思想的形成与发展。

A项：《中共中央关于全面推进依法治国若干重大问题的决定》指出："全面推进依法治国，必须贯彻落实党的十八大和十八届三中全会精神，高举中国特色社会主义伟大旗帜，以马克思列宁主义、毛泽东思想、邓小平理论、‘三个代表’重要思想、科学发展观为指导，深入贯彻习近平总书记系列重要讲话精神，坚持党的领导、人民当家作主、依法治国有机统一，……”故 A 项正确。

B 项：《中共中央关于全面推进依法治国若干重大问题的决定》指出：“人民是依法治国的主体和力量源泉，人民代表大会制度是保证人民当家作主的根本政治制度。必须坚持法治建设为了人民、依靠人民、造福人民、保护人民，以保障人民根本权益为出发点和落脚点，……”故 B 项正确。

C 项：《中共中央关于全面推进依法治国若干重大问题的决定》指出：“中国特色社会主义道路、理论体系、制度是全面推进依法治国的根本遵循。必须从我国基本国情出发，同改革开放不断深化相适应，总结和运用党领导人民实行法治的成功经验，围绕社会主义法治建设重大理论和实践问题，推进法治理论创新，发展符合中国实际、具有中国特色、体现社会发展规律的社会主义法治理论，为依法治国提供理论指导和学理支撑。汲取中华法律文化精华，借鉴国外法治有益经验，但决不照搬外国法治理念和模式。”故 C 项正确。

D 项：《中共中央关于全面推进依法治国若干重大问题的决定》指出：“平等是社会主义法律的基本属性。任何组织和个人都必须尊重宪法法律权威，都必须在宪法法律范围内活动，都必须依照宪法法律行使权力或权利、履行职责或义务，都不得有超越宪法法律的特权。……必须以规范和约束公权力为重点，加大监督力度，做到有权必有责、用权受监督、违法必追究，坚决纠正有法不依、执法不严、违法不究行为。”故 D 项正确。

综上所述，本题答案为 ABCD 项。

【不定项】

3 2101128

答案：A,B,D

解析：本题考查的是习近平法治思想形成和发展。

AB 项：【党的十八届四中全会】专门研究全面依法治国，出台了《中共中央关于全面推进依法治国若干重大问题的规定》。【党的十九大】提出到 2035 年基本建成法治国家、法治政府、法治社会。故 AB 项错误，当选。

CD 项：十九届三中全会决定成立中央全面依法治国委员会，加强党对全面依法治国的集中统一领导。故 C 项正确，不当选；【十九届四中全会】从推进国家治理体系和治理能力现代化的角度，对坚持和完善中国特色社会主义法治体系，提高党依法治国、依法执政能力作出部署。【十九届五中全会】对立足新发展阶段、贯彻新发展理念、构建新发展格局的法治建设工作提出新要求。故 D 项错误，当选。

综上所述，本题为选非题，答案为 ABD 项。

4 2001181

答案：A,B,C,D

解析：本题考查的是中国特色社会主义法律体系。

ABCD 项：当代中国特色社会主义法律体系的特征是，体现中国特色社会主义的本质要求，体现改革开放和社会主义现代化建设的时代要求，体现结构内在统一而又多层次的科学要求，体现继承中国法制文化优秀传统和借鉴人类法制文明成果的文化要求，体现动态、开放、与时俱进的发展要求。因此，ABCD 项正确。

综上所述，本题答案为 ABCD 项。

二、模拟训练

5 2208151

答案：D

解析：本题考查的是习近平法治思想的重大意义。

A 项：习近平法治思想坚持马克思主义法治理论的基本立场、观点和方法，在法治理论上实现了一系列重大突破、重大创新、重大发展，为马克思主义法治理论的不断发展作出了原创性贡献，习近平法治思想是马克思主义法治理论同中国法治建设具体实际相结合、同中华优秀传统法律文化相结合的最新成果。因此，A 项正确，不当选。（二十大报告中修改了此处表述，从“一结合”转变为“二结合”。）

B 项：习近平法治思想以新的高度、新的视野、新的认识赋予中国特色社会主义法治建设事业以新的时代内涵，深刻回答了事关新时代我国社会主义法治建设的一系列重大问题，实现了中国特色社会主义法治理论的历史性飞跃。因此，B 项正确，不当选。

C 项：习近平总书记在党的二十大报告中指出，全面建设社会主义现代化国家，是一项伟大而艰巨的事业，前途光明，任重道远。前进道路上，必须牢牢把握五条重大原则。习近平法治思想对党和人民长期奋斗历史经验的科学总结和丰富发展，为在法治轨道上全面建设社会主义现代化国家提供了根本遵循。因此，C 项正确，不当选。

D 项：坚持全面依法治国，是中国特色社会主义国家制度和国家治理体系的显著优势。因此，D 项错误，当选。

综上所述，本题为选非题，答案为 D 项。

6 2208088

答案：A,C,D

解析：本题考查的是习近平法治思想的重大意义。

A 项：习近平法治思想具有原创性、系统性、时代性、实践性、人民性特征，不具有理论性特征。因此，A 项错误，当选。

B 项：习近平法治思想从历史和现实相贯通、国际和国内相关联、理论和实际相结合上，深刻回答了新时代为什么要实行全面依法治国、怎样实行全面依法治国等一系列重大问题，为全面建设社会主义现代化国家、实现中华民族伟大复兴的中国梦，提供了科学指南。因此，B 项正确，不当选。

C 项：推进全面依法治国，必须要加强和改善党的领导，坚持党【领导】立法、【保证】执法、【支持】司法、【带头】守法。因此，C 项错误，当选。

D 项：依法保障人民权益是推进全面依法治国的根本目的，而不是首要目的。因此，D 项错误，当选。

综上所述，本题为选非题，答案为 ACD 项。

 2208116

答案：B,C,D

解析：本题考查的是习近平法治思想的重大意义。

A 项：习近平法治思想贯穿经济、政治、文化、社会、生态文明建设的各个领域，涵盖改革发展稳定、内政外交国防、治党治国治军各个方面，科学指明了在法治轨道上推进国家治理现代化的正确道路，为在法治轨道上推进国家治理体系和治理能力现代化提供了【根本】遵循。因此，A 项错误。

BD 项：坚持和完善中国特色社会主义制度，推进国家治理体系和治理能力现代化，就是要适应时代变革，不断健全我国国家治理的体制，实现党和国家各项工作制度化、规范化、程序化，提高运用制度和法律治理国家的能力。因此，D 项正确。在法治轨道上推进国家治理体系和治理能力现代化，要提高党依法治国、依法执政能力，推进党的领导制度化、法治化、规范化。因此，B 项正确。

C 项：当今世界百年未有之大变局加速演进，国际形势复杂多变，改革发展稳定、内政外交国防、治党治国治军各个方面任务之繁重前所未有，我们面临的风险挑战之严峻前所未有，要打赢防范化解重大风险攻坚战，必须坚持和完善中国特色社会主义制度、推进国家治理体系和治理能力现代化，运用制度威力应对风险挑战的冲击。因此，C 项正确。

综上所述，本题答案为 BCD 项。

第二章 习近平法治思想的核心要义

参考答案

[1] D	[2] D	[3] A	[4] C	[5] C
[6] A	[7] ABCD	[8] D	[9] D	[10] D
[11] C	[12] C	[13] B	[14] ABCD	[15] ABCD
[16] ABCD	[17] A	[18] A	[19] C	[20] C
[21] D	[22] ABCD	[23] ABCD	[24] A	[25] B
[26] D	[27] D	[28] D	[29] D	[30] B
[31] ABC	[32] ABCD	[33] ABD	[34] A	[35] C
[36] ABC	[37] B	[38] ABCD	[39] BCD	[40] ABD
[41] ABC	[42] ABCD	[43] ACD	[44] BD	[45] A
[46] A				

一、历年真题及仿真题

（一）坚持党对全面依法治国的领导

【单选】

1 2401049

答案：D

解析：本题考查的是对习近平法治思想核心内容的理解。

A 项：依规治党是依法治国的前提和政治保障，A 项说法刚好相反。故 A 项错误。

B 项：我国法治同西方资本主义国家法治最大的区别是党的领导，而非民族性。故 B 项错误。

C 项：全面依法治国，要坚持建设中国特色社会主义法治体系，其中包括建设完善的党内法规体系和建设完备的法律规范体系。所以，依法治国的法不仅包括我国法律体系中的法即国法，还包括党内法规。故 C 项错误。

D 项：领导干部要做学法尊法守法用法的模范，做老百姓的模范。因此可以说领导干部的守法标准高于普通公民。故 D 项正确。

综上所述，本题答案为 D 项。

【不定项】

2 1801086

答案：D

解析：本题考查的是坚持党对全面依法治国的领导。

A 项：党的领导是中国特色社会主义【最本质的特征】，是社会主义法治【最根本的保证】。故 A 项正确，不当选。

B 项：习近平总书记在《加强党对全面依法治国的领导》中指出："必须坚持实现党领导立法、保证执法、支持司法、带头守法，健全党领导全面依法治国的制度和工作机制……" 故 B 项正确，不当选。

C 项：《深化党和国家机构改革方案》第 19 项指出："不再设立中央维护稳定工作领导小组及其办公室。为加强党对政法工作的集中统一领导，更好统筹协调政法机关资源力量，强化维稳工作的系统性，推进平安中国建设，不再设立中央维护稳定工作领导小组及其办公室，有关职责交由【中央政法委员会】承担。"可见，政法委员会是党委领导政法工作的组织形式，必须长期坚持。故 C 项正确，不当选。

D 项：党纪可以严于国法，但不能高于国法，在法治国家当中，宪法和法律至上。故 D 项错误，当选。

综上所述，本题为选非题，答案为 D 项。

（二）坚持以人民为中心

【单选】

3 2301094

答案：A

解析：本题考查的是坚持以人民为中心。

"经国序民，正其制度" 的意思即是治理国家，使人民安然有序，就要健全各项制度。人民的福祉是最高法律是指，最高的法律制度，必须要保护人民的福祉。因此题干强调的是人民利益与制度（法律）之间的关系。

A 项：以人民为中心是新时代坚持和发展中国特色社会主义的根本立场，是中国特色社会主义法治的本质要求。这句话表现了推行法治，制定制度需要考虑人民的利益，以人民为中心。故 A 项正确。

B 项：加强人民的法治意识是全面依法治国的基

础。这句话强调推行法治需要人民守法，提高民众法治素质，没有体现法律与人民福祉的关系，故 B 项错误。

C 项：中国特色社会主义法治体系是国家治理体系的骨干工程。这句话强调法治与国家治理的关系，没有体现法律与人民的关系，故 C 项错误。

D 项：法治政府是建设法治国家的重点。这句话强调的是法治国家与法治政府之间的关系，没有体现人民，故 D 项错误。

综上所述，本题答案为 A 项。

答案：C

解析：本题考查的是坚持以人民为中心。

A 项：全面依法治国，坚持人民主体地位。必须使人民认识到法律既是保障自身权利的有力武器，又是必须遵守的行为规范，增强全社会学法尊法守法用法意识，使法律为人民所掌握、所遵守、所运用。所以，A 项说法正确，不当选。

BD 项：人民是依法治国的主体和力量源泉，人民代表大会制度是保证人民当家作主的根本政治制度。全面依法治国，必须坚持人民主体地位，坚持法治建设为了人民、依靠人民、造福人民、保护人民，以保障人民享有广泛的权利和自由、承担应尽的义务，维护社会公平正义，促进共同富裕。所以，BD 项说法正确，不当选。

C 项：我国立法体制具有多级并存、分类结合的特点，全面依法治国，健全有立法权的人大主导立法工作的体制机制，发挥人大及其常委会在立法工作中的主导作用。我国的执法权仅指国家行政机关和法律授权、委托的组织及其公职人员在行使行政管理权的过程中，依照法定职权和程序，贯彻实施法律的活动，人民不能直接行使执法权。司法权由国家司法机关及其司法人员行使，其他任何国家机关、社会组织和个人都不能行使此项权力。全面依法治国，应健全立法机关与社会公众沟通机制，拓宽公民有序参与立法途径，健全法律法规规章草案公开征求意见和公众意见采纳情况反馈机制，广泛凝聚社会共识；应坚持严格规范公正文明执法，加大关系群众切身利益的重点领域执法力度；应保障人民群众参与司法，坚持司法为人民，依靠人民推进公正司法，通过公正司法维护人民权益。所以，C 项说法错误，当选。

综上所述，本题为选非题，答案为 C 项。

5 1401006

答案：C

解析：本题考查的是坚持以人民为中心。

A 项：社会主义法治公平正义的实现，必须注重法理与情理的相互统一，用法理为情理提供正当性支持，以情理强化法理施行的社会效果。在执法和司法过程中，兼顾法理与情理的要求，寻求相关利益的平衡与妥协，使问题的解决更趋于实质上的公正。该项表述片面。故 A 项错误。

B 项：程序公正与实体公正具有密切的联系。程序公正是实体公正的外部形式，是实体公正得以实现的重要途径和重要保证；实体公正是程序公正的内在目标，也是程序公正的价值和意义所在。在法治实践活动中，要正确处理好程序与实体的关系，把握好两者之间的合理均衡，一方面，应当高度重视程序的约束作用，严格遵守法定程序，切实保证程序的公正；另一方面，不应极端化地强调程序而忽略实体上的公正，反对那种“只要程序公正，实体则必然公正”，以及“只要程序正确，实体则可以在所不问”的观念和做法。该项错在“仅仅”二字。故 B 项错误。

C 项：实现公平正义，必须同时兼顾公正与效率。一方面，不能为片面追求效率而损伤实质公正；另一方面，又必须看到，公平正义的实现，离不开法治活动效率的不断提高。如果执法者在法治活动中拖延推诿，贻误怠慢，使人民群众的正当权益得不到及时的保护或实现，同样是对人民群众的不公正。故 C 项正确。

D 项：社会主义法治公平正义要求正确处理普遍与特殊的关系。为此，必须强调法制的统一性，坚持法律面前人人平等，以体现对法律这种普遍性的尊重。同时，又必须从我国地域间、城乡间、阶层间、群体间发展很不平衡，社会成员所处社会环境、所具有的社会条件差异较大这一客观事实出发，在法律制定及其适用中，对特殊地域以及特殊群体或个体作出必要的区别化对待，特别是为不发达地区、困难群体或个体提供更多的发展机遇，给予更为完善的法律保护。即特殊情况特殊对待。故 D 项错误。

综上所述，本题答案为 C 项。

6 2101124

答案：A

解析：本题考查的是坚持党的领导、坚持以人民为中心、坚持中国特色社会主义法治道路。

A 项：党的领导是中国特色社会主义最本质的特征，是社会主义法治最根本的保证。把党的领导贯彻到依法治国全过程和各方面，是我国社会主义法治建设的一条基本经验，故 A 项正确。

B 项：人民是依法治国的主体和力量源泉，人民代表大会制度是保证人民当家作主的根本政治制度，根本制度是社会主义制度，故 B 项错误。

C 项：坚持法律面前人人平等不是绝对平等，还要做到不同情况差别对待。故 C 项错误。

D 项：中国特色社会主义道路、理论体系、制度是全面推进依法治国的根本遵循。必须从我国基本国情出发，为依法治国提供理论指导和学理支撑。汲取中华法律文化精华，【借鉴】国外法治有益经验，但决不照搬外国法治理念和模式。人民代表大会制度是我国的根本政治制度，不能盲目照搬三权分立，故 D 项错误。

综上所述，本题答案为 A 项。

【多选】

7 2101126

答案：A,B,C,D

解析：本题考查的是坚持以人民为中心、新时代我国社会主要矛盾的变化。

AB 项：中国特色社会主义进入新时代，我国社会主要矛盾已经转化为人民日益增长的美好生活需要和不平衡不充分的发展之间的矛盾。经过长期努力，我国社会生产力水平总体上显著提高，社会生产能力在很多方面进入世界前列，我国长期所处的短缺经济和供给不足状况已经发生根本性转变，更加突出的问题是【发展不平衡不充分】。进入新时代，国家经济实力显著提升，全面建成小康社会如期实现，人民对美好生活的向往集中反映了在生产力发展和社会进步基础上人民生活需要的升级。人民群众的需要呈现多样化多层次多方面的特点，期盼有更好的教育、更稳定的工作、更满意的收入、更可靠的社会保障、更高水平的医疗服务、更舒适的居住条件、更优美的环境、更丰富的精神文化生活。故 AB 项正确。

C 项：明确新时代我国社会主义矛盾是人民日益增长的美好生活需要和不平衡不充分的发展之间的矛盾，必须坚持以人民为中心的发展思想，不断促进人的全面发展、全体人民共同富裕。坚持以人民为中心的发展理念体现了党的根本宗旨，也是新时代中国特色社会主义思想和基本方略的重要组成部分。政法机关必须坚持人民的利益高于一切，坚持党的领导、人民当家作主、依法治国有机统一，坚持法治建设为了人民，依靠人民、造福人民、保护人民，以保障人民根本利益为出发点和落脚点，保证人民依法享有广泛的权利和自由、承担应尽的义务，维护社会公平正义，促进共同富裕；要依法保障人民享有平等的就业权、医疗权、受教育权，为解决发展不平衡不充分，推动缩小收入差距、地区差距作出积极贡献；要加强社会保障体系建设，打造共建共治共享的社会治理格局，依法维护国家安全，防范和化解风险，严厉打击严重侵害人民群众生命财产安全的违法犯罪行为，不断增强人民群众的幸福感、安全感；要进一步深化执法司法改革，不断推出便民利民举措，使群众办事更方便、维权更便捷，不断增强人民群众的获得感，故 C 项正确。

D 项：必须认识到，新时代我国社会主要矛盾的变化是关系全局的历史性变化，对党和国家提出了许多新要求，社会矛盾和问题交织叠加，全面依法治国任务依然繁重，需要深入推进国家治理体系和治理能力现代化。故 D 项正确。

综上所述，本题答案为 ABCD 项。

（三）坚持中国特色社会主义法治道路

【单选】

8 2101121

答案：D

解析：本题考查的是坚持中国特色社会主义法治

道路。

AC 项：中国特色社会主义法治道路，本质上是中国特色社会主义道路在法治领域的具体体现，是建设社会主义法治国家的唯一正确道路，必须始终坚持党的领导，坚持中国特色社会主义制度，贯彻中国特色社会主义法治理论。故 AC 项正确，不当选。

B 项：党的领导是中国特色社会主义最本质的特征，是社会主义法治【最根本的保证】。坚持中国特色社会主义法治道路，最根本的是坚持中国共产党的领导。故 B 项正确，不当选。

D 项：传承中华优秀传统法律文化，从我国革命、建设、改革的实践中探索适合自己的法治道路，同时【借鉴】国外法治有益成果，但决【不照抄、照搬】别国模式和做法，坚持德治和法治相结合，相辅相成。因此并不是完全不借鉴国外的法治成果，故 D 项错误，当选。

综上所述，本题为选非题，答案为 D 项。

9 2101119

答案：D

解析：本题考查的是法治中国建设规划的原则。

A 项：法治中国建设规划的主要原则包括：坚持党的集中统一领导。牢牢把握党的领导是社会主义法治最根本的保证，坚持党领导立法、保证执法、支持司法、带头守法，充分发挥党总揽全局、协调各方的领导核心作用，确保法治中国建设的正确方向。因此，A 项正确，不当选。

B 项：法治中国建设规划的主要原则包括：坚持以人民为中心。坚持法治建设为了人民、依靠人民，促进人的全面发展，努力让人民群众在每一项法律制度、每一个执法决定、每一宗司法案件中都感受到公平正义，加强人权法治保障，非因法定事由、非经法定程序不得限制、剥夺公民、法人和其他组织的财产和权利。因此，B 项正确，不当选。

C 项：法治中国建设规划的主要原则包括：坚持问题导向和目标导向。聚焦党中央关注、人民群众反映强烈的突出问题和法治建设薄弱环节，着眼推进国家治理体系和治理能力现代化，固根基、扬优势、补短板、强弱项，切实增强法治中国建设的时代性、针对性、实效性。因此，C 项正确，不当选。

D 项：坚持从中国实际出发。立足我国基本国情，统筹考虑经济社会发展状况、法治建设总体进程、人民群众需求变化等综合因素，汲取中华法律文化精华，借鉴国外法治有益经验，循序渐进、久久为功，确保各项制度设计行得通、真管用。D 项错在【应当】，因此，D 项错误，当选。

综上所述，本题为选非题，答案为 D 项。

10 1701001

答案：D

解析：本题考查的是坚持中国特色社会主义法治道路。

A 项：全面依法治国必须坚持从中国实际出发的原则。必须从我国基本国情出发，同改革开放不断深化相适应。A 项中，从实际出发应该实事求是，根据基本国情和中国的发展阶段，而【不能超越】。故 A 项说法错误。

B 项：现代中国的中国特色社会主义道路、理论体系、制度是推进全面依法治国的根本遵循。因此，其制度基础不是中华法系，中华法系已经解体。故 B 项错误。

C 项：我们可以借鉴国外法治有益经验，但决不照搬外国法治理念和模式。因此，移植国外法律制度和法律文化时候要保持冷静，不能全面西化，不加选择。故 C 项说法错误。

D 项：从实际出发要求坚持中国道路，有道路自信，理论自信。故 D 项正确。

综上所述，本题答案为 D 项。

（四）坚持依宪治国、依宪执政

【单选】

11 2101120

答案：C

解析：本题考查的是坚持依宪治国、依宪执政。

A 项：建设法治中国，必须高度重视宪法在治国理政中的重要地位和作用，坚持依宪治国、依宪执政，把全面贯彻实施宪法作为首要任务，健全保证宪法全面实施的体制机制，将宪法实施和监督提高到新水平。因此，A 项正确，不当选。

B 项：全国各族人民、一切国家机关和武装力量、各政党和各社会团体、各企业事业组织，都负有维护宪法尊严保证宪法实施的职责，都不得有超越宪法法律的特权。因此，B 项正确，不当选。

C 项：并非所有涉及宪法有关规定如何理解、实施、适用问题，都应当依照有关规定向全国人大书面提出合宪性审查请求，C 项过于绝对。因此，C 项错误，当选。

D 项：全国人大及其常委会要切实担负起宪法监督职责，加强宪法实施和监督，全国人大及其常委会通过的法律和作出的决定决议，应当确保符合宪法规定、宪法精神。因此，D 项正确，不当选。

综上所述，本题为选非题，答案为 C 项。

（五）坚持在法治轨道上推进国家治理体系和治理能力现代化

【单选】

12 2201066

答案：C

解析：本题考查的是坚持在法治轨道上推进国家治理体系和治理能力现代化。

A 项：坚持中国特色社会主义道路回答了新时代全面依法治国的方向道路问题。因此，A 项错误。

B 项：坚持全面推进科学立法、严格执法、公正司法、全民守法回答了新时代全面依法治国的重要环节和重点任务问题。因此，B 项错误。

C 项：坚持在法治轨道上推进国家治理体系和治理能力现代化回答了新时代为什么要全面依法治国的问题。因此，C 项正确。

D 项：坚持依宪治国、依宪执政回答了新时代全面依法治国的首要任务问题。因此，D 项错误。

综上所述，本题答案为 C 项。

（六）坚持建设中国特色社会主义法治体系

【单选】

13 1401001

答案：B

解析：本题考查的是坚持建设中国特色社会主义法治体系。

A 项：社会主义法治要从法律上构建起“以权力制约权力，以权利制约权力，以道德制约权力”的权力制约监督体系与机制，以保证执政党的权力和立法、执法、司法等各种权力的设置和行使始终不偏离我国民主政治的正确轨道。故 A 项正确，不当选。

B 项：社会主义法治理念不认同“法律万能”的思维偏向，在我国社会的规范体系中，除了宪法和法律等规范性文件外，还有党的方针政策、社会主义道德规则、各种社会组织合法的规章制度，以及为人民群众所广泛认同的民规、民俗、民约等等。应全面发挥各种社会规范的调整作用，综合协调运用多元化的手段和方式来实现对国家的治理。故 B 项错误，当选。

C 项：深入实施依法治国基本方略，建设法治中国，必须坚持依法治国、依法执政、依法行政共同推进，坚持法治国家、法治政府、法治社会一体建设。故 C 项正确，不当选。

D 项：实施依法治国基本方略，党要做到依法执政，在立法、执法、司法、守法中做好表率。故 D 项正确，不当选。

综上所述，本题为选非题，答案为 B 项。

【多选】

14 2001179

答案：A,B,C,D

解析：本题考查的是坚持建设中国特色社会主义法治体系。

A 项：中国特色社会主义法治体系，是中国特色社会主义制度的重要组成部分，本质上是中国特色社会主义制度的法律表现形式，坚持和完善中国特色社会主义法治体系是坚持和发展中国特色社会主义的内在要求，故 A 项正确。

B 项：法治是国家治理体系和治理能力的重要依托，法治体系是国家治理体系的骨干工程，坚持和完善中国特色社会主义法治体系是推进国家治理体系和治理能力现代化的重大举措，故 B 项正确。

C 项：坚持和完善中国特色社会主义法治体系是全面推进依法治国的总抓手，建设中国特色社会主义法治体系是全面依法治国总目标的重要组成部分，是建设社会主义法治国家的前提和基础，故 C 项正确。

D 项：坚持和完善中国特色社会主义法治体系，提高党依法治国、依法执政的能力，对不断完善和发展中国特色社会主义国家制度和法律制度，加快推进国家治理体系和治理能力现代化具有重大意义。故 D 项正确。

综上所述，本题答案为 ABCD 项。

15 2101127

答案：A,B,C,D

解析：本题考查的是建设严密的法治监督体系。

A 项：强化对行政权力的监督和制约主要有三个方面：第一个方面，多种监督并举，加强党内监督、人大监督、民主监督、行政监督等各种监督，努力形成科学有效的权力运行机制和监督体系，增强监督合力和实效，故 A 项正确

B 项：强化对行政权力的监督和制约主要有三个方面：第三个方面，完善审计制度，完善省以下地方审计机关人财物统管理，故 B 项正确。

CD 项：强化对行政权力的监督和制约主要有三个方面：第二个方面，加强政府内部权力的监督与制约，完善政府内部层级监督和专门监督，改进上级机关对下级机关的监督，建立常态化监督制度，完善纠错问责机制，健全责令公开道歉、停职检查、引咎辞职、责令辞职、罢免等问责方式和程序，故 CD 项正确。

综上所述，本题答案为 ABCD 项。

16 1801051

答案：A,B,C,D

解析：本题考查的是建设完备的法律规范体系、坚持党的领导。

ABCD 项：根据《中共中央关于全面推进依法治国若干重大问题的决定》，建设中国特色社会主义法治体系，必须坚持立法先行，发挥立法的引领和推动作用，首先要加强【党对立法工作的领导】，完善党对立法工作中重大问题决策的程序。凡是立法涉及到重大体制和重大政策调整的，必须报【党中央】讨论决定；健全有立法权的【人大主导立法工作】的体制机制，发挥人大及其常委会在立法工作中的主导作用；加强和改进政府立法制度建设，完善行政法规、规章制定程序，完善【公众参与】政府立法机制；明确地方立法权限和范围，依法赋予设区的市地方立法权；加强法律解释工作，及时明确法律规定含义和适用法律依据。故 ABCD 项均正确。

综上所述，本题答案为 ABCD 项。

（七）坚持依法治国、依法执政、依法行政共同推进，法治国家、法治政府、法治社会一体建设

【单选】

17 2201067

答案：A

解析：本题考查的是法治国家、法治政府、法治社会一体建设。

A 项："共建共治共享"，是指人民共同参与社会建设、共同参与社会治理、共同享有治理成果；即共治共建是对【基层社会治理】的要求，而非法治政府的衡量标准。因此，A 项错误，当选。

BCD 项：根据《地方各级人民代表大会和地方各级人民政府组织法》第 62 条的规定："地方各级人民政府应当维护宪法和法律权威，坚持依法行政，建设职能科学、权责法定、执法严明、公开公正、智能高效、廉洁诚信、人民满意的法治政府。"可知，智能高效、权责统一、诚信廉洁都属于法治政府的衡量标准。因此，BCD 项正确，不当选。

综上所述，本题为选非题，答案为 A 项。

18 2001172

答案：A

解析：本题考查的是法治政府建设与依法行政。

A 项：建立行政机关内部【重大决策】合法性审查机制，未经合法性审查或经审查不合法的，不得提交讨论，而不是所有决策都必须进行合法性审查。因此，A 项错误，当选。

B 项：中共十八届四中全会通过的《中共中央关于全面推进依法治国若干重大问题的决定》提出，严格实行行政执法人员持证上岗和资格管理制度，未经执法资格考试合格，不得授予执法资格，不得从事执法工作。因此，B 项正确，不当选。

CD 项：改革行政执法管理体制，推进综合执法，大幅减少市县两级政府执法种类，有条件的领域可以推行跨部门综合执法。C 项是综合执法的体

现，D 项是政府全面推进政务公开的体现，因此，CD 项正确，不当选。

综上所述，本题为选非题，答案为 A 项。

19 2001171

答案：C

解析：本题考查的是法治国家、法治政府、法治社会一体建设。

ABC 项：全面依法治国的总目标是建设中国特色社会主义法治体系，建设社会主义法治国家。这就是，在中国共产党领导下，坚持依法治国、依法执政、依法行政共同推进，坚持法治国家、法治政府、法治社会一体建设，实现科学立法、严格执法、公正司法、全民守法，促进国家治理体系和治理能力现代化。其中，法治国家是法治建设的【目标】，法治政府是建设法治国家的【主体】，法治社会是建设法治国家的【基础】。故 AB 项正确，不当选；C 项错误，当选。

D 项：习近平总书记强调“推进全面依法治国，法治政府建设是重点任务和主体工程，对法治国家、法治社会建设具有示范带动作用。”故 D 项正确，不当选。

综上所述，本题为选非题，答案为 C 项。

20 2001013

答案：C

解析：本题考查坚持依法治国、依法执政、依法行政共同推进，坚持法治国家、法治政府、法治社会一体建设。

A 项：全面依法治国的总目标是建设中国特色社会主义法治体系，建设社会主义法治国家。就是在中国共产党领导下，坚持中国特色社会主义制度，贯彻中国特色社会主义法治理论，形成完备的法律规范体系、高效的法治实施体系、严密的法治监督体系、有力的法治保障体系，完善党内法规体系，坚持依法治国、依法执政、依法行政共同推进，坚持法治国家、法治政府、法治社会一体建设，实现科学立法、严格执法、公正司法、全民守法，促进国家治理体系和治理能力现代化。因此，A 项正确，不当选。

B 项：在全面依法治国的过程中，党的领导是必须要坚持的基本原则，而各级政府作为执法主体，是确保法律的各项要求能够真正落地的关键环节，因此，依法治国能不能做好，关键要看党能否做到依法执政，各级政府能否做到依法行政。因此，B 项正确，不当选。

C 项：在全面推进依法治国的总体战略过程中，法治国家是法治建设的目标，法治政府是建设法治国家的主体，法治社会是建设法治国家的基础。因此，C 项错误，当选。

D 项：依法治国是坚持和发展中国特色社会主义的本质要求和重要保障，是实现国家治理体系和治理能力现代化的必然要求，事关我党执政兴国，事关人民幸福安康，事关党和国家长治久安。全面建成小康社会、实现中华民族伟大复兴的中国梦，全面深化改革、完善和发展中国特色社会主义制度，提高党的执政能力和执政水平，必须全面推进依法治国。因此，实现国家治理体系和治理能力现代化，离不开依法治国战略的稳定推进。因此，D 项正确，不当选。

综上所述，本题为选非题，答案为 C 项。

21 1801002

答案：D

解析：本题考查的是法治政府的建设与依法行政。

ABC 项：深入推进依法行政，加快建设法治政府须做到：（1）依法全面履行政府职能；（2）健全依法决策机制；（3）深化行政执法体制改革；（4）坚持严格规范公正文明执法；（5）强化对行政权力的制约和监督；（6）全面推进政务公开。ABC 项中所述内容是对上述要求的细化，故 ABC 说法正确，不当选。

D 项：完善行政组织和行政程序法律制度，行政机关要坚持法定职责必须为，【法无授权不可为】。行政机关【不得法外设定权力】，没有法律法规依据不得作出减损公民、法人和其他组织合法权益或者增加其义务的决定。故 D 选项错误，当选。

综上所述，本题为选非题，答案为 D 项。

【多选】

22 1901150

答案：A,B,C,D

解析：本题综合考查习近平法治思想的核心要义。

A 项：全面依法治国的总目标是建设中国特色社会主义法治体系，建设社会主义法治国家。因此，A 项正确。

BCD 项：在中国共产党领导下，坚持中国特色社会主义制度，贯彻中国特色社会主义法治理论。（1）形成完备的法律规范体系、高效的法治实施体系、严密的法治监督体系、有力的法治保障体系，形成完善的党内法规体系。（2）坚持依法治国、依法执政、依法行政共同推进，坚持法治国家、法治政府、法治社会一体建设，实现科学立法、严格执法、公正司法、全民守法，促进国家治理体系和治理能力现代化。因此，BCD 项正确。

综上所述，本题答案为 ABCD 项。

23 1701054

答案：A,B,C,D

解析：本题考查的是法治社会建设。

ABCD 项：全面推进依法治国的要求之一在于推进覆盖城乡居民的公共法律服务体系建设，要通过各种法律手段和法律资源便利城乡居民的生活。完善法律援助制度，扩大援助范围，健全司法救助体系，保证人民群众在遇到法律问题或者权利受到侵害时获得及时有效的法律帮助。本题 ABCD 项说法均正确。

综上所述，本题答案为 ABCD 项。

（八）坚持全面推进科学立法、严格执法、公正司法、全民守法

【单选】

答案：A

解析：本题考查的是全面推进科学立法、严格执法、公正司法、全民守法。

A 项：城乡的安宁、群众的安乐要依靠制度，要坚持稳定、常态化的扫黑除恶。因此，A 项正确。

B 项：首先，关于黑恶势力的犯罪有刑法的罪名予以规范；其次，2022 年专门颁布了针对黑恶势力犯罪的《反有组织犯罪法》，所以于法无据与现状相悖。因此，B 项错误。

C 项：扫黑除恶专项斗争工作由各部门协同负责执行，包括：政法机关、监察机关等。而非由检察机关与公安机关负责。因此，C 项错误。

D 项：法治本身就是要求常态化、制度化、规范化，应当反对运动式执法。因此，D 项错误。

综上所述，本题答案为 A 项。

25 2101123

答案：B

解析：本题考查的是全民守法。

AB 项：全面依法治国需要全社会共同参与，必须大力弘扬社会主义法治精神，建设社会主义法治文化，引导全体人民做社会主义法治的忠实崇尚者、自觉遵守者、坚定捍卫者。改进创新普法工作，加大全民普法力度，增强全民法治观念。建立健全立法工作宣传报道常态化机制，对立法热点问题主动发声、解疑释惑。全面落实“谁执法，谁普法”的普法责任制。深入开展法官、检察官、行政复议人员、行政执法人员、律师等以案释法活动。加强突发事件应对法治宣传教育和法律服务。故 A 项正确，不当选；以案释法的主体不包括监察官，故 B 项错误，当选。

C 项：广泛推动人民群众参与社会治理，打造共建共治共享的社会治理格局。完善群众参与基层社会治理的制度化渠道。健全社会治理规范体系。发挥工会、共青团、妇联等群团组织引领联系群众参与社会治理的作用，加快推进社会信用立法，完善失信惩戒机制。加强对产权的执法司法保护，健全涉产权错案甄别纠正机制。完善对暴力袭警行为的刑事责任追究制度。加大对暴力伤害医务人员犯罪行为打击力度。故 C 项正确，不当选。

D 项：积极引导人民群众依法维权和化解矛盾纠纷，坚持和发展新时代“枫桥经验”。充分发挥人民调解的第一道防线作用，完善人民调解、行政调解、司法调解联动工作体系。全面开展律师调解工作。完善调解、信访、仲裁，行政裁决、行政复议、诉讼等社会矛盾纠纷多元预防调处化解综合机制，整合基层矛盾纠纷化解资源和力量，充分发挥非诉纠纷解决机制的作用。故 D 项正确，不当选。

综上所述，本题为选非题，答案为 B 项。

26 2001190

答案：D

解析：本题考查的是全面推进科学立法、严格执法、公正司法、全民守法。

A 项：外卖平台属于新兴产业，需要通过科学立法规范外卖平台的竞争行为（包括服务流程、对服务人员的管理等），维护公平竞争的市场秩序，减少安全事故的发生。因此，A 项正确，不当选。

B 项：保证公正司法，提高司法公信力要求坚持以事实为根据、以法律为准绳，健全事实认定符合客观真相、办案结果符合实体公正、办案过程符合程序公正的法律制度。因此，B 项正确，不当选。

C 项：全民普法和守法是依法治国的长期基础性工作，引导全民自觉守法、遇事找法、解决问题靠法。外卖骑手如果有一定的法律常识和证据意识，在外卖平台否认两者之间的劳动关系时，外卖骑手能够利用前期留存证据，依靠法律解决争议能够更好地维护自身的利益。因此，C 项正确，不当选。

D 项：行业自治能够发挥一定的规范作用，是值得鼓励的，【支持行业自治不排斥政府监管】。在行业自治的同时，政府要履行市场监管的职能。因此，D 项错误，当选。

综上所述，本题为选非题，答案为 D 项。

27 1801004

答案：D

解析：本题考查的是科学立法、民主立法原则的体现。

ABCD 项：深入推进科学立法、民主立法要求：(1) 加强人大对立法工作的组织协调，健全立法起草、论证、协调、审议机制，健全向下级人大征询立法意见机制，建立基层立法联系点制度，推进立法精细化。(2) 健全法律法规规章起草征求人大代表意见制度，增加人大代表列席人大常委会会议人数，更多发挥人大代表参与起草和修改法律作用。完善立法项目征集和论证制度。健全立法机关主导、社会各方有序参与立法的途径和方式。(3) 探索委托第三方起草法律，健全立法机关和社会公众沟通机制，开展立法协商，充分发挥政协委员、民主党派、工商联、无党派人士、人民团体、社会组织在立法协商中的作用，探索建立有关国家机关、社会团体、专家学者等对立法中涉及的重大利益调整论证咨询机制。拓宽公民有序参与立法途径，健全法律法规规章草案公开征求意见和公众意见采纳情况反馈机制，广泛凝聚社会共识。(4) 完善法律草案表决程序，对重要条款【可以】单独表决。因此，ABC 项正确，不当选。而 D 项中，完善法律草案表决程序，对重要条款“可以”而非“应当”单独表决。因此，D 项错误，当选。

综上所述，本题为选非题，答案为 D 项。

28 1801001

答案：D

解析：本题考查的是多元纠纷解决机制。

ABC 项：马锡五审判方式是抗日战争时期在陕甘宁边区实行的一套便利人民群众的审判制度。最大的特点即在于坚持在司法审判工作中贯彻落实群众路线，在保证法律效果的同时，争取人民群众对于判决的真心认可，体现了我党全心全意为人民服务的工作理念，据此 ABC 项正确，不当选。

D 项：司法与民意应当有机统一，严格依法裁判是司法的最根本要求，突破法律的界限的判决不仅面临严峻的合法性危机，也从根本上背离了民心所向（根据民主程序制定出来的法律，本身就是民意的结晶）。故 D 项错误，当选。

综上所述，本题为选非题，答案为 D 项。

29 1701002

答案：D

解析：本题考查的是科学立法与严格执法。

A 项：《预算法》的修改，标志着依法行政，转变政府职能的目标更近了一步。行政机关要坚持法定职责必须为、法无授权不可为。立法要与时俱进，对于不适应法治政府建设需要的法律及时进行修改和废止。故 A 项说法正确，不当选。

B 项：针对有的法律法规未能全面反映客观规律和人民意愿，针对性、可操作性不强，立法工作中部门化倾向、争权诿责现象较为突出，需要透明预算制度，防止财政预算的部门化倾向。故 B 项正确，不当选。

C 项：立法规范政府职能转变，符合依法治国的要求，故C项正确，不当选。
D项：立法并非总滞后于改革措施，建设中国特色社会主义法治体系，必须坚持【立法先行】，发挥立法的引领和推动作用，抓住提高立法质量这个关键。故D项错误，当选。
综上所述，本题为选非题，答案为D项。

30 1501007

答案：B
解析：本题考查的是全民守法。
AD项：《中共中央关于全面推进依法治国若干重大问题的决定》指出：推动全社会树立法治意识，要求把法治教育纳入精神文明创建内容，开展群众性法治文化活动，健全媒体公益普法制度，加强新媒体新技术在普法中的运用，提高普法实效。故AD项正确，不当选。
B项：《中共中央关于全面推进依法治国若干重大问题的决定》指出：推动全社会树立法治意识，要求实行国家机关"谁执法谁普法"的普法责任制，建立法官、检察官、行政执法人员、律师等以案释法制度，加强普法讲师团、普法志愿者队伍建设。把普法工作全部委托给人民团体的做法是错误的，故B项错误，当选。
C项：《中共中央关于全面推进依法治国若干重大问题的决定》指出：推动全社会树立法治意识，要求坚持把全民普法和守法作为依法治国的长期基础性工作，深入开展法治宣传教育，引导全民自觉守法、遇事找法、解决问题靠法。坚持把领导干部带头学法、模范守法作为树立法治意识的关键，完善国家工作人员学法用法制度。故C项正确，不当选。
综上所述，本题为选非题，答案为B项。

【多选】

31 2201076

答案：A,B,C
解析：本题考查的是严格执法。
A项：严格执法是指要求在执行法规或掌握标准时，不放松、不走样，做到严厉、公平、公正，本案中所长抓获其亲戚坚持了严格执法。因此，A项正确。
B项：把权力关进制度的笼子里，是指加强对权力的制约和监督，使权力在正确的轨道上运行，保证权力正确行使。领导核查案件体现了坚持把权力关进制度的笼子里。因此，B项正确。
C项：所长拒绝行贿行为，坚持秉公执法，体现了坚持廉洁的作风。因此，C项正确。
D项：执法的效率性是指在依法行政的前提下，行政机关对社会实行组织和管理过程中，以尽可能低的成本取得尽可能大的收益，取得最大的执法效益。本案并未体现执法的效率性。因此，D项错误。
综上所述，本题答案为ABC项。

32 2001175

答案：A,B,C,D
解析：本题考查的是科学立法。
A项：全面依法治国，必然需要更完善的法律体系。网络不是法外之地，必须加强互联网立法，依法规范网络行为。故A项正确。
B项：《中共中央关于全面推进依法治国若干重大问题的决定》提出：加快保障和改善民生、推进社会治理体制创新法律制度建设。依法加强和规范公共服务，完善教育、就业、收入分配，社会保障、医疗卫生、食品安全、扶贫、慈善、社会救助和妇女儿童、老年人、残疾人合法权益保护等方面的法律法规。加强社会组织立法，规范和引导各类社会组织健康发展。故B项正确。
C项：《中共中央关于全面推进依法治国若干重大问题的决定》指出要加强重点领域的立法，具体表现为：加强政治、经济、文化、生态、社会、人权、国家安全方面的立法。故C项正确。
D项：要坚持统筹推进国内法治和涉外法治。要加快涉外法治工作战略布局，协调推进国内治理和国际治理，更好地维护国家主权安全、发展利益。要强化法治思维，运用法治方式，有效应对挑战、防范风险，综合利用立法、执法、司法等手段开展斗争，坚决维护国家主权、尊严和核心利益。故D项正确。
综上所述，本题答案为ABCD项。

33 1701053

答案：A,B,D

解析：本题考查的是全民守法。

AB 项：积极守法是根据法律的规定，积极行使权利履行自己义务。本题中，鹿某的行为造成了行政和司法资源的浪费，属于权利的滥用。他为向相关部门施压而恶意提起政府信息公开申请的做法不符合法治精神。故 AB 说法正确。

C 项：公民的权利并非不受限制、漫无边际的，而是应当受到法律的限制，在法律范围内实现自由，因此 C 选项说法错误。

D 项：即使诉求合法，鹿某的行为也不符合按照法定程序提出政府信息公开申请的法治精神，其反复行为造成了行政、司法资源的浪费，公民的诉求唯有在法定的范围下和程序内方能更好地解决。故 D 项说法正确。

综上所述，本题答案为 ABD 项。

【不定项】

34 2001180

答案：A

解析：本题考查的是推进公正司法的具体体现。

A 项：《中共中央关于全面推进依法治国若干重大问题的决定》明确提出：健全行政机关依法出庭应诉、支持法院受理行政案件、尊重并执行法院生效裁判的制度。完善惩戒妨碍司法机关依法行使职权、拒不执行生效裁判和决定、藐视法庭权威等违法犯罪行为的法律规定。故 A 项正确。

B 项：我国于 2015 年实行立案登记制，但是，为了加强对审判权的监督，我国在人民法院内部分工，立案、审判、执行分别由不同的法官完成。故 B 项错误。

C 项：《中共中央关于全面推进依法治国若干重大问题的决定》明确提出：落实终审和诉讼终结制度，实行诉访分离，保障当事人依法行使申诉权利。实行诉访分离，是因为涉诉信访制度对司法的权威有巨大的伤害，会导致司法的公信力下降，从而损害司法公正。而非因欲充分发挥人民法院解决纠纷的功能，而实行诉访合一制度。故 C 项错误。

D 项：我国实行调解、仲裁，行政裁决、行政复议、诉讼有机结合的多元化的纠纷解决机制。为解决纠纷，建设和谐社会，加大调解力度，这是正确的。但是，调解也不能违法，如果一味纵容违法行为，那么法律的权威将会丧失殆尽。故 D 项错误。

综上所述，本题答案为 A 项。

（九）坚持建设德才兼备的高素质法治工作队伍

【单选】

35 2101122

答案：C

解析：本题考查的是坚持建设德才兼备的高素质法治工作队伍。

ABCD 项：全面推进依法治国，首先要把专门队伍建设好。要加强理想信念教育，深入开展社会主义核心价值观和社会主义法治理念教育，推进法治专门队伍革命化、正规化、专业化、职业化，确保做到忠于党、忠于国家、忠于人民、忠于法律。对法治专门队伍的管理必须坚持更严标准、更高要求。要把拥护中国共产党领导、拥护我国社会主义法治作为法律服务人员从业的基本要求；加强教育、管理、引导，引导法律服务工作者坚持正确的政治方向，依法依规诚信执业，认真履行社会责任。因此，ABD 项正确，不当选；C 项错误，当选。

综上所述，本题为选非题，答案为 C 项。

【多选】

36 1501083

答案：A,B,C

解析：本题考查的是坚持建设德才兼备的高素质法治工作队伍。

A 项：根据《中共中央关于全面推进依法治国若干重大问题的决定》规定：全面推进依法治国，必须大力提高法治工作队伍思想政治素质、业务工作能力、职业道德水准，着力建设一支忠于党、忠于国家、忠于人民、忠于法律的社会主义法治工作队伍，为加快建设社会主义法治国家提供强有力的组织和人才保障。故 A 项正确。

B 项：推进法治专门队伍正规化、专业化、职业化，提高职业素养和专业水平。完善法律职业准入制度，健全国家统一法律职业资格考试制度，建立法律职业人员统一职前培训制度。建立从符合条件的律师、法学专家中招录立法工作者、法官、检察官制度，畅通具备条件的军队转业干部进入法治专门队伍的通道，健全从政法专业毕业生中招录人才的规范便捷机制。加强边疆地区、民族地区法治专门队伍建设。加快建立符合职业特点的法治工作人员管理制度，完善职业保障体系，建立法官、检察官、人民警察专业职务序列及工资制度。故 B 项正确。

C 项：加强律师队伍思想政治建设，把拥护中国共产党领导、拥护社会主义法治作为律师从业的基本要求，增强广大律师走中国特色社会主义法治道路的自觉性和坚定性。构建社会律师、公职律师、公司律师等优势互补、结构合理的律师队伍。提高律师队伍业务素质，完善执业保障机制。加强律师事务所管理，发挥律师协会自律作用，规范律师执业行为，监督律师严格遵守职业道德和职业操守，强化准入、退出管理，严格执行违法违规执业惩戒制度。加强律师行业党的建设，扩大党的工作覆盖面，切实发挥律师事务所党组织的政治核心作用。故 C 项正确。

D 项：法律服务队伍包括律师、法律顾问、公证员、人民调解员、基层法律服务工作者、法律服务志愿者。其中，法律服务志愿者提供无偿的社会法律服务，但是仅靠其提供社会法律服务是不够的，还需要依赖律师、公证员、基层法律服务工作者的作用，而以上三种人提供社会法律服务是需要收费的。因此，D 选项错误，不当选。

综上所述，本题答案为 ABC 项。

（十）坚持抓住领导干部这个“关键少数”

【单选】

37 1401003

答案：B

解析：本题考查的是坚持抓住领导干部这个“关键少数”。

A 项：某市环保部门及时发布环评信息回应社会舆论质疑的行为，符合依法行政原则的要求。故 A 项正确。

B 项：某市法院为平息群众情绪签订承诺加重处罚被告人的保证书的行为违反了司法公正，没有做到“以事实为依据，以法律为准绳”。故 B 项错误。

C 项：在制定地方法规前，对某项规定举行立法听证，确保了公众的知情权和参与权，符合依法治国原则的要求。故 C 项正确。

D 项：对信访采取法律程序进行终结，体现了以法治思维解决矛盾的要求。故 D 项正确。

综上所述，本题答案为 B 项。

二、模拟训练

38 2308013

答案：A,B,C,D

解析：本题考查的是坚持法治国家、法治政府、法治社会一体建设。

A 项：党的二十大中提到，到 2035 年，我国发展的总体目标其中一个是要基本建成法治国家、法治政府、法治社会。故 A 项正确。

B 项：党的二十大强调“完善以宪法为核心的中国特色社会主义法律体系。坚持依法治国首先要坚持依宪治国，坚持依法执政首先要坚持依宪执政，坚持宪法确定的中国共产党领导地位不动摇，坚持宪法确定的人民民主专政的国体和人民代表大会制度的政体不动摇”。故 B 项正确。

C 项：党的二十大强调“扎实推进依法行政。法治政府建设是全面依法治国的重点任务和主体工程。转变政府职能，优化政府职责体系和组织结构，推进机构、职能、权限、程序、责任法定化，提高行政效率和公信力”。故 C 项正确。

D 项：党的二十大强调“加快建设法治社会。法治社会是构筑法治国家的基础。弘扬社会主义法治精神，传承中华优秀传统法律文化，引导全体人民做社会主义法治的忠实崇尚者、自觉遵守者、坚定捍卫者”。故 D 项正确。

综上所述，本题答案为 ABCD

39 2308014

答案：B,C,D

解析：本题考查的是发展全过程人民民主的要求。

A 项：党的二十大强调“加强人民当家作主制度保障。坚持和完善我国根本政治制度、基本政治制度、重要政治制度，拓展民主渠道，丰富民主形式，确保人民【依法通过各种途径和形式】管理国家事务，管理经济和文化事业，管理社会事务”。因此，我国实行的是民主集中制的人民代表大会制度，人民选举人大代表，人大代表代表人民管理国家事务，不能说人民直接管理国家事务。故 A 项错误。

B 项：党的二十大强调“全面发展协商民主。协商民主是实践全过程人民民主的重要形式。完善协商民主体系，统筹推进政党协商、人大协商、政府协商、政协协商、人民团体协商、基层协商以及社会组织协商，健全各种制度化协商平台，推进协商民主广泛多层制度化发展”。故 B 项正确。

C 项：党的二十大强调“积极发展基层民主。基层民主是全过程人民民主的重要体现。健全基层党组织领导的基层群众自治机制，加强基层组织建设，完善基层直接民主制度体系和工作体系，增强城乡社区群众自我管理、自我服务、自我教育、自我监督的实效”。故 C 项正确。

D 项：党的二十大强调“巩固和发展最广泛的爱国统一战线。人心是最大的政治，统一战线是凝聚人心、汇聚力量的强大法宝。完善大统战工作格局，坚持大团结大联合，动员全体中华儿女围绕实现中华民族伟大复兴中国梦一起来想、一起来干”。故 D 项正确。

综上所述，本题答案为 BCD。

40 2308015

答案：A,B,D

解析：本题考查的是坚持依宪治国、依宪执政。

A 项:《宪法实践新篇章》强调“坚持和加强党对宪法工作的全面领导，更好发挥我国宪法制度的显著优势和重要作用。我国宪法是我们党领导人民长期奋斗历史逻辑、理论逻辑、实践逻辑的必然结果。没有中国共产党领导，就无法保证我国宪法得到全面贯彻和有效实施”。故 A 项正确。

B 项:《宪法实践新篇章》强调“把宪法实施贯穿到治国理政各方面全过程，不断提高党依宪治国、依宪执政的能力。宪法是国家的根本法，治国安邦的总章程，是我们党治国理政的根本法律依据，是国家政治和社会生活的最高法律规范”。故 B 项正确。

C 项:《宪法实践新篇章》强调“加快完善以宪法为核心的中国特色社会主义法律体系，不断增强法律规范体系的全面性、系统性、协调性。坚持依法立法，最根本的是坚持依宪立法”。本题中，应当是以宪法为核心，而非立法为核心。故 C 项错误。

D 项:《宪法实践新篇章》强调“加强宪法理论研究和宣传教育，不断提升中国宪法理论和实践的说服力、影响力。宪法的根基在于人民发自内心的拥护，宪法的伟力在于人民出自真诚的信仰”。故 D 项正确。

综上所述，本题答案为 ABD。

41 2308016

答案：A,B,C

解析：本题考查的是坚持建设中国特色社会主义法治体系。

ABCD 项：中国特色社会主义法治体系的核心要义包括“完备的法律规范体系、高效的法治实施体系、严密的法治监督体系、有力的法治保障体系、完善的党内法规体系”。故 ABC 项正确。D 项应为有力的法治保障体系，而非完善的法治保障体系，故 D 项错误。答案为 ABC 选项。

综上所述，本题答案为 ABC 项。

42 2308017

答案：A,B,C,D

解析：本题考查的是坚持建设德才兼备的高素质法治工作队伍。

ABCD 项：我国在十一个坚持中强调坚持建设德才兼备的高素质法治工作队伍。具体表现为要加强法治人才培养，提出全面推进依法治国必须坚持以马克思主义法学思想和中国特色社会主义法治理论为指导，培养大批高素质法治人才，大力加强法学学科体系建设，强化法学教育实践环节，加强法学教育、法学研究工作者和法治实务工作者之间的交流，为完善中国特色社会主义法治体系、建设社会主义法治国家提供理论支撑。故 ABCD 项正确。

综上所述，本题答案为 ABCD。

43 2208086

答案：A,C,D

解析：本题考查的是坚持科学立法、严格执法、公正司法、全民守法。

A项：全面依法治国是国家治理的一场深刻革命，必须坚持科学立法、严格执法、公正司法、全面守法。科学立法、严格执法、公正司法、全民守法是推进全面依法治国的重要环节。因此，A项正确。

B项：推进科学立法、民主立法，是提高立法质量的根本途径。在立法内容上，要注重加强重点领域、新兴领域、涉外领域立法，注重将社会主义核心价值观融入立法，注重健全国家治理急需、满足人民日益增长的美好生活需要必备的法律制度；在立法程序上，要优化立法职权配置，发挥人大及其常委会在立法工作中的主导作用。故【将社会主义核心价值观融入立法】属于立法内容，而不是立法程序，发挥【人大及其常委会】在立法工作中的主导作用，而不是党。因此，B项错误。

C项：公正司法事关人民切身利益，事关社会公平正义，事关依法治国，要紧紧抓住影响司法公正、制约司法能力的深层次问题，充分发挥检察机关作为国家法律监督机关的作用，推动检察机关法律监督与其他各类监督有机贯通、相互协调，全面深化司法体制改革，大力推进检察队伍革命化、正规化、专业化、职业化建设，着力提高法律监督能力水平。因此，C项正确。

D项：法律要发生作用，全社会首先要信仰法律。要把推进全民守法作为基础工程，全面落实“谁执法谁普法”普法责任制。要求各级领导干部要带头尊法学法守法用法，引导广大群众自觉守法、遇事找法、解决问题靠法。因此，D项正确。

综上所述，本题答案为ACD项。

44 2208091

答案：B,D

解析：本题考查的是习近平法治思想的核心要义。

A项：法治国家是法治建设的【目标】，法治社会是建设法治国家的【基础】。因此，A项错误。

B项：全面推进依法治国，必须建设德才兼备的高素质法治工作队伍，加强法治专门队伍、法律服务队伍的建设，以及对法治人才的培养。因此，B项正确。

C项：【党政主要负责人】要履行推进【法治建设第一责任人】职责，而不是各级政府的负责人。因此，C项错误。

D项：科学立法、严格执法、公正司法、全民守法是推进全面依法治国的重要环节，推进科学立法，要抓住立法质量这个关键，注重加强重点领域、新兴领域的立法，网络不是法外之地，必须加强互联网立法，依法规范网络行为。因此，D项正确。

综上所述，本题答案为BD项。

45 2208111

答案：A

解析：本题考查党的领导、人民当家作主和依法治国的关系以及国家治理能力、治理体系现代化建设。

A项：坚持党的领导是人民当家作主和依法治国的【根本保证】，人民当家作主是社会主义民主政治的【本质特征】，依法治国是党领导人民治理国家的基本方式。因此，A项错误，当选。

B项：党的十九届五中全会提出，到2035年基本实现国家治理体系和治理能力现代化。因此，B项正确，不当选。

C项：国家治理体系是在党领导下管理国家的制度体系。治理体系的现代化就是要建立健全经济、政治、文化、社会、生态文明和党的建设等各领域的体制机制、法律法规，从而形成一整套紧密相连、相互协调的制度体系。因此，C项正确，不当选。

D项：国家治理能力是运用国家制度管理社会各方面事务的能力。在法治轨道上推进国家治理能力现代化，最关键是要发挥党总揽全局、协调各方的领导核心作用，积极回应新时代国家治理难题，充分发挥法治固根本、稳预期、利长远的保障作用，不断提高党依法治国、依法执政能力，加快实现国家治理能力现代化，推动我国制度优势更好转化为国家治理效能。因此，D项正确，不当选。

综上所述，本题为选非题，答案为 A 项。

46 2208113

答案：A

解析：本题考查的是科学立法、严格执法、公正司法、全民守法。

A 项：科学立法、严格执法、公正司法、全民守法是全面依法治国的重要环节，是指引新时代法治中国建设的【"新十六字方针"】，因此，A 项错误，当选。

BC 项：司法是社会公平正义的最后一道防线，需要紧紧抓住影响司法公正、制约司法能力的深层次问题，深化司法体制和工作机制改革，确保检察机关、审判机关依法独立公正行使检察权、审判权，落实司法责任制。因此，B 项正确，不当选。健全公安机关、检察机关、审判机关、司法行政机关各司其职，侦查权、检察权、审判权、执行权相互配合、相互制约的体制机制。因此，C 项正确，不当选。

D 项：公正是法治的生命线，必须规范司法行为，加强对司法活动的监督，完善人民监督员制度，规范司法人员与当事人、律师、特殊关系人、中介组织的接触、交往行为。加大司法公开的力度，以回应人民群众对司法公开公正的期待和关注。因此，D 项正确，不当选。

综上所述，本题为选非题，答案为 A 项。

第三章 习近平法治思想的实践要求

参考答案

[1] ABCD	[2] AB	[3] C	[4] C	[5] C
[6] ABCD	[7] ABCD	[8] B	[9] B	[10] D
[11] C	[12] BCD			

一、历年真题及仿真题

（一）充分发挥法治对经济社会发展的保障作用

【多选】

1 2101125

答案：A,B,C,D

解析：本题考查的是法治对经济社会的保障作用。

ABCD 项：习近平总书记在党的十九大报告中强调，要深化依法治国实践。全面依法治国是国家治理的一场深刻革命，必须坚持厉行法治，推进科学立法、严格执法、公正司法、全民守法。成立中央全面依法治国领导小组，加强对法治中国建设的统一领导。加强宪法实施和监督，推进合宪性审查工作，维护宪法权威。推进科学立法、民主立法、依法立法，以良法促进发展、保障善治。建设法治政府，推进依法行政，严格规范公正文明执法。深化司法体制综合配套改革，全面落实司法责任制，努力让人民群众在每一个司法案件中感受到公平正义。加大全民普法力度，建设社会主义法治文化，树立宪法法律至上、法律面前人人平等的法治理念。各级党组织和全体党员要带头尊法、学法、守法、用法，任何组织和个人都不得有超越宪法法律的特权，绝不允许以言代法、以权压法、逐利违法、徇私枉法。因此，ABCD 项正确。

综上所述，本题答案为 ABCD 项。

【不定项】

2 2101129

答案：A,B

解析：本题考查的是法治对经济社会的保障作用。

A 项：厉行法治是发展社会主义市场经济的内在要求，也是社会主义市场经济良性运行的根本保障。中国特色杜会主义进入新时代，党和国家通过完善市场经济法律体系，深化“放管服”改革，加强产权保护，保障公平竞争，鼓励诚实守信，营造公正、透明、可预期的法治环境，有力保障和促进经济持续健康发展，故 A 项正确。

B 项：习近平法治思想是马克思主义法治理论中国化的最新成果，是全面依法治国的根本遵循和行动指南，立法也好，改革也好，必须以习近平法治思想为指导思想，故 B 项正确。

C 项：对实践证明已经比较成熟的改革经验和行之有效的改革举措，要尽快上升为法律，先修订、解释或者废止原有法律之后再推行改革。故 C 项错误。

D 项：对不适应改革要求的现行法律法规，要及时修改或废止，不能让一些过时的法律条款成为改革的“绊马索”。立足新发展阶段，必须坚持以法治为引领，坚决纠正“发展要上，法治要让”的认识误区，杜绝立法上“放水”、执法上“放弃”的乱象，用法治更好地促进发展，实现经济高质量发展。故 D 项错误。

综上所述，本题答案为 AB 项。

（二）正确认识和处理全面依法治国一系列重大关系

【单选】

3 1201002

答案：C

解析：本题考查依法治国与以德治国的关系。

A 项：坚持党的领导、人民当家作主、依法治国三者有机统一，是社会主义法治理念的本质属性。社会主义法治理念要求在法治实践中，坚定不移地把党的领导、人民当家作主和依法治国密切结合、有机统一起来。故 A 项正确，不当选。

B 项：实施依法治国基本方略不仅要坚持宪法和法律的权威，还要注重政治效果和社会效果，在实现公平正义的同时还要做到政治正确、人民满意，坚持法律效果与政治效果、社会效果的有机统一。故 B 项正确，不当选。

C 项：依法治国理念的基本要求包括充分发挥依法治国方略在全面推进中国特色社会主义事业中的重大作用，要在深刻把握社会运行的规律和特征的基础上，探索用法律手段强化社会管理的方式和方法，特别是针对社会管理领域中的重点人群、重点活动、重点区域以及重点行业，建立起以法律手段为主体、多种手段协调与配合的管理和控制体系，构建人民调解、行政调解、司法调解三位一体的解决社会纠纷的大调解格局和体系。“三位一体纠纷解决机制”不包括党委调解。故 C 项错误，当选。

D 项：依法治国要求实现法律手段与其他社会治理手段和方式的有机结合。坚持依法治国与以德治国的有机统一，不仅强化和提升了依法治国的实际成效，也使社会主义道德在法治社会中焕发出新的生命力。故 D 项正确，不当选。

综上所述，本题为选非题，答案为 C 项。

4 1501002

答案：C

解析：本题考查的是依法治国和以德治国的关系。

ABCD 项：《中共中央关于全面推进依法治国若干重大问题的决定》指出：全面推进依法治国，总目标是建设中国特色社会主义法治体系，建设社会主义法治国家。实现这个总目标，必须坚持依法治国和以德治国相结合。国家和社会治理需要法律和道德共同发挥作用。必须坚持一手抓法治、一手抓德治，大力弘扬社会主义核心价值观，弘扬中华传统美德，培育社会公德、职业道德、家庭美德、个人品德，既重视发挥法律的规范作用，又重视发挥道德的教化作用，以法治体现道德理念、强化法律对道德建设的促进作用，以道德滋养法治精神、强化道德对法治文化的支撑作用，实现法律和道德相辅相成、法治和德治相得益彰。因此，法律和道德相辅相成、法治和德治相得益彰，而非更要强调道德的教化作用。故 ABD 项正确，不当选，C 项错误，当选。

综上所述，本题为选非题，答案为 C 项。

5 2001173

答案：C

解析：本题考查的是依法治国和以德治国的关系。

ABCD 项：国家和社会治理需要法律和道德共同发挥作用，必须坚持“一手抓法治、一手抓德治”，大力以社会主义核心价值观，弘扬中华传统美德，培育社会公德、职业道德、家庭美德、个人品德，既重视发挥【法律的规范作用】，又重视发挥【道德的教化作用】。以法治体现道德理念、强化法律对道德建设的促进作用，以道德滋养法治精神、强化道德对法治文化的支撑作用，实现法律和道德相辅相成、法治和德治相得益彰。因此，ABD 项正确，不当选，C 项说反了，故错误，当选。

综上所述，本题为选非题，答案为 C 项。

【多选】

6 2001178

答案：A,B,C,D

解析：本题考查的是改革与法治的关系。

ABC 项：党的十九大报告提出：“中国特色社会主义进入新时代，我国社会主要矛盾已经转化为人民日益增长的美好生活需要和不平衡不充分的发展之间的矛盾。”我国当前的社会主要矛盾，一方面表现为人民美好生活需要日益广泛，不仅对物质文化生活提出了更高要求，而且在民主、法治、公平、正义、安全环境等方面的要求日益增长；另一方面表现为我国社会生产力水平总体上显著提高，社会生产能力在很多方面进入世界前列，更加突出的问题是发展不平衡不充分，这已经成为满足人民日益增长的美好生活需要的主要制约因素。因此 ABC 项正确。

D 项：必须认识到新时代我国社会主义矛盾的变化是关系全局的历史性变化，对党和国家提出了许多新要求。正如十九大报告所指出，社会矛盾和问题交织叠加，全面依法治国任务依然繁重，国家治理体系和治理能力有待加强，因此，D 项正确。

综上所述，本题答案为 ABCD 项。

7 1901063

答案：A,B,C,D

解析：本题考查的是政治与法治、改革与法治、依法治国和以德治国、依法治国与依规治党的关系。

A 项：党的领导是中国特色社会主义法治之魂。离开了党的领导，全面依法治国就难以有效推进，社会主义法治国家就建不起来。只有在党的领导下依法治国、厉行法治，国家和社会生活法治化才能有序推进。因此，A 项正确。

B 项：法治和改革有着内在的必然联系，二者相辅相成、相伴而生，如鸟之两翼、车之两轮。立法应当主动适应改革需要，积极发挥引导、推动、规范、保障改革的作用。因此，B 项正确。

C 项：要想建设好法治中国，必须坚持依法治国和以德治国相结合，使法治和德治在国家治理中相互补充、相互促进、相得益彰，推进国家治理体系和治理能力现代化，要坚持依法治国和以德治国相结合。因此，C 项正确。

D 项：依规管党治党是依法治国的重要前提和政治保障，依法治国和依规治党是相互统一、相互融合的。因此，D 项正确。

综上所述，本题答案为 ABCD 项。

【不定项】

8 2301095

答案：B

解析：本题考查的是依法治国和以德治国、道德与法律的关系。

“把社会主义核心价值观融入依法治国”一句中，社会主义核心价值观作为道德，依法治国作为法治，强调道德需要融入法治，体现道德对法治的支撑作用。

A 项：这句话体现了法律和道德对社会治理的作用，没有体现两者的关系，故 A 项错误。

B 项：这句话体现道德对法治的正面作用，与题干吻合，故 B 项正确。

C 项：这句话体现法律对道德的作用，没有体现道德对法律的作用，故 C 项错误。

D 项：这句话体现道德和法律之间的关系，互相依存，没有直接强调道德对法治的作用，故 D 项错误。

综上所述，本题答案为 B 项。

二、模拟训练

9 2208150

答案：B

解析：本题考查的是习近平法治思想的实践要求。

A 项：在法治轨道上预防暴力事件，完善相关立法，加强配套制度建设，构建具有威慑力的法律体系，才能防止此类暴力事件的再次发生。因此，A 项正确，不当选。

B 项：生命健康安全高于一切，应当严厉惩处此类恶性事件。但是，不能突破法律规定。“适当突破法律规定”的实质就是违法。因此，B 项错误，当选。

C 项：对人民群众关注的重大恶性违法或犯罪案件，有关部门应当及时回应社会关切，加强舆论引导。因此，C 项正确，不当选。

D 项：中国特色社会主义法治道路的一个鲜明特色，就是要坚持依法治国与以德治国，就是要重视发挥道德的教化作用，要在道德教育中突出法治内涵，注重培育人们的法律信仰、法治观念、规则意识，引导人们自觉履行法定义务，社会责任、家庭责任，营造全社会都讲法治、守法治的文化环境。因此，D 项正确，不当选。

综上所述，本题为选非题，答案为 B 项。

10 2208149

答案：D

解析：本题考查的是改革和法治的关系。

A 项：法治和改革有着内在的必然联系，二者相辅相成、相伴而生，如鸟之两翼、车之两轮。必须在法治下推进改革，在改革中完善法治。因此，A 项正确，不当选。

B 项：要坚持改革决策和立法决策相统一、相衔接，确保改革和法治实现良性互动。立法主动适应改革需要，积极发挥引导、推动、规范、保障改革的作用。因此，B 项正确，不当选。

C 项：对实践证明已经比较成熟的改革经验和行之有效的改革举措，要尽快上升为法律，先修订、解释或者废止原有法律之后再推行改革。因此，C 项正确，不当选。

D 项：对实践条件还不成熟、需要先行先试的，要按照法定程序作出授权，在若干地区开展改革试点，既不允许随意突破法律红线，也不允许以现行法律没有依据为由迟滞改革；对不适应改革要求的现行法律法规，要及时修改或废止，不能让一些过时的法律条款成为改革的“绊马索”。因此，D 项错误，当选。

综上所述，本题为选非题，答案为 D 项。

11 2208112

答案：C

解析：本题考查的是政治与法治、改革与法治、依法治国和以德治国、依法治国与依规治党的关系。

A 项：中国特色社会主义法治道路的一个鲜明特征是坚持依法治国和以德治国相结合，坚持依法治国是因为法律具有规范性、普遍性、程序性、国家强制性等优点，更能胜任对现代社会复杂社会关系的调整；坚持以德治国是因为法律具有一系列的局限性需要道德来弥补，依法治国和以德治国相结合就是用道德来滋养法治精神，用法治来弘扬道德。因此，A 项正确，不当选。

B 项：法治和改革有着内在的必然联系，二者相辅相成、相伴而生。必须在法治下推进改革，在改革中完善法治。善于通过改革和法治推动贯彻落实新发展理念。立足新发展阶段，必须坚持以法治为引领，坚决纠正“发展要上，法治要让”的认识误区，杜绝立法上“放水”、执法上“放弃”的乱象，用法治更好地促进发展，实现经济高质量发展。因此，B 项正确，不当选。

C 项：党的政策和国家法律的关系，两者在本质上是一致的。党的政策是国家法律的先导和指引，是立法的依据和执法司法的重要指导。要善于通过【法定程序】使党的政策成为国家意志、形成法律，并通过法律保障党的政策有效实施，从而确保党发挥总揽全局、协调各方的领导核心作用。因此，C 项错误，当选。

D 项：正确处理依法治国和依规治党的关系，是中国特色社会主义法治建设的鲜明特色。要从全面依法治国和全面从严治党相统一的高度，科学认识党内法规及其与国家法律的关系，确保党内法规与国家法律的衔接与协调。因此，D 项正确，不当选。

综上所述，本题为选非题，答案为 C 项。

12 2208090

答案：B,C,D

解析：本题考查的是统筹推进国内法治和涉外法治。

A 项：世界正面临百年未有之大变局，统筹推进国内法治和涉外法治是全面依法治国的迫切任务，协调推进国内治理和国际治理，是全面依法治国的【必然要求】，是建立新发展格局的客观需要，是维护国家主权、安全、发展利益的迫切需要。因此，A 项错误。

BC 项：统筹推进国内法治和涉外法治，加强涉外领域立法，进一步完善反制裁、反干涉、反制“长臂管辖”的法律法规，推动我国法域外适用的法律体系建设。把拓展执法司法合作纳入双边多边关系建设的重要议题，延伸保护我国海外利益的安全链，加强涉外法治人才建设。要推进对外法治宣传，讲好中国法治故事。加强对外法治话语和叙事体系建设，注重中外融通，创新对外法治话语表达方式，更加鲜明地展示中国法治道路。因此，BC 项正确。

D 项：法治和改革有着内在的必然联系，二者相辅相成、相伴而生，如鸟之两翼，车之两轮。必须在法治下推进改革，在改革中完善法治。要坚持改革决策和立法决策相统一、相衔接，确保改革和法治实现良性互动。对实践证明已经比较成熟的改革经验和行之有效的改革举措，要尽快上升为法律，先修订、解释或者废止原有法律之后再推行改革。因此，D 项正确。

综上所述，本题答案为 BCD 项。